Das Buch

»Nicht der ›Besitz der Produktionsmittel‹ im Sinne der Güterproduktion, sondern der ›Besitz der Produktionsmittel‹ im Sinne
der Sinnproduktion, der Bewußtseins- und Normbeherrschung
einer Bevölkerung, machen heute die Fronten der ›Klassenherrschaft‹ aus.« Die Angehörigen dieser neuen Klasse bezeichnet
Schelsky dementsprechend als »Sinnvermittler« oder »Sinnproduzenten«; in ihrer Herrschaft über die Klasse derer, die mit
ihrer Arbeit die für alle notwendigen Güter produzieren, sieht er
den kritischen Punkt der gesellschaftlichen Entwicklung in unserem Land. Nicht materieller Mangel also, wie noch im 19. Jahrhundert, kennzeichnet unsere Lage, sondern ein geistiges und
geistliches Vakuum, in das diese »Reflexionselite« vorgestoßen
ist. Ihre Macht gründet sich für Schelsky auf eine neue Art
Religion, auf sozialreligiöse Heilsverheißungen nämlich, deren
Nährboden »der unorthodoxe, ja zum Teil unbewußte Marxismus der westlichen Sozialfortschrittlichen« ist. Seine Angriffe
richten sich deshalb vor allem gegen gemäßigte Linke und Liberale; wissenschaftliche Analyse und polemische Überspitzung
gehen in dieser engagierten Streitschrift, die zugleich eine kritische Einführung in die Soziologie anhand aktueller Fragen darstellt, eine faszinierende Synth~

D1719971

Der Autor

Helmut Schelsky wurde 1912 geboren. Studium der Philosophie,
Soziologie, Geschichte und Germanistik. 1939–1945 Kriegs-
dienst; nach dem Krieg Gründung und Leitung des Suchdienstes
des Deutschen Roten Kreuzes. 1948 Berufung an die Akademie
für Gemeinwirtschaft in Hamburg. 1953–1960 Ordinarius an der
Universität Hamburg. 1960–1970 Ordinarius an der Universität
Münster, zugleich Direktor der Sozialforschungsstelle in Dort-
mund. 1970–1973 Ordinarius in Bielefeld. Seit 1973 Professor für
Rechtssoziologie an der Universität Münster. Wichtige Werke:
›Wandlungen der deutschen Familie‹ (1955); ›Soziologie der Sexualität‹ (1955); ›Die skeptische Generation‹ (1957); ›Auf der Suche nach
Wirklichkeit‹ (1965); ›Einsamkeit und Freiheit‹ (1971); ›System-
überwindung, Demokratisierung und Gewaltenteilung‹ (1973).

Helmut Schelsky:
Die Arbeit tun die anderen
Klassenkampf und Priesterherrschaft
der Intellektuellen

Deutscher
Taschenbuch
Verlag

Ungekürzte Ausgabe
Juni 1977
Deutscher Taschenbuch Verlag GmbH & Co. KG,
München
© 1975 Westdeutscher Verlag GmbH, Opladen
ISBN 3-531-11300-3
Umschlaggestaltung: Celestino Piatti
Gesamtherstellung: C. H. Beck'sche Buchdruckerei,
Nördlingen
Printed in Germany · ISBN 3-423-01276-5

Inhalt

Dieses Buch ist bewußt für viele Leser geschrieben und will gleichwohl eine sozialwissenschaftliche Aussage machen, die in der Front und im Fortschritt eines wissenschaftlichen Faches steht. Die in diesen beiden Absichten liegende Spannung ließ sich nur so bewältigen, daß die Gedankenführung sozusagen »mehrschichtig« angelegt wurde, also auch nicht jeder Leser alles zu lesen braucht. Es kommt auf die Interessen des Lesers an, wie er das Buch liest: von vorn nach hinten, in einzelnen Kapiteln oder ganz. Deshalb ist hier eine Vororientierung des Lesers angebracht, obwohl ich Vorworte, die meist Nachworte der Verfasser zur Rechtfertigung vor dem Leser sind, sonst nicht sehr schätze.

Im Überblick möchte ich – etwas schematisiert – vier Ebenen und schriftstellerische Absichten des vorgelegten Textes unterscheiden, nach denen der Leser seine Art der Lektüre einrichten kann:

1. An erster Stelle steht die struktursoziologische, ja im gewissen Sinne geschichtssoziologische Aussage über die *Bildung einer neuen Herrschaftsgruppe der Intellektuellen*, die sowohl als Priesterherrschaft als auch als Klassenherrschaft verstanden werden kann. Über diese »Grundthese« und ihre politischen »Aussichten« unterrichten am kürzesten die dementsprechenden Einleitungs- und Schlußkapitel (S. 13–18 und S. 491–504). Allerdings wird man die Grundbehauptung dieses Buches erst einigermaßen übersehen, wenn man mindestens die zentralen Teile II und III über die »Herrschaft der Reflexionselite« und die Klassenherrschaft der Sinn-Produzenten liest.

2. Diese Grundthese ist aus der strukturellen und geschichtlichen Verallgemeinerung einer *soziologischen Zeitanalyse* entstanden, die bewußt kennzeichnende Einzelheiten des zeitgeschichtlichen Geschehens aufgreift, insbesondere der Jahre 1972–74, in denen dieses Buch geschrieben wurde, die aber auch umgekehrt eben die gerade aktuellen gesellschaftlichen, politischen und geistigen Geschehnisse dieser Jahre von der vorgetragenen Grundannahme her deuten will. Dabei halte ich einige dieser Zeitereignisse oder -äußerungen für strukturell wesentlich und für das Verständnis meiner Aussagen unentbehrlich, während andere wiederum als Beispiele aus vielen ausgewählt wurden, im Grunde genommen auswechselbar sind und in Zukunft

zur Aktualisierung des Buches eigentlich auch ausgetauscht werden müßten. Ich habe versucht, den Unterschied der Aussagen, die meine Grundbehauptungen bilden und stützen, zu den bloß aktuellen Beispielen durch eine verschiedene Art des Drucksatzes zu kennzeichnen, d. h., die austauschbaren Aktualitäten sind im verkleinerten Satz gedruckt. Wer also nur an dem Grundgedankengang interessiert ist, soll das Kleingedruckte überspringen; er wird sich allerdings zuweilen, insbesondere in den Exkursen über aktuelle Denker oder Schriftsteller wie Mitscherlich oder Böll, um einige Pointen dieser Zeitanalyse bringen.

3. Eine soziologische Analyse einer Zeiterscheinung oder gar Zeitentwicklung ist nicht möglich, ohne dem Leser Rechenschaft zu geben über die Begriffe und die Annahme sozialer Gesetzlichkeiten, mit denen man diese Deutung vornimmt. Dies ist in diesem Zusammenhang deshalb schwierig, weil das Buch nicht für Fachkollegen geschrieben wurde, langwierige und methodische Erörterungen daher völlig fehl am Platze wären. Ich habe versucht, aus dieser Schwierigkeit eine Tugend zu machen und im ersten Teil des Buches eine *Einleitung in die Soziologie* zu bieten, die auch dem nichtfachkundigen Leser die Grundbegriffe meiner Untersuchung, also die der Herrschaftssoziologie (vor allem in Anlehnung an Max Weber) erklärt. Diese Einführung in die Grundbegriffe ist keineswegs akademisch-abstrakt, sondern bezieht sich bis in konkrete Einzelheiten hinein bereits auf die gegenwärtigen Formen der Intellektuellenherrschaft; aber der fachkundige Leser mag sie überspringen, wenn er keine fachbezogenen Interessen hat. In diesem Zusammenhange habe ich mich auch nicht gescheut, die Lehren und Einsichten älterer Soziologen, z. B. Georges Sorels oder Thorstein Veblens, die einem breiteren Publikum unbekannt, aber für meine Untersuchung wesentlich sind, in Exkursen oder Zwischentexten ausführlicher darzustellen; man wird an diesen auf aktuelle Fragen hin ausgerichteten Berichten über Denker der Jahrhundertwende erkennen, daß so viel Neues gar nicht von den modernen, sich spezialisierenden und damit auf kleinere Frageumfänge einlassenden sozial- und politikwissenschaftlichen Denkern zutage gebracht worden ist. Dieser Tatbestand, daß man theoretisch unfruchtbar und gleichwohl von der Theorie fasziniert wird, erklärt nicht zuletzt den Umschlag dieser Wissenschaftler in die »theoretische Herrschaft über die Praxis«; diese Reaktion ist bereits bei Marx auf Hegel zu beobachten, und die politische Selbstbehauptung Marxens, indem er vermeintlich den Idealis-

mus vom Kopf auf die Füße stellte, wird heute auch zum Modell für die vielen kleinen Denker der sozialwissenschaftlichen Disziplin. Wenn man als Gelehrter nichts Neues mehr zu denken weiß, wird man praktisch, ein Verhältnis von Praxis und Theorie, das sowohl im individuellen Leben wie in der Abfolge der Generationen gilt.

4. Da dieses Buch im wesentlichen eine kritische Analyse einer zeitgeschichtlichen Entwicklung, also ihre werthafte Verurteilung, enthält, wird und muß selbstverständlich gefragt werden, von welchen Standpunkten und Werten her diese Urteile erfolgen. Daher habe ich, um das Risiko der Ausdeutung durch polemisch gesteuerte Auslegungen zu verringern, die Maßstäbe oder Grundsätze *meiner eigenen Werturteile über Herrschaft, Sachlichkeit und sonstige soziale Verfassungen* offen herausgearbeitet. Dies schien mir insbesondere unter zwei Gesichtspunkten notwendig: Wenn über Herrschaft einer Gruppe oder Klasse kritisch geurteilt wird, so muß der Urheber solcher Urteile deutlich machen, welche Form von Herrschaft er selbst für »legitim« hält oder ob er Herrschaft als solche für überflüssig und abschaffenswert hält. Wichtiger aber erscheint mir die Einsicht, daß mit dieser Kritik der intellektuellen »Sinn-Produzenten« als Priester- oder Klassenherrschaft keineswegs die Leistung der »normativen Institutionen«, also der Intellektuellen-Berufe, innerhalb der modernen Gesellschaft schlechthin verworfen werden soll; es geht im Gegenteil um den Nachweis, daß die hier liegenden sachlichen und gesellschaftsdienlichen Aufgaben von neuen Herrschaftsabsichten »umfunktioniert« werden; daher war, insbesondere bei der Darstellung der geistigen und sozialen Rekrutierungsfelder (Teil IV), die Sachaufgabe dieser Berufs- oder Fachgruppen auch positiv zu umreißen. In diesem Kapitel finden sich aus begreiflichen Gründen auch die meisten zeitgenössischen Tatbestandsangaben und konkreten Bezüge auf die gegenwärtige geistige Situation, so daß in der Tat derjenige, der von den unmittelbaren Zeiterscheinungen und ihrer Deutung ausgehen will, seine Lektüre mit diesem Kapitel anfangen, also sozusagen »von hinten nach vorn« lesen sollte. Vor allem habe ich in diesem Teil eine grundsätzliche Kritik meines eigenen Faches, also eine »Anti-Soziologie« vorgetragen. Der Gesamtaufbau entspricht allerdings, wie ich meine, der der logischen Folge, erst die begrifflichen Mittel zu entwickeln und dann zur Deutung immer konkreterer gesellschaftlicher Verhältnisse überzugehen.

Ich bin überzeugt, daß die in diesem Buch entwickelten Thesen nicht so schnell veralten, wahrscheinlich Generationen überdauern werden, eine Hoffnung, die ich nicht zuletzt daraus schöpfe, daß diese Grundaussagen schon Georges Sorel vor zwei, drei Generationen gemacht hat und sie, in ein gegenwärtiges Bewußtsein umgedacht, treffend sind »wie am ersten Tag«. Daher glaube ich, daß dieses Buch nur in seiner Aktualität veraltet, daß es sozusagen alle zwei bis drei Jahrzehnte neu geschrieben werden müßte; es könnte übrigens auch in anderen westlichen Gesellschaften mit den gleichen Grundaussagen an Hand anderen Materials herauskommen, kann also nicht einfach übersetzt werden, weil hier sehr langfristige soziologische und politische Voraussagen und Warnungen mit ganz tages- und generationsnahen Erfahrungen in der jeweiligen Gesellschaft, die ja immer eine entscheidende Umweltbegrenzung darstellt, verbunden werden. Die Sorge, die die generationhaft sich ablösenden Autoren dieser Aufklärung gegen die Priester- und Klassenherrschaft der Intellektuellen politisch und moralisch verbindet, hat Sorel auf die von vielen führenden Politikern und Denkern in ähnlicher Verzweiflung wiederholte Frage gebracht:

»Wovon werden wir morgen leben?«

Nachdem die schrecklichen und die wohltätigen Folgen des letzten Weltkrieges abgeklungen sind und sie das politische Denken und Handeln einer kriegsunerfahrenen jüngeren Generation und derer, die sich zu ihren Führern aufwerfen, nicht mehr bestimmen, treten neue soziale Bedürfnisse und Auseinandersetzungen, neue soziale Gruppenbildungen und Entwicklungsgesetzlichkeiten auf, die, für das politisch-soziale Selbstverständnis der älteren Generation vielfach unbegreiflich und störend, die wiedergewonnenen gesellschaftlichen Stabilitäten erschüttern. Auch in diesen sozialen Strukturwandlungen stehen die fortgeschrittenen Industriestaaten des Westens mit parteienpluralistischer demokratischer Verfassung wiederum in vorderster Front der geschichtlichen Entwicklung; in ihnen zeigen die weltpolitischen Auseinandersetzungen der Großmächte, die Unabhängigkeitsbewegungen der »Dritten Welt«, die sozialen Ansprüche der notleidenden und ausgebeuteten sozialen Gruppen und Völker in allen politischen Lagern der Welt jene innergesellschaftlichen Rückwirkungen, die, in Wirklichkeit ohne Rücksicht auf die genannten politischen Frontenstellungen, sich als Forderungen nach Strukturveränderungen und Herrschaftswechsel innerhalb der eigenen Gesellschaft anmelden. Vor allem im Westen äußern sich diese Bestrebungen im Protest der Jugend und den sich damit verbündenden Herrschaftsansprüchen der Intellektuellen gegen die vorhandene Ordnung der Gesellschaft und deren Praxis des sozialen Wandels.

Der sich im Westen als »links« und »sozialistisch« verstehende, in den östlich-sozialistischen Staaten selbstverständlich als »reaktionär« und »westlich« gekennzeichnete »Protest der jungen Rebellen« (Stephen Spender) hat bereits eine vielfältige Ausdeutung gefunden, wobei bisher der ideologische und ideologiekritische Gesichtspunkt in diesen Untersuchungen vorherrscht. Wenige Analytiker sehen, daß man sich mit dieser Weise der Argumentation bereits auf das Feld der »Intellektuellenproteste« selbst begeben hat und sich einer ideologischen Auseinandersetzung unterwirft, deren Themen- und Fragestellungen selbst eine Form der Herrschaftsausübung darstellen. Wer heute »Ideologieverdacht« äußert oder gar diese Auseinandersetzungen zu einer moralisch-ideologischen Konfrontation, im äußersten Falle sogar zu der politischen Problemstellung »Protestbewegung und Hochschulreform« verkürzt, will, bewußt oder unbewußt, von den Problemstellungen des sozialen Strukturwandels ablenken, die gruppenhaften Antagonismen verharmlosen und auf das bereits beherrschte Gebiet ideenhafter Argumentation ablenken. Ideologien und Ideologiekritik und die auf dieser Ebene geführten Auseinandersetzungen sind Tarnungen oder Glaubensstreitigkeiten, die auf die Dauer die Herrschaft der »ideologisierenden Klasse« befördern, selbst wo sie Gegenideologien produzieren.

In diesen Deutungen der gegenwärtigen Konfliktfronten werden die langfristig sozialen und politisch-historischen Entwicklungen, die sich in ihnen bezeugen, überspielt und vernachlässigt. Wir begreifen demgegenüber diese Spannungen und Auseinandersetzungen vor allem als einen *Kampf von Herrschaftsgruppen um die soziale Macht* und als einen *Kampf von sozialen Klassen neuer Art,* also als eine politisch-soziale Auseinandersetzung, in der Ideologien und Ideologiekritik nur vordergründige und veränderbare Erscheinungen, also auch strategisch einsetzbare Kampfmittel, darstellen.

Der *neue Herrschaftskampf* besteht nicht nur darin, daß sich konkurrierende Herrschaftsgruppen in einem gegebenen politisch-sozialen System auseinandersetzen, eine Herrschaftskonkurrenz, die in monolithischen Einparteien-Systemen ebenso vorhanden ist wie in Vielparteiensystemen mit ihren politischen und wirtschaftlichen Interessengegensätzen, sondern diese Herrschaftsauseinandersetzung beruht auf der *Gegensätzlichkeit von Herrschaftsformen* und der ihnen zugrundeliegenden *Herrschaftsmittel.* Im Grunde genommen geht es hier wieder um den in der Geschichte Europas uralten *Widerstreit von weltlicher und geistlicher Herrschaft in einem modernen Gewande.* Es wird sich zeigen, daß die sozialen Strukturen sowie die Handlungs- und Denkformen einer neuen Herrschaftsgruppe bis ins einzelne – man ist versucht zu sagen: in geradezu lächerlicher Ähnlichkeit – den Herrschafts- und Handlungsformen des Klerus in früheren Zeiten entsprechen und daß eine Soziologie, Psychologie und Wissenstheorie der Klerikerherrschaft die aufschlußreichsten Kategorien zum Verständnis der modernen Intellektuellenherrschaft bieten. Wir wollen diesen alten Gegensatz von geistlichem und weltlichem Herrschaftsanspruch vorläufig in dem modernen *Widerstreit von »Intellektuellen« und »Arbeitern«* vergegenwärtigen, wobei wir beide Begriffe im weiteren konkretisieren und neu bestimmen werden.

Überlagert wird diese Herrschaftsauseinandersetzung durch den in allen industrialisierten Gesellschaften europäischen Stils aufbrechenden Klassengegensatz an Hand der neuen Produktionsmittel der technisch-arbeitsteiligen Güterproduktion. Dieser Interessengegensatz trat zunächst in einer Klassengegnerschaft von industrieller Arbeiterschaft und unternehmerischem Bürgertum, von »Proletariat« und »Bourgeoisie«, zutage; durch die technischen Fortschritte, die reformerische Sozialpolitik, vor allem aber durch die politische Demokratie und eine die wirtschaftliche Macht der Unternehmen ausgleichende wirtschaftliche Machtstellung der Gewerkschaften treten in den entwickelten Industriestaaten die Spannungen des »alten Klassenkampfes« zunehmend zurück. An seine Stelle schiebt sich ein *»neuer Klassenkampf«*, der auf der Herausbildung einer neuen Klasse beruht: Die in der marxistischen Schematisierung der modernen Sozialgeschichte zumeist übersehene oder bewußt vernachlässigte Gruppe der »Gebildeten«, der akademisch ausgebildeten und in geistigen Überzeugungen und Verpflichtungen handelnden Berufe, der die »Aufklärung« der modernen Zeiten und daher nicht zuletzt auch jene Entwicklungen zu verdanken sind, die den »alten Klassenkampf« entschärften, ist in die Frontenstellung dieses Klassengegensatzes nie befriedigend eingeordnet worden, ja, sie wurde vor einem halben Jahrhundert (von Alfred Weber und Karl Mannheim) noch ausdrücklich als eine gegenüber diesen Interessenfestlegungen und ihren ideologischen Fronten »freischwebende Intelligenz« bestimmt. Dies hat sich entscheidend geändert: Die außerordentlich gewachsene Bedeutung der Vermittlung von Information, von Nachrichten, wissenschaftlichen Erkenntnissen, Ausbildungs- und Orientierungswissen in einer komplexen und großorganisatorischen Gesellschaft ermöglicht es dieser Gruppe, sofern sie diese neuen Formen des Produktionswissens und der Herrschaftsmittel mit einer eigenen sozialen und politischen Zielsetzung verbindet, einen neuen Herrschaftsanspruch durchzusetzen und sich in der Monopolisierung dieser Produktions- und Herrschaftsmittel neuer Art als neue Klasse zu begründen. Auf der Grundlage der Beherrschung und Monopolisierung dieser polit-ökonomischen Wirkungsmöglichkeiten und in Verbindung mit einer neuen »Heilslehre« bildet sich eine *neue Klasse der politisch und ökonomisch sich durchsetzenden »Sinn-Vermittler« und »Heilslehrer«* heraus, die sich im interessenhaften Klassengegensatz zu allen denen befinden, die der Produktion von Gütern im Sinne der

Lebensbefriedigung, des Wohlstandes und des Funktionierens eines gesellschaftlichen Systems dienen. Es ist ein Klassengegensatz, den wir vorläufig auf die Formel der *Auseinandersetzung zwischen der Klasse der »Sinn- und Heilsvermittler« mit den »Produzenten von lebenswichtigen Gütern«* bringen wollen.

Da Klassenkampf immer auch Herrschaftskampf ist, beziehen sich diese beiden soziologischen Deutungen auf die gleichen Erscheinungen, und die an Hand der Gegensätzlichkeit von Führungsansprüchen und Lebensinteressen sich bildenden und bekämpfenden Herrschaftsgruppen und Klassen sind unter beiden Bezeichnungen als identisch anzusehen. Die neue Herrschaftsgruppe und Klasse hat alles Interesse daran, zu verhindern, daß ihr politischer und sozialer Herrschaftsanspruch unter diesen Begriffen als ein neuer Klassenkampf bewußt wird; da ihre Herrschaftsausübung vor allem die Bereiche der »Bildung«, der »Öffentlichkeit« und der »Information« umfaßt, d. h. auf die Beherrschung des Bewußtseins der anderen zielt, gelingt ihr diese Verdeckung oder Maskierung, die nicht nur auf ihre Gegner, sondern auch auf ihre Mitläufer wirken soll, in hohem Maße. Aus diesem Grunde hat diese neue Herrschaftsgruppe ein Interesse daran, die Fronten des »alten Klassenkampfes« ideologisch in einer Härte aufrecht zu erhalten, die den Interessen gerade der arbeitenden Schichten unserer Gesellschaft in keiner Weise mehr entspricht. Das Image des Linksextremismus oder »konsequenten« Marxismus bietet einen Vorhang, hinter dem ein »autonomer« Herrschaftsanspruch aufgebaut und ein neues Klasseninteresse zum Zuge kommen kann, das sich wenigstens vorläufig Beifall und Zulauf der Arbeiterseite der alten Klassenfront sichern zu können glaubt. Auf die Gegner wirkt diese ideologische Selbstdeutung ablenkend, was sich nicht zuletzt heute schon darin zeigt, daß man das Emporkommen einer neuen Herrschaftsklasse verkennt und auf eine von ihr selbst inszenierte ideologische Auseinandersetzung von »Links« und »Rechts«, von »Sozialisten« und »Kapitalisten«, von »Radikalen« und »Gemäßigten« im Sinne des 19. Jahrhunderts eingeht.

Diese vordergründige und ablenkende Auseinandersetzung auf dem Gebiete der Ideologie verkennt nicht nur die soziale Wirklichkeit der sich anbahnenden neuen sozialen Gegnerschaften, sie unterschätzt vor allem die tiefen geistigen und anthropologischen Wurzeln des neuen Klassen- und Herrschaftskampfes. Der Begriff der Ideologie mit seinen Gesinnungsentscheidungen zwischen Sozialismus und Kapitalismus, zwischen Progressivismus und Konservativismus und was dergleichen abstrahierte politische Ordnungsvorstellungen noch mehr sind, die sich alle im Rahmen der aufgeklärten politischen Demokratievorstellungen halten, zu welchen Herrschaftskonstellationen sie auch kommen, wird dem Einfluß und dem Herrschaftsanspruch von »Heilslehren« auf das »weltliche Regiment« nicht gerecht. Er lotet die Tiefendimension nicht aus, die religiöse Glaubenssysteme in den Lebenserwartungen und -entscheidungen der Menschen haben. Die christliche Heilslehre war eben niemals nur auf eine Ideologie der Priesterherrschaft zu verkürzen; dieses (von Voltaire über Feuerbach und Marx bis zu Max Bense reichende) Mißverständnis sieht sozusagen nur die »weltliche« Funktion einer Heilslehre, wie überhaupt die Methode des Ideologieverdachtes eben nur gegen die politisch-ökonomische Interessenbestimmtheit eines Handelns anzuwenden ist. Wer meint, damit auch die Wurzeln dieses Herrschaftsanspruchs in den Seelen der Menschen abgraben und ausreißen zu können, fällt einer intellektuellen Selbsttäuschung zum Opfer.

So darf man auch die Haltung, die die politischen Herrschaftsansprüche dieser neuen Klasse der »Heils- und Sinnvermittler« stützt, nicht nur als politische Ideologie begreifen, sondern muß in ihr einen tiefer greifenden grundsätzlichen Lebensanspruch sehen, muß sie als ein das ganze Verhalten des Menschen bestimmendes Grundverhältnis zur Wirklichkeit verstehen, das nicht anders als »religiös« genannt werden kann. In der Tat drängen sich Begriffe der längst überholt geglaubten »Metaphysik« als einzig angemessene Formen ihres Verständnisses auf. Daß es sich dabei um eine andere Religiosität handelt als um den christlichen Heilsglauben ist deutlich, ja, diese *neue Religiosität* ist nur zu verstehen als die Dauerhaftigkeit religiöser Grundbedürfnisse, nachdem das Scheidewasser der Aufklärung und Säkularisation die spezifisch christlichen Glaubensinhalte von diesem religiösen Heilsbedürfnis ersetzt und abgespalten hat. Zur Anerkennung dieses Tatbestandes ist allerdings eine für das abendländische Selbstverständnis schwer zu vollziehende Trennung von Religion und Christentum erforderlich (eine Abgrenzung, die Autoren wie Dietrich Bonhoeffer und seine unmittelbaren Interpreten wie z. B. Oskar Hammelsbeck für die evangelische Theologie vollzogen haben). Die Einsicht, daß eine neue »säkularisierte« Religiosität, eine *»gesellschaftliche Religion«*, sich ausbreitet, und nicht nur eine mit Glaubensbedürfnissen versetzte politisch-soziale Ideologie, ist erforderlich, um den breiten Rückhalt richtig einzuschätzen, den ein auf dieser neuen Sozialreligion aufbauender Herrschaftsanspruch und Klassenkampf für sich aufbieten kann. Eine soziologische Deutung, die sich verständlicherweise vor allem auf die politischen und sozialen Strukturwandlungen bezieht, würde zu kurz schließen, wenn sie nicht diese metaphysisch-religiösen Kraftquellen der neuen historischen Auseinandersetzungen mit in Rechnung stellte.

Geschichtlich gesehen findet mit diesem neuen Herrschaftsanspruch und dieser neuen Klassenbildung ein *rückläufiger Prozeß*, eine »Reprimitivisierung«, gegenüber der zumindest seit der Aufklärung vor sich gehenden Entmachtung religiös-klerikaler Herrschaftspositionen statt; ein neuer intellektueller »Klerus« versucht, die »weltlichen« Geschehnisse, das politische und wirtschaftliche Handeln, zu seinen Gunsten und nach seinen Zielvorstellungen in den Herrschaftsgriff zu bekommen. Diese geistes- und sozialgeschichtliche Deutung mag befremdlich erscheinen angesichts des Anspruchs gerade dieser neuen Herrschaftsgruppen, ihrerseits die legitimen geistigen Erben der Aufklärung darzustellen. Dieses geschichtliche Umschlagen der kritischen Aufklärungsphilosophie in einen religiösen Herrschaftsanspruch – man könnte auch sagen: diese geschichtliche Dialektik – beruht darauf, daß die Gegner der Aufklärungspolemik, nämlich die dogmatisch-christliche Theologenherrschaft und eine die Freiheitsbedürfnisse des Individuums stark beschränkende Allmacht eines absoluten Staates und seiner Staatsräson, inzwischen ihre Stellungen haben räumen müssen, so daß die politisch-sozialen Angriffshaltungen der geistesgeschichtlichen Polemiken der Aufklärung in Wirklichkeit ins Leere stoßen. Eine kritisch-aggressive Haltung ohne reale Substanz eines Gegners schlägt fast automatisch in einen Herrschaftsanspruch um, der von der Illusion und der künstlichen Erzeugung der alten Gegnerschaften lebt. Die Einsicht in diesen sozialen Mechanismus macht deutlich, in welcher Weise die Argumente der kritischen Aufklärungsphilosophie in die Bewußtseinsfront eines neuen intellektuell-klerikalen Herrschaftsanspruches umfunktioniert werden können.

Diese Entwicklungen bewußt und verständlich zu machen, stellt sich diese Untersuchung zur Aufgabe.

I. Teil: Herrschaft

1. Grundbegriffe und Leitfragen der Herrschaftssoziologie nach Max Weber

Um die gegenwärtigen Auseinandersetzungen zwischen bestimmten Intellektuellengruppen und den anderen Teilen der Gesellschaft als einen Herrschaftskampf begreifen zu können, gilt es zunächst zu klären, was wir unter »*Herrschaft*« verstehen wollen. Da diese Darlegungen nicht nur für ein soziologisches Fachpublikum geschrieben sind, scheint es uns erforderlich zu sein, einige soziologische Grundbegriffe, mit denen wir arbeiten werden, gemeinverständlich zu erläutern. Wir wollen dabei an die in unserer Wissenschaft fast klassisch zu nennenden Begriffsbestimmungen *Max Webers* über Macht und Herrschaft anknüpfen.

»*Macht* bedeutet jede Chance, innerhalb einer sozialen Beziehung den eigenen Willen auch gegen Widerstreben durchzusetzen, gleichviel worauf diese Chance beruht.« Diese hochabstrakte Begriffsbestimmung Webers von »Macht« erlaubt es, sehr verschiedene Erscheinungen darunter zu verstehen: Der Flugzeugentführer, der mit vorgehaltener Pistole die Piloten zur Kursänderung zwingt, übt ebenso »Macht« aus wie der Staat, der durch Verkehrsstreifen der Polizei ein Beachten der Verkehrsregeln erzwingt oder ein von jugendlichen Kommunen besetztes Haus durch die Polizei räumen läßt; eine im demokratisch-pluralistischen Parteienstaat gewählte Regierung übt ebenso »Macht« aus wie ein Besatzungsregime, das mit Waffengewalt ein Territorium erobert hat und seine Bevölkerung kommandiert; ein Unternehmen, das monopolistisch in einem Markt die Preise festsetzen kann, die andere bezahlen müssen, übt ebenso »Macht« aus wie die Docker-Gewerkschaften, die durch Streik und Einschüchterung die Häfen Großbritanniens lahmlegen; ein Prediger, der seine Gemeinde ermahnt, ein Professor, der seinen Hörern seine Erkenntnisse verkündet, jede Zeitung oder jedes Fernsehen, die Urteile oder Meinungen vermitteln und damit das Handeln der Leser, Zuhörer oder Zuschauer beeinflussen, üben »Macht« aus; jeder Arzt, der seinen Patienten Verhaltensvorschriften zur Gesundung gibt, übt ebenso »Macht« aus wie die umworbene Frau, die ihren Anbeter zu Anstrengungen, ihre Gunst zu erlangen, veranlaßt. Wenn wir in Partei- oder Gewerkschaftsversammlungen und ihren Publikationen, in Rundfunk- und Fernsehsendungen, in Universitätsgremien oder im Schulunterricht die beredte Anklage gegen die »Macht der anderen« erleben, wird es uns selten deutlich, daß eben der Redner oder Lehrer »Macht für sich« erstrebt und ausübt.

Mit Recht hat Max Weber daher den Begriff der »Macht« für zu vieldeutig gehalten, als daß er zu soziologischen Erkenntnissen beitrüge. »Alle denkbaren Qualitäten eines Menschen und alle denkbaren Konstellationen können jemand in die Lage versetzen, seinen Willen in einer gegebenen Situation durchzusetzen.« »Macht« ist also in der allgemeinsten Bedeutung dieses Begriffes nur der Tatbestand, daß eine Person, eine Gruppe oder Institution Einfluß auf andere Menschen dahin ausüben kann, daß diese den Willenserklärungen oder Ansprüchen dieser eine Führung beanspruchenden Personen in ihrem Verhalten folgen, aus welchen Gründen auch immer dies geschieht.

Um diese allgemeine soziale Erscheinung, daß Menschen sich nach dem Willen anderer richten und diese damit Einfluß ausüben, auf das für die soziologische Analyse Wesentliche und Praktikable zu beschränken, verengt Max Weber den Begriff der »Macht« auf den Begriff der *Herrschaft* und versteht darunter nur die Formen der Machtausübung, die einerseits von den »Machtunterworfenen« ausdrücklich bejaht und anerkannt werden, andererseits sich in dauerhaften sozialen Einrichtungen und Regeln niederschlagen, die von den im sozialen Zusammenhang gemeinsam lebenden und handelnden Personen, z. B. der Bevölkerung eines Staates, einer Stadt oder Gemeinde, als die soziale Ordnung betrachtet werden, in denen ihr Leben abläuft. Mit dieser präziseren Fassung des Begriffs der »Herrschaft« fallen darunter schon nicht die »Macht« des Flugzeugentführers, der hausbesetzenden Kommune, des sich Vorfahrt erzwingenden aggressiven Autofahrers, der militärischen Besatzungsmacht oder die erotische Macht einer Frau. »Zustimmung« der Machtunterworfenen und »dauerhafte Ordnungseinrichtung« als Bedingungen der Herrschaft, in der Soziologie als »Legitimation« und »Institutionalisierung« der Herrschaft thematisiert, beschränken diesen Begriff auf eine Form der Machtausübung, die wir als *politische Herrschaft* kennzeichnen können.

Max Weber versucht zunächst diese beiden Gesichtspunkte in einem Begriff zu vereinen, indem er definiert: *»Herrschaft* soll heißen die Chance, für einen *Befehl* bestimmten Inhalts bei angebbaren Personen *Gehorsam* zu finden.« In dieser Begriffsbestimmung verengt die veraltete Wortwahl der Wechselbeziehung von »Befehl und Gehorsam« die Bedeutung allzusehr: Der Begriff des »Befehls« hat sich längst auf bestimmte Institutionen und auf bestimmte Formen des »Gehorchens« verengt, als daß er noch die Breite der hier gemeinten politisch-sozialen Beziehungen verständlich machen könnte (wer die angelsächsischen Verhältnisse kennt, wird wissen, daß die Formel »That's an order«, »das ist ein Befehl«, sich nur auf quasi-militärische Anordnungen bezieht; mit Recht definiert daher das klassische Werk der englischen Synonyme und Antonyme: »Soldiers, sailors and railroad employees have simply to obey *orders* of their superiors, without explanation or question«); es handelt sich vielmehr um Handlungsanweisungen im Rahmen eines bestimmten institutionalisierten Handlungsfeldes, denen zumeist und normalerweise gefolgt wird, weil die Adressaten dieser Anweisungen ihnen im Grundsatz zustimmen und damit die Anweisungskompetenz anerkennen, bei denen aber in dem Ausnahmefall, daß die Handlungsvorschrift nicht befolgt wird, der Anweisende auch (Macht-)Mittel besitzt, seinen Willen durchzusetzen (oder den Widerstrebenden aus diesem Handlungsfeld auszuschließen). Dieses Verhältnis ist am wichtigsten politischen Handlungsbereich, am staatlichen Handeln, leicht zu verdeutlichen: Die im Staat »Herrschenden« (z. B. Parlament, Regierung und ihre Behörden) geben »Befehle« in Form der Gesetzgebung und Verwaltungsanordnungen; die der »Herrschaft« unterworfenen Staatsbürger gehorchen diesen Gesetzen, weil sie – unabhängig von ihrer Meinung über den Wert und Sinn der einzelnen Gesetze oder vieler Anordnungen – der gesetzlich verbürgten staatlichen Ordnung, in der sie leben, zustimmen; wo aber ein Staatsbürger sich nicht nach den staatlichen »Befehlen«, nämlich den Gesetzen, richtet, hat der Staat Zwangsmittel in Gestalt der Justiz und Polizei, die, wenn nötig mit Gewalt, diese Gesetze durchsetzen oder den Betreffenden vom staatsbürgerlichen Handlungsfeld ausschließen, d.h. zum Beispiel ihn »einschließen«.

Um »Herrschaft« näher zu bestimmen, stellt daher Max Weber folgende drei grundsätzliche Fragen:

a) Welches sind die *Mittel der Machtausübung*, die den Herrschenden zur Verfügung stehen?

b) Welches sind die *Motive der Zustimmung* der Beherrschten zur Machtausübung der Herrschenden, also der Anerkennung

(Legitimation) der Macht, die diese damit zur bejahten, d.h. legitimen Herrschaft, machen?

c) Welches sind die sozialen Formen, die diese Herrschaft *auf Dauer stellen, d. h. institutionalisieren* und damit den Machtkampf weitgehend zurückstellen zugunsten anderer sozialer Aktivitäten der Gruppen oder der einzelnen?

Diese Fragen umreißen die Grundprobleme einer politischen Soziologie: *Macht – Herrschaft – Legitimität – Institution.*

Allerdings sei hier schon darauf hingewiesen, daß zwei Fragen, die nach dem Schema dieser Problemstellungen aufgeworfen werden müßten, von M. Weber nicht gestellt werden, nämlich:

d) Welches sind die *Motive der Herrschenden zur Herrschaft,* also die Leitideen oder Zwecke der Herrschaft? und

e) Welches sind die *Machtmittel, die den Beherrschten* auch oder gerade in einer legitimen Herrschaft zur Verfügung bleiben?

Diese Fragen umreißen weitere wichtige Grundprobleme der politischen Soziologie, nämlich die Thematik der *Leitideen der Institutionen,* so z.B. die grundsätzlichen Staatszwecke oder des »Sinns« von Politik überhaupt, und das Thema der *Teilnahme an der Herrschaftsgewalt* sowie der *Widerstandsmöglichkeiten der Beherrschten* bis hin zur *Revolution.* Diese ergänzenden Fragen sind für unsere weiteren Ausführungen wichtig; weshalb sie Max Weber nicht aufgeworfen hat, soll später geklärt werden.

Seine drei Grundfragen zur Herrschaft hat Max Weber in umfangreichen und berühmt gewordenen Analysen soziologisch beantwortet; als Modell der Herrschaft diente ihm dabei vor allem der *moderne Staat,* wie er sich seit der Renaissance bis in unser Jahrhundert entwickelt hat. Wir können, da wir kein Buch über Max Weber schreiben wollen, hier nur kurz die Richtung der Antworten auf die gestellten Fragen umreißen.

(zu a): Als Machtmittel des Staates bestimmt Max Weber die *Anwendung physischer Gewalt* oder zumindest ihre Androhung; dabei macht das Kennzeichen der modernen staatlichen Herrschaft aus, daß der Staat diese Anwendung physischer Gewalt oder physischen Zwanges sich allein vorbehält und allen anderen Personen, Gruppen oder Institutionen verbietet. Die Anwendung physischen Zwanges wie z.B. Verhaftung, Gefängnis, im Falle des Krieges auch Tötung von Personen, sind allein den Staatsorganen vorbehalten, also berechtigt (legitim) nur seitens des staatlichen Militärs, der Polizei oder der Justiz. Auch

mildere Bestrafungen eines den staatlichen Handlungsvorschriften (Gesetzen und Anordnungen) zuwiderlaufenden Verhaltens wie z.B. Geldstrafen, Berufsentlassungen und andere Sanktionen behält sich im Grundsatz der Staat vor und delegiert ihre Anwendung durch andere Institutionen nur im Rahmen der von ihm erlassenen Gesetze. Man kann also durchaus sagen, daß *letzthin* diese Monopolisierung der Gewaltanwendung durch den Staat und seine Organe die Durchsetzung, d.h. das Gelten der Gesetze garantiert, wenn man in Rechnung stellt, daß die Gewaltanwendung nur im Konflikt- und d.h. im Ausnahmefall zum Zuge kommt. Die Androhung und die Monopolisierung der Gewaltanwendung, ihre immer verfügbare Möglichkeit, schaffen aber gerade den Tatbestand, daß politisch-staatliche Herrschaft sich *im Normalfall friedlich* abspielt, nämlich durch geregelte Gesetzgebung und Verwaltung jeweils im weitesten Sinne des Wortes. Die staatliche Herrschaft würde ihren Sinn verlieren, wenn sie nicht die Anwendung von Gewalt zur Ausnahmesituation, das friedliche und Frieden schaffende Durchsetzen staatlicher Handlungsziele zum Normalfall machte. Daß dies, letzthin mit der Androhung oder Anwendung von Gewalt, erreicht wird und eine *legitime Ordnung friedlichen sozialen Verhaltens* schafft, ist die Hauptaufgabe des Staates.

2. Der Legitimitätsglaube

Damit sind wir bereits bei der Frage, weshalb »Herrschaft« von den Beherrschten anerkannt wird, d.h., aus welchen Gründen die Menschen, z.B. die Staatsbürger im Staat, den »Befehlen« der politischen Autoritäten gehorchen (zu b). Max Weber schreibt dazu: »Herrschaft (›Autorität‹) in diesem Sinn kann im Einzelfall auf den verschiedensten Motiven der Fügsamkeit: von dumpfer Gewöhnung angefangen bis zu rein zweckrationalen Erwägungen beruhen. Ein bestimmtes Minimum an Gehorchen*wollen*, also: *Interesse* (äußerem oder innerem) am Gehorchen, gehört zu jedem echten Herrschaftsverhältnis.« Selbstverständlich hat Max Weber gesehen, daß bei vielen Ursachen, Motiven und Gründen, die das menschliche Handeln bestimmen, auch die Einordnung des Menschen in das politische Ordnungs- und Herrschaftsgefüge niemals aus einer einzigen Handlungsquelle, von nur einem

Motiv oder Interesse her, erfolgt. Ich kann einer bestimmten politischen Herrschaft zustimmen und den Anordnungen ihrer Organe folgen, weil sie materielle Vorteile wie z.B. Schutz vor Angriffen, wirtschaftlichen Gewinn, soziale Sicherheit usw. bieten; ich kann mich der Herrschaft einfügen, weil ich es so gewohnt bin, zu diesen Einstellungen erzogen wurde und sie niemals in Zweifel gestellt habe; ich kann aber auch zu dieser Bejahung einer bestimmten Herrschaft kommen, weil ich mich mit der herrschenden Gruppe identifiziere, dem Adel oder dem Proletariat, oder weil ich in ihr Werte verkörpert sehe, die ich im politischen Leben am höchsten schätze, wie z.B. die Größe der Nation, die Idee des Sozialismus usw.; und sicherlich nimmt jedermann heute zu den verschiedenen Handlungen und Maßnahmen staatlicher Autoritäten aus allen hier aufgeführten Reaktionen Stellung. Eine solche gleichsam punktuelle Zustimmung zu einzelnen Herrschaftsakten aber würde den sowohl von den Herrschenden wie den Beherrschten erstrebten Bestand einer dauerhaften und stabilen politischen Ordnung nicht verbürgen; beide Seiten haben ein grundsätzliches Interesse an der Dauerhaftigkeit oder Stabilität der legitimen Ordnung. Daher summieren sich die Akte der Zustimmung bei den Beherrschten zu einer Grundüberzeugung, die den Charakter eines prinzipiellen Anerkennungsbewußtseins gegenüber der politischen Herrschaft erhält, in der man lebt und leben will. Max Weber nennt das den »*Legitimitätsglauben*«: »Aber Sitte oder Interessenlage so wenig wie rein affektuelle oder rein wertrationale Motive der Verbundenheit könnten verläßliche Grundlagen einer Herrschaft darstellen. Zu ihnen tritt normalerweise ein zusätzliches Moment: der *Legitimitäts*glaube. Keine Herrschaft begnügt sich, nach aller Erfahrung, freiwillig mit den nur materiellen oder nur affektuellen oder nur wertrationalen Motiven als Chancen ihres Fortbestandes. Jede sucht vielmehr den Glauben (!) an ihre ›Legitimität‹ zu erwecken und zu pflegen.«

Diesen Legitimitätsglauben, der in einer nicht mehr dem Zweifel unterworfenen, ja weitgehend nicht mehr bewußten »Hintergrundsideologie« (Gehlen) das »Gelten« der Herrschaft und ihrer Akte begründet, hat Max Weber einer berühmt gewordenen Typologisierung unterzogen: »Es gibt drei *reine* Typen legitimer Herrschaft. Ihre Legitimitätsgeltung kann nämlich primär sein: 1. *rationalen* Charakters: auf dem Glauben an die Legalität gesatzter Ordnungen ... ruhen (legale Herrschaft) – oder 2. *traditionalen* Charakters: auf dem Alltagsglauben an die Heiligkeit von jeher geltender Traditionen ... ruhen (traditionale Herr-schaft) – oder endlich 3. *charismatischen* Charakters: auf der außeralltäglichen Hingabe an die Heiligkeit oder die Heldenkraft oder die Vorbildlichkeit einer Person ... (charismatische Herr-schaft).« Diese einprägsame Typologie, die in ihrer analytischen Fruchtbarkeit zumeist überschätzt wird, hat Weber dazu be-nutzt, die verschiedenen geschichtlichen Formen der politischen Herrschaft nach ihrer psychologischen Verwurzelung im Ver-halten der Beherrschten zu ordnen.

Vor allem aber leitet er daraus eine durchaus werthaft gemeinte geschichtliche Rangfolge von Herrschaftsbegründungen ab: Der moderne Staat, ja jede moderne politische Herrschaft, beruht auf der Grundüberzeugung der Beherrschten, daß Herrschaftsbesitz und Herrschaftsübung sich nach einsehbaren und im voraus bestimmten Regeln zu richten hat, nach einer »gesatzten Ord-nung«, im Staat also nach einer mit Zustimmung (Konsensus) der überwältigenden Majorität der Betroffenen in Geltung gesetzten Verfassung (was sowohl für die konstitutionelle Monarchie wie für den pluralistischen Parteienstaat oder den totalitären Partei-enstaat östlicher und westlicher Prägung gilt). Gegenüber dieser an *Legalität* gebundenen Herrschaft hält Weber alle Herrschaft, die auf bloßer Anerkennung von Tradition, auf Sitte und Ge-wohnheit, beruht, für ebenso antiquiert wie politische Herr-schaft, die sich auf die emotionelle Hingabe an die außergewöhn-lichen und gleichsam übermenschlichen Eigenschaften eines »Führers« stützt. Allerdings weiß Weber, daß er hier nur »reine Typen« in dem Sinne abstrahiert hat, daß die geschichtliche oder gegenwärtige Wirklichkeit diese Momente immer vermischt auf-weist: Schon die Monarchie, die Herrschaft eines Königs oder Kaisers, in der europäischen Geschichte weist alle drei Arten der Herrschaftsbegründung auf: die traditionelle Anerkennung ei-nes Herrscherhauses (le Roi est mort, vive le Roi), die charismati-sche Erhöhung des Königs (der durch Handauflegen heilen konnte oder vielfach zugleich oberster Priester war) und schließ-lich der »verfassungsmäßige« König in der Regel des Erbfolge-rechts oder in der konstitutionellen Monarchie.

Im Grunde genommen können wir diese Grundhaltungen der Herrschaftszustimmung noch in jeder Wahl im demokra-tisch-parlamentarischen Vielparteienstaat bemerken: die Wäh-ler, die ihre Stimme nach Tradition und Gewohnheit ab-geben, die sogenannten »Stammwähler«; die Wähler, die nach ihrem Glauben an die besondere Qualität einer führenden Person stimmen, wovon in der Bundesrepublik z. B. Adenauer und Brandt profitierten, Ollenhauer und Barzel behindert wurden; und schließlich das rationale Motiv der Legalität, das zumindest negativ die im Verdacht der Verfassungsgegnerschaft stehenden Parteien eindeutig ablehnt, im übrigen in der Zustimmung zu einzelnen, sich zur Wahl anbietenden Herrschaftsgruppen aber als rationale Abstimmung nach kalkulierten Interessen oder abwägenden Beurteilungen der Regierungsfähigkeit zum Zuge kommt (sicher im höchsten Maße bei den sogenannten »Wechsel-Wählern«).

Wir wollen aus dieser Erörterung der Legitimität der Herrschaft einige andere Folgerungen ziehen, die für unsere weitere Darstellung wichtig sind:

Während »Macht« für Max Weber ein einseitiges Verhältnis darstellt, in dem ein Mächtiger einen Unterlegenen zwingt, seinem Willen zu folgen, also einen *Konflikt* bezeichnet, ist »Herrschaft« für ihn von vornherein ein Gegenseitigkeitsverhältnis, an dessen Herstellung und Bestand beide Seiten ein Interesse haben, das daher einen *Kooperationsvorgang* bezeichnet. Das gemeinsame Ziel beider Seiten in dieser Kooperation der »Herrschaft« ist die Herstellung einer dauerhaften »legitimen Ordnung« friedlichen sozialen Verhaltens, wobei von den Beherrschten ausdrücklich anerkannt wird, daß im Falle von Verstößen und Konflikten gegen die als legitim erklärte Ordnung die Herrschenden Zwang, im äußersten Falle auch Gewalt, zur Wiederherstellung dieser Friedensordnung anwenden können und sollen. Nimmt man ein bekanntes fachsoziologisches Begriffspaar, das der »manifesten und latenten Funktionen« (Merton) zur Klärung zu Hilfe, so kann man sagen, daß Herrschaft die »manifeste Funktion« hat, den friedlichen Ablauf sozialen Verhaltens zu sichern durch die als Möglichkeit immer »latente Funktion« der Schlichtung von Konflikten und Wiederherstellung der legitimen Ordnung durch Machteinwirkung. Man könnte es auch so formulieren, daß die Aufgabe der möglichen (latenten) Gewaltanwendung in einer Herrschaft geradezu darin besteht, Gewalt »latent« zu halten, also in den Bereich der Unnormalität und bloßen Möglichkeit zu verweisen, um den »Normalfall« der »legitimen Ordnung« zu sichern, die das friedliche soziale Verhalten bedeutet. Oder kurz gesagt: In der »Herrschaft« wird Machteinwirkung in Form von einseitiger Gewaltanwendung beschränkt auf und gerechtfertigt durch ihre Funktion, den Frieden zu schaffen.

Diese Auffassung von Herrschaft bei *Max Weber* entspricht übrigens genau ihrer Rechtfertigung in der Philosophie *Immanuel Kants:* Wie die meisten Sozialphilosophen der Aufklärung versteht er Herrschaft als ein Gegenseitigkeitsverhältnis, als »Vertrag«, in dem beide Seiten Rechte und Pflichten auf sich nehmen. *Thomas Hobbes* hat diesen »Herrschaftsvertrag« in Worten beschrieben, die Max Weber vorwegnehmen, nämlich als die gegenseitige Verpflichtung von »Schutz und Gehorsam«, also von der Leistung der Sicherheit, Ordnung und des Friedens von der einen, der Befolgung der Herrschaftsanordnung von der anderen Seite. Indem Kant, der von der größtmöglichen Freiheit des Individuums als Ziel der sozialen Ordnung ausgeht, sieht, daß die freie Selbstbestimmung des einzelnen über seine Handlungen seine Grenze dort finden muß, wo damit die Freiheit des anderen eingeschränkt oder unterdrückt wird, muß er eine Abgrenzung der Freiheitsräume des einen gegenüber denen des anderen fordern. Dies war für ihn die Hauptaufgabe des *Rechts,* und zur Aufrechterhaltung dieser Rechtsordnung bejahte er den Staat als Herrschaftsgewalt und die Verpflichtung des Bürgers zum »Gehorchen«. Oberstes Ziel, Aufgabe und Rechtfertigung des Staates zugleich war die allein ihm als Herrschaftsgewalt zugeschriebene Fähigkeit, mit den Mitteln des Rechts den sozialen Frieden herzustellen.

Diese Ausführungen sind keineswegs nur geistesgeschichtlich und begriffsklärend gemeint; ihre Gegenwartsbezogenheit und ihre Bedeutung für das hier behandelte Thema wird durch einen den Ausführungen vorgreifenden Hinweis deutlich: Eine Sozialwissenschaft wie die jüngere deutsche Soziologie, und zwar keineswegs nur die neomarxistische, sondern in ganzer Breite bis hin zu den als »konservativ« angesehenen Autoren, die – mit sehr wenigen Ausnahmen – die Unterscheidung zwischen »Macht« und »Herrschaft« bewußt einebnet; die sich vordringlich der Analyse von »Machtpositionen« widmet und die Fragen der Legitimität und des Rechts als grundlegende soziale Strukturen verdrängt, das Recht überhaupt nur in der verengten Form einer »Justizsoziologie« behandelt, wobei dann der Aufdeckung der in der Justiz enthaltenen Machteinwirkungen von Gruppen oder einzelnen noch das Hauptaugenmerk geschenkt wird; eine solche »Macht«-Soziologie zieht die »latenten Funktionen« in die Aktualität unter Verachtung der Wirklichkeit als Frieden und Ordnung. Ein gleiches gilt für die Entwicklung der Politischen Wissenschaft in Westdeutschland: Während sich diese in den ersten Jahrzehnten nach dem Zusammenbruch der nationalsozialistischen Herrschaft vor allem der Frage der demokratischen »Legitimierung« des Staates zuwandte, sieht sie sich in der jüngeren Entwicklung als bloße »Demokratieforschung« in den Hintergrund gedrängt zugunsten von politischer Macht- und Konfliktforschung. Die zur Zeit publizistisch so aktuelle und höchste staatliche Förderung genießende »Friedens- und Konfliktforschung« überdeckt die philosophisch-wissenstheoretische Grundentscheidung, daß man gerade in Hinsicht sozialer Wirkung entweder das Schwergewicht auf Macht- und Konfliktforschung oder auf Friedens- und Rechtsforschung legen kann.

Weiß man, daß die Grundthemenstellungen der Sozialwissenschaft niemals nur neutral-analytisch bleiben, sondern der von ihnen analysierten politischen Wirklichkeit auch zur Wirkung verhelfen, muß man fragen, wem und welchen politischen Interessen eine solche Entdifferenzierung der seit der Aufklärung erarbeiteten Unterscheidung von Gewalt–Macht–Herrschaft–Recht in der gegenwärtigen westdeutschen Sozialwissenschaft dient. Die Betonung, die einseitig der soziale Konflikt und die Konfliktstrategien in den Hessischen Rahmenrichtlinien zum Unterricht, insbesondere im Fach Gesellschaftskunde, gefunden haben, während die Formen der sozialen Zusammengehörigkeit und Zusammenarbeit (Kooperation) fast unerwähnt bleiben, dient, wie die kritischen Gutachten fast einmütig feststellen, der Vorbereitung sozialer Herrschaftsauseinandersetzungen, also dem Infragestellen der legitimen demokratischen Herrschaft, die als bloße »Macht der Herrschenden«, als »Klassenherrschaft« denunziert wird; die einseitige »Konflikttheorie« tendiert zur Revolution. Ihre Trägerschaft wird der Gegenstand unserer Untersuchung sein.

(Diese einseitige Vorherrschaft des sozialen Konflikts als Grundzug der Gesellschaft herauszustellen, geht auf die »Klassentheorie« Ralf Dahrendorfs zurück, die er in ›Soziale Klassen und Klassenkonflikt in der industriellen Gesellschaft‹, Stuttgart 1957, entwickelte. Die gleiche Kritik von mir bereits 1961 in ›Die Bedeutung des Klassenbegriffs‹ [jetzt in ›Auf der Suche nach Wirklichkeit‹, Düsseldorf 1965, S. 352]. Die Verwendung dieser Theoreme als politische Waffe hat die ursprünglichen Auseinandersetzungen bewußt ausgeblendet. Wir werden auf diese Fragen bei der Behandlung der Rolle der Sozialwissenschaften in den hier untersuchten Herrschaftsauseinandersetzungen zurückkommen, vgl. Teil IV.)

Indem Max Weber nachweist, daß die Zustimmung der Beherrschten zur Herrschaft in der sozialen Wirklichkeit sich zumeist in einem allgemeinen und umfassenden Bekenntnis zur Herrschaftsform und damit in einer Identifizierung der Person mit den Herrschenden in einer Art gesinnungshaften Letztentscheidung gründet, die er mit Recht den »Legitimitäts*glauben*« nennt, deckt er auf, daß das Verhältnis der Beherrschten zur Herrschaft, also z. B. der Staatsbürger zum Staat, vielfach einen quasi-religiösen Charakter annimmt. Glaube, Bekenntnis, Hingabe, Vorstellungen von Ewigkeit, Heiligkeit und Unfehlbarkeit gehen in diese Einstellung der Beherrschten zur Herrschaft, der Staatsbevölkerung zum Staat, zur Regierung und ihren Vertretern und Organen in hohem Maße ein. An dieser Glaubensgründung der Herrschaft haben die Herrschenden in der Tat ein großes Interesse, weil es ihre Herrschaft dadurch dauerhafter stabilisiert, so daß die Gegenseitigkeit der Leistung im Herrschaftsverhältnis, nämlich die Dienste der Herrschaft gegenüber den Beherrschten, nicht einer immer wieder auftauchenden Überprüfung unterworfen werden.

Aber die Herrschenden bezahlen diese Stabilisierung ihrer Herrschaft mit der Notwendigkeit, entweder selbst zur »Glaubensmacht« werden zu müssen oder die Begründung ihrer politischen Herrschaft der Unterstützung durch die primär nicht-politischen »Glaubensmächte«, geschichtlich gesehen also dem jeweiligen religiösen System und seinen Priestern, zu verdanken. Gerade Max Weber als der sicherlich hervorragendste geschichtlich konkret denkende Soziologe hat dieses Zusammenspiel zweier uralter geschichtlicher Herrschaftsmächte, der politischen und der religiösen Herrschaft, eingehend untersucht (vgl. den Teil ›Staat und Hierokratie‹ in seinem nachgelassenen Gesamtwerk ›Wirtschaft und Gesellschaft‹). Die Formen dieses Zusammen- und Widerspiels zweier Herrschaftsformen reichen strukturell von der Einheit politischer und religiöser Herrschaft (wie in Byzanz), der abgestuften Einheit von »Thron und Altar« (im protestantischen Deutschland immerhin bis 1918) über mannigfache Koalitionen bis zu den weltgeschichtlichen Gegnerschaften dieser Herrschaftsgruppen (in der europäischen Tradition dafür kennzeichnend der Jahrhunderte dauernde Kampf zwischen Kaiser und Papst, immerhin sich in Deutschland bis in das Bismarckreich verlängernd, in Frankreich im ganzen 19. Jahrhundert brennend, in Italien bis heute nicht ganz ausgestanden).

Aber man würde das grundsätzliche Problem dieses Herrschaftswiderspruchs und dieser Herrschaftskoalitionen verkennen, wenn man der politischen Herrschaft nur die Priesterherrschaft der christlichen Kirchen entgegenstellte. Während *Kant* noch »die Errichtung einer allgemein das Recht verwaltenden bürgerlichen Gesellschaft« in ihrem Organ des Staates als eine rationale, d. h. zweckbewußte Leistung der individuellen Personen, der »Menschengattung« selbst ansah, wird von Hegel und anderen idealistischen Denkern der Staat bereits wieder als das dem Individuum überlegene »Allgemeine« und als »objektive Sittlichkeit« bestimmt und gegenüber der subjektiv motivierten Person in den Rang des »Absoluten« erhoben. Von hier gehen Wirkungen der »Staats-Vergottung« oder der Tabuierung der staatlichen Macht aus, die sich ebensowohl im preußischen Staats-Überethos wie in der Selbstdarstellung monopolistischer Staatsparteien nationalistischer und kommunistischer Prägung nachweisen lassen. Hier werden Staat oder Partei selbst zur Glaubensmacht und dulden keine anderen »Götter« neben sich.

Man darf aber nicht übersehen, daß die drei Typen des politischen Legitimitätsglaubens Max Webers nicht gleichermaßen »religionsnah« sind: Während die traditionale und vor allem die charismatische Begründung der Herrschaft sich ebenso als Grundbeziehungen des Menschen zur geistlichen Herrschaft, also zu den Kirchen, begreifen lassen, ist dies für die »rationale Legitimitätsgeltung« kaum ohne weiteres zu sagen; Glaubensherrschaft läßt sich nicht als Anerkennung von Verfassungen und Rechtswahrung begründen. Hinter dem »Glauben« an die Richtigkeit der Herrschaft durch Recht und Satzungen und ihrer Wahrung in einer legitimen Ordnung steht gerade die Überzeugung, ja die Forderung, Herrschaftsordnungen »rational-zweckhaft« zu gestalten, sie auf ihre Leistungen für beide Seiten hin ständig zu überprüfen, einseitige Machtverhältnisse auszuschließen, die Herrschaft an ihren Grundzwecken, z. B. dem der Friedenswahrung, zu messen. Diese »rationale« Legitimitätsüberzeugung zielt also gerade auf Abschaffung aller »Gläubigkeit« im Verhältnis der Beherrschten zur Herrschaft, selbst da, wo diese Einstellung ihrerseits in der bewußtseinsentlastenden Form einer »Rationalitäts-Gläubigkeit« auftritt. Hat sich eine solche Grundauffassung der politischen Herrschaft einmal vorwiegend durchgesetzt, wie es in den modernen Staaten westlicher Prägung heute der Fall ist, so kann eine quasi-religiöse Glaubensherrschaft ihr gegenüber nur noch zum Zuge kommen, wenn *»Rationalität« selbst zu einem Glaubensinhalt umgewertet und ihre Anwendung und ihre Kriterien zu einem Herrschaftsmonopol einer bestimmten herrschenden Gruppe werden.* Dies ist der Vorgang innerhalb der modernen politischen Herrschaft, den diese Schrift untersuchen will.

Kehren wir zunächst zurück zu den drei Grundfragen, die Max Weber zur Bestimmung von »Herrschaft« gestellt hat (zu S. 23 f.). Die Kooperationsform »Herrschaft« kann ihre gegenseitigen Leistungen nur erbringen, wenn die in ein Herrschaftsfeld einbezogenen Gruppen ihre gegenseitigen Leistungen *auf die Dauer stellen,* so daß alle Beteiligten in ihren sozialen Handlungen die damit geschaffene Ordnung des betreffenden sozialen und politischen Handlungsfeldes weitsichtig und planend in Rechnung stellen können. Man nennt diesen Vorgang der in die Zukunft reichenden Stabilisierung der sozialen Verhältnisse ihre *Institutionalisierung.* Sie leistet mehreres: Sie drängt die dauernden und aktuellen Kämpfe um Machtausübung, um Herrschaftsanspruch und Herrschaftsunterwerfung zurück zugunsten einer von allen anerkannten Regel, wie Herrschaftsgewalten besetzt und verteilt werden; sie entlastet damit die herrschende Gruppe von der Konzentration auf dauernde Selbstbehauptung als Herrschaftsmacht und ermöglicht es ihr, die Zwecke der Herrschaft für alle in ihrer eigenen Sachgesetzlichkeit zum Zuge kommen und durch einen Verwaltungsstab ausführen zu lassen; dieser ist zwar den politischen Herrschaftsentscheidungen unterworfen, aber an ihnen politisch verantwortlich nicht beteiligt und kann daher sich auf die sachgemäße Ausführung der Herrschaftszwecke konzentrieren. Die Institutionalisierung regelt weiter durch Rechtssetzung und Rechtsfindung den Interessen- und Motivausgleich von Herrschenden und Beherrschten. Insbesondere das letzte Kennzeichen einer Institution, ihr *Recht,* hat die doppelgesichtige Aufgabe, zugleich ihre Stabilität in der Zeit mit ihrer Veränderbarkeit und ihrem Wandel zu vereinen: In jeder Rechtssetzung, die von den Herrschenden aus erfolgt, werden politische Entschlüsse auf Dauer gestellt, nach denen sich Herrschende und Beherrschte gleichermaßen zu richten haben; oder um dies umgekehrt auszudrücken: In jeder Rechtssetzung werden Ansprüche der Beherrschten an die Herrschenden festgelegt, deren Erfüllung mit Mitteln der Herrschaftsgewalt selbst erzwungen werden kann. *An die Stelle des Kampfes um die Macht tritt der »Kampf ums Recht«* innerhalb der Institutionen, ein Vorgang, der von Hobbes über Kant, Lassalle, Jhering bis zu den modernen Theoretikern der Institution als der eigentliche Rationalitätsgewinn moderner Herrschaft angesehen worden ist. *An*

der Bedeutung, die sie dem Recht als dem Königsweg fortschrei-
tender Rationalisierung der Herrschaft zumessen, scheiden sich
die Geister einer politisch-pragmatischen Rationalität, einer
praktischen Vernunft im Sinne Kants, von denen, die »Rationali-
tät« zu einem Glaubensakt machen und darauf ihre Glaubens-
herrschaft auch politisch errichten wollen. Es geht nach wie vor
um die Entscheidung, ob »Staat« oder »Kirche« die Grundform
des sozialen Zusammenlebens bilden.

4. Die Motive der Herrschenden

Wir haben auf Seite 24 darauf hingewiesen, daß Max Weber im
Schema seiner Grundfragestellungen zur Herrschaft zwei sich
systematisch an sich aufdrängende Fragen nicht gestellt hat;
ihnen wollen wir uns jetzt zuwenden!

(zu d): Die Frage nach den *Motiven der Herrschenden* zur und in
der Herrschaft schien Weber zunächst überflüssig, weil er den
Drang der Menschen, einzelner sowie Gruppen, Macht und
Einfluß auf andere auszuüben, wo dies möglich ist, als selbstverständlich gegeben ansah; ohne jede Bemühung um irgendwelche
anthropologischen Einsichten, ob dieser »natürliche« Drang des
Menschen instinktiv gestützt, angeboren oder anerzogen sei, hat
er ihn im sozialen Verhalten des Menschen als so sicher vorhanden angenommen wie den Tatbestand, daß alles Leben zur
Selbstbehauptung strebt, ja, er hat ihn wahrscheinlich als einen
solchen vitalen Selbstbehauptungswillen angesehen. Ohne die
Berechtigung einer solchen Annahme hier weiter zu erörtern,
kann man feststellen, daß sie zur Erforschung der eigentlich
soziologischen Tatbestände sich als erheblich ergiebiger erweist
als die anthropologisch-psychologische Rückwendung auf die
Frage nach den Ursprüngen des Machttriebes oder eines Macht-
verhaltens beim Menschen, die – in sich selbst wissenschaftlich
wertvoll – in die Soziologie zumeist mit unergiebigen und schie-
fen Kurzschlüssen zurückschlägt. Daß der Mensch Macht, d. h.
Einfluß auf das Verhalten anderer Menschen erstrebt, daß also
Herrschaft als ein Grundziel die Behauptung dieser Herrschaft
einschließt, wirft – setzt man dies voraus – erst die wichtigen
Fragen soziologischer Untersuchung auf, nämlich wieweit sich

dieses Grundstreben der Herrschenden nach Herrschaftsbehauptung mit anderen Zwecken oder Zielen ihrer Herrschaft verbindet und von deren Erfüllung abhängt und welche Ursachen, Motive oder sozialen Umstände zu einer Einschränkung oder gar einem Aufgeben des Herrschaftsanspruches führen. (Im übrigen hat auch *Kant* bei einem ganz anderen Denkansatz als Weber in seiner Rechts- und Staatsphilosophie die gleichen Annahmen gemacht: Wenn er als Grundziel der geschichtlichen Entwicklung die freie Selbstbestimmung des Individuums aufstellt, so setzt er selbstverständlich voraus, daß es in der »Natur« des Menschen liegt, der seiner »Willkür« folgt, die Freiheit anderer einzuschränken, d. h. auf sie Macht und Einfluß zu seinen Gunsten ausüben zu wollen; ebendieser Tatbestand führt ihn zur Forderung der »Vernunft«, *Recht* als Beschränkung der »Willkür«, d. h. der Machtansprüche des einzelnen, und als seine Wahrung und Durchsetzung die Herrschaft [des Staates] zu rechtfertigen.)

Es ist also nach den *Zwecken der Herrschaft,* insbesondere der politischen Herrschaft des Staates, durchaus zu fragen, um die Rolle und das Verhalten von Herrschenden zu verstehen.

Max Weber hat diese Fragestellung als unergiebig abgelehnt: »Es ist nicht möglich«, heißt es bei ihm, »einen politischen Verband – auch nicht: den ›Staat‹ – durch Angabe des *Zweckes* seines Verbandshandelns zu definieren. Von der Nahrungsfürsorge bis zur Kunstprotektion hat es keinen Zweck gegeben, den politische Verbände *nicht* gelegentlich, von der persönlichen Sicherheitsgarantie bis zur Rechtssprechung keinen, den *alle* politischen Verbände verfolgt hätten. Man kann daher den ›politischen‹ Charakter eines Verbandes *nur* durch das – unter Umständen zum Selbstzweck gesteigerte – *Mittel* definieren, welches nicht ihm allein eigen, aber allerdings spezifisch und für sein Wesen *unentbehrlich* ist: die Gewaltsamkeit.«

In dieser Anschauung trennen wir uns von Max Weber; die von Hauriou, Malinowski u. a. ausgehende moderne *Theorie der Institution* hat deutlich gemacht, daß jede Institution, so auch jeder politische Herrschaftsverband – worunter wir ausdrücklich nicht nur den Staat, sondern Parteien, supranationale Institutionen, Kommunen und, in diesem Zusammenhang, auch Gewerkschaften, Unternehmen usw. verstehen – grundsätzlichen und ideellen Zielsetzungen unterworfen ist, gleichgültig welche konkreten Zwecksetzungen oder Aktivitäten von diesem Verband aufgenommen werden. Die Gewerkschaften sollen – um ein Beispiel zu nennen – die Interessen der Arbeiter in einer arbeits- und herrschaftsteiligen Wirtschaftsordnung vertreten, eine grundsätzliche Zielsetzung, die ihnen durchaus erlaubt, im Konkreten Kultur- und

Bildungspolitik, Wehr- und Außenpolitik zu betreiben, soweit ihr institutioneller Grundauftrag von diesen politischen Zielsetzungen berührt wird. Dies ist ebenso »legitim« in der Herrschaftsordnung ihres Verbandes wie andererseits deutlich sein dürfte, daß sie damit interessenhaft sehr einseitig gegenüber den Zielen einer der Sache selbst und den gesamtgesellschaftlichen Zwecken einer Kultur-, Bildungs- oder Wissenschaftspolitik, einer Wehr- oder Außenpolitik dienenden politischen Herrschaft handeln und in dieser interessenhaften Einseitigkeit offensichtlich durch andere politische Institutionen beschränkt und ausgewogen werden müssen. Ähnliches gilt selbstverständlich für die verschiedenen Parteien, die »Länder«, die Kommunen, die Herrschaftsverbände der Wirtschaft, der Berufsorganisationen usw.

Diese Ungleichheit und Differenzierung der Grundaufträge und damit der Leitideen der verschiedenen politischen Institutionen macht eine der Arbeitsteilung entsprechende funktionale *Herrschaftsteilung* deutlich, auf die wir gleich eingehen werden.

Zunächst sei betont, daß in diesem Sinne auch die politische Herrschaft schlechthin, der Staat, immer Grundaufträge gehabt und somit an bestimmte grundsätzliche Zwecke immer gebunden war; die im Staat Herrschenden haben die Rechtfertigung ihrer Herrschaft vor den Beherrschten, jene »Legitimitäts-Legende« (Max Weber), nicht vortragen können, ohne eben jene Zwecke zu betonen, die den dauerhaften Interessen der Staatsbevölkerung entsprachen. In diesem Sinne können wir sowohl geschichtlich, vor allem aber für den modernen Staat europäischer Prägung, folgende Grundaufträge oder Leitideen des Staates feststellen: Er dient der Herstellung und Verbürgung von

a) *Frieden,* also der Abwendung von Krieg, Gewalt, Machtwillkür, Verbrechen usw., positiv also einer Lebenserhaltung in äußerer und innerer Sicherheit, in »Ruhe und Ordnung«, im modernen Sinne vor allem als Rechtssicherheit;

b) *Wohlfahrt,* also der Abwendung von Hunger, Elend, Not, im positiven Sinne der materiellen Verbesserung der Lebensumstände, modern gesprochen, einer kollektiven »Daseinsvorsorge«;

c) *Freiheit des Individuums,* also der größtmöglichen Selbstbestimmung der Person in ihrer Lebensführung und der Abweisung von politischen, vor allem aber geistigen Behinderungen, die jeweils individuellen Lebensziele und Glückserwartungen verwirklichen zu können.

Es ist hier nicht der Ort, die umfassende weltgeschichtliche Geltung dieser Grundziele staatlicher Herrschaft eingehender zu verdeutlichen; zumindest die ersten beiden Staatszwecke haben geschichtlich uralte Traditionen: Die Pax Romana des Römischen Reiches war genauso ein Friedensauftrag für einen weltbeherrschenden Imperialismus wie die Friedensforderung die Souveränität, d. h. die Allmacht, des modernen Staates bei Hobbes oder Bodin begründete; schließlich kämpfen heute noch die großen Weltmächte gegeneinander unter dem Anspruch, einen Frieden »in weltbürgerlicher Absicht« herzustellen und werden damit in ihrem Staatsbewußtsein zu Vorkämpfern eben der Idee, mit der Kant und die Aufklärung die Herrschaft des Staates rechtfertigte.

Die staatliche Verpflichtung und Zielsetzung der Wohlfahrtsförderung reicht von den alten ägyptischen Reichen – deren Herrschaftsziele weniger in Kriegen als in Dammbauten und Bewässerungen des Nildeltas, also in der Schaffung von materiellen Grundlagen der Lebenserhaltung, lagen – bis hin zur Wohlfahrtspolitik, die der merkantilistische fürstliche Absolutismus ebenso als Staatszweck ansah wie alle Formen sozialistischer Herrschaft. Aus diesen nur angedeuteten Beispielen wird deutlich, daß diese beiden Grundziele des Staates keine bestimmte Herrschafts*form* des Staates rechtfertigen; gleichwohl wird die Dauerhaftigkeit von Herrschaft sich letzthin doch auf die Erfüllung dieser Staatsaufgaben stützen und werden die Herrschenden sich ihrem Auftrag unterwerfen müssen.

Etwas anders steht es mit dem Staatszweck, den wir als »Freiheit des Individuums« bezeichnet haben; hier ist eine Zielsetzung staatlicher Herrschaft benannt, die sich in ihrem allgemeingültigen Anspruch erst in der europäischen Geschichte von der Renaissance bis zum bürgerlichen Liberalismus des 19. Jahrhunderts durchgesetzt hat (unbesehen der Tatsache, daß manche Wurzeln der religiösen Freiheitsforderung gegenüber staatlicher Herrschaft bis in die Antike zurückreichen). Zumindest staatlich-politische Herrschaft europäischer Prägung kann sich diesem Anspruch, mag er auch ursprünglich nur aus dem europäischen Bürgertum stammen, in keiner ihrer Herrschaftsformen auf die Dauer mehr entziehen.

Viel wichtiger als die Auffüllung dieser grundsätzlichen Staatszwecke mit historischem Stoff erscheint uns die Einsicht, daß in dieser Reihenfolge der Zielsetzungen nicht nur ein geschichtliches Nacheinander deutlich wird, sondern daß in ihnen eine unüberspringbare sachliche Rangordnung vorgegeben ist. Diese drei Staatszwecke gehen auseinander hervor: Frieden und Sicherheit fordern zu ihrer Ausfüllung Wohlfahrt und materielle Lebensverbesserung, und diese gebiert aus sich die Vielfalt und Selbstbestimmung individueller Lebensführung und Glücksbedürfnisse, die wir als Autonomie der Person verstehen. Aber der Versuch, einen dieser Staatszwecke entgegen der gegebenen Reihenfolge vorzuziehen, muß zur Unstabilität der jeweiligen staatlichen Herrschaft führen; Herrschaftsgruppen, die aus Herrschaftsinteresse und aus Rücksicht auf die jeweils aktuellen Bedürfnisse ihrer Anhängerschaft diese Rangfolge staatlicher Leistungen zu durchbrechen oder gar umzukehren trachten, graben sich auf die Dauer die Grundlagen ihrer eigentlichen staatlichen Herrschafts-Chancen ab. Das unaufhebbare *Gesetz dieser Rangfolge der Staatszwecke* wird allerdings dadurch verschleiert, daß sich aus der Tatsache, daß diese Staatsaufgaben auseinander hervorgehen, auch die Möglichkeit ergibt, eine aus der anderen zu interpretieren und damit die sie stützenden Begriffe des öffentlichen Bewußtseins untereinander zu vertauschen (auf Wissenschaftsneudeutsch: zu »manipulieren«).

Hier liegt die dauernde Täuschung derer, die als Anhänger einer »sozialistischen« Herrschaft erwarten, daß diese vor allem die materielle Wohlfahrt der Bevölkerung steigert, in Wirklichkeit aber erleben müssen, daß der außenpolitischen Herrschaftsbehauptung und Sicherung, der Durchsetzung einer weltweiten Friedensordnung unter den Vorstellungen einer irgendwie gearteten »Weltrevolution«, in diesen Herrschaftssystemen der Vorrang eingeräumt wird. Hierhin gehört, daß die politischen Vorkämpfer einer größtmöglichen Freiheit der Person, z.B. in der Bundesrepublik oder in den USA, die Wahrung der außenpolitischen oder gar militärischen Sicherheit schon fast als illegitim betrachten, die steigende wirtschaftliche Wohlfahrt als selbstverständliche Voraussetzung ansehen (als Leistung der »anderen«, die dafür auch noch als »materialistisch« diffamiert werden) und diese für ihre Forderungen an den Staat in Anspruch nehmen. Für die bundesrepublikanischen Verhältnisse wirft diese Einsicht auch ein Licht darauf, weshalb die verantwortlichen Regierungs-Chefs (Adenauer, Brandt) mit Selbstverständlichkeit das Primat der Außenpolitik übernehmen, d.h. den »Frieden« für die Bundesrepublik an erster Stelle in ihrer Politik stellen, dafür aber schon in ihrem eigenen Kabinett, in dem ja jeder Minister nur teilhafte Ansprüche dieser Staatsaufgaben vertritt, nur ressortwiderwillig Gefolgschaft finden, im Parlament noch weniger, und schließlich diesen Gesichtspunkt des »Friedens« in der

Wahlbevölkerung nur durch Erzeugung von Angst im Sinne äußerer oder innerer Bedrohung, wenn nicht real vorhanden, dann durch künstliche Meinungsmache erzeugt, zur leidlich angemessenen Wirkung bringen können. Eine soziale Gruppe, die z. B. die staatliche Herrschaft vor allem unter dem Ziel der »Autonomie der Person« erstrebt, muß dementsprechend die anderen Staatsziele (Frieden und Wohlfahrt) als selbstverständlich und ohne weitere politische Anstrengung erfüllt verstehen, sie bagatellisieren oder sogar diffamieren (als »Imperialismus«, »Militarismus«, »Justizformalität«, »Materialismus« und »Konsumherrschaft« usw.). Am Scheitern solcher Gruppen in der Herrschaft und Verantwortung für den Staat und seine unaufgebbaren Ziele ist nicht zu zweifeln.

Dieser dreifache Grundauftrag des Staates läßt nun selbstverständlich vielfache staatliche Aktivitäten und Zwecksetzungen zu wie z. B. Förderung oder Führung von Wirtschaftsbetrieben, Kulturpolitik oder Wissenschaftsförderung usw., aber immer müssen diese staatlichen Handlungsweisen und Einrichtungen nicht nur mindestens einem dieser Grundziele zuzuordnen und von ihm aus programmatisch gesteuert sein, sondern alle Aktivitäten dürfen niemals das Gesamt dieser Grundaufträge staatlicher Politik ernsthaft in Frage stellen.

Schließlich erhält von diesen Leitideen des Staates auch das Grundmotiv der Herrschenden, ihre Herrschaft zu behaupten und durchzusetzen, eine neue Dimension: Der Herrschaftsanspruch begründet sich jetzt mit dem Bezug auf die Leistungen für die Erfüllung der Staatsziele; so wird im idealtypischen Falle der Machtkampf um die Herrschaft, das »Freund-Feind-Verhältnis« der Politik, in eine Konkurrenz von Sachleistungen der Herrschaft umgewandelt und geläutert. Daß dabei diese Motive der Herrschenden in jener Schwebelage von Idealismus und Zynismus, der für alle moderne Politik kennzeichnend ist, verbleiben und sich sowohl in politischen Gestaltungsleistungen wie auch in bloßer Demagogie äußern, ist wohl unaufhebbar. Auch in jeder pluralistischen Parteiendemokratie setzt jede Partei voraus, daß sie selbst die beste Erfüllung der Staatsziele gewährleistet und begründet damit, wie jede Wahlkampagne zeigt, ihren Anspruch auf Besetzung der Machtpositionen im Staate.

Im bundesrepublikanischen Wahlkampf 1972 definierte ein führender Politiker der FDP das Verhältnis zu den konkurrierenden Parteien dahin, daß die SPD der »Konkurrent«, die CDU der »Gegner« sei; die dementsprechende Bezeichnung für das Verhältnis zu den zugelassenen rechts- und linksradikalen Parteien unterblieb leider. Man sieht, daß die Sublimierung des »Freund-Feind-Verhältnisses« vieler Nuancen fähig ist.

5. Die Machtmittel der Beherrschten (Demokratisierung und Gewaltenteilung)

Damit wollen wir zur letzten Fragestellung übergehen, die wir im Rahmen dieses Überblicks über eine politische Herrschaftssoziologie aufwarfen (vgl. S. 24). Wir fragten, welche *Machtmittel den Beherrschten* in einer legitimen Herrschaft zur Verfügung bleiben, eine Frage, die sich allerdings in ihrer Beantwortung an der Wirklichkeit des modernen demokratischen Staates westeuropäischer Prägung ausrichtet. Auch für diese Staatsform gilt die These Max Webers, daß der Staat sich das letzte und wirksamste Herrschaftsmittel, die Gewaltanwendung, vorbehält; aber dieser Tatbestand enthebt nicht von der Frage, ob nicht gerade eine »rationale« Legitimierung der politischen Herrschaft sich darin verwirklicht, daß sie die Besetzung der staatlichen Machtpositionen und den Vollzug ihrer Herrschaft Vorschriften unterwirft, die einen dauernden Einfluß der Beherrschten darauf sicherstellen und eine totale Verfügung der Herrschenden über die Beherrschten verhindern. Es ist die Frage einer politischen Sozialform, die den Beherrschten einen dauernden Einfluß und d. h. Macht gibt, die personale Besetzung der im Staat Herrschenden zu wechseln, vor allem aber ihre Herrschaftsausübung zu kontrollieren und zu begrenzen, was ebenfalls Möglichkeiten der Machteinwirkung gegenüber der staatlichen Herrschaftsausübung voraussetzt. Es ist das Grundproblem der *Demokratie.*

In der grundsätzlichen Lösung dieser Frage des Einflusses der Beherrschten auf die Herrschaft gibt es zwei vorherrschende Denkrichtungen: eine sozusagen politisch-metaphysische und eine herrschaftssoziologisch-realistische. Die erste stellt sich unter dem Grundsatz, daß »alle Gewalt vom Volke ausgeht«, das praktische Grundziel ist, den »Volkswillen« zum »Herrschaftswillen« zu machen; der »Volkswille« (Rousseaus »volonté générale«) ist bekannterweise eine theoretische Abstraktion; sie wird in die Wirklichkeit dadurch übersetzt, daß der politische Wille aller einzelnen durch eine Methode der Willensäußerung (Plebiszit, Akklamation, Mehrparteienwahl usw.) in einer mit einem Herrschaftsauftrag legitimierten Gruppe repräsentiert wird, wobei die Tatsache, daß alle Beherrschten, also jeder einzelne des betreffenden »Volkes«, gleichberechtigt und »frei« an dieser politischen Willensbildung teilnehmen kann, sicherlich als ein idealer Maßstab dieser repräsentativen Demokratie anerkannt werden mag, die Wirklichkeit aber darauf hinausläuft, daß eine – mit welchen Methoden auch immer erreichte – als politische Meinung geäußerte Zustimmung der Mehrheit der Bevölkerung als ein Herrschaftsauftrag, als Legitimierung der staatlichen Machtausübung, angesehen und verwertet wird. »Demokratie« als Herrschaftsform beruht in dieser Auffassung also vor allem auf der Verwirklichung der *Repräsentation des »Volkswillens«*.

Die realistisch-herrschaftssoziologische Konzeption beruht auf dem Grundziel, daß jede staatliche Herrschaft, wie auch immer sie zustande kommt, also gleichgültig, ob durch monarchistisches Erbprinzip, durch Akklamation oder Volksabstimmung oder durch repräsentative Wahlmethoden, in ihrer umfassenden Machtausübung beschränkt, die Machtmittel und die Möglichkeiten der Herrschaftsausübung auf verschiedene Herrschaftsgruppen verteilt und damit die eine Machtgruppe durch die andere oder mehrere andere kontrolliert werden muß. Es ist das Prinzip der *Gewaltenteilung* und der »balance of powers«. Nicht eine politische Identitätsphilosophie »Volkswille = Herrschaftswille« beherrscht diesen Grundsatz der Gewaltenteilung, sondern die Einsicht, daß Macht wiederum nur durch Macht gebändigt und kontrolliert werden kann.

Die »klassische« europäische Gewaltenteilung in Exekutive, Legislative und Justiz ist herrschaftssoziologisch als die Zuordnung einer Machtinstanz der Herrschenden zu einer Machtinstanz der Beherrschten und als die Einrichtung einer dieser Konfrontation gegenüber »neutralen« Machtinstanz, die über die Konflikte zwischen Herrschenden und Beherrschten entscheidet, zu verstehen. Wie auch diese Zuordnung der »Gewalten« im einzelnen ausgestaltet wird, der Grundsatz ihrer Trennung, vor allem im Personal, macht ihre eigentliche Funktionsfähigkeit als Herrschaft aus. Das Ineinanderfließen der verschiedenen Herrschaftsinstanzen, etwa durch die Zugehörigkeit der gleichen Personen zu grundsätzlich getrennten Instanzen oder durch unmittelbare Machtabhängigkeit von Personen der einen Herrschaftsinstanz von denen der anderen in der Durchführung ihrer Aufgaben, verstößt gegen das Prinzip der Gewaltenteilung, weil es demokratisch unkontrollierbare Macht schafft. Daß das moderne Parteiensystem, auch der pluralistisch-westlichen Art, gegen diesen Grundsatz oft verstößt, indem z. B. Regierungs-Chefs, Minister usw. gleichzeitig Abgeordnete, Parteiführer usw. sind und damit entscheidenden Einfluß auf die Machtausübung der Legislative, also des Organs der Beherrschten, ausüben, bestätigt das Übergewicht, das das Repräsentationssystem der Demokratie über das Prinzip der Gewaltenteilung erlangt hat. In Herrschaftssystemen mit Einparteienherrschaft tritt dann schließlich die Gewaltenteilung als Kontrolle der Herrschenden völlig zurück zugunsten des akklamatorischen Repräsentationsprinzips, und die »totale« Herrschaftsgruppe der Partei besetzt die nur noch funktional, nicht aber herrschaftsgruppenhaft geteilten Instanzen der Regierung, des Parlaments und der Justiz. Die eigenmächtige Herrschaftsstellung einer Rechtsprechungsinstanz – die funktional selbstverständlich auch Konflikte zwischen Beherrschten unter sich (Staatsbürger) und zwischen Herrschaftsorganen unter sich entscheidet – besteht ihre Feuerprobe immer an der Frage, wieweit sie Konflikte zwischen Herrschenden und Beherrschten, zwischen dem Staat und seinen Organen einerseits und dem Bürger andererseits herrschaftsautonom, d. h. ohne in ihrer Personalauslese und ihren Urteilskriterien von den anderen Herrschaftsgruppen letzthin abhängig zu sein, entscheidet.

Man kann feststellen, daß das zunehmende Überwiegen des Repräsentationsprinzips in der Auffassung der Demokratie auch in den westlichen Demokratien zu immer größerer Konzentration der staatlichen Herrschaftsgewalt führt und – trotz ideologisch-demagogischer Versicherung des Gegenteils – die Beherrschten immer mehr entmachtet. Demgegenüber tritt das Prinzip der Gewaltenteilung, das vor allem in der Betonung der Herrschaftsautonomie der »dritten Gewalt«, also der Justiz als Rechtsstaatlichkeit, seine Grundzielsetzung findet, immer mehr zurück und entblößt damit die Beherrschten ihres realen Schutzes vor der sich konzentrierenden Herrschaftsgewalt. (Liberale, die um ihre Existenz als Partei, d. h. im Rahmen des Repräsentationsprinzips, kämpfen müssen, wie es in der Bundesrepublik, in England, USA, in Frankreich oder Italien der Fall ist, geraten unweigerlich in die Defensive bei der Motivation der Machtverteilung; sie müssen das ihnen eigentümliche Grundprinzip der Rechtsstaatlichkeit, der Herrschaft durch Recht, das sich in der Gewaltenteilung verwirklicht, der Herrschaft durch Volkswillen opfern, die sich im Kampf um Stimmenanteile in der Wahl realisiert.) Dabei bezieht sich das Repräsentationsprinzip im klassischen Sinne des europäischen Demokratiegedankens eigentlich nur auf eine Teilinstanz demokratischer Herrschaft, nämlich auf das Parlament als Vertretung der Beherrschten in der Gewaltenteilung der staatlichen Herrschaft; »herrschaftslogisch« soll die Repräsentation des »Volkswillens« nur in der Legislative, also im Parlament, verwirklicht werden, und die Abhängigkeit einer Regierung, also der Exekutive, von der Mehrheit des Volkswillens befreit diese keineswegs von der vom Mehrheitswillen unabhängigen Pflicht der Verwirklichung jener sachlichen Staatsziele, mit denen »Herrschaft« nicht nur zur Gruppenmachtausübung, sondern zur Erfüllung der Grundaufträge der Staatlichkeit überhaupt beauftragt wird. Heute wird das Mehrheitsprinzip politischer Repräsentation allzuoft bereits als Grund und Entschuldigung für die Vernachlässigung und den Machtmißbrauch in der sachlichen Erfüllung der staatlichen Grundaufgaben herangezogen.

Diese klassische Gewaltenteilung ist im Grundsatz also eine Funktions- oder Aufgabenteilung der Herrschaft; eine durch Gewaltenteilung vor Herrschaftsallmacht geschützte Gesellschaft verwirklicht sich darin, daß die mögliche und notwendige Arbeits- und Funktionsteilung zugleich als eine Gewaltenteilung im Sinne aller möglichen Formen von Machtausübung gestaltet wird. Das Grundgesetz der modernen Gesellschaft, das der Arbeitsteilung, entspricht also dem Grundgesetz der Gewaltenteilung in der modernen Demokratie, und je mehr sie sich verschmelzen oder gegenseitig stützen, um so mehr ist das gesellschaftliche und politische Prinzip der Demokratie verwirklicht.

Dies verlangt von der staatlich-politischen Herrschaft zunächst, daß sie die Erfüllung von Sachaufgaben der Gesellschaft nach Möglichkeit an die Beherrschten und ihre Institutionen überträgt, zugleich aber durch ihre politische Herrschaft, vor allem durch Gesetzgebung, Regierungspolitik und Rechtsprechung, dafür sorgt, daß in der institutionellen und gruppenhaften Erfüllung dieser staatsuntergeordneten gesellschaftlichen Aufgaben, sofern sie Machtpositionen erlauben, die gleiche Gewaltenteilung oder das Gleichgewicht von Machtausübung gegenüber den Beherrschten erhalten bleibt, das die staatlich verfaßte Herrschaftsordnung kennzeichnet. Die funktionale Differenzierung der sozialen Aufgaben durch »autonome«, d. h. von der unmittelbaren staatlichen Herrschaftsgewalt anweisungsfreien Institutionen oder Verbände, z.B. der Wirtschaft oder der Kultur, stellt die Verlängerung des Grundsatzes der Gewaltenteilung in das gesamtgesellschaftliche Leben dar und wird letzthin immer noch durch die staatlichen Herrschaftsgewalten in Form der Gesetzgebung, der administrativen Verordnungen und der Rechtsprechung zusammengefaßt, also durch »Recht« als dem alle Herrschaftsgewalten verbindenden Herrschaftsmittel kontrolliert und gesteuert. Diese im *Prinzip der institutionellen Autonomie* vor sich gehende »vertikale« Gewaltenteilung zwischen der obersten politischen, nämlich staatlichen Herrschaft und den Unterinstitutionen der Machtausübung, begründet daher zwar in sich verhältnismäßig staatsfreie Machtpositionen, überträgt sie ihnen aber mit dem Auftrage, damit für die im Sinne der funktionalen Arbeitsteilung entstehenden Leistungsfelder der Gesellschaft eine sachbezogene Verantwortung zu übernehmen. Daß dann die in diesen Arbeitsfeldern entstehende spezifische politische Macht, z.B. »wirtschaftliche« Macht, »Lehrgewalt« usw., wiederum in sich selbst gewaltenteilig organisiert wird, steigert realistisch den freiheitlichen, d.h. die Macht bändigenden Charakter dieser Gesellschaftsordnung.

Dieses gesellschaftliche System ist also in politischen Gleichgewichten und dauernden Anerkennungsprozessen seitens der einzelnen organisiert; demokratische Kontrolle und arbeitsteilige Sachorganisation der Institutionen und Verbände bilden von unten nach oben und umgekehrt sowie untereinander Gleichgewichtslagen heraus, deren institutionalisierte Spannungen zu hoher Produktivität entschärft sind. Die grundsätzlich größte innere Gefahr solcher organisierter sozialer Gleichgewichtssysteme besteht darin, daß ein Teil totale politische oder sachliche Zuständigkeit beansprucht. Die politische oder geistige Totalität (oder beides zusammen) »von oben« ist als die Erscheinung des »Totalitarismus« oft untersucht worden; hier »monopolisiert« zumeist eine mit absoluten Vorrechten ausgestattete Partei sowohl die physischen wie die psychischen Herrschaftsmittel, d.h. sie ist sowohl im Besitz aller politisch-militärischen Machtmittel als auch oberste ideologische Autorität und Steuerungsmacht.

Aber dieses organisierte Gleichgewichtssystem der modernen westlichen Gesellschaften kann ebenso durch einen totalen Herrschaftsanspruch »von unten« vereinseitigt und damit bedroht werden: Dies geschieht immer, wenn sich Institutionen und Verbände aus der relativen Autonomie befreien, ihren beschränkten Sachauftrag universal interpretieren und damit den politischen Vorrang des Staates (oder bei religiösen Gemeinden den der Kirche) mit einem eigenen obersten Herrschaftsanspruch, also den auf politische Führung schlechthin, bestreiten und bekämpfen. Dies kann natürlich nur geschehen, wenn von diesen systemsprengenden Übergriffen der Institutionen oder Verbände zugleich der Anspruch erhoben wird, die »eigentliche Demokratie« zu verkörpern. Die gegenwärtige Formel für diesen Anspruch auf totale Gegenherrschaft lautet daher auch »Demokratisierung«. In einer solchen Gefahr des Übergriffs aus der ihnen gewährten institutionellen Autonomie befinden sich im Westen vor allem die »Tarifpartner« der Wirtschaft, sehr lange die Unternehmerverbände, heute ganz offensichtlich die Gewerkschaften. Aber für gefährlicher halte ich die ideologischen Totalitarismen, die Herrschaftsansprüche auf geistige und emotionelle Führung der gesamten Bevölkerung, wie sie von einem neuen sozialen Heilsglauben ausgehen, der sich insbesondere die Autonomie der Institution »Universität« als strategische Basis der Eroberung der geistig-politischen Macht zunutze macht.

Die »Demokratisierung« der deutschen Hochschule, von allen Parteien geistlos als bloße »akademische Stänkereien« verkannt, ist nur das Paradebeispiel für den überall (in den Kirchen, Gewerkschaften, Schulen, Verlagen, Kommunen usw.) zu bemerkenden Vorgang, daß in der Demokratieauffassung der westlichen Welt sich das *Prinzip der Repräsentation des »Volkswillens« auf Kosten des Prinzips der Gewaltenteilung* als Form der Herrschaftsbändigung im Vordringen befindet. Damit werden schwergewichtig die Strukturen dieser demokratischen Herrschaften verändert: Je mehr das Prinzip der Repräsentation, also der Umformung eines Volkswillens in einen Herrschaftswillen, in den Vordergrund tritt, um so mehr werden die Machtpositionen von Meinungsäußerungen, emotionalen Zustimmungen und Identifikationen, von Ideologien und Massenbeeinflussungen abhängig, während das Gewicht der Sacherfordernisse und damit der Fachqualitäten in den Machtpositionen ebenso zurücktritt wie das der Begrenzung und Kontrolle von politischer Macht durch institutionalisierte Gegenmacht. Man muß sehen, daß sich innerhalb des demokratischen Systems einer Repräsentation von »Volkswillen« sowohl ein Totalitarismus der Macht »von oben« (wie in Einparteienherrschaften) als auch ein Totalitarismus der Macht »von unten« (die sog. »Basis-Demokratien«) bilden und behaupten kann. Versteht man unter einer »freiheitlichen Sozialordnung« realistisch diejenige, in der dem einzelnen die größten

Chancen geboten werden, seine vielfältigen Lebensziele und Interessen ohne allzu eindringlichen Dirigismus, durch welche Herrschaftseinwirkungen auch immer, zu verfolgen und damit seine persönliche Initiative ins Werk zu setzen, nicht aber jene, in der sein persönlicher Machtwille und seine politische Meinung – was weitgehend das gleiche ist – am unmittelbarsten sich auf eine Herrschaftsbildung übertragen, so wirkt zweifellos das Prinzip der Gewaltenteilung freiheitlicher als das der Volkssouveränität. Daß heute z. B. in der Bundesrepublik die Vertreter einer »freiheitlichen Sozialordnung« diese Gesichtspunkte kaum noch wirksam zur Geltung bringen können, ja, vielfach selbst gar nicht mehr sehen, wirft die Frage auf, welche sozialen Ursachen die Vorherrschaft des Repräsentationsprinzips fördern, welche Gruppen ihre eigentümlichen Herrschaftsinteressen mit der Überbetonung des Repräsentationsprinzips verbinden und worin die Schwächen des Gewaltenteilungsprinzips in der gegenwärtigen Sozialstruktur liegen; zum letzten wäre vor allem zu fragen, ob die »klassische« Gewaltenteilung wirklich noch der Entstehung von Macht in den modernen Sozialverhältnissen, also ihren Produktionsbedingungen, die ja zugleich immer Machtursprünge anzeigen, entspricht. Wir werden eine neue »Gewaltenteilung« als Ordnungsprinzip der industriellen Gesellschaft fordern müssen.

Abschließend sei noch darauf hingewiesen, daß weder das Prinzip der Überführung des Volkswillens in Herrschaftswillen durch Repräsentationsverfahren noch das Prinzip der Gewaltenteilung und der von ihm sich ableitenden institutionellen Autonomien die einzigen Wege einer Herrschaftsteilung zwischen Herrschenden und Beherrschten darstellen. Seit der Aufklärung ist das *Prinzip der Öffentlichkeit* der Herrschaftsvorgänge, und zwar in je eigentümlicher Form bezogen auf Legislative, Exekutive und Justiz, als eine Kontrolle der Herrschaft zugunsten der Beherrschten verstanden worden. Auch hier gilt die realsoziologische Einsicht, daß jede Beschränkung und Überwachung von Macht nur durch wiederum Macht wirksam wird, d. h., daß die *öffentliche Meinung*, die zunächst als nur kontrollierend vorgestellt wurde, natürlich selbst einen Machtanspruch in sich birgt. Die für die politische Philosophie der Aufklärung noch unvorstellbare Frage, wie die öffentliche Meinung als organisierte Macht selbst kontrolliert werden kann, wird in der Gegenwart in meinungsfreien Staaten mehr und mehr zur wichtigsten Frage einer Herrschaftssoziologie. Bei uns ist diese Frage zur Zeit als sogenannte »Medienpolitik« aktuell geworden, ohne daß die Interessenkontrahenten sich über die politisch-prinzipielle Bedeutung dieser Frage einer größeren Öffentlichkeit verdeutlichen konnten. Hier wird die letzte »Spirale« der Machtverharmlosung deutlich: Die »freie« Information – Presse auf der einen, Rundfunk und Fernsehen auf der anderen Seite – hebt sich als Kritik und Kontrolle der Macht selbst auf, indem sie ihre eigene Machtausübung und Herrschaftsansprüche, in wessen Diensten auch immer, ausblendet oder sogar übersieht.

Die hier skizzierte Fragestellung habe ich in einer politischen Veröffentlichung ›Mehr Demokratie oder mehr Freiheit? Der Grundsatzkonflikt der ‚Polarisierung‘ in der Bundesrepublik Deutschland‹, ursprünglich in der FAZ vom 20. 1. 1973, jetzt in dem Buch ›Systemüberwindung, Demokratisierung, Gewaltenteilung‹, Verlag Beck, München 1973, S. 47 ff., ausführlich abgehandelt. Zahlreiche Kritiken, von denen ich nur die von Rupert Hofmann, Paul Kevenhörster, Martin Kriele, Christian Graf v. Krockow, Richard Löwenthal und Winfried Steffani nennen und die ihrer politischen Nachbeter verschweigen möchte, haben die politische Aktualität dieser Frage bewiesen. (Die meisten dieser Kritiken sind jetzt gesammelt in dem von F. Grube und G. Richter herausgegebenen Band ›Die Utopie der Konservativen. Antworten auf Helmut Schelskys konservatives Manifest‹, Piper Verlag, München 1974, erschienen; leider sind meine Erwiderungen auf die einzelnen Autoren in den gleichen Zeitschriften ihrer ursprünglichen Veröffentlichungen nicht mit in den Band aufgenommen worden.)

Ich schulde dem Leser eine Rechtfertigung dafür, daß sich diese skizzenhafte Einleitung in eine Herrschaftssoziologie scheinbar so weit von der Grundthemenstellung der Untersuchung entfernt. Dies hat zwei Gründe: Jede kritische wissenschaftliche Überprüfung einer Analyse wird sich heute auf die in der Begrifflichkeit der Untersuchung verborgenen Voraussetzungen stützen und von dort her den Wirklichkeitswert der Aussagen in Frage stellen. Man muß also, um die in der babylonischen Sprachverwirrung der gegenwärtigen Sozialwissenschaften fast unvermeidlichen Unterstellungen oder nur Mißverständnisse zu vermeiden, mindestens einige Grundbegriffe und den entscheidenden Zusammenhang der Fragestellungen vorher verdeutlichen; wir haben dabei versucht, die Entwicklung dieser grundsätzlichen Zusammenhänge nach Möglichkeit bereits mit aktuellen Problemstellungen, die für unsere Untersuchung wichtig sind, zu verbinden und sie damit von ihrem scheinbar nur theoretisch-soziologischen Bezug zu befreien. Der zweite Grund aber erscheint mir wichtiger: Selbstverständlich versteht sich diese Untersuchung in ihrer Wirkung selbst als eine politische Position, ein Tatbestand, der für jede soziologische Analyse grundsätzlicher Art unaufhebbar ist; dann aber gebietet es der wissenschaftliche Wahrheitsanspruch, den eigenen Aussagestandort gegenüber der Kritik anderer selbst darzulegen. Wir werden daher in unserer Untersuchung grundsätzlich die kritischen Aussagen durch eine positive Stellungnahme zu dem betreffenden Thema ergänzen. Diese Untersuchung will nicht nur kritisch bestimmte Verhältnisse bekämpfen, sie will ebensosehr bestimmte Grundsätze und Ziele verteidigen und durchsetzen. Diese doppelte Absicht rechtfertigt eine jeweils allgemeinere wissenschaftliche Darstellung der Fragestellungen.

6. Herrschaft durch Sinngebung

Wie aus den Grundbestimmungen deutlich wurde, die *Max Weber* den Begriffen der »Macht« und der »Herrschaft« gab (vgl. S. 21 f.), stellt die *politische* Herrschaft des Staates und seiner politischen Untersysteme nur einen, wenn auch zunächst den wichtigsten Fall von Herrschaft dar. M. Weber als gründlicher Kenner der Weltgeschichte und ihrer sozialen Strukturen hat jedoch gesehen, daß es einen uralten Herrschaftstyp gibt, der sich nicht wie die politische Herrschaft »letztlich« auf physische Gewalt, sondern der seine Macht und Autorität in der Beeinflussung der Handlungen anderer von vornherein auf das »innere Verhältnis« des Menschen zu sich selbst stützt. Er fand diese Form der Herrschaft in der Gesellschaft seiner Zeit und in der abendländischen Tradition vor allem als Herrschaft der christlichen Kirchen oder Sekten vor, hätte also zur Bezeichnung dieser Herrschaftsform ohne weiteres von religiöser Herrschaft, ja, von Kirchen- oder Priesterherrschaft sprechen können; um aber Erscheinungen wie die Macht der Medizinmänner in primitiven Stämmen, der heidnischen Kulte oder auch abstruser Sekten, deren Macht über ihre Anhänger letzthin auf dem gleichen Herrschaftsprinzip beruht, mit in die soziologische Analyse einschließen zu können, benutzt er für diese Institutionen insgesamt die Fachbezeichnung der *»Hierokratie«*, der Herrschaft des (jeweils) »Heiligen«. Es geht ihm also um die Form der Machtausübung als *psychischer Zwang.* In dieser Bedeutung definiert er völlig gleichlautend zur politischen Herrschaft die »Hierokratie«: *»Hierokratischer* Verband soll ein Herrschaftsverband dann und insoweit heißen, als zur Garantie seiner Ordnung psychischer Zwang durch Spendung oder Versagung von Heilsgütern (hierokratischer Zwang) verwendet wird. Kirche soll ein hierokratischer *Anstalts*betrieb heißen, wenn und soweit sein Verwaltungsstab das *Monopol* legitimen hierokratischen Zwanges in Anspruch nimmt.« Diese Parallelisierung der »geistlichen Herrschaftsinstitution« zum politischen Herrschaftsverband enthebt Max Weber an dieser Stelle seiner Herrschaftssoziologie zunächst von der Aufgabe, Entstehung und Entwicklung dieser Herrschaftsform darzustellen, wie er es für die politische Herrschaft getan hat. Im Grunde genommen sind aber dieser Herrschaftsform gegenüber die gleichen Fragen zu stellen, die bei der politischen Herrschaft als Monopolisierung der physischen Gewalt zur Erörterung standen. Man muß also fragen, was denn das Machtmittel »Heilsgut« und seine Spendung oder Versagung eigentlich bedeuten; weshalb die so Beherrschten dieser Art der Herrschaft zustimmen; wie sich diese Form der Herrschaft auf die Dauer institutionalisiert; welches die »sachlichen« Motive der so Herrschenden sind, und vor allem, welche Formen der Teilnahme oder Opposition den so Beherrschten zur Kontrolle über oder zum Widerspruch gegen diese Herrschaft bleiben. Diese Fragen hat Max Weber in seiner *Religionssoziologie* dann weitgehend beantwortet.

Auch hier ist zunächst festzustellen, daß Weber sich um die anthropologischen Ursprünge genausowenig gekümmert hat wie um die der politischen Macht; wie er dort die Selbstbehauptung allen Lebens als hinreichende Begründung für den Machteinfluß der physischen Gewaltanwendung voraussetzt (vgl. S. 34 f.), so ist ihm hier der Tatbestand, daß der Mensch durch seine Vorstellungswelt gesteuert und beherrscht werden kann, unmittelbar und ohne Begründung einleuchtend. Wir wissen heute durch die Kulturanthropologie, insbesondere wie sie *Arnold Gehlen* und *Helmut Plessner* bei uns vertreten haben, daß der Mensch »von Natur« das Wesen ist, das nur durch eine Vorstellung von sich und seiner Welt hindurch »sein Leben führen« kann, daß er so »ein zu sich selbst Stellung nehmendes Wesen ist, das, um handeln zu können, ein bewußtes Leitbild von sich und seiner Welt bedarf«. Wenn Plessner diese »Exzentrizität« des Menschen auf die Formel bringt, daß das Tier sein Leben lebt, der Mensch aber »sein Leben führt«, so macht dies den biologischen Strukturunterschied zwischen Tier und Mensch deutlich, ist aber gerade soziologisch mißverständlich: In der Fähigkeit und Notwendigkeit, sein Leben durch eine Vorstellung von der Welt, von sich selbst und seinem Tun hindurch zu leiten, dieses Leben »führen« zu müssen, gewinnt der Mensch als Gattungswesen gegenüber dem Tier zwar eine Distanz zu seiner Welt und sich selbst und damit eine höhere Verfügbarkeit in seinen Handlungen, aber als soziales Wesen handelt er sich damit eine neue Form der Beherrschung ein, denn nicht jeder einzelne Mensch »führt sein Leben« nach eigenem Kopf, sondern sein leben *wird geführt* durch andere Menschen, die über jene Leitbilder im sozialen Zusammenhang verfügen. Es entsteht eine neue, typisch menschliche Form von Macht: Während der Einfluß durch physische Gewaltanwendung, die »politische Macht«, in gewissem Sinne auch gegenüber Tieren und im Tierreich vorhanden ist, stellt der »psychische Zwang« im Sinne eines Einflusses auf das Handeln anderer durch Vermittlung oder Verfügung seiner lebens- und handlungsleitenden Vorstellungswelt eine im Wesen gewaltlose, aber genauso über Leben und Tod gebietende eigentümliche menschliche Machtausübung dar. Es gibt keine Ideologieherrschaft unter Tieren.

Wir wollen diese Vorstellungswelt, nach der die Menschen »ihr Leben führen« als *Sinngebung* des Lebens, und das Zusammenschließen solcher Sinngebungen zu sozial wirksamen und im sozialen Zusammenhang stehenden Gebilden als *»sinnhafte oder geistige Führungssysteme«* bezeichnen. Diese allgemeineren Ausdrücke erlauben es uns, gewisse für unsere weiteren Schlußfolgerungen wichtige Unterscheidungen einzuführen, die bei den von Max Weber verwendeten Begriffen des »Heilsgutes« als psychischen Machtmittels und der auf ihm beruhenden »geistlichen oder hierokratischen Herrschaft« zunächst sehr unmittelbar auf bereits hochinstitutionalisierte Formen der Religion in einer bestimmten weltgeschichtlichen Epoche bezogen werden. An dieser Auffassung Webers ist richtig, daß diese geistigen Führungssysteme in der für unsere europäische Gegenwart wesentlichen Erscheinungsform der christlichen Religion, ihrer Kirchen und Sekten, zur Analyse herangezogen werden; andererseits wird damit das geistige Führungssystem unserer Gesellschaft auf ein Muster verengt, das zwar geschichtliche Erscheinungen unserer Tradition in ihrer sozialen Entwicklung begreift, aber die Entstehung neuer geistiger Führungssysteme in unserer Gegenwart, die noch nicht diesen christlich-kirchlichen Institutionalisierungsgrad erreicht haben, außer acht läßt. Ebendieser Erscheinung aber gilt unsere Untersuchung.

»Sinngebung« leisten zunächst alle Gedanken-, Vorstellungs- und Gefühlsgebäude, die dem Menschen die Welt erklären, ihm damit Handlungsanweisungen geben und Lebensziele setzen, denen er zur »Erfüllung« seines Lebens nachstrebt. Ein geistiges Führungssystem, dem ein Mensch folgt, bringt »Ordnung« in seine innere Lebensführung und befreit oder entlastet ihn von innerer Widersprüchlichkeit und Unentschlossenheit, von der Übermacht der Fakten und des Zufalls, dem er in seiner Welt, sei es als Natur, als menschliche Umwelt oder als geistig-emotioneller Anspruch gegenübersteht. Jedes geistige Führungssystem bietet also das gleiche im »Inneren«, in der Lebenssinngebung des Menschen, was die politische Herrschaft im äußeren und sozialen Verhalten des Menschen leistet: »Ordnung« zu schaffen und damit Verhaltenssicherheit zu vermitteln. Diese Übereinstimmung im Ziel bei jedenfalls idealtypisch durchaus verschiedenen Mitteln, nämlich *Gewaltanwendung oder Sinngebung*, schafft die Grundlage sowohl der Kooperation wie der Konkurrenz, des Zusammenspiels und der Feindschaft, dieser beiden grundsätzlichen Formen von Menschenführung oder Machtausübung. Dieser Tatbestand, daß »Ordnung und Sicherheit« sowohl Ziel der geistigen wie der politischen Herrschaft über Menschen sind, erklärt auch, weshalb diejenigen, die der Gefährdung und Unsicherheit ihres Lebens am stärksten ausgesetzt sind, ihr Heil in den radikalsten Ordnungsvorstellungen einer »inneren Ordnung«, und sei es nur in einer verheißenden und dadurch tröstenden Zukunft, suchen. *»Das Prinzip der Hoffnung«* ist einer der Grundpfeiler aller Lebenssinngebung; es ist daher auch, wenn man seine Wirkung beherrscht und sich als der sicherste Garant seiner Verkündigung durchsetzt, der entscheidende Weg zur *Machtausübung durch Sinngebung*. Dieser Tatbestand wird sowohl in den »Naturreligionen« mit ihrer Sinngebung der Übermacht der Natur als Katastrophen, als Abhängigkeit von den Ernten usw. als auch in jenen moralisch-politischen Führungssystemen deutlich, die – wie die Stoa, der Konfutsianismus oder die römische Religion – den Wert der Tugend und ihren endgültigen Sieg in einer Welt der Herrschaft und ihrer Machtungerechtigkeiten lehren und damit »innere Ruhe und Festigkeit« dem Menschen boten. Am deutlichsten aber wird dieser Tatbestand in den Erlösungs- und Verheißungsreligionen, die sich denen zuwenden, die »die Welt« als Last und Leiden erleben und ihnen die Hoffnung einer harmonischen Ordnung und Glückseligkeit im Jenseits verheißen. Daß sich die christliche Religion vor allem »den Armen« zu widmen habe, ist einer ihrer Grundglaubenssätze; Nietzsche hat sie deshalb als das Glaubenssystem und die Moral der Schlechtweggekommenen und Unterlegenen bezeichnet; man sollte sehen, daß trotz der gegensätzlichen Bewertung beide Aussagen den gleichen Tatbestand betonen. Wenn also in der modernen Welt die Gruppen bestimmt werden können, deren Bedürfnisse aufgrund ihres wirklichen oder vermeintlichen Elends, ihrer Unmöglichkeit oder Unfähigkeit, mit der Welt praktisch fertig zu werden oder sich in ihr zu behaupten, nach einer tröstenden Hoffnung und Verheißung auf *eine erlösende Zukunft als Sinngebung ihres Lebens* zielen, so treffen wir damit auf die Menschen, die einer solchen Herrschaft als Sinngebung am ehesten ausgeliefert sind und sich ihr am willigsten unterwerfen. Da Elend und Ohnmacht heute vorwiegend als soziale Lage und als Widrigkeit der sozialen Verhältnisse erlebt und gedeutet werden, zielen auch die erlösenden und entlastenden Sinngebungen auf soziale Verheißungen einer gesellschaftlichen Ordnung von Harmonie und Gerechtigkeit, von Gleichheit und Lebensfülle für jeden einzelnen; der »himmlische Sozialismus« tritt an die Stelle einer christlichen Jenseitsverheißung, ja, die so entstehenden neuen Sozialreligionen verschmelzen vielfach mit den alten Jenseitsreligionen.

Bevor wir aber diese Frage einer neuen sozialen Religiosität weiter erörtern, wollen wir den Ursprüngen und Entwicklungen geistlicher Herrschaft nachgehen, wie sie die *Religionssoziologie,* insbesondere *Max Webers,* vor allem für die *christliche Religion* unserer geschichtlichen und gesellschaftlichen Tradition aufgewiesen hat; wir gewinnen damit begriffliche und sachliche Zusammenhänge, die uns das Verständnis für die Rolle der sich in der Gegenwart bildenden geistlichen Führungssysteme, ihres Herrschaftsanspruchs und ihres Verhältnisses zur sozialen Wirklichkeit erleichtern. Zu klären sind dabei vor allem folgende Fragen:

a) Welche Bedürfnisse und Motive führen die Menschen zur Unterwerfung unter geistliche Führungssysteme; mit welchen Mitteln und in welchen Formen wird diese geistliche Herrschaft ausgeübt?

b) Welches sind die sozialen Formen und Vorgänge, die eine solche geistliche Herrschaft auf Dauer stellen, d. h. institutionalisieren?

c) Welche Möglichkeiten der Gefolgschaftskündigung und damit Gefährdung der institutionalisierten geistlichen Herrschaft bleibt den so Beherrschten?

Man wird leicht erkennen, daß diese drei Themenstellungen den Grundfragen an die politische Herrschaft entsprechen, wie wir sie auf S. 23 f. entwickelt haben. Auch hier sind zwei Ergänzungsfragen erforderlich:

d) Wie ist das *Verhältnis von politischer Herrschaft und geistlicher Herrschaft?* (Eine Frage, die am Modell der christlichen Religion sich als die Erörterung des Verhältnisses von Staat und Kirche stellt.)

e) Schließlich ist zu fragen, wie das geistliche Führungssystem der christlichen Religion und ihrer Kirchen *Funktionen einge-büßt* und an andere geistige Führungssysteme abgegeben hat, die damit ihrerseits die Chance geistlicher Herrschaft erhalten.

7. Heilsherrschaft

Wir wollen zunächst die Erörterung dieser Fragen an Hand der *Religionssoziologie Max Webers* beginnen, durch ihre Erweiterung und Verallgemeinerung aber jene Hinweise gewinnen, die es uns erlauben, »geistliche Herrschaft« in der Gegenwart auch außerhalb der christlichen Führungssysteme zu erkennen.

Max Weber hat die Frage nach den Ursprüngen der sozialen Formen religiöser Führungssysteme von vornherein herrschaftssoziologisch gestellt; der »Glaubenswert«, also die Wahrheit oder der Wert eines Glaubensbekenntnisses, ist ihm dabei unter diesem Gesichtspunkt als bedeutungslos erschienen, ohne daß er damit die unterschiedliche »Werthaftigkeit« der Bekenntnisse – insbesondere für die Gläubigen selbst – irgendwie aufheben wollte. Das ein geistliches Führungssystem tragende »Machtmittel« nennt er *»Charisma«* und die auf ihr beruhende Führung der Menschen *»charismatische Herrschaft«.* Dafür gibt er folgende begriffliche Bestimmungen: »Charisma soll eine als außeralltäglich geltende Qualität einer Persönlichkeit heißen, um derentwillen sie als mit übernatürlichen oder übermenschlichen Kräften oder Eigenschaften oder als gottgesendet oder als vorbildlich und deshalb als ›Führer‹ gewertet wird. Wie die betreffende Qualität von irgendeinem ethischen, ästhetischen oder sonstigen Standpunkt ›objektiv‹ richtig zu bewerten sein würde, ist dabei begrifflich völlig gleichgültig: darauf allein, wie sie tatsächlich von den charismatisch Beherrschten, den ›Anhängern‹ bewertet wird, kommt es an.« Diese in ihrer begrifflichen Genauigkeit und zugleich Sachfülle zu den klassischen Definitionen der Soziologie gehörenden Sätze zielen von vornherein darauf, diese Form der Herrschaft funktional so zu bestimmen, daß man ihren Typ sowohl in allen Formen der geistlichen Herrschaft, aber auch im Politischen und anderen Lebensgebieten als gleichartig erkennen kann. Diese Art von »charismatischer Führungsqualität« findet sich daher nicht nur in religiösen Heilsbringern wie z. B. Religionsstiftern, Heiligen, Sektengründern, Propheten usw., sondern auch in politischen »Führern«, angefangen von den »Helden« der Völkerwanderung, den großen Demagogen der Antike bis zur »Herrschaft des Genies« bei Napoleon, Mussolini, Hitler oder auch Kennedy oder Brandt; aber auch »Heilkünstler« wie Gröning oder Weißenberg, der mit Quark und Suggestion heilte, sind in diese Form der Machtausübung über andere einzuschließen.

Zusammengenommen mit der Bestimmung über die »hierokratische

Herrschaft«, die in der Spendung oder Versagung von »Heilsgütern«
besteht (vgl. S. 49), bietet uns diese Begriffsbestimmung der »charismatischen Herrschaft« bei Max Weber die Möglichkeit, die grundlegenden
Bestimmungen der geistlichen Macht und Herrschaftsausübung zu entwickeln, die wir zur Klärung der nachchristlichen geistigen Führungssysteme der Gegenwart benötigen.

Zunächst ist – parallel zu der Bestimmung der politischen
»Macht« als »letzthin« physischer Zwang in Form der Gewaltanwendung – der Begriff des *»Heils«* zu klären, dessen »Spendung
oder Versagung« die Möglichkeit zu »psychischem Zwang« als
hierokratischem oder charismatischem Machtmittel bietet. Wir
wollen unter *»Heil« verstehen die Glück spendende Lösung der
Lebensaufgaben als in der Vorstellung vorausgegriffenes sinnhaftes Ganzes.* Hier hat die »himmlische Glückseligkeit« genauso
ihren Ort wie das »Nirwana«, die philosophische Verheißung,
daß die Bewährung der »Tugend« allein die Glückseligkeit verspreche, ebenso wie alle sozialen Formen der »Transzendenz im
Diesseits« (Gehlen), sei es nun die platonische Philosophenherrschaft, die Größe und Glück versprechenden Formen der
»Volks- und Völkergemeinschaften« oder jene Freiheit, Glück,
Harmonie und Wohlstand verheißenden »Endzustände« der
klassenlosen und herrschaftsfreien Gesellschaften des »himmlischen Sozialismus«. Die Befreiung von der Last des Lebens in
einer Verheißung, daß der »Sinn« des Lebens, die Erfüllung der
für wesentlich gehaltenen Bedürfnisse und Wünsche trotz aller
Not und Arbeit, trotz Ohnmacht und Leid, gesichert sei, gehört
wahrscheinlich zu den lebensnotwendigen und unverzichtbaren
Ansprüchen des Menschen als eines »providentiellen«, d. h. mit
dem Bewußtsein seiner Zukunft belasteten Wesens. Wer diese
Bedürfnisse erfüllt, hat »Macht« über die Menschen, kann bei
ihnen Folgsamkeit und Gehorsam finden.

Weil diese Heilsverheißungen wenigstens in der Vorstellung
von der Last und Mühseligkeit des alltäglichen Lebens befreien
sollen und wollen, müssen sie in ein Jenseits dieses Alltags führen, in das *»Außeralltägliche«,* wie es Max Weber soziologisch
bezeichnet und von dort her die gleichbedeutenden Begriffe des
»Übernatürlichen« und »Übermenschlichen« ableitet. Aus diesem Jenseits des Alltags und seiner ständigen Erfahrung von
Gefahr und Not, von Leid und Arbeit, aus irgendeiner »Transzendenz«, legitimieren sich alle Heilsverheißungen. Und die Bereitschaft, an sie zu glauben, ist jeweils um so größer, je mehr der
Alltag als Leid und Not erscheint, je mehr der Mensch von

seinem Elend in der alltäglichen Gegenwart überzeugt ist und wird. Große Notsituationen, auswegloses Elend, Angst und Schrecken bilden den Humus, auf dem die Bereitschaft zum Glauben an Verheißungen und an ihre Verkünder, an die »Führer zum Heil«, wächst. Diese Nothelferfunktion der charismatischen Führer hat Weber sehr gut erkannt.

> »Wir heben unsre Hände
> aus tiefer, bittrer Not.
> Herr Gott, den Führer sende,
> der unsern Kummer wende
> mit mächtigem Gebot.«

Mit diesem göttlichen Auftrag führte Moses die Juden aus der ägyptischen Gefangenschaft; ebenso könnte dieses Gebet und Flehen in einem pietistischen Gesangbuch stehen; daß diese Verse von dem Sudetendeutschen Hensel aus dem Jahre 1920, aus dem Leiden einer völkischen Minderheit in einem nationalistischen Staate stammen, noch ehe es den »Führer« gab, der sie dann politisch »erlöste«, macht nur die weltgeschichtliche Allgegenwart und Gleichheit solcher Forderungen nach dem charismatischen Nothelfer deutlich. Die Kraft der Verheißung hängt also ab von dem (wirklichen oder geglaubten) Ausmaß des Elends im gegenwärtigen Alltag: Je mehr die »Erde als ein Jammertal« empfunden wird, um so sicherer der Glaube an die himmlische Glückseligkeit; die Gegenwart muß zum »Zeitalter der vollendeten Sündhaftigkeit« (Fichte) gestempelt werden, zum »Reich der Notwendigkeit«, um dem Glauben an ein »Reich der Freiheit« Raum und Kraft zu schaffen und seinen Verkündern Macht und Einfluß. Es wird deutlich geworden sein, daß die Situationen des Elends im Alltag real oder nur eingebildet sein mögen, aus denen das Bedürfnis nach Heilsglauben erwächst; auf jeden Fall haben die Verkünder des Heils zu ihrer Ideen- und Machtdurchsetzung ein Interesse daran, daß die Gegenwart, der Alltag, als »Elend«, als Notsituation und als unerträglich empfunden wird, denn davon hängt ihre Wirkungsmöglichkeit ab. *Sie verkünden daher niemals nur das Heil, sondern sie predigen und fördern zugleich das Bewußtsein des Elends; sie sind nicht nur Nothelfer, sondern zugleich Notpropagandisten.* Denn wie ihr »Heil« ein Gut in der Vorstellung von Menschen ist, so besteht auch die Bedürfnisgrundlage dieser »Heilsherrschaft« in der *Aufrechterhaltung eines Not- und Elendsbewußt-*

seins unabhängig von seinen realen Bedingungen und Umständen. Max Weber hat dies gesehen, wenn er darauf hinweist, daß über die Geltung des Charismas allein die *Bewährung,* die Hingabe der Gläubigen, entscheidet, nicht aber rationale Einsichten oder traditionale Bindungen. Verlieren die Gläubigen ihr Elendsbewußtsein, verlieren sie auch den Glauben an die Verheißung. Die Illusionen der »Endlösungen« werden offenbar, die »Gnadengabe« der Führer, ihre charismatische Autorität, zerbröckelt ebenso schnell und emotional, wie sie aufgebaut wurde. Die Herrschaft durch und über Vorstellungen ist eigentümlich schwankend und zerbrechlich: Götter, Propheten, charismatische Herrscher und Medizinleute, literarische und politisch-moralische Autoritäten werden schnell abgesetzt. Die außeralltägliche Kraft ihrer Durchsetzung beruht darauf, daß sie den Alltag der praktischen Erfahrung nicht zum Zuge kommen lassen dürfen. Praktische Interessen führen zur Absetzung oder Abdankung der Heilsbringer.

Aus diesem Wesen der Heilsverheißungen ergeben sich vor allem zwei kennzeichnende Sozialformen der geistlichen Führungssysteme:

– die Rolle des charismatischen »Führers« als *Vermittler des Heilsgutes* und

– die Vergemeinschaftung der Gläubigen als *Glaubensgefolgschaft.*

Die wichtigste Einsicht, die aus der Religionssoziologie und Herrschaftssoziologie des Charismas von Max Weber deutlich wird, hat er selbst erstaunlicherweise nicht gezogen: Die charismatischen, d.h. religiösen oder politisch-ideologischen Herrscher üben ihre Macht über die Menschen nicht im eigenen Namen, nicht als die einzelne sinnfällige und sündenanfällige Person aus, die sie wie alle anderen Menschen auch sind, sondern als *bevorrechtigte Vermittler* einer der Erfahrung der Menschen und der praktischen Bewährung entzogene oberste, meist abstrakte Herrschaftsinstanz, die nur in der Vorstellung der Menschen existiert, zu der aber die bevorrechtigten Personen oder Gruppen allein einen unmittelbaren Zugang haben. Sie sind immer »Vertreter« für das Heil, »Gottes Stellvertreter«. Die grundsätzliche Trennung von Heilsgut und unmittelbarer Menschenwirklichkeit des einzelnen begründet die Vermittlertätigkeit dessen oder derer, der oder die aus irgendwelchen Gründen *den Zugang zum Heil für sich monopolisieren. Der Monopolisierung*

*der Gewalt als Grundlage der politischen Herrschaft entspricht
also die Monopolisierung der Vermittlung des Heils, der Methode
der Heilsbestimmung und Heilsdeutung, als Grundlage geistlicher Herrschaftssysteme.* Dabei mag diese bevorzugte Eigenschaft der Vermittlung des Heils an der Qualität einer Person
hängen, also an der Gottessohnschaft des Stifters dieser Heilslehre, an der erleuchteten Inspiration von Propheten oder Heiligen,
am Genie des Führers, aber dieses Vorrecht der Heilsvermittlung
kann ebenso eine Gruppe von Menschen für sich in Anspruch
nehmen, eine »Schule der Philosophen«, eine Heiligen- oder
Priesterkaste oder irgendein Zentralkomitee, das über die
»wahre Heilslehre« entscheidet. Die charismatischen Qualitäten
brauchen also nicht, wie es Max Weber sah, an eine Person
gebunden zu sein, sie können sich auch auf eine elitäre Gruppe
beziehen, die den »Weg« allein weiß und den Unwissenden
»vermittelt«.

Die Sozialbeziehung der Gläubigen unter sich ist die der *Heilsgemeinschaft,* soziologisch gesehen: die *Gemeinde der Gläubigen.* Da das Gemeinsame, das alle zusammenbindet, der Glaube
an ein gemeinsames Heil als eine alles andere überragende Lebenssinngebung ist, treten die Gläubigen grundsätzlich zueinander in eine rein »geistige« Verbindung, sie finden sich gemeinsam
und gleich im Glauben, im »Geiste«, und das heißt in der Vorstellung vereinigt. Darin wurzeln zwei Entwicklungsrichtungen
dieser Vergemeinschaftung: Zunächst treten in diesem so gebildeten »Wir« alle alltäglichen sozialen Unterscheidungen und
Schranken, also die von Macht und Reichtum, von Stand und
Geburt, ja selbst von Alter und Geschlecht, zurück gegenüber
der Unmittelbarkeit jeder Person zur anderen, die sich im »wahren Leben«, im »Heil«, eins wissen. Diese Unmittelbarkeit der
Personen zueinander ist, wie man es modern ausdrückt, »herrschaftsfreie Kommunikation« im Lebens-»Sinn«, ein unmittelbares Zueinander der Personen als »Geist« oder eben in der
Vorstellung der Lebenslösungen als Ganzes. Wir wollen festhalten, daß in der Tat diese *Heilsgleichheit der Gläubigen* Herrschaftsunterschiede unter sich wie alle anderen sozialen Ent-
zweiungen und Distanzen zunächst im Grundsatz ausschließt.
Bis auf eine: Wer nicht zu den »Gläubigen« gehört, wer nicht
bereit ist, sich in der Hingabe an das gemeinsame Heil unter
Rückstellung aller anderen Lebensbezüge einzufügen, ist in einem metaphysischen Sinne »un-gleich«, er ist, je nachdem wie
man die Gemeinschaft der Gläubigen bestimmt, »Ungläubiger«,

»Heide«, »Ketzer«, aber auch »in einer Irrlehre Befangener«, z. B. »Reaktionär«, »Imperialist«, einer, der sich aus der »Volksgemeinschaft« ausschließt usw., und wenn man die Glaubensgenossenschaft als »Humanität«, als »die Menschen schlechthin«, definiert, ist er »Un-Mensch«, ein Feind des Menschengeschlechts. Die Heilsgleichheit der Gläubigen, ihre Friedlichkeit und personale Unmittelbarkeit untereinander, wird also erkauft durch die metaphysische, heilsgläubige Feindschaft zu den Un- oder Andersgläubigen, eine Entwertung oder Entfremdung dieser Menschen, die auch die Verbindlichkeiten des »Alltags« zu ihnen in Frage stellt oder aufhebt.

Die zweite Entwicklungstendenz der »Gemeinschaft im Heil« besteht darin, daß sie den *ganzen Menschen* in Anspruch nimmt. Die Zustimmung zum »Heil« kann nicht nur rational, interessenberechnend und damit auf praktische Ziele des Alltags bezogen sein, sie erfordert den Glauben an ein Ganzes der Lebenssinngebung und somit die Hingabe des Menschen in allen seinen »inneren« Fähigkeiten. Der ganze Mensch als ein geistiges, seelisches, gefühlsbestimmtes und von seinen unterbewußten Regungen geleitetes Wesen wird von dieser Vergemeinschaftung im Glauben in Anspruch genommen und bestätigt. Das sinnhafte Ganze des Lebens als heilspendende »Endlösung« verlangt die Hingabe des »ganzen Menschen« und bestätigt ihm diese Ganzheit der Person darin, daß er an einem »Ganzen« teilhat. So geht der »ganze« Mensch auf in der »Volksgemeinschaft«, in seinem Christ-Sein, in seiner Hingabe an den »Sozialismus«, in seiner Teilhabe an der erkannten, in Wirklichkeit geglaubten »Wahrheit«. Indem dieser *Totalanspruch der Heilsvergemeinschaftung* an den Menschen dessen ganzes Denken, Fühlen und Handeln auf sich zieht, widerspricht er jener Freiheitsauffassung des Menschen, die sich in der Vereinzelung, ja in der Einsamkeit erfährt, erklärt aber vor allem jene Sozialbeziehungen, die sich auf Arbeits- und Funktionsteilung stützen, als für den Menschen unwesentlich und uneigentlich. Ein Freiheitsbegriff wie der des modernen Rechtsstaates und der pluralistischen Institutionen, der die Freiheit des Menschen gerade darin anerkennt, daß dieser niemals mehr als »ganzer Mensch« für Staats- und Gesellschaftszwecke in Anspruch genommen werden darf, ist der strikte Gegensatz zu jeder Art von Heilsvergemeinschaftung.

Diese aus dem Heilsglauben sich ableitenden unmittelbaren Sozialformen sind nicht ohne Spannung oder gar Widersprüchlichkeit: Der unbegrenzten, ja geheiligten Führungsrolle des oder der bevorrechtigten Vermittler steht die Heilsgleichheit der Gläubigen gegenüber. Vereint und stabilisiert wird diese Spannung durch den Bezug auf den »allmächtigen Dritten«, auf das Heilsganze, dessen Vermittlung durch »Führer« nicht als menschliche Herrschaft über Menschen empfunden wird. Die menschliche und soziale Macht des Heilsvermittlers wird ausgeblendet und maskiert, weil er als Verkörperung eines übermenschlichen Heils, als einer auch über ihm stehenden Macht, eben als bloßer »Vermittler« zwischen einem geglaubten Absoluten und den Gläubigen, sich darstellt. So wird die Machtposition von Glaubensführern gegenüber den Gläubigen immer unkenntlich gemacht, weil sie ja nicht in ihrem eigenen Namen oder im Namen der so Beherrschten Macht auszuüben scheinen, sondern ihre Existenz und Wirksamkeit als vermeintlich bloße Erfüllung von Heilsbedürfnissen propagieren können. Wie unlösbar die Machtpositionen der Vermittler mit der emotionellen Vergemeinschaftung der Gläubigen in eins gehen, zeigen die jeweiligen Spitzengruppen dieser geistlichen Herrschaft. »Führer und Gefolgschaft«, »Herr und Jünger«, »Lehrer und Schüler« usw. sind Musterformen dieser Verbindung von unbeschränkter geistlicher Herrschaft mit einer totalen Gemeinschaftshingabe von unter sich gleichen Gläubigen.

Diese Sozialformen treten selbstverständlich auch außerhalb der Heilsvergemeinschaftungen auf. Das unmittelbare, den ganzen Menschen in seinem Denken, Handeln und Fühlen umfassende und soziale Schranken zurückweisende Zueinander von Personen finden wir im Liebesverhältnis der Geschlechter oder in der Freundschaft; ihre Urform findet diese Sozialbeziehung – wie fast alle anderen – aber in der *Familie*: Das Verhältnis der Kinder untereinander bietet das Grundmodell einer den ganzen Menschen umfassenden Vergemeinschaftung von Gleichen, die sich in einem Ganzen geborgen fühlen. Brüderlichkeit und Schwesterlichkeit sind daher die Grundformeln aller Glaubensgemeinschaften. Aber sie sind nur möglich, indem sie sich zugleich als gemeinsame »Kinder Gottes« verstehen. Die Familie oder Sippe ist nach außen gesehen die Grundeinheit der Friedlichkeit und der Verteidigung gegen ein Außen, aber sie ist es nur, weil sie sich einer im Inneren unfraglichen und damit tabuisierten Führung und Herrschaft unterstellt. Die Gleichheit von Brüdern und Schwestern, ihre emotionelle Vergemeinschaftung als ein »Wir«, ist nur möglich, wenn ein »Vater unser« oder eine »große Mutter« den Schutz und die Sinnverantwortung im Außenverhältnis übernimmt. Wo also die Parole »Freiheit, Gleichheit und Brüderlichkeit« als grundlegende Sozialbeziehung verkündigt wird, ist nach dem verborgenen Schutzherrn und Herrscher zu fragen. Es gibt keine »vaterlose« oder »mutterlose« Gemeinschaft; es gibt allenfalls den sich als kindergleich anpreisenden Herrschaftsanspruch von Stiefeltern, die mit Kameraderie ihre Herrschaftsmacht verschleiern und ihre Schutzverantwortung minimalisieren wollen.

Die Außeralltäglichkeit, auf die sich Heilsverheißungen stützen, indem sie die Lösungen der alltäglichen Lebensaufgaben als Ganzes in der Vorstellung vermitteln, geht natürlich mit einer Abwertung und Ablehnung eben der sozialen Alltagsaufgaben und Alltagsverpflichtungen des Menschen zusammen. Max Weber hat dies als *Rechtsfremdheit* und als *Wirtschaftsfremdheit* von charismatischen Führungssystemen beschrieben. In einer charismatischen Gemeinschaft von Führern und Gläubigen, von Herren und Jüngern, gibt es keine rechtlichen, d. h. in Gegenseitigkeitsansprüchen versachlichten sozialen Beziehungen; die starke persönliche Abhängigkeit der »Jünger« vom »Herrn«, der Gläubigen vom Heilsvermittler, läßt keine Anstellung, keine Laufbahn, keine Absetzung oder Positionsbehauptung, also keine sachliche Reglementierung einer Aufgabenverteilung oder Gewaltenteilung zu; ein Recht in Form eines gegenseitigen Sachanspruchs, eines »Vertrags«, der gegenseitige Pflichten und Freiheiten schafft, entspricht nicht der Heilsherrschaft. Hier ist der »Führer« allein dem über allem thronenden absoluten Heil verpflichtet, die Anhänger sind aber ebenso absolut dem »Vermittler« dieses Heils unterworfen. Was »Gesetz des Handelns« ist, bestimmt der »Führer« im Namen des Heils. Vorhandene Rechtsverbindlichkeiten des sozialen Zusammenhanges, geltende Gesetze, verlieren ihre Verbindlichkeit gegenüber der Heilsdurchsetzung. So ist es ein Kennzeichen der charismatischen Heilsherrschaft, daß an die Stelle der geltenden Rechtsgesetzlichkeit die personale Entscheidung des Heilsvermittlers tritt: »Es steht geschrieben . . ., ich aber sage euch«, diese Form des Führerbefehls, der an die Stelle von Gesetz und Tradition tritt und diese aufhebt, kennzeichnet ebensowohl die religiöse wie die politische Heilsherrschaft. Andersherum: Eine Heilsherrschaft setzt sich nur durch in der Gegnerschaft zu einem geltenden System von »Law and Order« in einer gegebenen Gesellschaft, und Rechtsdiffamierung, in welcher Form auch immer, ist ein sicheres Zeichen eines Herrschaftsanspruches durch Heilsvermittlung. Darüber sollte nicht die Tatsache hinwegtäuschen, daß diese »Führerbefehle« ihrerseits wieder Rechtsschöpfungen von Fall zu Fall darstellen; es fehlt ihnen eben jene Voraussicht, Dauergültigkeit und damit Berechenbarkeit auch für den Nicht-Gläubigen, die das Wesen des Rechts ausmacht. Nicht-Gläubige sind in einem solchen Herrschaftssystem nicht nur sozial, sondern auch geistig von der Rechtserkenntnis und Rechtswahrnehmung ausgeschlossen.

Noch entschiedener wird von charismatischen Herrschaften die Bedeutsamkeit der Arbeit und des Wirtschaftens als Handlungsbestimmung des Menschen verworfen. Die Rücksicht auf materielle Bedürfnisbefriedigung und auf Produktion von Gütern des Alltags, auf produktive Arbeit und Leistung, wird in ihrer stets ungenügenden Alltagsbemühung als inferior bewertet gegenüber dem geistlichen Vorgriff auf das Ganze der Lebenserfüllung. Arbeit und Wirtschaft, dieses »Reich der Notwendigkeit« und der Abhängigkeit, macht den Menschen nur unfrei gegenüber den Möglichkeiten des Vorgriffs auf das Ganze des Heils. Max Weber sieht es daher für typisch an, daß die exaltierte Gesinnungsgemeinschaft von Glaubensherrschaften zu einem ökonomischen Liebes- und Kameradschaftskommunismus der führenden Gruppen führt, zu einer Ablehnung einer geregelten Berufstätigkeit und zu der glaubenshaften Abwertung alltäglicher mühseliger Pflicht- und Arbeitserfüllung. Das ist existentiell nur möglich, wenn diese materiellen und wirtschaftlichen Aufgaben des Überlebens die Diener und Helfer für die Glaubensherrscher übernehmen. Daher hat in der religiösen Tradition die Gruppe der Heilsherrscher immer von den Spenden der Gläubigen, die zur Arbeit verdammt blieben, gelebt, sei es in bettelhafter Versorgung mit Opfergaben und Spenden, im Beutemachen oder durch Mäzenatentum als ökonomischer Grundlage ihrer Herrschaft. Ökonomisch gesehen *leben die Heilsherrscher immer von der Arbeit der anderen, deren Alltagsmühen und -anstrengungen sie gleichzeitig als minderwertige Lebensform verleumden und zugleich ausbeuten.*

Damit erweist sich die charismatische Wirkung und Führung aber auch als die Form sozialer Beeinflussung und Macht über andere Menschen, die alles sozial Dauerhafte und Gewohnte umstößt; sie wendet sich gegen alles Regelhafte und Tradierte, gegen die jeweils bestehende Herrschafts-, Rechts- und Wirtschaftsordnung, gegen Sachlichkeit und praktische Vernunft und stützt sich auf die Hingabe und Begeisterung des Menschen für ein geglaubtes Heil, d.h., sie errichtet die Gegenherrschaft zur alltäglichen Wirklichkeit auf einer inneren Mobilisierung des Menschen. Der Aufruf zur »inneren Umkehr«, zum Gesinnungswandel, zur Glaubenshingabe, zur Bewußtseinsbildung stellt, wo er Erfolg hat, Kräfte im sozialen Feld bereit, die alle Ordnung und Stabilität, auch die der eigenen geistlichen Herrschaftssysteme, bedrohen und in Frage stellen. Mit Recht sagt daher Max Weber vom »Charisma«: »Statt der Pietät gegen das seit alters Übliche, deshalb Geheiligte, erzwingt es die innere Unterwerfung unter das noch nie Dagewesene, absolut Einzigartige, deshalb Göttliche. Es ist in diesem rein empirischen und wertfreien Sinn allerdings die spezifisch ›schöpferische‹, *revolutionäre Macht der Geschichte.*«

Wir haben diese Grundstrukturen der Entstehung von Heilsherrschaften so verhältnismäßig ausführlich dargestellt, weil diese Einsichten für die Erkenntnis wichtig sind, wie auch in der Gegenwart neuartige Heilssysteme und darauf beruhende geistliche Herrschaft entstehen; es wird sich zeigen, daß die klassisch religionssoziologische Analyse Max Webers sich auf sehr aktuelle Tatbestände beziehen läßt.

8. Von der Sekte zur Kirche

Die *Institutionalisierung von Heilsgemeinschaften* stellt an sich keinen eigentümlichen religiösen Vorgang dar: Die Frage, wie »innere«, d.h. geistige, seelische und gefühlsbetonte Beziehungen und Leistungen zwischen Menschen oder geistig-seelische Einflußnahme und Führung in sozialer Organisation auf Dauer gestellt werden können, ohne ihr eigentliches Wesen einzubüßen, stellt sich in jedem Liebesbündnis, das zur Ehe und Familie wird, in jeder Freundschaft, die, wie sich zeigt, nur schwer dauerhafte Sozialformen findet, stellt sich jeder geistigen Vergemeinschaftung um künstlerische oder wissenschaftliche Konzeptionen, die dann »Schulen« oder Akademien, manchmal auch nur Vereine bilden. So stellt sich auch für die Erlebnisgemeinschaften der Heilserfahrung die Aufgabe, die außergewöhnliche Gnadengabe von Glaubensführern, die Beglückung und emotionellen Hoch-Zeiten der Glaubensvergemeinschaftung, jenes Außeralltägliche der Heilsgewißheit in den Alltag mit seinen normalen Mühen, mit Sorgen um materielle Bedürfnisse, mit Lebens- und Familienunterhaltung usw. zu überführen. An dieser »Veralltäglichung des Charismas«, wie Max Weber diesen Vorgang folgerichtig genannt hat, haben alle Beteiligten ein vitales Interesse: der Charismaträger, »Herr« oder Stifter, weil er die Fortdauer seiner Idee, seiner »Sache« und ihre Ausbreitung erstrebt (»Gehet hin und lehret alle Völker!«); die Anhänger, weil sie ebenfalls das »Heil« für sich und ihre Kinder in einer dauerhaften Gemeinde sichern wollen; vor allem aber die engere Gefolgschaft des Charismaträgers, die Jünger und Helfer, weil sie die Fortdauer einer Gemeinschaft in der Weise erstreben, daß ihre Teilnahme an der Führung auf eine Existenz und Versorgung sichernde Alltagsgrundlage gestellt wird.

Dieser Vorgang der Institutionalisierung charismatisch geschaffener Glaubensgemeinschaften ist von der Religionssoziologie sehr eingehend untersucht worden. *Max Weber* hat unter dem Grundbegriff der *»Veralltäglichung des Charismas«* die Vorgänge der Ritualisierung und Formalisierung der Heilslehre begriffen, also das Zurücktreten des Ideengehalts zugunsten verhältnismäßig äußerlich bleibender Bekenntnisformeln und Kulthandlungen, die oft die Ausbreitung der Heilsgemeinschaft, die »Mission«, erst ermöglichen; dazu gehört auch die *Dogmatisierung der Lehre,* die vor allem die *Heilsherrschaft der Führungsnachfolger durch Monopolisierung der Auslegung* festigt, also durch die Herrschaftsentscheidung, wer Gläubiger und wer Ungläubiger, Ketzer oder Abtrünniger ist; schließlich hat Weber in diesem Zusammenhang vor allem die Frage der *Nachfolge* in der charismatischen Herrschaft herausgearbeitet: Wie der unbestrittene Heilsverkünder nach seinem Tode ersetzt werden kann und ob ein irgendwie gestaltetes *Verfahren* (Orakel, Erbfolge, Designation oder Adoption, Wahl usw.) die oberste Vermittlerautorität auf die Dauer übertragen kann, entscheidet in der Tat über alle Glaubensherrschaft. *Max Scheler* hat die Erkenntnis dieses Vorganges durch eine wichtige Einsicht bereichert: Er sieht, daß erst die *»Vergottung des Stifters«* die Voraussetzung der Veralltäglichung einer Heilslehre und damit einer Bildung von Massen-Heilsgemeinschaften oder Massenkirchen ermöglicht. Aus einer menschlichen Person, mit der man sich gesinnungshaft identifiziert und deren Leben und Handeln man als vorbildhaft nachahmt und ihm so nachfolgt, wird ein Gegenstand der Verehrung, ein vom normalen menschlichen Leben getrennter Übermensch, ein »Gott«, den man kultisch behandelt. Damit wird seine Autorität in das Absolute gehoben, aber zugleich werden die Nachfolger und Anhänger entlastet und entbunden von den strengen Forderungen der Nachfolge im Heil, weil sich ja Menschen nicht mit Göttern oder Genies messen können. Dies ist wahrscheinlich nicht nur die einzige Daseinsform von Massen in einer Religionsgemeinschaft von höherer

Spiritualität, diese Vergottung und Absolutsetzung der Stiftungsautorität schafft auch vor allem der institutionalisierten Herrschaftsgruppe der Vermittler, dem »Klerus«, jenes Bollwerk gegen immer neue charismatische Heilsoffenbarungen und Glaubensansprüche, die ihre Verwaltungsfunktion des Heils nur stört und schwächt. Mit dieser »Vergottung des Stifters« geht also eine »Verlegung der Heiligkeit von Personen in die Anstalt« vor sich *(Troeltsch)*, eine Wendung in das Unpersönliche und damit eine Versachlichung des Heils in einer Institution. »Heilig« ist jetzt durch den »vergotteten Stifter« die *Kirche* (oder die Partei oder die »Schule« usw.), in der die charismatische Heilswahrheit verwaltet, vermehrt und »rein« erhalten, d. h. *monopolistisch vermittelt* wird. *Dostojewski* hat dieses Dilemma zwischen unmittelbarer Heilsverkündigung und seiner Institutionalisierung und Herrschaftsstabilisierung in seiner Geschichte vom ›Großinquisitor‹ meisterhaft dargestellt.

Max Weber hat diesen Vorgang der Institutionalisierung religiöser Heilsgemeinschaften zur Kirche folgendermaßen gekennzeichnet: »Zur ›Kirche‹ entwickelt sich die Hierokratie wenn

1. ein besonderer, nach Gehalt, Avancement, Berufspflichten, spezifischem (außerberuflichem) Lebenswandel reglementierter und von der ›Welt‹ ausgesonderter Berufspriesterstand entstanden ist, –

2. die Hierokratie ›universalistische‹ Herrschaftsansprüche erhebt, d. h. mindestens die Gebundenheit an Haus, Sippe, Stamm überwunden hat, . . . also bei völliger religiöser Nivellierung, –

3. wenn Dogma und Kultus rationalisiert, in heiligen Schriften niedergelegt, kommentiert und systematisch, nicht nur nach Art einer technischen Fertigkeit, Gegenstand des Unterrichts sind, –

4. wenn dies alles sich in einer *anstalts*artigen Gemeinschaft vollzieht. Denn der alles entscheidende Punkt . . . ist die Loslösung des Charismas von der *Person* und seine Verknüpfung mit der Institution und speziell: mit dem *Amt*. Denn die ›Kirche‹ ist von der ›Sekte‹ im soziologischen Sinn dieses Wortes dadurch unterschieden: daß sie sich als Verwalterin einer Art Fideikommisses ewiger Heilsgüter betrachtet, die jedem dargeboten werden, in die man – normalerweise – nicht freiwillig, wie in einen Verein, eintritt, sondern in die man hineingeboren wird, deren Zucht auch der religiös nicht Qualifizierte, Widergöttliche unterworfen ist, mit einem Wort: nicht, wie die ›Sekte‹ als eine Gemeinschaft rein persönlich charismatisch qualifizierter Personen, sondern als Trägerin und Verwalterin eines *Amts*charismas.«

Fassen wir diese Einsichten und Begriffe, die an dem Vorgang der Institutionalisierung religiöser Heilsgemeinschaften von der unmittelbar charismatisch bestimmten »Sekte« zur herrschaftsinstitutionalisierten »Kirche« entwickelt sind, für unsere weiteren Untersuchungen zusammen. Zunächst wird deutlich geworden sein, daß die Monopolisierung des Machtmittels »Heilsverheißung« zum dauerhaft stabilisierten Herrschaftsverband weitgehend gleichartig verläuft wie die Stabilisierung des politischen Herrschaftsverbandes zum modernen Staat; die Ausbildung eines Priesterstandes als Religionsbeamtentum mit Gehalt, Karriere, Berufsbild, vor allem aber eine bürokratische Arbeitsorganisation entsprechen der Staatsbürokratie als politischer Herrschaftsgrundlage; Dogmatisierung der Lehre, bürokratische Festlegung der Lehrgewalt und der Glaubensentscheidungen bis hin zum ausgearbeiteten Kirchenrecht sind sicherlich gleichzusetzen der Gesetzesbestimmtheit und Judifizierung der modernen politischen Herrschaft; und schließlich ist der »totale« Anspruch der Kirchen, alle Menschen in dem von ihr beherrschten Siedlungsraum zu umfassen und sich als gleich unterworfen unterzuordnen, durchaus mit dem Souveränitätsanspruch des modernen Staates und der Unterwerfungsnivellierung zur »Gleichheit« aller Staatsbürger zu vergleichen. Aber man darf bei dieser Parallelisierung nicht übersehen, daß es sich um den Vergleich zweier hochinstitutionalisierter Herrschaftssysteme handelt und man, indem ein solcher Endzustand allzu stark ins Auge gefaßt wird, sehr leicht die Beobachtungsfähigkeit für das Entstehen neuer geistlicher (und auch politischer) Herrschaftsformen verliert. So sollten wir mehr Gewicht legen auf die hier gekennzeichneten Prozesse der Institutionalisierung geistlicher Herrschaft wie z. B. auf die Formalisierung und Ritualisierung der Heilslehre, ihre Dogmatisierung und Verschulung auf die damit verbundene Auslegungsmonopolisierung und die Ketzereientscheidungen, nicht zuletzt auf die hierher gehörende Ausbildung einer gesonderten Heilssprache, die den mächtigen Klerus ebensowohl von der normalen Außenwelt wie von den ihm unterworfenen Gläubigen trennt, auf die Errichtung oder Adoptierung von Ämtern und Titeln als Wirkungsgrundlage – in unserer Gesellschaft verkörpert sich »Amts-Charisma« wohl am deutlichsten im Amt und Titel des »Professors«, weshalb diese ebenso konkurrenzhaft verteufelt wie begehrt sind –, auf die »Vergottung von Stiftern« im Sinne von tabuisierten Heilslehrern usw. Unser Erkenntnisinteresse gilt ja nicht Neubildung von geistigen Herrschaftssystemen außerhalb der christlichen Heilstradition.

Wie die politische Herrschaft, z.B. der moderne Staat, im Urgrund ihrer Macht, der Anwendung von Gewalt, zugleich ihre eigentümliche Schwäche hat – Beseitigung der politischen Herrschaft durch Gegengewalt als Eroberung oder Revolution – und daher ihre Dauerhaftigkeit und das reibungslose Funktionieren politischer Herrschaft im Dienste von Sachaufgaben gerade darauf beruht, die Anwendung der »ultima ratio regis«, von Gewaltmaßnahmen bis auf Einzelfälle (Strafvollzug und Polizeimaßnahmen) zu unterbinden, so ist der emotionelle und leidenschaftliche Heilsglaube und seine persönliche Hingabe ebenso Urgrund hierokratischer Herrschaft wie ihre dauernde Gefährdung als Institution. In der Religions- und Kirchengeschichte bezeugt sich immer wieder der Kampf unmittelbarer Heilsnachfolger gegen die Amts-Charismatiker; unmittelbare Berufungen auf den Stifter nehmen die »Wahrheit« der Heilsverkündigung gegen die herrschende geistliche Institution für sich in Anspruch und finden Glaubensanhänger (unzählig die »ketzerischen« Sektenhäresien gegen die herrschende Kirche; Franziskus, der sich dann der päpstlichen Herrschaft wieder einordnete; Luther, der so schnell selbst Kirche bildete, daß er bereits die Häresie der Wiedertäufer amtskirchlich bekämpfen konnte, usw.). Im Politischen und Geistlichen ist die Auflehnung gegen das Funktionärstum, gegen Bürokratie, gegen die »Bonzen« und gegen das Establishment ein massenpsychologisch immer und leicht zu mobilisierender Affekt der neuen Heilsverkünder, aber alle »Funktionäre«, die das Funktionieren und die Sachleistung eines Herrschaftssystems zu gewähren verpflichtet sind, haben das Recht des dostojewskischen Großinquisitors auf ihrer Seite, die Heils-Unruhestifter zu verdammen.

In den großen Heils- und Erlösungsreligionen liegt dieser Widerspruch allerdings tiefer: Indem die Heilsverheißung sich nur an die »Innenseite« des Menschen richtet, an die Erlösung seiner Individualität und ihrer alltäglichen Belastung in einer vorgestellten Glückseligkeit, und dieses Heilsversprechen durch unmittelbaren Zugang zu den Heiligen Schriften immer an der Quelle zugänglich ist, gehört zu sämtlichen Welt- und Heilsreligionen als soziale Möglichkeit der sich auf die Lehre und den Namen des Gründers unmittelbar berufende *individuelle Protest* gegen die hierokratisch legitimierte Institution. *Heilsglaube* und *charismatischer Protest* gegen das Bestehende entspringen aus der gleichen Quelle.

Es gibt idealtypisch gesehen zwei Formen, in der sich dieser charismatische Protest gegen die »Verkirchlichung« des Heilsglaubens und die institutionalisierte Priesterherrschaft äußert: In dem einen Falle bilden die protestierenden neuen Heilsverkünder sofort selbst unmittelbare Heilsgemeinschaften von Gleichgläubigen, sammeln Anhänger ihrer neuen Lehre oder Auslegung und beginnen damit den Vorgang der Sektenbildung und ihrer dann immer erstrebten Institutionalisierung oder Verkirchlichung von neuem.

Dieser *kollektive charismatische Protest* ist eine dauernde Begleiterscheinung durchgesetzter Heilsherrschaften und wird von diesen oft heftiger bekämpft als andere, entferntere Heilssysteme oder die widerstrebenden politischen Herrschaftsformen. Diese Leidenschaftlichkeit in der Auseinandersetzung um die »wahre« Auslegung der Heilsverheißung läßt oft verkennen, daß es sich hier nur um Bruderzwiste oder Familienstreitigkeiten handelt; alle diese dem Protest entspringenden Sektenbildungen sind mit der Hauptkirche in dem Bestreben einig, eine Heilsherrschaft ihres Glaubens über den Menschen zu errichten. Ist dann die sich behauptende Kirche mit der jeweiligen politischen Herrschaft verbunden, dann gehen diese charismatischen Proteste und Sektenbildungen mittelbar oder – als politische Heilslehren – auch unmittelbar zum Angriff auf die politischen Herrschaftssysteme über. Hier liegt der Wahrheitsgehalt der These, die *Friedrich Heer* in seiner ›Geistesgeschichte Europas‹ vertreten hat, daß alle modernen politischen Heilsbewegungen und Revolutionen, einschließlich des Marxismus, aus Sektenhäresien des Christentums gegen die Offizial-Kirche stammen. Hier liegt aber auch das Verhältnis begründet, daß der »protestierende« Sozialist und Kommunist in den westlichen Gesellschaften sich sektenhaft gegen die herrschende »Kirche« der Kommunistischen Partei und ihrer hierokratischen Zentrale – Moskau – gutgläubig absetzen zu können meint.

Während der Sektenprotest gegen Heilsherrschaften von vornherein den Weg der Verkirchlichung selbst betritt, gibt es in den großen Heilsreligionen, besonders im Buddhismus, im Christentum und in den philosophischen Heilslehren immer auch den *auf ein Individuum vereinzelten Protest,* der bewußt auf Verkündigung und damit auf Herrschaftsansprüche verzichtet. Hier unterwirft sich eine einzelne Person den inneren Ansprüchen der

Nachfolge des Heilsstifters ohne sozialen Geltungsanspruch; in der buddhistischen Kontemplation, im entschiedenen Mönchtum, im Mystiker, in Formen des Pietismus und des Quäkertums, im sich vereinzelnden philosophischen, z. B. platonischen Denker, vielleicht auch in sehr unbeständigen Formen eines modernen Reflexions-Christentums wird kein geistlicher Herrschaftsanspruch gestellt, sondern eher eine Gleichgültigkeit und eine Verachtung gegenüber der »Welt« insgesamt, einschließlich der geistigen Herrschaft und ihrer Institutionen, entwickelt. Die individuelle Heilsgewißheit und der ebenso auf die Person als Vereinzelte bezogene Nachfolgeanspruch bietet sowohl eine ungewöhnliche innere Sicherheit und Absonderung der Person, wie andererseits diese »innere Emigration« sich mit dem Hochmut und der Welt- und Kirchenverachtung der »Stillen im Lande« paart. Aber diese Heilsselbstbezogenheit ist vom einzelnen im Weltgetriebe und in den Heilskämpfen der Zeit schwer aufrechtzuerhalten; die Neigung, sich in der Lebenspraxis doch als Sympathisant oder Mitläufer von kollektiven charismatischen Protesten, von Sektenbildungen und Heilskämpfen, auf Herrschaftsauseinandersetzungen einzulassen, ist fast unvermeidbar.

10. Das Verhältnis zur politischen Herrschaft

Schon die bisher erörterten Zusammenhänge der charismatischen Herrschaftsbildung haben öfters das Verhältnis von geistlicher und politischer Herrschaft berührt; es ist deutlich geworden, daß hier zwei verschiedene Machtformen – physischer Zwang und psychischer Zwang – zu verschiedenen Formen der Menschenführung, bei der institutionellen Monopolisierung der Herrschaftsmittel aber zu verhältnismäßig strukturgleichen »Anstalten« – Staat und Kirche – führen. Aus der Gegensätzlichkeit der Herrschaftsmittel und der Gemeinsamkeit der Anstaltsinteressen ergeben sich von vornherein grundsätzlich zwei Beziehungen: eine *Gegnerschaft* in Form der Feindschaft oder zum mindesten des Wettbewerbs einerseits, ein Zusammenspiel und ein *Bündnis* der Herrschaftsinteressen andererseits. Die erste Beziehung wird vor allem dann zum Zuge kommen, wenn beide Machtinteressen noch ursprünglich um ihre Durchsetzung selbst kämpfen müssen, also wenn neuer geistlicher Herrschaftsanspruch den bestehenden Anstaltsinteressen sowohl des Staates wie der Kirche abgerungen werden müssen; dagegen wird sich das Bündnis- und Kooperationsverhältnis verstärken, wenn die beiden Herrschaftssysteme institutionalisiert und verfestigt sind und die Anstaltsinteressen des »Establishments« die gegenseitigen Beziehungen bestimmen. Geschichtlich gesehen stellt der Kampf zwischen Kaiser und Papst im Mittelalter und in der beginnenden Neuzeit die welthistorische Auseinandersetzung zwischen beiden Herrschaftsansprüchen dar, verlängert bis in die Glaubenskriege, in denen geistig die Aufklärung auf der Seite des Staates gegen die Religionsherrschaft kämpfte, bis hin in die »Kulturkämpfe« des 19. Jahrhunderts, deren Abglanz noch in den parlamentarischen Gegnerschaften von »christlichen« und »laizistischen« Parteien unseres Jahrhunderts zu finden ist.

Diese Auseinandersetzungen von vorgestern verdunkeln vielfach die Tatsache, daß eine ebenso welthistorische und bis in die Gegenwart hinein wirksame gegenseitige Unterstützung von Staatsherrschaft und Klerikerherrschaft stattgefunden hat. Als Institutionen oder Anstalten bedürfen sie nämlich zu ihrem Funktionieren und ihrer Stabilität jeweils der Unterstützung des anderen Herrschaftsmittels. Der moderne Staat oder die politische Herrschaft beruht zwar *letzthin* auf der Anwendung des physischen Zwanges oder der Gewalt, wird aber im sachlich optimalen Sinne erst funktionsfähig und stabil, wenn die Androhung oder Möglichkeit der Gewaltanwendung in eine geistig-emotionale Zustimmung zur politischen Herrschaft umgeschlagen ist, also in die psychischen Motive des Gehorsams, die Weber als Legitimitäts*glaube* bezeichnet. Anstalten oder Gruppen, die diese »geistige Zustimmung« als ihr Wirkungsmittel mehr oder weniger monopolisiert haben, also die Kirche oder die ihr opponierenden Gruppen antikirchlicher Philosophen und Publizisten der aufklärerischen Sinngebung politischer Verhältnisse, sind unentbehrliche Hilfskräfte für die Stabilisierung der modernen staatlichen politischen Herrschaft gewesen.

Dies gilt auch umgekehrt: Anstalten, die vorrangig auf psychischem Zwang beruhen, auf religiöser oder sonstiger ideeller Heilsverkündigung, sind instabil, solange sie auf der dauernden Aktualität von Glaubenszustimmungen beruhen, da jede neue Heilslehre von Individuen oder Sekten ihre Herrschaftsverfestigung unterhöhlt; sie bedürfen zur institutionellen Dauerherrschaft der exekutiven Möglichkeiten des physischen Zwanges oder seiner staatlichen Ableitungen (Ketzergerichte und Ketzertötungen, Steuereintreibung durch den Staat, Sanktionen der staatlichen Benachteiligung von Dissidenten und »Ungläubigen«, z.B. in der Einstellung als Beamter, Lehrer usw.). Neben den Bestrebungen der Monopolisierung der Herrschaftsmittel und der damit gegebenen Gegnerschaft von geistlicher und politischer Herrschaft ist zwischen den so errichteten Herrschaftssystemen also immer der Grundsatz der Gegenseitigkeit der Anstaltsstabilisierung wirksam. Eine Hand wäscht die andere.

Geschichtlich lassen sich für beide Arten der Beziehungen zwischen diesen Herrschaftsansprüchen viele Belege beibringen: Die Einschaltung des Christentums als Herrschaftsbegründung hat es sowohl Konstantin ermöglicht, das Römische Reich unter seiner Herrschaft wieder zu stabilisieren, wie die Karolinger erst mit Hilfe der christlichen Missionare das altgermanische Stammeskönigtum der Merowinger beseitigen konnten. Die Vorrangbestrebungen des Kaisertums im Mittelalter sind ebenso von religiösen Kräften und Oppositionen unterstützt worden wie die Durchsetzung der modernen Staatssouveränität der absoluten Fürsten von Staatskirchen und kirchlichen Reformatoren. Auf der anderen Seite schlägt dieses Aufeinanderangewiesensein von geistlicher und politischer Herrschaft bei Konkurrenzkämpfen um die Macht in Parteinahme für die jeweilige Opposition auf dem jeweils anderen Herrschaftsfeld um: Wo das jeweilige Priestertum oder die herrschende Kirche ihren Vorrang auch in der politischen Herrschaft behaupten will, muß sie sich mit den politischen Feinden dieser staatlichen Herrschaft verbünden. Max Weber weist darauf hin, daß die weltgeschichtlich günstigen Lagen für eine Durchsetzung der Priesterherrschaft auch als politischer Herrschaft immer dann gegeben waren, wenn Erobererstaaten die weltliche Herrschaft in unterworfenen Staaten beseitigten; ihnen empfahl sich dann die Priesterherrschaft als bestes Domestikationsmittel für die unterworfenen Völker, weil diese selbst ein Interesse daran hatte, die unmittelbare politische Herrschaft nicht wieder aufkommen zu lassen. »So ist die tibetanische, ägyptische, jüdische Priesterherrschaft von der Fremdherrschaft her gestützt, ja geschaffen worden; auch in Griechenland waren beim Persereinfall die Tempel (besonders Delphi) zu dieser Rolle bereit.« Auch in der Moderne fehlt es nicht an Beispielen für diese Bündnisneigungen von »Kirche« oder geistlicher Führung und Landesfeind. Spiegelbildlich gibt es in solchen Vorherrschaftskämpfen dann die politische Unterstützung von Ketzern, häretischen Sekten und »Ungläubigen« gegen einen der staatlichen Herrschaft gefährlichen Machtanspruch etablierter Kirchen, ein Fall, den die Reformationsgeschichte mit ihren Glaubenskriegen in Europa vielfältig belegt.

Diese beiden grundsätzlichen Möglichkeiten des Verhältnisses von geistlicher und politischer Herrschaft, der Gegnerschaft und des Kampfes um die Vorherrschaft einerseits, der gegenseitigen Durchdringung und Stützung ihrer Herrschaftsverfassungen andererseits, beziehen sich jedoch vornehmlich auf hochinstitutionalisierte Formen der geistlichen Herrschaft, auf etablierte »Kirchen«. In diesen Beziehungen werden die Möglichkeiten und Bedingungen nicht deutlich, die neue Heilslehren im *Zustand ihrer Entstehung* zur vorhandenen politischen Herrschaft einnehmen können; will man die Wirkungsweise der im *charismatischen Protest* entstehenden Heilslehren »in statu nascendi«, in ihrer Entstehung, erfassen, muß man sehen, daß diese sich auf eine Mobilisierung der Innerlichkeit und ihrer Heilshoffnungen sowohl gegen die institutionalisierte Heilsherrschaft der geltenden »Kirche« als auch gegen die politische Herrschaft richten. Die Einsichten, die wir zur Beurteilung gegenwärtiger Heilsverkündigungen aus dem Innerlichkeitsprotest gebrauchen, lassen sich geschichtlich also eher aus der Durchsetzungsepoche der Heilsreligionen in ihrer Entstehung – so z. B. des Christentums in den ersten Jahrhunderten der dann nach ihm benannten Zeitrechnung – gewinnen, als aus den nachfolgenden Kämpfen von Kirche und Staat. Im Ursprung der Heilsreligionen waren die beiden Gegner zunächst die »heidnischen« Kulte und die dahinter stehende politische Gewalt, die beide den heilswidrigen »Alltag« vertraten; in der Moderne geschieht das gleiche in der Auseinandersetzung mit den amtlichen christlichen Kirchen und den sich mit ihnen verbündenden staatlichen Herrschaften. Wir müssen also die *Ursprungsbeziehungen* von charismatischen Protesten oder Heilslehren zur politischen Herrschaft und umgekehrt die Reaktionen des Staates auf neu entstehende Heilsverkündigungen in den Blick bekommen, um die gegenwärtigen Vorgänge begrifflich fassen und soziologisch erklären zu können.

Man erlaube uns der Kürze halber eine gewisse Schematik in der Feststellung solcher Beziehungen, die wir später inhaltlich wieder auflösen und auffüllen wollen. Einer neuen charismatischen, heilsverkündenden Bewegung stehen gegenüber der vorhandenen politischen Herrschaft drei Reaktionsmöglichkeiten offen:

1. Die sich in der Heilsgewißheit abschließende, jedem Herrschaftsanspruch entsagende *Unterwerfung* unter die bestehende weltlich-politische Autorität. Dies bedingt eine »weltliche« Gleichgültigkeit, einen Rückzug aus dem öffentlichen Leben und seinen Alltagsforderungen, eine Hinwendung zum Asketentum, zur Einsiedelei und zur Einsamkeit, zu individuellem oder

kollektivem Nonkonformismus und zur bejahten Sektenhaftigkeit, die gegenüber der politischen Gewalt zuweilen als passiver Widerstand deutlich wird, z. B. eine heute schon seltene Verweigerung des Kriegsdienstes, des Eides aus christlich-religiösen Gründen usw., aber nirgends einen aggressiven Herrschaftsanspruch stellt.

2. Der *Kampf gegen den Staat als Verkörperung des Bösen*, insbesondere wenn die politische Herrschaft die Freiheit der neuen Heilsverkündigung einschränkt oder gar im Interesse der institutionalisierten Kirche unterdrückt und benachteiligt. In diesem Falle wird gegen den Staat nicht aus konkurrierenden Anstaltsherrschaftsinteressen gekämpft, sondern die Gegnerschaft nährt sich aus überzeugungsursprünglichen Interessen am eigenen Seelenheil oder den Heilserwartungen. (Der »kapitalistische« Staat ist dem sozialistischen Heilsglauben natürlich das »schlechthin Böse«.)

3. Diese Abwehrhaltung gegenüber der politischen Herrschaft als privater und individueller Heilsdrohung schlägt natürlich sehr leicht um in die Bemühung, *den Staat oder die vorhandene politische Herrschaft selbst zu erobern,* um der neuen Heilslehre gesellschaftlichen Raum und Wirkungskraft zu verschaffen; man will den Staat zum Durchsetzungsgehilfen der neuen Heilslehre, zum »christlichen Staat«, zum »Staat der Aufklärung«, zum »sozialistischen Staat«, zum Agenten der neuen Religiosität und Heilslehre machen. In diesem Falle ist die herrschaftsbeanspruchende Veranstaltlichung der neuen Heilslehre als neue »Kirche« oder monopolistische »Partei« unvermeidbar, und damit entwickelt sich wiederum die bereits umrissene Anstaltskonkurrenz oder der politische Vorherrschaftskampf der beiden Herrschaftsformen. Auch der politischen Herrschaft oder dem jeweiligen »Staat« stehen den neu auftauchenden Heilslehren oder den jeweiligen charismatischen Schüben von individuellen und kollektiven Protesten des Heilsglaubens grundsätzlich mehrere Reaktionsformen zur Verfügung:

4. Zunächst kann der Staat neuen Heilsverkündigungen gegenüber eine *neutrale oder gleichgültige Haltung* einnehmen. Diese unparteiische oder *tolerante* Einstellung gegenüber Heilsverkündigungen ist vor allem in Reichen und Staaten der Fall, in denen bereits mehrere Religionen, Konfessionen oder Heilslehren im Verkündigungswettbewerb stehen und die politische Herrschaft dadurch wenig bedroht wird. Hier gehört die religiöse Toleranz des modernen Rechtsstaates hin.

5. Der Staat kann aber auch die neue Heilsverkündigung entweder aus eigenem Legitimierungs- und damit Herrschaftsinteresse oder im Bündnis mit der herrschenden Anstaltskirche *verfolgen und verwerfen.*

6. Schließlich kann der Staat die neue Lehre aus Herrschaftsinteressen übernehmen und unterstützen, wozu er vor allem geneigt sein wird, wenn die ältere anstaltskirchliche geistliche Herrschaft seine politische Herrschaft in Frage stellt. (Beispiel: Die Koalition mit dem Sozialglauben aus Machtinteressen – so verbündet sich heute die Regierungskoalition in der Bundesrepublik mit dem Sozialglauben der Linken gegen die Herrschaftsstützung durch die etablierten Kirchen.)

Diese idealtypischen Fälle der gegenseitigen Reaktionen von Heilslehren und -bewegungen in ihrer Entstehung und Entwicklung einerseits, der etablierten politischen Macht andererseits, treten in der geschichtlichen Wirklichkeit natürlich in den verschiedensten Verbindungen und Mischungen auf, und zwar sowohl in der Abfolge der Zeit hintereinander wie auch gleichzeitig. Das Christentum hat in seiner Entstehungs- und Durchsetzungsphase ebenso alle drei Reaktionsformen gezeigt, wie umgekehrt das Römische Imperium gegenüber dem Christentum von der Tolerierung zur Bekämpfung und schließlich zur Anerkennung als Staatsreligion übergegangen ist. In der Geschichte des Buddhismus, Zarathustrismus, Islams, Manichäismus, Konfutsianismus usw. ließe sich ein ähnlicher Wechsel der Einstellung zur politischen Macht und umgekehrt der Herrschaftsreaktionen gegenüber den neuen Heilsverkündigungen belegen. Diese historischen Ausblicke zeigen uns, daß die christliche Religion und ihre Kirchen zu Beginn der Neuzeit ein labiles Gleichgewicht von staatlicher Unabhängigkeit und Autonomie einerseits, von staatlicher Toleranz und Unterstützung andererseits erreicht hatten.

Diese Schwebelage von politischer und geistlicher Herrschaft, durch viele partikuläre politische und religiöse Gegnerschaften andauernd gestört, von dem in den Heilsreligionen des Christentums immer wieder aufbrechenden charismatischen Protest stets grundsätzlich in Frage gestellt, trat geschichtlich erst in eine neue Stufe der Auseinandersetzungen ein, als sich eine breite geistige Front einer neuen Heilsverkündigung gegen die christliche zusammenfand. Dies geschah in der *»Aufklärung«,* in der Verkündigung einer neuen »Religion der Vernunft«, die als Nachfolge der protestierenden Glaubensindividualitäten der Reformationszeit eine neue, sich von der institutionalisierten, »verkirchlichten« Heilslehre des Christentums trennende, ja ihr vielfach grundsätzlich widersprechende Heilslehre durchsetzte. Der Kampf gegen die herrschende Religion und ihren Klerus und dessen Sanktionen oder Gegenmaßnahmen beherrscht die Entstehungsgeschichte der Aufklärung; die »Toleranz« etwa der Renaissanceherrscher dieser neuen Heilslehre gegenüber, das Bündnis der Herrscher mit den gegenseitig als ketzerisch erklärten kirchlichen Heilsdogmatismen und ihren Häresien, das sich in den Glaubenskämpfen des 17. Jahrhunderts bezeugte und widerlegte, und schließlich die Parteinahme des Absolutismus für die neue Lehre gegen die Kirchen und zur Stabilisierung ihrer politischen Souveränität kennzeichnen die Durchsetzung einer neuen Heilslehre in den benannten Reaktionsstufen.

Wenn daher gegenwärtige Heilslehren, die sich auf die Aufklärung berufen (es sind sowohl die bürgerlich-rationalistischen wie die marxistischen), herrschaftssoziologisch verstanden werden sollen, ist dazu eine Klärung des jeweiligen zeitgeschichtlichen Verhältnisses von geistlicher Herrschaft in ihrer neuen Form und der politischen Herrschaft anhand der grundsätzlichen Beziehungsschematik erforderlich. Daß sich die antichristlich-antiklerikale Heilslehre der »Religion der Vernunft« selbst in einer »Verkirchlichung« befindet und daß sie als solche die politische Herrschaft sich unterordnet und sie erobert – was in den dogmatisch-sozialistischen Staaten bereits geschehen ist und in den westlichen Staaten gerade vor sich geht –, läßt sich ohne eine strukturelle Einsicht in die grundsätzlichen Herrschaftsbeziehungen der sich geistig durchsetzenden heils- und geistesgeschichtlichen Geschichtssinngebungen (gemeinhin Ideologien genannt) nicht aufdecken. Der aktuelle Wert dieser strukturellen und begrifflichen Unterscheidungen wird sich also in der Herrschaftsanalyse der gegenwärtigen »Aufklärungs«-Heilslehren erweisen; deshalb sind sie von uns verhältnismäßig ausführlich entwickelt worden.

11. Die gesellschaftlichen Leistungen von Heilssystemen

Wie wir in der Untersuchung der politischen Herrschaft nicht bei der Bestimmung der Machtmittel und dem selbstverständlichen Interesse der Herrschenden an Machtdurchsetzung und

-bewahrung stehen blieben, sondern nach den »Zwecken der Herrschaft«, nach den Sachleistungen des modernen Staates für seine Bürger, fragten (vgl. S. 36ff.), so sind auch die Heilssysteme und die Heilsherrschaft nicht nur auf ihren Herrschafts-Charakter hin zu prüfen, sondern es ist darüber hinaus zu klären, welche sachlichen Leistungen solche geistlichen Führungssysteme den sich ihnen unterwerfenden Menschen, den Gläubigen, gegenüber erfüllen. In der anthropologischen Begründung der Heilsherrschaft (vgl. S. 50) haben wir verdeutlicht, daß der Mensch auf eine *Sinngebung* seiner Stellung in der Welt und seiner Handlungen angewiesen ist, da er nur in Stellungnahme zu sich selbst und seinem Dasein sein Leben zu führen vermag. Allein dieses bewußte Stellungnehmen zu seinem Leben schafft dem Menschen die geistigen »Ordnungen« und Sicherheiten, ohne die er einer »offenen Zukunft« gegenüber hilflos wäre. Will man diese wesentlich menschliche *Funktion der Selbstführung* in ihren Leistungen konkretisieren, kann man sie auf drei Grundbeziehungen des Menschen festlegen:

1. auf das Verhältnis des Menschen zur »Welt«, insbesondere zur Natur und der von ihm selbst erzeugten und vorgefundenen »Welt« als Geschichte,

2. auf das Verhältnis des Menschen zu anderen Menschen und schließlich

3. auf das Verhältnis des Menschen zu sich selbst.

Die Leistung von Religionen hat immer darin bestanden, für den Menschen in diesen drei Beziehungen »geistige Ordnungen« oder Sinngebungen durch »geistige Führung«, also »psychischen Zwang«, zu bieten und herzustellen. Im Anschluß an diese drei grundsätzlichen geistigen Sinnbeziehungen hat *Arnold Gehlen* einmal die *Funktionen der »obersten (geistigen) Führungssysteme«*, also vor allem der Religionen in folgende drei Sachleistungen eingeteilt (nur in der 1. Auflage seines Buches ›Der Mensch. Seine Natur und seine Stellung in der Welt‹, Berlin 1940, S. 447ff.):

1. eine *theoretische* Erklärung der Umwelt, die wir mit der von *Jaspers* übernommenen Formel der *»Weltorientierung«* bezeichnen wollen;

2. Darbietung eines Systems von sinnhaften Aussagen, das den Interessen der *praktischen Handlungsformierung* des Menschen dient; und schließlich

3. die wahrscheinlich wichtigste und beherrschende Funktion der Tröstung und Sinngebung von Not- und Leidsituationen

des einzelnen, also die Aufgabe der *Sinnüberwindung der menschlichen Ohnmacht.*

Wir wollen diese Sachleistungen von Heilssystemen kurz, vor allem in Anlehnung an *Gehlen* erläutern, ehe wir uns ihrer Auswertung für die Leistung gegenwärtiger geistlicher Führungssysteme zuwenden:

(zu 1): In jeder, insbesondere frühen oder »primitiven« Religion, also den Heilssystemen jener Völker, die sich der Übermacht der Natur ausgeliefert sahen, steckt eine zusammenfassende, sozusagen »theoretische« Aussage über das Ganze der Welt, ihren Ursprung, ihre Entwicklung und ihren kosmologischen Sinn, der dann fast immer in eine »Heilsgeschichte« der Welt zu ihrem Ende, modern gesprochen, in eine Geschichtsphilosophie, umschlägt. Daß die christliche Religion in ihrer größten Herrschaftsfülle, z.B. im abendländischen Mittelalter, diese »Weltdeutung« für sich monopolisiert hatte, ist historisches Gemeingut; der Begriff der »Weltanschauung«, später von konkurrierenden Weltdeutungen in Anspruch genommen, bestätigt noch im Ausdruck diese Herrschafts- und Sachleistung der religiösen Weltorientierung.

(zu 2): Über die Leistung der *Handlungsformierung* heißt es bei Gehlen: »In dieser Hinsicht enthielten die Religionen praktische Imperative und Vorschriften darüber, was zu tun und zu vermeiden sei, sie legten oft bis ins einzelne das ›Wie‹ des Tuns fest (kultisch, rituell), sie formulierten die im Handeln gegeneinander innerhalb der Gemeinschaft einzuhaltenden Normen, wobei Recht und Sitte ursprünglich noch zusammenfielen, wiesen ausgezeichnete und bevorzugte *Inhalte* des Tuns und Vermeidens (Tabus) an, kurz, sie gaben im engsten Zusammenhange mit den Gesichtspunkten der Weltdeutung ebenso abschließende Normen der Handlungsformierung, und zwar bis in die Auswahl und Auslese der geforderten oder abgelehnten Antriebe« (a.a.O., S. 449). Diese Funktion der Heilssysteme bezieht sich von vornherein auf die sinnhafte Ordnung der praktischen sozialen Beziehungen, bringt sie also zwangsläufig in engste Beziehung zur politischen Herrschaft und ihren Zwecken. Das Monopol der Herrschaftsausübung der geistlichen Macht wird in diesem Zusammenhange immer deutlich, wenn diese das Monopol der Erziehung in einer Gesellschaft beansprucht.

(zu 3): Die wichtigste Leistung der geistlichen Führungssysteme gegenüber dem Menschen besteht aber in der Hilfestellung, die unvermeidliche *Ohnmachts- und Leiderfahrung des Lebens zu überwinden und zu ertragen.* Dazu Gehlen: »Ein dritter Inbegriff von Leistungen läßt sich dann unterscheiden, wenn man an die wesentliche, im Menschen und seiner Verfassung gegebene ›Ausgesetztheit‹ des Menschen denkt. Es sind die Tatsachen der Ohnmacht, des Mißerfolgs, des Todes, des Leidens, der ›Unstabilität‹ und Unberechenbarkeit der Welt, die der Mensch fortdauernd *bewußt* erfährt, denen er als exponiertes, nicht festgestelltes und der Welt voll ausgesetztes Wesen immerfort begegnet, und zu denen er doch Stellung zu nehmen genötigt ist. Der Mensch erlebt unaufhörlich Grenzen seines Wollens oder Könnens, er erlebt

seine *Ohnmacht* und hat die elementare Kraft, den Überschuß der Antriebe gegen diese Ohnmacht zu werfen: die *Interessen der Ohnmacht* sind es, denen die Religionen ebenfalls zu genügen hatten, und sie taten es, indem sie an den Grenzen der Macht Unterstützung leisteten, besonders gegenüber den Tatsachen des Mißerfolgs, des Leidens, Zufalls und Todes« (ebd., S. 449).

In dieser »tröstenden« Leistung der religiösen Heilsverkündigung, in der Vermittlung des »Prinzips Hoffnung« (Gehlen, Bloch), das die Erfahrung der Ohnmachtsgrenzen wenigstens in der Vorstellung eines zukünftigen »Heils« überwinden hilft, liegt also wahrscheinlich die unausrottbare Wurzel eines menschlichen Bedürfnisses nach religiösen Heilslehren. Mit Recht kritisiert daher Gehlen die Behauptung einer älteren religionsfeindlichen Anthropologie, die *nur* die Erregung von Furcht als Herrschaftsmittel der Religion und damit als Ursprung des Gottglaubens hingestellt hat: »Und so wie überall die *Phantasie* die vitale Hauptleistung hat, Schwungrad der Handlungen zu sein, den Menschen in einer virtuellen Bewegung in eingebildete und ›bessere‹ Zustände zu versetzen, so ist sie auch die ermutigende Kraft, die den Menschen über das lähmende Bewußtsein seiner Ohnmacht hinausreißt. ›Deos fecit timor‹ ist nicht richtig gesagt: nicht die Furcht, die Drohung der Übermacht, erschafft Götter, sondern die Überwindung der Furcht. Es ist *natürlich*, nicht an den Tod glauben zu wollen, und also irgendwelche Vorstellungen über das Jenseits und das Fortleben nach dem Tode auszubilden; es ist natürlich, den Raum zwischen dem, was wir in der Hand haben, und dem unlenkbaren Erfolg mit helfenden Gestalten der Phantasie zu bevölkern ... Und es ist natürlich, zu hoffen und auf Götter und Schicksal zu vertrauen. Die Interessen der Ohnmacht, Äußerungen des unerschöpflichen Überschusses an Triebkraft, stehen daher im Dienste des Lebens, und die Phantasie des Menschen ist eine lebensfördernde, in die Zukunft tragende, der Resignation entgegenarbeitende Gewalt« (ebd., S. 458). Daß hier die funktionale Erklärung der religiösen Heilsverheißung vorgetragen wird, die wir in einer verallgemeinerten Bestimmung des »Heils« als »die Glück (oder Trost und Hoffnung) spendende Lösung der Lebensaufgaben in der Vorstellung eines vorausgegriffenen sinnhaften Ganzen« dieser Untersuchung zugrunde legen, bedarf wohl nur eines Hinweises.

(Es sei wenigstens nebenbei bemerkt, daß in diesem von Gehlen entwickelten »Gottesbeweis der Anthropologie« eine uralte Dialektik um das Verhältnis von Mensch und Gott eine synthetische Auflösung findet; wir wollen es auf folgende dialektische Formeln bringen: a) These »Gott schuf den Menschen nach seinem Bilde« (Bibel); b) Antithese: »Der Mensch schuf Gott nach seinem Bilde« [deos fecit timor; Feuerbach und der materialistische Atheismus, aber auch geschichtliche Nachweise, wie sie z. B. Topitsch über den »Ursprung der Metaphysik« noch neuerdings geliefert hat]; c) Synthese: »Der Mensch schuf sich im Bilde Gottes«. An dieser gottesgläubigen Deutung des »man makes himself« sind die modernen Sozialreligionen uninteressiert, weil sie dann ihre eigene »Gottgläubigkeit« funktional enthüllen und ihre Durchsetzungskraft aus der Gegnerschaft zur naiven Gottgläubigkeit der etablierten Religionen verlieren würden. Diese sind dem Reflexionsgrad der synthetischen Aussage gegenüber hilflos und im Schwinden ihrer gottesgläubigen Heilsgewißheit eher bereit, ein Bündnis mit den sozialen Heilslehren der Ignorierung »Gottes« einzugehen.)

Diese Funktions- oder sachlichen Leistungsbestimmungen von Heilssystemen und den mit ihnen verbundenen Heilsherrschaften sind am Modell der geschichtlichen Religionen, in unserer Tradition vor allem an Hand der christlichen Religion und ihrer Kirchen erfolgt; um die Rolle der gegenwärtigen sozialen Heilsreligionen bestimmen zu können, muß man zwei in den letzten Jahrhunderten erfolgte Wandlungen in der Leistungserfüllung der christlichen Religionen in Rechnung stellen:

   1. die *Verselbständigung der ursprünglich rein religiösen Führungsgehalte und Leistungen gegenüber der Religion;*

   2. die *gegenläufige Heilsaufladung der so anscheinend unreligiösen oder antireligiösen Leistungsträger zu neuen Heilsherrschaften.*

Wir wollen uns zunächst der Verdeutlichung der ersten Entwicklungsrichtung zuwenden, dabei aber bereits die Ansätze der gegenläufigen geistigen Strömungen offenlegen, die zu den von uns untersuchten Formen gegenwärtiger Heilsherrschaften führten.

Die *Verselbständigung religiöser Führungsansprüche* der in unserer Tradition herrschenden christlichen Lehre ist unter dem Begriff der *»Säkularisierung«* schon vielfach abgehandelt worden. Dieser ist aber daher so vieldeutig geworden, daß er sich zu unzweideutigen Sachanalysen kaum noch eignet; es werden darunter die Institutionalisierungen religiöser Herrschaft in quasistaatlicher Form ebenso gefaßt wie das Umschlagen christlicher Lehrinhalte in nicht mehr religiös begründete soziale Sinngebungen (z. B. die Überführung eines religiösen »Naturrechts« in ein »rationales Naturrecht«; die Übertragung der »Gleichheit« jeder Seele vor Gott in die bürgerliche »Gleichheit«; die Übertragung chiliastischer Endhoffnungen auf ein »ewiges Reich« zugunsten ähnlicher »Endhoffnungen« auf politisch-soziale »Endzustände« usw.). Diese geistes- und ideengeschichtlichen Vorgänge der »Entleerung der Welt von Gott« interessieren uns hier weniger als die damit verbundenen Übertragungen von Funktionen oder Leistungen an andere Träger dieser Aufgaben, vor allem weil diese Ideenanalysen der Säkularisierung meistens den Tatbestand

verhüllen, daß mit dieser »Verweltlichung« der religiösen Heilslehren sich auch neue »weltliche« Heilslehren und Heilsherrschaften bilden. Die bisher vorgetragenen Deutungen der »Säkularisierung« stellen kaum in Rechnung, daß dieser geschichtliche
Vorgang wieder auf einer neuen Ebene rückläufig wird, d. h. in
eine »Verhimmlichung« der »säkularisierten« Sinngebungen der
Welt, des Lebens und der Herrschaft umschlägt. Daß dies in der
Gegenwart geschieht, ist aber gerade unsere Grundbehauptung.

12. Weltorientierung

Am deutlichsten ist die *Verselbständigung* der früher von den
Religionen beanspruchten *theoretischen Erklärung* der Welt, der
»Weltorientierungsfunktion«, in der Entwicklung und Durchsetzung der *modernen empirischen Wissenschaft*, also *insbesondere
der Naturwissenschaften*, geschehen. Ihre Befreiung von der religiösen Heilsvorherrschaft ist in der christlich-abendländischen
Geschichte mit der Überwindung des kirchlich-dogmatisch vertretenen ptolemäischen Weltbildes durch die Naturwissenschaft
der Kepler, Giordano Bruno, Galilei, Newton usw. als ein
Kampf gegen eine Form der klerikalen Herrschaft vollzogen
worden. Allerdings muß man daran erinnern, daß schon die
monotheistischen Erlösungsreligionen, also insbesondere das
Christentum, in ihrer Verkündigung des einen unsichtbaren
Gottes, die Natur und die den Menschen umgebende Welt und
Umwelt »entgöttert« haben und mit dieser Vertreibung der Götter aus Baum und Strauch, aus Berg, Donner und Blitz, eben die
entgötterte und entseelte »Welt« schufen, deren sich jetzt die
Naturwissenschaften in ihrer Form der Welterkenntnis bemächtigen. Ein ähnlicher Vorgang der Befreiung (»Emanzipation«)
der Weltorientierung von der religiösen Vorherrschaft ist in der
Entstehung einer Geschichtsschreibung zu sehen, die sich der
Leitidee der »Heilsgeschichte« entzog, weder richten noch lehren, sondern nur zeigen wollte, »wie es eigentlich gewesen« ist
(Ranke). Daß diese große wissenschaftliche Leistung des 19. und
beginnenden 20. Jahrhunderts (Max Webers Wissenschaftsbegriff hat darin seine entscheidende Wurzel) inzwischen wiederum aufgegeben wird zugunsten von Geschichtsschreibungen,
die sich bereitwillig wieder neuen Heilsgesichtspunkten unter-

ordnen (»engagieren«), ist allerdings mehr auf die neuen heilsherrschaftlichen Ansprüche der »Handlungsformierung« als der Weltorientierung zurückzuführen. So bleibt die moderne empirische, d.h. in ihren Theorien der experimentellen Überprüfung unterworfene Naturwissenschaft die einwandfreieste Kraft der Überwindung dieser weltorientierenden Funktion der Religion.

Daß aus ihrer Anwendung neue Formen der Bewältigung der Welt als Natur entstanden sind, daß die auf ihr aufbauende *moderne Technik* die Welt verändert und in den Griff bekommen hat, daß die Technik der »große Einsatz« (Ellul) des Menschen in einer Auseinandersetzung mit der Übermacht der Natur geworden ist, deren Drohung Jahrtausende hindurch den Heilsherrschaften ihre Machtgrundlage geboten hatte, macht die moderne Technik zu der Gegenkraft von Heilslehren und Heilsherrschaften schlechthin. Wer heute grundsätzlich gegen die moderne Technik auftritt, verrät schon dadurch seine Zugehörigkeit zu Machtbestrebungen der Heilsherrschaft. Die moderne Technik ist der Königsweg der praktischen Vernunft, weil sie ihre »Wahrheit« nur so weit beansprucht und belegt, wie sie die Wirklichkeit empirisch gestaltet, d.h. die Dinge konstruiert und erzeugt. Es gibt kein »technisches Heil in der Vorstellung«, das sich nicht sehr schnell selbst widerlegt.

Zunächst erscheint es unwahrscheinlich, daß diese Verselbständigung der religiösen Weltorientierungsfunktion in der Gestalt der modernen Naturwissenschaft und Technik ihrerseits wiederum mit Heilserwartungen und ihren Herrschaftsansprüchen aufgeladen werden könnte. Gleichwohl ist dies in gewissen geistigen Haltungen der Fall, wenn es sich dabei auch um intellektuelle Randerscheinungen handelt, die den Siegeszug und die Praxis der modernen Naturwissenschaft und Technik wenig berühren. Wir wollen als Beispiel drei Erscheinungen anführen:

a) Diese naturwissenschaftliche Erklärung der Welt kann den Anspruch machen, mit ihrerMethode zugleich alle Fragen der menschlichen Handlungsformierung und zugleich der »Interessen der Ohnmacht« zu lösen und damit das »Band zwischen Religion und Wissenschaft« zu knüpfen, wie es Haeckel in seinen »Welträtseln« begründete; in dogmatisch-materialistischen Gesellschaften und ihren Heilslehren sind solche universalen Religionsersatzformen des Denkens immer noch wirksam. Die moderne Besinnung über die Aussagereichweiten der Naturwissenschaft haben diese Heilsüberzogenheiten der naturwissenschaftlichen Aussagen klar abgewiesen (z.B. C. F. v. Weizsäcker), geraten damit aber in die Gefahr, nun ihrerseits bestimmte Formen der heilsherrschaftlichen Handlungsformierung (z. B. in der Politik) oder in der »Ohnmachtsüberwindung« durch ihr naturwissenschaftlich-kritisches Prestige zu stützen.

b) Diesem religiösen Universalanspruch der Naturwissenschaft als theoretischer Erklärung der Welt und ihrer menschlichen Probleme entspricht auf dem Gebiete ihrer Anwendung der Anspruch, daß *alle* Schwierigkeiten des Menschen im Verhältnis zu anderen und zu sich selbst mit technisch-naturwissenschaftlichen Mitteln zu lösen seien und daß die universale Herrschaftsgewalt von Technikern diese Lösung aller Lebensaufgaben des Menschen verbürge. Dieser Anspruch einer *Technokratie* (Herrschaft der Techniker) ist natürlich genauso eine Heilsherrschaft wie der Anspruch der religiösen Hierokratie; er verkennt, wo er erhoben wird, daß die technische Bewältigung der Welt den Menschen selbst in seiner sinnhaften Selbstführung niemals zum naturwissenschaftlichen Gegenstand auflösen kann, d. h., um es kantisch zu sagen, daß der Mensch nicht zum bloßen Gegenstand oder Mittel gemacht werden kann, seien auch die Ziele die vorgestellte Glückseligkeit des Menschen selbst. Aber diese heilsgewisse Technokratie ist in Wirklichkeit sehr selten, vor allem gerade unter praktizierenden Naturwissenschaftlern und Ingenieuren; eigentlich findet man sie nur ab und zu literarisch vertreten. Der Begriff »Technokratie« ist in der gegenwärtigen Auseinandersetzung vielmehr zu einer Diffamierungsbezeichnung für die geworden, die den praktischen Sachgesetzlichkeiten in den jeweils einzelnen Handlungsfeldern und Institutionen des sozialen Lebens zur Anerkennung gegenüber heilshaften Ideen und Zielen verhelfen wollen, ohne gerade selbst zu glauben, man könne »das Ganze in der Vorstellung« unmittelbar bewältigen.

c) Schließlich sei noch eine verfeinerte Form eines »naturwissenschaftlichen Heilsglaubens« erwähnt: die Überzeugung und der Anspruch von Wissenschaftlern auf eine *universale Methode der Wahrheitserkenntnis.* Diese Vorstellung verbindet sich heute fast ausschließlich mit der allumfassenden Anwendung der in der Naturwissenschaft entwickelten empirisch-experimentell überprüfbaren, vergegenständlichte Bezüge erfassenden wissenschaftlichen Aussagekriterien. Dieser Anspruch würde, so streng angewendet, wie er methodenorthodox vorgetragen wird, nicht nur die Handlungswissenschaften normativer und analytischer Art (z. B. Jurisprudenz einerseits, Soziologie andererseits) sowie die historischen Kulturwissenschaften, die sog. »Geisteswissenschaften«, weitgehend austrocknen, er würde vor allem auch jede soziale Praxis der Politik, der Ökonomie, der Justiz usw. unter der Absolutheitskritik unangemessener Methodik lahmlegen. Die Auseinandersetzung mit diesem Anspruch, wenigstens in der Methode, das Ganze der wissenschaftlichen Erkenntnis und der von ihr abgeleiteten Praxis im voraus in den Griff zu bekommen, spielt daher in der sozialen Praxis kaum eine Rolle und beschränkt sich auf den Methodenstreit wissenschaftlich-literarischer Zirkel. Dort wird er aber in Form scholastischer Glaubenskämpfe ausgetragen, weil er in der Tat einen Wettstreit zweier einen Universalanspruch stellenden Heilslehren verkörpert, und zwar in der typisch modernen wissenschaftlichen Form des *Kampfes um die alleinseligmachende Methode* wissenschaftlicher Erkenntnis. Wir werden auf diese *Rückverlagerung der Heilskämpfe von der Aussage zur Sache in die Herrschaftsdurchsetzung der Methode* als einem typischen Glaubenskampf im Rahmen der modernen Wissenschaft noch zu sprechen kommen.

Diese methodischen und wissenschaftstheoretischen Auseinandersetzungen um die »alleingültige« Erkenntnisweise haben ständig die Entwicklung der modernen Wissenschaft begleitet. Die vor dem ersten Weltkrieg, vor allem in der Universität Heidelberg, geführte Erörterung über den wissenschaftstheoretischen Gegensatz von Geisteswissenschaften und Naturwissenschaften läßt sich vorher und nachher als ein immer umstrittenes Thema innerwissenschaftlicher Gegnerschaften belegen. Eine moderne Neuauflage erlebte diese Auseinandersetzung in dem sogenannten »Positivismusstreit in der deutschen Soziologie« (Adorno, Habermas gegen Popper, Albert u. a.), der ein Schaustück moderner Heilskämpfe im Gewand von wissenschaftlichen Methodenstreitigkeiten bietet. Auf der einen Seite überzeugt die Kritik jeder der Diskussionsgegner an der Unwissenschaftlichkeit der anderen Seite, eine Kritik, die den Gegner bewußt zur quasi-religiösen Heilsverkündigung hinaufstilisiert, indem sie die maßvollen, begrenzten und vielfältigen Wahrheitskriterien einer wissenschaftlichen Erkenntnis für sich in Anspruch nimmt; auf der anderen Seite verlieren damit eben die wissenschaftlichen Aussageansprüche jeder Seite an Wert für denjenigen, der nicht bereit ist, sich in der hier zur Wahl gestellten Glaubensentscheidung zu »bekennen«. *Karl Popper* hat in seinen Veröffentlichungen (so z. B. in einem bereits 1949 auf dem Internationalen Kongreß für Philosophie gehaltenen und vielfach nachgedruckten Vortrag ›Prognose und Prophetie in den Sozialwissenschaften‹) den Charakter der Heilslehren in der von Hegel und Marx ausgehenden Sozialwissenschaft in den gleichen Gesichtspunkten herausgearbeitet, wie wir sie hier vertreten werden; aber die von ihm eben dort herausgestellten politischen und gesellschaftlichen Zielvorstellungen, die ich für ein Musterbeispiel einer liberalen Grundsatzerklärung der praktischen Vernunft halte, finden offensichtlich in seinen rigorosen methodischen Ansprüchen nicht die geringste Stützung, ja beides widerlegt sich gegenseitig. »Politik als Experiment« (Albert) ist zumindest ein falscher Begriff, wird aber, methodisch ernst genommen, sogar zur Un-tat. So erleben wir das seltsame Schauspiel, daß den sozialwissenschaftlichen Heilslehren eine Heilslehre der Methodik entgegentritt, deren Anhänger sich zu einer nicht weniger religiös-sektenhaften »Schule« zusammenschließen und nicht geringere Bannflüche gegen die »Methodenungläubigen« von sich geben wie die von ihnen kritisierten sozialen Heilslehrer.

Man erkennt aus diesen Beispielen, daß sogar in der Verselbständigung der theoretischen »Weltorientierungsfunktion« die Möglichkeiten und Neigungen zu heilsverkündenden Standpunkten nicht ganz erloschen sind; aber diese Lösung der Welträtsel, diese Beherrschung aller Lebensaufgaben oder dieser Vorgriff auf alle Wahrheit durch eine einzige Methode, also diese Art »Endlösungen in der Vorstellung«, treten in diesem Bereich doch nur vereinzelt und abseitig auf und sind in ihrer Wirkung belanglos gegenüber der lebens- und praxisnahen Leistung der empirisch-analytischen Wissenschaften, also insbesondere der modernen Naturwissenschaft und ihrer Anwendung als moderne Technik. Diese ist nach wie vor in unserer Zivilisation als das eigentliche Bollwerk gegen die Weiterherrschaft alter, vor allem aber gegen die Wiedergeburt neuer Heilsherrschaften anzusehen.

13. Handlungsformierung

Die *Verselbständigung der Handlungsformierung* im sozialen Bereich, also insbesondere in der Politik und der Wirtschaft, gegenüber ihrer heilsherrschaftlichen Steuerung durch religiöse Institutionen und ihre Lehren, gehört neben der Entwicklung der modernen Technik zu den die Neuzeit begründenden geschichtlichen Ereignissen. Der Unterschied von geistlicher und weltlicher Anordnungsbefugnis für die sozialen Handlungen der Menschen liegt als eine Möglichkeit durchaus bereits in der Lehre der sich an das Innere und damit nur Gesinnungshafte und unpolitisch Private der menschlichen Existenz wendenden Erlösungsreligionen (»Gebet dem Kaiser, was des Kaisers ist«), aber das ist die Hemmung und der Vorbehalt aller noch von der

Herrschaft ausgeschlossenen innerlichen Heilslehren mit der Absicht, sich den Eigenraum ihrer Wirkung erst einmal freizukämpfen. Die zu Kirchen institutionalisierte christliche Lehre und ihre Priester haben daher auch nicht gezögert, sich die politische und wirtschaftliche Sozialordnung religiös zu unterwerfen, sobald sie dazu die anstaltliche Gewalt besaßen. Die Gesellschaftsordnung des Mittelalters ist religiös gehalten bis hin in die letzten Grundsätze der wirtschaftlichen Ordnung (Zinsverbot; übrigens auch Mohammed vertrat die Überzeugung »Die Preise sind von Gott«). Gegen diese von der christlichen Innerlichkeitsforderung bestimmte Handlungsformierung, so z.B. des caritativen Grundsatzes in der Wirtschaft, ist die moderne Welt der Handlungsformierung freigesetzt worden, indem sie als Politik und als Wirtschaft eine eigene *Sachgesetzlichkeit* aufgedeckt hat, an der personale ethische und religiöse Forderungen, sofern sie diesen Sachzwängen widersprechen, scheitern müssen.

Dieses Umschlagen religiöser Innerlichkeitsforderungen in die Freisetzung einer Sachwelt mit eigenen, autonomen Handlungsgesetzlichkeiten ist am klarsten von *Max Weber* in seiner geschichtlichen Untersuchung der Wurzeln des Kapitalismus, also in der Abhandlung ›Die protestantische Ethik und der Geist des Kapitalismus‹, aufgedeckt worden. Die entscheidenden, dieser historischen Untersuchung heute zu entnehmenden Einsichten bestehen ja darin, daß die aus christlich-puritanisch-asketischen Quellen entspringenden Haltungen des Wirtschaftens auf die Dauer fortfallen konnten und fortgefallen sind zugunsten der Erkenntnis und Unterwerfung unter die erkannten Sachgesetzlichkeiten der modernen Wirtschaft, Verwaltung und Politik; diese bestimmten den Menschen in seinem sozialen Verhalten dann ohne Heilszusicherungen oder ethische Selbstbestätigung. Diese Gesetzlichkeit des modernen politischen und wirtschaftlichen Systems hat *Machiavelli* als Eigengesetzlichkeit des Politischen, später »Staatsräson« genannt, herausgearbeitet, *Karl Marx* als Kennzeichen des der modernen Wirtschaftsgesetzlichkeit unterworfenen Menschen, des Proletariers, gesehen, dessen Schicksal es war, »unter die objektiven Bedingungen seiner Arbeit subsumiert« zu werden; mit Recht hat *Hans Freyer* dies zu der Aussage verallgemeinert: »Das ist nämlich der exakte Begriff des Proletariers: ein Mensch, der unter ein Sachsystem so entschieden subsumiert worden ist, daß Antriebe, die in ihm selbst entspringen, nicht mehr zum Zuge kommen« (›Kritik des gegenwärtigen Zeitalters‹, S. 89). In all diesen Aussagen wird – in bejahender oder verwerfender Bewertung – die Notwendigkeit einer »sachgesetzlichen« Handlungsformierung gegenüber einer heilsgesetzlichen als das Kennzeichen des modernen sozialen Handelns bestätigt.

(Ich habe diese Behauptungen des Vorrangs der »Sachgesetzlichkei-

ten« gegenüber ideologischen, politischen und sozialen Handlungs-
orientierungen bereits 1961 in einer Abhandlung ›Der Mensch in der
wissenschaftlichen Zivilisation‹ vertreten. Die publizistische Kritik, die
ich darauf erhielt, stammte bezeichnenderweise vor allem aus christlich-
religiösen und humanitaristisch-quasireligiösen Kreisen, die ihre religiöse oder quasireligiös glaubenshafte und ethische Bestimmungsgewalt
über politische Entscheidungen durch diese Aussage gefährdet sahen
– wobei die Tatsache, daß ich im Grunde Thesen von Engels wiederholte, ausgerechnet von sozialistischen Kritikern ironischerweise nicht erkannt wurde. Diese glaubensbestimmte Kritik lebte aber von einer typischen Aussageverschiebung: Sie unterstellte, daß die Handlungsformierung durch »Sachgesetzlichkeiten« den Menschen sozusagen zum bloßen Vollzugsorgan erkannter Gesetzlichkeiten ohne jeden Entschei-
dungsraum machen würde; ich hatte demgegenüber behauptet, daß sich
nur der »Bezugsrahmen« der politischen Entscheidungen und ihrer
Begründungen von der Ideenüberzeugung zum Nachweis von Sachgesetzlichkeiten gewandelt habe. Eine Heilslehre, selbst in ihrer dogmati-
siertesten Form, läßt in der konkreten Handlungsformierung politischer
oder wirtschaftlicher Art nicht mehr und nicht weniger Freiheit wie die
erkannten Sachgesetzlichkeiten der »wissenschaftlichen Zivilisation«,
denn es gibt kein System oder keinen »Bezugsrahmen« von Aussagen,
die die konkreten Entscheidungen in sozialen Handlungssituationen
einfach »ableitbar« machen; es kommt also darauf an, an welchen
Grundsätzen sich die Entscheidungen von konkreten sozialen Handlungen orientieren, an »heilsgesetzlichen« oder »sachgesetzlichen« Bezügen. Es ist verständlich, daß heilsherrschaftliche Handlungssteuerungen
ein Interesse daran haben, Entscheidungen unter Sachgesichtspunkten
als bloßen »Mechanismus« von Sachkonstellationen zu deuten und dem
unter Sachgesichtspunkten entscheidenden Menschen die Entschei-
dungsfreiheit als solche abzusprechen.)

Diese Ausrichtung und Formierung menschlicher Handlungen
an Sachgesetzlichkeiten hat sich insbesondere in den Bereichen
der Politik und Wirtschaft, in Arbeit, Dienst und Geschäft,
durchgesetzt, die sich also zunächst jeder religiösen Vormundschaft mehr und mehr entzogen. Indem man solche bestimmten
Handlungsfelder von »Sachhandeln« bezeichnen kann, werden
auch die Grenzen dieser Orientierung an Sachzwängen deutlich:
Religiöse, heilsbestimmte Handlungsforderungen werden in das
»Innere«, in seelische, geistige und emotionale Binnen-Handlun-
gen des Menschen abgedrängt, wo sie allenfalls als *zusätzliche
Motivlage, als »Gesinnung«,* auf das soziale Handeln in den
genannten Sachbereichen zurückwirken. Diese Rückwirkung
auf das sachorientierte Handeln, ja sogar seine womöglich dadurch erfolgende sachgemäße Stützung, bleibt aber immer »Pri-

vatsache«, also ein Innerlichkeitszuschuß, der von der Sache her nicht verlangt werden kann.

Wir wollen ein einfaches Beispiel anführen: Ob ein Verwaltungsbeamter, z. B. ein Mann am Postschalter, ein guter Christ ist oder nicht, bleibt ihm überlassen; wenn seine Geduld und Höflichkeit im Umgang mit dem Publikum Kraft aus seiner christlichen Nächstenliebe zieht, so ist das seine Privatsache, denn auch ein Dissident oder »Ungläubiger« muß als Schalterbeamter höflich zum Publikum sein; wenn aber ein christlicher Beamter seine christlichen Mitbrüder den anderen vorzuziehen beginnt und christliche Milde in der Handhabung seiner Vorschriften walten läßt, verstößt er gegen seine Sachpflichten und wird aus hier unangebrachten christlichen Motiven ein schlechter Beamter. Daß dieses Verhältnis in der Politik des Staates und der Kommunen, in der höheren Verwaltung, in der Wirtschaft und neuerdings auch in der Wissenschaft zwar grundsätzlich genauso gilt, in der Praxis aber vielfach zugunsten von Gesinnungsentscheidungen durchbrochen wird, mag verdeutlichen, daß der Grundsatz der Sachorientierung auch in diesen Bereichen keineswegs vollständig durchgesetzt worden ist.

Die Versachlichung der Handlungsorientierung findet ihre Grenze innerhalb der bürgerlichen Gesellschaft, die diese säkularisierte Form der Handlungsorientierung durchgesetzt hat, in der ebenfalls von dieser Gesellschaft behaupteten *Freiheit des Privaten*. Dieser Freiheitsraum des Privaten, der den Zwängen der Sachgesetzlichkeit vermeintlich nicht unterliegt, wird in zweierlei Hinsichten von der sachorientierten Handlungsbestimmung sozial geschieden:

a) Privat und damit den Sachgesetzlichkeiten und den sie vertretenden politischen, wirtschaftlichen usw. Autoritäten nicht unterworfen sind zunächst alle Beziehungen und Stellungnahmen des Menschen zu sich selbst, das persönliche Fertigwerden mit seinen individuellen Lebensschicksalen, mit individuellem Tod, Leid, Unglück und Not, eben mit jenen Ohnmachtssituationen des menschlichen Lebens, auf deren Überwindung sich die dritte von uns genannte Funktion der Religion und der Heilslehren bezieht. Ihre mögliche Verselbständigung gegenüber allen Formen der Heilslehre werden wir gleich erörtern.

b) Freigesetzt von dieser Anforderung der Sachgesetzlichkeiten werden aber auch im bürgerlichen Selbstverständnis die der Religion gleichgestellten *Bereiche der Kultur und des Geisteslebens,* soweit sie nicht Funktion der gesellschaftlichen Ordnung geworden sind. Die Auffassung, daß Kultur im Sinne von Philosophie, Literatur und Kunst privat seien, d. h. weder Sachanforderungen der modernen Gesellschaft noch einem irgendwie legitimen allgemeinen Herrschaftsanspruch unterliegen, begründet ihren *Autonomieanspruch* unter der Voraussetzung, daß diese privatisierte Kultur keinen Anspruch auf Herrschaft in den Bereichen der politischen, wirtschaftlichen und sonstigen sozialen Handlungsformierung erhebt. Ernst Jünger hat diese Art des kulturellen und geistigen Lebens daher mit Recht als »das Museale« bezeichnet. Diese Freisetzung vom Sozialen und seinem Sachzwang hat eine ungewöhnliche Produktivität und Blüte eben dieser kulturellen Tätigkeiten ermöglicht, wobei ihre herrschaftsfreie Gegnerschaft zur politischen und wirtschaftlichen Sachgesetzlichkeit und ihrer sozialen Handlungsformierung nicht zuletzt die Grundlage ihrer geistigen Produktivität war.

Zugleich aber wird deutlich, daß diese Bereiche der inneren Motivation, ihres Ausdruckes in Philosophie, Literatur und Kunst, dann die Linie ihrer Abgrenzung und Freiheit überschreiten, wenn sie den Anspruch auf verbindliche Handlungsformierung in politischen und wirtschaftlichen Handlungsbereichen stellen und propagandistisch durchsetzen. Der Gesinnungshintergrund als Motivation sozialen Handelns – keineswegs von vornherein nur heilsbestimmt, da sich längst den Sachgesetzlichkeiten entsprechende moralische Haltungen und Überzeugungen entwickelt haben – ist gleichwohl die Einbruchstelle heilsherrschaftlicher Überzeugungen in die sachgesetzliche Handlungsformierung des modernen Menschen. Sozial gesehen müssen sich diese neuen heilsherrschaftlichen Ansprüche also im Bereich des Privaten und des Kulturellen, in Philosophie, Literatur und Kunst, und den von ihnen vorwiegend beeinflußten sozialen Einrichtungen entwickeln, um von dort dann herrschaftsfordernd in die Bereiche der Politik, der Wirtschaft und Technik vorzustoßen. In dieser Absicht sind ihre unmittelbaren Gegner – wenn man einmal von der Konkurrenz der Heilslehren unter sich absieht – diejenigen Institutionen und Zielsetzungen, die neben der sachbezogenen Fachausbildung auch sachbezogene moralische Haltungen und Motive, z. B. Berufsethiken für den Bereich der Politik, Verwaltung, Wirtschaft und Technik, vermitteln, also die Schulen, Hochschulen, Fachschulen, die Lehrlingsausbildung und die Institutionen der beruflichen Fortbildung. Während in unserer westlichen Gesellschaft diese moral- und gesinnungsvermittelnden Einrichtungen der »Sozialisation« in ihren Leitideen sich einer jeweils unterschiedlichen Mischung von Zielen der Förderung individueller Privatheit, der kulturellen Bildung und der sachbezogenen Ausbildung unterwerfen, fallen in den östlich-marxistischen Staaten nicht nur die Gewaltenteilungen in den sachlichen Bereichen, sondern auch die Rücksichten auf die Privatheit des Individuums und auf die Autonomie kultureller Lebensbereiche in den Zielsetzungen der Sozialisations- oder Erziehungseinrichtungen fort; sie sind totalitär auf die Sachbeziehung »Politik« bezogen, die ideologisch monopolistisch ausgelegt wird. In solchen Staaten legt sich der Totalitätsanspruch von Heilsreligionen, auch wenn sie primär Sozialreligionen sind, mit der herrschenden politischen Macht unmittelbar an. In den westlichen Staaten ist der strategische und taktische Weg der Durchsetzung eines neuen heilsreligiösen Totalitäts- und Herrschaftsanspruches der Handlungsformierung vorgezeichnet: Er muß zunächst zur Ausschaltung der gesellschaftlichen Sachverpflichtungen und ihrer freiheitlichen Gewaltenteilung die Forderungen der personalen Individualität und der Autonomie kultureller Tätigkeit überhöhen, um von dem so gewonnenen doktrinären Herrschaftsbereich her die totalitären Ansprüche der Handlungsbestimmung im Bereich von Politik, Wirtschaft und Technik dann durchsetzen zu können.

14. Die Interessen der Ohnmacht

Die *Verselbständigung der Sinnüberwindung menschlicher Ohnmacht* gegenüber der religiösen Tröstung und Hoffnungsvermittlung scheint am schwierigsten und unwahrscheinlichsten zu sein, und zwar vor allem, weil das individuelle Bedürfnis nach solchem Trost erst von den Heils- und Erlösungsreligionen entwickelt und gesteigert worden ist. Wie soll der einzelne Mensch mit den Ohnmachtssituationen des Todes, des Leids und Unglücks fertig werden, ohne daß ihm als Person eine diese Lebenslagen transzendierende persönliche Sicherheit in Aussicht gestellt wird? Wie soll der Mensch seinen Tod und den seiner Nächsten, seine je individuellen Krankheiten, Leiden und Schicksalsschläge ertragen ohne einen sinngebenden Halt in einer ihm als einzelnem gebotenen Verheißung, daß alles dieses Leiden auch für ihn einen »Sinn« habe?

Immerhin besitzen wir in unserer kulturellen Tradition einige »Lebens- und Todesanschauungen«, die das Verhältnis des einzelnen zu seiner menschlichen Ohnmacht anders als durch Jenseitsverheißung regeln. Vor allem die *stoische Haltung* zu Leben und Tod, entspringend aus einer philosophischen Besinnung über das Dasein, beherrschte in verschiedenen Lehrformen viele Jahrhunderte der Antike; sie ist zwar in den zwei christlichen Jahrtausenden immer mehr an den Rand gedrängt, niemals aber völlig unwirksam gewesen. Die stoische Haltung fordert ein vernunftgemäßes Leben, lehrt, die Affekte kurz zu halten durch ein auf sich selbst gerichtetes »Seelenpraktikum« ihrer Unterdrückung, und betont, daß die »Tugend«, also die moralischen Handlungen, in sich selbst genügsam und ein Verdienst sind, ohne sie durch transzendente Verheißungen und Belohnungen zu stützen; die Tugend hat sich in Leid- und Ohnmachtssituationen des Lebens zu bewähren, die pessimistisch als selbstverständlich vorhanden vorausgesetzt werden. Die Antiquiertheit des philosophiegeschichtlich entfremdeten Begriffs »Stoizismus« versperrt die Einsicht, daß in der Moderne die Aufklärung, insbesondere *Immanuel Kant,* eine gleiche, in sich selbst genügsame, d. h. von Jenseitsverheißungen freie Moral der »Pflicht« entwickelt (und zugleich für die anderen die praktische Notwendigkeit, Vorstellungen wie »Gott« und »Unsterblichkeit« anzunehmen, aus Vernunftgründen mitgeliefert) hat. Diese untranszendente Diesseitsethik der praktischen Vernunft mit ihren Anschauungen von »Pflicht« und »Dienst«, von »Hingabe« an die aufgetragenen Sachen, von »Treue« und »Wahrhaftigkeit«, von »Entbehrung und Opfer« in der Pflichterfüllung usw. hat durchaus die Kraft gehabt, das Leid- und Todeserlebnis des Menschen zu bewältigen. Sie war allerdings nur wirksam in den sozialen Gruppen, die dem Einfluß philosophischer Lehren von ihrem Bildungs- und Ausbildungsstand her unterlagen, also vor allem unter Gelehrten, Beamten, Offizieren, darüber hinaus auf das gesamte Hochbürgertum des 19. Jahrhunderts ausstrahlend, wenn auch vielfach zur »bürgerlichen Anständigkeit« verdünnt. Diese Haltung ist heute noch in Resten unter den genannten Gruppen zu finden; sie zieht selbstverständlich die Gegnerschaft der neuen sozialen Heilsreligionen auf sich, die nicht zufällig die Grundbegriffe dieser Ethik wie »Pflicht«, »Treue«, »Dienst« usw. als »reaktionär« verdammen, d. h. diese Lebenssinngebung politisch untergraben müssen, um ihre neuen Heilssinngebungen an deren Stelle zu schieben.

Als eine weitere Lebens- und Todessinngebung umfassender Art, die auf unsere Zeit eingewirkt hat, ist die *heroische Lebens-*

haltung zu nennen. Sie stammt aus der moralischen Welthaltung patriarchalischer Kriegerstämme, selbst wahrscheinlich eine Form der archaischen Religiosität, aber in der Moderne durch Philosophen wie Schopenhauer, Nietzsche, Carlyle und Jakob Burckhardt wieder verlebendigt, dann vor allem vom »völkischen Denken« als Religionsgegnerschaft und Religionsersatz aufgegriffen. Diese in ihrer modernen Form wahrscheinlich doch literarisch-ästhetische Lebensgrundhaltung mit der Hochschätzung des Manneswertes, des Ruhms der Nachwelt für die Überwindung der Furcht, der Selbstbewährung in Sieg und Untergang, diese »humanitas heroica« (Gesemann), konnte eine breitere Wirkung nur entfalten, indem sie sich sozialreligiösen Vorstellungen verband und dann in ihrer quasi-religiösen Wirkung in den Dienst einer politischen Herrschaft gestellt wurde. Erst die Vergottung der »Nation« oder des »Volkes« (»Du bist nichts, dein Volk ist alles«), in Dienst genommen als ideologisches Führungsmittel von einer politisch totalitären Partei, die die politische Herrschaft im Staate ebenso monopolisierte wie sie die sich ihr nicht unterordnenden geistigen Führungssysteme bekämpfte, vernichtete oder gleichschaltete, vermochte zeitweise eine solche politisch-heroische Einstellung zum Tode und zu persönlichen Lebensschlägen zum Tragen zu bringen; sie bezeugte sich z. B. darin, unter welchen Glaubens-Letztwerten junge Menschen in den vom Dritten Reich geführten Angriffskriegen zu sterben und ihre Angehörigen deren Tod sinnvoll hinzunehmen bereit waren. Es ist aber ebenso kennzeichnend, daß mit dem Zusammenbruch dieses politischen Systems auch diese Lebenssinndeutung versagte; von einem »heroischen« Durchstehen des – persönlichen und kollektiven – »Unterganges« war nicht viel zu bemerken.

Aber dieses Beispiel einer anti-christlichen Lebens- und Todesdeutung gibt uns die Gelegenheit, zwischen Pseudo-Religionen im Dienste politisch-absoluter Herrschaftsansprüche und einer echten neuen Sozialreligiosität zu unterscheiden: Auch in der Lehre von *Marx* und ihrer gesinnungshaften Übernahme sind in der modernen Marxismusforschung deren chiliastische End- und Heilsverheißungen als Formen der Pseudo-Religion aufgedeckt und betont worden; auch hier werden die mit dem Heilsglauben des orthodoxen Marxismus verbundenen Heilshoffnungen, insbesondere bei den marxismusgläubigen Intellektuellen des Westens, ständig enttäuscht, wenn allzu offensichtlich die imperialistisch-politischen Herrschaftsmaßnahmen der Sowjetunion als politischer Vormacht dieses Glaubens in den Vordergrund treten (Niederschlagung der Aufstände in Ungarn, in der DDR und militärische Besetzung der Tschechoslowakei, aber auch Diktatur in Kuba usw.). Hier wird jeweils deutlich, daß die Heils- und Endhoffnungen des marxistischen Glaubens nur »Idolbildungen« (Müller-Armack) waren, die religiöse Führungssysteme in den Dienst primär politischer Herrschaftsabsichten stellten. Sowohl bei der Vergottung des »Volkes« wie bei der Vergottung der »klassenlosen Gesellschaft« wurde die Glaubenshingabe an eine »Transzendenz im Diesseits« (Gehlen) widerlegt durch ihre offensichtliche politische Ausbeutung; weder ein völkischer »Führer« noch ein allmächtiges »Politbüro« vermögen die Rolle eines Heilands oder nur die eines Hohenpriestertums auf die Dauer zu übernehmen. Der Unterschied zwischen diesen politisch beherrschten Pseudo-Religionen und der von uns gekennzeichneten neuen Sozialreligion besteht also in der Unterwerfung der sozialen Heilshoffnungen unter bestehende politische Herrschaften einerseits oder in der Unabhängigkeit von ihnen andererseits. Die neue Sozialreligion der Intellektuellen in den westlichen Gesellschaften ist keine politische Agentur der marxistischen Herrschaftssysteme; obwohl sie vielfach an die Lehre von Marx unmittelbar anknüpft, gibt sie die Identifizierung mit bestehenden marxistischen Herrschaftssystemen immer dann auf, wenn sie offensichtlich in deren staatlich-politische Herrschaftsdienste gestellt werden soll. In der Tat ist den politisch geführten Pseudo-Religionen im wesentlichen nur der Abbau der christlich-individuellen Heils- und Tröstungsbedürfnisse innerhalb der von ihnen beherrschten Menschen gelungen, nicht aber der funktionale Ersatz der Heilsleistungen des Christentums.

Sind also die »Interessen der Ohnmacht«, die Sinnbedürfnisse des einzelnen gegenüber dem ihm als Person widerfahrenen Leid, Schicksalsschlag und Tod, keineswegs unaufgebbar und menschlich konstant? Zumindest lassen sie sich im öffentlichen Bewußtsein als gleichsam belanglos, ja unerlaubt so weit in die vereinzelte Privatheit verdrängen, daß der einzelne leidende Mensch für sie in der Gesellschaft, ja selbst seitens bestehender Heils-Gesellschaften, kaum noch Hilfe für diese Situationen der individuell erfahrenen Ohnmacht findet. Die Verdrängung dieser Bedürfnisse aus dem öffentlichen Bewußtsein ist aber nicht nur eine Leistung und Zielsetzung der politischen Pseudo-Religionen, sie ist vor allem eine Begleiterscheinung des *praktischen*

Materialismus der westlichen industriellen Wohlstandsgesell-
schaften. Indem die Sachgesetzlichkeiten der modernen Zivilisation die Bedürfnisse der Stellungnahme zu sich selbst und seinem
Schicksal in den Situationen der Ohnmacht weitgehend aufsaugen, zu »Sachproblemen« verflachen, treten die von den Heilsreligionen entwickelten Sinnansprüche des Menschen gleichermaßen zurück.

Dies wird insbesondere in der individuellen Stellungnahme
zum Tode deutlich: Während eine Philosophie wie die *Heideg-
gers* die Erwartung und das Gegenüber des Todes noch als die
entscheidende Frage der Sinngebung menschlicher Existenz ansah, blendet nicht nur die marxistisch bestimmte Gesellschaft,
sondern auch die westliche Wohlstandsgesellschaft den individuellen Tod aus dem öffentlichen Bewußtsein aus. Eine Zivilisation, die alle Lebensschwierigkeiten mehr und mehr zu einer
technisch-wissenschaftlich lösbaren Aufgabe erklärt und eine
humanitäre Gesinnung als soziales Gewissen entwickelt, das die
Welt in die Watte humanitärpolitischer Forderungen packt, die
sozialtechnisch zu erfüllen seien, verkürzt die individuelle Ohn-
machtssituation so weit, daß sie nur noch als soziale, »gesellschaftspolitische« Forderung zu Wort kommt. Der Tod wird zu
einem medizinisch-technischen Unfall, er wird im öffentlichen
Bewußtsein durch soziale Verhaltensrituale ausgeblendet (wie es
Evelyn Waugh meisterhaft in der Novelle ›Tod in Hollywood‹
geschildert hat, die in ihrer metaphysischen Bedeutsamkeit dem
›Großinquisitor‹ Dostojewskis gleichzusetzen ist); alles Leiden
wird zu »Krankheit« umverstanden, für die Ärzte oder Psychotherapeuten oder gesellschaftliche Instanzen wie die Sozialpolitik, die Sozialversicherungen, die Bürokratie oder die Regierung
zuständig sind. Die »Sündenböcke« für die Verkehrsunfälle der
Ohnmacht sind im öffentlichen Bewußtsein definiert; die Bereitschaft, Leiden, Ohnmacht und Tod vor sich selbst hinzunehmen
und damit als Individuum fertigzuwerden, wird gesinnungsplan-
mäßig abgebaut. Der *»innere Wohlfahrtsstaat«* erlaubt kein Infragestellen seiner selbst mehr, kein Interesse an Seelenheil, Leiden und Ohnmacht, an Sünde oder Schuld. Es gibt legitim nur
noch die Ansprüche der von außen gesicherten Menschen an die
soziale Organisation ihrer Umwelt, die die individuelle Stellungnahme zur eigenen Ohnmacht erledigt hat. Eine solche Grund-
veränderung der Lebens- und Todes-Sinngebungen ist nicht
mehr als Säkularisierung ehemals heilsreligiöser Sinngehalte oder
als »Pseudo-Religiosität« zu begreifen; hier wird – im Sinne der

Heilsreligionen – die volle, noch nicht einmal »atheistisch« zu nennende Areligiosität, das Aufgehen im konkreten Diesseits ohne den geringsten metaphysischen Sinnanspruch, erreicht. Die von uns gestellte Frage, ob man leben könne, ohne zu sich selbst in seinen Ohnmachtssituationen individuell-sinnhaft Stellung zu nehmen, ist faktisch schlicht mit Ja zu beantworten: Millionen von Menschen leben so, auch in der westlichen Zivilisation.

Hier liegt wahrscheinlich die tiefste Richtigkeit der Behauptung, daß die moderne Zivilisation den Menschen zur Sache mache. Die von Marx erkannte »Subsumierung des Menschen unter seine Produkte«, die »Entfremdung«, ist allerdings keineswegs nur in der Form der Herrschaft des »kapitalistischen Systems« oder anderer sozialer Herrschaftsgruppen über den Menschen zu erblicken, sie besteht vor allem in einem dem Menschen der wissenschaftlich-technischen Zivilisation aufgezwungenen Sinnverzicht auf individuelle Stellungnahme zur eigenen Ohnmacht. Nicht politische oder soziale Entfremdung, sondern Selbstentfremdung als Sinnverlust durch sozial und technisch perfektionierte Diesseitigkeit scheint die entscheidende Bedrohung des Menschen als Person in unserer modernen Welt zu sein.

Trotzdem: Die Interessen der menschlichen Ohnmacht, wie immer sie auch erfahren werden, als individuelle Situation des Leidens und Todes, der Schicksalsschläge oder der Not, oder als ein durch soziale Führungs- und Manipulierungsmache erzeugtes Meinungsbild von Not und Elend (vgl. S. 56), sind unaufgebbar. Der Rückzug metaphysischer Sinndeutungen des individuellen Schicksals durch wissenschaftlich-technische Lebensperfektion hinterläßt nur ein Vakuum, eine gefühlsmäßig-sinnhafte Leerstelle der Gefühle, in die Heilshoffnungen, die diese wirkliche oder vorgestellte Situation der Not zeitlich überschreiten (»transzendieren«), unvermeidlich einschießen. Das metaphysische Grundbedürfnis des Menschen läßt sich nicht aufheben. Aber in diesem beschränkten Sinn-Rahmen wissenschaftlich-technisch-organisationshafter Diesseitigkeit tritt es eben als »Transzendenz im Diesseits« auf, entfaltet es als utopische, eine sozial-endzeithafte Glückseligkeit und Leidensfreiheit für alle verheißende sozialreligiöse Heilslehre seine missionarische Wirkung und begründet deren Heilsherrschaft. Die Unfähigkeit der christlichen Heilsinstitutionen, die Bedürfnisse der individuellen Ohnmacht noch als individuelle Jenseitshoffnung zu verdeutlichen, dieses Grundproblem einer christlichen Entfremdungslehre in der wissenschaftlichen Zivilisation, und die Kumpanei der sozial statt individuell denkenden christlichen Theologen mit diesen Sozialverheißungen (Identität von »Christentum und Sozialismus« oder »christlicher Sozialismus« in der Bundesrepublik) bezeugen nur die Unwirksamkeit individueller Erlösungsreligionen und den Übergang einer Sinnerfüllung des personhaften Schicksals von einer »Transzendenz ins Jenseits« zu einer »Transzendenz im Diesseits«, also zur neuen Sozialreligiosität. Indem sich christliche Heilslehre und soziale Heilslehre in der Verheißung sozialer Endzustände finden, kündigt sich das weltgeschichtliche Ende transzendenter Heilsreligionen und ihr Übergang in die neue Sozialreligion an; dieser Vorgang ist in den in christlicher Tradition stehenden Gesellschaften der westlichen Zivilisation ebenso zu bemerken, wie er in den islamischen Staaten des Vorderen Orients und Afrikas wirksam werden wird.

Wir haben damit die auf unsere bundesrepublikanische, darüber hinaus westliche Gesellschaft bezogenen Bedingungen für die Entstehung einer sozialen Heilsreligion bereits zum Teil dargestellt. Es ist daher an der Zeit, dieses Emporkommen einer neuen Sozialreligion und ihrer Herrschaftsformen, die die alten christlichen Heilsreligionen in unserer Gesellschaft verdrängen und ersetzen, unmittelbarer zu schildern.

II. Teil: Die Herrschaft der Reflexionselite

Wir haben den Umweg über eine soziologisch-begriffliche Darstellung der Priesterherrschaft an Hand der Soziologie *Max Webers* gewählt, weil dieser Soziologe des ausgehenden, historisch
denkenden Jahrhunderts fast als einziger das Instrumentarium
zu bieten scheint, die *historische Dimension* in der Beurteilung
dessen, was in unserer Gegenwart geschieht, wieder zu gewinnen. Dabei soll eine geschichtsphilosophische Deutung, die von
der irgendwie notwendigen Abfolge historischer Epochen ausgeht und wie sie in der heilsgeschichtlichen Geschichtsauffas-
sung christlicher Tradition ebenso vertreten wird wie in der
säkularisierten Geschichtsphilosophie Hegels, Comtes oder
Marx', ebenso ausgeschlossen werden wie eine *bloße* gegen-
wartsbezogene soziologische Empirie, die sich ihre sinnhaften
Bezugsrahmen von den praktischen Aufgaben und Schwierigkeiten der unmittelbaren Gegenwart vorschreiben läßt. Die Behauptung, die wir vertreten, läßt sich nur in einem strukturgeschichtlichen Vergleich überhaupt aufstellen, verdeutlichen und
überprüfen.

Wie anders wäre eine These überhaupt zu vertreten, die das
empirisch-geschichtliche Entstehen einer neuen Form von Religiosität und Heilsglauben sozialer Art in der Gegenwart behauptet, wobei dieser Vorgang sich über Jahrzehnte, ja über mehrere
Generationen hinweg erstreckt? Selbstverständlich wird damit
eine Sinn-Deutung geschichtlich-gegenwärtigen Geschehens geboten, aber dieses Verstehen gegenwärtiger Ereignisse und sozialer Handlungen leitet sich weder aus der Voraussetzung abstrakter Prämissen eherner geschichtlicher Gesetze ab – der vorge-
zeichneten Heilsgeschichte, der Dialektik der sich in der Geschichte verkörpernden Ideen oder des alles beherrschenden
Klassenkampfes – noch ist es andererseits bereit, die mit allen
sozialen Handlungen der Gegenwart von den Akteuren selbst
gelieferten jeweiligen Deutungsrahmen zu übernehmen. Auch
ein für gewisse Wissenschaftsauffassungen durchaus berechtigtes
Bestehen auf empirischer Verifizierung oder Falsifizierung sozialwissenschaftlicher Aussagen versagt gegenüber solchen Thesen, weil diese empirische Überprüfung solcher Aussagen Zeitdi-
mensionen erfordern würde, die in einer gegenwartsmomentan
gebundenen Sozialwissenschaft grundsätzlich nicht zur Verfügung stehen und deren Trendinterpolationen im Grunde genommen nur eine Geschichtslosigkeit überspielen; die politischen
Aussagen ihrer Vertreter widerlegen daher, bei inhaltlich durchaus einleuchtenden Urteilen, stets ihre eigenen methodischen

Forderungen (wofür z. B. Karl Popper ein gutes Beispiel ist). Mit diesen wissensmethodischen Vorbehalten tragen wir unsere These vom Entstehen einer Sozialreligion weiter vor.

An die Stelle der alten transzendenten Erlösungsreligionen, also in unserem kulturellen Zusammenhang des Christentums, treten in der Gegenwart immer mehr neue Sozialreligionen, die die jenseitige Heilsverheißung durch eine diesseitige Heilsverheißung ersetzen. Die uns seit einigen Generationen zur Verfügung stehenden geschichtlichen Kenntnisse lassen es als wahrscheinlich erscheinen, daß sich damit eine weltgeschichtliche Zäsur anbahnt, wie sie das Entstehen der Erlösungsreligionen in den ersten Jahrhunderten der uns gewohnten Zeitrechnung oder deren diesseits-rationale Gegenbewegung durch Renaissance und Aufklärung in den letzten zwei Jahrhunderten vollzogen hat. Erst mit einer gewissen Verfestigung oder Kristallisation der heilsverheißenden Soziallehren, die den Rationalitätsgewinn der Religionskritik und der Diesseitsbehauptung der Renaissance und Aufklärung in einen Heilsglauben im Diesseits umwandeln, wird die neue Dimension der Religiosität überhaupt erkennbar. In der Entstehung der neuen sozialen Heilsreligion befinden wir uns vergleichsweise im 2. oder 3. Jahrhundert post marxum natum, und der Bezug auf Hegel oder die Aufklärung entspricht der Berufung auf Johannes den Täufer oder auf andere Propheten. Das Umschlagen der aus der Kritik gegenüber der kirchlich erstarrten christlichen Heilslehre erwachsenden Vernunftlehre der Renaissance und Aufklärung in eine Religiosität, Heilsverheißung und dementsprechende »Kirchenbildung« ist seit nahezu einem Jahrhundert von souveränen Denkern schon mehrfach festgestellt worden; sich dieser These anzuschließen, bedeutet also keine spektakuläre neue Stellungnahme, obwohl ihre aktuelle Verdeutlichung allen herrschenden Selbstdeutungen der sozial-heilsgewissen modernen Intellektuellen widerspricht.

Verhältnismäßig neu in diesem Vorgang ist die in den entwicklungsleitenden westlichen Gesellschaften in den letzten Jahrzehnten deutlich werdende Formierung der Träger dieser neuen Sozialreligion zu einer eigenen Sozial- und Herrschaftsgruppe und die daraus fließende Absetzung und grundsätzliche Gegnerschaft zur praktischen Politik und zu den Interessen der arbeitenden Bevölkerung. Dieser neue geistliche Herrschaftsanspruch ist nicht mehr bereit, sich dienend irgendwelchen politischen, wirtschaftlichen oder sonstwie sachliche Ziele verfolgenden Führungen und Autoritäten zu unterwerfen, er stellt im Gegenteil den Anspruch, daß die Politik und alle Praxis sich seinen Maßstäben und Zielen unterstellt und gewinnt damit ein kommandierendes, allenfalls ein patronisierendes Verhältnis zu anderen Sozial- und Herrschaftsgruppen. Diese Träger der neuen Heilslehre und -herrschaft befinden sich damit auf dem Wege zu einer autonomen Institutionalisierung, sozusagen zur »Kirchenbildung«, obwohl dieser Begriff die Formen sozialer Organisation, mit denen dieser geistliche Herrschaftsanspruch dauerhaft seine Souveränität durchsetzt, eher von den konkreten sozialen Vorgängen und Erscheinungen ablenkt als verdeutlicht. Wie diese Heilslehren und ihre Herrschaftsbedürfnisse sich in den fortgeschrittenen Industriegesellschaften fest- und durchsetzen, wie sie krebshaft die versachlichten Institutionen der modernen Gesellschaft unterwandern und zersetzen, wird zu den erregendsten geistigen und sozialen Geschehnissen der kommenden Jahrzehnte, wahrscheinlich des kommenden Jahrhunderts, gehören.

Ich habe wenig Hoffnung, daß dieses Vordringen einer neuen religiösen Bewegung aufzuhalten ist; die Erweiterung der sozialen Horizonte, wie sie vom Übergang der agrarischen Gesellschaften in die industriellen, der Nationalstaaten in die internationale Großraumbildung heute stattfindet, schafft Abhängigkeiten, Ängste und Ignoranzen, die das neue »Heidentum« der Rationalität nicht mehr befriedigen kann und die den Siegeszug der sozialen Heilsreligionen verbürgt. Das einzige, was zu erreichen ist, sind geschichtliche Verzögerungen, die immerhin politische Ordnungen und von ihnen abhängige persönliche Existenzformen noch ein bis zwei Generationen erhalten können, also auf Zeitspannen, über deren Rand niemand in der Konkretheit, die das wirkliche Leben ausmacht, hinauszusehen vermag.

1. Die neue Heilslehre

Um dieses Urteil zu verdeutlichen, ist zunächst zu fragen, worin die »Heilsverheißung« dieser neuen Sozialreligion besteht. Wir haben als »Heil« verstanden die Glück spendende Lösung der Lebensaufgaben durch ein in der Vorstellung vorausgegriffenes Ganzes (vgl. S. 55). Das Christentum versprach die Erlösung von den Leiden und Ängsten der Welt in einem »Endzustande« des Friedens und der Glückseligkeit im Jenseits, heute verspricht die

Sozialreligion einen Endzustand der »Gesellschaft«, in dem Furcht und Leiden, Gewalt und Schicksalsschläge, Erniedrigung und Beleidigung, Armut und Krankheit, Beherrschung und Ausbeutung nicht mehr vorhanden sind oder stattfinden (wobei das Faktum des unvermeidlichen Todes systematisch ausgeblendet wird). Selbstverständlich meint sie Zustände, die vielleicht die gegenwärtige Generation nicht mehr erleben wird, aber sie werden, wenn sich diese Generation diesen Vorstellungen und Zielsetzungen unterwirft, für zukünftige Generationen in dieser Welt verheißen. Diese, die Gegenwart grundsätzlich überschreitende Hoffnung auf einen sozialen Zustand, an dem unsere Nachfahren teilhaben werden, ist die »Verheißung« einer »Transzendenz im Diesseits«. Eine solche »diesseitige« Verheißung einer »himmlischen« Gesellschaft hat natürlich die Absicht, von den konkreten Interessen der einzelnen, der Familien oder der sozialen Gruppen auf die möglicherweise erreichbaren Verbesserungen ihres sozialen Zustands in ihrem Leben, für ihr Alter und in einer über ihren Tod hinausreichenden Fürsorge für die personhaft unmittelbaren Nachkommen abzulenken auf einen abstrakten, über solche Einzelschicksale erhabenen gesellschaftlichen Endzustand der Glückseligkeit aller. Ihm gegenüber wird die Sorge für die eigene Lebenskontinuität, für Nachkommen und Nachfolger konkreter Personen und Institutionen, geradezu als unerlaubt, als »bürgerlich«-egoistisch erklärt, wie überhaupt die Verfolgung von gruppenhaften, selbst beurteilten Interessen als »partikular« verdammt wird. Das Ziel dieser Heilsbekehrung ist erreicht, wenn der Mensch sich im Glauben an ein zukünftiges Ganzes einer »neuen Gesellschaft« gegen seine konkreten, zeitlich und sozial beschränkten Interessen wendet, wenn z. B. Kinder eben die Familie und Eltern verdammen, die und weil sie für sie sorgt, wenn also die Träger einer Institution deren Autonomie und Stabilität selbst im Namen eines besseren »Ganzen« der Gesellschaft aufheben und unterwandern. Auf diese »Bewußtseinsänderung« zielt die neue Heilsmission.

Dabei bleibt es verhältnismäßig belanglos, wie im einzelnen die Bestimmungen und Umstände dieses sozialen Endzustandes, der vollkommenen »Gesellschaft im Kopfe«, ausgemalt und festgelegt werden – der Streit darüber ist das neuartige Theologengezänk –; erzeugt werden soll vor allem ein »*Bewußtsein der schlechthinnigen Abhängigkeit*« des einzelnen von »*der Gesellschaft*«; man will jene Wurzeln individueller Personhaftigkeit abgraben, auf denen das Selbstbewußtsein des Menschen in der christlichen und liberalen Tradition unserer Kultur beruht. Wir haben nicht ohne Bedacht diese Formel vom »Bewußtsein schlechthinniger Abhängigkeit« gewählt, mit der *Schleiermacher* das Wesen der Religion gekennzeichnet hat, um zu verdeutlichen, daß in dieser neuen Sozialreligion in der Tat fundamentale religiöse Bedürfnisse, vor allem auch gefühlshafter und aus der Selbstverdeutlichung der Lebenserfahrung fließender Art, angesprochen und befriedigt werden.

Gleichwohl wäre diese gesellschaftliche Heilslehre unwirksam, wenn sie nicht dem einzelnen »Heil«, also die Glück und Frieden bringende Lösung seiner Lebensbelastung, verhieße. So wird in dieser Heilslehre die Vorstellung eines sich in seinem Wesen oder seiner Natur ungehindert und glückhaft auslebenden Individuums mit dem Zustand der vollkommenen Gesellschaft verbunden. Im Rückgriff auf die Vorstellungen der idealistischen Philosophie wird die subjektive Freiheit des Menschen als *Selbstbestimmung* oder *Selbstverwirklichung* bestimmt, ihre Verwirklichung aber davon abhängig gemacht, daß eben die sozialen Umstände geschaffen werden, die dies erst ermöglichen. Gegenwärtig ist diese Verheißung der Selbstverwirklichung des einzelnen durch sozialen und politischen Fortschritt an den Begriff der »Emanzipation« gebunden. Welches »Selbst« dabei freigesetzt, »emanzipiert« werden soll, bleibt dabei ebenso unbestimmt und vielfach deutbar wie der konkrete soziale Endzustand; während die christliche Heilslehre von der »unsterblichen Seele« jedes Menschen in ihrer Heilsverheißung ausging, ist es in der neuen sozialen Heilslehre durchaus fraglich, was vom Selbst des Menschen eigentlich noch zu »befreien«, zu »emanzipieren« bleibt, wenn die sozialen Zielvorstellungen verwirklicht sein werden. Ob es die durch keine »Repression«, d.h. Erziehung des Kindes, Jugendlichen oder Erwachsenen freigesetzten »natürlichen« Anlagen, seine Sexualität, Spielfreude, Herrschsucht oder Phantasie usw. sind, ob es das Ausleben der Eigenvorstellungen bedeutet, die generations- und gruppenhaft wechseln, ob es die Interessen des in sachliche und soziale Verhältnisse eingespannten Individuums auf mehr Ungebundenheit gegenüber Vorgesetzten, gesetzlichen und wirtschaftlichen Beschränkungen, auf Wohlfahrts- und Wohllebenswünsche und auf Abreaktion von Ressentiments und Ärgernissen, oder ob es der Anspruch geistig produktiver, entweder in der Welt der eigenen Vorstellungen sich bewegender oder ihre Lebenserfahrungen

»kreativ« umsetzender Personen handelt, das alles wird auf den Hauptnenner »Emanzipation«, mehr Freiheit für den einzelnen, gebracht und ihre Erfüllung verheißen, wenn die »neue Gesellschaft« Wirklichkeit wird. Alle Sehnsüchte des Menschen und darüber hinaus deren meinungsherrschaftliche Interpretation seiner alltäglichen Lebensauseinandersetzung werden zusammengezogen auf die Vorstellung einer zukünftigen Freiheit und Selbstverwirklichung des Menschen, zu deren endgültigen Erfüllungen er angeblich nichts weiter zu tun brauche, als sich diesem Glauben an eine vollkommene Gesellschaft und seinen Folgerungen für die praktische Tätigkeit in der Welt des Überganges anzuschließen.

Für eine solche Heilsverheißung entwertet sich die Welt des Alltags mit ihrer Arbeit, ihren Mühen und Erfolgen zur Belanglosigkeit, zur Welt des Zufalls und der »bloßen Fakten«, die es zu überwinden gilt; die konkrete Wirklichkeit wird illegitim. Politik darf nicht mehr das Tagesgeschäft des Ausgleichs von Interessen, der rechtlichen Ordnungssetzung und der praktischen Selbstbehauptung des eigenen Staates oder Standes sein, sondern wird zum bloßen Vehikel der Herstellung des sozialen Endzustandes, der »himmlischen Gesellschaft« oder des »himmlischen Sozialismus«, und jeder, der »den Glauben« angenommen hat, sei es auch der unerfahrenste Oberschüler oder Student oder der wirklichkeitsfremdeste Intellektuelle und Spezialist, unterwirft unter dem Beifall der »öffentlichen Meinung« das mühselige Geschäft der konkreten Politik einer souveränen Kritik und wird, anstatt lächerlich zu werden, von den praktischen Politikern ernst genommen. Darin zeigt sich, wie weit der soziale Heilsglaube bereits als soziale Kraft des Diesseitsreligiösen und als neuer klerikaler Herrschaftsanspruch in Rechnung gestellt wird. Die Heilsvergottung der Gesellschaft und die damit verbundene Selbstvergottung eines von der konkreten Wirklichkeit entbundenen Individuums im neuen religiösen Glaubenssystem ist von einer der letzten christlichen Seelen, von *Simone Weil,* die durch alle Fegefeuer der nationalistischen und sozialistischen Heilspolitik gegangen ist, mit den Worten unübertrefflich gekennzeichnet worden: »Das Ich und das Soziale sind die beiden Götzen« (in ›Schwerkraft und Gnade‹).

Hier ist wohl der Ort, auf die Einsichten hinzuweisen, die über diese neue Klerikalisierung der »Vernunftlehren« der Aufklärung bereits früher geäußert wurden. Das Umschlagen der Rationalitätsforderungen moderner Denker in eine »Intellektuellenkirche« ist dort zuerst umfassend festgestellt worden, wo auch die Aufklärung ihre Wurzeln hat und wo sie sich in der weltgeschichtlichen Entwicklung politisch am sinnfälligsten und wirksamsten geäußert hat: in Frankreich. In der Auseinandersetzung zwischen Sozialismus, Laizismus und Nationalismus, wie sie in den Jahrzehnten um die letzte Jahrhundertwende unter den politischen Denkern in Frankreich stattfand, sind praktisch alle noch heute aktuellen politischen Grundsatzkonflikte durchgespielt worden; die geistig zentrale Figur dieser Auseinandersetzung scheint uns *Georges Sorel* (1847–1922) zu sein. Dieser Denker, von Hause aus Ingenieur für Brükken- und Wegebau, der nie ein öffentliches Amt im Staat oder in einer Partei bekleidet hat; der sich als ein Nachfolger des »Anarchisten« Proudhon verstand; der sich zum Sozialismus und Marxismus bekannte, dem er entscheidende neue denkerische Impulse vermittelte; den Mussolini als seinen einflußreichsten Lehrer anerkannte (»Weder Nietzsche noch William James verdanke ich, was ich bin, sondern Georges Sorel«); der zur gleichen Zeit für Mussolini, Friedrich Ebert und Lenin eintrat (›Plaidoyer pour Lénin‹, 1919); dieser alle bis heute gängigen politischen Fronten zugleich verwirrende und befruchtende Denker hat dem 20. Jahrhundert eine geistig-politische Frontenstellung hinterlassen, die von den wenigsten begriffen wurde, heute aber ihre unvermeidbare Aktualität immer mehr gewinnt. Dies gilt insbesondere für seine Einsichten, daß in unserer Zeit die Rationalität von Recht, Staat und Wirtschaft immer mehr durch neue intellektualklerikale Heilsherrschaften bedroht wird.

Schon in seinen frühesten Veröffentlichungen, dem ›Beitrag zum profanen Studium der Bibel‹ und dem ›Prozeß des Sokrates‹ (beide 1889) schlägt er das Thema des Verfalls der rationalen Sozialgebilde durch die an der Philosophenherrschaft der Antike und dem Einfluß des Urchristentums abgelesene Wirkung intellektueller Heilslehren an: »Judentum und Christentum stellen in der Antike dar, was der Sozialismus in modernen Zeiten ist.« – »Dem Verfolg irdischer Stärke und Größe der Nation steht von nun an die Idee der Gerechtigkeit gegenüber: die Sozialisten sind, ohne es zu wissen, die letzten Nachfahren der jüdischen Propheten und des Christentums.« (Wenn man die ohne Zweifel Charakterzüge jüdischen Prophetentums tragende Wirkung von Bloch, Horkheimer, Marcuse auf die sozialistischen Ideologen des Westens und ihre Rezeption durch urchristlich gesinnte christliche Theologen heute bemerkt, dann wird die Aktualität dieses Urteils deutlich.) Mit Sokrates beginnt für Sorel die Entwurzelung des Geistes, seine Loslösung von den irdischen Wirklichkeiten und seine weltgeschichtliche Rolle als revolutionäre Macht. »Das Staatsideal des Sokrates ist kirchlich.« Der Staat soll dem Geist gehorchen und nach dem Gebot der Vernunft die gesellschaftlichen Ordnungen, die das »verächtliche Produkt des Zufalls« sind, gestalten ... »Der Geist will die Erde gestalten: Er kennt keine Grenzen und Schranken. Das im geschichtlichen Werden Gebildete hat keine Würde für ihn: Nichts ist vor der absoluten Forderung des reinen Geistes vollkommen genug. Mit der Utopie geht die Sittenverderbnis

Hand in Hand: Beide entspringen aus der Willkür des souveränen Geistes, der sich über die Notwendigkeit schmerzhafter Wirklichkeit und die Bindung des Sittengesetzes erhebt.« Hier fällt das Wort vom »Arbitraire« der Vernunft: »Die ›Vernunft‹ als Herrscher der Erde einsetzen bedeutet alles der Willkür preiszugeben.«

Sorel verbindet diese Kennzeichnung einer neuen »Vernunftherrschaft« von vornherein mit der Behauptung, daß neue Formen von Religiosität entstehen, deren Charakter er wiederum im Rückgriff auf die Entstehung der Heilsreligionen im antiken Orient als »Magie« bezeichnet: »Die alten religiösen Kulte sind zerstört und das Übernatürliche braust zerstörend über die Dämme. In den Rauschkulten findet eine Welt, die nach Erregung dürstet, Befriedigung... Es ist ein dumpfes Verlangen nach ›Leben‹. Bald schlägt die aufgepeitschte Lebensgier auch nach außen. Soziale Wunder werden erwartet. Eine Gesellschaft wird erträumt, die in der Fülle des Reichtums alle die Unendlichkeit der Lebensfreude öffnet.« Sorel wird nicht müde, Ausdrücke wie soziale Magie, politischer Alchimismus, soziale Wunderkuren, ökonomisches Gesundbeten usw. zu prägen. »Alles Gefühl, alles Denken, das sich von unserem konkreten Werke loslöst, gehört der magischen Welt an ... Alles, was den Menschen aus der Begrenzung unmittelbarer Wirklichkeit herausführen will, gehört solchem Idealismus (sokratisch-platonischer Prägung) an ... Der Mensch zieht sich in der spiritualistischen Haltung auf ein Mythisch-Allgemeines hinter den Dingen und den gegebenen ›historischen‹ Ordnungen zurück, ob dieses nun Gott, Vernunft, Geist, Blut, Rasse, Menschheit, ›Leben‹, ›Geschichte‹, Schicksal, Gerechtigkeit, Humanität« – und wir fügen hinzu: Emanzipation, Progressivität, klassenlose Gesellschaft, herrschaftsfreie Kommunikation oder wie es immer neumetaphysisch benannt wird – heißt.

(Schon aus diesen hier erkannten Beziehungen zwischen magisch-orgiastischen Rauschbedürfnissen und spiritualistischen Heilslehren werden Zusammenhänge deutlich, wie sie in der Gegenwart zwischen Drogensucht, den orgiastischen Happenings und Massendemonstrationen, dem Gruppensex und »Lustgewinn«-Forderungen auf der einen Seite mit den die »Rationalität« und »Progressivität« monopolisierenden revolutionären Forderungen und utopischen Sozialvorstellungen der Intellektuellen auf der anderen Seite bestehen und wie sie insbesondere in der Lehre Herbert Marcuses zusammenschießen.)

Sorel hat weiter gesehen, daß mit diesem magisch-religiösen Herrschaftsanspruch des Geistes die »Selbstvergottung« eines bestimmten Menschentyps einhergeht, nämlich des »enthusiastischen Menschen«, des Menschen, der weitgehend von dem Wirklichkeitsdruck der Arbeit, der »Welt voll von Schweiß und Schmutz«, entlastet ist und seinen Sehnsüchten und Hoffnungen leben kann, eben des Intellektuellen: »Die Selbstvergottung, die Erhebung des Menschen zu reinem Geist, der dem Schmerz, der Mühe, der Beengung überhoben ist, ist das wesentlichste Merkmal der Intellektuellen in diesem Verstande.« – »Selbstvergottung ist das Wesen des ekstatischen Verhaltens. ›Der Tod ist nicht mehr nötig uns zu erlösen‹, wie Sorel sagt.« Er sieht, daß diese Geisteshaltung alle Gesetze der Wirklichkeit und Praxis dementiert; »es bleibt dann zuletzt die reine Subjektivität des Geistes«. Sorel hat diese aufkommende Welt der Intellektuellen-Religion als eine welthistorische Wende verstanden, als eine neue Apokalypse, der er mit Grauen gegenüberstand, eine Welt, »die kein Recht mehr hat, nur die Macht, keine Religion mehr, nur Magie, keine Arbeit mehr, nur Politik, keine Kunst mehr, nur Luxus«.

Mit dieser Formel scheint mir Sorel bereits 1889 eine geistige, soziale und politische Konfliktfront bezeichnet zu haben, die heute in den westlichen, »abendländischen« Gesellschaften auf neuer Ebene und unter anderen sozialen Bedingungen mit noch größerer Schärfe aktuell geworden ist. Mit großer Weitsicht schiebt er damit die traditionellen Konflikte des 19. Jahrhunderts zwischen Sozialismus, Liberalismus und Konservatismus beiseite, hinter denen sich dieser weltgeschichtliche Grundsatzkonflikt heute immer noch verbirgt. Noch 20 Jahre nach dieser Aussage, im Jahre 1908, in denen seine politisch wirksamsten Schriften ›Über die Gewalt‹ und ›Die Auflösung des Marxismus‹ erscheinen, wiederholt er in dem Buch über ›Die Illusionen des Fortschritts‹ die gleichen Urteile: »›Die Illusionen des Fortschritts, die Religion des Fortschritts, beginnen ihren Siegeszug.‹ Die Illusion des Fortschritts ist allem voran die Illusion der ›Radikalen‹, die Illusion des Modernismus und Futurismus ... Die Fortschrittsapostel haben den ›billigen revolutionären Verstand‹: ein geschärftes Auge für alles Unvollkommene, einen wachen Blick für die Widersprüche. Sie entdecken die Widersprüche der Gesellschaft, anstatt sie historisch zu begreifen; sie blicken auf diese Widersprüche als das verächtliche Produkt des Zufalls herab: ›Die Logik ist der Triumph der Jakobiner aller Zeiten.‹«

(Wir haben diese Thesen und Urteile Sorels hier so ausführlich wiedergegeben, weil wir in ihnen den ersten Ausdruck der gleichen Analyse der modernen Intellektuellen-Religion und ihrer sozialen Heilslehren sehen, wie wir sie in diesem Kapitel vertreten werden. Vgl. dazu die Arbeit von Michael Freund, ›Georges Sorel‹, 1932, S. 24–39, 182f., 336; 2. Aufl., Frankfurt 1972. Auf die sozialen Bedingungen und Kräfte, die in der neueren gesellschaftlichen Entwicklung die Herrschaft dieser Heilslehren verstärken und die Sorel zu seiner Zeit nicht feststellen konnte, werden wir im nächsten Kapitel zu sprechen kommen.)

2. Das Elend der Wirklichkeit

Die neuen sozialen Heilslehren, die eine »vollkommene Gesellschaft im Kopfe« und die endgültige Befreiung der Subjektivität des Individuums (»Emanzipation«) versprechen, können diese Verheißung nur wirksam vortragen, wenn sie die »eigentliche« Wirklichkeit des Menschen in die Zukunft verlagern. Alles, was sie unter diesen Glaubenszielen dem Denken und Handeln der angesprochenen Menschen bieten, ist ein Scheck auf die Zukunft, in der Gegenwart ungedeckt. Was auch immer aus diesen Heilszielen von der Arbeit und Mühe, vom Denken und praktischen Einsatz der Angesprochenen und Gläubigen verlangt wird, erhält die Weihe des »Progressiven« oder »Fortschrittlichen«. Die Fixierung auf die Zukunft wird als Strategie dafür eingesetzt, daß der einzelne seine konkreten individuellen und gruppenhaften Interessen vernachlässigt; der Appell an die religiösen Bedürfnisse, auf das »Vollkommene«, gegenüber der Arbeit und Mühe der in Grenzen selbst gestalteten Zukunft, entspricht einem Entlastungseffekt, dem alle gruppenhaften Hoffnungen und individuellen Sehnsüchte nur allzugern folgen. Die Verbreitung der Überzeugung, daß nur diejenigen »fortschrittlich« oder »progressiv« sind, die ihre Lebensinteressen auf das »Zukünftige« im Sinne der neuen Heilslehren verlagern, gehört daher zu den fundamentalen Heilsansprüchen der neuen Sozialreligion. Der Fortschritt, die »Progressivität«, darf nicht mehr eine Frage individueller oder sozialer Interessen der eigenen Lebenserfahrung sein, sondern wird für gedanklich-heilsverheißende Vorstellungen der Zukunft in Anspruch genommen, die durch die Vermittler der neuen Heilsverheißungen interpretiert werden.

Die Zukunft des Menschen muß in dieser Strategie der Heilsverheißung von den konkreten Ausgangsbedingungen und dem in diesen Grenzen Erreichbaren gelöst werden zugunsten einer Wirklichkeitserwartung der »abstrakten«, d. h. durch Gruppenhoffnungen und individuelle Sehnsüchte für real gehaltenen Zukunft. Anschaulich heißt dies: Sorge ich als Vater oder Mutter konkret für die Zukunft meiner Kinder nach den Lebenserfahrungen und -wünschen, die mir in meinem Leben widerfahren sind; sorge ich als Arbeiter, Beamter, Handwerker oder Unternehmer, Lehrer oder Publizist, Bauer oder Hausbesitzer für die Fortsetzung und Zukunft der Institutionen, Leistungen und Interessen, die mein Leben getragen und bestimmt haben; sorge ich als Politiker für Bestand und Gedeihen eben des mit allen historischen Belastungen und Umständen meiner Gegenwart übernommenen Staates oder sonstiger Institutionen; *oder* gebe ich mich unter Abwertung der aus der Vergangenheit festgelegten Interessen und Bindungen und unter Verwerfung der Gegenwart den Heilshoffnungen auf einen als zukünftig vorgestellten Zustand der Gesellschaft und des Individuums hin? Die neue Heilslehre verkündet – wie die alte – die Zukunft als die »eigentliche«

Wirklichkeit; sie hebt die empirische Verbundenheit von Vergangenheit, Gegenwart und Zukunft auf und setzt an ihre Stelle die erfahrungsblasse, aber gefühlsmäßig anziehende bloße Vorstellung einer mühelosen, glückverheißenden Zukunft. Sorel: »Zuweilen fehlt ihr sogar das Gefühl für die physische Kette, die über den Menschen hinweg von der Vergangenheit in die Zukunft geht; denn schwer behaupten sich die Familienbande in der Unstetigkeit des Elends. Kein Gedanke an die Zukunft hemmt daher ihr wildes Rasen. Ihr besinnungsloser Taumel zerstört Reichtum, Macht, Organisation des Landes.« Es ist der *Unterschied zwischen der konkreten und der abstrakten Zukunft,* die jeweils das Leben bestimmt.

Ihr Hauptunterschied liegt darin, daß die eine Zukunftssicht die Gegenwart und Vergangenheit als Inhalt der eigenen Lebensdauer leidvoll oder freudig anerkennt, während die andere die Vergangenheit und insbesondere die Gegenwart als elend und verachtenswert verwirft. Wir haben darauf hingewiesen, daß Heilslehren in ihrer Wirkung von Notsituationen, vom wirklichen oder geglaubten Elend, unter den Menschen abhängen, an die sie sich wenden. Im Heilsglauben soll ein bedrückender Alltag überwunden werden. Daher verkündigen diese Lehren auch in der Gegenwart niemals nur das Heil, sondern sie predigen und fördern zugleich das Bewußtsein des Elends, ja werden zu Elendspropagandisten. Hier ist allerdings auf den entscheidenden Unterschied zwischen realer und fiktiver Not hinzuweisen: Wenn politische Heilslehren in den Elendsquartieren südamerikanischer oder nordamerikanischer Städte, unter der hungernden Bevölkerung Asiens oder Afrikas, in den Flüchtlingslagern in aller Welt nur allzu bereitwillige Gläubige finden, so leisten sie dort das gleiche, was der Sozialismus in den Stadien des europäischen Frühindustrialismus gegenüber dem Proletariat leistete, nämlich den Elenden und Notleidenden nicht nur Hoffnung zu geben, sondern ihnen ihre Notsituation als von Menschen geschaffene oder geduldete und damit als veränderbar und aufhebbar zum Bewußtsein zu bringen, die Hinnahme von Leid und Not zugunsten von Aktivität dagegen abzubauen. (Die Frage, ob die von solchen politischen Heilslehren empfohlenen Mittel der Veränderung die wirksamsten sind und ob dadurch nicht nur eine neue harte Herrschaft über diese Menschen und mit ihrer Hilfe aufgebaut wird, kann dabei noch dahingestellt bleiben.) In den entwickelten Industriegesellschaften westlichen Typs aber, in denen diese neuen Sozialreligionen sich jetzt vor allem entfalten, muß den Menschen um der Glaubenspropaganda willen die Not und das vermeintliche Elend, in denen sie sich befinden, andemonstriert werden. Es müssen die Bedürfnisse zum sozialen Heilsglauben erst geschaffen und dauernd aktualisiert werden, um die Grundlage für die Lehren der »Nothelfer« aufzubereiten. So werden in Wohlfahrtsstaaten soziale Unsicherheit und Ausbeutung gepredigt, in demokratischen Regierungssystemen Herrschaftsdruck und Machtmißbrauch aufgewiesen, hohe rechtsstaatliche Zustände als Willkür und Klassenjustiz verleumdet, normale Arbeitsanforderungen als inhumaner Leistungsdruck interpretiert usw., und dies keineswegs mit der Absicht, die immer vorhandenen Mißbräuche und Schwächen dieser sozialen Institutionen aufzuheben und zu verbessern, sondern um die Überzeugung von der grundsätzlichen Verderbtheit und Inhumanität des ganzen »Systems« durchzusetzen. Hier werden die Spannungen und Schwierigkeiten, denen jedes individuelle Leben unterworfen ist, zu grundsätzlichen Elendssituationen hinaufabstrahiert und damit die vorhandene Wirklichkeit als solche schlechthin verworfen, um Grund und Raum zu schaffen für die Lehre von Glückseligkeit und spannungsloser Harmonie in sozialen Zukunftszuständen. Die Härte der Wirklichkeit muß illusionistisch und zugleich diffamierend weggearbeitet werden, um die Sozialreligiosität zum Zuge kommen zu lassen.

Die Methoden dieser Aufhebung des Wirklichkeitssinnes, also insbesondere aller Erfahrung, sind in einer wissenschaftlichen Zivilisation wie unserer leicht zu finden und ziehen aus der modernen Gesellschaftsstruktur selbst ihre Kraft. Diese stellt den Menschen einer Unübersichtlichkeit oder Komplexheit der sozialen Beziehungen gegenüber, die der individuelle Erfahrungsbereich einer Person in keiner Stellung oder Ausbildung mehr angemessen bewältigen kann; jeder, der praktisch handeln muß und will, ist gezwungen, den Überfluß an Informationen über die vielfältigen Zusammenhänge in der eigenen Gesellschaft, ja innerhalb einer gegenseitig immer abhängiger werdenden Weltzivilisation, auf ein von ihm selbst überschaubares und in seine persönlichen Erfahrungen eingliederbares Maß von »Orientierungsdaten« zu beschränken; die Wissenschaft hat diese Notwendigkeit als »Reduktion von Komplexität« (Luhmann) bezeichnet. Diese Erfahrungs- und Handlungsverengung der Welt gegenüber dem vorhandenen Informations- und Reflexionsüberschuß ermöglicht es der Strategie der Elendspropaganda, diese komplexe Wirklichkeit auf sinnfällige Verantwortliche für »Not und Elend«, auf die »Kapitalisten« und »Imperialisten«, auf die »Autoritäten«, seien es nun Minister, Parteipolitiker, Generäle oder Richter, Professoren oder Verleger, zusammenzuballen und damit die »Teufel« der gepredigten Misere des gegenwärtigen Zustands zu benennen. Diese Grundlegung für eine politische Heilslehre hat bereits Hitler und das nationalsozialistische Regime mit der Sündenbocklehre »des Juden« und der »jüdischen Weltverschwörung« praktiziert. Die neue Dimension dieser Schuldzurechnungen für fiktives Elend besteht allerdings darin, daß sie abstrakter geworden ist und daher umfassender und wandlungsfähiger in ihrer situationsbedingten Anwendung. Diese Verleumdung und Verwerfung der Wirklichkeit folgt der Abstraktionserhöhung der modernen Sozialbeziehungen und verwirft daher »das System«, »das Establishment«, »die Autorität«, »den Profit«, »die Reaktion« usw. und überläßt es der subjektiven Willkür und demagogischen Geschicklichkeit der Missionare, diese im abstrakten Denken durchgesetzten »Negativitäten« fall- und situationsgerecht mit Beispielen und Personen zu bestücken. So erlaubt diese Methode eine Dramatisierung der auftretenden Schwierigkeiten und Konflikte in das Allgemeine von Fall zu Fall, ohne daß eine friedliche, rechtsstaatliche, soziale Lösung dieser Fragen in der konkreten Wirklichkeit eines Staates, einer Institution oder in den internationalen Beziehungen die Elendspolemik widerlegt, da man sich sofort auf ihr Allgemeines zurückziehen und neue Anwendungsgebiete suchen kann. Nur aus diesen Zusammenhängen kann man die Lehre und die Praxis oder die Strategie dieser Heilsreligionen verstehen.

Die in den westlichen Gesellschaften zur Zeit aber gebräuchlichste Methode der Elendspropaganda besteht in der Praxis des *»geborgten Elends«.* Man benutzt die neuen Möglichkeiten weltweiter Information und Kommunikation dazu, das wirkliche Elend außerhalb der eigenen Gesellschaft in diese selbst zu übertragen. Elend, Gewalt und Tod in Vietnam oder Kambodscha, Hunger in Afrika oder Bengalen usw. werden zu Symbolen des »eigentlichen« Zustandes der eigenen Gesellschaft daueraktualisiert; wirkliche oder erfundene Macht- oder Willkürmaßnahmen von Regierungen, die nicht der westeuropäischen Rechtsstaatlichkeit entsprechen – die man im übrigen bekämpft –, werden benutzt, um die Herrschenden des eigenen Staates damit zu identifizieren und zu verketzern, wie man es an den Dauerprotesten gegen Griechenland, Spanien, Portugal, Persien, Brasilien,

Israel, Südafrika, Chile usw. erlebt. Die gleichen Erscheinungen in gesinnungsadoptierten Regimen wie der Sowjetunion, der DDR, der Tschechoslowakei, den arabischen Staaten, Uganda oder Kuba usw. oder gar bei den terroristischen Untergrundbewegungen in aller Welt finden keine Aufmerksamkeit oder werden sofort mit Entschuldigungen und Verständnis verharmlost.

Es findet also bei dieser Übertragung des Elends aus fremden Gesellschaften und fernen Ländern in die eigene Gesellschaft sofort eine Auswahl nach dem *Maßstab der Heilsverwendung* statt: Nur das »geborgte Elend«, das geeignet ist, die gesinnungshaft und heilsgläubig bezogenen Fronten in der eigenen Gesellschaft zu stärken, wird propagiert, demonstriert und aktualisiert; es geht ja um die Anklage gegen die eigene Wirklichkeit, nicht aber um Hilfe gegen Elend, Not und Tod irgendwo. Alle immer wieder erhobenen Forderungen, doch mit diesen Anklagen gegen Not, Gewalt, Elend, politischen Mord und politische Unterdrückung dann alle diese Erscheinungen in der Welt unter einem objektiven und gleichen Wertmesser zu verurteilen, verkennen, daß diesen Elendspropagandisten gar nicht an der Aufhebung oder praktischen Beschränkung des Elends in den betreffenden Gebieten oder Gesellschaften gelegen ist, und zuallerletzt an einer realistischen Überlegung, was unter den gegebenen politischen, sozialen und ökonomischen Umständen die größte Möglichkeit des – immer beschränkten – Erfolgs hat, sondern an der Auswertung dieser fremden Notsituationen für die eigene Heilslehre und den Herrschaftsanspruch in der eigenen Gesellschaft. Es geht um die Übertragung und Identifizierung der Elendsfronten in die eigene Wirklichkeit, also um die Möglichkeit, die heilsherrschaftlichen Machtansprüche zu Hause dramatisieren und mit einer Wirklichkeit auffüllen zu können, die aus der eigenen Erfahrung von den Mitgliedern der eigenen Gesellschaft nicht erlebt und bestätigt werden kann. Getragen oder zumindest gestützt wird diese Demonstration des »geborgten Elends« durch eine Publizistik, die tagtäglich in den Fernseh- und Rundfunksendungen bei abstrakt vorgetragenem Abscheu vor aller Gewalt und aller Gewaltpropaganda die Bevölkerung mit schon fast stereotypen Berichten über Gewalt, Elend, Krieg und Mord als den vordringlichen Aktualitäten überschüttet und damit bewußt oder unbewußt den verhältnismäßig hoch gesicherten, rechtsstaatlichen und demokratischen, sozialen und liberalen Zustand des eigenen gesellschaftlichen Zustandes entwertet zugunsten einer protestierenden und revolutionären Forderung an alle Welt.

Es geschieht hier eine Umwandlung der auf das Individuum und die konkrete Gruppe oder Gemeinde gezielten Liebesforderungen der christlichen Heilslehre in das Abstrakte einer diesseitigen Heilsforderung für eine abstrakte Menschheit. An die Stelle der christlichen Nächstenliebe wird die soziale Fernstenliebe gesetzt, der abstrakte Humanismus, der den Tod am Hoangho oder in Vietnam aktueller empfindet als den Tod des einsam und ohne Unterstützung sterbenden unbekannten Nachbarn im gleichen Mietshaus. Diese Einstellung hält es publizistisch für richtig, Abend für Abend auf die Opfer in Vietnam oder Irland hinzuweisen, aber den fast gleichen Zahlen der Verkehrstoten im eigenen Lande wenig Beachtung zu schenken, weil man sie als die Opfer eines anscheinend unvermeidbaren Verhaltens betrachtet, an dem man sich selbst beteiligt. Nichts gegen diejenigen, die als caritative Helfer selbst nach Vietnam gehen und dabei Leben und Gesundheit aufs Spiel setzen; nichts gegen diejenigen, die vietnamesische Kinder adoptieren, die sonst wahrscheinlich dem Tode verfallen wären, ja nichts selbst gegen diejenigen, die durch persönliche Opfer und Spenden in einem fraglichen Vertrauen auf die vermittelnden oder empfangenden Instanzen ihren Beitrag zur Minderung des fernen Elends beitragen wollen! In ihnen ist immer noch die Konkretheit des christlichen Gebots »Liebe deinen Nächsten« wirksam. Aber alles gegen diejenigen, die das Elend der kriegsgeplagten Vietnamesen zur Demonstration ihrer eigenen Heilsherrschaftsansprüche verwenden und sich keinen Deut um deren personhaftes Schicksal scheren; alles gegen diejenigen, die als ideologische Revolutionäre südamerikanischer, arabischer oder afrikanischer Herkunft mit ihren deutschen Bundesgenossen ständig gegen die Herrschaftsstruktur ihrer eigenen Länder in deutschen Hochschulen und auf Marktplätzen demonstrieren und dann keinen stärkeren Ehrgeiz haben, als in deutschen Universitäten oder anderen Institutionen eine einkommenssichere Planstelle zu ergattern! Den Hauptanteil dieser Demonstranten des »geborgten Elends« stellen sowieso die Schichten unserer Bevölkerung, die Not und Elend nur aus Büchern oder Zeitungen kennen. Daß das »geborgte Elend«, angelesen und anpubliziert, heute zur emotionellen und heilsgläubigen Mobilisierung so vieler Menschen benutzt werden kann, macht deutlich, wie sehr die Wirklichkeit in unserer Gesellschaft bereits aus Papier, Ton und Bild besteht, d. h., wie sehr die im eigenen Leben erfahrene Wirklichkeit der abstrakten Vermittlung als der »eigentlichen« Wirklichkeit gewichen ist.

Nur aus dieser »Abstraktionserhöhung« in der Weltorientierung, aus dem Ersatz der Erfahrung durch die intellektuelle Vermittlung als Wirklichkeitsdimension, ist es zu erklären, daß so viele Menschen ihre realen, in der unmittelbaren Lebenssituation erfahrenen Interessen und Lebensansprüche unter dem psychischen Druck einer heilsherrschaftlichen Informationsberieselung aufgeben zugunsten von »Ferninteressen«. Damit werden ganz bestimmte Bereiche der Wirklichkeitserfahrung abgeschwächt und dementiert, in denen die konkreten Interessen des Individuums auf Wohlfahrt und persönliche Freiheit sich gegen politische und klerikale Vormundschaft und Ausbeutung durchgesetzt hatten: im Recht und in der Wirtschaft, in einer demokratischen und sachverpflichteten Regierung und Verwaltung und in dem Schutz der sich selbst bestimmenden Familie. Diese Ausblendung der konkreten Interessen wird in der Wirtschaft etwa dadurch erreicht, daß man Macht über Menschen vor allem als wirtschaftliche Macht interpretiert und so von den hohen Dienstleistungen ablenkt; daß man Recht und Rechtsprechung als Klassenjustiz und Ausbeutung interpretiert, auch da, wo die Rechtsstaatlichkeit hohe Grade der Sicherung des Bürgers erreicht hat; daß man staatliche Autorität und Führungsansprüche auch da, wo sie demokratisch zustande gekommen sind, als »Establishment« grundsätzlich verwirft; daß man Familie nicht mehr als eine generationshafte Kontinuität der Interessen und der Erziehung zur Selbstbehauptung der fundamentalen menschlichen Gemeinschaft versteht, sondern als Autoritätsagentur gesellschaftlicher Herrschaft; daß man die Interessen der Frau zur Spezialideologie einer Frauenemanzipation verfälscht, die nur den Sonderinteressen einer kleinen Gruppe von intellektuellen berufstätigen Frauen entspricht; daß man den heute selbstverständlichen Anspruch auf Familien- und Kinderplanung zum ideologischen Grundsatz einer »Freiheit des Bauches« oder einer größeren Lebensqualität durch Abtreibung überhöht usf.

Zu dieser Verleumdung der erfahrenen Wirklichkeit gehört aber vor allem die Verunsicherung der privaten Glücksbedürfnisse des Menschen in einer Wohlfahrts- und Konsumgesellschaft: daß der einzelne oder die Familie die – nach der jeweiligen familiären und sozialen Situation natürlich verschiedenen – Ansprüche auf Konsum, Unterhaltung, Freizeitverwendung oder

Lebenserleichterung und Lebensgenuß von sich selbst und allein bestimmt, diese Glückserfüllung im untranszendenten Diesseits, wird in einer heilsintellektuellen Vormundschaft als inferior und als die »eigentliche« Ausbeutung verworfen. »Konsum« wird zur neuen Selbstentfremdung des Menschen erklärt, wobei die Frage einer Befähigung des Menschen zur Auswahl und ihre informative Unterstützung planmäßig ausgeblendet wird zugunsten einer Glücks- und Genußvorstellung des Lebens, die sich an den Heilserwartungen und den Herrschaftsinteressen der neuen Sozialvormundschaft ausrichten: Bildung statt Unterhaltung, Politisierung statt entlastete Privatheit, Fernverheißungen statt Nahinteressen, Aufklärung statt Lebensgenuß. Der viel zitierte »mündige Mensch« ist nur mündig, wenn er die Ansprüche derer erfüllt, die seine »Mündigkeit« definieren, d.h. seine Heilsbedürfnisse beherrschen; »Mündigkeit« auf dem Niveau des Alltagsmenschen bedarf nach wie vor der Sozialvormundschaft durch die Aufgeklärten. Wer sich nach den Realitäten der eigenen Lebenssituation und ihren im individuellen Lebenskreis erfüllbaren Interessen richtet, wird als sich »anpassender« Mensch diffamiert, weil er sich den abstrakten Wirklichkeitsinterpretationen der Publizistik und den schnell wechselnden Aktualitätsmoden der ideologischen Vermittler nicht schnell genug fügen kann.

Eine solche fiktive, nur in der Vorstellung sich begründende Verleumdung der Wirklichkeit ist nur möglich, wenn das Leben leicht und sicher geworden ist. Die Entlastung der Menschen in Gesellschaften von hoher sozialer Sicherheit und in befriedigenden Maßen gebotenen Wohlstandes macht sie bereiter, sozialen Sehnsüchten nachzuhängen, als es sich Menschen erlauben können, die sich um ihr tägliches Brot und um ihre Selbstbehauptung mühen müssen. Das gilt natürlich in noch höherem Maße für diejenigen Gruppen in solchen Gesellschaften, die an der Produktion des Wohlstandes und der sozialen Sicherheit nicht unmittelbar teilnehmen, sondern diese Arbeit anderen überlassen, denn ihre Leistung oder Leistungsunfähigkeit unterliegt keiner sachlichen Überprüfung und unmittelbaren Sanktion des Scheiterns, weil sie im Abstrakten und Langfristigen wirken. Sie werden von der Arbeit der anderen ausgehalten, und ebendiese Lebensentlastung macht sie zu Utopisten des gedachten Heils. Von ihnen gilt, was Wyndham Lewis in diesem Zusammenhang gesagt hat: »Nur die Reichen sind revolutionär.« Es macht aber auch deutlich, weshalb diese sozialen Heilsreligionen ihren

Nährboden und ihre Entwicklungs-Chance nicht in den Gesellschaften realen Elends, etwa in den Entwicklungsländern oder in den Staaten der im Namen der Arbeiterklasse monopolistisch organisierten politischen Parteiherrschaft finden, die aus vielen Gründen die Freiheit und Wohlfahrt des einzelnen, die ihn zur sozialen Heilsgläubigkeit prädestiniert, nicht geschaffen haben, sondern in den »reichen« Gesellschaften des Westens. Indem der bekämpfte »Kapitalismus«, die unterlaufene Rechtsstaatlichkeit, der in grundsätzliche Freund-Feind-Gegnerschaften hinaufgetriebene demokratische Parteienpluralismus eben die Lebensbedingungen schafft, nämlich den Wohlstand und die soziale Sicherheit verbürgt, die Meinungsfreiheit und individuelle Freiheiten garantieren, die den Nährboden der heilsherrschaftlichen Sozialreligion bilden, arbeiten sie in eben der historisch-dialektischen Gesetzlichkeit, deren einseitige Interpretation ihre Gegner für sich in Anspruch nehmen, an ihrem eigenen Untergang. Ein »Marx von heute« würde Selbstvernichtungsmechanismen des »kapitalistischen Systems« ganz anderer Art feststellen müssen, als seine sozialreligiösen Anhänger in diesem System glaubenspropagandistisch zum »Geist der Zeit« erheben.

Wir sind damit bei einer Einsicht, die gerade ein Soziologe den durch die soziale Heilsreligiosität Angegriffenen deutlich machen muß: Hier wird eine soziale und politische Wirklichkeit verleumdet, an deren Freiheit und Menschlichkeit nicht nur eine aus den Kriegen, Unmenschlichkeiten und sozialen Zusammenbrüchen hervorgegangene Generation gearbeitet hat, sondern die das Erbe von mehr als einem Jahrhundert liberaler Bemühungen und Entwicklungen ist, die sowohl die politische wie die geistliche Herrschaft zugunsten der Lebensmöglichkeiten und Selbstbestimmung des einzelnen beschränkt haben. Aber dies stellt nicht nur den neuen »Priesterbetrug« einer die Heilsherrschaft erstrebenden und durchsetzenden Gruppe dar, sondern diese Ansprüche stützen sich auf soziale Entwicklungsgesetzlichkeiten der modernen Gesellschaften selbst. Die sich ständig erhöhende Kompliziertheit, Verflochtenheit und Abstraktion der Sozialbeziehungen in modernen großräumigen Gesellschaften mit ihrer Informationsüberflutung, ihrer unbeschränkten Kritikfreiheit und dem Vordrängen jeglicher Subjektivität ohne Verantwortungszurechnung für die realen Folgen bereiten den Boden für die Sozialreligiosität, die sozusagen nur die Strukturen der Gesellschaft selbst ideologisch bewußt macht. So gilt für die freiheitliche Gesellschaft des Westens insgesamt das Urteil, daß bereits Plato über die Demokratie fällt: »Das extreme Trachten nach dem, was in der Demokratie für gut gilt, stürzt die Demokratie« (Staat, VIII) oder, wie es Sorel formulierte: »Die Logik ist der Triumph der Jakobiner aller Zeiten.« Die Wirklichkeitsentwertung im Dienste überzogener, außeralltäglicher und arbeitsfreier Ideale gehört in der Vergangenheit wie in der Gegenwart zu den Ursprungsbedingungen der sozialen Heilsverkündung.

Die Missionspraxis dieser Heilslehre wird, wie missionarisch üblich, diese Verteidigung der Wirklichkeit oder besser des Wirklichkeitssinnes als eine Lobpreisung des Status quo, der Vernünftigkeit und Güte des einmal Vorhandenen, als eine kritiklose Anerkennung der »Fakten« gegenüber den Idealen oder auf niedrigstem Niveau als die Interessenvertretung und Verteidigung der eigenen Herrschaftsposition verdächtigen. Daher ist es erforderlich, die Rolle von Idealen und Kritik innerhalb dieser Anerkennung der sozialen Wirklichkeit kurz festzustellen: Keine Wirklichkeit, insbesondere keine soziale, kann dem Menschen auf die Dauer dienen und förderlich sein, die nicht ständig von idealen Forderungen her gemessen und kritisiert wird. Diese stets über die Wirklichkeit hinausreichenden normativen Ansprüche, ob moralische oder politische, werden stets eine Kluft des Noch-nicht-Verwirklichten oder des Nie-vollkommen-Möglichen zur vorhandenen Wirklichkeit aufreißen, aber gerade aus dem grundsätzlichen Abstand zwischen dem Werthaft-Möglichen und dem vorhandenen Wirklichen zieht das menschliche Handeln seine Impulse. Die Notwendigkeit sittlicher oder überhaupt werthafter Postulate hat den praktischen Sinn, die Mühe und Arbeit des Menschen darauf zu lenken, die Wirklichkeit zu verbessern oder, um es mit Sorel pessimistisch-realistischer zu sagen, um der »natürlichen« Bewegung des ständigen Verfalls der Welt immer neue Gestaltungen menschlicher Zivilisation abzuringen. Eine wertbestimmte oder idealistische Gesinnung, die daher nicht die konkrete Veränderung der Welt, die Arbeit und Mühe, im Vorhandenen erfolgreich zu wirken, auf sich nimmt, sondern sich in Vollkommenheitsversprechen für die Zukunft flüchtet, dafür die Gegenwart schlechthin als »Zeitalter der vollendeten Sündhaftigkeit«, als Elend, Ausbeutung und Entfremdung verdammt, entzieht sich der Wirklichkeitssanktion für ihre illusionistische Gesinnung. Will eine Moral, ein Idealismus, aber sich in der Wirklichkeit bewähren, so muß er sich auf die Sachgesetzlichkeiten der Lebensbereiche einlassen, in denen er wirken will. In Recht und Wirtschaft, in der Natur des

Menschen und in den Interessen der Gruppen, liegen solche Gesetzlichkeiten vor, die gesinnungshaft zu übersehen oder zu verfälschen nur zur Zerstörung der Welt und zur Vergeblichkeit praktischen Handelns führt, statt zu ihrer Verbesserung und Gestaltung. Eine Moral, die die Welt verändern will, aber selbst nicht durch die Wirklichkeit sich bestimmen und verändern läßt, entzieht sich der Wechselwirkung zwischen Vorstellung und Wirklichkeit, der Mühe und Arbeit der Verwirklichung. Das sind selbstverständliche Banalitäten des gesunden Menschenverstandes und jeder Lebenserfahrung. Diese zu übersehen, zu überspielen und zu verwerfen bleibt daher immer eine der Existenznotwendigkeiten aller transzendenten Heilslehren, erst recht und vor allem jener »Transzendenz im Diesseits« der neuen Sozialreligion.

Auch hier ein Hinweis auf *Georges Sorel,* der diese Wirklichkeitsentwertung durch den ewigen »idealistischen« Aufstand wohl als erster klar diagnostiziert hat. Für ihn sind diese Diesseitsutopisten zunächst »abtrünnige Priester«, »défroqués«, die die »Gegenkirche« des Laizismus errichten wollen (und sich dabei auf die Urväter der Soziologie, Saint-Simon und Comte, berufen, die in der »positiven Wissenschaft«, in der Tat die Grundlage neuer Heils- und Kirchenherrschaft sahen). »Diese Menschen leben am Rande der Produktion (!); sie beschäftigen sich mit Literatur, Musik, finanziellen Spekulationen; nichts berührt sie, was in der Welt notwendig ist, und ihre Verwegenheit hat denselben Ursprung, wie die so vieler Edelleute im 18. Jahrhundert.« Mit diesem Leben im Fiktiven und Spekulativen, ob geistig oder finanziell, beginnt die Auflösung der Ordnung, die »idealistische Zerstörung«, wenn »das Gefühl für den sozialen Determinismus erlischt«. Mit diesen »Determinismen« sind genau die Sachgesetzlichkeiten gemeint, die wir hier und anderswo der Utopie und Ideenpolitik entgegengestellt haben. Sie bedeuten keine bloße Faktenanerkennung, wie auch Sorel sah: »›Notwendigkeit‹ in diesem Sinne ist nicht eine natürliche Tatsache. Sie ist im Gegenteil der chaotischen Ungeformtheit des natürlichen Zustandes abgerungen. Die Notwendigkeit, die der industriellen Ordnung zu eigen ist, muß, weit davon entfernt, eine natürliche Kraft zu sein, durch menschliche Anstrengung behauptet werden.« – »Was uns das Abendland gab, ist eine innere Anspannung, die nüchterne Leidenschaft der Arbeit, die Hingabe an das Werk, die aus dem Recht gewonnene Exaktheit des Handelns, das Gefühl für die Würde des Wirklichen und der ›Geschichte‹. Daraus erwächst, was Sorel die ›Notwendigkeit‹, den ›materialistischen Charakter‹ von Recht und Wirtschaft nennt. Der neue Idealismus verhüllt Erweichung, Ermattung, Erlahmen« (Freund, S. 56–59). Marx war für ihn daher vor allem ein Führer zur Realität, nicht aber ein Prophet der Intellektuellenutopie.

Trotzdem hat gerade Sorel die Unentbehrlichkeit ethischer und idealistischer Zielsetzungen und Werte gegenüber der bloßen Hinnahme der vorhandenen Wirklichkeit betont. Auch er war der Überzeugung, daß ein bloßes Konservieren der einmal erreichten Zustände genauso eine Utopie ist wie die Vollkommenheitsverheißungen einer unbestimmten Zukunft oder, um es mit den Worten eines modernen Autors zu sagen: »daß der Status quo sich als das illusionärste aller Ziele erweist« (David Riesman). Die Lösung, die Sorel für dieses Dilemma von Wirklichkeitsanerkennung und Wertpostulaten in der sozialen Handlungsstruktur empfahl, war eine grundsätzliche Trennung dieser beiden menschlichen Haltungen, und zwar sowohl im Institutionellen wie im Intellektuellen. Seine Formel dafür war, »*einen Idealismus außerhalb von Recht und Wirtschaft*« (un idéalisme en dehors du droit et de l'économie) zu fordern. Er hat diesen Anspruch vor allem am Verhältnis von Ethik und Wissenschaft entwickelt, wobei »Wissenschaft« für ihn (wie etwa für Max Weber) eine empirisch-analytische Verdeutlichung und Beherrschung der Sachgesetze der Wirklichkeit war. Unter dieser Voraussetzung ist seine Hoffnung auf die Wissenschaft als Gegenkraft zur intellektualistischen »Gegenkirche« zu verstehen: »So gilt es vor allem, die Vermengung der menschlichen Haltungen hintan zu halten. Wissenschaft und Ethik müssen scharf geschieden werden; dann sind sie beide von unverbrüchlicher absoluter Geltung in ihrem Bereich. Der Sozialismus muß trennen, was in ihm Wissenschaft und Ethik ist.« Es ist darum nicht zu verwundern, daß man in Sorel die revolutionäre Leidenschaft dicht neben einer beinahe ängstlichen Behutsamkeit in Dingen praktischer Politik feststellen muß. Jene, die ihn kannten, waren über die eigentümliche Mischung praktischer Klugheit und leidenschaftlichen Wollens erstaunt. Die mythische Vision sollte die praktisch-rationale Verhaltensweise im Bereich der juridico-ökonomischen Ordnungen nicht antasten. Die Erkenntnis, daß Recht und Wirtschaft einen »materialistischen« Charakter tragen, schien Sorel das unverrückbare Fundament einer sozialistischen Betrachtung der Gesellschaft zu sein. »Für die idealistische Tat und die Leidenschaft des Wollens blieb hier nicht der geringste Raum« (so sein deutscher Biograph M. Freund, S. 162). Wie aktuell diese Bestimmung des Verhältnisses zwischen Wissenschaft und Ethik und ihr Selbstverständnis ist, mag die Erwähnung verdeutlichen, daß z. B. Jürgen Habermas und andere Kirchenväter der sozialen Heilslehre ausdrücklich und wörtlich die Wiederherstellung der Identität von Wissenschaft und Ethik als das Hauptziel ihrer Lehren bezeichnet haben.

Allerdings wäre es unehrlich, wenn wir nicht darauf hinwiesen, daß im Bereich des den Sachgesetzen der Wirklichkeit enthobenen Idealismus der menschlichen Motive Sorel die befeuernde Wirkung der Gewalt selbst gelehrt hat. Seine 1906 erschienenen ›Betrachtungen zur Gewalt‹ wollen einen »Mythos der Gewalt« als geschichtliche Antriebskraft schaffen, der mehr den unbedingten Einsatz des eigenen Lebens hervorruft als die Verletzung der anderen. Es ging Sorel also um eine moralische

Sublimierung der sowieso vorhandenen Gewalt. »Das Merkmal der Gewalt im Sinne Sorels ist, daß die Gewalt transzendent ist, daß sie nicht die Erscheinungen der ökonomischen und juridischen Welt berührt. Sie gehört in den Bereich des ›Idealismus außerhalb von Recht und Wirtschaft‹, den wir kennengelernt haben. Proudhons Auffassung vom Kriege bewegte sich im gleichen Gleise. Der Krieg ist ›eher ein inneres als ein äußeres Phänomen ... eine Tatsache des moralischen Lebens‹« (Freund, S. 203; so auch Ernst Jünger in seinem Buch ›Der Kampf als inneres Erlebnis‹, 1925). Sorel will daher Macht und Gewalt entschieden trennen, er will die »Gewalt« von der Untat und Grausamkeit und von der damit verbundenen Schuldzurechnung scheiden (so hat er leidenschaftlich gegen die Vergiftung des Krieges durch eine Schuldpropaganda gekämpft). Für ihn treffen sich im Gegenteil pazifistische Ideologie und Sozialutopie mit Haß und Grausamkeit in der Bekämpfung der Feinde: »Aller Idealismus und Optimismus ist grausam. Je heißer die Liebe zur Menschheit ist, je glänzender das Glück der Erde ist, das man erhofft und erstrebt, desto leidenschaftlicher ist der Haß gegen die Menschen, die dem allgemeinen Menschenglück im Wege stehen ... Die charismatische emotionelle Tyrannei steigt aus der Gesellschaft, die dem Enthusiasmus preisgegeben ist, empor« (Freund, S. 204f.). Wie wenig diese Fragen gedanklich und politisch erledigt sind, mag man daran erkennen, daß die neuesten Befürworter der »Gewalt«, wie etwa Herbert Marcuse, Oskar Negt und manche anderen Alt- und Neutheologen die Unterschiede von Macht und Gewalt oder die Zusammenhänge von Glaubensideal und praktischer Grausamkeit nicht mehr zu erkennen vermögen. Die Reprimitivisierung des Erkenntnisvermögens ist ein sicheres Zeichen des Entstehens einer neuen missionarischen Religiosität und Glaubensverfolgung.

Die theoretische und ideologische Rechtfertigung der Gewalt als »Gegengewalt«, bei der die Opfer der vermeintlichen Gewalt, gegen die man aufstehen zu müssen meint, entweder gar nicht vorhanden sind oder aus fremden und ideologisch noch ausgelesenen Gesellschaften der ganzen Welt besorgt werden, gehört mit zu den Verleumdungen der eigenen sozialen Wirklichkeit, die die neue Heilsreligion zu ihrer Entfaltung einsetzt. Die kriminellen Gewalttaten der Baader-Meinhof-Bande in der Bundesrepublik sind keine politische Erscheinung, sie sind Vorboten von Glaubenskämpfen, für die die Anhänger der neuen Sozialreligion zwar keine politische und juridische Anerkennung, wohl aber heilsgläubiges Verständnis aufbringen, denn hier wird die vorhandene soziale Wirklichkeit mit dem Einsatz des eigenen Lebens dementiert, eine Bereitschaft zum Märtyrertum, das die Masse der Gläubigen zwar nicht wagt, aber vorläufig geheim verehrt.

Erkennt man als die zwei Grundpfeiler der neuen Sozialreligion die Durchsetzung eines Glaubens an die Vollkommenheit eines zukünftigen sozialen und individuellen Zustandes, einer »neuen Gesellschaft« und eines »befreiten Individuums« einerseits und die daraus fließende durchgängige Verwerfung der vorhandenen Wirklichkeit als schlechthin verderbt andererseits, so ist zu fragen, mit welchen Methoden der Erkenntnisvermittlung man die Adressaten der Heilsbotschaft davon überzeugt. Nun sind die Erkenntnisstrukturen, die Formen, in denen das menschliche Bewußtsein und Selbstbewußtsein die Welt und sich selbst versteht und deutet, geschichtlich bedingt. Das Christentum hat in seiner Glaubenslehre und Heilsdurchsetzung von den Wissensformen der Offenbarung, der Heiligkeit von Texten und Büchern als Wahrheitsüberlieferung, dem Wunderglauben usw. als Glaubensquellen Gebrauch gemacht und diese Überzeugungsmethoden in seiner Entwicklung ebenso geistesgeschichtlich gewechselt. Die moderne Sozialreligion gebraucht dagegen vor allem die von der Philosophie der Aufklärung und der von ihr abhängigen idealistischen und materialistischen Philosophie des 19. Jahrhunderts entwickelten Wissensformen und -methoden zur Glaubensvermittlung, indem sie diese vielfach gerade gegen die metaphysisch-transzendente Dogmatik der christlichen Heilsherrschaft entwickelten Erkenntnisweisen umfunktioniert zu Lehrformen ihrer neuen Heilsverkündigung; dabei nimmt sie noch den Vorteil in Anspruch, den älteren Konkurrenten in seine Schranken zu verweisen. Wir wollen diese Umwendung klassisch-philosophischer Denkmittel zur Heilslehre an einigen Kernformeln der gegenwärtigen sozialreligiösen Überzeugungsmittel verdeutlichen: an der Verdächtigung aller vorhandenen Wirklichkeit durch die philosophische *Kritik* und der intellektuellen Selbstherrlichkeit der *Reflexion,* an der Beschlagnahme der Erkenntnisziele durch *Monopolisierung der Rationalität* und an dem aus beiden folgenden Anspruch, die diesen Erkenntnisfunktionen entsprechenden Funktionsbereiche der Gesellschaft ausschließlich zu besetzen und zu beherrschen.

Die *kritische Philosophie* verdankt ihren denkerischen Siegeszug der entscheidenden Denkerweiterung der Moderne, das menschliche Bewußtsein und Selbstbewußtsein und die individuellen und sozialen Motive und Werte des menschlichen Handelns selbst systematisch zum Gegenstand des Bedenkens und der Erforschung zu machen. Diese von Descartes in der Philosophie eingeleitete, in Kant klassisch zum Höhepunkt gelangende Rückwendung (Reflexion) des »Denkens auf das Denken« ist von den großen analytischen »Enthüllern« der geschichtlichen, sozialen und biologischen Bedingtheiten der Motive und Wertungen des Menschen, so von Marx, Nietzsche, Freud, Pareto und vielen anderen, zu einem breiten empirischen Forschungsfeld und zugleich einer selbstverständlichen und überzeugungssicheren Denkweise unserer Zeit gemacht worden. Dabei war allerdings diesen Denkern die Einsicht, daß die vorhandene biologische, historische, soziale und individuelle Wirklichkeit trotz aller Wandlungsfähigkeit der Bewußtseinsseite des Menschen ihre unaufhebbaren Ansprüche an wirklichkeitsimmanenter Bewältigung und Verarbeitung an das menschliche Handeln stellt, die Anerkennung, daß wir einem »An-sich« der Realität gegenüberstehen oder »daß das Handeln nicht aufgebbar ist« (Schelling), immer bewußt. Diese Spannung zwischen Wirklichkeitsanerkennung und kritischer Überprüfung der naiv-dogmatischen, übernommenen und bedingten Überzeugtheiten des eigenen Bewußtseins, der Motive und Werte der Weltorientierung, hat ihre bisher denkerisch unüberbotene Lösung in der Lehre des philosophischen Pragmatismus gefunden, daß alle Ideen und Bewußtseinsgehalte, alle Motive und Wertungen, ihre Überprüfung letzthin nicht in einem argumentativen Gegeneinander, sondern in ihrer Bewährung und Auswirkung im Handeln der Menschen in der gegebenen Wirklichkeit finden. Die »Praxis« wird zum entscheidenden Kriterium der »Theorie« gemacht, eine Anschauung, in der übrigens Marx und die »kapitalistischen« amerikanischen Philosophen übereinstimmen. Dies verdeutlicht, daß die Spannung zwischen handlungserzwungener und realitätsbewußter Wirklichkeitsbehauptung und -veränderung auf der einen und die werte- und motivüberprüfende Kritik der subjektiven Handlungsbestimmung auf der anderen Seite eben jene »stabilisierte Spannung« setzt, die den rationalen und fortschrittlichen Charakter der modernen wissenschaftlichen Zivilisation ausmacht.

Von dieser produktiven Spannung des modernen individuellen und sozialen Lebens sind also offensichtlich zwei Abweichungen möglich, die diese Spannung vermeintlich aufheben, die Konflikte ersparen und Glückseligkeit oder Geborgenheit dem einzelnen versprechen können: der Rückgriff auf eine naive und unkritische Dogmatisierung von Wert- und Motivschichten, der das kritische Bewußtsein der Moderne restaurativ ausblendet, und die gegenteilige Ersetzung der Wirklichkeit durch die »Kritik«, d.h. die Verneinung der Wirklichkeitsansprüche durch eine grundsätzlich utopische Haltung, die sich den Wirklichkeitsbewältigungen gar nicht mehr stellt und die »Praxis« zum bloßen Ausfluß und Exekutivorgan der selbstherrlichen »Theorie« macht und sie überdies anderen überläßt, die man »kritisch« führt. Auch hier spielt die Möglichkeit, die moderne Welt auf abstrakte Hauptnenner zu bringen, von denen aus man sie dann mit ebenso schematischen und stereotypischen Gemeinplätzen schlechthin verwirft, eine entscheidende Rolle. So wie in der Heilslehre selbst ein »schlechthinniges Abhängigkeitsgefühl« von der »Gesellschaft im Kopfe« erzeugt werden soll, so arbeitet spiegelbildlich die »schlechthinnige Kritik« die konkreten Ansprüche der Wirklichkeit, z.B. die praktischen Notwendigkeiten gegebener Institutionen in gegebenen geschichtlichen Lagen, hinweg. Die »schlechthinnige Kritik« übt also etwa die Funktion der Dämonologie, der Teufels- und Höllenlehre, in der modernen Heilsreligion aus, wie überhaupt viele Ausdrucksformen und Gesinnungsdemonstrationen heute nur als Formen eines sozialen Exorzismus, als eine die eigene Heilssicherheit versichernde Austreibung und Verwerfung der in der Fiktion geschaffenen Geister des Bösen, zu verstehen sind. Das Argumentative dieser Kritik ist im Grunde das Belanglose und daher auch an ihr austauschbar; ihre Funktion ist die Umleitung der Emotionen und Interessen vom konkreten Leben auf das abstrakte Heilsbild, auf die Welt »hinter der Welt«.

Man kann diese funktionsbedingte Auslese der heilslehrenden Kritik etwa an der Aufnahme der Lehren von Marx studieren: Alles, was in ihnen als Kritik der Gegenwart verwendbar ist oder sich chiliastisch für die Vorstellungen der »heilen Gesellschaft« der Zukunft in Anspruch nehmen läßt, wird von den neuen Heilslehren aufgenommen; die konkrete Praxis des Marxismus in den orthodox-marxistischen Gesellschaften und Staaten, ihre Disziplin in Partei- und Staatsorganisation, in Arbeit und Publizistik, ihre weltpolitischen Selbstbehauptungs- und Machtansprüche werden ausgeblendet, verschämt als »vorläufig«, als »unvollkommen« charakterisiert und die Identifikation mit dieser Konkretheit auch abgelehnt. Kein irdischer Sozialismus darf als Prüfstein des »himmlischen Sozialismus« anerkannt werden. (Demgegenüber ist die Einordnung von Gesinnungsmarxisten in die Disziplin von kommunistischen Parteiorganisationen gerade in westlichen Gesellschaften wie der Bundesrepublik meist als Enttäuschungswirkung gegenüber der praktischen Unwirksamkeit und damit als »Rückkehr zur Realität« zu verstehen; in der Tat ist mit diesen Gruppen, die nun zu konkreten politischen Gegnern oder Staatsfeinden werden, ein praktischerer Umgang in der Auseinandersetzung, ja vielfach zuverlässigere Zusammenarbeit in praktischen Einzelheiten möglich, weil sie ihrer konkreten Interessen in der Situation bewußt sind. Nicht der kommunistisch organisierte Marxist, sondern der heilsgläubige Sympathisant gefährdet heute vor allem die westliche Gesellschaftsordnung.)

Die hier beschriebene wirklichkeitsentwertende »kritische« Haltung ist aber keineswegs nur im Raume theoretischer Diskussionen angesiedelt, sie wirkt längst als die Attitüde besonderer »Fortschrittlichkeit« in den breiten Schichten, die für keine überprüfbare Produktion, Wirklichkeitsbehauptung oder -veränderung mehr zur Verantwortung gezogen werden können, weil es dafür in unserer Gesellschaft keine Instanzen gibt. In diesen Schichten gehört der Anspruch, alles »in Frage zu stellen«, wie die selbstbewußte Formel meist lautet, zu den wertvollsten Bestätigungen des eigenen Selbstbewußtseins. Es gibt in der Tat nichts mehr, was nicht »in Frage gestellt« würde; ganze Institutionen und Vereinigungen leben heute für die Aufgabe des dauernden »In-Frage-Stellens«, ohne auf die Fragen mehr zu bieten als Meinungsumwälzung und Dauerreflexion, »Gespräch« genannt, und die Verbreitung der Hoffnung auf eine »Gesellschaft im Kopfe«. Fällt ihnen dann doch Verantwortung für konkrete Aufgaben zu, so wird diese dazu benutzt, die Wirklichkeitsverkennung und Leistungsunfähigkeit dadurch zu überspielen, daß man auf den unhaltbaren Zustand der »Gesamtgesellschaft« kritisch ablenkt, um sich der konkreten Verantwortung zu entziehen. Eine noch enthüllendere Formel für diese Haltung ist die – soviel ich sehe, aus der protestantischen Akademiearbeit stammende – Forderung, man müsse die Wirklichkeit, die Institutionen, die Überzeugungen und Werte und was nicht noch, »hinterfragen«; die ironischen Kennzeichnungen Nietzsches über die »Hinterweltler«, jener ästhetisch-rationale Höhepunkt einer die christliche Heilslehre entlarvenden Philosophie, werden durch Unbildung und denkerische Niveauerniedrigung unterlaufen. Der Traditionsverlust im sozialen Leben und im geistigen Rang entspricht und erzeugt sich gegenseitig.

Genauso, wie die neue Heilslehre eine eigentümliche Methode zur Verwerfung der vorhandenen Welt und ihrer begrenzten praktischen Aufgaben entwickelt, setzt sie auf der anderen Seite einen eigentümlichen Erkenntniszugang zur Heilswahrheit ein. Zur Zeit wird diese Heilserkenntnismethode als »*Reflexion*« bezeichnet, und da sich Wirklichkeitsverwerfung und Zugang zum Heilswissen auseinanderentwickeln und gegenseitig stützen, gerinnt diese doppelgesichtige Heilsmethodik zur »kritischen Reflexion«. Der Denkmechanismus dieser »Reflexion« folgt an sich einem sehr einfachen und klaren Muster: Wenn man der Ziele des »Heils« im Glauben sicher ist, in diesem Falle der »vollkommenen Gesellschaft der Zukunft« (Sozialismus) und des zu seinem »wahren« Wesen »befreiten Individuums« (Emanzipation), dann besteht die Rückwendung des Denkens (»Reflexion«) eigentlich nur noch in der Beurteilung der sozialen Verhältnisse und des Verhaltens der Menschen unter dem Maßstab der Glaubensziele. Auch hier wird also eine Denktechnik, die in der Reflexionsphilosophie des deutschen Idealismus geschaffen wurde und sich im 19. Jahrhundert empirisch ausgefaltet hat, nämlich die Aufklärung der vielfältigen Bedingungen des Denkens, der Bewußtseinsinhalte und Selbstbewußtseinsformen (»Identifikationen des Ichs«), dazu verwendet, anstatt das Denken über die Wirklichkeit nun diese selbst zu kontrollieren und zu beherrschen. Die Selbstverständlichkeit, mit der sich die Herren der »Reflexion« aber der wissenschaftlichen und praktischen Verantwortung der Wirklichkeit entziehen – das ist die »Arbeit der anderen«, die man als Gegenstand der Reflexionsherrschaft ebenso voraussetzt wie entwertet –, unterschlägt den für diese Denkweisen legitimen Gegenstandsbereich, die Bewußtseinszustände des Menschen, zugunsten einer unmittelbaren und kurzschlüssigen Beurteilung und Verurteilung der Wirklichkeit und der in ihr verantwortlich Handelnden mit der Absicht, aus ihrem Heilswissen heraus soziale, politische und individuelle Handlungsanweisungen geben und die Aufgaben und Leistungen der sozialen Institutionen leiten und zurechtweisen zu können. Indem die fixierten Maßstäbe der Reflexion, die Glaubensziele, zur »eigentlichen« Wirklichkeit erklärt werden, der sich der Mensch und die sozialen Verhältnisse zu unterwerfen haben, wird eine heilsverheißende Gedankenherrschaft über die sozialen und individuellen Lebensverhältnisse in Anspruch genommen, die alle konkrete Arbeit, Verantwortung, Institutionen und Zustände der vorhandenen Wirklichkeit der Kontrolle, Anerkennung oder

Verurteilung, Steuerung und Überprüfung durch diejenigen unterwirft, die sich als Vermittler der Heils-Reflexion einsetzen, kurz gesagt: *Die Reflexionselite beansprucht die Heilsherrschaft über alle Wirklichkeit, insbesondere über die Arbeit und Verantwortung der praktisch Tätigen.*

Dem Kenner der westdeutschen sozialwissenschaftlichen Szene wird es nicht verborgen geblieben sein, daß hier Kategorien und denkerische Grundpositionen der sogenannten »Frankfurter Schule« der Philosophie und Soziologie aufgenommen und in das Allgemeine gewendet worden sind. Aber hier geht es nicht um die innerwissenschaftlichen und sozialphilosophischen oder soziologischen Aussagen und Problemstellungen, für die ich eine Einheit der »Frankfurter Schule« (Horkheimer, Adorno, Marcuse, Habermas, Negt u. a.) keineswegs unterstellen würde, sondern um die über alle wissenschaftsinternen Fragestellungen weit hinausgehenden geistigen und sozialen Wirkungen eines Denkens, das möglicherweise eben jene Einheitlichkeit erst schafft, die der individuelle Denker gar nicht wollte. Eine Innenkenntnis solcher Vorgänge läßt ahnen, wie historisch »Kirchenväter« wirklich entstanden sind. Innerwissenschaftlich und als bloßer Methodenstreit ist der Gegensatz zwischen heilsgewissem und wirklichkeitsverpflichtetem wissenschaftlichen Denken im sogenannten »Positivismusstreit in der deutschen Soziologie«, in wissenstheoretische Auseinandersetzungen zwischen Adorno und Habermas einerseits, Popper und Albert andererseits ausgetragen worden, ohne bezeichnenderweise irgendeine verbindliche Entscheidung zu vermitteln; die Bewertung dieser wissenschaftlichen Kontroverse liegt hier nicht in unserer Absicht, zumal da eine Stellung außerhalb dieser wissenschaftlich geschrumpften Diskussion sich selbst erst ausführlich darlegen müßte und keineswegs zu einer eindeutigen Parteinahme kommen würde. In dieser sozialphilosophisch-wissenschaftsinternen Auseinandersetzung ist aber immer wieder auf die quasireligiösen Züge der »kritischen Reflexions-Philosophie« hingewiesen worden, ohne daß ihre soziale und geistige Auswirkung als das eigentliche Beweismittel dieses Tatbestandes in Rechnung gezogen wurde. Erst die empirische Soziologie hat diese Kennzeichen der Heilslehre in dieser philosophischen Abwertung der Wirklichkeit als »bloße Fakten« bei der »kritischen Reflexionssoziologie« deutlich erkannt. So schreibt *Erwin Scheuch* in seiner Abhandlung ›Zum Wiedererstehen der Erlösungsbewegungen‹ über die »Frankfurter« Protestphilosophie: »Der Protest gegen die vorgebliche Erstarrung der Gesellschaft ... indiziert als Klage der Protestgruppen jedoch einen anderen Sachverhalt: die Furcht vor zunehmender Resistenz der Gesellschaft gegen die eigenen Heilslehren. Bei Adorno wird das zur Klage über die ›Instrumentalisierung des Denkens‹, also zur Verzweiflung darüber, daß pragmatisches Denken und die Fähigkeit zum Dialog mit der Realität auf Kosten dessen zunehmen, was in der sogenannten ›kritischen Theorie‹ die ›Reflexion‹ heißt.

Reflexion – als Weg zur wahren Erkenntnis bezeichnenderweise nirgendwo definiert – soll dem Individuum die Einsicht in die Uneigentlichkeit der eigenen Existenz vermitteln und es befähigen, die Bedingungen für die Überwindung von Selbstentfremdung zu erkennen.«

Das deutlichste Zeichen dafür, daß hier im Bereich der Wissenschaft entwickelte Denkformen für andere Leistungen als empirische Wahrheitserkenntnis eingesetzt und umgewandelt (»umfunktioniert«) werden, liegt darin, daß die Grundsätze der Kritik und Reflexion, die man auf die Wirklichkeit selbst und auf die Denkweisen richtet, die nicht in der Richtung der eigenen Heilslehre liegen, niemals auf die eigene Denkweise und die sich daraus ergebenden Stellungen in der Wirklichkeit angewendet werden. Eben das versuchen wir in dieser Untersuchung. Es wiederholt sich hier mit fast unglaublicher Naivität ein Verhältnis, das bereits einmal in der Entwicklung der *Ideologiekritik* geistesgeschichtlich durchgespielt worden ist: daß man die kritische Sonde der Überprüfung des Bewußtseins auf seine unausgesagten Bedingungen und auf seine unausgesprochenen, zuweilen sogar unbewußten Ziele hin zwar auf »die anderen«, d. h. die mit den eigenen Handlungszielen nicht übereinstimmenden Menschen und Gruppen, anwendet, nicht aber auf sich selbst.

So hat *Marx* und haben die Marxisten mit ihrer ideologiekritischen Lehre vom »Überbau« insbesondere die Ideen des Bürgertums und der davon abhängigen Institutionen »enthüllt«, d. h. ihre soziale, ökonomische und politische Bedingtheit und ihre unausgesprochenen Ziele aufgedeckt, sich selbst aber kritischen Analysen entzogen, indem sie ihre soziale Gruppe als universal, den »Proletarier« zum »Menschen schlechthin« erklärten und damit ihre sozialen und politischen Ziele zum »Gattungszweck« der Menschheit hinaufhoben. Wo dieses sich für das Ganze setzende Denken von Gruppen der Arbeitnehmer nicht geteilt wurde, z. B. bei den Angestellten oder der katholischen Arbeiterschaft, unterstellte man einfach ein »falsches Bewußtsein«. *Karl Mannheim* hat in seinem Buch ›Ideologie und Utopie‹ ausführlich nachgewiesen, daß ein solcher nur auf eine Seite gerichteter, sich selbst aber ausnehmender *»partieller Ideologieverdacht«* wissenschaftlich nicht haltbar ist, sondern daß die Aussagen *aller* sozial Handelnden und Lehrenden solcher Kritik zu unterwerfen sind, d. h., daß nur der *»totale Ideologieverdacht«* eine wissenschaftlich vertretbare Position darstellt. Er hat damit jene unaufhebbare Handlungs- und Denkspannung der modernen Welt beschrieben, auf die wir bereits auf S. 118 f. hinwiesen. Es gehört zum Thema Wirklichkeitsverlust und Wirklichkeitsverleugnung, in diesem Falle zum Traditionsverlust einmal erreichter Denkebenen, daß heute Scharen von vermeintlich wissenschaftlich ausgebildeten Sozialwissenschaftlern so agieren und argumentieren, als ob Karl Mannheim, Theodor Geiger und andere Wissensanalytiker der »Ideologie« nie gelebt und gedacht haben, sondern den »partiellen Ideologieverdacht« als Kampfmittel für eine Heilslehre unbekümmert und pseudowissenschaftlich benutzen.

Der dritte Baustein in diesem Gefüge einer Methodik der neuen sozialen Heilslehre ist die in einer wissenschaftlichen Zivilisation fast entscheidende Beherrschung dessen, was als »*Wahrheit*« gelten soll, insbesondere im wissenschaftlichen Denken. Gegenüber dem als personalen und institutionellen *Prozeß* verstandenen und in praktischen Konventionen abgesicherten Vorgang der »Wahrheitsfindung« und der wissenschaftlichen »Objektivität« – einer Anschauung, wie sie etwa Max Weber wissenstheoretisch zu begründen versuchte – tritt jetzt wieder eine Auffassung zum Kampf an, die nur inhaltlich-werthafte Aussagen als »Wahrheit« anzuerkennen bereit ist und die von ihnen abweichende Erkenntnisse als mindere, ja »unwahre« Formen des wissenschaftlichen Denkens verwirft. Diese »Beherrschung der Wahrheit« geschieht, indem man *ihre Kriterien moralisiert und monopolisiert.* So wird die »Wahrheit« als autonomer Zielwert der wissenschaftlichen Erkenntnis aufgehoben zugunsten der Bindung an »praktische« Ziele, in Wirklichkeit bezogen auf die moralischen und politischen Wertungen derer, die das Ziel der »Gattung« Mensch, der Gesellschaft oder der Person vormundschaftlich bestimmen als Emanzipation (»der befreite Mensch«) oder als konflikt- und arbeitsentlastete Gesellschaft (der »himmlische Sozialismus«, die »herrschaftsfreie Kommunikation«). Mit dieser inhaltlich werthaften Vorausbestimmung aller Erkenntnis, die sich wissenschaftlich nennt, geht eine Monopolisierung der Wahrheit in der Weise Hand in Hand, daß alle sich diesen »letzten Werten« nicht unterwerfende Erkenntnis als bloße »technische Rationalität«, als minderwertiges »Herrschaftswissen«, entwertet und die eigene Wissensform als herrschende eingesetzt wird. Dies verdeutlicht sich in der Diffamierung der Wissenschaftler und Praktiker, die sich nicht auf diese Erkenntnisziele festlegen (»engagieren«), als wissenschaftlich minderwertige und dienstbare Geister weltlicher Mächte. »Wahrheit« oder »Rationalität« wird zu einem vorbestimmten inhaltlichen Glaubensinhalt; alle wissenschaftliche und praktische Erkenntnis muß sich im Rahmen dieser vorgeschriebenen »Letztwerte« halten. Das ist genau die Wissenschaftskennzeichnung der Theologie, und in der Tat muß man diesen sich heute in der westlichen Wissenschaft durchsetzenden Erkenntnisanspruch von »Wahrheit«, »Engagement«, Ablehnung der »Objektivität« usw. als die neue sozialreligiöse Theologisierung des Denkens begreifen. Er zielt, wie offen ausgesprochen wird, gar nicht mehr auf Erkenntnis der »Wahrheit«, wie auch immer diese im Prozeß der wissenschaftlichen Forschung und ihrer praktisch-konventionellen Voraussetzungen zeitgeschichtlich konkretisiert wird, sondern er will die »Bewußtseinsänderung« der Adressaten erreichen, also das, was die christlichen Missionare »Bekehrung« nannten.

Zunächst wird deutlich sein, daß hier strukturell – nicht inhaltlich – eine Wissenschafts- und Wahrheitsauffassung gekennzeichnet wird, wie wir sie in der Wissenschaft und dem Denken der orthodox-marxistischen Gesellschaften und Staaten finden, nämlich die einer geforderten »Parteilichkeit« aller Erkenntnis und Forschung, wobei über die beanspruchte Parteilichkeit eben »die Partei« oder die politische Kommandostelle der Gesellschaft entscheidet. Diese politisch-praktische Beherrschung der »Wahrheit« lehnen die sozialen Heilslehrer des westlichen Denkens selbstverständlich zugunsten der eigenen Denkautonomie entschieden ab, obwohl sie mit dieser Verkündigung einer glaubensgebundenen Erkenntnis überhaupt eben jene Bereitschaft unter ihren Jüngern hervorrufen, sich der Unbestimmtheit sozialreligiöser Herrschaft zu entziehen und der konkreten politisch-praktischen Disziplin eines durch einen politischen Parteiapparat geführten Erkennens und Handelns zu unterwerfen.

Für unsere westliche Tradition ist es bemerkenswerter, in welcher Weise wissenstheoretische Einsichten zu den Zwecken einer neuen sozialreligiösen Theologisierung ausgebeutet werden: Ohne Zweifel liegt bereits die in der idealistischen Philosophie entwickelte Unterscheidung von Verstand und Vernunft eben jener Abwertung des praktischen Denkens zugrunde. In der Wissenstheorie Max Webers wird zwar die »Wertrationalität« als unaufhebbar, die »Zweckrationalität« aber eindeutig als die überlegene und eigentlich wissenschaftliche Rationalität angesehen; die in der gegenwärtigen deutschen Sozialwissenschaft betonte Polemik gegen Max Weber ist nicht zuletzt aus dem Bemühen zu erklären, eine »Wertrationalität« wieder als »herrschende Wahrheit« durchzusetzen. Die Entwertung der von Max Weber als Kennzeichen der modernen Gesellschaft und des in ihr handelnden modernen Menschen, z.B. in der Wirtschaft, in der Verwaltung, in der Justiz usw., festgestellten »Zweckrationalität« zur bloßen gesinnungslosen »Technik«, zur intellektuellen Prostitution gegenüber allen jeweils Herrschenden, gehört damit zu den Hauptthesen derer, die ihre Erkenntnis-Alleinherrschaft durchsetzen wollen. Die Formeln für diese Entwertung bestehen etwa in der Reduzierung dieser Rationalität auf nur »technisches«

Wissen, gemeinhin in den verachtungsvollen Slogan vom bloßen »Herrschaftswissen« gekleidet. Daß man mit diesem Begriff eine Formulierung und Typologie der Wissenssoziologie *Max Schelers* aufgreift, die über die Wissensformen der diesen Begriff polemisch Verwendenden mehr aussagt, als ihnen wünschenswert sein kann, vor dieser »reflektierenden« Einsicht schützt sie die Unwissenheit über die geistesgeschichtliche Herkunft ihrer Begriffe. Scheler hat (in seinem Buch ›Die Wissensformen und die Gesellschaft‹, 1926) drei »oberste Wissensziele« und damit Wissensformen unterschieden: das »Herrschafts- oder Leistungswissen« mit dem Ziele der praktischen Beherrschung der Welt; das »Bildungswissen« mit dem Ziele der inneren Entfaltung der Person und schließlich das »Erlösungs- oder Heilswissen« mit dem Ziele, den Menschen an dem »obersten Sein und Grund aller Dinge«, an der »Gottheit« teilhaben zu lassen. Da diese Polemiker gegen das »Herrschafts- und Leistungswissen« es entschieden ablehnen würden, etwa nur der »Kultivierung der Innerlichkeit der Person«, diesem spezifisch hochbürgerlich-humanistischen Bildungsideal, in ihrer Erkenntnis zu dienen, weist jede polemische Verwendung der Begriffe »Herrschaftswissen« oder »Leistungswissen« reflektiert auf die damit vertretene eigene Form als »Erlösungs- und Heilswissen« hin.

Die Darstellung der Wissens- und Denkstrategie der Reflexionselite und ihrer wesentlichen Glaubensinhalte zeigt, daß abgeblendet hinter den Denkinhalten und -behauptungen – modernsoziologisch gesprochen: hinter der »kognitiven Dimension« – ihrer Lehren ein psychischer Machtzugriff auf die Sinngebungen des menschlichen Lebens schlechthin steckt. Indem in einer auf wissenschaftliche Erkenntnis historisch und praktisch gegründeten Zivilisation die »Vernunft« oder »Rationalität« den immer subjektiven Werturteilen von »unbezweifelbaren Letztwerten« unterworfen wird und diese alle anderen Wissens- und Erkenntnisformen entwerten zugunsten einer Herrschaft oder eines Monopols dieser einen Denkweise, für die letzthin als Beweismittel nur der subjektive Glaube und in der sozialen Kommunikation die Bekehrung zur Glaubensgemeinde angeboten werden kann, *verallgemeinert sich hier die Subjektivität der Person wieder zum Daseins- und Weltgrund schlechthin.* Diese Subjektivität des Menschen in ihrer Glaubens- und Wertbestimmung war durch eine lange Entwicklung zur praktischen Sachlichkeit in allen sozialen und menschlichen Beziehungen in das Private abgedrängt worden und hatte dort ihre tolerierte und institutionell befestigte Freiheit begründet. Indem sie die geistige und praktische Herrschaft über »das Ganze« wiederum beansprucht, wird dieses erneut zum Spielball der subjektiven »Geisterschlachten«, die immer in Religionskriegen enden. Von hier aus wird man die genannte kritische Grundthese *Georges Sorels* als höchst aktuell verstehen müssen: »Die ›Vernunft‹ als den Herrscher der Erde einzusetzen bedeutet, alles der Willkür preisgeben.«

4. Wer ist die Reflexionselite?

Wenn wir die Heilslehre der neuen Sozialreligion als einen geistlichen Herrschaftsanspruch kennzeichneten, so erhebt sich notwendig die Frage, wo und von wem denn diese Heilsherrschaft im sozialen Zusammenhang unserer Gesellschaft ausgeübt wird. Man muß, um dies zu klären, sowohl die Handlungs- und Funktionsbereiche der modernen Gesellschaft bestimmen, die dieser Heilsherrschaft eine besondere Chance der Wirksamkeit und Durchsetzung ermöglichen, und man muß auch die sozialen Gruppen verdeutlichen, die als Herren und als Gefolgschaft dieses geistlichen Führungssystems sich bilden und auftreten. Damit müssen die eigentlich soziologischen Bestimmungen dieser neuen Heilsherrschaft geklärt werden; man wird jedoch sehen, daß dies nicht möglich sein würde, ohne daß man vorher den Inhalt der sich so sozial und politisch durchsetzenden Heilslehre beschrieben hat.

Die Intellektuellen

Die nächstliegende Antwort auf die Frage, wer die Träger dieser neuen sozialen Religiosität sind, bestände in der Aussage: *die Intellektuellen.* Damit wird ein Begriff gebraucht, der in den geistigen Auseinandersetzungen gängig ist und ein Vorfeld der Verständigung schafft, auf dem man konkrete und aktuelle Fragen durchaus fruchtbar beackern kann. Diese soziologische Kennzeichnung wird daher nicht nur in den politischen Auseinandersetzungen ungehemmt, ja mit dem Anschein von Wissenschaftlichkeit gebraucht, sondern bildet immer noch den Grundbegriff der meisten wissenschaftlichen Veröffentlichungen zu diesem Fragenkomplex.

Die außerordentlich zahlreichen und im Gegensatz zu unserer wissenschaftlichen Diskussion produktiven und kritischen Auseinandersetzungen über die Rolle der »Sinnvermittler« in den USA gebrauchen ungehemmt und vielfach unkritisch den Begriff der »intellectuals« als die soziologische Bezeichnung für die soziale Gruppe, auf die sie sich beziehen. Es ist daher nicht zu verwundern, daß diese wissenschaftliche Literatur sich im wesentlichen auf die Universitätsprofessoren, die sie schreiben, ihre Studenten und ihren publizistischen Anhang bezieht. Ähnliches ist bei den wenigen deutschsprachigen Veröffentlichungen zu diesem Thema festzustellen; so verwendet z. B. das bekanntgewordene Buch von *Gerhard Szczesny* ›Das sogenannte Gute. Vom Unvermögen der Ideologen‹, 1971, den Begriff der »Intellektuellen«, »hier gemeint im engeren Sinne: des Journalisten, Literaten, Philosophen« (S. 18); auch damit läßt sich in der Analyse der linksintellektuellen Ideologen viel feststellen, es zeigt sich aber auch, daß Szczesny in allen grundsätzlichen Fragen über die Rolle der »Intellektuellen« in der Gesellschaft widersprüchlich argumentiert und selbst »intellektualistischen« Vorurteilen ungeprüft folgt. Wir wollen uns hier die Auseinandersetzung mit diesen in vieler Hinsicht gleichgesinnten Kritikern der ideologischen »Intellektuellen« ersparen.

Ich halte den Begriff der »Intellektuellen« oder der im soziologischen Sinne verwendeten Formel der »Intelligenz« (z. B. »intelligentsia«) nicht mehr für erkenntnisfördernd, sondern im Gegenteil für unwissenschaftlich und eine die polemisch-politische Auseinandersetzung taktisch ausbeutende oder mindestens aufweichende Begriffsverwendung. Meine Gründe für diese Ablehnung des Begriffs der »Intellektuellen« möchte ich zunächst in zwei Gruppen von Argumenten zusammenfassen:

1. Es gibt eine ganze Reihe von wissenschaftlichen Begriffen, die in bestimmten geschichtlichen und sozialen Zusammenhängen entstanden sind und darin zunächst großen Orientierungswert für die jeweils aktuelle gesellschaftliche Situation gewonnen hatten. Sie wurden dann auf der einen Seite wegen ihrer orientierenden Griffigkeit überdehnt, allzu viele Erscheinungen ihnen untergeordnet, so daß sie als immer abstraktere und unkonkretere Generalnenner für alles mögliche, insbesondere aber für politische Frontenstellungen und Zielsetzungen, eingesetzt wurden, die den eigentlich analytischen Erkenntniswert aufweichten und aufhoben. Man könnte dies an der Vieldeutigkeit und politisch-polemischen Verwendung der in der sozialwissenschaftlichen Literatur entstandenen Begriffe der »Massen« (z. B. Ortega, ›Aufstand der Massen‹), der »Eliten«, in gegenwärtigeren Umständen etwa der »Privilegierten« oder »Unterprivilegierten«

usw. beweisen. Auf der anderen Seite nahm sich die empirische und konkretisierende Sozialwissenschaft eben der Erforschung der in diesen Globalformeln aufgeworfenen Gesichtspunkte an und splitterte damit die universale Aussage in Tatbestände auf, die ganz andere, nämlich wissenschafts- und disziplininterne Fragestellungen und Antworten erzeugte. So hat z. B. die These von der »Massengesellschaft« ihren allgemeinen Orientierungswert durch die konkreten Untersuchungen der Gruppenpsychologie, der Meinungsforschung und anderer sozialpsychologischer Forschungsansätze weitgehend verloren.

Das gleiche gilt für den Begriff der »Intellektuellen«: Einerseits ist es ein politisch-agitativer Begriff geworden, eine Formel, politisch Sympathien oder Antipathien hervorzurufen; andererseits hat sich die Soziologie und sozialpsychologische Untersuchung der »Intellektuellen« derart verfeinert und aufgespalten, daß der Begriff innerhalb der diese Erscheinungen oder Gruppen untersuchenden Sozialwissenschaft nicht mehr zu einer auch nur irgendwelche Folgerungen erlaubenden Einheit zusammengefaßt werden kann. Ob man nun – um nur ein Beispiel aufzuführen – zwischen »technisch-organisatorischer Intelligenz«, »kulturtragender Intelligenz« und »sozialwissenschaftlicher Intelligenz« unterscheidet, liegt völlig im Belieben der Fragestellungen, die man jeweils an diese vage Sozialgruppe heranträgt, nicht aber an ihrer eigenen Struktur. Dieser Tatbestand hat für die wissenschaftliche Erkenntnis und für die politische Praxis sehr unterschiedliche Wirkungen: Während die wissenschaftliche Analyse, insbesondere die empirische, solche Globalbegriffe immer mehr fallenläßt, weil sie empirisch und forschungsoperational unergiebig sind, kann die politische und meinungsführende Argumentation solche in ihrer Entstehungsgeschichte wissenschaftlich erscheinenden Begriffe bewußt kultivieren, weil sie damit scheinwissenschaftliche Erklärungen in Umlauf setzen und von den konkreten Tatbeständen ablenken will.

Trotzdem bleiben diese Begriffe vom Sprachlichen her noch auf lange Zeit unentbehrlich: Gerade weil sie in einen allgemeinen Sprachgebrauch übergegangen sind, schaffen sie ein Feld breiten Vorverständigtseins und wirken als schnell lesbare Richtmarken zum Verständnis des Themas; so sprechen wir von »Gesellschaft«, von »Psyche« oder »Seele«, obwohl mit diesen Begriffen längst kein exakter soziologischer oder psychologischer Wissenschaftstatbestand mehr zu greifen ist. Ein Kennzeichen für diese Leistung schneller und allgemeinverständlicher Zielbestimmung und Eingrenzung des gemeinten Gegenstandsgebietes ist darin zu sehen, daß diese Begriffe sich sprachlich vor allem als charakterisierendes Eigenschaftswort und weniger als substantielles Hauptwort oder als Gegenstandsdefinition behaupten; so ist der Begriff »gesellschaftlich«, »psychisch«, »elitär« weit mehr im Schwange als das betreffende Hauptwort. In diesem Sinne werden auch wir die Ausdrücke »intellektuell«, »intellektualistisch« und »Intellektuelle« weiterhin benutzen; das sollte aber nicht darüber hinwegtäuschen, daß wir gerade diesen Begriff für unsere Einsichten als unergiebig, ja die Fragestellungen verfälschend ansehen; es geht uns in vieler Hinsicht geradezu um die Ausschaltung dieses Begriffs und dieser Kennzeichnung, so daß wir versuchen werden, ihn an den entscheidenden Stellen der Aussage durch neue, z. T. wissenschaftlich-künstliche Begriffsbildungen wie z. B. »Reflexionselite«, »Sinnvermittler« usw. zu ersetzen. Ein solches Bemühen der Begriffsumwertung aus Erkenntnisgründen wissenschaftlicher Art muß zunächst Verständnisschwierigkeiten schaffen, halte ich aber – trotz aller Rücksichten auf Allgemeinverständlichkeit – sachlich für erforderlich.

(Daß ich in dieser Absicht, mit dem Leser eine schnelle Vorverständigung zu erreichen, auch im Titel auf den Begriff der »Intellektuellen« eingegangen bin, wenn auch sachlich schweren Herzens, sei offen eingestanden.)

2. Diese sprachlich-begrifflichen Einwendungen gegen die Verwendung des Ausdrucks der »Intellektuellen« enthalten natürlich bereits wissenschaftliche und in diesem Falle eigentümlich soziologische Einwände gegen die Erkenntnisträchtigkeit dieses Begriffs. Um dies soziologiegeschichtlich ausführlich darzustellen, müßte man die betreffenden Lehren von Max und Alfred Weber, von Scheler, Mannheim, Schumpeter, Geiger, Gehlen, von Alfred v. Martin, René König, Joachim Lieber und manchen anderen (um nur im deutschen Sprachbereich zu bleiben) vergleichend abhandeln, eine Aufgabe, deren Erfüllung hier fehl am Platze wäre. Faßt man die Erkenntnisse dieser Autoren und der heute im angelsächsischen Ausland bei weitem eindringlicher vorwärtsgetriebenen »Intellektuellen-Forschung« zusammen (die jüngere deutsche Soziologie schaltet dieses Thema verständlicherweise aus ihrer kritischen Analyse der Gesellschaft weitgehend aus), so kommen wir idealtypisch auf zwei Ebenen der soziologischen Bestimmung der »Intellektuellen«: Man versteht sie als soziale Gruppe oder man bestimmt sie als eigentüm-

liche soziale Funktion. Gehen wir diesen beiden soziologischen Zurechnungsversuchen der »Intellektuellen« einmal kurz nach in der Absicht, ihr Ungenügen für unsere Fragestellung aufzudecken:

Die Bestimmung der Intellektuellen als *soziale Gruppe* wäre am einfachsten, wenn man sie als *soziale Klasse* verstehen könnte. Genau das aber hat sich bisher als unmöglich erwiesen, und gerade die klassische, von Marx ausgehende Klassentheorie ist in allen ihren Erscheinungen der Gruppe der Intellektuellen gegenüber in jedem Sinne theoretisch hilflos gewesen und hat sich in ihren orthodoxen Lehrfassungen durch Verschweigen und Übersehen dieser Gruppe geholfen. Indem *Marx* die Klassen und den Klassenkampf antagonistisch von dem Besitz oder Nichtbesitz der Produktionsmittel und damit von den ökonomischen Produktivkräften ableitete, die in der Industrieproduktion aufeinanderstießen, vulgär »Kapital und Arbeit«, verwies er alle Tätigkeiten der »Intellektuellen« im weitesten Sinne in den »Überbau« der Kulturbereiche, die er zu seiner Zeit völlig im Dienste des »Kapitalismus« stehend vorfand, deshalb auch unter den an sich nur ökonomisch definierten, darüber hinaus sprachlich ausgeweiteten Begriff der »Bourgeoisie« einbegriff. Über seine eigene Rolle als »Überbau-Produzent« des Proletariats gibt es bei Marx keine Reflexion. Theoretisch folgerichtig wäre die Einsicht gewesen, daß sowohl das Kapital als auch die »Arbeit«, der Kapitalist und der Proletarier, des ideologischen Überbaus zu ihrer ökonomischen und politischen Interessen- und Machtvertretung bedürfen. Aber den *proletarischen Überbau* zu übersehen, ist das wahrscheinlich am sorgsamsten eingehaltene Tabu marxistischer Klassentheoretiker.

Dazu zwei Beispiele aus der neueren sozialwissenschaftlichen Literatur: *V. S. Nemchinov*, ein Mitglied der Sowjetischen Akademie der Wissenschaften, hat auf dem Weltkongreß für Soziologie 1956 eine Klassenanalyse der Sowjetunion vorgetragen, die zwar die Existenz der Intellektuellen oder der »Intelligenz« nicht mehr leugnet oder übersieht, aber deshalb um so deutlicher beweist, daß sie nicht in die orthodoxe Klassentheorie einzuordnen ist. Nemchinov: »Die Intellektuellen sind eine soziale Zwischengruppe, deren Klassencharakter durch die vorherrschende Methode der sozialen Produktion bestimmt wird. Unter dem Kapitalismus stammen (!) die Intellektuellen zumeist aus den besitzenden Klassen und sind mit ihrer eigenen Klasse eng verbunden. Unter ihnen gibt es auch Vertreter der Arbeiterintelligenz, die eng mit der Bauernschaft und der Arbeiterklasse verbunden sind. In der sozialistischen Gesellschaft werden die Intellektuellen zumeist aus den Gruppen der Arbeiter und Kollektivbauern rekrutiert und sind eng mit den arbeitenden Klassen verbunden. Nichtsdestoweniger kann die Intelligenz weder unter dem Kapitalismus noch unter dem Kommunismus als besondere Mittelklasse angesehen werden. Sie ist nur eine soziale Zwischengruppe, die zusammen mit den grundlegenden sozialen Klassen besteht ... Gegenwärtig besteht die Sowjetgesellschaft aus zwei grundlegenden Klassen, der Arbeiterklasse und den Kollektivbauern sowie einer sozialen Schicht, der Intelligenz.« (Vgl. dazu Ralf Dahrendorf, ›Soziale Klassen und Klassenkonflikt in der industriellen Gesellschaft‹, 1957, S. 84 ff.)

Jeder auch nur einigermaßen mit der marxistischen Klassentheorie Vertraute sieht, daß hier mit dem Begriff der »sozialen Zwischenschicht« nur ein für diese Theorie unlösbares Problem verdrängt worden ist. Was in Wirklichkeit aus dieser Äußerung deutlich wird, kann man als erbliche und geburtsständische Einfrierung der orthodoxen Klassen in den marxistisch-sozialistischen Gesellschaften bezeichnen: Die Herkunft, das Abstammen einer Person, bezeichnet ihre Klassenzugehörigkeit, wie dies einstmals auch in der ständischen Gesellschaft der Fall war. Für mich, der ich einige Jahre nach dieser wissenschaftlichen Äußerung an einer von der Unesco veranstalteten längeren Arbeitstagung über Klassenprobleme in der Sowjetischen Akademie der Wissenschaften in Moskau teilgenommen habe, war dabei die Erklärung des Präsidenten der Akademie auf die Frage, welcher Klasse denn er angehöre, daß er (der als junger Mann in der Landwirtschaft gearbeitet hatte) zur Bauernklasse gehöre und so auch seine Kinder und Kindeskinder (die längst »akademische« Berufe einnahmen), vielleicht die eindrucksvollste Erfahrung über die analytische Sterilität der orthodoxen Klassentheorie. Dazu kommt, daß diese widerwillige sowjetisch-marxistische Anerkennung einer »sozialen Zwischenschicht« nur die »technische Intelligenz«, also wissenschaftliche Spezialisten und technische und administrative Angestellte (nach unseren westlichen Bezeichnungen) meint, dagegen die »Intellektuellen«, die sich ja gerade im Gegensatz zu dieser technologischen Intelligenz verstehen, überhaupt nicht kennt.

Dieses ständische Einfrieren der dualistischen Klassenunterscheidung im orthodoxen Marxismus zwingt daher die intellektuellen »Zwischenschichten« dazu, sich bekenntnishaft und mit ideologischen Beweismitteln einer der gesellschaftsoffiziellen Klassen zuzurechnen. Dieser aus der Orthodoxie der offiziellen Klassentheorie stammende Zurechnungszwang ist nicht zuletzt eine der Ursachen, weshalb die westlichen, aber orthodox marxistisch gesinnten Intellektuellen sich selbst nicht als eigenständige Gruppe oder gar Klasse begreifen dürfen, sondern sich dauernd mit den gewagtesten und rein bekenntnishaften Identifikationen in die »Arbeiterschaft« klassenhaft eingliedern, in Wirklichkeit im Widerspruch zur sozio-ökonomischen Lage sich ihr gesinnungshaft anbiedern müssen.

Als zweites Beispiel sei eine Veröffentlichung eines der neomarxistischen Gesellschaftsdeutungen sehr nahestehenden deutschen Soziologen gewählt: In seiner bereits 1962 veröffentlichten Schrift über den ›Strukturwandel der Öffentlichkeit‹ versucht *Jürgen Habermas* die Ideen der Meinungsfreiheit und Toleranz, die im wesentlichen aus der »Gelehrtenrepublik« der Aufklärung und aus dem Bildungsbürgertum stammen, auch in ihrem Ursprung, nicht nur in ihrer Ausnützung, der Klasse der »Kapitalisten«, d.h. den Interessen des ökonomischen Tauschprozesses und der ökonomischen Herrschaftsinteressen, unterzuordnen; obwohl er dabei mehrfach die von der kapitalistischen Industrialisierung völlig unabhängige Entstehung und Struktur eines »Bildungsbürgertums« zu Gesicht bekommt, ordnet er dies schließlich doch immer der »kapitalistischen Bourgeoisie« ein. Gleichgültig demgegenüber, daß Habermas im Grunde die Wiederherstellung des offenen Meinungsaustausches der aufklärerischen Gelehrtenrepublik in modernen Sozialstrukturen erstrebt, zeigt sich hier ein klassendenkerisches Verkennen der sozialen Ursprungsoriginalität eben jenes Bildungsbürgertums, das die liberalen Grundwerte unserer westlichen Gesellschaft, mindestens eindeutig im deutschen Bereich, durchgesetzt hat und das aus einer geistigen Gegnerschaft zur orthodoxen Kirche und zum absoluten Staat entstanden, sich aber dann im wesentlichen als wissenschaftlich ausgebildetes Staatsdienertum sozial durchgesetzt hat. Habermas und andere der sogenannten »Frankfurter Schule« zugehörenden Autoren haben damit nicht nur die Bresche geschlagen zum immer orthodoxer und ideologisch primitiver werdenden Selbstverständnis der gesinnungslinken Intelligenz als Verbündete oder gar Teil der »Arbeiterklasse«, sie haben vor allem verhindert, daß die »Intellektuellen« in allen ihren Abarten und Sekten als eine eigenständige soziale Gruppe, ja als eine selbständige Klasse begriffen werden konnten. Der Fortschritt in einer Soziologie der Intellektuellen ist in Deutschland durch ihre prominentesten Vertreter in der Sozialwissenschaft selbst gehemmt worden.

Die klassentheoretische Erkenntnis der »Intellektuellen« ist also nicht nur wenig ergiebig, sondern dient darüber hinaus ihrer Abschirmung gegenüber einer empirisch-soziologischen Tatbestandsfeststellung. Damit wird ein erstaunlich wenig bemerkter Rückschritt gegenüber dem Problemstand der soziologischen Analyse der Intellektuellen in der deutschen Soziologie am Ende der 20er Jahre vollzogen. *Alfred Weber* und *Karl Mannheim* haben damals den Begriff der *»freischwebenden Intelligenz«* geprägt aus der Einsicht, daß sowohl von der ökonomischen und sich auf den Besitz oder Nichtbesitz industrieller Produktionsmittel beziehenden Unterscheidung als auch von den erstarrt-ideologischen Fronten her sich die Gruppe von wissenschaftlichen und wissenschaftlich vorgebildeten Berufen und Positionen im Klassenschema nicht mehr einordnen ließ. Wer zu dieser

»freischwebenden Intelligenz« im Sinne einer eindeutigen Angabe des sozialen Status gehörte, blieb unklar; auf jeden Fall waren nicht die »Träger der Bildungspatente« damit gemeint. Indem Mannheim diesen Intellektuellen mehr oder minder die Fähigkeit und den Grundantrieb zum utopischen Denken zuschrieb, wurde schon hier eine Erkenntnishaltung an die Stelle einer sozialökonomischen Bestimmung dieser Gruppe gesetzt.

Die Hoffnung, daß sich diese in die sozialökonomischen Klassengegnerschaften nicht verstrickte Gruppe der Intelligenz als ein den Klassenkampf ausgleichender Faktor auswirken würde, ist langfristig nicht bestätigt worden: Dies lag nicht nur daran, daß diese »freischwebende Geistigkeit« die innere Spannung zur Wirklichkeit nicht aushielt und sich in soziale Identifikationen und Bindungen mit anderen Gruppen und Institutionen »flüchtete«, etwa in die radikalen Parteien, in die skeptische Wissenschaft, in die spirituellen Kirchen und Sekten usw. – was Mannheim bereits gesehen hat –, sondern auch daran, daß die hier unterstellte Annahme, diese »Intelligenz« habe keine *eigenen* sozio-ökonomischen und politischen Herrschaftsinteressen, falsch war; besser gesagt: dies stellte nur eine zeitlich begrenzte Übergangslage dar, in der sich diese »freischwebende Intelligenz« von der dienenden Eingliederung in vorhandene Institutionen, insbesondere den Staat, die Hochschulen, aber auch die Kirchen und Parteien, zu lösen begann oder befreit hatte, auf der anderen Seite aber die gruppeneigenen Interessen und sozialen Ziele noch nicht deutlich genug herausgearbeitet und ins Bewußtsein getreten waren. Unsere Frage nach den Trägern der neuen sozialen Heilslehre kann also von der alten Klassentheorie aus nicht beantwortet werden. Dagegen wäre es möglich, ihre Entwicklung an die wissenssoziologischen Untersuchungen Karl Mannheims zu Ende der 20er Jahre anzuknüpfen; dies würde allerdings zu binnensoziologischen Erörterungen führen, die uns in diesem Buche nicht am Platze erscheinen.

Zunächst sei aber hier noch erwähnt, daß auch die Theorien der *sozialen Schichten* für die Bestimmung dieser Gruppe völlig unergiebig sind; selbst bei einer Unterscheidung in eine obere, mittlere und untere Oberschicht, Mittelschicht und Unterschicht gibt ein solches Schichtenschema keine Ortsbestimmung der »Intellektuellen« her, weil alle empirischen Faktoren ihrer Einordnung, nämlich vor allem die Einkommenslage, die Frage der beruflichen Selbständigkeit, des Status eines Angestellten oder Beamten oder gar Studenten oder Schülers, der Berufsqualifikationen und Bildungsausweise für ein Schichtenschema nicht greifen. Ein angestellter Journalist, ein beamteter Lehrer oder Professor, ein Student oder ein Gymnasiast kann, aber braucht nicht zur Träger- oder Anhängergruppe der sozialen Heilsreligion zu gehören, während ein selbständiger Journalist oder Schriftsteller, der Einkommensmillionär ist, ebenso für diese Rolle in Frage kommt wie ein Gewerkschaftsfunktionär, der sich vielleicht als »Arbeiter« versteht oder wie ein Student oder Schüler, der vom Einkommen seiner Eltern oder von öffentlichen Stipendien lebt, oder wie ein am Rande des Existenzminimums lebender Gammler.

Aus der schichtensoziologischen Betrachtung lassen sich für die Bestimmung der Trägerschaft dieser Sozialreligion nur zwei negative Folgerungen ziehen: Diese Gruppe ist wie bei allen religiösen Bewegungen nicht bestimmten Sozialschichten zuzuordnen, weil sie keineswegs altbekannte Sozialgruppeninteressen vertritt, sondern vom Sozialstatus unabhängige Heilsinteressen von Gläubigen. Sie spricht allerdings die sozialen Schichten am wenigsten an, deren sozialökonomische Interessen sich hart und deutlich in ihrem Leben zur Geltung bringen, also vor allem alle Arbeiter, die untere Schicht der Angestellten und Beamten, die im persönlichen Existenzrisiko handelnden Selbständigen und freien Berufe, also die mittleren und oberen Unterschichten und die Mittelschicht. Dagegen sind die Oberschichten und ihre Abkömmlinge ein typisches Rekrutierungsfeld dieser Heilsvertreter, sogar die – angeblich nur hochkapitalistische – Gruppe der oberen Oberschicht. Gerade in diesem Zusammenhang sollte man den »Intellektuellen-Millionären« unter den Journalisten, Schriftstellern und Künstlern und dem Sozialsnobismus der ganz Reichen soziologisch mehr Aufmerksamkeit widmen.

Soziologisch ergiebiger erscheint eine differenzierte *funktionale Betrachtung* der Intellektuellen zu sein. Überblickt man die verschiedenen Versuche der modernen Soziologie, hier funktionale Unterscheidungen und Zurechnungen zu treffen, so stoßen wir zunächst auf vier funktionale Gruppen von »Intelligenz«:

1. die technisch-organisatorischen Spezialisten und Experten, also die Fachintelligenz in Staat, Wirtschaft und Verwaltung aller Art;

2. die Produzenten »unabhängiger geistiger Werte«; gemeint sind die »Kulturschaffenden«, also Künstler, Schauspieler, Literaten, Philosophen usw.;

3. die sozialwissenschaftliche Intelligenz, deren Aufgabe die

Vertretung der sozialen Kritik, der sozialen Aufklärung und damit der sozialwissenschaftlich »rationalen Vernunft« sei, im Klartext: Soziologen, Politologen und Friedensforscher;

4. die Analytiker der Zeitsituation, die Prognostiker und Planer der kommenden gesellschaftlichen Entwicklung.

Diese Einteilung z. B. in dem zusammenfassenden Artikel ›Intelligenz‹ von René König in ›Soziologie‹, Fischer-Lexikon, Bd. 10, 1958, S. 140 ff.; ausführliche Interpretation dieser Problematik bei H. Stieglitz, ›Der soziale Auftrag der freien Berufe‹, 1960.

Blickt man auf diesen, nun ein Jahrzehnt zurückliegenden Versuch einer soziologischen Funktionsunterscheidung der »Intellektuellen« zurück, so sind nicht nur die Maßstäbe der Kasuistik fraglich – so z. B. ob nicht sozialwissenschaftliche Intelligenz (3) und zeitanalytisch-gesellschaftsplanerische Funktion (4) ununterscheidbar ineinander übergehen –, sondern es ist besonders auffällig, welche Formen der »Intellektuellen« diesen wissenssoziologischen Autoren unbegreiflicherweise entgangen sind. Wir wollen folgende aufführen:

5. die »lehrende Intelligenz«, d. h. die Lehrer in Hochschulen, Gymnasien, Grundschulen und anderen Lehranstalten, zahlenmäßig wahrscheinlich die größte Gruppe von »Intellektuellen«;

6. die »informierende Intelligenz«, also Journalisten und Publizisten aller Art in Presse, Rundfunk und Fernsehen, Informations- und Werbungsabteilungen aller möglichen Institutionen, Propagandisten und Moderatoren und ihr technisches Hilfspersonal (diese Gruppe, wie es René König tut, unter die Rubrik »Produzenten unabhängiger geistiger Werte« zu rechnen, gehört wahrscheinlich zu den offenkundigsten Fehldiagnosen dieser Intellektuellen-Soziologie).

7. Schließlich ist die »heilsverkündende Intelligenz« alter Art, nämlich die Priester und Pastoren der christlichen Kirchen und deren diakonischer und publizistischer Anhang, wohl nicht so einfach soziologisch zu unterschlagen, wie es die oben mitgeteilte Intellektuellen-Schematik tut.

Die Schlußfolgerung für unsere Frage, welche Funktionsgruppen der »Intelligenz« die Trägergruppen der sozialen Heilsreligion bilden, ist letzten Endes wiederum unergiebig. Jeder Funktionsträger der genannten Gruppen kann ein Träger oder Gläubiger der sozialen Heilsverkündigung sein, braucht es aber aufgrund seines Funktionsauftrages nicht zu sein, ja kann sich geradezu aufgrund der beschriebenen intellektuellen Funktion als ausgesprochener Gegner der hier beschriebenen sozialen Heilsverkündigung erweisen.

Diese funktionelle Untergliederung der »Intellektuellen« leidet an zwei methodischen Schwächen: Sie verwendet einen ungeklärten Funktionsbegriff, und sie geht von der irrtümlichen Annahme aus, daß eine soziale Gruppe nur durch *eine* Funktion bestimmt und beschrieben werden kann. Die Feststellung einer »Funktion«, d. h. einer Leistung, ist zunächst nur sinnvoll, wenn man den Bezugsrahmen angibt, für den diese Leistung zum »Funktionieren« beiträgt; die mit der funktionalen soziologischen Betrachtung eng verbundene Theorie der sozialen Systeme hat diese Begriffe eindeutig dahin geschärft, daß als »Funktion« nur soziale Leistungen verstanden werden sollten, die der Erhaltung des sozialen Systems oder seines sozialen Wachstums und seiner Entwicklung dienen und so sein »Funktionieren« sichern und verbessern. In dieser Hinsicht sind die angeführten Funktionsbestimmungen der »Intelligenz« unscharf, denn mindestens ein Teil ihrer Aufgabenstellungen können gegen den Bestand und das Funktionieren des sozialen Systems, in dem sie leben, gerichtet sein. Ihre Leistung bezieht sich dann auf andere Bedürfnisse des Menschen, etwa auf religiöse, personbildende oder künstlerische, die durchaus dem sozialen System nicht zu dienen brauchen, sondern zuweilen von ihm parasitär leben.

Hier ist die Bezugseinheit der Funktion dann sozusagen das »System Person«, das aber in seiner Zielbestimmung sehr verschiedenen Letztwerten unterstellt werden kann, etwa der »Heilserlösung«, der Selbstbestimmung der Person und ihrer maximalen Freiheit (»Emanzipation«), der schöpferischen Selbstverwirklichung, dem ungehemmten und lustvollen Sichausleben (»Eudämonie«), der personalen Geborgenheit (z. B. »meine Heimat ist die Partei«, so der frühere Frankfurter Oberbürgermeister Rudi Arndt) usw. Solche personalfunktionalen oder vielmehr auf anthropologische Grundbedürfnisse bezogenen »Funktionen« sind niemals sachangemessen und begrifflich entsprechend in soziale Leistungen zu überführen, sondern enthalten immer anti-gesellschaftliche Ansprüche. Gerade die Gruppe der Intellektuellen ist daher niemals durch gesellschaftsbezogene »Funktionen« zu definieren, sondern ist in hohem Maße durch die personbezogenen Lebensziele und ihre subjektiven Letztwertdeutungen bestimmt.

Nun muß anerkannt werden, daß beide Funktionsansprüche

ihre Berechtigung haben und daß es als illusorisch und wirklichkeitsfremd angesehen werden müßte, wenn man versuchte, die sozialen und die personalen Ansprüche dadurch zu »harmonisieren«, daß man die gesellschaftlichen den personalen und subjektiven Lebenszielen unterordnet – was gerade jetzt von den Intellektuellen nachdrücklich betrieben wird – oder daß man die Lebensansprüche der Person in rein soziale und politische Bedürfnisse auflöst, was der Herrschaftsstrategie unliberaler Staaten und Parteien entspricht. Die sich aus diesem Widerstreit ergebende Folgerung ist für unsere Betrachtung und Erörterung des Entstehens einer neuen Sozialreligion grundlegend: *Die Wirkungsmacht dieser Träger einer neuen sozialen Heilsverkündigung beruht darauf, daß sie zugleich sozial unaufgebbare gesellschaftliche Leistungen erfüllen und diese ihren subjektiven meinungs- oder glaubenshaften Letztwerten unterordnen und von daher gesellschaftsgegnerisch praktizieren können. Die »Intellektuellen« sind von den Selbstbehauptungsinteressen der Gesellschaft her gesehen funktional ebenso unentbehrlich wie gefährlich.*

Technologen und Ideologen

Beide »Funktionen« sind jeweils von der Gegenseite entwertet worden, indem man sie auf die Erfüllung der sich widersprechenden Aufgaben in einer Einseitigkeit festlegte, die von ihren Vertretern niemals beansprucht oder behauptet wurde. So werden die Vertreter der Funktionsansprüche der Gesellschaft, weil sie den praktischen Anforderungen der verschiedenen sozialen Sachgebiete und ihren Sachgesetzlichkeiten eine Vorrangstellung gegenüber subjektiven Zielsetzungen, Utopien und sehr angenehmen Wünschbarkeiten einräumen, als bloße »Technologen« der Wirtschaft, Verwaltung, politischen Führung, der Forschung, Lehre, Information, Justiz oder sonstiger Sachleistungsgebiete der Gesellschaft denunziert. Auf der anderen Seite verfallen alle Sinngebungsversuche des Lebens bei denen, die für ein reibungsloses Funktionieren von sozialen Einrichtungen und Institutionen verantwortlich sind, oder bei denen, deren alltägliche Berufsarbeit nicht nur sachlich fest abgesteckt ist, sondern im überschaubaren sozialen Zusammenhang ihren Lebenssinn selbstverständlich in sich trägt, dem Verdacht und dem Urteil, wirklichkeitsfremde Schwärmerei und »Ideologie« zu sein.

Diese gegenseitigen Verachtungs- und Verleumdungsformeln der »*Technologen*« und der »*Ideologen*« tragen, noch dazu in ihrem heute vieldeutigen und aufgeblasenen Gebrauch, wenig zur soziologischen Einsicht in die Rollen der Intellektuellen in der Gesellschaft bei; sie sind vielmehr als taktische Waffen einer Auseinandersetzung zu begreifen, die dazu dienen, den Gegner negativ zu vereinseitigen und die eigene Stellung positiv-sinn-voll aufzuwerten. Wo diese Formeln in Umlauf gesetzt werden – die der »Technologen« vor allem im akademisch-wissenschaft-lichen Bereich, die der »Ideologen« vor allem in der öffentlich-politischen Diskussion –, sollte man sofort nach den politi-schen und sozialen Interessen fragen, die ihre Verwendung bei dem jeweiligen Wortführer verhüllen und zugleich durchset-zen sollen.

Die Vorwürfe der »Ideologen« gegen die »Technologen« un-terschlagen, daß sie in ihrer sozialen Existenz eben von denjeni-gen leben, die sich der Bewältigung der praktischen Aufgaben in einer Gesellschaft annehmen; sie verschweigen, daß sie selbst in ihren Wortführern und ihrer Anhängerschaft ihre »ideologi-sche« Wirksamkeit auf Ämter, also gesellschaftliche Leistungs-aufträge, stützen, die ihnen aus den Funktionsbedürfnissen der Gesellschaft übertragen sind, sei es als Lehrer oder Hochschul-lehrer, als Publizisten oder Gewerkschaftsfunktionäre. Die um-gekehrten Vorwürfe der »Praktiker« gegen die »Ideologen« ver-kennen, daß jeder Praxis, jeder Form von konkreter Berufstä-tigkeit oder Verwaltung öffentlicher Ämter, eine »Sinngebung« unterliegt, die von ihnen selbst als soziale Selbstverständlichkeit meist mehr vorausgesetzt als bewußt gemacht wird; sie versäu-men damit sehr oft, die eigene sinn- und ideenhafte Position angemessen zu verteidigen. Die Frontenstellung besteht also gar nicht in dem Primitivgegensatz »Technologen gegen Ideologen«, sondern in der Frage, welche sinngebende Herrschaftsgruppe die »Praxis« ideenhaft zu steuern hat, also einerseits in der Frage nach der sinnhaften Herrschaft in der Gesellschaft, und anderer-seits in der Frage, wieweit die Interessen der praktisch Arbeiten-den, der für das Funktionieren der gesellschaftlichen Institutio-nen und Organisationen Verantwortlichen, überhaupt noch ihre ideenhafte und geistige Legitimation in den sinnvermittelnden Gruppen dieser Gesellschaft finden. Kurz: Es geht darum, ob die »Sinn-Vermittler« ihre eigenen Herrschaftsziele durchzusetzen vermögen oder ob sie sich mit der dienenden Stellung einer Sinnausdeutung der gesellschaftlich Arbeitenden begnügen. Es geht also um das herrschaftliche oder das dienende Selbstverständnis der »Sinnvermittler«.

Die Frontenstellung »Technologen gegen Ideologen« ist also die Konfrontation zweier Herrschaftsgruppen: Die ältere abwertende Formel der »Ideologen« stammt von den Politikern, die damit die sinnhafte Gegnerschaft zu ihren politischen Herrschaftsabsichten denunzierten, so etwa schon Napoleon, später Marx und Lassalle. Die Diffamierung der »Praxis« als »bloße Technologie« oder gar als »Technokratie« ist neueren Datums: zunächst als Gegnerschaft zu der Herrschaftspotenz der organisierenden und verwaltenden Bürokratie, dann auch als Vorwurf gegen die technischen Berufe formuliert, gibt es eine Entwicklungslinie von der Analyse und Polemik der »Managerherrschaft« (z. B. Burnham) bis zu den Analysen und Polemiken der »Frankfurter Schule« gegen »Wissenschaft und Technik als Ideologie« (Habermas) und gegen die empirische Sozialforschung. Daß dies die wissenschaftsinternen Präliminarien der Durchsetzung sozialheilsreligiöser Herrschaftsansprüche gewesen sind, kann heute kaum mehr bezweifelt werden.

Und doch unterliegt dem Gegensatz von »Ideologen« und »Technologen« eine soziale Spannung, die sehr alte geschichtliche Wurzeln hat. Wir wollen hier kurz eine geschichtliche Entwicklungslinie herausarbeiten, die nicht nur auf den aktuellen Gegensatz von »Technologen« und »Ideologen« ein Licht wirft, sondern zudem noch erlaubt, die Sonderrolle der bürgerlichen *»Gebildeten«,* insbesondere des 19. Jahrhunderts, in diese Betrachtung einzubeziehen. Dabei verzichten wir bewußt auf die sich immer wieder aufdrängende und in vieler Hinsicht keineswegs von der Hand zu weisende Anknüpfung an die mittelalterliche Spannung zwischen geistlicher und weltlicher Herrschaft.

Das, was die Historiker mit der Renaissance als »Moderne« beginnen lassen, hat geistesgeschichtlich offensichtlich mindestens zwei Ursprünge: Auf der einen Seite entwickelt sich eine empirische Kenntnis der Naturgesetzlichkeiten, die bis dahin durch religiöse und zum Teil magische Traditionen ausgeblendet war; diesen Zweig der »Renaissance« vertreten Forscher wie Kopernikus, Galilei usw. Auf der anderen Seite wird die bis dahin von der christlichen Heilslehre und der Kirche monopolisierte Sinndeutung des Lebens, der Politik, der Sozialbeziehungen durch ein Wiederaufleben der klassischen Antike um Philosophien und Verständismodelle bereichert, die mehr oder minder in Gegensatz zur christlichen Dogmatik geraten.

Man weiß, wie beide Stämme der modernen Geistigkeit in der

Aufklärung des 17. und 18. Jahrhunderts zur Blüte kommen, die naturwissenschaftliche etwa in Newton, die philosophisch-politische in der Linie von Descartes bis Rousseau, Adam Smith und Kant. Mit ihnen werden zwei Grundlagen der modernen Welt endgültig und unzurücknehmbar durchgesetzt: einmal, daß alle naturwissenschaftliche Erkenntnis zur *Machbarkeit* einer vom Menschen selbst konstruierten und verfertigten Welt beiträgt; zum anderen, daß die Sinngebung des Lebens, der politischen und gesellschaftlichen Ziele der Menschen, nicht mehr von der traditionellen christlichen Heilslehre und Dogmatik allein beherrscht werden können, sondern daß eine *Pluralität der Lebenssinndeutungen* zur Grundlage des modernen menschlichen und sozialen Selbstverständnisses gehört.

Fassen wir diese aufgrund der Aufklärung durchgesetzten Prinzipien in ihrer Auswirkung auf die moderne und gegenwärtige Welt zusammen, so müssen wir zunächst feststellen, daß die naturwissenschaftlich-technische Machbarkeit der Welt sich von dem Bereich der Naturbeherrschung immer mehr auch auf soziale Gebiete, angefangen von der Kriegstechnik über die Verwaltungs-, Wirtschafts- und sonstigen Sozial- und Organisationstechniken bis zu den medizinischen, biologischen und psychologischen Humantechniken, praktisch auf alle Lebensbereiche des Menschen, ausgedehnt hat. *Hans Freyer* hat daher in seiner ›Theorie des gegenwärtigen Zeitalters‹ (1955) »die Machbarkeit der Sachen« als den beherrschenden Zug der Gegenwart verstanden und auch bereits gesehen, daß die restlose Unterordnung auch des Menschen, ja vielfach selbst der belebten Natur, als »Sache« unter diesen Trend zur technologischen »Machbarkeit« die eigentümliche Unmenschlichkeit dieser Epoche darstellt; diese Einsicht, die bereits bei Hegel anklingt, wurde von Marx als ein Mittelpunktbegriff seiner Philosophie herausgearbeitet, allerdings nur auf die kapitalistisch organisierte Industrietechnik bezogen und von seinen vielfältigen Nachfolgern schließlich zum Herrschaftsargument umgewertet. Inzwischen bildet diese letzthin technologisch denkende Intelligenz nicht nur die entscheidende Herrschaftsgruppe der marxistisch-sozialistischen Herrschaftsbereiche oder beeinflußt als technologische Expertokratie, als »Mandarine des Wohlfahrtsstaates« (Chomsky), die Außen- und Innenpolitik der anderen Weltmacht, sondern sie stellt längst auch einen erheblichen Anteil an den Führungsgruppen der Revolution gegen dieses »System«, eben als »Technokraten der Revolution«, für die die »Sache«, der sie den konkreten

Menschen inhuman unterordnen, eben die humanitär drapierte Revolution, d. h. ihre eigene gruppenhafte Machtergreifung ist.

Was hier fehlt und anscheinend geistig kaum noch möglich ist, wäre eine sachliche *Gewinn- und Verlustrechnung der Technik,* eine *historische Bilanz,* die sich nicht in Interessenten und Gegner der technischen Machbarkeit der modernen Welt aufspaltet. Offensichtlich haben wir dem »Fortschritt« in seinem auf alle Lebensgebiete ausgreifenden naturwissenschaftlich-technischen Ausmaß sowohl unaufgebbare Vorteile und Gewinne als auch neue grundsätzliche Gefährdungen und Belastungen des Menschen zu verdanken.

Als *Gewinn* ist sicherlich zu verzeichnen, daß ein sich auf die empirische Wissenschaft und sonstige wissenschaftliche Beweismittel stützendes Denken und Urteilen in der Regelung der verschiedensten sozialen und öffentlichen Beziehungen des Menschen durchgesetzt wurde gegen zunächst vor allem christlich-religiöse, dann aber auch andere letztwertige Ideologie- und Ideologenherrschaft. Die spezifische »Sachlichkeit« und »Versachlichung« der Sozialbeziehungen in der Wirtschaft, Verwaltung, Justiz, in den Lehr- und Informationssystemen, zum gewissen Teil auch in der Politik und den Regierungsfunktionen, ist ein durchaus versehrbarer, aber wohl in allgemeiner Zustimmung als Gewinn zu beurteilender Unterschied der Entwicklung der zwei letzten Jahrhunderte gegenüber ihren Vorgängern, ein geschichtlicher Vorgang, der von Kant bis Max Weber als steigende »Rationalität« des modernen Menschen und seiner Gesellschaft gewertet werden konnte. (Die Soziologie hat in ihren Ursprüngen, etwa im englischen Bereich bei Ferguson und Adam Smith, im französischen bei Comte und St. Simon, dessen Einfluß auf Marx unübersehbar ist, diese naturwissenschaftlich-technische Beherrschung der sozialen Welt noch eindeutig unterstützt, allerdings mit Erklärungen, die sehr bald gegnerisch-ideologischen Charakter annehmen sollten.)

Die *Verlustrechnung* dieser technologischen Machbarkeit der Welt ist inzwischen überdeutlich geworden: Angefangen von der Trauer Hegels, Hölderlins und Schellings über die verlorengegangene Einheit der Menschenwelt mit der Welt der Natur bis zu den modernen Problemen der funktionalen Vereinseitigung des Menschen, seiner sachpolitischen »Manipulation«, den Gefährdungen des Menschen durch Industrie-, Organisations- und Humantechniken, den uneingeplanten Nebenfolgen der Naturbeherrschung (Umweltverschmutzung), ja der Gefährdung seines gattunghaften Bestandes durch Wasserstoffbomben, biologische und chemische Kriegsmittel, biologisch-genetische Techniken und der unbewältigten Relation seiner ungehemmten Vermehrungsraten mit der Versorgungsorganisation, weist diese Verlustseite des technischen Fortschritts einen erheblichen Verlustsaldo auf. Die sich an diesen Tatbestand anknüpfenden Fragen möchten wir folgendermaßen ausdrücken: Weshalb wird die Behebung dieser Negativbilanz nicht vor allem selbst als eine technologisch zu bewältigende Aufgabe, als eine mit den unerhört erweiterten technischen und planerischen Fähigkeiten des Menschen zu lösende Anforderung verstanden? Aus welchen Gründen wird dieses zwiespältige Ergebnis der technischen Machterweiterung des Menschen über die Natur, seine eigene eingeschlossen, vor allem als eine Argumentationsgrundlage zur Durchsetzung einer neuen sozialheilsreligiösen Beherrschung der Menschen der industriellen Gesellschaft eingesetzt? Wieso verliert die kritisch-rationale Menschengruppe, die eben jene Verlust- und Gewinnrechnung des technischen Fortschritts in den praktischen Ausgleich der Bilanz umzusetzen vermöchte, an öffentlicher und sozialer Wirksamkeit gegenüber ihrer Polarisierung als technologische Experten einerseits und diese Tatbestände zur Durchsetzung einer sozial-religiösen Revolution benutzten Herrschaftsgruppe andererseits?

Zur Beantwortung dieser Fragen müssen wir eine andere Seite der Bilanz der Moderne aufschlagen, die wir zunächst mit der Formel der gegen die christliche Orthodoxie erkämpften Pluralität der Lebenssinngebungen bezeichnet haben. Hier besteht die entscheidende Wendung zur Moderne in der Ablösung der sinnhaften Weltinterpretation, der normativen Sinngebung der Handlungsanforderungen und selbst der sinnhaften Bewältigungen der menschlichen Ohnmachts- und Leidenssituationen des Christentums (vgl. S. 89 ff.) durch nichtchristliche oder sogar antichristliche Lebensdeutungen. Die Gegnerschaft gegen die orthodoxe und d. h. von ihrem jeweils herrschenden Priestertum vertretene und mit politischer Hilfe als Rechtgläubigkeit sozial durchgesetzte christlich-klerikale Lehre gehört zu der geistigen und persönlichen Frontenstellung des Humanismus und des Liberalismus vom 16. zum 19. Jahrhundert; angefangen von Erasmus, Giordano Bruno über Descartes, Hobbes und Spinoza bis hin zu den Vertretern der deutschen Aufklärung und der idealistischen Philosophie wie Kant, Lessing, Fichte, Schelling usw. haben alle diese Vertreter einer modernen Lebenssinngebung, obwohl sie sich selbst zum großen Teil als Christen verstanden, ihren »Atheismusstreit« oder ihre durchaus existenzgefährdende Gegnerschaft zur jeweiligen klerikalen christlichen Orthodoxie und Priesterherrschaft austragen müssen. Der entschiedene Atheismus, in der Französischen Revolution politisch zum Zuge kommend, ist dann erst im 19. Jahrhundert mit Denkern wie Feuerbach, Marx, David Strauß und den ideologisch-naturwissenschaftlichen Materialisten (z. B. Büchner, Haeckel usw.) bereits als antichristliche Weltanschauungsgläubigkeit aufgetreten.

Der *Gewinn* dieser Entwicklung ist leicht festzustellen: Sie hat die geistigen Freiheiten durchgesetzt, die als Glaubens-, Bekenntnis- und Gewissensfreiheit, als Meinungsfreiheit und Freiheit von Forschung und Lehre, als Gleichberechtigung, Koalitionsfreiheit und Versammlungsfreiheit samt den daran hängenden »sozialen Freiheiten« wie z. B. freier Berufswahl, Freizügigkeit usw. die Grundlagen der freiheitlichen Staats- und Gesellschaftsordnungen westlicher Prägung ausmachen. Aus dem absolutistischen Obrigkeitsstaat, einem der ursprünglichen Gegner dieser liberalen Freiheitsströmungen, wurde der liberale Rechtsstaat Garant und Verteidiger dieser freiheitlichen Grundordnung, dessen Souveränität auch die christlichen Kirchen immer mehr zur Einpassung in diese liberalen Grundgesetze und zum Verzicht auf alle außerreligiöse und -moralische Herrschaftsausübung zwang. (Die letzten Positionsverzichte dieser Art sind in der Bundesrepublik von den Kirchen mit der Abschaffung eines konfessionalisierten Schulwesens und einer konfessionellen Lehrerbildung geleistet worden.) Diese Entwicklung hat nicht nur die subjektive Gläubigkeit aus ihrer öffentlichen Herrschaftsposition in den privaten Freiheitsraum der Person zurückgedrängt – wo ihre Berechtigung und Existenz als ein öffentliches Recht verteidigt wird –, sondern sie hat damit eine keineswegs mehr metaphysisch, sondern empirisch-wissenschaftlich verstandene Objektivität oder Ausrichtung an der »Natur der Sache« als die Grundlage der geistigen und sozialen Freiheiten des Bürgers durchgesetzt und für diese Sachlichkeit des öffentlichen Handelns dementsprechende Institutionen und ein diesen Grundsätzen verpflichtetes Personal geschaffen.

Die *Gegenrechnung* zu diesem geistigen Fortschritt, die Bilanz der Gefährdung der Person und der Verluste an Kultur, die mit dieser Entwicklung als Möglichkeiten und Wirklichkeiten aufgetreten sind, wird selten in diesem Zusammenhang aufgemacht: Die Gegnerschaft dieser philosophischen Sinndeutung des Humanismus und Liberalismus führt gerade aus der Feindbindung an die christliche Heilsreligion zur Bildung von »Gegenreligionen«, d. h. zur Durchsetzung ebenso dogmatischer oder orthodoxer Gläubigkeiten im sozialen Zusammenhang und zur Einsetzung herrschaftlicher Verwalter ihrer Rechtgläubigkeit. Wir haben dies zunächst in dem Spuk der »Vernunftreligion« der Französischen Revolution erlebt, dann in den Weltanschauungs-Religionen des Materialismus, des Rassismus, des orthodoxen Marxismus oder der Volkslehren chiliastischer Heilssysteme, die ihre Stärke zunächst im Verbund mit politischen Gruppen- und Herrschaftsansprüchen fanden, um schließlich heute in einen Zustand zu geraten, in dem eine neue soziale Heilsreligion in ihrem eigenen Namen und nur noch wenig durch soziale Solidaritätsmaskierung verhüllt ihren Herrschaftsanspruch vorträgt. Nehmen wir als Beispiel die Schule: Der Abbau der letzten christlich-konfessionellen Beherrschung von Schule und Lehrerbildung geht heute in der Bundesrepublik Hand in Hand mit einer neuen »Konfessionalisierung«, d. h. einem Bekenntnisdruck, gemeinhin »politisches Engagement« genannt, von Lehrern und Schülern für die Verbreitung einer sozialen Heilsreligion in Schulen, Hochschulen, Lehrer- und Berufsausbildung, Forschung und Publizistik.

Das wahrscheinlich am weitesten wirkende Kennzeichen für diesen Umschlag in eine neue Religiosität ist darin zu sehen, daß die der christlich-metaphysischen Sinngebung und Ausdeutung entwundenen moralischen Grundwerte menschlichen Lebens, des Dienstes und der Pflicht, des Opfers und der Hingabe, der Leistung und der Sachlichkeit, der Humanität und des Mitleids, der Liebe und der personalen Würde usw. ihres errungenen Eigenwertes beraubt, als bloß »feudale« moralische Haltungen in Verruf gebracht (so z. B. auch Szczesny) und wiederum in ihrer Geltung, möglichst unter anderer Bezeichnung, einer heilsreligiösen, und das heißt geistig-politische Herrschaftsinteressen durchsetzenden Bestimmung und Interpretation ausgesetzt werden. Diesen Entwicklungen gegenüber, die eine allgemein anerkannte, religionsfreie Moral wiederum den »Konservativen« überläßt, ja, darin schon »Konservativismus« aggressiv feststellt, ist heute niemand hilfloser als eben die Liberalen, die dieses moralische Selbstverständnis der Menschen in unseren Gesellschaften in mehreren Jahrhunderten zur allgemeinen Geltung gebracht haben. Ihre Schwäche liegt darin, nicht zu erkennen, daß die Fronten nicht mehr gegenüber der christlichen Orthodoxie, dem klerikalen Dogmatismus, und die mit ihm verbundene geistige Unterordnung des Menschen unter Herrschaftsansprüche des (westlichen) Staates und der christlichen Kirchen verlaufen, sondern daß sich eine solche Front der Freiheitsverteidigung längst aus der »Umfunktionierung« ihrer eigenen erkämpften Geistesfreiheiten zur neuen sozialen Heilsreligion gebildet hat.

Überblickt man diese beiden grundlegenden Entwicklungslinien der modernen Welt, die auf empirische Beherrschung der Natur, dann aber auch der politischen, wirtschaftlichen und sonstigen sozialen Lebensbereiche gerichteten Veränderungen, und die auf Befreiung des Menschen von sinnhafter Gruppen- und Herrschaftsbevormundung, auf Durchsetzung seiner individuellen Grundrechte und eine vielfältige Lebens- und Weltdeutung zielende Entwicklung, so gibt es in der modernen Geschichte ein verzweigtes Widerspiel sowohl der positiven wie der negativen Tendenzen dieser Geschehnisse. Heute herrscht kaum ein Zweifel darüber, daß die wirtschaftliche Entwicklung mit ihrer Verbindung von technisch-industrieller Machbarkeit und kapitalistischer Wirtschaftsorganisation mit der exzessiv liberalen Auslegung der individuellen Grundrechte, z.B. des Eigentums oder der Meinungsfreiheit, sozialer Rückbindungen bedarf, die eine Ausnützung dieser für das Individuum erkämpften Freiheit gegen seine Interessen verhindern. Immerhin bleibt aber auch in diesen Umständen eine fortschrittliche Funktion der Technik und des Kapitalismus aufweisbar, die anzuerkennen Marx bereitwilliger war als alle gegenwärtigen Neo-Marxisten. Aus solchen Spannungen der modernen Gesellschaft hat sich die gegenwärtige Gegensätzlichkeit von »Technologen« und »Ideologen« entwickelt.

Die Gebildeten

Demgegenüber bleibt in den gegenwärtigen Konfrontationen von »Technologen« und »Ideologen« fast unerkannt und unbeachtet die geschichtliche Leistung, die über mehr als anderthalb Jahrhunderte gerade das *liberale Bildungsbürgertum* in der produktiven Überbrückung dieser Spannung geleistet hat. Die ideologischen Versuche, dieses Bildungsbürgertum, insbesondere in Deutschland, dem wirtschaftlichen Kapitalismus unterzuordnen oder zuzurechnen, verkennen den durchaus selbständigen, d.h. vom wirtschaftlichen Liberalismus verhältnismäßig unabhängigen Ursprung dieser geistigen Führungsgruppe und ihre ökonomieferne, aber staatsnahe soziale Selbständigkeit. Ihr Ursprung ist nicht die technisch-ökonomische Beherrschung der Welt, sondern die philosophisch-wissenschaftliche Aufklärung; ihr existentieller Schutz nicht die ökonomische Selbständigkeit und die kapitalistischen Interessen, sondern der zu ihren Anschauungen bekehrte Staat und ihre unentbehrliche Dienstleistung für ihn. Nachdem der obrigkeitliche Staat der Aufklärung, der seinerseits schon in vielen Fällen den Humanismus und Liberalismus gegen seine orthodoxen religiösen Feinde geschützt und gefördert hatte, in Deutschland vor allem durch den wachsenden Einfluß der bürgerlichen Aufklärung selbst mehr und mehr zum liberalen Staat wird, dessen geistiger und politischer Ursprung vor allem bei den gebildeten Beamten lag, wurde, zumindest in Deutschland, erst von diesem Beamtenstaat her die liberale »Gesellschaft«, also der Wirtschaftsliberalismus, geschaffen, daneben aber das liberale Rechtssystem, das liberale Bildungswesen, und nicht zuletzt wurden viele Ansätze zur Beseitigung der aus der Bevölkerungsvermehrung entstehenden Armut (Pauperismus) in sozialen Schutzmaßnahmen und Sicherungen gemacht. Nur in Deutschland hatte die im Laufe des 19. Jahrhunderts (und an einigen geistigen Orten bis heute) fast zum Dogma des liberalen Denkens gewordene Unterscheidung von »Staat« und »Gesellschaft« die soziale Wirklichkeit hinter sich, indem eine staatstragende Schicht sich in ihren Normen und Interessen deutlich von den Wirtschaftsinteressen und den Gruppenegoismen der »Gesellschaft« unterschied und sich der Pflicht, das »Gemeinwohl« zu verwalten, unterwarf. Diese Schicht der »Staatsdiener« lebte von einem *Amtsethos*, das sie der Sachlichkeit ebenso verpflichtete wie einer in der Gewissensautonomie des einzelnen begründeten idealistischen Sittlichkeit.

Selbstverständlich weiß ich, daß diese strukturgrundsätzliche Kennzeichnung des deutschen Bildungsbürgertums (Verwaltung, Justiz, Lehrer und Hochschullehrer, Militär und Geistliche) im Alltag ihrer Existenz über anderthalb Jahrhunderte nicht in theoretischer Reinheit aufrechtzuerhalten ist: Man muß die so bestimmte Gruppe zunächst in die Ebene der menschlichen Schwächen, des geistigen und persönlichen Niveauunterschiedes, der teilhaft-verengten Lebensbezüge usw. versetzen; man muß sehen, daß sie der Ausbeutung durch andere Interessen, der taktischen und sozial angenehmen Koalitionen und damit unvermeidbar Gegnerschaften unterworfen war, so daß z. B. die Verwaltung sich dienstpflichtig politischen Herrschaftsansprüchen verschrieb, daß aus Militärs Gehilfen von Militarismus und Imperialismus wurden, daß es Klassenjustiz gab, daß Lehrer und Hochschullehrer nationalistische oder patriotische Propaganda trieben, daß Geistliche die Waffen segneten und »gerechte Kriege« verteidigten usw. Das alles unbestritten; die Deformation geistig-normativer Leitideen durch ihre Verkörperung in der sozialen Wirklichkeit entkleidet sie ihrer idealen Abstraktheit und erniedrigt sie zur Lebendigkeit in der positiven und negativen Fülle des Lebens, theologisch gesprochen: Sie müssen mit den Erbsünden des Menschen paktieren, gestern und heute.

Aber auch hier unterbleibt allzuoft die bilanzziehende Verlust- und Gewinnrechnung: Die Negativitäten des Bildungsbürgertums sind erwähnt; sie erscheinen heute in der linksrevolutionären Argumentation in Überdeutlichkeit. Man vergißt dabei zu erwähnen, daß Marx, Lassalle, Engels und Bebel ebenso aus der geistigen und sozial-normativen Substanz dieses deutschen Bildungsbürgertums gelebt haben wie Bismarck, Max Weber, Friedrich Naumann, Albert Schweitzer oder selbst noch Adolf Hitler. Man sieht, daß das nationalsozialistische Regime nicht möglich gewesen wäre, wenn es nicht das Dienstethos der »Staatsdiener« für seine politischen Ziele hätte ausbeuten können, aber man übersieht, daß auch die ihr Leben einsetzenden Widerstandskämpfer gegen Hitler aus den bildungsbürgerlich bestimmten Beamten und Militärs, Hochschullehrern und Geistlichen stammen und nicht aus der kommunistisch-marxistisch gesinnten Arbeiterschaft, die nur als Agenten der außenpolitisch feindlichen Kräfte wirksam werden konnten. Wenn man einmal später in von gegenwärtigen Diffamierungen unvoreingenommenen Urteilen – wenn es so etwas geben wird – die geistigen und sozialen Kräfte beurteilt, die den Wiederaufbau Westdeutschlands nach dem Zusammenbruch des Naziregimes geleistet haben, wird man eine Verbreiterung eben der vom liberalen Bildungsbürgertum entwickelten geistigen, moralischen und politischen Werte auch auf die Vertreter der Arbeiterschaft oder Unternehmerschaft als die Grundlage dieses sogenannten »deutschen Wunders« feststellen und darin die Bekundung der Abkehr von der heilspolitischen Volks- und Rassengemeinschaftsreligion des Nationalsozialismus erblicken. Ebendiese geistige und moralische Substanz politischer und sozialer Wirksamkeit scheint heute in eine hilflose Defensive gedrängt oder möglicherweise aufgezehrt zu werden. In diesem Sinne, in der Frage nach den für jede moderne Gesellschaft unabdingbaren moralischen Grundüberzeugungen ihrer geistigen Führungsschichten und ihres Verhältnisses zur »Produktion des Lebens«, d. h. den öffentlichen Leistungen der Verwaltung, Wirtschaft, der Gesundheit und Sicherheit, insbesondere wieweit sie sich diesen Grundlagen der gesellschaftlichen Arbeit gegenüber dienend oder herrschend verhalten, haben wir die mahnende Fragestellung *Georges Sorels* aufgenommen: »Wovon werden wir morgen leben?«

Wir glauben, daß die säkulare Leistung der bürgerlichen »Gebildeten« eben in der Überbrückung zwischen bloß praktisch ausgerichtetem Funktionalismus einer geistigen Führungsgruppe, wie er im Merkantilismus des späten Absolutismus durchaus vorherrschte, und einer zur »Produktion des Lebens« kaum beitragenden geistlich-moralischen Heilsherrschaft, wie sie die christlich-klerikale Orthodoxie darstellte, zu sehen ist. Die geistige Grundlage für diese so produktiv stabilisierte Spannung lag in der idealistisch-neuhumanistischen Philosophie, die Hauptinstitution für die soziale Durchsetzung dieser Einstellung war die deutsche Universität. Sowohl die Entstehung wie das Ende der Humboldtschen Universität sind unmittelbar mit der Austragung dieser modernen Spannung von »Technologen« und »Ideologen« verknüpft. Ohne hier die vielbeschriebene Geschichte der Humboldtschen Universität auch nur kurz wiederholen zu wollen, muß man doch darauf hinweisen, daß ihre Gründer (Humboldt, Fichte usw.) ihre geistig-institutionelle Front ebenso gegen die Nützlichkeitsbestrebungen der berufspraktisch gerichteten Hochschulpläne der Merkantilisten wie gegen die geistige Vorherrschaft der Theologen durchsetzten. Indem sie die Philosophie als Kernfach der Universität betrachteten und mit ihr eine »sittliche Grundeinstimmung des Lebens« bei ihren Studierenden als wichtigsten »Bildungs«-Erfolg erstrebten, zugleich aber ihre Dienstleistung als »Staatsdiener« in diese sittliche Verpflichtung voll einbezogen, schufen sie damit in der Tat eine geistig-sittlich selbständige soziale Führungsschicht, die sich dienend dem politisch-sozialen Ganzen verpflichtet fühlte. Daß dies zunächst in Form der »Staatsdienerschaft«, also des Beamtentums, geschah, entsprach der geschichtlichen Situation in der Beherrschung der »Produktionskräfte«; aber die moralische und wissenschaftliche Ausstrahlungskraft dieser Institution über mehr als anderthalb Jahrhunderte und die damit zusammenhängende institutionelle Kraft, auch die moderne forschende Naturwissenschaft in diese Bildungsidee einzubeziehen und an diesen Universitäten zu entwickeln (während man die pragmatische Anwendung zunächst Fachhochschulen bis hin zur Technischen Hochschule überließ), bewirkte, daß in Deutschland bis weit über die Mitte des 20. Jahrhunderts von ihr nicht nur die entscheidenden »technologischen«, also keineswegs nur naturwissenschaftlichen, sondern auch sozial- und humantechnischen Entwicklungsstöße ausgingen, sondern daß diese im normativen Selbstbewußtsein ihrer Träger an Vorstellungen von sittlicher Verantwortung, von Pflicht und Dienst gegenüber dem sozialen Ganzen und von Sachlichkeit und Unabhängigkeit der Person gebunden waren, wie viel oder wie wenig diese idealen Anforderungen auch jeweils in der Praxis bewirkten. (Selbst die verhältnismäßig oberflächliche Gesinnungspolitisierung der deutschen Universität in der Zeit der nationalsozialistischen Herrschaft hat an diesem Zusammenhang erstaunlicherweise grundsätzlich kaum etwas zu ändern vermocht.)

Heute ist genau diese stabilisierte Spannung zwischen individuell-autonomer Normativität oder Sittlichkeit und der Entwicklung und gesellschaftlichen Dienstleistung des funktionalen Wissens und Erkennens der bürgerlichen Bildungsschicht am Zerbrechen, und dies bezeugt sich nirgendwo deutlicher als in der Auflösung der deutschen Universität. Die in ihr ausgetragenen Verfassungs- und Gruppenkämpfe sind nur eine tageswichtige Begleiterscheinung dafür, daß diese Institution sich unter dem Ansturm zweier unversöhnlicher Ansprüche in ihren gekennzeichneten Fundamenten auflöst: Auf der einen Seite steht sie den ungeheuer gestiegenen Ansprüchen auf wissenschaftliche Funktionsausbildung einer »wissenschaftlichen Zivilisation« gegenüber, die nur in Massenausbildungssystemen und ohne jede Aussicht, damit noch breit wirksame »Bildungsgrundlagen« und sittlich-normative Erziehung zu vermitteln, zu leisten sind; auf der anderen Seite wird von einer neuen sozialen Heilsreligion und ihren Herrschaftsansprüchen her die Universität als die Institution angesehen, die ihnen innerhalb einer funktional bestimmten »Leistungsgesellschaft« die größte Chance bietet, ihre Heilslehre ohne Verpflichtung gegenüber den gesellschaftlich vorhandenen Institutionen des Staates, der Wirtschaft und anderer »die Produktion des Lebens« sichernden Einrichtungen als rein ideenhaften und neuen moralischen Standard durchzusetzen. In diesem Sinne geht in der Tat eine Aufspaltung der Universität in »technologische« Fakultäten und »konfessionalisierte« Fachbereiche unaufhaltsam vor sich; die deutsche Universität produziert keine »Gebildeten« mehr, und diese Tatbestände werden in der kommenden Generation auch außerhalb der Universität immer deutlicher werden.

Dieser Abgesang auf das deutsche Bildungsbürgertum will eine heute abgeschlossene geschichtliche gesellschaftliche Leistung in einem strukturellen Zusammenhang ins Bewußtsein rufen; es sei nochmals betont, daß damit die sozialen Schwächen dieser Gruppe nicht übersehen oder verharmlost werden sollen; so ist die Erstarrung dieser idealistischen Grundeinstellung zum hochbürgerlich idealistisch-patriotischen Phrasenschwall genausowenig zu übersehen, wie man diese Entwicklung zur »unverbindlichen Maßgeblichkeit« (Gehlen) in der Verkündigung christlicher Lehren und Wertvorstellungen seit Jahrhunderten feststellen konnte; sieht man aber, wie schnell die neue soziale Heilsreligion ihren pseudowissenschaftlich-humanitaristischen Wortschatz in Publizistik, Schönrednerei und Primitivargumentationen verbraucht, so sind von dorther wohl kaum Einwände gegen diese grundsätzlichen Feststellungen vorzubringen.

Zum anderen sei nochmals betont, daß ich mich hier im wesentlichen auf die deutsche Entwicklung bezogen habe. Wieweit eine ähnliche Rolle von bürgerlichen »Gebildeten« in anderen europäischen Gesellschaften gespielt worden ist, wäre nur zu erörtern, wenn man auf spezielle Zusammenhänge der jeweiligen nationalen Gesellschaftsentwicklung einging, so z. B. in Frankreich und in anderen romanisch-katholischen Staaten in der Betrachtung des »Laizismus«, der Rolle, die die Lehre *Saint-Simons* als Fortschrittsphilosophie gespielt hat usw. Für Großbritannien hat *C. P. Snow* diesen Gegensatz von »Technologen« und »Literaten« bereits 1959 in einer Aufsehen erregenden Abhandlung über ›Die zwei Kulturen‹ (dtsch. 1969) für das ganze 19. Jahrhundert festgestellt und zur Kennzeichnung dieses Gegensatzes das gegenseitige Unverständnis von Naturwissenschaften und Geisteswissenschaften oder Literaten benutzt: »Ich glaube, das geistige Leben der gesamten westlichen Welt spaltet sich immer mehr in zwei diametrale Gruppen auf. Wenn ich vom geistigen Leben spreche, so möchte ich darunter auch einen großen Teil unserer Praxis mitverstanden wissen, denn ich wäre der Letzte, der zugeben würde, daß da im tiefsten Grund ein Unterschied gemacht werden kann ... Zwei diametrale Gruppen also: auf der einen Seite die literarisch Gebildeten, die ganz unversehens, als gerade niemand aufpaßte, die Gewohnheit annahmen, von sich selbst als von ›den Intellektuellen‹ zu sprechen, als gäbe es sonst weiter keine ... Literarisch Gebildete auf der einen Seite – auf der anderen Seite Naturwissenschaftler, als deren repräsentative Gruppe die Physiker gelten. Zwischen beiden eine Kluft gegenseitigen Nichtverstehens, manchmal – und zwar vor allem bei der jungen Generation – Feindseligkeit und Antipathie, in erster Linie aber mangelndes Verständnis« (a. a. O., S. 11 f.). Snow führt diesen Gegensatz tief in das 19. Jahrhundert zurück, verallgemeinert ihn auch für alle westlichen Gesellschaften, ja bezieht sowohl die USA wie die UdSSR und die Entwicklungsländer in diesen geistig-praktischen Gegensatz ein. Darüber wollen wir hier nicht rechten. Bemerkenswert ist, daß er mit der deutschen Entwicklung in diesem Zusammenhang nicht fertig wird: »Das Merkwürdige war, daß es in Deutschland in den dreißiger und vierziger Jahren des neunzehnten Jahrhunderts, also lange bevor die Industrialisierung ernstlich eingesetzt hatte, möglich war, in den angewandten Naturwissenschaften eine gute Universitätsausbildung zu bekommen – eine bessere, als sie den beiden nächsten Generationen England und die Vereinigten Staaten bieten konnten. Ich kann mir das absolut nicht erklären, es ist sozial gesehen unbegreiflich, aber es war so« (ebd., S. 30). Wir haben eine Erklärung für diese Unbegreiflichkeit aus der Geistesgeschichte der deutschen Universität angeboten.

Das Erstaunlichste ist, daß die gegenwärtige Diskussion unter Sozialwissenschaftlern über den Gegensatz von »Technologen« und »Ideologen« diese ganze historische Dimension der Laizismus-Auseinandersetzungen in Frankreich, der Thesen von Snow usw. einfach nicht mehr kennt; historische Unbildung, politische Gegenwartspunktualität und nicht zuletzt das beschränkte und sich – abgesehen von kirchenväterlich ausgewählten Klassikern – auf die sekundären Neuerscheinungen von Kollegen der letzten Jahre beschränkende Wissen der sozialwissenschaftlichen Disziplinen führt zu einer Beschränkung auf das jeweils aktualisierte und modische geistige Auseinandersetzungsfeld, eine Art Dekadenzignoranz, die sich die Naturwissenschaften aus guten Gründen leisten können, die aber für die ideenhaft wirkenden Geistes- und Sozialwissenschaften tödlich ist.

Bekenntnis- und Gesinnungsgruppe

Für unsere Grundfrage, wer die soziale Trägergruppe einer neuen sozialen Heilsreligion darstellt, sind zunächst zwei negative, aber immerhin zahlreiche soziologische Untersuchungen der Vergangenheit verwerfende Folgerungen zu ziehen: Weder die Vorstellung einer Gruppe des »akademischen Bildungsbürgertums« noch die der »freischwebenden Intelligenz« sind auf die neue Situation einer sozialen Heilsherrschaft noch anwendbar; beide zerfallen unter dem Funktionalsanspruch und dem Gläubigkeitsdruck der modernen Entwicklung. Das »Bildungsbürgertum« verliert seine sittlich-ideenhafte Führungsrolle immer mehr zugunsten oder zum Nachteil bloßen funktionalen Sachkönnens; die »Intellektuellen« haben ihre partei- und gruppenpolitische Unabhängigkeit längst zugunsten und zu Schaden von parteipolitischen Identifizierungen, vor allem als Wahlhelfer, und durch einen geistigen Niveauabbau ihrer Vertreter verloren. (Man vergleiche einmal, welche Gruppen und Personen Alfred Weber und Mannheim mit ihrer Kennzeichnung der »freischwebenden Intelligenz« im Auge hatten und auf wen Marcuse oder Habermas [z. B. in Habermas, ›Protestbewegung und Hochschulreform‹, 1959] ihre »interesselosen« Hoffnungen der gesellschaftlichen Erneuerung setzen; die Schicht der Gelehrten, Philosophen, Literaten ist dabei unversehens durch die der Studenten und Schüler ersetzt, die von parteipolitisch begrenzten Gruppen von Professoren, Literaten und Journalisten als intellektuelles Parteigängertum in Rechnung gestellt werden.) In Wirklichkeit zeigt sich darin die Umwandlung der interessenhaft verhältnismäßig unabhängigen »Intelligenz«, die aus dem »Bildungsbürgertum« erwachsen ist, zur neuen Herrschaftsklasse einer Heilslehre. Alle Versuche, eine solche neue Sozialreligion in den klassischen und in der modernen Soziologie noch im Schwange befindlichen sozialgruppenhaften Bestimmungen zu beschreiben, gehen an dieser auftauchenden geschichtlichen Erscheinung vorbei, weil sie Kennzeichen und Strukturangaben verwenden, die gerade durch diese neue soziale Religiosität weggearbeitet werden. Die bisher üblichen soziologischen Bestimmungen der »Gebildeten«, der »Intellektuellen« und was der Gruppenbezeichnungen der modernen Soziologie dafür noch mehr sind, laufen der Tatsache gegenüber ins Leere, daß die entscheidende Auseinandersetzung der geistigen und moralischen Führungsgruppen der modernen Gesellschaft wiederum in Form von und mit heilsreligiösen Bekenntnisgruppen stattfindet.

Daher greifen nicht nur die alten klassentheoretischen Unterscheidungen in der Zurechnung dieser neuen heilsreligiösen Trägergruppen nicht mehr, es versagen auch die funktionsbezogenen Kennzeichen von Sozial- und Berufsgruppen in ihrer soziologischen Bestimmung. Es handelt sich um *Bekenntnis- oder Gesinnungsgruppen,* die von geistigen Inhalten und Entscheidungen her umschrieben werden müssen und für die soziale Funktionsgruppen der Gesellschaft nur als Angabe von vorwiegenden *sozialen Rekrutierungsfeldern* eine Rolle spielen. Der Zwiespalt, der in jedem Versuch auftritt, diese nach heilsreligiöser Herrschaft strebenden Gruppen soziologisch zu definieren, besteht darin, daß alle in diesem Zusammenhang zu nennenden sozialen Gruppen auf der einen Seite gesellschaftlich unaufhebbare Sachfunktionen und institutionelle Leistungen erfüllen, sei es auch nur die der immer erforderlichen sozialen Sinngebungen und berufsethischen Normbindungen, auf der anderen Seite aber eben diese sinngebenden und sozial-moralischen Leistungen in einen Angriff auf die Gesellschaft, die sie erhält und der sie dienen sollten, heilsherrschaftlich »umfunktionieren«. Eine soziologische Bestimmung dieser sozialen und berufsgruppenhaften Rekrutierungsfelder der neuen Heilsreligion wird also nur in der Weise möglich sein, daß man ihre Sachverpflichtung auf der einen Seite auch in ihrem sozial-moralischen Ausmaß verdeutlicht, also ihre funktionale und institutionelle Unentbehrlichkeit, auf der anderen Seite aber deutlich macht, wie weit die auf dieser Grundlage vertretenen Thesen und Praxisansprüche in politisch-ideenhafter Herrschaftsabsicht die arbeitenden und produktiven Kräfte der Gesellschaft unter ihre geistige und politische Führung zu bringen beabsichtigen. (Dies geschieht im III. Teil.)

5. Ursachen und Wirkungsweisen der Reflexionselite

Ebenen der Abstraktionserhöhung

Fassen wir die sogenannte »Intellektuellenherrschaft« als das Entstehen einer neuen Heilsreligion sozialer Art auf, so ist soziologisch weiter zu fragen, wer die *Glaubensführer* und wer die *Glaubensgefolgschaft* darstellt und aufgrund welcher Kennzeichen hier heilsgläubige Führerschaft und Gefolgschaft überhaupt zu bestimmen und zu unterscheiden sind. Zunächst sei noch einmal daran erinnert, daß religionssoziologisch die Herrschaftsmacht der heilsreligiösen Führer auf der bevorrechtigten Rolle als Vermittler zum Heil für die Gläubigen, auf der Monopolisierung und Verwaltung der »Heilsgüter«, beruht (vgl. S. 56); wir haben diese allgemeinen soziologischen Aussagen für die neue Gruppe sozialer Heilsherrscher dahin verdeutlicht, daß sie die »Sinndeutung« der modernen Welt an sich reißen, etwa in Form der Monopolisierung der »Rationalität«, der »Kritik« am Elend der Welt und daß sie zugleich damit die »eigentlichen« letzten Ziele und Letztwerte des menschlichen und gesellschaftlichen Daseins zu bestimmen und auszulegen beanspruchen, sowohl des Endzustandes der Gesellschaft als eines »himmlischen Sozialismus«, als »herrschaftsfreie Kommunikation«, als auch der »ganzen« Freiheit der Person und Subjektivität als

»Emanzipation«, als Freiheit von »Frustration« und »Leistung«. Die Methode, mit der diese Heilserkenntnis solche Ansprüche erhebt und durchsetzt, haben wir unter Aufnahme eines gegenwärtig gängigen Begriffs einer in dieser Entwicklung leitenden philosophischen Schule als »kritische Reflexion« bezeichnet, darum wissend, daß diese Erkenntnisherrschaft heilsverheißender Art sich in immer neuen Formulierungen der Mode und den Wendungen philosophisch-wissenschaftlicher Ausdrucksmöglichkeiten anpassen wird. Deshalb ist der Begriff, den wir zur Kennzeichnung dieser sinndeutenden Heilsherrschaftsgruppe in der Gegenwart gewählt haben, die »*Reflexionselite*«, zeitgebunden wie alle Wortformeln, aber sicherlich in den Sachbezügen dauerhaft. Hier jedenfalls liegt der erste und wichtigste Bestimmungsgrund der Glaubensführerschaft der neuen sozialen Heilsreligion.

Darüber hinaus ist aber soziologisch zu fragen, welche gesellschaftlichen Umstände eigentlich einer solchen neuen Glaubensführerschaft ihre soziale Wirkung und Durchsetzungsmöglichkeit verschafft haben. Wir wollen diese sehr vielfältig zusammenspielenden Ursachen dafür auf vier gesellschaftliche Struktur- und Entwicklungsfelder zurückführen.

Der Hauptgrund für die Herrschaft ideologischer Sinnproduzenten liegt sicherlich in der aufhebbaren Ausdehnung und *Komplexität aller sozialen Bezüge* der modernen Gesellschaft. Indem moderne Superstrukturen mit ihrer Anonymität und in ihren der Erfahrung des einzelnen Lebens entzogenen sozialen Zusammenhängen zur Grundlage des gesellschaftlichen Lebens werden, auf der alle Arbeit und Produktion, Verwaltung und politische Führung, Freizeit und Ausbildung des Menschen beruhen, erfolgt notwendigerweise eine »*Abstraktionserhöhung*« dieser sozialen Beziehungen im Verständnis der sie bewältigenden und verstehenden Menschen. Dieser als »Komplexität« der Sozialbeziehungen gekennzeichnete Vorgang ist von fast allen modernen Soziologen unter verschiedenen Begriffen festgestellt worden; so nannte ihn Tönnies »Gesellschaft« gegen »Gemeinschaft«, Freyer »sekundäres System« gegen »primäre Gruppen«, Luhmann – dem wir uns hier begrifflich anschließen – spricht von einer »Erhöhung der Komplexität« in modernen sozialen Systemen.

Diese Komplexität zu bewältigen, mit ihr leben zu können, erfordert eine »Reduktion von Komplexität« (Luhmann) in allen praktischen Lebensbereichen, eine »Entlastung« (Gehlen) von der Überfülle der Daten, Beziehungen und Rücksichten, von den verwirrenden Sinnzusammenhängen, die sich aus der Informations- und Reizüberflutung ergeben, von der ins Unübersehbare wachsenden Zahl der Sachverpflichtungen und Interessenansprüche. Der Handelnde braucht sinnfälligere Motive. Aber diese Reduktion der modernen »Komplexität« kann niemals wieder zu den Sinnfälligkeiten und Anschauungen der Vergangenheit zurückkehren; auch die »Reduktionen«, also die für ein modernes soziales und politisches Handeln erforderliche Zusammenfassung der erfahrungshaft unübersichtlichen Zusammenhänge zu Handlungsmotiven und -orientierungen werden mit verallgemeinerten Begriffen arbeiten müssen, unterliegen also wie die Wirklichkeit selbst einer Abstraktionserhöhung. Diese erfolgt, wie wir meinen, auf verschiedenen Ebenen:

Die erste Ebene ist der *Rückzug auf die praktische oder »technologische« Beherrschung* dieser komplizierten Zusammenhänge der modernen Zivilisation, der eine »praktische« Spezialisierung auf die Komplexität bestimmter Aktionsfelder mit der Abweisung von Sinn- oder Informationsbedürfnissen für »das Ganze« verbindet. Hier wird Handlungsfähigkeit mit Sinnausblendung erreicht. Die auf Sachbereiche spezialisierten Wissenschaften haben längst ein denkerisch hochabstraktes wie zugleich spezialisiertes Repertoire an »Herrschaftswissen«, d.h. Produktionswissen, entwickelt, das sich nur aufrechterhalten und fortschreiben läßt, wenn diese Erkenntnisfinder und -träger von Sinnfragen nach dem »Ganzen« entlastet werden. Welche Möglichkeiten der Weltbeherrschung heute etwa die Elektrotechnik oder die Ökonomie als Wissenschaften besitzen, wird in internationalen Fachzirkeln entwickelt und in Fachsprachen vorgetragen, die kein Außenstehender mehr verstehen kann. Und doch sind diese und andere derartige Wissenschaften aufgrund ihrer wissenschaftlichen Spezialisation und damit Entfernung von der Erfahrung des jedermann zu eben den erfolgreichsten Mitteln der Weltbewältigung, zu Schöpfern von Wohlstand, Produktion, Lebenserleichterung und nicht zuletzt von Macht für die Bevölkerungen der wissenschaftlichen Zivilisationen und ihrer politischen Gruppen und Organisationen geworden. Sie leisten aber nichts für das persönliche Sinn- und Selbstverständnis des einzelnen Menschen in einer solchen Gesellschaft, ja, sie erschweren es um so mehr, je erfolgreicher sie in der Lösung der praktischen Aufgaben in diesen sozialen Zusammenhängen sind.

Da der Mensch aber sein Leben nicht nur durch Veränderung

und Aufarbeitung der Welt erhält, sondern es durch sein Bewußtsein als Weltorientierung und Selbstverständnis »führt«, bedarf er zur Produktion seines Lebens eine weitere Ebene der Welterläuterung, des Überblicks und des Zusammenhanges seiner Kenntnisse, er bedarf normativer Lebensziele und Handlungsregeln, er bedarf des Selbstverständnisses und der Selbstbestätigung, d. h., das geistige und gefühlsgesteuerte Antriebsgefüge des Menschen muß auf eben die Welt ausgerichtet und ihr angepaßt werden, in der er zu leben gezwungen ist. Wenn wir als erste Ebene der »Abstraktionserhöhung« der modernen Welt die praktische oder technologische Verwissenschaftlichung des *Arbeitswissens* beschrieben, so muß sich dieses *Informations- oder Orientierungswissen* auf eben die geistige und emotionelle Bewältigung und Beherrschung des Arbeitswissen und der Arbeitspraxis des modernen Lebens als zweite Ebene der »Abstraktionserhöhung« einrichten. Hier wirken vielerlei Institutionen zusammen, vor allem die der Information und Meinungsbildung, der Erziehung und Ausbildung, also der »Kultur« im Sinne ihrer Definition als Zweckfreiheit und sozialer Unproduktivität, alle moralische Handlungsnormen vermittelnden Einrichtungen wie Familie, Kirche, Schulen und Hochschulen, Gesinnungsverbände usw. Da der einzelne Mensch durch dieses Weltorientierungsbewußtsein, durch seine moralischen und sozialen Leitideen, durch seine Selbstbewußtseinsbildung sein Leben »führt« und beherrscht, sind diejenigen, die ihm diese Einsichten und Stellungnahmen »vermitteln«, eben die »Sinn-Vermittler«, natürlich die Gruppen und Deutungsproduzenten, die ihn ihrerseits auf dieser Ebene führen und beherrschen. Dieses Informations- oder Sinndeutungswissen ist also in einem noch höheren Sinne »Herrschaftswissen« als das »Arbeitswissen«, das die Welt machbar beherrscht, denn in der Sinn-Vermittlung beherrschen diese Deutungs- und Informationsproduzenten und ihre Institutionen die geistigen und emotionellen Antriebs- und Selbststeuerungskräfte des Menschen. Der Herrschaft durch die materiellen Produktionsmittel ist die Herrschaft durch Sinnproduktion strukturell überlegen.

Solange diese Gruppen und Institutionen der »Sinn-Deutung« ihr Widerspiel im Arbeitswissen finden, d. h. sich in der Abstraktionserhöhung der zweiten Ebene an die erste Abstraktionsebene, das technologische Arbeitswissen der modernen Welt, also an das »Machbare« gebunden fühlen – und das bedeutet sowohl Zusammenarbeit zur erhöhten Funktionalität des Menschen wie normative, also moralische und sozialideelle Steuerung, die durchaus vielfach im Widerspruch und in der Auseinandersetzung besteht –, solange korrigieren und beeinflussen sich erste und zweite Abstraktionsebene der wissenschaftlichen Zivilisation, grob gesagt: Technik und Moral, wechselseitig. In dieser Gegenseitigkeitsbindung wird auch der entscheidende Mangel des Informations- oder Sinndeutungswissens ausgeglichen, der in seiner verhältnismäßigen *Sanktionsfreiheit gegenüber der Wirklichkeit* besteht: Während das Arbeitswissen der Elektrotechnik oder der Ökonomie, um bei unseren genannten Beispielen zu bleiben, sehr bald Erfolg oder Mißerfolg in seiner Anwendung öffentlich zu verzeichnen hat, sind die sozialen oder menschlichen Folgen von philosophischen, soziologischen oder pädagogischen Lehren praktisch unkontrollierbar, weil ihre Wirkungen erst nach Jahrzehnten oder im Nachwachsen der Generationen auftreten.

Ein Mediziner wird an der Sterbe- und Gesundungsrate seiner Patienten kontrolliert, so wenig offen und so sehr abgeschirmt diese Feststellung auch sein mag. Welchen Sinn oder Unsinn ein Philosoph, ein Soziologe usw. verzapft, wird erst deutlich, wenn seine »Schüler« nach Jahrzehnten in das praktische Leben eingreifen, und dann ist sein Name vergessen und eine Verantwortungszurechnung sowieso unmöglich. Wenn heute die sich immer mehr verbreitende Lese- und Schreibschwäche von Kindern (Legasthenie) auf die pädagogische Praxisferne und die »Ganzheitsmethode« des Lesen- und Schreibenlernens zurückgeführt wird, so kümmert sich niemand mehr darum, welche Pädagogen diese einmal unkritisch als neues pädagogisches »Evangelium« angepriesen haben – obwohl zur Zeit dieser Propaganda bei uns die negativen Aus- und Nebenwirkungen in den USA bereits erkennbar waren –, sondern der neue Tatbestand wird zum selbstverständlichen Anlaß neuer Reformkonzeptionen. Daß damit die von der Wirklichkeitssanktion sich befreienden Sinn- und Deutungsführungswissenschaften eben die Notlagen erst schaffen, als deren professionelle Beseitiger und Heiler sie sich dann anpreisen und in Szene setzen, entgeht dem kurzen Gedächtnis dieser Wissenschaften.

Damit ist bereits der geistige Mechanismus angedeutet, mit dem sich eine *dritte Ebene der »Abstraktionserhöhung«* aus der zweiten entwickeln und absetzen kann: Sie entsteht, indem die Sinn-Vermittler der zweiten Ebene, die zunächst sich noch praxis- und technikbezogen und von daher selbst noch »funktional«, d.h. praktisch-gesellschaftliche Leistungen erbringend, verstanden, diesen Bezug zur Ebene der Machbarkeit der Welt und der gesellschaftlich-arbeitsteiligen Dienstleistungen abbrechen und die Komplexheit der modernen Zivilisation durch eine gesteigerte Abstraktionserhöhung aufheben wollen. Diese will wiederum »das Ganze« der Gesellschaft und des Menschen, allerdings nur »im Kopfe«, in Vollendung und Harmonie erdenken und seine Verwirklichung nicht mehr von alltäglicher Mühe und Arbeit, modern also von der »Technik«, erwarten, sondern sie setzt, indem sie jede Realitätsbindung für die moralischen Leistungen der Pflicht und des Dienstes unter Idealen ablehnt, alles auf die Steigerung der Gläubigkeit an die höchsten Abstraktionen. Diese dritte Ebene der »Abstraktionserhöhung«, das *soziale und emanzipatorische Heilswissen,* entsteht also aus zwei geistigen Vorgängen: der *Arbeitsentlastung* als einer Realitätsentlastung von der »technisch« zu bewältigenden Welt und der *Sinn-Überbietung* als des Versprechens, mehr Glück und Vollkommenheit der Lebensumstände herbeizuführen, als es eine in ständiger Auseinandersetzung mit der Alltagswirklichkeit zur Bewährung aufgeforderte Moralität überzeugend und ehrlich in Aussicht stellen kann. Man kann diese beiden Grundsätze der »dritten Abstraktionserhöhung« auf die einfachen Formeln bringen: »Die Arbeit tun die anderen« und »Wir verheißen *mehr* Glück und Heil«.

Es ist leicht zu sehen, daß sich hier die Kennzeichen der geistlichen Herrschaft im neuen Gewande wiederholen, die Max Weber in seiner Religionssoziologie als die Grundlage der »Außeralltäglichkeit« aller religiösen Glaubensansprüche und der darauf beruhenden Propagierung und »Spendung« von rein psychischen »Heilsgütern« als charismatische Priesterherrschaft gekennzeichnet hat. Das zur Wirklichkeitsablösung übersteigerte »Prinzip Hoffnung« wird zur Grundlage einer die Realität und Moralität verwerfenden Bewußtseins- und Sinn-Führung der Menschen gemacht. Eben diese Möglichkeit entsteht aus den Wesenszügen der modernen wissenschaftlichen Zivilisation selbst, aus ihren unvermeidbaren Abstraktionserhöhungen, die nicht nur den Herrschern über Natur und soziale Wirklichkeit mit »abstrakten« Techniken neue Machtquellen erschließen, sondern gleicherweise den sinngebenden Herrschern über das Bewußtsein der Menschen.

Die besondere Chance zur Heilsherrschaft, die sich aus dieser wissenssoziologischen Schichtung der modernen Zivilisation ergibt, liegt vor allem darin, daß die »arbeitenden« Schichten keine Fähigkeiten besitzen (und auch nicht entwickeln können), zwischen dem für sie notwendigen weltinformierenden und normativen Orientierungswissen und dem ihnen müheloses Glück und Vollkommenheit vortäuschenden Heilswissen zu unterscheiden. Daß die Wissenschaft sich längst von den Intellektuellen und diese von der Wissenschaft getrennt haben, ist eine Erkenntnis, die bisher selbst vielen Wissenschaftlern und vielen Intellektuellen verborgen geblieben ist und deren Verschweigen von den Heilsherrschern bewußt zur Herrschaftserweiterung benutzt wird. Daß die pseudowissenschaftlichen Heilsverkünder längst die Verbindung mit dem Arbeitswissen der Gesellschaft verloren haben, ja es verteufeln, und daß ihre intellektuellen Heils- und Traumgespinste von den Arbeitenden bezahlt und erlitten werden müssen, ist nicht nur den breiten arbeitenden Bevölkerungsschichten undurchsichtig, sondern selbst den politisch Herrschenden, den Regierungen und Parteiführungen, die führende Vertreter der Heilsherrschaft aus politischer Gesinnungsnähe ausgerechnet zu öffentlich anerkannten »Sachgutachtern« oder gar »Arbeiterführern« erheben. Eben in solchen Erscheinungen der Verwechslung von Wissenschaft und Heilslehre besteht heute die Chance der Breitenwirkung dieser Heilsherrschaft in der wissenschaftlichen Gesellschaft.

Über die Trennung von Wissenschaftlern und Intellektuellen hat *C. P. Snow* in seiner auf S. 155 zitierten Äußerung eine kennzeichnende Anekdote beigesteuert: In Fortführung seiner Äußerung, daß »die literarisch Gebildeten ganz unversehens, als gerade niemand aufpaßte, die Gewohnheit annahmen, von sich selbst als ›den Intellektuellen‹ zu sprechen«, berichtet er, daß G. H. Hardy (ein hervorragender Vertreter der reinen Mathematik) in den dreißiger Jahren schon einmal etwas verdutzt zu ihm sagte: »Ist Ihnen schon aufgefallen, wie heutzutage das Wort ›intellektuell‹ verwendet wird? Anscheinend gibt es da eine neue Definition, unter die Rutherford bestimmt nicht fällt, und Eddington, Dirac, Adrian, ich selber auch nicht. Also wissen Sie, mir kommt das ziemlich komisch vor« (a. a. O., S. 11 f.). Um es ins deutsche Verhältnis zu übersetzen, muß man feststellen, daß Max Planck oder Heisenberg sicherlich nicht unter die »Intellektuellen« fallen, obwohl sie beide zur philosophischen Interpretation ihrer Fachleistungen Erhebliches beigetragen haben. Was damals einem hervorragenden Mathematiker nur »komisch« vorkam, ist heute zum unaufgeklärten Grunddilemma der gesellschaftlichen Rolle der Wissenschaft geworden.

Noch eine fachlich-wissenssoziologische Anmerkung: Den soziologischen Kennern wird längst deutlich geworden sein, daß ich die Dreiteilung *Max Schelers* von »Herrschaftswissen, Bildungswissen und

Heilswissen« durch eine andere Dreistufung ersetzt habe, nämlich durch »Arbeitswissen, Orientierungswissen und Heilswissen«. Die sehr wirksame wissenssoziologische Unterscheidung Schelers entspricht dem (deutschen) gesellschaftlichen Zustand der 20er Jahre, wie meine sich auf die soziale Situation Westdeutschlands zu Anfang der 70er Jahre bezieht und nach einem halben Jahrhundert sicherlich genauso bezweifelbar ist. Scheler verstand »Herrschaftswissen« nur als Wissen zur Bewältigung der Natur und der »Machbarkeit« auch sozialer Verhältnisse; demgegenüber ist heute sozio- und psychotaktisches Wissen (etwa Ökonomie, Psychologie oder Psychiatrie) genauso als »Herrschaftswissen« zu bezeichnen. Scheler versuchte weiter, das unreligiöse, aufklärerische »Bildungswissen« vom metaphysischen »Heilswissen« noch abzugrenzen, ein Versuch, dem mit der »technologischen« und »ideologischen« Auflösung des Bildungsbürgertums der soziale Boden entzogen wird; der Begriff der »Bildung« ist heute nur im Sinne der traditionalistischen Illusion oder des betrügerischen heilsreligiösen Herrschaftsanspruchs noch zu verwenden.

Illusionen der Bildung

Mit dieser Bemerkung berühren wir bereits das zweite soziale Ursachenfeld der modernen sozialreligiösen Heilsherrschaft. Es wird deutlich, wenn man einmal der Frage nachgeht, welche Gruppen und Geisteshaltungen eigentlich das »Bildungsbürgertum« der deutschen Gesellschaft im 19. Jahrhundert ersetzt haben. Diese Frage zu beantworten hilft uns unsere eben getroffene Unterscheidung der Wissensabsichten im gesellschaftlichen Zusammenhang. Die frühe, utilitaristisch gesinnte Aufklärung beförderte eine Verbreitung der Schulbildung und der Berufsbildung aus eindeutig praktischen Produktionsinteressen der merkantilen Gesellschaft; ökonomische Wohlfahrt war gleicherweise Staatsziel wie Verbesserung der sozialen Lage der Bevölkerung. Das idealistisch-humanistisch gesinnte Bürgertum des beginnenden 19. Jahrhunderts fügte diesem utilitaristischen, d.h. unmittelbar praktisch bezogenen Wissen die Dimension des »heilslehrenfeindlichen«, also sich gegen den christlich-klerikalen Dogmatismus durchsetzenden, sittlich-idealistischen und wirklichkeitskritischen Selbstverständnisses des Menschen hinzu und errichtete auf dieser Auffassung des Wissens die über ein Jahrhundert während soziale Herrschaft eines mehr staatsverbundenen als kapitalistischen Bürgertums. Von dieser großartigen säkularen Leistung des staatstreuen und zugleich aufgeklärten Bürgertums zehren die gegenwärtigen Entwicklungen dieser Schichten: Die – noch von Wilhelm v. Humboldt – allein auf das praktische Leben bezogene Volksbildung wird mehr und mehr zur »wissenschaftlichen« Ausbildung, vielleicht weniger in den Lehrgegenständen als in den Anforderungen an die Lehrer; die wissenschaftliche Ausbildung – einst den Universitäten und ihrer Vorstufe, den Gymnasien vorbehalten – wird zum Inhalt fast aller Lehrformen, ihr Modell zum Ziel aller Ausbildungsbestrebungen und damit der »akademische Lehrer« zum Sozialanspruch aller Ausbilder. Auch hier wirkt eine Sachstruktur der modernen Gesellschaft dahin, neuen geistlichen Herrschaftsansprüchen den Boden zu bereiten: Die »Verwissenschaftlichung« und auch unerhörte Verbreitung aller Ausbildung ist in einer Gesellschaft der wissenschaftlichen Zivilisation, in der fast jede Form von Praxis auf der Anwendung von wissenschaftlichen Apparaturen oder wissenschaftlichen Kenntnissen beruht, ein lebensnotwendiger, unaufhebbarer und uneinschränkbarer Vorgang; das fängt bei der Mütterschulung und der »Mengenlehre« im Kindergarten an und endet bei der »Erwachsenenbildung« und der bis ins hohe Alter erforderlichen Berufsfortbildung. Damit aber wird der Erwerb und die Vermittlung von Wissenschaft immer funktionaler und technologischer, auch in den Sozial- und Humanwissenschaften, ihre versittlichende Durchdringung – die Grundlage der klassischen »Bildung« des Bürgertums – immer unmöglicher und unwahrscheinlicher, jedenfalls in der Breiten- oder Massenorganisation solcher »wissenschaftlichen Ausbildung« aussichtslos. In dieser Entwicklung wird und ist das, was einmal »Bildung« war, aufgerieben und zersetzt worden.

Aber die Illusion, daß es dies noch gäbe, wird von den neuen Verwaltern des wissenschaftlichen Wissens aus verschiedenen Gründen aufrechterhalten: Diejenigen, die aus diesem »Bildungsbürgertum« stammen, in seinen Traditionen noch ausgebildet sind, also vor allem die ältere Generation der Akademiker, hält die Einbildung einer »Bildungsschicht« aufrecht, weil ihr persönliches und soziales Selbstbewußtsein darauf gegründet ist. Diejenigen aber, die in großer Zahl in diesen Ausbildungs-Berufen nachwachsen, haben gewichtigere Interessen ökonomischer Art, berufspolitischer Privilegierung, des sozialen Ansehens und nicht zuletzt der damit verbundenen Autorität und geistigen Herrschaft über andere Menschen, als daß sie in die gesellschaftlichen Pflichten des alten wissenschaftlich ausgebildeten oder gar lehrenden Bildungsbürgertums einrücken. Sie befreien und entlasten sich entschieden von den grundlegenden Verpflichtungen des alten »Bildungsbürgertums«, nämlich – man kann es nur altertümlich ausdrücken – von der »Bildung« und dem »Staatsdienertum«.

Die Verpflichtung des »Staatsdienstes«, die einen herrschaftsfreien und parteineutralen Dienst am Allgemeinwohl im Rahmen einer Leistung honorierenden politischen Grundverfassung der Gesellschaft vorsah, ist heute längst aufgegeben, und zwar von zwei Seiten: Wenn die staatlich-politische Herrschaft mehr gruppeninteressenhaft bestimmt ist, z. B. aus Wahlrücksichten, als an einem Allgemeinwohl ausgerichtet oder gar nur einer machiavellistisch denkenden Herrschaftsclique unterworfen wird wie in der Parteiherrschaft des Dritten Reiches, dann wird die grundsätzliche Dienstbereitschaft einer Bildungsschicht herrschafts- und parteipolitisch ausbeutbar und dient Zwecken, die sie von ihren aufklärerisch-sittlichen Zielen her nicht mehr verantworten kann. Diese Ausbeutung der Staatsdienerschaft ist durch die nationalsozialistische Herrschaft in hohem Maße geschehen. Auf der anderen Seite führt gerade diese Erfahrung dazu, daß eben diese Schicht die Verpflichtung fühlt, sich politisch zu »engagieren«, d. h. selbst politische Herrschaft zu erstreben, und damit die eigene »Herrschaftsfreiheit«, die im Verzicht auf Herrschaftsansprüche lag, aufzugeben zugunsten eigener politisch-ideologischer Machtansprüche.

Unter diesen Erfahrungen wird neuerdings die Rolle des Bildungsbürgertums nur noch als politische Ohnmacht gesehen; so etwa *Dieter Claessens,* ›Kapitalismus als Kultur‹, 1973, der von einer »politischen Hilflosigkeit« des deutschen Bildungsbürgertums spricht, oder schon früher und wirkungsvoller *Jürgen Habermas* in ›Strukturwandel der Öffentlichkeit‹, 1962. In allen diesen Fällen wird vorausgesetzt, daß das »Bildungsbürgertum« einen Anspruch auf politische Herrschaft hätte erheben müssen, eine Forderung, die besonders widersprüchlich wirkt, wenn eben diese Autoren wie z. B. Habermas die geistigen Ansprüche dieses Bildungsbürgertums auf »herrschaftsfreie Kommunikation« zum eigenen Ideal erheben. Als ob »Herrschaftsfreiheit« nicht nur darin bestünde, daß die anderen Herrschaftsgrenzen achten, sondern daß man selbst vor allem keine »Herrschaftsansprüche« stellt! Im übrigen bleibt mir unverständlich, wieso diese Autoren die politische Bedeutung und Kraft des deutschen Bildungsbürgertums derart unterschätzen, das immerhin die staatlichen Reformen der Stein/Hardenbergschen Ära, die politischen Bewegungen zur konstitutionellen Demokratie, die innenpolitische Stärke des Bismarckschen Kaiserreichs, die Funktionsfähigkeit der Weimarer Republik und – leider – auch des Hitlerregimes getragen und bewirkt hat. Offensichtlich gilt bei diesen Beurteilungen als politische Leistung nur ein durchgesetzter *gruppenhafter* politischer Herrschaftsanspruch, während »Dienst« am »Allgemeinen« als politische Hilflosigkeit und Ignoranz eingeschätzt wird. Über die Dialektik, daß ein von diesen Ersatz-Schichten des Bildungsbürgertums erhobener politischer Herrschaftsanspruch sehr schnell in eine interessenhafte »Selbstbedienung« umschlägt, hat das geistreiche Buch von *Robert Hepp* ›Selbstherrlichkeit und Selbstbedienung‹, 1971, viele Einblicke geboten.

Vor allem aber wird von diesen funktionalen Nachfolgeschichten des Bildungsbürgertums krampfhaft die Illusion der »Bildung« aufrechterhalten, und zwar vor sich selbst und besonders vor anderen. Dabei ist die Chance, wissenschaftliche Ausbildung und sittliche Personbildung unmittelbar zu verbinden, jene »sittliche Grundeinstimmung des Lebens durch Philosophie« (Fichte) zu erreichen, längst unwiederbringlich vergangen. Keine Wissenschaft, und erst recht keine Philosophie, Literatur und Sozialwissenschaft, vermittelt heute noch eine allgemeine für alle, insbesondere der sozial führenden Praxis dienliche normative Überlegenheit und Vorbildlichkeit. Man muß schon froh sein, wenn die speziellen Tugenden der wissenschaftlichen Arbeit bei einer kleinen Gruppe von Forschern entwickelt und behauptet werden können. Die Hoffnung, daß diese speziellen Tugenden der wissenschaftlichen Forschung – *Jaspers* verstand darunter »Sachlichkeit, Hingabe an den Gegenstand, besonnenes Abwägen, Aufsuchen der entgegengesetzten Möglichkeiten, Selbstkritik, Vorsicht im endgültigen Behaupten« usw. – einer größeren Anzahl von Studierenden der Massen-Gesamthochschulen vermittelt und von dort als Berufsethos in alle Praxis übertragen werden können, dürfte jetzt offenkundig als Täuschung abzuschreiben sein. Gerade die früheren »Bildungswissenschaften« lassen heute dieses eigentümliche Berufsethos der Forschung bereits im hohen Maße vermissen. Damit ist ein *normatives Führungsvakuum* in unserer Gesellschaft entstanden, das nur deshalb nicht offensichtlicher wird, weil die funktional unentbehrlichen wissenschaftlichen Ausbildungsberufe sich nicht nur des Bildungsprestiges, sondern auch des normativen Führungsanspruches des Bildungsbürgertums in vorgetäuschter Tradition bemächtigen. »Ausbildung« wird kritiklos zur »Bildung« erklärt. Symptome dafür: Wir haben heute wissenschaftlich eine »Bildungsforschung«, institutionell ein Ministerium oder Institute für »Bildung«, die alle auf nichts weiter als die Organisation der praxisbezogenen wissenschaftlichen Ausbildung bezogen sind und von »Bildung« im Sinne sittlicher Personbildung keine Spur mehr verstehen oder beachten; aber ihre Benennung als »Bildungs«-Institutionen sichert ihnen noch einen Rest der sozialen Anerkennung, die das Bildungsbürgertum in anderthalb Jahrhunderten erworben hat. In Wirklichkeit ist dies nur ein Beispiel parasitärer Sprachpolitik.

Die vom philosophisch-idealistischen Bildungsbürgertum – trotz oder gar wegen seiner fehlenden politischen Herrschaftsabsicht – einmal errungene gesellschaftlich-moralische Führungsrolle ist längst wieder von den Glaubens- und Bekenntnisinstitutionen und -gruppen übernommen worden. Das sind auf der einen Seite die Kirchen, gegen deren geistliche Herrschaft dieses Bildungsbürgertum sich durchgesetzt hatte; es sind auf der anderen Seite aber vor allem die sich auf die »Bildungsberufe« stützenden Vertreter der neuen sozialen Heilsreligionen, die jetzt in der Tat nicht mehr in »politischer Hilflosigkeit« operieren, sondern die Bildungsvortäuschung als Mittel ihrer neuen heilsreligiösen Herrschaft benutzen. Die Heilsherrschaft des neuen Sozialklerus lebt also aus den jahrhundertelangen Dienstleistungen und moralischen Verpflichtungen des Bildungsbürgertums als »nachgeahmte Substantialität« (eine Formel von J. Habermas gegen A. Gehlen). Die normativen Entscheidungen und Führungen in unserer Gesellschaft sind wieder den Glaubensbekennern und Heilslehrern überantwortet.

Ein Beispiel für diesen Vorgang bietet die gegenwärtige Behandlung der gesetzlichen Regelung der Abtreibung (§ 218 StGB). Statt die konkrete gesetzgeberische Aufgabe zu lösen, wie die – bereits sehr geschrumpften – illegalen Abtreibungen von Frauen unterer Sozialschichten zugunsten einer rationalen Familienplanung vom strafrechtlichen Druck zu befreien wären, hat die Regierung ihre sowohl vom Justizminister wie von dem politisch weitsichtigen Fraktionsvorsitzenden der führenden Partei, H. Wehner, vertretene gesetzliche Regelung aufgeben müssen unter dem Druck der Kräfte, die daraus ein »weltanschauliches« Problem machten, d.h. seine Beurteilung an heilsreligiösen abstrakten Grundsätzen erzwangen. Die ideologische Steigerung dieser nur politisch stillschweigend im Sinne der praktischen Vernunft zu lösenden Frage zu einer Entscheidung der absoluten Grundsatzbekenntnisse für die Freiheit, Emanzipation und Selbstbestimmung der Frau – ein asoziales, autistisches Verständnis der Frau – oder der »Tötung von menschlichem Leben«, hat zu einem Glaubensstreit über unversöhnliche, durch keinen praktischen Kompromiß mehr überbrückbare, alle empirischen Erfahrungen in den Wind schlagende Bekenntnisse geführt, in dem die Regierung folgerichtig ihre Gesetzesinitiative verlor und die Entscheidung an die »Glaubensinstitutionen« überging, zunächst an den neureligiösen Emanzipationsklerus, in diesem Falle vor allem durch intellektualisierte Frauen vertreten, und im Gegenzug unvermeidbar an den alten Klerus, die Bischofs- und Theologenverkündigungen. So dankt die von Kant und der Aufklärung eroberte »praktische Vernunft« in unserer politisch-gesellschaftlichen Lage ab.

Diese Lage bietet den Vertretern der neuen sozialen Heilsreligion ungewöhnliche Vorteile der sozialen Stellungsverbesserung und der geistlichen Herrschaftsausweitung: Die leicht zu erwerbende »Bildung«, d. h. eine durch die inflationistische Erhöhung und die Massenverbreiterung der sogenannten »Bildungsanstalten« oder »Hochschulen« anspruchslos sozialisierte Möglichkeit zur Erwerbung von »Bildungsdiplomen«, läßt eine sehr breite Schicht in den Genuß des generationshaft erarbeiteten Bildungsprestiges kommen, ohne daß dessen moralisch-geistige Verpflichtungen noch übernommen zu werden brauchen. An die Stelle der »Bildung« rückt das heilsreligiöse »Engagement«, das politische Bekenntnis, die Volkshochschulmentalität. Daß damit auch eine sozialökonomische Besserstellung, ein leichter und müheloser sozialer Aufstieg verbunden ist, wie er den »arbeitenden Klassen« trotz aller sozialen Verbesserungen nicht geboten wird, erhöht die soziale Schubkraft dieser neuen sozialreligiösen Herrschaftsschicht. *Heute ist nichts leichter, als sich mit Hilfe der Steuergelder der Arbeitenden zu ihren geistlichen Herrschern aufzuschwingen.* Obwohl der größte Teil der vermeintlich wissenschaftlich geschulten Ausbilder des modernen Arbeitswissens nicht mehr sind als »technische Angestellte« – um in den gegenwärtigen Schichtungsbegriffen zu bleiben – und wahrscheinlich weniger und vor allem geringer nachweisbare Produktivität entwickeln als ein guter Facharbeiter, wird ihre durch keinerlei persönlich bedingte Sonderleistungen mehr begründete soziale Einkommens- und Prestigestellung noch als »Oberschicht« honoriert. Durch allzu unkritische, ja gruppenhaft ausgebeutete Verhaftung an das Erbe des Bildungsbürgertums züchtet die moderne westliche Gesellschaft sich ihr eigenes intellektuelles Herrschafts-Drohnentum selbst heran.

Wir haben bei diesen Erörterungen bisher im wesentlichen die im Lehr- und Ausbildungssystem vom Kindergarten bis zur Hochschule Tätigen im Auge gehabt, also die Berufe der »Sozialisation«, wie die moderne Soziologie es ausdrückt. Die gleichen

Entwicklungen und Tatbestände könnte man in etwas anderen Einzelheiten für die *Berufe der »Information«* im weitesten Sinne, also für Publizisten, Schriftsteller, die Unterhaltungs- und Dokumentationseinrichtungen, für Werbung und Beratung usw. feststellen. Vor allem trifft dies zu für diejenigen, die an der Produktion der sogenannten »öffentlichen Meinung« beteiligt sind. Auch hier stammt die Grunderscheinung, die öffentliche Erörterung von Argumenten zum Weltgeschehen, zu kulturellen Themen usw. aus der Gelehrtenrepublik der Aufklärung und wurde im 19. Jahrhundert vor allem durch das literarisch gebildete »lesende« Publikum getragen. Der »Strukturwandel der Öffentlichkeit« in funktionale gesellschaftliche Leistungen der Information, der Indoktrination und Meinungsbeeinflussung, der Propaganda und Werbung usw. ist oft beschrieben worden (so z.B. in diesem Sinne von Jürgen Habermas, 1962).

So kulturkritisch man auch diesen Strukturwandel der »Information« gegenüberstehen mag – und in Form der Kritik alte bildungsbürgerliche Hoffnungen und Einbildungen aufrecht erhält –, niemand kann heute bezweifeln, daß die großorganisatorisch-großräumige moderne Gesellschaft mit ihrer Vielzahl von Interessenorganisationen und Institutionen alle wesentlichen Kontakte untereinander nur noch durch Publizität aufrechterhalten kann. Dabei geht es gar nicht mehr nur um »öffentliche Meinung«, sondern die Organisationen leben, ja sichern sich selbst erst durch publizistische Äußerung; Betriebe und Kunden sind genauso durch publizistische Information oder Werbung verbunden wie die geistliche Betreuung etwa der Kirchen oder sonstiger Gesinnungsgemeinschaften immer stärker »publizistisch« erfolgt. Soziologisch ausgedrückt: »Kommunikation« in der modernen Gesellschaftsverfassung ist vor allem Publizität. Alle gesellschaftlichen Bedürfnisse und Funktionen der modernen Großorganisationen leben primär im Medium der Publizität und Publizistik. Man kann daher die *Illusion der »öffentlichen Meinung«* im bildungsbürgerlichen Sinne ruhig aufgeben, die sachliche Aufgabe der Publizistik ist sozial viel wichtiger: Publizität ist das Blut, das durch alle Adern der modernen Sozialorganisation pulst und in ihrem Kreislauf diese am Leben erhält. Aber gerade die Aufrechterhaltung der Illusion einer »öffentlichen Meinung«, die sich aus dem freien Austausch von Argumenten und sachverständigen Kenntnissen ergibt, ist die Maske, hinter der sich die Herrschafts-Chance und der Herrschaftswille der heilsgewissen Meinungsmacher und Meinungsführer genauso verbirgt wie die Herrschaft der »Sozialisatoren«, der »Heilsleh-rer«, hinter dem Vorhang der »Bildung«.

Die Ausbeutung des Privaten

Mit der Ausbeutung der »öffentlichen Meinung« zu neuen Heilsherrschaften ist ein weiteres Feld der Strukturveränderung der modernen Gesellschaft bezeichnet, das der sozial-religiösen Heilsverkündigung und ihrer neuklerikalen Herrschaft in die Hände spielt: die *Aufhebung der Trennung von Privat und Öffentlich.* Neben der modernen Arbeitsteilung gehört die Tren-nung von privatem und öffentlichem Lebensraum zu den funk-tionalen und geistigen Grundlagen der modernen westlichen Gesellschaftsverfassung. Funktional verstanden: Die Trennung von Arbeitsraum und privatem Lebensraum, zuerst in der büro-kratischen Verwaltung, dann in der industriellen Produktion durchgesetzt, war eine der großen liberalen, d. h. befreienden Errungenschaften der bürokratisch-industriellen Zivilisation. Die Sach- und Herrschaftszwänge der »Produktion des Lebens« und der politischen Herrschaft wurden für einen persönlichen Bereich des Menschen entschieden außer Kraft gesetzt. An dieser Konstituierung des sozialen Raums der Freiheit der Person, denn dies ist das Private, haben sich viele gesellschaftliche Entwicklun-gen ausgerichtet: die soziale Stellung von Mann und Frau in der bürgerlichen (und kleinbürgerlichen) Familie ebenso wie die Stadtentwicklung in Wohngebiete einerseits und Industrie- und Verwaltungsräume andererseits; der Mütter- und Kinderschutz der Sozial- und Steuergesetzgebung ebenso wie Schul- und Be-rufsausbildung usw. Im Geistigen ist diese Trennung vielleicht noch gewichtiger gewesen: Sie prägte das geistige und moralische Selbstverständnis der staatlichen und sonstigen Verwaltung, sie läuterte das Sachethos der Wissenschaft, sie befreite von der christlich-klerikalen Vormundschaft jeden, der diese geistliche Führung für sich ablehnte. (Religion wurde »Privatsache« in dem Sinne, daß jeder seine persönlichen Motive der Lebensorientie-rung beliebig wählen und aus durchaus unterschiedlichem mora-lisch-metaphysischen privaten Selbstverständnis seine öffentli-chen Leistungen oder seine Berufstätigkeit begründen konnte – ein Tatbestand, der z. B. in der Zusammenarbeit des Widerstan-des gegen die nationalsozialistische Diktatur deutlich wurde, die in eben dieser Autonomie der Privatheit ihren gefährlichsten Feind sah.) Dahinter stand das in der klassisch idealistisch-humanistischen Tradition entwickelte Ideal der privaten »Persönlichkeit«, jener Selbstentfaltungsfreiheit, die das geheime Lebensideal all derer noch ist, die an der Beseitigung ihrer sozialen Grundlagen eifrig arbeiten.

Für diese geistige Unterscheidung von »Privat« und »Öffentlich« ist mir immer eine Anekdote sehr kennzeichnend erschienen, die Fjedor Stepun in seinen Lebenserinnerungen über seinen philosophischen Lehrer Wilhelm Windelband, vor dem I. Weltkriege einer der führenden Heidelberger akademischen Autoritäten, berichtet hat: Der Selbstmord eines russischen Studenten hatte die Hörerschaft Windelbands sehr aufgerührt und sie verlangten im Seminar von ihm eine Stellungnahme zu der moralisch-religiösen Berechtigung der Selbsttötung. Windelband verweigerte dies mit den Worten: »Ich werde als deutscher Professor nicht dafür bezahlt, daß ich meine Privatmetaphysik vom Katheder verkündige.«

Diese strukturell grundlegende Trennung von Privatheit einerseits und Öffentlichkeit (Politik und Arbeitswelt) andererseits wird in der Entwicklung der modernen Gesellschaft zunehmend wieder aufgehoben, und zwar zunächst durch immer stärkere gesellschaftliche Unterhöhlung des personalen Freiraums der Privatheit und dann, in der Gegenwirkung folgerichtig, durch immer stärkere Beherrschung des Bereichs der Öffentlichkeit, der Politik und Arbeitswelt durch private Impulse und Wirkungsansprüche.

Diese Beherrschung des Privatraumes der Person erfolgt zunächst über den Tatbestand, daß Familienleben und Freizeit den sozialen Unterbau der Privatheit bildeten, zugleich aber auch den Bereich des »Konsums«, des Verbrauchs materieller Güter, und damit zum Zielraum des wirtschaftlichen Absatzes wurden; Absatz- und Verbrauchswerbung, »die geheimen Verführer«, Konsumdruck und sozial unverantwortliche künstliche Bedarfs oder besser Bedürfnissteigerung, sind gewiß die ersten, und zwar ökonomischen Einbrüche in den privaten Freiheitsraum der Person. Soviel psychische Herrschaft mit diesem »Konsumdruck« aber auch auf die private Selbstbestimmung der Person in den freiheitlichen Gesellschaften ausgeübt wurde und wird, so muß man doch diese ökonomisch fremdgesteuerte Beherrschung des »privaten Konsumenten« an zwei Maßstäben messen: Ob sie ihm die Freiheit der Verbrauchswahl, die sicherlich eine Grundlage der »privaten« Lebensführung darstellt, so sehr sie auch ihre intellektuellen Ausdeuter verachten, mit politisch-ökonomischen *Zwangs*mitteln beschränkt, wie bei jeder sozialistischen Planwirtschaft, oder *nur durch psychologischen Druck,* dem zu widerstehen zwar schwer ist und große Selbstentschiedenheit und moralische Distanz in der Bestimmung der eigenen Lebensziele, aber keine polit-ökonomische Revolution zu seiner Beseitigung erfordert. Außerdem: Weshalb sollen nicht viele Leute zunächst ihr Lebenswohlgefühl, ihre Ansicht von Glück, Wohlfahrt und Erfolg im gesteigerten materiellen Konsum finden? Die freie Wahl der Lebensideale, auch wenn ihre Erfüllung von »höheren Ansprüchen«, d.h. von intellektuellen Lebensansichten her, fraglich erscheint, ist der wirklich persönlich-private Freiheitsraum der Person, ob sie andere »mündig« nennen oder nicht. Wer ihn beschränkt, übt geistliche Herrschaft mit dem »Zwang zur Freiheit« aus.

Das zweite Kriterium aber liegt durchaus in der Frage, wieweit der Kern der »Privatheit«, die soziokulturelle Freiheit und Selbstbestimmung der Person, überhaupt durch ökonomischen Konsumdruck eingeschränkt werden kann oder wieweit hier nicht ganz andere, unökonomische, aber geistige und emotionale Zwänge ausgeübt werden. Heute ist als Gefahr in viel höherem Maße als der wirtschaftliche Konsumentendruck auf die Privatheit die »kulturelle« Ausbeutung und Beherrschung der Person anzusetzen. Neben dem religiösen Bekenntnis alter Art ist nämlich vor allem der Bereich aller kulturellen Tätigkeiten (Erziehung, Bildung, Kunst, Literatur, Unterhaltung, Information, Weltanschauung usw.) in der Entwicklung einer liberalen Gesellschaft zur Privatheit erklärt worden. Wer in diesem Bereich »Fremdherrschaft« über die Privatheit der Person ausübt, trifft daher den Kern der gegen die politischen und ökonomischen Herrschaftszwänge eroberten und durchgesetzten Freiheit der »privaten Person« an der Wurzel.

Genau dies aber geschieht in der modernen westlichen Gesellschaftsverfassung in immer höherem Maße: Die steigenden Zwangsregulierungen des immer kompakteren »Bildungssystems«, die Überflutung der Meinungsbildung durch monopolisierte öffentliche Medien (z.B. Rundfunk und Fernsehen, das nur noch in Konkurrenz zwischen parteipolitischen und intellektuell-heilspolitischen Herrschaftsgruppen betrieben wird), die wachsende ideologische Abhängigkeit der entscheidenden Sachberater der Verwaltung, der Vertreter der Justiz, des Militärs und der Polizei, der Lehrer und Hochschullehrer, die ideologisch betriebene Außenpolitik usw., sind offensichtliche Einbruchsfelder einer ursprünglich im kulturell-privaten Lebensraum verbliebenen Stellungnahme in die sachgebundenen Bereiche »öffentlicher« Verantwortung. Je mehr sich die sachlichen, also politischen und ökonomischen, Entscheidungsfreiheiten der Gesellschaft einschränken, um so mehr kommen die im privaten und kulturellen Bereich noch möglichen Wahlfreiheiten, Auseinandersetzungen und bis dahin »privatisierten Letztwertentscheidungen« in öffentlicher Wirkung zum Zuge. Das als Freiheitsraum einmal »privatisierte« *Kulturelle* wird mehr und mehr zum entscheidenden Herrschaftsraum der politischen Entscheidungen. Damit wird die Gruppe, die sich der Sachverpflichtung der Praxis, also der Außenpolitik, der Wirtschaftspolitik, der Verwaltung usw., entzieht zugunsten »kultureller« Sinndeutungen des »Ganzen der Gesellschaft«, zur neuen Ebene der überhaupt noch vorhandenen Entscheidungs- und Wahlfreiheit außerhalb der Sachverpflichtungen und damit zur einzig möglichen Indoktrinierungsherrschaft, die nicht sofort durch Fehlschläge widerlegt werden kann. Die »Kulturpolitik« der privaten Gesinnung wird zum neuen, ja fast einzigen frei verfügbaren, nicht zur Bewährung an Sachzwänge gebundenen Herrschaftsraum, der sich über politische und ökonomische Notwendigkeiten mit der ihm in freiheitlichen Gesellschaften verbürgten Urteilsfreiheit und öffentlich-praktischer Verantwortungslosigkeit, die das negative Spiegelbild der persönlichen Freiheit ausmacht, hinwegsetzt. Die sozial befreite Subjektivität der Person tritt ihrerseits die Herrschaft über die objektiven Sachzwänge der Gesellschaft an, indem sie diese gesinnungshaft als nicht vorhanden erklärt.

Sehr klar hat diesen Zug der modernen »Ideologie« *Erwin Scheuch* in seiner Abhandlung ›Zum Wiedererstehen der Erweckungsbewegungen‹ gesehen: »Statt in der Wirtschaftspolitik findet heute der Sozialismus ersatzweise in der Kulturpolitik statt ... Die ganze Wucht ideologischer Auseinandersetzungen verlagert sich zunehmend innerhalb des allgemeinen Bereichs der Kulturpolitik auf den subventionierten Kulturbetrieb (Theater, Kulturprogramme der Rundfunkanstalten, Erwachsenenbildung, Kunstpreise ...) All der moralische Rigorismus und das utopische Denken, die früher einmal Einfluß auf die wirtschaftspolitische Programmatik (weniger die Praxis!) der SPD hatten, finden sich heute konzentriert im subventionierten Kulturbetrieb und in der Bildungspolitik ... Für optimale Lösungen in Fragen der Wirtschaftspolitik, Sozialpolitik, Infrastrukturpolitik, Verkehrspolitik, Gesundheitspolitik, Wehrpolitik sind die Ideologen, die sich heute mit dem Etikett ›progressiv‹ schmücken, überflüssig. Wenn immer sich diese Ideologen in einer Sachfrage durchsetzten, dann geht das auf Kosten der konkreten Bevölkerung, der zu dienen sie gegenwärtig noch öfters vorgeben« (S. 174f.).

Damit flutet die ganze seit Hobbes, der Toleranzbewegung und dem aufklärerisch gesinnten Liberalismus in die Privatheit des Menschen verwiesene und dort abgedämmte, so allerdings zu ungeahnter Blüte und zu vollen Ernten der Kulturentwicklung kommende *Subjektivität des modernen Menschen* in die politische Welt, in die Arbeitswelt, in die versachlichte wissenschaftliche Zivilisation zurück. Von Arnold Gehlen soll das Wort stammen: »Hobbes hat umsonst gelebt«; ja, und Kant und Wilhelm von Humboldt und alle Vertreter der Aufklärung und des klassischen Liberalismus ebenfalls. Das Private wird nicht mehr als Freiheit der Person und in diesem Sinne als Politikum gesehen, sondern als »unpolitische Innerlichkeit« des deutschen Bürgertums verdammt und lächerlich gemacht; die Frage, was eine »politische« oder »politisierte Innerlichkeit« bedeutet und wie sie wirkt, wird von den Akrobaten der Reflexion peinlichst umgangen, denn sie würde den neuen Herrschaftsanspruch der »Innerlichkeit«, die keine mehr sein soll, aufdecken müssen.

In welchem Ausmaß die der politischen und wirtschaftlichen Herrschaft als »Privatheit« abgerungenen produktiven Freiheitsräume der Person und ihrer »Kultur« inzwischen durch viele einzelne Vorgänge aufgehoben werden, dafür zeugt z. B. die soziale Selbsteinordnung und das politische Herrschafts-»Engagement« der deutschen Schriftsteller: Wenn sie ihre private Produktionsbasis zugunsten einer gewerkschaftlich-kollektiven Organisation ihrer sozialen und materiellen Lebensinteressen aufgeben, so folgen sie damit nur den wirtschaftlichen Interessen, die ihnen die neuen Medien ihrer »kulturellen« Beschäftigung, Fernsehen und Rundfunk, die politisch besetzte Theater- und sonstige »Kulturpolitik« der öffentlichen Hand, die kulturellen Pressezaren und die Preiszuteilungs-Praxis der nationalen und internationalen Gremien des literarischen Sozialprestiges, aufzwingen. Die Privatheit des Produktionsfreiraumes der Schriftsteller ist durch öffentlich-politische und gesinnungsgesteuerte »Kulturpolitik« längst aufgehoben. Wenn sich dann allerdings Schriftsteller nicht nur in ihren Werken allgemeinpolitisch-engagiert äußern, sondern sich unmittelbar zu Hilfstruppen und Erfüllungsgehilfen politischer Parteien und damit von öffentlichen Herrschaftsgruppen machen, dann ist dieser Vorgang der sozialstrukturellen Entfremdung umgewendet in die Teilnahme an der Konkurrenz um die politische und wirtschaftliche Führungsmacht. Die Frage zwischen den politischen Parteien und den ihnen dienenden Schriftstellern besteht dann nur noch darin, wer wem dient und wer wen beherrscht. Im übrigen gilt die gleiche Feststellung mehr und mehr auch für die wissenschaftliche Produktivität, vom Nobelpreisträger bis zur wissenschaftlichen Hilfskraft, die ihre Meinungssubjektivität, gestützt auf das noch vorhandene Sachprestige der Wissenschaft, unbekümmert gesinnungshaft in den politischen Tagesstreit um die Macht werfen.

Indem wir diese Vorgänge in einen umfassenden Strukturwandel der modernen westlichen Gesellschaft der von der Aufklärung und dem Liberalismus erkämpften grundsätzlichen Trennung von Privatheit und Öffentlichkeit/Arbeitswelt einordnen, glauben wir einige Kurzschlüssigkeiten der Deutung, die uns Scheuch oder Gehlen für die Herrschaft der »Ideologen« gegeben haben, zu überwinden. So richtig die Feststellung ist, daß die ideologische Kulturpolitik außerhalb der politischen Sachnotwendigkeiten und der Arbeitswelt zunehmend an Macht gewinnt, so ist dies aber nicht erklärbar, wenn man sofort auch die funktionale Nutzlosigkeit dieser Gruppen und ihre Begrenzung auf die »Kulturproduzenten« im Sinne der professionellen Intellektuellen behauptet; diese Deutungen lassen die Hauptfrage, weshalb diese kulturproduzierenden und ideologischen Intellektuellen heute eigentlich so viel gesellschaftliche Macht ausüben, wo sie doch für das Funktionieren der Gesellschaft so unnütz sind, unbeantwortet. Erst wenn man sieht, daß eben diese Gruppen zugleich unaufgebbare Sachaufgaben für die moderne Gesellschaft, Leistungen der Ausbildung, der Information und Sinn-Orientierung usw., erfüllen und nun in diesem in ihrer Person jeweils vorhandenen Zwiespalt zwischen Sachverantwortung und Subjektivität diese über die Sachleistung siegen lassen, deren soziale Geltung aber für ihre subjektive geistige Herrschaft ausbeuten, kann man die Breitenwirkung dieser neuen ideologischen Führungswirkung ermessen. Deshalb steht keineswegs nur die ideologische Selbstproduktion von Kulturproduzenten zur Debatte, sondern die Frage, weshalb sie Nachfolge, Wirksamkeit und Gläubigkeit in den Schichten finden, deren Interessen sie nicht vertreten.

Aber nicht nur die Sachleistungen, die diese neuen Führungsgruppen erbringen und die anerkannt werden, solange sie ihre
unberechtigte Gleichsetzung mit dem wichtigsten »Produktionsmittel« der modernen Industriegesellschaften, den Wissenschaften, aufrechterhalten können, machen die Macht-»Basis«
der Intellektuellen aus, sondern vor allem die Tatsache, daß die
von ihnen verwalteten und besetzten Funktionen zu den eigentümlichen und entscheidenden *Führungsmitteln* der modernen großräumig-verwissenschaftlichten Gesellschaft geworden
sind. Wenn die politische Souveränität des Staates aus den Erfahrungen des 18. und 19. Jahrhunderts noch von *Max Weber* als
Monopolisierung der Gewaltanwendung verstanden werden
konnte, so ist dies zwar heute noch insofern richtig, als dieses
Herrschaftsmonopol weiterhin für die staatlich-politische Macht
unaufgebbar ist, aber für das Funktionieren des staatlichen Lebens hat die Gewalt ihre Eigenschaft als politisches Führungsmittel längst eingebüßt. Die Staaten, die sich auf demokratische
Zustimmung der Bevölkerung und damit auf Meinungsäußerungen und Bewußtseinseinstellungen als ihr »Legitimitätsprinzip«
stützen, können die bloße Behauptung der Herrschaft durch
Monopolisierung der Gewalt nur noch in Ausnahmesituationen
einsetzen; das gilt sogar in gewissem Ausmaß bereits für die sonst
auf Gewalt gestützten Machtpositionen der Außenpolitik, die
die »Weltmeinung« immer mehr als Realfaktor mit in Rechnung
stellen muß.

Dieser Vorgang, daß die klassischen, ja sogar verhältnismäßig
modernen politischen Führungsmittel an den Rand gedrängt
oder jedenfalls nur noch begrenzt wirksam werden, ist in der
Theorie der Politik und im Selbstbewußtsein der politischen
Führung verhältnismäßig wenig beachtet worden, dafür natürlich um so mehr in ihrer Praxis: Neben der »Monopolisierung
der Gewalt«, also der Stützung der Herrschaft auf Militär, Polizei, Justizmonopol usw., haben die gesellschaftliche Zusammengehörigkeit in einer elitären Führungsschicht (z. B. Honoratio-
renherrschaft) oder die straff organisierte, bürokratische Füh-
rungsorganisation (die z. B. Michels als die unvermeidbare Herrschaftsorganisation sozialistischer Parteien entdeckte und die der
sozialistische Osten heute noch vorrangig praktiziert) ebenso
ihre Grenzen als Führungspotential erwiesen wie die Einstellung
bestimmter Parteien oder politischer Herrschaftsgruppen auf

gruppenkonkrete Interessen (Partei des Proletariats, der Unternehmer, der Arbeitnehmer, ganz abgesehen von »Bauernparteien«, Parteien der »Aufsteiger« usw.). In der Praxis der Parteienherrschaft ist längst entdeckt worden, daß kurzfristig die Durchtränkung und Überflutung einer breiten Bevölkerung mit »Informationen« und damit die Beherrschung der Informationsapparaturen und ihres Personals, langfristig die Macht über die Erziehungs- und Ausbildungsvorgänge und in beiden Fällen natürlich die Abschirmung gegenüber »feindlichen« Einwirkungen beider Art, nicht nur die dauerhafte Grundlage des »Legitimitätsglaubens« (Max Weber), sondern auch kurzfristig die Beherrschung der »Volksmeinung« darstellt.

In der Tat: Wenn es heute noch so' etwas gibt wie einen »Volkswillen«, eine »volonté générale«, dann wird sie von den »Informatoren« und »Sozialisatoren« der Gesellschaft erzeugt und beherrscht. Die modernen Staaten, die verfaßten politischen Einheiten der wissenschaftlichen Zivilsation, werden durch »politische Willensbildung« der Masse der Bevölkerung, durch ideologisch-politische »Integration« geführt. Dieser Tatbestand ist von den Einparteiensystemen marxistischer oder diktatorischer Herkunft längst erkannt; in den westlich-demokratischen Staaten ist dieser Tatbestand zwar in der praktischen Hörigkeit der Politiker gegenüber den Herrschern der Publizität (Rundfunk und Fernsehen, Meinungsbefragung und Werbung) deutlich und wird in der zunehmend parteipolitisch ausgerichteten Besetzung der Lehr- und Erziehungsstellen im gesellschaftlichen System praktiziert, er hat aber im Selbstverständnis moderner demokratischer Politik und in der politischen Ethik der demokratischen Führungsgruppen noch kaum Anerkennung und damit noch keine grundsätzliche Kritik oder bewußten Widerstand gefunden. Das sind die Situationen, in denen die »verdeckte Herrschaft« der Begünstigten ihre größten Chancen hat.

Man müßte einmal unabhängig und kritisch die Abhängigkeit der westdeutschen Politiker von den Informationsmedien aufdecken; bisher ist im wesentlichen die politische und interessenhafte Beeinflussung dieser Informationsmittel durch die politischen und wirtschaftlichen Interessen herausgestellt worden. Die umgekehrte Wirkung, die Servilität aller Politiker, in Westdeutschland vom Bundespräsidenten über alle Minister und Parteigrößen bis hin zu den Ministerpräsidenten der Länder und allen, die sich in diese Publizität noch hineindrängen können, hat publizistisch verständlicherweise wenig Beachtung gefunden.

Ich bin überzeugt, daß heute in Westdeutschland fast jeder Politiker – die Ausnahmen wären an den Fingern abzuzählen – im Zwiespalt zwischen Publizitätswirkung und Sachverantwortung diese auf Kosten jener aufgibt und damit – um es allgemein zu sagen – die Sache selbst an die machtbringende Publizität verrät. In welchem Maße die vom Sozialprestige der Wissenschaft und der Literatur lebenden, politisch verantwortungslosen intellektuellen Geltungsgruppen als Wahlhelfer für den demokratischen Parteienkampf um die Regierungsmacht in Dienst gestellt werden können, hat der letzte bundesdeutsche Wahlkampf erfolgreich, haben die letzten Wahlkämpfe in den USA oder Frankreich vorläufig noch ohne durchschlagenden Erfolg gezeigt.

Solange diese Führungsmittel den von den Politikern entwickelten, von politisch verantwortlichen Führungsgruppen durchgesetzten Zielen dienen, mag eine gewisse Abhängigkeit der Politiker von ihren Machtmitteln und deren Trägern unvermeidbar sein, ja sogar ein gewisser Herrschaftsübergriff der an sich »dienstbaren« Gruppen der Machtausübung auf die »Herrscher« immer wieder vorkommen und hingehen; es wäre dann eine Erscheinung, wie wir sie in dem zuweilen kommandierenden Einfluß der Militärs auf den Fürstenstaat oder den Nationalstaat oder in der verdeckten Herrschaft der Bürokratie über die Regierungen auch gestern und heute feststellen können. Aber in diesen Fällen bleiben die Ziele von der gleichen politischen Art, ja es werden die außen- oder innenpolitischen Ziele der Politiker nur um die auf gleicher Linie liegenden Machtinteressen anderer Herrschaftsgruppen verstärkt, meist in reaktionärer, die Bindung an das allgemeine Wohl der Bevölkerung schwächender Weise. In dieser Rolle befanden sich die Intellektuellen, solange sie die Ideologen von politischen Partei- und Machtgruppen spielten. Und in dieser Rolle sehen sie heute noch die Politiker, wie auch sie selbst alles Interesse haben, diese Vorstellung vor anderen aufrechtzuerhalten.

Aber genau die Rolle der ideologischen Erfüllungsgehilfen der politischen Ziel- und Herrschaftsgruppen entspricht nicht mehr der gegenwärtigen Bedeutung und Wirksamkeit der »Intellektuellen«. Indem diese ihre »dienende Rolle« gegenüber vorhandenen politischen Herrschaftsgruppen, Parteien usw. aufgeben zugunsten eines Anspruches, die Politik, ihre Zielsetzungen und ihre Vertreter, heilsherrschaftlichen Zielen und sich selbst als ihren Verkündern und Ausdeutern unterzuordnen, schlägt die »Intellektuellenherrschaft« in die Herrschaft eines neuen »Klerus«, einer sich organisierenden Neupriesterherrschaft um. An diesem Wendepunkt der sozialen Rolle der »Intellektuellen« stehen wir heute in der Bundesrepublik und – wenn mich nicht alles täuscht – auch darüber hinaus in der industriegesellschaftlich fortgeschrittenen Zivilisation des Westens. Das neue Mittelalter fängt im Westen an.

Was hier aktuell dargestellt wurde, haben wir bereits soziologisch-systematisch als das Verhältnis von geistlicher und politischer Herrschaft geschichtlich an Hand von *Max Weber* auf S. 70 f. beschrieben. Die Art, wie heute die Hauptvertreter dieser neuen Heilsherrschaft bei uns sich praktisch in den Dienst des potentiellen »Landesfeindes«, d. h. der Überwindung der westlichen Gesellschafts- und Staatsordnung zugunsten des weltrevolutionären Machtanspruchs der marxistischen Staaten stellen, dabei aber gleichzeitig eine geistliche und politische Identifikation mit diesen Kräften »theoretisch«, d. h. in bezug auf deren heimische Wirklichkeit und die dort praktizierten Herrschaftslegenden und politischen Ideologien ablehnen, entspricht ziemlich genau der Rolle, die staatsfeindliche Priesterschaften immer gegenüber den Eroberern gespielt haben. Sie liefern denen, gerade weil sie in ihren Motiven und ihren ideologischen Selbstdeutungen mit den Angreifern nicht identisch sind, die wichtigste Hilfe zur »inneren Eroberung« der angegriffenen Gesellschaft.

Aktuell formuliert: Nicht die offenkundigen Kommunisten sind die entscheidende Gefahr für die Stabilität der westlichen Gesellschaft und ihrer Staatsordnungen, sondern die sich mit ihnen zur Zeit aus eigenen Machtinteressen verbündende innere Heilsherrschaft des neuen Sozialklerus.

6. Die Bedürfnisse der Glaubensgefolgschaft

Die Untersuchung der Ursachen und Umstände, wie sich eine heilsherrschaftliche Führungsgruppe in einer modernen Gesellschaft durchsetzt, klärt zwar bereits viel über die Bedingungen, unter denen ihnen eine Glaubens- und Heilsgefolgschaft zuwächst, aber sie verdeutlicht noch nicht die eigentümlichen Bedürfnisse emotioneller und geistiger Art, die Menschen als bloße Gefolgschaft, als Gläubige und Anhänger, an diese neuen Heilsherrscher herangetragen und die von ihnen befriedigt werden.

Man könnte zunächst meinen, daß der wesentliche Unterschied zwischen »Führung« und »Gefolgschaft« eigentlich nur in dem jeweiligen Machtwillen liegt, d.h. in der Fähigkeit und dem Trieb, die gegebenen Herrschaftsmöglichkeiten zu einer persönlichen Herrschaftsstellung und -wirkung auszumünzen oder sich ihnen unterwerfend hinzugeben. Sicherlich ist auch dies ein vorhandenes, soziologisch kaum zu überschauendes, aber in Rechnung zu stellendes Unterscheidungsmerkmal von »Herrschern« und »Beherrschten«. Entscheidend ist, daß in der geschilderten Lage sich ein Machtwille individuell-charakterlich bestimmter Art in größerem Stil in Lebensbereichen wieder entfalten kann, wo er in seiner öffentlichen Wirkung bisher zugunsten der politisch-öffentlichen Verantwortung und ihrer liberalen Kontrollsysteme zurückgedrängt war. Aber neue strukturelle Möglichkeiten von gesellschaftlicher Machtausübung schaffen sich ihre »Anhänger« zunächst schon durch die quasi-instinktiven charakterlichen Unterschiede von Führungspotenz (Aggression) und Sicherheitsbedürfnis (Unterwerfung). Diese in der menschlichen Natur sehr tief verwurzelten Ursprünge der »Ungleichheit« der Menschen tragen zwar zur Klärung der eigentümlichen neuen Glaubensgefolgschaft wenig bei, müssen aber erwähnt werden, um die Wirklichkeit von Herrschaftsverhältnissen nicht allein auf soziale Strukturen zu beziehen. Wir sehen aber im weiteren von dieser anthropologischen Grundlage auch dieser Herrschaft ab.

Genauso, wie der Wandel der gesellschaftlichen Verhältnisse neue heilsherrschaftliche Möglichkeiten schafft, bringt er auch neue und steigende *»Erlösungsbedürfnisse«* hervor. Die Umwandlung der christlichen Heilslehre einer Transzendenz im Jenseits zu einer sozialen Heilslehre einer »Transzendenz im Diesseits« (vgl. S. 104 f.) erzeugt Erlösungsbedürfnisse »im Diesseits«, die wir hier kennzeichnen wollen. »Erlösung« im Sinne der Aufhebung aller Umstände, welche die irdische Existenz des Menschen bedrängen und belasten, kann heute nicht mehr als eine Verheißung auf ein Jenseits nach dem Tode verstanden werden, sondern muß das Kennzeichen der sozialen Realität tragen, eine Endgültigkeitshoffnung, die sich ihre Erfüllung in einer absehbaren, wenn auch noch so unbestimmten Zukunft im irdischen Leben verspricht, an der man noch persönlich teilzunehmen beansprucht. Nicht die Vollkommenheit im Himmel, sondern die Vollkommenheit auf Erden ist das Heilsziel geworden. So kann an die Stelle der »Erlösung« der christlichen und anderer transzendenten Heilsreligionen die Verheißung der »Revolution« als »endgültiger Aufhebung aller Umstände (treten), welche die irdische Existenz zu einer menschlich unvollkommenen Existenz machen … Revolution erst befreit den Menschen von den Bedingungen, die ihn an der Realisierung seiner vollen Möglichkeiten hindern … So verstanden bedeutet Revolution als ›letzte Revolution‹ – und eben nicht als eine Etappe der menschlichen Geschichte – eine säkularisierte Version von ›Jüngstem Tag‹, von dem ab der Mensch erlöst ist. Entsprechend versteht sich dieser mit ›linken‹ Vokabeln argumentierende Globalprotest eben nicht als Verbesserung von Verhältnissen, sondern als Aufhebung des Reiches der Notwendigkeit, auf daß der Mensch Gott werde« (Scheuch, S. 178 f.). In der Tat hat niemand diese Verweltlichung der Heilserwartung mehr beflügelt als Karl Marx mit seiner Verheißung, daß an die Stelle des »Reichs der Notwendigkeit« (der irdischen Güterproduktion und ihrer Sachzwänge) »das Reich der Freiheit«, des mühelosen Auslebens der individuell-menschlichen Möglichkeiten treten werde und müsse. Im Sinne dieser Glaubensgemeinschaft ist also das Wort »Erlösung« durch die Vokabel »Revolution« zu ersetzen und von daher die Revolutionslehre als Erlösungslehre zu verstehen.

Die soziologische Erklärung muß sich in diesem Zusammenhang darauf beschränken, zu verdeutlichen, *wovon* der Neu-Gläubige Erlösung sucht und *wodurch* er sie sich verspricht. Wir wollen diese aus der Struktur der modernen Gesellschaft entspringenden »Erlösungsbedürfnisse« und »Heilserwartungen« der Glaubensgefolgschaft von Sozialreligionen in ihren wesentlichen Ursprüngen und Ansprüchen umreißen.

Die fiktive Familie

In der Wirklichkeit seines Lebensablaufes ist der Mensch niemals so sehr vor Gefahren geschützt und zu individueller Freiheit des realitätsenthobenen Handelns freigesetzt wie in der Rolle des Kindes und des Jugendlichen, die, von der Fürsorge der Eltern und der weiteren Familie umhegt, ihr Handeln als Spiel oder jedenfalls in den Krisen- und Konfliktfällen durch den familiären Rückhalt abgefangen und befriedet ansehen können. Die in der familiären Gruppe entwickelte Verhaltenssicherheit zur Welt erzeugt in dem Jugendlichen, der in die familienfremde, ja familienfeindliche Welt der modernen Gesellschaft hinaustritt, aber auch für die in ihrer Kindheit und Jugend entwickelten inneren Sicherheitsbedürfnisse der Erwachsenen ein Sicherheitsdefizit des Verhaltens, ein Gefühl der Beherrschtheit und des Ausgeliefertseins, der »Entfremdung« der bis dahin geschützten Innerlichkeit und subjektiven Verhaltensfreiheit, das den sozialen Verhältnissen zugeschrieben werden muß, obwohl es nur den Eintritt in das »Reich der Notwendigkeit« der modernen gesellschaftlichen Realität darstellt, vor dem die Familie eine Art Schutzwall errichtet hatte.

Je mehr also das Recht des Kindes oder das Recht der Jugend auf geschützte, entlastete und individuell freie Entwicklung sich sozial durchsetzt – und diese Ansprüche sind in den westlichen Gesellschaften längst nicht nur für eine gehobene bürgerliche Klasse, sondern mit dem Fortschritt der allgemeinen Volks- und Schulbildung für alle Bevölkerungsschichten Wirklichkeit geworden – um so sicherer werden die in diesem familiären Raum entwickelten Lebensansprüche beim Übertritt in die soziale Realität der nicht familienkonformen modernen Gesellschaftsstruktur enttäuscht und fordern Verhaltensunsicherheit, Lebenssinnenttäuschungen, »Frustrationen«, »Entfremdungen« und die diesen Defiziterfahrungen der vorgegebenen Realität entsprechenden Ansprüche auf »Realitätsveränderungen« heraus. Die in einer umhegten und entlasteten Kindheit und Jugend aufgewachsenen Kinder des Wohlstands und der Sicherheit haben die Fähigkeit der Anpassung an das »Reich der Notwendigkeit« nicht entwickelt, dagegen die individuellen, autistischen Freiheits- und Auslebensansprüche des Menschen übersteigert. Die natürlichste Reaktion dieser Menschen ist die Forderung, die Welt müsse so umgeformt werden, daß sie den Verhaltenserwartungen und den Lebensbedingungen ihrer Kindheit und Jugend entspricht, und aus dieser menschlichen Grundreaktion folgt unvermeidbar die tiefe Verwerfung der verhaltensverunsichernden Realität der modernen Gesellschaftsstruktur.

Dieser Versuch der Realitätsvermeidung aufgrund der familiären kindlichen und jugendlichen Lebensfreiheit muß unvermeidbar die Hoffnung entwickeln, die vorhandene Welt zur »großen Familie« umzugestalten. Die Schwierigkeiten und Unfähigkeiten, eine im »Schoße der Familie« nicht erzeugte zweite kühle und sachliche Verhaltensschicht zu entwickeln, die dem sozialen Handeln in großräumigen Sozialbeziehungen, im »sekundären System« (Freyer), geistig und in den Gefühlslagen angemessen wäre, führt zur Übertragung der Vertrautheitsbedürfnisse familiärer Art auf die »große Welt« der modernen Gesellschaft; da diese aber von jenen Verhaltensmustern, jenen Werthaltungen und Verstehensformen in ihrer Wirklichkeit nicht bewältigt wird, kann diese »Vergrößerung der Familie«, diese Abstraktionserhöhung der frühen Realitätserfahrungen und ihrer Sicherheiten, nur »im Kopfe«, also nur in der Vorstellung und Einbildung, geschehen. So entsteht der Heilsglaube als Vorstellung eines Ganzen, das gegenüber der realen Welt der modernen Zivilisation tröstet und Sicherheit wenigstens für die Gedanken und Gefühle bietet.

Allerdings ist damit ein doppelter Realitätsverlust verbunden: Auf der einen Seite wird mit dieser Übertragung familiärer Vertrautheitsansprüche auf die versachlichte moderne Gesellschaft deren Wirklichkeit verfehlt und durch die Ausbildung von Heilsansprüchen die Fähigkeit und Bereitschaft abgebaut, in Politik und Arbeitswelt diese moderne Gesellschaft in mühevoller Arbeit und Schritt für Schritt zu gestalten und zu beherrschen; das leicht zu erreichende Heil durch »Glauben« tritt an die Stelle der entsagungsvollen »Arbeit«. Auf der anderen Seite werden mit dieser Überdehnung der familiären Vertrautheitsansprüche auch die Realität der Familie selbst verloren und die ihr eigentümlichen sozialen Existenzbedingungen verleugnet und aufgelöst. *Georges Sorel*, der diesen Vorgang der Ausbildung der »fiktiven Familie« als Form des Heilsglaubens zuerst in einem soziologisch prägnanten Sinne gesehen und beschrieben hat, sieht ihn daher auch grundsätzlich als einen Realitätsverlust der die moderne Welt tragenden Wirklichkeiten der Familie und des Staates, der gruppenhaft intimen und der sachhaft-politisch-wirtschaftlichen Lebensorganisation. Es scheint ein nicht nur für unsere Zeit geltender Sachzwang zu sein, daß ein Gesellschaftsaufbau, der die unmittelbaren familiennahen Welterfahrungen und die Verhaltensansprüche der »größeren Gesellschaft«, also etwa der politischen Herrschaft und der Arbeits- und Wirtschaftswelt, allzusehr trennt und auf fast gegensätzliche Lebenshorizonte verweist, unvermeidbar religionsträchtig wirkt, d. h. einen intensiven Lebensanspruch hervorruft, dieser Entzweiung der Wirklichkeit durch ein fiktives Drittes, den Glauben an eine Einheit, die diese Lebensnot löst, zu entgehen. Wie Sorel gesehen hat, wird dann die Realität der Familie *und* des Staates aufgegeben zugunsten der Hingabe an einen Heilsglauben, institutionell zugunsten einer Kirche.

Georges Sorel hat schon in seinen frühesten Schriften, so vor allem im
›Prozeß des Sokrates‹ (1889) diese These entwickelt, die sein ganzes
weiteres Werk durchzieht: »Sokrates stellt der Familie, welche die alte
soziale Organisation trägt, welche die irdische soziale Wirklichkeit
schlechthin ist, eine neue höhere Gemeinschaft entgegen, die den Geist
und die Vernunft zu verkörpern beansprucht. ›An die Stelle der sozialen
Familie ist die moralische Familie getreten. Es ist der Geist des pythago-
räischen Klosters.‹ Sokrates ... war der ›glänzendste und verwegenste
Theoretiker der neuen sozialen Organisation, die auf die fiktive Familie
begründet war. So stellt Sorel Sokrates an den Anfang jener Spaltung von
weltgeschichtlicher Bedeutung zwischen den natürlichen Ordnungen
des Lebens (Familie, ›Eigentum‹, Erbe) und den Mächten, die sich ihnen
entziehen und dem ›Geist‹ dienen wollen. ›Das Staatsideal des Sokrates ist kirchlich‹« (Sorel nach Freund, S. 29) ... »Der Ton der jakobinischen Halluzination ist angeschlagen; denn die künstlichen Verbrüderungen (!) von Menschen, die nicht wesentlich in der Familie und durch
die Familie leben, sind verherrlicht. Der Schwerpunkt ist von Eigentum,
Familie, auf die fiktive Familie verlegt. ›Die Republik Platos beruht auf
der Idee, daß der Mensch nicht mehr für das Haus und durch das Haus
lebt‹« (ebd., S. 127).

Dem Kenner der soziologischen Lehren der neueren Zeit wird deutlich geworden sein, daß hier die in verschiedener Form vorgetragene
Unterscheidung von »Gemeinschaft« und »Gesellschaft« als zweier wi-
dersprüchlicher Strukturprinzipien der neuzeitlichen Sozialstruktur unter dem Gesichtspunkt ihrer heilsbedürftig-religiösen Auswirkung aufgenommen wird. Zunächst ist diese soziologische Strukturunterschei-
dung von »Gemeinschaft und Gesellschaft« (Tönnies) oder von »primärer Gruppe« und »sekundärem System« (Cooley/Freyer) auf diese Frage
der Entstehung neuer sozialer Heilssysteme gar nicht angewandt worden. Greift man aber zurück auf die ursprünglichen Autoren, die diesen
Strukturgegensatz der Gesellschaft gesehen haben, etwa Fustel de Cou-
langes in seinem Buch ›La Cité antique‹ (›Der Staat der Antike‹), der
diese soziale Spannung für eben die Zeit diagnostiziert, in der das Christentum und andere Heilsreligionen entstanden sind, oder auf William
Graham Sumner, der diese soziologische Begrifflichkeit an Hand des
Gegensatzes von früheren, familienhaft organisierten, sogenannten »primitiven« Gesellschaften zur Gesellschaftsstruktur des ausgehenden
19. Jahrhunderts der westlichen Welt entdeckt, so sind die Entstehungen
von Heils- und Erlösungsreligionen in Verbindung mit »abstrakten«
Herrschafts- und Wirtschaftssystemen auch für die Vergangenheit mit
den Händen zu greifen.

In meinem Buch ›Die skeptische Generation‹ (1957) habe ich den
Zusammenhang zwischen Vertrautheitsbedürfnissen und Fremdheitser-
lebnissen beim Übertritt aus dem familiären Sozialhorizont in den der
»größeren« Gesellschaft für die Jugend als kennzeichnend dargestellt
und daraus das Grundbedürfnis der Verhaltenssicherheit als Ursprung

der Ideologieträchtigkeit der Jugend abgeleitet. Heute sehe ich dieses Verhältnis ausgedehnt auch auf andere soziale Gruppen, so daß die Jugend nur eine bevorzugte Rekrutierungsgruppe für die daraus entspringende Heilsgläubigkeit darstellt. Immerhin wird in diesem Zusammenhang wohl schon deutlich, weshalb gerade die aus einer umhegten und entlasteten Kindheit und Jugendphase kommende bürgerliche und kleinbürgerliche Jugend eine so hohe Neigung zur Hingabe an soziale Heilslehren entwickelt.

Die Übertragung familiärer Verhaltens- und Verstehensmuster auf die »große Gesellschaft«, ja zuweilen auf die ganze Menschheit, muß man sich zunächst so vorstellen, daß die in der Familie und in der familiären Hausgemeinschaft entwickelten Sozialbeziehungen abstrakt gefaßt und damit auf größere Personenkreise, ja auf anonyme Mengen von Menschen erweitert und angewandt werden können. Dies trifft vor allem für die biologisch-soziale Grundstruktur der Familie, das Eltern-Kinder-Verhältnis und die Brüder- und Schwestern-Beziehung, zu. In diesen sowohl »vertikalen« wie »horizontalen« Grundaufbau der Familie sind alle sonstigen Kennzeichen der familiären Wirklichkeit eingegliedert oder von ihm abhängig: die Überschaubarkeit und Vertrautheit des anderen Menschen, die gefühlsmäßige enge Bindung, Solidarität und Identifikation, das selbstverständliche Füreinandereintreten in Notlagen, Fürsorge und damit Sicherheit, das Entstehen von Binnen- und Außenmoralen, das auf die Person als Handlungsfeld bezogene jeweilige »Eigentum«, die hohe gegenseitige Ersetzbarkeit der Personen und damit verhältnismäßige Universalität familiärer Tätigkeiten usw., also der ganze Umfang an Verhaltens-, Verstehens- und Gefühlslagen, die man als den »Nestwärme-Komplex« der Familie bezeichnen könnte. Überträgt oder erweitert man diese Art von Erfahrungen und Vertrautheitsansprüchen auf die »größere Gesellschaft«, so kann dies nur geschehen, indem man die biologisch-sozialen Grundstrukturen der Familie fiktiv und symbolisch in die größeren gesellschaftlich-zivilisatorischen Zusammenhänge hineinträgt, und zwar sowohl in ihrer »horizontalen« wie in ihrer »vertikalen« Gliederung.

Die Erweiterung des Geschwister-Verhältnisses auf nicht blutsverwandte, ja vor allem fremde Menschen gehört zu den ursprünglichsten Wendungen der Bildung von Glaubens- und Gesinnungsgemeinschaften. »Brüderlichkeit« haben alle Heilsreligionen verkündet, die christliche ebensowohl wie die Religion der Vernunft; Sorel spricht von den »künstlichen Verbrüderungen von Menschen« als der »jakobinischen Halluzination« und weiß wie viele vor und nach ihm, daß sich diese allgemeine Brüderlichkeit und Schwesterlichkeit des Glaubens und der Gesinnung immer nur gegen den Familiensinn durchsetzen kann und damit die Wirklichkeit der Familie gefährdet. Daß diese Beziehung der Brüderlichkeit und gemeinsamen »Gotteskindschaft« zum grundlegenden Selbstverständnis der alten Heilsreligionen, in unseren Breiten also des Christentums, gehört, braucht nicht näher ausgeführt zu werden. Wichtiger für die hier angestrebte Verdeutlichung der modernen sozialen Heilsreligion ist der Tatbestand, daß auch diese in ihrer Leitvorstellung der »Humanität« den Gedanken der »Gleichheit und Brüderlichkeit« aller Menschen zum Ausgangspunkt und zur Grundlage ihrer Heilslehre macht. Der moderne *»Humanismus«* ist ein wichtiger und unaufgebbarer Bestandteil der sozialen Heilsreligion.

Dabei bildet die Frage, ob man eine solche »Brüderlichkeits«-Beziehung konkret auf die Menschen überträgt, die unmittelbar mit einem zusammenleben und mit denen man tagtäglich umgeht, oder ob man sie auf eine anonyme Menge, auf abstrakte Gesinnungsgenossen oder gar eine abstrakt vorstellbare »Menschheit« oder »die Gattung Mensch« anwendet, den Unterschied zwischen einer hohen Tugend des unmittelbaren Sozialverhaltens und der Absättigung von Heilsbedürfnissen im Fiktiven der Vorstellung. Wenn an die Stelle der unmittelbaren Nächstenliebe die »Liebe zum Fernsten« tritt, während man die Menschen ungleichen Glaubens bekämpft, die mit einem täglich zusammenleben; wenn man die Humanität nicht in seinen alltäglichen Beziehungen von Beruf, Arbeit und Politik an konkreten, bekannten Menschen erst einmal beweist, sondern vor lauter Anrufung »des Menschen« und der Beschwörungen des fernen Elends im eigenen Lebenskreis seine konkrete Unhumanität gar nicht mehr bemerkt, dann ist der Übergang von der Unmittelbarkeit der brüderlichen Lebensbewährung in die heilsgesteuerte Gesinnung gegenüber dem »Ganzen« vollzogen. Von *Ernst Jünger* stammt die treffende Kennzeichnung der »abstrakten Humanität«: »Ein konkretes Verhältnis zum Menschen besitzt man, wenn man den Tod seines Freundes oder Feindes Müller tiefer empfindet als die Nachricht, daß bei einer Überschwemmung des Hoangho 10000 Menschen ertrunken sind« (›Der Arbeiter‹, 1932, S. 295).

Zu den kennzeichnenden Unterschieden der konkreten und

der abstrakten Brüderlichkeit gehört es übrigens, daß die erste die unmittelbaren Feindschaften unter eng zusammenlebenden Menschen einschränkt und bändigt, während die abstrakte Identifikation mit »dem Menschen« schlechthin immer eine Glaubens- und Gesinnungsverbrüderung hervorbringt, die aggressiv wirkt, nämlich im Abstrakten Glaubens- und Gesinnungsfeinde definiert, die dann in der eigenen Umwelt personifiziert und verworfen werden können. So kommt es, daß die abstrakten und »künstlichen Verbrüderungen« die Feindschaft, ja die Gewalt in der unmittelbaren Lebenswelt eher steigern als verhüten. Zur fiktiven »brüderlich-familiären« Gesinnungsgeborgenheit gehört die Bestimmung des »Fremden«, des »Feindes« als des konstituierenden »Außen«, von dem aus Glaubensgemeinschaft als das »große Wir« überhaupt sich erst verstehen und ihre seelisch-geistige Sicherheitswirkung entfalten kann. Auch erfüllt diese Bestimmung des »Feindes« die für jede Heilsgläubigkeit unabdingbare Leistung, für die unvermeidbaren Enttäuschungen in der Wirklichkeit, die ja nicht bewältigt werden, personifizierte Ursachen und damit Ziele der Aggressionsabfuhr bereitzustellen. So gehen gerade in der sozial gesinnten Heilsreligion des Humanitarismus vollkommenheitsbesessene abstrakte Moral- und Friedlichkeitsansprüche mit Aggressionen und Feindschaften im engsten Lebensbereich perfekt zusammen.

Die Abhängigkeit dieses Glaubensbedürfnisses zur Brüderlichkeit aller Menschen, ja der Vergottung des abstrakt gedachten »Menschen schlechthin«, von den Verhältnissen der modernen technischen Zivilisation hat *Jacques Ellul* in seinem Buch ›La Technique ou l'enjeu du siécle‹ (›Die Technik oder der Einsatz des Jahrhunderts‹, 1954, S. 351 ff.) deutlich gesehen. Er spricht von einem »Mythos des Menschen«, der die bereits aus ähnlichen Gründen erzeugten Formeln des »ideologischen Überbaus«, sei es nun Menschheit oder Gattung, Proletariat oder Masse, ewiges Heil oder Emanzipation, in höchster Abstraktheit und damit als eine Art »Passe-partout« zusammenfaßt. Er nennt diese Vorstellung von »dem Menschen als Mittelpunkt aller Dinge« einen bequemen Glauben, denn dieser abstrakte Mensch, »das bist weder Du noch Ich, sondern ist eine ›metaphysische Einheit‹«, ein Glaubensprodukt. So bemerkt er kühl: »Das ist eine natürliche Sekretion des technischen Fortschritts, nichts weiter.« Man gewinnt aus den Darlegungen Elluls die Einsicht, daß sich mit der technischen Zivilisation auch die abstrakte Humanität, die Ideologie, daß der »ganze Mensch im Mittelpunkt aller Dinge« zu stehen habe, als globale Überzeugung ohne unmittelbare Verhaltensverbindlichkeit über die ganze Erde verbreiten wird. So sehr wir mit diesem Ansatz der Ursachenerklärung des Entstehens und der Verbreitung des abstrakten Humanitarismus übereinstimmen, so können wir seiner Deutung als bloßem »Überbau im marxistischen Sinne« doch nicht mehr zustimmen: Ellul hat die glaubens-, religions- und damit auch kirchenstiftende Kraft der Vergottung »des Menschen« in der technisch-zivilisatorischen Verwandlung der Welt wohl doch ideologiekritisch unterschätzt.

Vor allem aber hat *Arnold Gehlen* in seinem Buch ›Moral und Hypermoral‹ (1969) die Thesen Sorels über die »künstlichen Verbrüderungen« und »die fiktive Familie« wiederaufgenommen und in einer brillanten Analyse untersucht und dargestellt. Er macht die Einsicht in den Vorgang der »Erweiterung« oder »Enlargierung« ursprünglich instinktbedingter, in der Familie beheimateter Verhaltens- und Moralformen zur Ideologie des »Humanitarismus«, der »zur ethischen Pflicht gemachten unterschiedslosen Menschenliebe«, zur Hauptaussage seiner Untersuchung. Er betont, daß die damit verbundene »Radikalisierung der Moral«, die sich von der konkreten Umwelt enthebende Brüderlichkeit und Humanität, zu einer Steigerung der Aggression, zu neuen Herrschaftsbedürfnissen und zur Rechtfertigung von Gewalt führt. Der »gnadenlose Humanitarismus« stellt für ihn durchaus eine der »großen, neuen Weltbewegungen« dar, »eine scheinbar unpolitische Binnenmoral der ›Menschheit‹, (die) von einer überdehnten Hausmoral geliefert« wird. Wie Sorel betont Gehlen den Wirklichkeitssinn, der aus familiären und anderen kleingruppenhaften, »konkreten« Sozialbeziehungen des Menschen erwächst, weiß aber, daß die großen Leistungen der modernen Zivilisation in diese sozialen Horizonte nicht hineinpassen: »Die Familie brachte eine edle, ausweitungsfähige Binnenmoral hervor, sie ist unentbehrlich für eine lebenslange seelische Gesundheit; aber alles, was Größe hat: Staat, Religion, Künste, Wissenschaften wurde außerhalb ihres Bereiches herangezogen, und selbst die Wirtschaft nahm erst große Dimensionen an, als sie sich aus ihrem Verbande gelöst hatte.« Gehlens sehr vielfältig ausgebaute und tiefgründige kritische Untersuchung über die Ursachen und Erscheinungsformen des »Humanitarismus« als abstrakter Verbrüderungsgesinnung legt in vielen Beziehungen die Gleichheit zur christlichen Heilsreligionsbildung offen, zieht aber die letzte Folgerung, diese »große, neue Weltbewegung« als neue Heilsreligion mit ihren institutionellen Folgen zu begreifen, nicht.

Diese Analysen des »Humanitarismus« als wichtigen Bestandteil eines neuen sozialen Heilsglaubens betonen die Erweiterung oder Abstrahierung der »horizontalen«, also der Bruder-Schwester-Beziehung der Familienverfassung; ohne Zweifel herrscht die Übertragung dieser familiären Strukturen auf die »größere Gesellschaft« heute vor. Aber die »vertikale« Familienstruktur, die Übertragung des »Eltern-Kind-Verhältnisses«, der Positionen von Vater und Mutter gegenüber den Kindern, sollte deshalb systematisch mit beachtet werden, weil hier grundlegende Strukturentwicklungen vorausgesehen werden könnten, die unvermeidbar in der Verfestigung und Institutionalisierung der neuen sozialen Heilsreligion ihre Rolle spielen werden. Schon im Christentum hat sich aus der Brüderlichkeitslehre des »Liebe deinen Nächsten wie dich selbst« die Hierarchie der christlichen Kirchen, die Vaterstellung des Papstes und die seelische Heimat der »Mutter Kirche« entwickelt. So hat die konservative Familiensoziologie *Wilhelm Heinrich Riehls* die Familie aus dem »Schwerpunkt der sich ergänzenden Liebe und der auf diese gegründeten bewegenden Mächte der Autorität und Pietät« verstanden, eine menschliche Grundbeziehung, die schon *Thomas Hobbes* als die Relation von »Schutz und Gehorsam« politisch versachlichte und zur politischen Grundbeziehung der staatlichen Souveränität zu den ihr unterworfenen Bürgern erklärte. Auch der absolute Staat, ja jede moderne Staatlichkeit lebt von einem instinktnahen, erweiterten familiären Verhaltensmuster der Vater-Kind-Beziehung, von der selbstverständlich vorausgesetzten »väterlichen« Fürsorge- und Ordnungsmacht, für die wenigstens von den breiten Schichten der Bevölkerung oder »Landeskinder« Gehorsam und Vertrauen gezollt wird. Der »Patriotismus« bildet sicherlich die milde Form einer Staats-Religion, aber ist geistig, wie man gerade aus der deutschen Geistesgeschichte weiß, durchaus zu einer ausgesprochenen Staats-Metaphysik zu steigern. Daß der »Landesvater« als Vorstellungsbild für eine gläubige Haltung zur Politik auch heute noch immer eine Rolle spielt, beweisen die letzten Bundestags- und Landtagswahlen in der Bundesrepublik unübersehbar.

Um so verfehlter wäre es, diese Eltern-Kind-Beziehung in ihrer Abstraktionserhöhung oder Übertragung auf das gläubige Verhältnis zur modernen Gesellschaft nicht in Rechnung zu stellen. *Arnold Gehlen* hat die These vertreten, daß die gegenwärtige westliche Zivilisation keine »Devotionsziele« mehr zur Verfügung stellt, »in denen große Massen etwas wie eine Sinnerfüllung finden könnten« (›Die Chancen der Intellektuellen in der Industriegesellschaft‹; ebd. die These: »Die Gläubigkeit ist verbraucht«). Diese Aussage ist in ihrem kritischen Urteil gegenüber der transzendenten Heilslehre sicherlich berechtigt, sie übersieht aber das »Devotionsbedürfnis« der modernen Sozialheilsgläubigen. Je mehr sich die intellektuelle Glaubensherrschaft durchsetzt, um so deutlicher werden auch gefühlsmäßige und geistige Schutz- und Vormundschaftsbedürfnisse großer Mengen von Gläubigen in Erscheinung treten, auf denen sich dann die Institutionalisierung und die Ausbildung einer neukirchlichen Hierarchie vollziehen kann. Schon heute ist die Dogmatisierung dieser neuen sozialen Heilsreligion in autoritativ vermittelten Lehrmeinungen und Glaubenssätzen und die damit verbundene Anerkennung von neuen »Kirchenvätern« klar erkennbar; die neue Heilandsrolle von Karl Marx – Heilsursprung, Heilsverkündung und Heilssicherheit verbürgend – wird ebenso von den Glaubensherrschern wie von den Bedürfnissen der Gläubigen nach Übernahme von unbedingt geltenden und der Prüfung enthobenen Glaubenssätzen und Lehrmeinungen immer mehr gefördert. Schon heute ist es deutlich, daß in den sozialen Gruppen, in denen die soziale Heilsgläubigkeit besonders hochgetrieben ist, etwa bei linken Studenten, aber auch Professoren und Journalisten, eine Rückwendung in die disziplinarische Unterwerfung unter Autoritäten, die Einordnung in Hierokratien, die Entlastung in der Beziehung von Befehl und Gehorsam, oft vollzogen wird, weil diese der institutionell freischwebenden Glaubensbehauptung ihrer intellektuellen Selbstverdeutlichung und vor allem der praktischen Ergebnislosigkeit und Enttäuschung (»Frustration«) nicht mehr gewachsen sind.

Solche Vorgänge, im unmittelbaren Gegenwartshorizont vielfältig erklärbar, können auch an welthistorischen Gesetzlichkeiten der Religionsentstehung und Kirchenbildung gemessen werden: Die Frage an die Gläubigen, ob man sich einer marxistisch-heilsgläubigen Kongregation anschließt, die mit der Orthodoxie zugleich die weltlich-politische Herrschaft offen verbindet, oder ob man diese politisch-weltherrschaftliche Bindung und Unterwerfung scheut und in Absetzung zur politischen Herrschaft eine Gegenmacht als »reine Kirche« bildet, entspricht etwa dem weltgeschichtlichen Kampf zwischen Byzanz und Rom, und sein heilsgeschichtlicher Ausgang ist ungewiß. Das beste Beispiel für die Umwandlung einer hochreflektierten, äußerst individualistischen Heilsgläubigkeit in eine extrem hierarchisch organisierte, ritualistisch entleerte Kirchen- und Priesterherrschaft bietet der Buddhismus in der hierokratischen Entartung seines aufklärerisch-personhaften Weltpessimismus der freien Person zur Aberglaubensherrschaft von Priesteraristokratien über primitive Gläubigkeits- und Erlösungsbedürfnisse. Was spricht dagegen, daß die aus der Aufklärungsreflexion der westlichen Welt entstehenden Heilsbedürfnisse geschichtlich eine ähnliche Entwicklung nehmen, und zwar in geschichtlich wesentlich beschleunigterer Form als in der geistig-sozialen Geschichte Ostasiens? Si-

cherlich, diese Frage ist von den gegenwartsgebundenen Empiri-
kern der Sozial- und Religionswissenschaft nicht zu beantworten
und wird daher von ihnen, erst recht natürlich von den gläubig-
ideologischen Heilsspekulanten, als unberechtigt abgelehnt.
Aber was besagt das! Alle diese Institutionalisierungen von
Heilsgläubigkeiten, die in der Lehre auf »Gleichheit und Brüderlichkeit« hinauslaufen – in den alten Heilsreligionen, der Lehre
von Buddha oder Christus, ebenso wie in den Heilslehren der
»Vernunft« oder der »Emanzipation« – sind in die erweiterte
Eltern-Kindschaftsbeziehung umgeschlagen, die auf die Dauer
sowohl dem entlasteten Hingabe- und Erlösungsbedürfnis der
Gläubigen als auch dem sich verfestigenden Herrschaftsbedürf-
nis der Heilslehrer und Heilsherrscher mehr entspricht als die Betonung der brüderlich-schwesterlichen Gleichheit in der unmittelbaren Weltverantwortung für den Glauben. Protestantismus
und Protestbewegung finden ihr gleiches Ende in der Kirche.

Die modernen Erlösungsbedürfnisse und Sozialverheißungen

Die Glaubensgefolgschaft erhofft sich von diesem fiktiv familiären Einrichten in der Welt jeweils die Befreiung oder Erlösung
von Notständen, die sie ängstigen und bedrücken. So wie im
christlichen Glauben dann »die Welt« schlechthin als Jammertal,
das irdische Leben zur Last des Menschen erklärt wurde, um die
Erlösung im Jenseits glaubhaft zu machen, so werden die Ängste
und Lebensschwierigkeiten der Gegenwart in »die Gesellschaft«
verlagert und verallgemeinert, und der Glaube damit verbunden,
daß es nur der entschiedenen Veränderung der Gesellschaft, der
»Revolution« oder der »Systemüberwindung« bedarf, um die
gegenwärtigen Lebensnotstände aufzuheben. »Revolution«,
»Systemüberwindung«, »Emanzipation« und was der Begriffe
für soziale Vollkommenheitspraktiken noch mehr sind, stellen
also keineswegs Programme und Ziele für konkrete Interessen
von Gruppen oder Personen dar, dürfen es auch gar nicht, wenn
sie ein allgemeines soziales Erlösungsbedürfnis stimulieren wollen. Es sind Verheißungen für eine »Transzendenz im Diesseits«.
Sie verkünden sozial-paradiesische Zustände in modernem Gewande, nämlich indem sie den »abstrakten« Notständen der
großräumigen Gesellschaftsverfassung ebenso abstrakte Sehnsüchte und Heilsverkündungen entgegenstellen, also »glück-
spendende Auflösung aller Lebensbelastungen durch ein in der

Vorstellung vorausgegriffenes vollkommenes Ganzes der Gesellschaft« verheißen (was unserer Bestimmung des Begriffs »Heil«, vgl. S. 55, entspricht).

Wir wollen einige wichtige dieser *Sozialverheißungen* kurz darstellen, die das Glaubensbedürfnis breiter Kreise der industriezivilisatorischen Bevölkerung auf sich ziehen, wenn man ihnen das »abstrakte Elend« ihrer gesellschaftlichen Existenz aufgeredet hat:

a) Die Verheißung der Befreiung vom Leistungsdruck. – Eine Welt wie die der modernen Zivilisation, die ihre Lebensbedingungen nicht als traditionell oder gar als unverbrüchlich gegeben hinnimmt, sondern sie technisch, organisatorisch und bis in die Tiefenschichten des biologischen, seelischen und geistigen Verhaltens selbst schafft und regelt, ist zu Leistungen gezwungen, die an die Stelle der passiven Hinnahme des Natürlichen oder des Schicksals treten; die Lebenswelt und -umwelt des Menschen wird *erarbeitet* (erfunden, organisiert, produziert usw.). An die Stelle der schicksalsergebenen Hinnahme tritt verantwortliche Leistung zur Erhaltung der Welt, in der zu leben wir uns gewöhnt haben. Diese weltgeschichtliche Wendung macht zwar den Menschen zum »Herrn der Welt« und befreit ihn zur »Mündigkeit« gegenüber den bisher hingenommenen Zwängen der Natur, der Geschichte, der kollektiven und persönlichen Schicksale und ihrer metaphysischen Vormundschaft, aber sie bürdet ihm auch eine Arbeitsleistung und Verantwortung auf, die sich möglicherweise als eine größere Belastung der menschlichen Gattung erweist als ein Sichfügen in das »Unabänderliche«. Die Selbstherrlichkeit (Euphorie) des Menschen, der sich selbst schafft (»Man makes himself«), ist von den Verkündern dieser weltgeschichtlichen Mündigkeit bisher kaum in den damit eingegangenen Verpflichtungen des Menschen, seine neuen Lasten und Verantwortungen auf sich zu nehmen, erkannt worden.

Diese zu verschweigen und dafür eine leistungs- und arbeitslose Existenz vorzugaukeln, ist eine der sozialreligiösen Verheißungen, die das arbeitsentlastende Erlösungsbedürfnis der Menschen in der »mündigen«, d. h. auf Leistung und Arbeit beruhenden modernen Welt anspricht. Die selbstgestaltete Welt ohne Arbeit und Leistung dafür, das ist das »Paradies« oder der »Himmel« des modernen Menschen. Eine solche weltgeschichtliche Illusion ist nur möglich, wenn man die »Arbeit für die Welt« eben den »anderen« überläßt, die damit als »Arbeiter« ebenso zur selbstverständlichen und zugleich verachteten Voraussetzung der Freiheit des sich für »mündig« erklärenden Menschen werden, wie es die Sklaven für die Vernunft und Kultur der griechischen Oberschicht waren. Aus einer sozialpolitischen Forderung der Arbeitszeitverkürzung bei Produktionswachstum, aus der ebenso notwendigen technischen Arbeitsentlastung durch Apparaturen und Rationalisierungen, insbesondere der Umwandlung schwerer körperlicher Arbeit in handfertig leichte, möglichst aber geistige Tätigkeiten, ist längst ein abstrakter Heilsanspruch auf Mühelosigkeit, arbeitsloses Wohlbefinden und Unterhalt durch die »anderen« (den Staat, die Steuerzahler, die Versicherungen usw.) geworden. Wem je im rhythmischen Chorgesang des Protestes die Formel »Wir stehen unter Leistungsdruck« eben von jenen entgegengeschallt ist, die sich auf die entlastetsten Formen der Berufstätigkeit vorbereiten und als spätere berufliche Oberschicht wirken sollen, kann an der geradezu primitiven Religiosität dieses modernen Aberglaubens keinen Zweifel haben. Wie sehr er als solcher mehr und mehr bereits die Pädagogik und Ausbildung, die Sozialpolitik und »Gesellschaftspolitik« steuert, soll hier nicht erörtert werden.

b) Die Verheißung der Rationalität. – Die von der menschlichen Arbeit, geistig und technisch, geschaffene Zivilisation beruht nicht nur auf der Fortdauer, ja Steigerung dieser Produktionsleistung, sie wird dadurch auch immer arbeitsteiliger (spezialisierter) und unterliegt immer mehr sehr fernwirkenden, anonymen Sach- und Sozialzusammenhängen. Dieses arbeitsteilige, anonyme Beziehungssystem unserer Welt, die wir schaffen und zugleich davon leben, ist für die individuelle Einsicht nicht mehr durchschaubar; die individuelle Rationalität ist der Komplexität der modernen Welt, die sie selbst geschaffen hat, nicht mehr gewachsen und wird von ihr abgewiesen. Die Tatsache, daß auch die Vernunft, das rationale Erkennen und Urteilen des Menschen, nur noch arbeitsteilig und kooperativ sich der modernen Welt gegenüber behaupten kann, scheint die Würde der an die Einzelperson gebundenen Vernunft des Menschen, eine von der Aufklärung quasi-religiös dem einzelnen als seine »Mündigkeit« aufgebürdete Selbstbestimmung und Selbstherrlichkeit, zu verletzen. Daß gerade die von ihm selbst geschaffene Welt dem Menschen die Einsicht in seine grundsätzlich »eingeschränkte Rationalität« (Tenbruck) auferlegt, gehört zu den unverdaulichsten Brocken für die moderne menschliche Selbstüberschätzung. Diese Enttäuschungen der Vernunft anzuerkennen ist niemand bereit, nicht die durch Vernunftverheißung Herrschenden, vor allem aber nicht der aus den Zwängen der traditionellen Glaubensherrschaften befreite, sich »mündig«, d. h. schrankenlos selbstbestimmende Mensch. Hier setzt die intellektuelle Heilsgläubigkeit nicht nur der Intellektuellen, sondern auch der breiten säkularisierten Massenüberzeugungen ein.

Die Einsicht in die grundsätzlich »beschränkte Rationalität« der modernen Wissenschaft und damit des aus ihr seine Urteilsfähigkeit ziehenden modernen Menschen hat in voller Deutlichkeit zum ersten Male *Friedrich H. Tenbruck* 1967 in einer Abhandlung ›Zu einer Theorie der Planung‹ entwickelt, die sich nicht nur entschieden von dem Aufklärungsbegriff der Rationalität, sondern auch von den Hoffnungen trennt, die noch *Max Weber* mit seinem Begriff der Zweck-Mittel-Rationalität und einer allgemeinen »Rationalisierung« der modernen Welt verband. (Heute ausführlicher in F. H. Tenbruck, ›Zur Kritik der planenden Vernunft‹, Freiburg 1972, S. 33 ff.). Das Gewicht dieser Untersuchung besteht vor allem darin, daß sie sich einer Zentralüberzeugung der modernen Vernunftüberheblichkeit, der Planung der *ganzen* Gesellschaft, zuwendet und deren Grenzen aufweist. So ist das Urteil Gehlens: »Was sich heute bei uns als Aufklärung ausgibt, steht nicht auf der Höhe des zeitmöglichen Bewußtseins«, wohl völlig berechtigt; die aus Aufklärungsargumenten gefolgerte »Bewußtseinserweiterung« der Emanzipationsprogressiven vermag in den Deutungsformen wohl an jene geistesgeschichtliche Epoche anzuknüpfen, in der gesellschaftlich-politischen Frontenstellung dient sie ihren in neuer Form wiedererstandenen Gegnern, der heilsreligiösen Unterwerfung der Menschen unter Glaubensziele.

Wenn die Einsicht in die »beschränkte Rationalität« des Menschen in der modernen Gesellschaft eine Selbstbeschränkung der sich allmächtig dünkenden Selbstüberzeugung der Person fordert, dann ist die Verheißung, daß der Mensch eben doch über die Kraft der Erkenntnis und der Beurteilung des »Ganzen« verfügt, eine der Heilsversprechungen, die den Ohnmachtserfahrungen widerspricht und »Vernunft« zu einem Mittel der Heilserkenntnis des selbstherrlichen Menschen erhebt. Während der Realitätssinn gerade die Beschränktheit des Menschen, »das Ganze der Gesellschaft« erkennen und planend beherrschen zu können, herausstellen müßte, zielt die moderne Heilsverheißung auf die Anerkennung und Überzeugung des Menschen, »die Vorstellung eines vorausgegriffenen vollkommenen und glückspendenden Ganzen der Gesellschaft« als möglich, berechtigt und notwendig zu verbreiten. In der heilsverkündenden Herrschaftsgruppe wird dieser selbstherrliche Weg der Erkenntnis als

»Reflexion des Ganzen« verdeutlicht, in den breiten Massen des »mündig« gewordenen Menschen wird er als die Herrschaft der arbeits- und mühelosen *Meinung* propagiert und befestigt. Daß der »Meinung«, ohne Mühe und Arbeit, vor allem dadurch ohne praktische Erfahrung des einzelnen, ein Deutungs- und Herrschaftswert in der modernen Gesellschaft zugeschrieben wird, gehört zu den entscheidenden heilsreligiösen Rationalitätstäuschungen des modernen Menschen und damit zu den wichtigsten Bereitschaften der Heilsherrschaftsunterwerfung der daran Glaubenden. Die »Meinung über alles«, die Überzeugung der universalen Urteilsfähigkeit ohne Erfahrung oder Erkenntnisarbeit, ist eine Form der individuellen Selbstbestätigung, die heute zu den Grundlagen der modernen sozialen Heilsbedürfnisse gehört und durch die meinungsbildenden und zugleich heilsherrschaftlichen Gruppen als Grundlage ihrer Neupriesterherrschaft systematisch gefördert und gesteigert wird. Die Art, wie sich die politische Ideen-Demokratie und die gruppenhafte Interessendemokratie mehr und mehr in eine Meinungs-Demokratie verwandelt – ein Vorgang, der sich gerade an den bundesdeutschen Wahlen in seinem Fortschreiten eindrucksvoll belegen ließe –, kündigt dieses kaum aufhaltbare Eindringen von Heilsbedürfnissen und die auf den damit verbundenen Realitäts- und Praxisbezug abzielenden Heilsherrschaftsansprüche in den Raum der praktisch-rationalen Politik unübersehbar an. Die Politiker haben sich dieser neuen »Rationalität« der Politik längst unterworfen.

c) *Die Verheißung der allumfassenden Mitwirkung.* – Die arbeitsteilige Vereinzelung des Menschen und die Verheißung oder Vorgaukelei einer universalen Rationalität jedes Menschen in der modernen Zivilisation schaffen folgerichtig den ebenso selbstverständlichen wie trügerischen Anspruch, als »mündiger« Mensch in aktiver Einwirkung alles Geschehen, von dem man abhängig ist, zugleich mitbestimmen und lenken zu können. »Mitbestimmung« in der human- und sozialuniversalen Bedeutung dieses Begriffs – im Gegensatz zu einer institutions- und damit sachgebundenen politischen Kontrollfunktion der »Betroffenen« gegenüber den Herrschenden und den Exekutiven – ist zu einer sozialen Erlösungshoffnung gegenüber den Sachzwängen der selbstgeschaffenen Welt und gegenüber den weitläufigen Abhängigkeiten der modernen Sozialverfassung emporgesteigert worden. Anstatt den Freiheits- und Selbstbestimmungsraum der Person in dieser Gesellschaft jeweils optimal auszugrenzen und damit sowohl die Reichweite und Verantwortung seiner Selbstbestimmung und -verantwortung vorzuzeichnen als auch ihre Grenzen aufzuweisen (und diese in gesetzlicher und ordnungspolitischer Verbindlichkeit festzulegen), nährt man die Selbsttäuschung einer universalen Mitbestimmung und Einflußmöglichkeit direkter Art auf die Entscheidungen und Steuerungen des ganzen politisch-ökonomischen Geschehens. Dies geschieht vor allem auch dadurch, daß man die personale Willkürlichkeit in diesen Systemen übersteigert und die in ihnen vorhandenen Sachverantwortungen unterschlägt. Von der Rolle der »Vermittler« für diese Teilhabe ist kennzeichnenderweise kritisch nie die Rede.

Die Weichenstellung zu dieser Glaubensform ist mit der Versicherung von Karl Marx erfolgt, daß in der Überführung des Privateigentums an den Produktionsmitteln in das Gemeineigentum die Selbstbestimmung und soziale Mitregierung des einzelnen Menschen über sein ökonomisches und politisches Schicksal verbürgt sei. Die damit verbundene Entmachtung der personalen Verantwortung des Eigentums – dessen kapitalistisch-ideologische Steuerungsfunktion hier weder gerechtfertigt noch die konkreten Formen der gemeinwirtschaftlichen Unternehmen damit widerlegt werden sollen – hat in den prinzipiell das personale Eigentum ausschaltenden Gesellschaften nur eine neue, den Freiheitsraum des einzelnen noch einschneidender begrenzende oder gar aufhebende Sozialverfassung hervorgebracht. Das Umschlagen des ultraliberalen Eigentumsbegriffs, der in der Tat Herrschaftsausbeutung verdeckte und legitimierte, in einen Gemeineigentumsbegriff, der seinerseits wiederum die Herrschaft der sozialistischen Funktionäre oder der im Namen der Sozialisierung zur Macht gekommenen Partei bedeutet, kann entweder in praktisch für den einzelnen fruchtbaren Kompromissen und neuen Formen der Beherrschung der ökonomischen Vorgänge überwunden werden oder diese konkrete Mühe wird heilsgläubig mit der Versicherung der erhöhten, ja vollen Befreiung des Individuums in der »Sozialisierung«überspielt. Dann wird »Sozialismus«, vor allem auch in seiner ökonomischen Bedeutung, als Heilsweg zur »Befreiung« der Person zur unbegrenzten Selbstbestimmung, zur mühelosen Lebensführung, zur arbeitslosen Wohlfahrt und zur politischen Rücksichts- und Herrschaftslosigkeit verstanden, eine Vorstellung, die heute unter den intellektuellen Heilsgläubigen die Hingabe an den »Sozialismus« jenseits aller empirischen Überprüfung begründet.

Dieses Schema, das bedrückende Gefühl der schlechthinnigen Abhängigkeit von sozialen Zwängen, von der »Gesellschaft«, zu trösten und zu überwinden mit der Fiktion oder Einbildung einer *abstrakten Teilnahme oder Teilhabe (Partizipation) am sozialen Ganzen,* das sich im sozialen Glauben an die Sozialisierung der Produktionsmittel zuerst weltgeschichtlich bekundete, ist inzwischen verallgemeinert worden und taucht in vielen Formen einer verheißenen »Mitbestimmung über alles« im gesellschaftlichen Leben auf; es zieht die Glaubensbedürfnisse des der Enge und Ohnmacht seines Handlungsbereiches innewerdenden Menschen zunehmend auf sich. Indem darin die abstrakte Person zu einer Art Sozial-Göttlichkeit emporgesteigert und eine soziale Wirkungsallmacht vorgegaukelt wird, schwächen diese Verheißungen bewußt den Wirklichkeitssinn, weil sie die Grenzen verwischen, in denen der Mensch Verantwortung über sein Schicksal übernehmen und es selbst bestimmen kann. So wird der immer begrenzte Raum der konkreten Freiheit, den der Mensch sich politisch und moralisch mühevoll erobern muß, verachtet und herabgesetzt zugunsten der leichtgläubigen, aber gefühlssättigenden Selbsttäuschung einer allseitigen Teilnahme an der Beherrschung der Welt.

Auf diese Befriedigung des freiheitlich-gläubigen Bedürfnisses nach allumfassender Mitwirkung zielen jenseits aller konkreten Zielsetzungen und Argumente heute die im ganzen gesellschaftlichen Tätigkeitsfeld vorgebrachten und gehegten *»Demokratisierungs«-Ansprüche und -verheißungen.* Gerichtet werden diese Appelle vor allem an die »Basis«, d. h., man erregt in den breiten, auf ihre unmittelbare berufliche Tätigkeit begrenzten arbeitenden Schichten Illusionen, durch bloße Meinungsäußerung oder durch emotionale Selbstdarstellung an den konkreten und sachlichen politischen und ökonomischen Entscheidungen der gesellschaftlichen Führung unmittelbar teilnehmen zu können.

Daß es hier nicht um Verbesserungen des geregelten demokratischen Repräsentations-, Beauftragungs- und Kontrollprozesses geht, sondern um eine Absättigung von Glaubensbedürfnissen, dafür zeugen einige nur Glaubenshaltungen kennzeichnende Zusammenhänge in dieser heute weltweiten »Demokratisierungs«-Welle: Zunächst ist diese Überzeugung wie jeder Heilsglaube enttäuschungsfest, d. h., noch so eindringliche Erfahrungen der Unwirksamkeit und Effizienzminderung des politisch-ökonomischen Systems können sie nicht widerlegen; ein Heilsglaube läßt sich nicht von der Erfahrung falsifizieren. Ein solcher

sozialer Teilnahmeglaube wird begleitet und gestützt von Vorstellungen einer »radikalen Vereinfachung der Willensbildung«
(Scheuch) im gesellschaftlichen Bereich; genauso, wie die christliche Heilslehre eine Unmittelbarkeit des Gläubigen zu Gott
predigt, allerdings als reines Innerlichkeitsverhältnis, wird hier
an die Stelle der Gottunmittelbarkeit die Gesellschaftsunmittel-
barkeit, das subjektiv unvermittelte Verhältnis des einzelnen
zum sozialen Ganzen, zur Grundlage der sozialen Heilsverkündigung. Damit wird schließlich – wie auch im Verhältnis von
christlich-evangelischer Lehre und christlicher Kirche – die Rolle
der »Vermittler«, also der Beherrscher dieser Hingabebezie-
hung, unterschlagen. Schon in der Heilslehre von Karl Marx über
die Befreiung des Menschen von den ökonomischen Zwängen
durch Sozialisierung des Privateigentums an Produktionsmitteln
ist verkannt, daß der konkrete einzelne Arbeiter dann nur seine
Teilhabe durch die Gruppen der Funktionäre, also neuer Herrschaftsschichten, ausüben kann, ein Tatbestand, den man wohl
als die entscheidende und längst weltweit bewiesene Maskierung
von Herrschaft und Entmündigung des Menschen in sozialistischen Gesellschaftssystemen anerkennen muß.

Diese Glaubensillusionen der »universellen Teilnahme« hat *Erwin*
Scheuch als Kennzeichen der modernen »Demokratisierungs«-Forde-
rungen erkannt, wenn er schreibt: »In einer hochdifferenzierten Industriegesellschaft ist politische Willensbildung in dem Geflecht der Institutionen ein schwer überschaubarer Prozeß, auf den der einzelne nur
einen begrenzten und – angesichts seiner hohen Motivation der Teilnahme – in seiner Wirkung nicht abzuschätzenden Einfluß ausüben kann.
Revolte erscheint als Instrument zur Wiederherstellung der Unmittelbarkeit des Erlebens und einer radikalen Vereinfachung der Willensbildung. Demonstrationen als Mittel der Willensbildung sollten den Platz
der Wahlen in parlamentarischen Demokratien einnehmen ...« (›Erlösungsbewegungen‹, S. 181).

Die Widersprüchlichkeit von universalen Mitbestimmungsansprü-
chen und konkreten Lebensinteressen wird vielleicht am deutlichsten in
einem politischen Scherz: Ein Arbeiter steht vor einer sozialisierten, »in
die Hände der Arbeiter« überführten Fabrik und sagt: »Daß mir diese
Fabrik gehört, das weiß ich; aber weshalb ich mich selbst entlassen habe,
ist mir unklar.«

Das Bedürfnis nach ritualisiert-symbolischer Selbstdarstellung

Schließlich sei als Verursachung einer erhöhten sozialen Heilsgläubigkeit noch ein Wesenszug der menschlichen Natur er-

wähnt, der in der modernen Zivilisation weitgehend unbefriedigt bleibt, sich aber in einer Glaubensgemeinschaft und ihrer »Verkirchlichung« Erfüllung versprechen kann. Es handelt sich allerdings hier weniger um eine Heilsverheißung als um die religionsstiftenden menschlichen Grundbedürfnisse, die in der rationalversachlichten wissenschaftlichen Zivilisation und ihren politischen und sozialen Einrichtungen nur ungenügende Erfüllung finden.

Als ein in der Natur des Menschen begründetes Grundbedürfnis muß wohl angesehen werden, daß er den in seinem Inneren, seinem Gefühlsleben und seinem Bewußtsein sich aufstauenden Ängsten und Spannungen, Wünschen und Begierden *Ausdruck* geben will, um sich ihrer in einer ersten unmittelbaren Form zu entledigen und daß er mit dieser Entäußerung zugleich soziale Verbindungen herstellen will mit denen, die in gleicher Bedrängnis sind, so daß er sich von der Einsamkeit der Bewußtheit und der Gefühle befreit in der Entlastung der Gemeinsamkeit; das Sprichwort hat diesen Drang in der Formel eingefangen: Geteiltes Leid ist halbes Leid. Dazu muß man allerdings auch eine gegenläufige Wirkungsweise sehen: Individuelle Ausdrucksformen verlangen selbst eine hohe persönliche Schöpferkraft; wer zu individuellem Selbstausdruck nicht fähig ist – und es ist die große Mehrheit der Menschen –, bedarf der vorgeformten und sozial angebotenen Ausdrucksformen, um sich, seine Gefühle und Ängste zu äußern. Institutionen und Führungsgruppen, die solche unmittelbar sinnlichen Darstellungsformen dem zur individualistischen Eigendarstellung nicht fähigen Menschen anbieten, wirken erlösend und gemeinschaftsbildend. Und schließlich entspricht ein solches Angebot an sozial vergemeinschaftenden und den Individualdruck des Bewußtseins und der Gefühle kanalisierenden Ausdrucksformen dem Anspruch, sie ständig zur Hand zu haben, in ihnen eine Lebensdauer der Selbstbestätigung zu finden. Der Anspruch auf *dauerhafte Nachahmung im sozialen Ausdruck,* von einer rationalen Selbstführung des Menschen in Erkenntnis, Urteil, Meinung verdrängt und gleichsam ins Unrecht gesetzt, sucht sich seine befreiende Erlösung in religiösen Riten und im glaubenshaften Symbolverhalten.

Arnold Gehlen hat dieses Grundbedürfnis der menschlichen Natur und des menschlichen Gemeinschaftsverhaltens in der Analyse von primitiven Gesellschaften klar erkannt: »Das oft gerühmte Erlebnis der ›Gemeinschaft‹, der Gruppeneinheit, ist keineswegs ein unmittelbares … Die Bedingung ist vielmehr, daß gerade das *Selbstbewußtsein* des einzelnen mit dem der anderen einen gemeinsamen Schnittpunkt hat, und eben diese Art des Selbstbewußtseins wird im darstellenden Ritus erzeugt, in ihm also faßt sich die Gruppe als Einheit, und seine institutionelle Wiederholung, angeknüpft an den Außenhalt periodischer Ereignisse oder dauernder Realitäten, stellt diese Einheit auf Dauer. Zur Gruppe gehört also, wer an denselben Riten teilnimmt ...« (›Urmensch und Spätkultur‹, 1956, S. 167).

Die glaubens- und religionsstiftende Wirkung dieses menschlichen Grundanspruchs wird deutlich, wenn man erkennt, daß die moderne rational-versachlichte Gesellschaft ihn abschneidet, unterdrückt und verfemt. Auf dieser Ebene ist die »Dialektik« unübersehbar, daß die Aufklärungsrationalität der modernen westlichen Entwicklung aus einer einseitigen Bewußtseinsüberlastung der menschlichen Natur sich ihre Gegner selbst produziert. Das gilt aber für alle Versachlichungen der Lebensbezüge, also insbesondere für die modernen Formen der Arbeit; Industrie- und Büroarbeit erlauben keine rituelle oder symbolische Selbstdarstellung mehr, ja sie verwehren sogar die Selbstdarstellung im Produkt der Arbeit, das gleichförmig und anonym bleibt, in seiner Gestalt kaum jemals auf eine Person bezogen werden kann. Genauso entleert der rationale Staat die sich auf bloße Urteile oder Meinungen stützende und im Grundsatz durch Argumente steuernde politische Herrschaft der westlichen Demokratien, das öffentliche Leben fast jeder Sinnfälligkeit und darstellenden Repräsentanz, erlaubt daher seinen Bürgern nur die gefühlssterilisierte, im wesentlichen sogar geheime Teilnahme am Volkswillen durch Urteils- oder Meinungsabgabe, nicht aber die vergemeinschaftende symbolische oder gar rituelle Selbstdarstellung der Zugehörigkeit zu diesem Staat, zu dieser politischen Schicksalsgemeinschaft. Diese Arbeitsverfassung, dieses Regierungssystem, ja diese ganze gesellschaftliche Ordnung erfordert und begünstigt den auf sein argumentatives Bewußtsein verkürzten Menschen; es legitimiert – ein Erbe der Aufklärung – nur den »denkenden Menschen« als Arbeiter und Bürger, ohne zu sehen, daß »Bewußtseinserhöhung« und soziale Vereinsamung Hand in Hand gehen.

Eine der Stärken der totalitären politischen Systeme, der faschistischen ebensowohl wie der kommunistischen, gegenüber den bewußtseinsblassen Demokratien ist ihre aufklärungsunbekümmerte Kraft, sich in vergemeinschaftenden Selbstdarstellungen und Repräsentationen in Szene zu setzen; sie geben damit den Bedürfnissen der menschlichen Natur mehr

Spielraum als die den Menschen rational einengende Demokratie. Dagegen geraten die sich als rational-argumentative, interessen-»repäsentative« Demokratien verstehenden politischen Herrschaften immer mehr in den Selbstwiderspruch, sich in ihrer Legitimierung, nämlich den urteils- und meinungsbedingten Wahlen, vor allem auf Emotionen, Gefühlsappelle, sinnhaft-optische Werbung, Herausstellung von attraktiv-sympathischen Vaterfiguren, also symbolische Vergemeinschaftungsdaten einlassen zu müssen, die, selbst wenn sie zum Wahlerfolg führen, das rationale Regierungssystem im Grundsatz widerlegen. Wenn dann die Staatspräsidenten dieser Demokratien, politisch weitgehend entmachtet und damit ohnehin nur ein fast funktionsloses Relikt der feudalen Kaiser-, Königs- oder Fürstenrolle, ebendiese sinnhafte Repräsentanz als ihnen unangemessen ablehnen und ihre individuelle Sujektivität an die Stelle der Staatsrepräsentanz setzen, dann besteht zwischen diesem Mangel an Sinnfälligkeit und emotionaler Zustimmung zur Schicksalsgemeinschaft »Staat« und dem von den Illustrierten ausgebeuteten Interesse am Auftreten ausländischer Potentaten, an ihrem demonstrativen Privatleben und dem von Selbstdarstellern des Schaugeschäfts oder auch ersatzweise dem von bekannten Politikern, das Verhältnis von kommunizierenden Röhren. Je mehr der Staatspräsident die sinnfällige und vergemeinschaftende Repräsentanz ablehnt, um so mehr richtet sich dieses Bedürfnis in seiner Erfüllung auf den privaten Raum der politisch Unverantwortlichen. Der demokratisch-rationale Staat gerät in den Zwiespalt seiner überhöhten grundsätzlichen Forderungen an den ihn tragenden Menschen und der dann seine Prinzipien widerlegenden Praxis. Der Bürger, der sich nicht als in seinem Wesen nur »denkender«, sondern als fühlender, Gemeinschaft und Lebenssolidarität suchender Mensch versteht, muß unbefriedigt bleiben, wenn ihm politisch Abend für Abend im Fernsehen gleichförmig zivilgekleidete Argumente vorgeführt werden, die aus Wahl- und Rechtsrücksichten so entfärbt sind, daß ihre Unterschiede nur noch Kennern der Szene deutlich werden. Diesem System widersprechende, vitale und sinnhafte Auftritte und damit zur gefühlsbetonten Identifikation und »Vergemeinschaftung« führende Äußerungen, wie sie etwa Strauß und Wehner, zum Bedauern ihrer parteieigenen »Rationalisierer« aufzuführen pflegen, tragen zu dieser in der rationalen Demokratie schwindenden Erfüllung der lebendigen Selbstdarstellung mehr bei, als ihnen dem Prinzip dieser Herrschaftsform nach erlaubt ist. Diese Vereinseitigung der menschlichen Natur in Arbeitswelt und politischer Öffentlichkeit könnte man auf die Einsicht bringen, daß offensichtlich der repräsentativen Demokratie nichts schwerer fällt als ihre Selbstdarstellung.

Wenn diese gemeinschaftsstiftende sinnhafte Selbstdarstellung, das Leben und Denken in Symbolen und Ritualen, zu den menschlichen Grundbedürfnissen gehört, dann muß man fragen, wo denn in diesen symbol- und ritualkargen Industriegesellschaften westlichen Typs die Erfüllung dieser Bedürfnisse überhaupt noch geschieht. Hier ist nun offensichtlich, daß sie vor allem in das private Leben der Menschen abgedrängt worden sind, vor allem in die Familie, in die Privaträume der Sexualität, der Mode, der Freizeit wie etwa Zuschauersport, Hobbies, Urlaubsreisen usw., für sehr wenige in künstlerische Betätigungen. Abgesehen von einer kleinen Gruppe geistiger oder künstlerischer Berufe findet der Mensch der modernen wissenschaftlich-technischen Zivilisation den Zugang zur »Unmittelbarkeit des Erlebens« und seiner soziale Bindungen und Zugehörigkeiten schaffenden sinnhaften Darstellung nicht mehr in Arbeit und Öffentlichkeit, sondern in der Privatsphäre, was nicht zuletzt ihren »Freiheits-Charakter« ausmacht. Eine Ausnahme davon haben immer noch die christlichen Kirchen und andere Religionsgemeinschaften gemacht: Die Teilnahme am Leben der religiösen Gemeinde bot den Menschen nach wie vor die Chance zum gemeinschaftsbildenden und -bestätigenden Ritual (und wenn sie auch von vielen nur in den Restzeremonien von Taufe, Konfirmation, Hochzeit und Beerdigung in Anspruch genommen wurde); zur gefühlsbetonten Hingabe an Symbole; zur handelnden Selbstbestätigung, die sich nicht auf rationale Urteile, Leistungen und Meinungen zu stützen brauchte, sondern die Tiefenschichten der Gefühle ins Recht setzte; vor allem aber bot sie die Befriedigung jener »Interessen der Ohnmacht«, jene in Glaubensgemeinschaften vermittelte Sicherheit und Stütze in Situationen der Not und des Leidens, die sich in der kundgetanen Gruppeneinheit gewinnen lassen. Allerdings entfaltet sich diese Wirkung der alten heilsreligiösen Institutionen in den modernen westlichen Gesellschaften auch bereits im wesentlichen auf der Grundlage, daß »Religion Privatsache« sei; der staatlich-öffentliche Schutz der Kirchen, ihrer Lehren und Symbole, dient dem privaten Individualrecht der Glaubensfreiheit.

Erst unter diesen Gesichtspunkten kann man die große Anziehungskraft einer sozialen Heilslehre ermessen, die jene Möglichkeit zur symbolisch-rituellen Selbstdarstellung für breite Massen der »Ohnmächtigen« wieder in das öffentliche Leben einzuführen verspricht und dafür zur Nachahmung aufbereitete Symbole und Rituale zur Verfügung stellt. Und daß dies nicht zuletzt die Wirkungsweise darstellt, der diese sozialen Verheißungen einen großen Teil ihres Zulaufes verdanken, ist wohl unübersehbar: Begonnen hat dies an den Universitäten mit den ritualisiert-schauhaften Sit-ins, Protestversammlungen, Massendemonstrationen, die sehr bald zu allgemein politischen und öffentlichen Protestzügen mit ritualisierten Glaubenssymbolen (Plakaten), mit monotonen Gemeinschaftsgesängen und einer Revolutionsliturgie, mit gruppenhafter Ekstase und dem für diese Glaubensbezeugungen kennzeichnenden märtyrerhaften Bestrafungsmasochismus gesteigert worden sind. Das sind längst Formen eines sozialen Heilsgottesdienstes, die, verstärkt durch das breite Echo der Ministranten des Fernsehens, längst keine Argumente, Meinungen oder auch nur feststellbare Interessen mehr rational ausdrücken, sondern auf sinnlich demonstrative Gefühlsgemeinschaft zielen. Das Private kann sich wieder als das Öffentliche darstellen: Haartracht und Kleidung erhalten gegenüber der zivilen Konfektionsgleichheit demokratisch gleicher Bürger wiederum Demonstrations- und Gesinnungswert (wenn auch in einer antiquierten Proletariertümelei, die vielfach der Deutschtümelei der jungen Romantiker entspricht, die ja ähnliche religiösvergemeinschaftende Züge zeigte); Sexualität wird zur öffentlichen Forderung nach Lustgewinn und kann wieder zur Schau gebracht werden; man kann Musik und Gesang wieder als revolutionären Protest zelebrieren und kann sogar die höchst individuelle Drogenekstase – eine alte Mißform der Religiosität – als heilsreligiöse Hingabe betreiben. Unübersehbar ist auch, daß sich eine nur den Eingeweihten und Gläubigen noch verständliche »Heilssprache« ausbildet, die unter ihnen eine von Sinngehalten weitgehend entlastete, symbolisch-rituelle Verständigung ermöglicht und zugleich vergemeinschaftend gegen die Uneingeweihten absetzt, ein Jargon pseudowissenschaftlicher »Eigentlichkeit«, an dessen Ausbreitung in den Massenmedien man die Bekehrungserfolge dieser Heilslehren ziemlich genau abmessen kann. In der Tat: »Revolte erscheint als Instrument zur Wiederherstellung des unmittelbaren Erlebens« *(Scheuch)*; ihre Chancen zur Selbstdarstellung in der Sicherheit des Glaubenskollektivs sind für ihre Anhänger vielleicht wichtiger als die bei ihnen vordergründigen Zielbekenntnisse; für die neuen Heilsherrscher aber bieten sie ein Arsenal der Führungsmittel, deren sie sich durchaus berechnend bedienen.

Dieses Grundbedürfnis der gemeinschaftsbestätigenden Selbstdarstellung ist jedoch nicht nur in den zur Schau getragenen revoltierenden Akten wirksam, es spielt längst eine entscheidende Rolle auch in der breiten Forderung nach »Demokratisierung« aller Lebensbereiche; wer die Praxis der »Basis-Demokratie« beobachtet, wird bald feststellen, daß es hier keineswegs nur um eine stärkere argumentative Beteiligung an der jeweiligen politischen Willensbildung geht, sondern daß die »Basis-Demokratie« sehr bald zur Selbstdarstellung der sie beherrschenden Gruppen, oft nur Minderheiten, in den Ritualen der Dauerreden, der Abstimmungszeremonien, der ungehört verhallenden Aufrufe usw. umgestaltet wird. Demokratie wird zur öffentlichen Bühne, in der jeder seine darstellerische Rolle spielen will; und das »imperative Mandat« soll verhindern, daß die darin liegende »Macht« verantwortlich delegiert werden muß, und sichern, daß der Schauplatz der sachverantwortungslosen Selbstdarstellung auf Dauer erhalten bleibt. Daß solche Züge der protestierenden emotionellen Selbstdarstellung heute auch bereits in die klassischen Formen des wirtschaftlichen Interessenkampfes, z. B. in die »wilden Streiks« und sonstige gewerkschaftlichen Aktionen eindringen, die dabei die in den Universitäten entwickelten Handlungsformen übernehmen, kann man ebenfalls nicht übersehen.

Überhöht wird dieses symbolisch-rituelle Selbstdarstellungsbedürfnis von Heilsvergemeinschafteten durch die Allgegenwart des modernsten optischen Kommunikation- und Führungsmittels: des Fernsehens. Wer sich hier darstellen kann, bestätigt sich, seine Gesinnung und seine Ängste, vor Millionen und zieht daraus Weltsicherheit, Selbstbestätigung und Machtbewußtsein. Wenn Schiller das Theater als »moralische Anstalt« verstanden wissen wollte, so hat sich das Fernsehen heute längst auf eine ähnliche Aufgabe, die der »sozialverheißenden Anstalt«, eingestellt (und die Theater sich dem gleichen Ziel längst unterworfen). Deshalb liegen bei uns das Schaugeschäft, wie es Fernsehen und Illustrierte betreiben, und die demonstrative soziale Heilsverkündigung so nahe beieinander, ja verschmelzen in vielen Fällen; und die Politiker richten sich darauf ein.

Diese Entwicklung hat im Grunde genommen bereits *David Riesman* in seiner Zeitkritik ›Die einsame Masse‹ (1958) gesehen, wenn er von »den demokratischen Ritualen der Wahlen und Abstimmungen« sprach, wenn er (an Franklin D. Roosevelt) das Verschmelzen von politischem Führertum mit den Qualitäten der Künstler und Schauspieler entdeckte, überhaupt der sinnhaften Aufmachung (glamor) der modernen Politik mehr Wirksamkeit zuschrieb als den Überzeugungen durch Grundsätze oder Argumente. Aber aus dem »passiven Konsumenten«, den er zu seiner Zeit noch als den Adressaten und Träger dieser Entwicklung bestimmte, ist längst der nach aktiver Glaubenshingabe dürstende Zeitgenosse geworden, dessen Ansprüche die gekennzeichneten Sinnlichkeitsbedürfnisse noch verstärken.

Damit wollen wir die Erörterung der Ursachen beenden, die zur Glaubensbereitschaft gegenüber den Lehren der neuen Sozialreligion und zur heilsherrschaftlichen Unterordnung unter den neuen Sozialklerus führen. Wir haben darin die Ansicht vertreten, daß die moderne wissenschaftlich-rationale, technisch-industrielle Zivilisation, insbesondere in den Bereichen der politischen Verfassung und der Arbeitswelt, von sich selbst aus Lebensverhältnisse entwickelt, die grundlegende natürliche Bedürfnisse des Menschen und traditionell-geschichtlich entwickelte Ansprüche vernachlässigt oder in das beliebige Private abdrängt und damit in Politik und Arbeitswelt, also im Öffentlichen und Sozialen, Gegnerschaften hervorruft und Kräfte zum Zuge kommen läßt, die auf ihre Gefährdung und Beseitigung zielen. Diese strukturelle »Dialektik« des sozialen Geschehens liegt dem Aufkommen einer neuen sozialen Heilsreligion zugrunde, weniger die Interessen bestimmter Gruppen, die vorgebrachten Ideologien, das Herrschaftsbündnis von Machthungrigen, die weltpolitischen Gegnerschaften oder die Moralität oder Unmoralität der einzelnen Menschen. Diese sind mehr oder minder nur Ausfluß und Äußerung der unvermeidbaren Widersprüche, die dem Menschen durch die gesellschaftliche Entwicklung aufgedrungen werden. Erst wenn man also erkennt, daß die rationale wissenschaftliche Zivilisation selbst die Kräfte ihrer Gefährdung freisetzt und so an ihrem eigenen Untergang arbeitet, wird die Aufgabe deutlich, die der politischen und sozialen Gestaltungskraft der Gegenwart gestellt ist. Ob die so festgestellte Entwicklung zu verhindern oder gar schöpferisch umzuwenden ist, erscheint analytisch als unwahrscheinlich, kann geschichtlich aber nicht ausgeschlossen werden. Die Selbstbehauptung einer Kultur oder Gesellschaftsverfassung kann in einer jahrhundertelangen Verzögerung einer als unausweichlich angesehenen Entwicklung bestehen, im Aufrechterhalten von Lebensumständen, die ihrerseits ungeahnte neue Entwicklungs-Chancen bieten.

7. Die Gegner

Zum Schluß soll die Bildung einer neuen sozialen Heilsgemeinschaft und ihrer Heilsherrschaft dadurch bestimmt werden, daß man ihre *Gegner* kennzeichnet, und zwar in dem Sinne, wie sie

Lehre und Praxis dieser Glaubensherrschaft selbst als Feind-Beziehung verstehen und wie sie sich aus den Strukturgegensätzen der sozialen Kräfte ergeben. Man muß diese Gegnerschaften vor allem als *Konkurrenzen* ansehen:

a) als Konkurrenz um die entscheidende Gestaltungskraft in der modernen Welt;

b) als Konkurrenz um Macht und Herrschaft über ihre Menschen;

c) als Konkurrenz um das »Heil«, an das die Menschen glauben.

Aufgrund dieser drei Rivalitäten sind Wissenschaft und Technik, die politische Herrschaft und die alten (christlichen) Heilslehren und Kirchen als die wesentlichsten Gegner dieser neuen sozialen Heilsherrschaft anzusehen. Daß diese befeindeten Kräfte und Institutionen diese Gegnerschaft ihrerseits vielfach noch nicht erkennen oder auf die leichte Schulter nehmen, gehört zu den geschichtlichen Lagen, in denen neue Heilslehren und Kirchen entstehen und sich ausbreiten können.

Wissenschaft und Technik

Die moderne empirische Wissenschaft und Technik hat die Forderung von Karl Marx eingelöst: »Die Philosophen haben die Welt nur verschieden interpretiert; es kommt aber darauf an, sie zu verändern« (›Thesen über Feuerbach‹, 11, 1845). In der Tat ist die auf den modernen empirischen Naturwissenschaften und mehr und mehr auch den empirischen Wirtschafts- und Sozialwissenschaften beruhende Technik die entscheidende menschliche Kraft der Veränderung, ja Umschaffung der Welt, der »Einsatz des Jahrhunderts« (Ellul), die Sache, um die es geht und von der unser aller Schicksal abhängt. Die politischen Revolutionen, die die Welt verändert haben, sind, wo sie erfolgreich waren, nur ein Ausfluß dieser wissenschaftlich-technischen Weltveränderung und wissen übrigens um diese ihre eigentliche Kraftquelle realistisch so gut Bescheid, daß sie wissenschaftlich-technisch-ökonomische Gesichtspunkte offen oder geheim ihren rein politisch-ideologischen Zielvorstellungen vorziehen (oder ihre Ideologie zu deren Rechtfertigung benutzen). Daß der Mensch sich den Sachgesetzlichkeiten unterwerfen muß, die er selbst wissenschaftlich-technisch geschaffen hat, daß er sein Herr und damit sein eigenes Schicksal ist, dieser Tatbestand ist das große Ärgernis und die Lebenslast des modernen Menschen, von denen zu erlösen die soziale Diesseitsreligion verspricht. Empirische Wissenschaft und insbesondere ihre Anwendung in der Technik sind daher der Hauptgegner dieser neuen Heilsverkündigung, die Erlösung von dem Druck und Leid des modernen Lebens in einer Existenz ohne Technik und Wissenschaft verspricht. Man kann durchaus sagen, daß sich heute an der Technik die »Geister« scheiden: Wer sieht, daß die den Menschen gefährdenden und schädigenden Auswirkungen der technisch-industriellen Zivilisation nur durch neue wissenschaftliche Technik überwunden werden können (so z. B. Umweltschäden durch neue Umwelt-Techniken); wer Moralen entwickelt und aufnimmt, die die Sachgesetzlichkeiten der modernen Welt genauso in Rechnung stellen wie die christliche Moral die »Erbsünde« oder die philosophisch-idealistische Moral die unaufhebbare Natur des Menschen (und es gibt mehr Ansätze und Erscheinungen einer solchen »sachlichen« Moral und Welt- und Lebensverantwortung, als die Heilslehrer wahrhaben wollen); wer die Verbesserung der Welt und des Lebens in ihr, den »Fortschritt«, als eine auch erkenntnishafte Arbeitsteilung und pragmatische Zusammenarbeit vieler ansieht, als dauernden Kompromiß der subjektiven Ziele und Sinngebungen der Individuen und damit als »praktische Vernunft«, der steht für die soziale Heilsverkündigung in der »Gegenwelt«. Wer dagegen empirische Wissenschaft und Technik als nur technologische oder instrumentelle Rationalität diffamiert, moralische und politische Forderungen an seinen subjektiven Vorstellungen des »ganz freien Menschen« (Emanzipation) und an einem konflikt- und arbeitsfreien, harmonischen »Ganzen der Gesellschaft im Kopfe« mißt und nicht den mühseligen praktischen Kompromiß, sondern die prinzipientreue Gesinnungsgemeinschaft zur Grundlage des sozialen Handelns erhebt, der hat in der Welt des sozialen Heilsglaubens Fuß gefaßt.

So auch *Erwin Scheuch* über die Wissenschaftsgegnerschaft der Heilslehre: »Empirie und Pragmatismus müssen als Ablenkung des Menschen von seiner transzendenten Bestimmung (›Emanzipation‹) bekämpft werden. In diesem Sinne ist dann auch Wissenschaft, die sich als Vermittlung von Informationen über Sachverhalte versteht und als solche begrenzt, ein zentraler Feind, der durch weltanschauliche Kontrolle gezähmt – wenn nicht vernichtet – werden muß. Seit Ausgang des Mittelalters – und vielleicht mit Ausnahme des Stalinismus und des Nazismus – hat es keinen zentraleren Angriff auf Wissenschaft und Sachlichkeit gegeben als heute durch diejenigen, die für sich die Bezeichnung ›kritische Intelligenz‹ in Anspruch nehmen« (a. a. O., S. 183).

Trotzdem hat die soziale Heilsreligiosität zur Wissenschaft ein gebrochenes und zwielichtiges Verhältnis: Sie will und muß sich selbst als »wissenschaftlich« ausgeben, will sie nicht ihren Anspruch als »diesseitige« geistige Führungsmacht gegenüber der entscheidenden geistigen Gestaltungskraft der modernen Welt verlieren. Selbst die technikfeindlichste Sinn-Verkündigung lebt heute vom Prestige der empirischen Wissenschaft und der Allmacht ihrer Technik. Daher bleibt der Strategie dieser Heilsverkündigung nur der Weg, sich selbst als »eigentliche« Wissenschaft ins öffentliche Bewußtsein zu drängen, d. h. den erfolgreichen, auf nachprüfbarer wissenschaftlicher Erfahrung und empirischen Beweismitteln beruhenden Wissenschaftsbegriff als solchen zu entwerten und die eigene Heilslehre zur werthöheren Wissenschaftsauffassung zu erklären. Dies geschieht, indem man die politische und soziale Wert- und Zielparteilichkeit als eine unaufgebbare Voraussetzung aller »echten« und »höheren«, nicht bloß faktenhaften und technologischen Wissenschaft den Forschern und wissenschaftlichen Berufen ins Gewissen zu schieben versucht.

Das ist ein altes Schema: Schon Karl Marx hat seine sozialistische Lehre als »wissenschaftlichen Sozialismus« von den spekulativen und caritativen Kommunismus- und Sozialismusvorstellungen seiner Zeit abgesetzt und hatte für diesen Anspruch durchaus ein geschichtliches Recht, weil er die politisch-soziale Programmatik seines Sozialismus auf die Front der ökonomischen und soziologischen Wissenschaften seiner Zeit stützte. Daß sehr bald der Marxismus sich nicht mehr an den Fortschritt der Wissenschaften als einer selbständigen sozialen Kraft gebunden fühlte, sondern die Wissenschaft der zur Orthodoxie gewordenen marxistischen Ideologie unterwarf, ist vielleicht weniger Marx als seinen gläubigkeitsbedürftigen Anhängern zuzurechnen, leitete aber eben jene Entwicklung des Marxismus zu einer zunächst politischen, dann diesseits-religiösen Heilslehre ein. Heute muß diese Anbiederung sozialer Heilslehren an die Geltung und das Gewicht der empirischen Wissenschaften als eine Art Missionars-Trick verstanden werden, der im Grunde genommen uralt ist: Die Heilslehre nimmt die Verkleidung der unter der zu missionierenden Bevölkerung tief verwurzelten Werte und Sozialvorstellungen an, um überhaupt überzeugen zu können; die Praxis der christlichen Mission unter primitiven Völkerschaften, etwa matriarchalisch verfaßten, bietet dafür viele Beispiele; genauso, wie die christlichen Missionare im alten Germanien Christus als heldenhaften Stammesfürsten mit seiner Gefolgschaft darstellten – z. B. im »Heliand« –, so trägt heute die soziale Heilsverkündigung das Kleid der Wissenschaft.

Die Umwertung der Wissenschaftsauffassung zur Parteilichkeit für sozialreligiöse Letztwerte auch in den westlichen Gesellschaften kann gerade in der Bundesrepublik kaum übersehen werden. »Der sogenannte emanzipatorische Wissenschaftsbegriff ist ganz einfach der Anspruch, alle Wissenschaft habe dem Zweck zu dienen, der ›Revolution‹ zum Siege zu helfen« (*Scheuch*, a. a. O., S. 205). Aktuelle Belege für diese Entwicklung lassen sich bei uns in Hülle und Fülle finden. Allerdings bedient sich dieser weniger politisch-revolutionäre als sozial-heilsreligiöse Anspruch vor allem der an den Geltungsrand gedrängten philosophischen und literarischen Wissenschaften, der »Geistes«- oder Kulturwissenschaften in ihrer Selbstbehauptung, um seinen Wissenschaftsanspruch aufrechtzuerhalten. Als emanzipatorische, d. h. heilsverkündende Wissenschaften bieten sich daher auch vor allem die Philosophie und ihre Derivate Soziologie, Psychologie, Pädagogik und Politische Wissenschaft und die Sprach- und Kulturwissenschaften, z. T. auch die Historie an, d. h. jene ihren strukturellen Vorrang in der europäischen Wissenschafts- und Hochschulentwicklung einbüßenden Sinndeutungsfächer. Alle auf Praxis oder Technik ausgerichteten Disziplinen, die ihre Sachfragen der Erfahrungsprobe unterwerfen, werden als heilsverkündigungsuntauglich gemieden oder herabgesetzt. Daher findet die heilsverheißende »Revolution« notwendigerweise vor allem im Bereich der »Kultur« statt, wobei man allerdings in dieser Einsicht nicht unterschätzen sollte, daß dieser Bereich unserer Zivilisation immer noch überaus wichtige und unaufhebbare sinngebende Funktionen gegenüber dem Menschen und der Gesellschaft ausübt.

Auch hier hat *Scheuch* die konkrete Sachlage unter politischen Gesichtspunkten deutlich erkannt: »Aus dieser strukturellen Veränderung heraus ist erklärlich, warum sich der Bereich der ›Kultur‹ immer stärker ideologisiert. Statt in der Wirtschaftspolitik findet heute der Sozialismus ersatzweise in der Kulturpolitik statt ... Für optimale Lösungen in Fragen der Wirtschaftspolitik, Sozialpolitik, Infrastrukturpolitik, Verkehrspolitik, Gesundheitspolitik, Wehrpolitik sind die Ideologen, die sich heute mit dem Etikett ›progressiv‹ schmücken, überflüssig. Wenn immer sich diese Ideologen in einer Sachfrage durchsetzen, dann geht das auf Kosten der konkreten Bevölkerung, der zu dienen sie gegenwärtig noch öfters vorgeben. Strukturell besteht heute ein Gegensatz zwischen fachlich zur Entscheidung in Sachfragen Qualifizierten und ›Gebildeten‹ im herkömmlich bürgerlichen Sinne« (ebd., S. 174f.).

Die letzte Bemerkung Scheuchs weist darauf hin, daß es sich hier auch um ein Gruppenproblem handelt: Wissenschaftliche Sachverständige und »Gebildete« stehen heute in der Tat in einem »strukturellen« Gegensatz. Im 19. Jahrhundert und in Teilen bis zur Gegenwart war der »Gebildete« der wissenschaftlich erzogene und urteilsfähige Mensch, sozial verkörpert in den »akademischen« Berufen, allerdings mit dem Vorrang der philosophisch-literarischen Bildung, die die Universität und die Gymnasien, besonders in Deutschland, vermittelten; in neuerer Zeit ist an die Stelle dieser Einheitsbezeichnung der geistigen Berufe vielfach der Begriff der »Intellektuellen« getreten, der zwar ebenfalls seine Wurzeln vor allem in der künstlerisch-literarischen Produktivität hatte, aber wenigstens den produktiven Wissenschaftlern und den geisteswissenschaftlich-akademischen Berufen noch eine Identifikation ermöglichte. Diese Gleichsetzung und Verbundenheit geistiger Produktivität wird auch heute von den Wissenschaftlern und vielen wissenschaftlich Ausgebildeten noch weitgehend unter dem Selbstverständnis der »Intellektuellen«, vor allem aber von der »nichtintellektuellen« sozialen Umwelt vollzogen. Wir haben ausführlich erläutert (vgl. S. 131–181), daß diese gruppenhafte Einheit der geistigen Kräfte in unserer Gesellschaft längst zerbrochen ist und in geradezu gegensätzliche und spannungshafte Gegnerschaften auseinanderdriftet. Die Leugnung und das Verschweigen dieses Vorganges, also des sozialgruppenhaften Gegensatzes der Wissenschaftler und der neuen Heilslehrer, liegt aber im Interesse dieser Herrschaftsgruppe, um sich Mitläufer und Rekrutierungsreservoirs zu erhalten; der Gegner darf nicht zum Bewußtsein seiner Gegnerschaft kommen und wird daher auf einem veralteten und unwirklichen sozialen Selbstverständnis festgehalten. Die Illusion der »Einheit der Intellektuellen« wird folglich von den intellektuellen Heilsverkündern sorgsam gepflegt. Es gehört zur immer vorhandenen geschichtlichen Ironie, daß die so Getäuschten diesen Betrug nicht nur kaum bemerken, sondern ihn noch mitspielen. So werben z. B. politische Parteien, die unausweichlich das Angriffsziel der sozialen Heilslehre sind – die CDU/CSU in der Bundesrepublik, die Gaullisten in Frankreich, die Republikaner in den USA usw. –, weiterhin um »die Intellektuellen«, ohne zu merken, daß sie ihren Gegnern in die Hände spielen und dabei ihre strukturellen Bundesgenossen, die sachverantwortliche Wissenschaft und die ihr verpflichteten Berufe, im Stich lassen.

Die politische Herrschaft

Die Konkurrenz der neuen sozialen Heilsherrschaft zur politischen Herrschaft, wie sie sich vor allem in der modernen Staatlichkeit – rational, liberal, pragmatisch, demokratisch – entwickkelt hat, gehört wahrscheinlich zu den geschichtswirksamsten Konfliktfronten der Zukunft. Diese Rivalität der Herrschaft über Menschen unterscheidet sich von dem aus unserer Geschichte bekannten Gegensatz von weltlicher und geistlicher Macht vor allem dadurch, daß sich die Ziele dieser Herrschaft für den Menschen nicht in diesseitige und jenseitige aufteilen lassen und daß die dementsprechende Aufteilung der Machtmittel in physischen und psychischen Zwang ebenfalls nicht mehr zutrifft. Daher löst diesen Herrschaftskonflikt keine »Zweischwerter-Lehre« mehr, und keine der Konfliktparteien kann sich mit einer jeweiligen Monopolisierung von physischen oder psychischen Machtmitteln abfinden. Die Sozialverheißungen der neuen Heilslehre zielen auf den diesseitigen sozialen Zustand der Menschen; sie müssen damit notwendig an die Stelle nicht heilsverheißender politischer Zielsetzungen treten. Damit sind sie ihrem Sinn- und Lehrgehalt nach viel mehr als die christliche Heilsherrschaft auf Durchsetzung ihrer Ziele auch durch physische Gewalt, also durch den Besitz des klassischen politischen Machtmittels, angewiesen; die grundsätzliche Bejahung der Gewalt kündigt sich im Abstrakten in den sozialen Heilslehren daher schon unübersehbar an, tritt praktisch zunächst zwar nur in halbherzig verurteilten Extremgruppen auf, für die man aber »Verständnis« hat, wird sich aber mit der Verteufelung der politischen Gegner immer gerechtfertigter sehen.

Auf der anderen Seite kann gerade der moderne rationale und demokratische Staat sich nicht mehr vom Monopol der Gewaltanwendung, so sehr er es im Dienste für seine Bürger aufrechterhalten muß, verstehen und behaupten: Schon die Grundvorstellung, daß seine Herrschaft durch Argumente und Meinungszustimmung seiner Bürger begründet wird, zwingt dazu, die »psychische Gewalt« zum wesentlichen Herrschaftsmittel moderner demokratischer Staatlichkeit zu machen. Der Weg zurück zum »Obrigkeitsstaat der Monopolisierung der Gewalt« als politische Herrschaftsgrundlage ist durch das moderne Staatsverständnis sowohl ideell wie praktisch versperrt. Erziehung und Information, Werbung und Argumentation, moralische Überzeugung und Grundwertindoktrination sind unaufgebbare Herrschaftsmittel der modernen Staatlichkeit und aller anderen politischen Herrschaftsinstitutionen. Damit stehen wir vor einer unmittelbaren Konkurrenz sowohl in den Herrschaftszielen wie in den Herrschaftsmitteln zwischen moderner staatlicher und politischer Herrschaft einerseits und der sozialen Heilsherrschaft andererseits.

Diese wirkt sich zunächst so aus, daß die soziale Heilsherrschaft ihren nicht heilsherrschaftlich denkenden Gegner aus seinen politischen Positionen verdrängen, ihn darin auslaugen und unterlaufen muß. Das geschieht zunächst in der *Umkehrung der Staatszwecke* (wie wir sie S. 38 f. geschildert haben): Indem die sozialreligiöse Emanzipationsgläubigkeit und der »himmlische Sozialismus« die Vervollkommnung der individualautonomen Bedürfnisse heilsverheißend in den Vordergrund schiebt, bagatellisiert und diffamiert er deren realpolitische Grundlagen, die mühevolle politische und soziale Leistung der Erhaltung des Friedens und der wirtschaftlichen Wohlfahrt. Gewiß, die »Freiheit des Individuums« ist ebenfalls ein Grundziel der modernen liberal-demokratischen Staatlichkeit, aber sie ist es unter der Voraussetzung, daß die sozialen Grundbedürfnisse der Person, Frieden und wirtschaftliche Wohlfahrt, verantwortlich von der politischen Führung wahrgenommen und erfüllt werden. Für die soziale Heilslehre ist dies die Leistung »der anderen«, deren Erfüllung sie ebensowohl zur Voraussetzung wie zum Gegenstand ihrer Gegnerschaft ihnen gegenüber macht. Die optimale Situation zur Entfaltung solcher sozialen Heilslehren besteht also darin, daß die politisch Verantwortlichen auf längere Zeit den Frieden wahren und eine von drückender Not freie wirtschaftliche Wohlfahrt breiter Bevölkerungsschichten schaffen; erst diese politisch-ökonomische »Hintergrunderfüllung« erlaubt es diesen Heilslehren, die Bedürfnisse der Menschen auf die Ziele der heilsverheißenden Vervollkommnungen zusammenzuballen. Ich halte dies sogar für unvermeidlich und wiederhole in diesem Sinne den Ausspruch *Wyndham Lewis':* »Nur die Reichen sind revolutionär.« Umgekehrt bedeutet dies, daß nur der bedrückende Mangel an Frieden, also die Erfahrung von Kriegszeiten und Bürgerkriegen, lange und harte wirtschaftliche Not und Depressionen, materielles Elend, Hunger und Krankheiten die sozialen Grundbedürfnisse des Menschen nach Frieden und materieller Wohlfahrt wieder in den Rang vordringlicher Bedürfnisse einsetzen können. Wahrscheinlich werden nur Kriege, insbesondere Bürgerkriege, und wirtschaftliche Depressionen die Entwicklung und das Wachsen der sozialen Heilsgläubigkeiten und Heilsherrschaft in den westlichen Industriegesellschaften aufhalten oder entscheidend verzögern können.

Bevölkerungen, die lange unter Kriegen und Bürgerkriegen leiden müssen wie z. B. in Vietnam oder Kambodscha, ist es schließlich gleichgültig, welche Art des politischen Systems über sie herrscht, wenn es nur Frieden, soziale Stabilität und Ordnung bringt, die die Voraussetzungen jeder persönlichen Lebensrationalität sind. Genauso ergeht es den Armen und Elenden: Die notleidenden Massen Lateinamerikas sind nicht kommunistisch aus Gesinnung, sondern aus Hunger, ein Sozialanspruch, den auch Militärdiktaturen oder charismatisch-politische Führungssysteme erfüllen können. Man hat wahrscheinlich einem Umstand in der europäischen Staaten- und Geistesgeschichte zuwenig Beachtung geschenkt: daß der Durchbruch der Aufklärung das Produkt langer Zeiten von Glaubenskriegen unter den Staaten und des Bürgerkriegs war, wie auch nachweisbar die »rationalste« Politik, d. h. die auf Frieden und Wohlfahrt mit pragmatischen Maßnahmen zielt, immer von Generationen betrieben wird, die die eindringliche Erfahrung von Kriegen, Revolutionen, Bürgerkriegen, Glaubenskämpfen usw. hinter sich haben. Ähnliches gilt für die Erfahrung wirtschaftlicher Depressionen oder Epochen materiellen Elends: Nur wer Not kennengelernt hat, kann wirtschaften. Es geht im Grunde um eine sehr einfache soziale Kernfrage: Sicherlich will alle Politik den Bedürfnissen der Menschen dienen, es kommt aber darauf an, wer und was diese Bedürfnisse definiert und den Menschen zu Bewußtsein bringt. Die Heilslehren verbreiten Heilsbedürfnisse, in ihrer modernen sozialverheißenden Form beruhend auf der Vorleistung von gesichertem Frieden und erlangter Wohlfahrt und der Verkündung fiktiver Notlagen (»Das geborgte Elend«). Menschen, die aus langen Kriegszeiten den Frieden gewonnen oder aus materieller Not sich einen gewissen Wohlstand erarbeitet haben, besitzen andere soziale Grundbedürfnisse, weil sie durch ihre eigenen Lebenserfahrungen über den Wert von Frieden und Wohlfahrt belehrt sind.

Einen ähnlichen Zusammenhang hat *Arnold Gehlen* im letzten Absatz seines Buches ›Urmensch und Spätkultur‹ (1956, S. 296) zwischen dem Vergessen der ständigen Gefährdung des Friedens, also dem Zustand des »ewigen Friedens«, und dem Entstehen von Glaubenskämpfen gesehen: »Die tiefste, noch nicht zu ahnende Veränderung wird, falls sie gelingt, der ewige Friede mit sich bringen. Wenn internationale Atomkriege ebenso undenkbar werden wie Bürgerkriege im Inneren der Staaten, so wird das als ein wirklich epochemachender Fortschritt zu begrüßen sein. Aber er wird bezahlt werden in einer Weise, die sich gerade eben erst anzukündigen scheint: auch vitale, zerreißende, nach Lösung schreiende Konflikte können unlösbar werden und ausbruchlos in den Menschen weiterschwelen. Auch im Innenverhältnis der Gesellschaften kann diese Erscheinung eintreten, und sie wird eine gewaltige, noch unmeßbare moralische Belastung des einzelnen bedeuten können, eine neue, noch nicht dagewesene Form ganz tiefer Unfreiheit, mit wahrscheinlich keinen anderen Ausdrucksformen, als ebenso erbitterten wie folgenlosen ideologischen Kämpfen.« Er hätte die gleiche Voraussage an die Existenz einer hohen und fraglos gesicherten Wohlfahrt knüpfen können.

Im übrigen können wir die Beziehungen zwischen politischer, insbesondere staatlicher Herrschaft einerseits und der sozialen Heilsherrschaft, wie sie sich heute zeigen, durchaus an dem Schema erläutern, das wir (auf den Seiten 72 ff.) idealtypisch entworfen haben: Wenn wir als die drei Reaktionsformen entstehender heilsverkündender Bewegungen die Unterwerfung unter die bestehende politische Herrschaft, den Kampf gegen sie als Verkörperung des Bösen und schließlich die Eroberung ihrer politischen Positionen bzeichnet haben, so können wir alle drei Wirkungsweisen bereits im gegenwärtigen Stand an der neuen Sozialreligiosität erkennen.

Als »*Unterwerfung*« unter die bestehende politisch-institutionelle Herrschaft wären die Gläubigkeitsakte zu kennzeichnen, die sich nur als Gesinnungs- oder Meinungsäußerung oder gar als wissenschaftliche Aussage verstehen und sich dabei praktisch bestätigend gegenüber den Grundlagen der politischen Institutionen verhalten, die ihnen diese Gesinnungen und ihre Äußerungen ermöglichen. (Eine solche Haltung nahm etwa die kulturelle Zeitkritik von Ortega und Spengler bis hin zu Freyer und Adorno ein.) Eine solche sozusagen »akademische« Meinungs- und Lehrfreiheit wird zwar von manchen Heilsverkündern auch heute noch in Anspruch genommen, aber die darin enthaltene Beschränkung auf die private Gesinnung und Lebensführung ist praktisch nur noch sehr selten vorhanden, widerspricht ja auch dem Grundstreben dieser Heilsansprüche.

Aggression gegen die politische Herrschaft und doch zugleich die Eroberung ihrer Posten zum eigenen Herrschaftsgebrauch sind ohne Zweifel die leitenden Reaktionen einer »diesseitigen« Heilsverkündigung und -herrschaft. Sie werden durch einen Abstraktions-Trick vereinigt: indem man den bestehenden Zustand der »Gesellschaft« als das soziale Ganze zum Übel schlechthin erklärt, die politische Macht, die Herrschaft im Staate und anderen Institutionen aber zur Voraussetzung der »diesseitigen« Erlösung erhebt, fassen beide Antriebe »harmonisch« ineinander. Am bestehenden »elenden«, »ausbeuterischen«, »entfremdenden« Zustand der vorhandenen »Gesellschaft« sind selbstverständlich die vorhandenen Herrschaftsgruppen im Staat, in den Institutionen – unabhängig von ihrer politischen Legitimierung –, also das Establishment, schuld, weshalb sich die gesellschaftliche Kritik »heilslegitim« auf sie richten kann. Zugleich wird damit aber die Legitimation, d. h. der Herrschaftsglaube der Unterworfenen und Gläubigen, dafür geweckt und durchgesetzt, daß die Heilsverkünder eben die politischen Positionen im Staat und anderen politischen Einrichtungen übernehmen müssen und können, aus denen sie die nicht heilsbegründeten Politiker verdrängen. Daß dabei *ein eigenes politisches Establishment* mit viel umfassenderen politischen Herrschaftsansprüchen entsteht, als sie eine auf liberale und demokratische Repräsentanz aufgebaute politische Führung ausüben konnte, dieser Vorgang der Institutionalisierung der Heilsherrschaft wird planmäßig verdrängt und unterschlagen.

Auch die drei Reaktionsformen, die – idealtypisch gesehen – der Staat oder die politische Herrschaft gegenüber einer wachsenden heilsgläubigen Bewegung, einer neuen »Religion«, einnehmen kann, nämlich sie neutral und verhältnismäßig gleichgültig zu tolerieren, sie zu verwerfen und zu verfolgen und schließlich sie zu übernehmen und damit zu unterstützen, lassen sich heute bereits in unserem politischen Leben als Standpunkte und Praktiken der Politiker nachweisen. Gerade die etablierten politischen Führungsschichten der Bundesrepublik verfolgen vor allem bis heute die Linie, die Äußerungen und Ansprüche der sozialen Heilsverkündigung neutral zu dulden und die politische Bedrohung durch sie zu übersehen. Dies geschieht einerseits aus dem liberalen Toleranzgedanken allen Heilslehren gegenüber, der ja zum politischen Fundament dieser Staatlichkeit gehört; andererseits läßt sich aber nicht übersehen, daß sich auch Anzeichen von Auseinandersetzungsscheu und Herrschaftsfeigheit in diese Reaktion einmischen, etwa in der Art, wie die politischen Parteien die politische Herrschaftsergreifung dieser Heilsverkünder in einigen Institutionen – Universitäten, zum Teil auch den Schulen, den Massenmedien und anderen kulturellen Einrichtungen – hinnehmen, diese – vermeintlich vorläufig – »abschreiben« und damit eben diesem Heilsherrschaftsanspruch die institutionelle Ausfallstellung für ihre politischen Angriffe und Eroberungsabsichten bereits überlassen.

In der Tat fällt dem modernen liberalen Rechtsstaat nichts schwerer, als die ihn bedrohenden Heilsherrschaften zu verwerfen und politisch im Zaum zu halten; erst wenn der totalitäre Herrschafts-Charakter dieser Heilsverkünder in eroberten politischen Machtstellen zutage tritt, glaubt die moderne Rechtsstaatlichkeit, eingreifen zu müssen, und dann ist der Kampf bereits verloren, weil die sich total unterwerfende Glaubensbereitschaft nicht mehr durch staatliche Sanktionen gemindert, sondern eher nur noch verstärkt werden kann. So wendet sich der moderne Rechtsstaat unterdrückend nur gegen jene Vertreter der sozialen Heilsverheißungen, die diese mit Gewaltakten gegen Menschen und Einrichtungen durchsetzen wollen. Diese »Radikalen« oder »Extremisten« werden dann als einfache Kriminelle eingestuft, was sie natürlich nicht sind. Diese Einschätzung, genauso wie die Kennzeichnung als »Radikale«, verkennt, daß es diesen »Verbrechern« nicht um Normbruch, sondern um die Beseitigung des rechtsstaatlich-politischen Normgefüges selbst zugunsten einer heilsorientierten Prophetenherrschaft geht; die Verharmlosung dieses Tatbestandes zu bloßem »kriminellen Radikalismus« stellt daher eine Selbstberuhigung der Politiker dar, die sich mit legalistischer Blindheit schlagen, um die größere Gefahr, die den Grundlagen ihres Gemeinwesens und seinen Bürgern von einer neuen Priesterherrschaft drohen, nicht sehen zu müssen.

Die größte Schwäche der politischen Herrschaft gegenüber den Herrschaftsansprüchen der sozialen Heilsverkündigungen liegt aber darin, daß sie die Politiker zur Aufrechterhaltung und Durchsetzung ihrer Macht gebrauchen können. In demokratisch-parteienpluralistischen Staatswesen und Institutionen, in denen politische Führung sich durch Meinungszustimmung der Bürger oder Mitglieder legitimieren muß, wird die Ausbeutung vorhandener und erwachsender Gläubigkeiten zum eigenen Machtgewinn für die konkurrierenden Herrschaftsgruppen fast unvermeidlich, und zwar um so bedenkenloser, wenn diese

Heilslehren aus den gleichen Wurzeln zu stammen scheinen, aus denen auch der moderne rationale und demokratische Staat erwachsen ist. Diese kurz- oder mittelfristigen Interessenverbindungen von politischer und geistlicher Herrschaft sind langfristig zwar immer zugunsten der Heilsherrschaft ausgelaufen, für pragmatisch und damit kalkulatorisch denkende Politiker aber schwer zu vermeiden. So kann man heute bei den politischen Parteien unschwer feststellen, daß sie alle die heilsverheißende Argumentation zur eigenen Zustimmungsgewinnung aufnehmen und sich den von den Heilsverkündern kommandierten Fragestellungen in der Öffentlichkeit unterwerfen. Die Unterschiede solcher Anpassungsbereitschaft werden offensichtlich mehr durch Unterwanderungshoffnungen und Koalitionsbereitschaft der Angreifer als durch eigene Gegnerschaft im Grundsätzlichen bestimmt. Hier kommt eine kennzeichnende Schwäche der liberalen staatlichen oder politischen Herrschaft zum Ausdruck: die geistige Durchsetzung und Verteidigung der ideellen und moralischen Grundwerte ihrer Herrschaftsordnung sieht sie gerade in Zeiten ihres Funktionierens kaum mehr als eine ihr auferlegte politische Aufgabe an, sondern überläßt sie weitgehend anderen, als »unpolitisch« verstandenen Institutionen, insbesondere den Bildungs- und Kultureinrichtungen. Genau diese liberale »Arbeitsteilung«, die Trennung von Politik und versachlicht-autonomisierten Lebensbereichen aufzuheben, ist aber Ziel und Strategie der sozialen Heilsherrschaft.

Die christlichen Kirchen

Daß die »alte« Religion jeweils den Hauptgegner einer neuen Heilsverkündigung bildet, scheint weltgeschichtlich verbürgt zu sein. In Wahrheit aber gewinnt die neue Heilslehre zumeist aus dem alten religiösen Glaubensgut und ihren Vertretern eine starke Bundesgenossenschaft. Dabei muß man zunächst den jeweils verschiedenen Grad der Institutionalisierung, also der Kirchenbildung, der »alten« und der »neuen« Religion in Betracht ziehen: Die zur Tradition gewordene Religiosität ist in hohem Maße zur rechtlich geordneten, auf rituelle Verfahren festgelegten Anstalt mit einem Klerus der Amts- und Würdenträger geworden, der auch die Lehre mehr verwaltet als verkündet. Damit sind auch die Bedürfnisse des Glaubens unter den Anhängern zumeist ausgedorrt, verflacht und zu rituellen Verpflichtungen geschrumpft. Demgegenüber sind die Vertreter einer neuen Heilsverkündigung »vom heiligen Geist« besessen und verkündigungsstark, weil sie sich an lebendige, noch nicht institutionell abgesättigte Glaubensbedürfnisse wenden; sie sind institutionell weniger gebunden und daher in ihrer Wirkungsweise freier, anpassungsfähiger, aktueller. Ohne Zweifel geraten sie stets mit den institutionellen Führungsgruppen der alten Religion, also ihren hohen Amts- und Würdenträgern und deren bewahrender Politik, in Konflikt; aber sie sind zugleich fähig, die ihre Verkündigung unterstützenden Teile oder Bruchstücke der alten Lehre unbekümmert mit aufzunehmen und zu verschmelzen. Damit gewinnen sie die Glaubensbereitschaft der breiten Bevölkerung, die das »Neue« glauben möchte, ohne das »Alte« verwerfen zu müssen; vor allem aber gewinnen sie jene Menschen, die ihrem Wesen nach auf Verkündigung eingestellt sind, also den »Priestertyp«, zu Missionaren ihrer Verkündigung und werben ihn den alten Kirchen ab.

Dieser Zustand des Einschmelzens der alten Heilslehre in die neue ist heute in den westlich-christlichen Gesellschaften überall, wenn auch in verschiedenem Ausmaße, zu beobachten. Die Lehre von der »Transzendenz im Jenseits«, vom »Heil der Seele«, schlägt um in die Lehre von der »Transzendenz im Diesseits«, von der zukünftigen, aber absehbaren Vollkommenheit der Person und der Gesellschaft; die Verheißung, »das Himmelreich ist nahe herbeigekommen«, erhält einen anderen, aber viele überzeugenden Sinn. So wird die christliche Lehre und werden die christlichen Theologen zum Rekrutierungsfeld der neuen sozialen Heilsverkündigung und ihrer Herrschaftsansprüche.

Ein weitsichtiger Beurteiler aus dem christlichen Klerus selbst, der Landesbischof *Hans Otto Wölber* in Hamburg, hat daher neulich vor einer evangelischen Synode von einer »Wende von globalem Ausmaß« für die christliche Theologie gesprochen. Das Kreuz Christi, das bisher im Mittelpunkt des theologischen Denkens gestanden habe, werde zunächst zurückgedrängt durch eine neue »Theologie der Befreiung von den vielen Kreuzen«, unter denen die Menschen leiden. Dies könne dazu führen, daß sich der Typ eines »Dritte-Welt-Christentums« herausbildet. Am Ende der Entwicklung könne eine Spaltung der Kirchen von gleichem historischen Rang stehen wie die Trennung der Ost- von der Westkirche im 11. Jahrhundert (nach einer Zeitungsmeldung vom 16. 6. 1973). Wir meinen als welthistorisches Beispiel eine Wandlung von viel größerem Range beschwören zu müssen, nämlich die Überwindung des Heidentums durch das Christentum in den ersten Jahrhunderten unserer Zeitrechnung, denn das sogenannte »Dritte-Welt-Christentum«

wird sicherlich an erster Stelle eine Sozialheilsverkündigung sein, allenfalls mit christlichen Reminiszenzen und Aufnahme christlich-individueller Motive.

(Über die christliche Theologie als Rekrutierungsfeld der sozialen Heilsverkündigung vgl. Teil IV, Kap. 7: ›Vom Seelenheil zum Sozialheil‹.)

Sowohl die Konkurrenz zur neuen sozialen Heilslehre als auch die Verschmelzung mit ihr führen die christlichen Kirchen dazu, ihre Ansprüche auf politische Führung wiederum zu verstärken; indem die Sozialverheißungen an Boden gewinnen, zieht auch die christliche Heilsherrschaft ihren Nutzen aus dieser Weckung von Heilsbedürfnissen, zumal sie sich in der Praxis mit christlichen Beweggründen vor allem den Sozialforderungen anschließt. So wirkt die Konkurrenz der Heilslehren gemeinsam auf eine Ideologiesteigerung in der Politik hin. Man kann diesen Vorgang heute in der Bundesrepublik deutlich beobachten: So mußte die Bundesregierung ihre Initiative in der Abtreibungsregelung aufgeben und sie der Konkurrenz-Argumentation zweier Heilsherrschaftsgruppen überlassen, den »Neu-Theologen« der Emanzipationsverkündigung und den Alt-Theologen der christlichen Kirchen; ähnliche Erscheinungen kann man insbesondere im Familienrecht (Scheidungsrecht, Sexualrecht), aber auch in der Eigentumspolitik, Wirtschaftspolitik, ja bis hin zur Außenpolitik bemerken. Unter der Vortäuschung, der »Mündigkeit des Menschen« zu dienen, einem Anspruch, in dem beide Heilsherrschaftsgruppen übereinstimmen, wird die geistige und psychische Vormundschaft der Heilsvermittler über die Menschen in ihrem privaten und öffentlichen Leben wiederum verstärkt.

Diese Vorgänge werden heute durchaus bemerkt, im allgemeinen aber unter dem Begriff einer *allseitigen »Ideologisierung«* begriffen. Wir wollen zum Schluß noch einmal wiederholen, weshalb uns dieses Verständnis unangemessen und wirkungslos erscheint: Hinter den politischen Ideologien des 19. und 20. Jahrhunderts, auf die man sich hier bezieht, standen feste politische Machtinteressen, die »Ideologien« zwar als politisches Herrschaftsmittel benutzten, sie aber auch interessenrealistisch bändigten; hinter Heilsverkündigungen und Heilsverheißungen aber stehen nur »Heils-Interessen«, also Gläubigkeitsbedürfnisse als solche, die durch Realitätserfahrungen nicht widerlegt und gemäßigt, sondern durch Enttäuschungen noch gesteigert werden. Außerdem setzt ein solches Glaubenssystem gerade die Grundlagen außer Kraft, von denen her einigermaßen sinnvoll »Ideologie« als solche überhaupt bestimmt werden konnte: die auf empirische, allgemein anerkannte Beweismittel sich stützende Wissenschaft und die sich in pragmatisch befriedigenden Ergebnissen und Nutzen für alle niederschlagende praktische Vernunft des politischen Handelns. Der Begriff der »Ideologie« wird damit vieldeutig, ja sinnlos, und entartet zu einem überall anwendbaren Verleumdungspassepartout. Daher ist es gerade der sozialen Heilsverheißung mit ihrer sozialwissenschaftlichen Heilssprache möglich, die »anderen« der »Ideologie« zu zeihen, ob das nun die konkurrierende christliche Kirche und ihre Lehren sind, ob politische Interessengruppen oder ob man gar kurzerhand »Technik und Wissenschaft als Ideologie« erklärt. Heilslehren können nicht durch Ideologieverdacht widerlegt werden, weil dieser längst aggressiver Bestandteil der Heilslehren selbst geworden ist.

In der Tat stehen sich hier unvermeidbar Letztwert-Gläubigkeiten mit ihren Herrschaftsansprüchen gegenüber; denn auch die empirische Wissenschaft, der liberale Rechtsstaat, die pragmatisch-rationale Politik des Interessenkompromisses usw., also das von der sozialen Heilslehre bekämpfte Sozialsystem, beruhen auf nicht wissenschaftlich beweisbaren Voraussetzungen und auf dem Legitimitätsglauben an bestimmte Letztwerte. Der Unterschied besteht also nicht in Gläubigkeit oder Ungläubigkeit, sondern im jeweiligen Inhalt des Glaubens und in der Rolle, die man der Gläubigkeit im Gesamtzusammenhang des persönlichen und öffentlichen Lebens einräumt. Es kommt also darauf an, ob das betreffende Letztwertsystem des Glaubens die Grundvoraussetzungen der empirischen Wissenschaft und Technik konstituiert und den »Objektivitäts«-Raum der Wissenschaft schafft, ob es die Sachgesetzlichkeiten und die Erfahrung und Verfolgung der eigenen Lebensinteressen jedes einzelnen zur Grundlage einer in diesem Sinne rationalen Politik macht und schließlich die Heilsgläubigkeit in den Toleranzbereich des Privaten verweist, *oder* ob eben dieser Heilsglauben seine Verheißungen als oberste Richtschnur des Denkens und Handelns in allen diesen Lebensäußerungen durchsetzt. Man könnte dieses Dilemma auf die Formel bringen, daß der Letztwert-Glaube einmal dazu dient, möglichst große Handlungsbereiche des Menschen von der Gläubigkeit freizusetzen und ihrer jeweiligen autonomen Vernunft zu überantworten, zum anderen aber den Heilsglauben zum totalen Herrscher der Erde einzusetzen. Vor diese Entscheidung scheint mir die Welt erneut gestellt zu sein.

III. Teil: Die Arbeit tun die anderen

1. Die Klassenherrschaft der Sinnvermittler

Die Herrschaft der Reflexionselite beruht jedoch nicht nur auf einer neuklerikalen Heilsherrschaft, sie muß zugleich als eine *Klassenherrschaft der Sinn-Vermittler* verstanden werden. Die gesellschaftliche Macht, die diese Gruppe heute ausübt, entsteht nicht nur aus einer neuen Heilsgläubigkeit, sie beruht ebensosehr auf der Tatsache, daß sie sich als eine neue herrschende Klasse herausbildet. Um diesen Gesichtspunkt zu verstehen, muß man anerkennen, daß sich Herrschaft einer sozialen Gruppe nicht nur auf Formen des zustimmenden *Glaubens* – religiösen Heilsglauben oder rationalen Legitimitätsglauben – stützt, sondern mindestens ebensosehr durch die »Produktionsmittel des Lebens« (Marx), d.h. durch die Realitäten der jeweiligen gesellschaftlichen Formen der *Arbeit* bedingt ist. Die soziologischen Erklärungen, die das gesellschaftliche Geschehen unter dem Maßstab der Arbeit und ihrer politisch-sozialen Unterschiede und Auswirkungen verstehen, sind die *Klassentheorien.* Wenn wir diesen Gesichtspunkt in unserer Betrachtung zur Geltung bringen wollen, muß im voraus gesagt sein, daß sich diese soziologisch-analytische Abstraktion auf die gleichen Tatbestände richtet, die bereits in der Analyse der Heilsherrschaft auftauchten (insofern sind Wiederholungen von Tatbeständen unvermeidbar) und weiterhin, daß ein Begriff der »Klasse« verwendet wird, der sich nicht an den Arbeits- oder Produktionsbedingungen der Vergangenheit orientiert, sondern in einer Allgemeinheit verstanden wird, die auch die Neubildung von Klassen und Klassenherrschaft in der Gegenwart zu beurteilen erlaubt.

Sozialgeschichtlich und epochal unabhängige Voraussetzungen des Begriffs der »Klasse« scheinen mir in folgenden Annahmen zu beruhen:

a) Postulat der zweigeteilten Gesellschaft. – Die Gesellschaft ist *dualistisch* geteilt, d.h., die Konflikte innerhalb einer Gesellschaft lassen sich letzten Endes immer auf die vom sozialen Bewußtsein der einzelnen unabhängigen Gegnerschaft zweier Bevölkerungsblöcke in einer Gesellschaft zurückführen, deren jeweils legitime Lebensinteressen sich aus der Struktur der Gesellschaft selbst widersprechen.

b) Postulat der Ausbeutung der produktiven Arbeit. – Das Kennzeichen dieser strukturell »zweigeteilten Gesellschaft« besteht darin, daß die eine Bevölkerungsgruppe *produktive Arbeit* leistet und davon leben muß, während die andere Sozialgruppe diese produktive Arbeit *ausbeutet,* um ihre Lebensinteressen auf Kosten der anderen befriedigen und zum Zuge bringen zu können.

c) Postulat des herrschaftsbegründenden Funktionsmonopols. – Die Ausbeutung der produktiven Arbeit wird möglich, weil die herrschende Gruppe unentbehrliche Funktionen im Prozeß der »Produktion des Lebens«, also im Zusammenhang des gesellschaftlichen Lebens und seiner Selbsterhaltung, für sich gruppenhaft monopolisieren und auf dieser Ausschließlichkeit eines Funktionsbesitzes eine Herrschaft über die anderen aufrichten kann, die sowohl politische wie wirtschaftliche, aber zugleich auch kulturelle und geistige Machtausübung über die anderen erlaubt.

d) Postulat der wertenden Parteinahme im Klassenkampf. – Die Zugehörigkeit zu einer dieser beiden interessengegnerischen Gruppen ist mit dem sozialen Status, der Stellung im gesellschaftlichen Produktionsprozeß, für jeden einzelnen vorgegeben und bestimmt sein Denken, sein Werten und seine subjektiven Sinngebungen des Lebens. Alle »Klassentheorie« bleibt daher in diesen dualistischen Sinn-Zusammenhang gebannt, drückt unaufhebbar wertende Parteinahme in diesem Dualismus aus und muß daher interessenantagonistisch Stellung nehmen. Es gibt gegenüber dem grundlegenden Struktur- und Interessenkonflikt der Gesellschaft keine »Objektivität« oder »Neutralität«, weil es für diese dritte Position keine soziale Interessengrundlage und damit gesellschaftliche Existenzgrundlage gibt. Wer »Klasse« sagt, nimmt damit auch bereits am »Klassenkampf« teil.

Diese vier Postulate oder Erkenntnisvoraussetzungen einer Klassentheorie werden vielen Lesern nur als eine Verallgemeinerung einiger Grundthesen von Karl Marx erscheinen; sie geben in der Tat unaufgebbare Kerngedanken seines Lehrsystems wieder, aber in einer begrifflichen Allgemeinheit, die es gestattet, auch Klassentheorien anderer Autoren darunter aufzufassen, vor allem aber einen Begriff der »Klasse« zu gewinnen, der auch das Entstehen neuer »Klassen«, die Marx in der Mitte des 19. Jahrhunderts als solche nicht begreifen konnte, von diesem analytischen Gesichtspunkt her zu verstehen erlaubt. Wir wollen diese unterschiedliche Verwendung der Klassentheorie, sozusagen die Anwendungsbreite des Klassenbegriffs, zunächst dadurch verdeutlichen, daß wir den vor allem ökonomisch gedachten Klassenbegriff von Marx dem anthropologisch begründeten Klassendenken von Veblen gegenüberstellen und aus dieser Konfrontation jene allgemeinen Bestimmungen des »Klassendualismus« gewinnen, die es uns ermöglicht, den *neuen Klassengegensatz von Güterproduzenten und Sinnproduzenten* in den Gesellschaften der westlichen Zivilisation zu bestimmen.

Exkurs: Marx und Veblen

Daß die Klassentheorie von *Karl Marx* die angegebenen vier Erkenntnisvoraussetzungen erfüllt, bedarf keiner ausführlicheren Begründung. Das Postulat, die gesellschaftliche Struktur streng zweigeteilt zu begreifen, liegt in der Strenge, mit der Marx und die Marxisten die Zweiteilung (Dichotomie oder Dualismus) von »Arbeit und Kapital«, von »Besitz und Nichtbesitz von Produktionsmitteln« handhaben, wobei eben auf der einen Seite die bloße Arbeitskraft, unabhängig von ihrer eigentümlichen Qualifikation, also im Modell die niedrigste Form der Hand- und Muskelarbeit, zur Kennzeichnung der einen Seite, Kapital und Eigentum als industriell-wirtschaftliche Steuerungs- und Beherrschungsmöglichkeiten auf der anderen Seite diese Zweigeteiltheit der gesamten Gesellschaft begründen. Die theoretische Hauptarbeit dieser Klassenzweiteilung muß also offensichtlich darin bestehen, alle Tatbestände, die der Zurechnung auf diese Zweiteilung vom bloßen Verkauf der Arbeitskraft gegenüber dem ausbeutenden Kapital nicht ohne weiteres entsprechen, durch denkerische Hilfskonstruktionen, z.B. »falsches Bewußtsein«, »Vertreter des Imperialismus«, »Arbeiterfeind« usw., zu überbrücken, wobei die Ironie, daß eben diese klassenkämpferische Aufgabe denen aufgebürdet wird, die ihrerseits ganz bestimmt nicht zur Gruppe der im marxistischen Sinne produktiv »Arbeitenden« gehören, zwar nicht ausgesprochen werden darf, aber zur Nichtachtung dieser Funktion in den marxistischen »zweigeteilten Gesellschaften« mit Recht erheblich beiträgt.

Daß mit der klassentheoretisch-ideologisch durchgesetzten Unterscheidung von »Kapital und Arbeit« die Unterscheidung von »Produktivität« und ihrer arbeitslosen »Ausbeutung« gesetzt ist, der »Kapitalist« und die ihm durch ihre Eigentumsinteressen zuzurechnende Bevölkerungshälfte der »Bourgeoisie« eigentlich keine Arbeit leistet, sondern im Grundsatz als vom »arbeitslosen Einkommen« lebend (Zinsen, Dividenden, Renten, Kapitalgewinne usw.) begriffen wird, diese Unterscheidung wird geradezu metaphysisch dahin überhöht, daß der so ausgebeutete Arbeiter, der Proletarier, zum Menschen schlechthin erklärt wird und in ihm die Interessen der »Gattung Mensch« verkörpert sind, während in der kapitalistischen Bourgeoisie nur gruppenegoistische Interessen verfolgt werden. Dies sind letzten Endes Herrschafts-Interessen, die aus dem Funktionsmonopol des Privateigentums, insbesondere an wirtschaftlichen Produktionsmitteln, fließen. Die Aufhebung dieses Funktionsmonopols, also des Privateigentums, erscheint damit als Befreiung der Arbeitenden von Ausbeutung und scheint die vollkommene Gesellschaft der nur ihren Gattungszwecken folgenden Menschen herbeizuführen, wobei dann selbst die »Arbeit« mehr und mehr zurücktritt zugunsten eines »Reiches der Freiheit«, das fatale Ähnlichkeit mit einer Verallgemeinerung der bourgeoisen »Nicht-Arbeit« hat, während die Produktion des »Wohlstandes« mehr und mehr der menschenleere »technische Fortschritt« übernimmt.

Damit ist bereits der »Klassenkampf« definiert, der keineswegs als der Kampf zweier Sozialgruppen um die Herrschaft begriffen werden darf, sondern immer als der berechtigte Kampf der Unterdrückten, die die Interessen der gesamten »Gattung Mensch« vertreten, gegen die gruppenegoistische Herrschaftsschicht der Ausbeutenden verstanden werden muß. Da diese aus übermächtigen sozialen Strukturen der jeweiligen Gesellschaft stammende Frontenstellung auch alle Bewußtseinsäußerungen in diesen Gesellschaften bedingt, gibt es keine Erkenntnis-»Objektivität« oder -»Neutralität« gegenüber diesem Tatbestand, sondern nur die klassenkämpferische »Parteilichkeit« auch aller Wissenschaft.

Thorstein Veblen (1857–1929), der amerikanische Soziologe, der rund ein halbes Jahrhundert nach Marx (1818–1883) lebte und dessen Klassentheorie in dem Buch ›Theory of the Leisure Class‹ (1. Aufl. 1899, also rund 50 Jahre nach dem ›Kommunistischen Manifest‹, 1848) erschien, hat viele Positionen von Marx aufgenommen, einige aber so entscheidend verändert und verallgemeinert, daß mir sein Klassenbegriff zur Analyse der gegenwärtigen Klassenlage und Entstehung einer neuen Klasse besser geeignet erscheint als der von Marx. Da sicherlich vielen Lesern die Lehre von Veblen weitaus weniger bekannt sein wird als die von Marx, sei es uns gestattet, sie in den Grundzügen darzustellen. (Von den Werken Veblens ist nur seine ›Theory of the Leisure Class‹ unter dem Titel ›Theorie der feinen Leute‹ 1971 ins Deutsche übersetzt; dagegen haben amerikanische Zeitanalytiker wie Burnham [›Die Revolution der Manager‹] oder Riesman [›Die einsame Masse‹], die alle ohne Veblen undenkbar wären, eine weitaus größere Aktualität und Verbreitung bei uns gewonnen.)

Veblen geht von einer *anthropologischen* Grundthese aus: Die Arbeitsteilung, die an der Wurzel aller menschlichen Entwicklung liegt, ist die von Mann und Frau und läuft darauf hinaus, daß eine arbeitende, d. h. die tägliche Plackerei der Nahrungsmittelbeschaffung, Güterproduktion und sonstigen materiellen Daseinsvorsorge übernehmende Gruppe es einer anderen, »müßigen Klasse« ermöglicht, sich von der »Arbeit« zu entlasten und sich »höheren«, d. h. nicht-güterproduzierenden Tätigkeiten zuzuwenden. Damit entsteht immer »die Institution einer Klasse, die nicht arbeitet, also einer müßigen Klasse ... Diese nichtproduktiven Beschäftigungen der Oberklasse lassen sich in vier große Gruppen einteilen: in Regieren, Kriegführen, religiöse Aufgaben und Sport ... Diese Arbeitsteilung stimmt mit der Einteilung in eine arbeitende und eine müßige Klasse überein, wie sie in der höher entwickelten barbarischen Kultur auftritt. Je weiter die Teilung und Spezialisierung der Arbeit fortschreitet, desto schärfer wird die Trennungslinie zwischen den produktiven und den anderen Tätigkeiten. Die Beschäftigungen der Männer in der barbarischen Epoche bilden keineswegs die Vorstufe zur späteren Entwicklung von Gewerbe und Handwerk, sondern setzen sich nur in unproduktiven Tätigkeiten fort, nämlich in Krieg, Politik, Sport, Gelehrsamkeit und Priestertum ... Praktisch sind alle Gewerbe aus jenen Arbeiten hervorgegangen, die im ursprünglichen barbarischen Gemeinwesen die Frauen verrichteten ... Alle barbarischen Gesellschaften sind zutiefst von der Ungleichartigkeit männlicher und weiblicher Arbeit überzeugt« (›Leisure Class‹, Kap. 1).

Veblen findet diesen Unterschied von arbeitender und müßiger Klasse in allen gesellschaftlichen Zuständen ausgebildet, in denen das zum Leben Notwendige so leicht zu beschaffen ist, daß ein ansehnlicher Teil der Gesellschaft von der täglichen Arbeit befreit werden kann. Zum ersten Modell dieser Klassenunterscheidung macht er die europäische (und japanische) Feudalgesellschaft; in ihr »umfaßt die müßige Klasse als Ganzes Adel und Priesterschaft mitsamt einem großen Teil ihrer jeweiligen Gefolgschaft. Wenn auch die Beschäftigungen innerhalb dieser Klasse verschieden sind, so weisen sie doch ein gemeinsames wirtschaftliches Kennzeichen auf: Es handelt sich nämlich in keinem Falle um ein Gewerbe oder ein Handwerk«, sondern eben um Regieren, Kriegführen, religiöse Führung und Sport. Er bringt den Gegensatz dieser Tätigkeiten auf die Formel »Heldentat oder Plackerei« (exploit or drudgery) oder einfach »Heldentat oder Arbeit« (industry). »Diese Unterscheidung zwischen Heldentat und Plackerei ist wertbetont. Die Heldentat ist wertvoll, ehrenhaft und edel, die übrigen Tätigkeiten hingegen, besonders jene, die Unterwürfigkeit oder Unterwerfung mit sich bringen, gelten als unwürdig, verächtlich und gemein. Der Begriff der Würde, des Wertes oder der Ehre, wie er auf Personen oder auf das Verhalten angewendet wird, ist von größter Bedeutung für die Entwicklung von Klassen und Klassenunterschieden« (ebd., Kap. 1).

Aus diesem Modell gewinnt Veblen die Kriterien, die ihm erlauben, die »müßige Klasse« seiner Zeit zu bestimmen. Er weiß: »Was als wesentliche und entscheidende Züge bestimmter Tätigkeiten oder einer bestimmten sozialen Klasse in einem bestimmten kulturellen Stadium gilt, wird nicht dieselbe relative Bedeutung für die Klassenbildung einer späteren Zeit behalten ... Noch immer findet sich heute die Unterscheidung zwischen Arbeit und Nicht-Arbeit (industrial and non-industrial occupations), und diese moderne ist nichts anderes als eine Abwandlung der alten barbarischen Unterscheidung zwischen Plackerei und Heldentat. Krieg zu führen, Politik zu treiben, Priester sein oder zur öffentlichen Unterhaltung beitragen, unterscheiden sich im öffentlichen Urteil wesentlich von der Arbeit, die der Herstellung der lebensnotwendigen Dinge dient ... Stillschweigend bezeichnet man heute ein Bemühen nur dann als Arbeit (industrial), wenn sein letzter Zweck in der Verarbeitung nicht-menschlichen Materials besteht. Die Ausbeutung des Menschen durch Zwang wird nicht als produktive Tätigkeit betrachtet, wohl aber alle Anstrengungen zur Verbesserung der Lebensumstände durch Ausnutzung der nicht-menschlichen Umwelt. Die Ökonomen der klassischen Schule stellen meist die ›Macht über die Natur‹ [›power over nature‹ im Gegensatz zu ›power over man‹, so schon Hobbes] als das eigentliche Merkmal der produktiven Arbeit dar.« (Es sei darauf hingewiesen, daß bei Veblen die Begriffe »industry, industrial, industrial productivity« von vornherein die Doppelbedeutung von »produktiver Arbeit« einerseits und »industrieller Tätigkeit« andererseits tragen, eine Bedeutungsgleichheit, die zugleich seine Grundthese ist.)

Von hier aus ist der Übergang von der ritterlich-feudalen Oberklasse zu der kapitalistischen Konkurrenzgesellschaft leicht zu vollziehen: »In dem Maße, in dem die Arbeit den Raub im täglichen Leben und in den Vorstellungen der Menschen verdrängt, ersetzt das Anhäufen von Reichtum allmählich die Trophäe der räuberischen Heldentat, die bisher das konventionelle Symbol von Erfolg und Überlegenheit darstellte.« Jetzt wird die nicht-arbeitende Oberschicht durch »Muße und Eigentum (leisure and ownership) als Elemente der gesellschaftlichen Struktur« getragen und gekennzeichnet. Dabei »bedeutet der Begriff der Muße, wie er hier gebraucht wird, nicht einfach Trägheit oder Ruhe; gemeint ist damit vielmehr die nicht produktive Verwendung der Zeit. Dies geschieht 1. aufgrund der Auffassung von der ›Unwürdigkeit‹ der produktiven Arbeit, 2. um zu beweisen, daß man es sich leisten kann, ein untätiges Leben zu führen.« Und nun entwirft Veblen das Bild jener auf dem arbeitslosen Kapitaleinkommen beruhenden Luxus-Oberschicht der USA um die Jahrhundertwende, die zum Teil in Nachahmung der Feudalkultur Reisen, Spiele, Sport, Hunde- und Pferdezucht betreibt, sich den »Künsten« oder fashionablen Wissenschaften dilettantisch widmet oder in aufwendiger Geselligkeit ihre guten Manieren und ihren Reichtum zur Schau stellt. Die Schaustellung des Reichtums in Freizeit und Konsum macht dabei das eigentliche Klassenbewußtsein aus, denn es bestätigt vor den anderen: »Jene Gesellschaftsmitglieder, die den üblichen Normen der Tapferkeit bzw. des Eigentums nicht genügen, verlieren an Ansehen und damit auch an Selbstachtung, denn die Grundlage der Selbstachtung besteht normalerweise in der Achtung, die einem der Nachbar entgegenbringt ... Ist der Besitz einmal zur Grundlage des öffentlichen Ansehens geworden, so bildet er alsbald die Voraussetzung für jenes selbstbestätigende Gefühl, das wir Selbstachtung nennen. In jeder Gesellschaft, die das unterschiedliche Privateigentum kennt, muß der einzelne im Interesse seines inneren Friedens mindestens ebensoviel besitzen wie jene, mit denen er sich auf die gleiche Stufe stellt; und es ist außerordentlich wohltuend, etwas mehr zu haben als die anderen.« So gerät diese Darstellung der »feinen Leute« von 1900 in den USA dem Autor zuweilen zu einer nur geistreichen Darstellung der Dandies und der Damen der »guten Gesellschaft« von damals, weniger zu einer Klassentheorie.

Immerhin übernimmt Veblen zur Stützung seiner Klassenbestimmung bis zu einem gewissen Maße die Ausbeutungstheorie von Marx, wenn er wirtschaftlich zwischen finanziellen oder pekuniären Institutionen einerseits, industriellen Institutionen andererseits unterscheidet und »die Beziehung der müßigen – also der wohlhabenden, nicht arbeitenden – Klasse zum Wirtschaftsprozeß finanzieller Natur (nennt), die durch Erwerb und nicht durch Produktion, durch Ausbeutung und nicht durch Nutzen gekennzeichnet ist« (Kap. 8). Auch für ihn wird die Ausbeutung also durch das »arbeitslose Einkommen« des Kapitalisten, vor allem von dem im Produktionsprozeß »abwesenden Eigentümer«, verkörpert. Dagegen stellt für ihn der einfache Handarbeiter, der nichts weiter zu verkaufen hat als seine Arbeitskraft, also der Proletarier, keineswegs mehr den Inbegriff der produktiven und zugleich ausgebeuteten Klasse dar. Da für ihn »Produktivität« in der Ausbeutung oder Verarbeitung der Natur zu menschlich nützlichen Gütern besteht, bildet für ihn der *Ingenieur* die zentrale, für seine Zeit vorbildhafte Gestalt der »produktiven Arbeit«; er hat daher in seinen Schriften die moderne, naturwissenschaftliche Technik uneingeschränkt bejaht und ausführlich abgehandelt. Auch hier verbindet er ihre Leistung mit einem anthropologisch tiefliegenden Grundbedürfnis der Menschen, einer Art Instinkt: »Als Handelnder sucht (der Mensch) in jedem Tun die Verwirklichung eines konkreten, objektiven, unpersönlichen Zieles. Deshalb ist er von der Freude an leistungsfähiger Arbeit besessen und haßt die nutzlose Anstrengung. Er schätzt Brauchbarkeit und Leistung, verachtet dagegen Ergebnislosigkeit, Unfähigkeit und Vergeudung. Diese Fähigkeit oder Neigung wollen wir als Werkinstinkt (instinct of workmanship) bezeichnen ... Wenn es die Umstände erlauben, treibt dieser Instinkt die Menschen dazu, jede produktive und nützliche Leistung hochzuschätzen und die Vergeudung von Geld und Energie abzulehnen. Alle Menschen besitzen diesen Instinkt, der sich auch unter sehr ungünstigen Umständen durchzusetzen pflegt. Aus diesem Grunde muß jeder Ausgabe, so verschwenderisch sie in Wirklichkeit auch sein mag, zumindest die Maske des Nützlichen umgehängt werden« (Kap. 1 und 4).

(Zur Information sei darauf hingewiesen, daß Veblen den einzelnen Schlüsselbegriffen seiner frühen Klassentheorie später jeweils ausführliche Schriften gewidmet hat, so ›The Instinct of Workmanship and the State of the Industrial Arts‹, 1914; ›The Engineers and the Price System‹, 1921; ›Absentee Ownership and Business Enterprise‹, 1924, u. a.)

Damit können wir die Unterschiede dieser Klassentheorie Veblens zu der von Marx feststellen: In der Nachfolge von Saint-Simon wird für Veblen die »Klasse der produktiven Arbeit« von all denen gebildet, die unmittelbar materielle Güter für die Lebenserhaltung und -förderung des Menschen produzieren (zuzüglich derer als »abgeleitete produktive

Klasse«, die diesem Prozeß der Güterproduktion unmittelbar dienen, z. B. die Wirtschaftsverwaltungen, Berufsausbilder usw.); deren Ausgebeutetsein besteht für ihn vor allem darin, daß diese Arbeit im sozialen Wert und Prestige diffamiert wird, ihre Vertreter sozial verächtlich gemacht und gering eingestuft werden und ihnen gegenüber eine nichtarbeitende, eine »müßige« Luxusklasse die Hochwerte des Lebens für alle fest- und durchsetzt; die Tatsache, daß »die Oberklasse die Prestigeregeln festlegt«, also den leitenden »Sinn des Lebens«, die »vorherrschenden geistigen Einstellungen« bestimmt, machen ihre institutionelle und d. h. gesellschaftliche Herrschaft aus. Damit erkennt Veblen, daß die sozialen Institutionen vor allem Wertsysteme sind und daß von der Beherrschung des sozialen Wertbewußtseins die Klassenherrschaft in der Gesellschaft ausgeht: »Die Institutionen stellen in erster Linie weitverbreitete Denkgewohnheiten dar, die besondere Beziehungen und besondere Funktionen des Individuums und der Gesellschaft betreffen; den Lebensplan, der aus der Gesamtheit der in einer Gesellschaft jeweils wirksamen Institutionen besteht, kann man psychologisch als vorherrschende geistige Einstellung oder Lebensanschauung bezeichnen. Hinsichtlich ihrer allgemeinen Züge kann eine solche geistige Einstellung oder Lebensanschauung letzten Endes auf den dominanten Charaktertypus zurückgeführt werden« (Kap. 8, alle Zitate nach der deutschen Übersetzung, Köln 1971).

Sicher weiß auch Veblen, daß die Veränderung und Neuanpassung von Institutionen in den modernen Gesellschaften letzten Endes fast immer auf ökonomischen, ja technologischen Ursachen beruht, aber er sieht – was Marx als bloße »Ideologie« abschrieb, weil es bei Hegel überbewertet wurde –, daß »Klassenherrschaft« primär als Herrschaft über das soziale Bewußtsein und über das Selbstbewußtsein der Menschen ausgeübt wird. Für Marx sind die ökonomischen Verhältnisse – unter der Voraussetzung des Arbeitsmarktes – bereits selbst die Form der Herrschaft, und wer »herrscht« begründet und produziert den »Überbau« der Ideen und Wertungen des Lebens. Veblen hat dagegen vor allem die Antithese dieser Einsicht betont: Wer den »Überbau« produziert und seine sozialen Wertungen in den Institutionen durchsetzen kann, der herrscht auch politisch und im Klassensinne.

Veblen hat damit wie Max Weber den Einfluß der Ideen, der sozialen und moralischen, ja religiösen Lebenssinngebungen auf die Entwicklung der Gesellschaft, auch ihrer ökonomischen Institutionen, in dialektischem Widerspruch zu Marx herausgestellt. Beide Autoren aber sind als wissenschaftliche Ökonomen sich darüber im klaren, daß umgekehrt die technischen und ökonomischen Veränderungen und die mit ihnen einhergehenden Machtverschiebungen auch den sozialen Wandel der Ideen, Moralvorstellungen und Lebenssinngebungen verursachen. Es geht also längst nicht mehr um die Vorherrschaft idealistischer oder materialistischer Ursachen des sozialen Wandels wie zwischen Hegel und Marx, sondern um die Voraussetzung eines Kreisprozesses von ideellen und ökonomisch-produktionellen Faktoren, bei dem die Personal- und Interessenbesetzung jeder dieser Triebkräfte der sozialen Veränderung und der sozialen Struktur wechseln kann.

Unser Interesse an Veblen, das uns veranlaßt hat, ihn so verhältnismäßig ausführlich darzustellen, liegt also darin, daß wir die »Herrschaft der Reflexionselite« in unserer Gesellschaft durchaus auch als eine Form der Klassenherrschaft verstehen und deuten können, wenn man sich nicht auf die überholten Bestimmungen der Klasse und des Klassenkonfliktes von Marx beschränkt, sondern die inzwischen erreichte höhere Allgemeinheit der Klassentheorien in Rechnung stellt. Für unsere klassentheoretische Analyse werden wir vor allem zwei Thesen Veblens aufgreifen: die Neubestimmung der »Klasse der produktiven Arbeit« und der »Muße- oder Luxusklasse« sowie die Form der institutionellen Klassenherrschaft durch Monopolisierung der Wert- oder Sinngebung des Lebens.

2. Die zweigeteilte Gesellschaft

Um eine fortgeschrittene Industriegesellschaft des westlichen Entwicklungstyps wie die Bundesrepublik oder die USA heute klassentheoretisch zu begreifen, sind die dualistischen Kennzeichnungen der »Klassen« von *Marx*, nämlich »Bourgeoisie und Proletariat« oder »Kapital und Arbeit« genauso ungeeignet wie die Unterscheidung *Veblens*, daß eine sich auf Kapitalrenten stützende Luxusklasse der Klasse der produktiven Arbeit gegenüberstünde. Wo solche Auffassungen aufrechterhalten werden, muß man sie als Funktion der Maskierung und als Herrschaftsmittel in einem andersartigen Klassenkonflikt verstehen. Schon aktueller ist die von *Trotzki* ausgehende, dann im westlichen Bereich (unter dem Einfluß von Veblen) von *Burnham*, für die östlichen Gesellschaften von *Djilas* entwickelte These, daß die »neue Klasse« die Manager und Funktionäre seien, die die organisatorische Macht in Politik und Wirtschaft in den Händen haben und durch die Unentbehrlichkeit und zugleich die Führungsqualität der »Organisation« diese mit eigenen Herrschaftsinteressen gegen die Arbeiterschaft oder die Kräfte der Produktion ausüben. (Im Grunde haben bereits *Robert Michels* und *Max Weber* mit ihren Untersuchungen über die Herrschaft der Bürokratie in Parteien und Staat diese Einsichten vorbereitet.)

J. Burnham (›Die Revolution der Manager‹, 1941) hat nie belegen können, daß die von ihm behauptete klassenhafte Interesseneinheit der »Manager« oder Organisationsbeherrschenden aller sozialen Tätigkeitsbereiche aus der formalen Gleichheit der Tätigkeitsmerkmale wirklich erwachsen ist, d. h., daß die Manager der Industrie und der Gewerkschaften, der Parteien, des Militärs, der Kirchen und der Wissenschaften untereinander eine »Klasse« bilden, die die jeweils »Organisierten« ausbeuten; »Organisation« im Sinne der arbeitsvereinenden Tätigkeitssteuerung ist für die Durchsetzung aller sozialen Interessen in modernen Gesellschaften notwendig und schafft damit in jeder sozialen Interesseneinheit oder Institution das Machtgefälle und damit den potentiellen Konflikt zwischen »Organisatoren« und »Organisierten«, aber sie bleibt ein jeweils binneninstitutioneller Rollenkonflikt und verlängert sich nicht in die Einheit zweier gesamtgesellschaftlicher Bevölkerungsblöcke.

Das gleiche ist im Grunde gegen *Milovan Djilas* (›Die neue Klasse‹, 1957) zu sagen: Daß die Funktionärsbürokratie totalitärer Parteien sehr bald ihre eigenen Machtbehauptungsinteressen der Vertretung der Arbeiterinteressen oder der unmittelbaren Bedürfnisse der breiten Bevölkerung vorordnet, ist ein Kennzeichen aller Herrschaftssysteme und ihrer politisch herrschenden Gruppen. Die Enttäuschung darüber, die in dieser »Klassentheorie der Funktionäre« und ihrer Anklage sich ausspricht, beruht auf der Unerfülltheit der eigentümlich marxistisch-utopischen Erwartungen, daß alle Herrschaftsunterschiede mit der Aufhebung der kapitalistischen Wirtschafts- und Produktionsordnung sich auflösen würden. Eine klassentheoretische Betrachtung der politischen Herrschaft, die diese nur auf ökonomische Produktionsverhältnisse zurückführen will, verkennt eben die unaufhebbare anthropologische und soziologische Bedingtheit politischer Herrschaft: In jedem Gesellschafts- und Wirtschaftssystem gibt es die Machtunterscheidung von politisch Herrschenden und politisch Beherrschten und die damit verbundenen sozialen Leistungen, aber auch Konflikte. Selbstverständlich tragen ökonomische oder wirtschaftlich-funktionale Unterschiede zur Errichtung und zum Bestand der politischen Gruppen der »Herrscher« und der »Beherrschten« bei, aber eben der marxistische Glaube, daß die ökonomisch-funktionale Macht zugleich mit der politischen Macht und Herrschaft identisch sei, ist die Illusion, deren Enttäuschung die ursprünglich marxistischen Theoretiker zum (falschen) Klassenbegriff der Funktionärsklasse führt. Die eigentlich klassentheoretische Frage ist geradezu umgekehrt zu stellen: Welche ökonomischen oder sonstwie auf den »Produktionsprozeß des Lebens« bezogenen Funktionen ermöglichen oder begünstigen es, daß eine in sich einheitliche, Interessen vertretende Funktions- und Sozialgruppe die politische Herrschaft in einer organisierten Gesellschaft, also in einem Staat, an sich bringt? Nicht der Ursprung oder der Bestand politischer Herrschaft, sondern ihre personale und gruppenhafte Besetzung ist klassentheoretisch zu erklären.

Wir wollen jenseits dieser ideologisch vorbestimmten »Klassenunterschiede« einmal die dualistischen Gruppengegensätze beleuchten, die sich der sozialen Erfahrung in westlichen Gesellschaften heute aufdrängen und die zugleich einen Ansatz für die Bestimmung einer »produktiven« und einer »ausbeutenden« Klasse ermöglichen.

Zunächst bietet sich die uralte Unterscheidung zwischen den »Faulen« und den »Fleißigen« an, eine zu allen Zeiten vorhandene charakterologische oder auf Erziehungsleistungen beruhende individuelle Unterscheidung, die allerdings durch soziale Strukturen begünstigt und verstärkt werden und damit zu einer bestimmenden Sozialstruktur werden kann. Wenn nach der Funktions- und Sozialstruktur einer organisierten Gesellschaft ihre Produktion und ihr Wachstum auf der Leistung derjenigen beruhen, die grundsätzlich mehr als das sozial Verlangte leisten, während die »normal« Tätigen eben ihren Zustand der »Normalität«, d. h. eines verhältnismäßig mühelosen, arbeitsentlasteten und sozial gesicherten Lebens, jenen verdanken, die »mehr leisten«, dann ist in der Tat an die Stelle der Ausbeutung des »Mehrwerts« der Arbeit die Ausbeutung der »Mehrleistung« getreten, und die unproduktive ausbeutende Klasse besteht aus denjenigen, deren Wohlergehen auf der »Mehrleistung« derer beruht, die aus irgendwelchen Motiven mehr tun, als ihnen aus geltenden sozialen und rechtlichen Gründen angesonnen werden kann. Der gesellschaftliche Widerspruch, der sich hier niederschlägt, besteht in dem heute von allen politischen Seiten ungern ausgesprochenen strukturellen *Gegensatz von Arbeitsleistungssystem und Sozialleistungssystem.* Oder im Sinne der sozialen Ausbeutung: Nur die produktive »Mehrleistung« bestimmter Berufsgruppen ermöglicht noch die hohe soziale Sicherheit und den Verbrauchergenuß, an den sich die breiten Bevölkerungsgruppen gewöhnt haben. Man kann diese »Klassenspaltung« auf die Formel bringen, daß *die Ausbeutung der »Mehrleistenden« durch die »Sozialgesicherten« den eigentlichen Klassengegensatz* in den auf soziale Gerechtigkeit ausgehenden Demokratien westlicher Prägung darstellt, und dafür mit den jeweiligen aktuellen Variationen die Beispiele von Schweden, der Bundesrepublik Deutschland, Großbritannien und Frankreich und letzten Endes sogar der USA anführen.

Unter dem Titel ›Die zweigeteilte Gesellschaft‹ hat *Jürgen Eick* in der ›Frankfurter Allgemeinen Zeitung‹ vom 6. 1. 1973 auf diesen Tatbestand hingewiesen. Er zitiert den niederländischen Sozialisten Polak: »Heute muß sich die Hälfte der Menschheit zu Tode schuften, damit die andere um so besser faulenzen kann«, und erläutert dies folgendermaßen: »Die Schicht derer, die sich überanstrengen und überarbeiten, stellt eine – buntgewürfelte – Minderheit dar: Leitende im weitesten Sinne des Wortes (bis zum Werkmeister, zum Vorarbeiter), Spezialisten (bis zum Facharbeiter mit hoher Verantwortung), Selbständige (z. B. Ärzte, Anwälte, Handwerksmeister, Steuerberater, Vertreter) sowie Mehrfach-Tätige (Arbeiter und Angestellte mit Nebenberufen, legal etwa als Hausverwalter, als Kassierer auf der Rennbahn, als Hilfsvertreter oder illegal als Schwarzarbeiter). Diese Gruppe, zu der auch die führenden Politiker zählen, verdienen zwar gut, aber sie ist ewig überanstrengt und bezahlt ihren beruflichen Erfolg mit einem weitgehenden Verzicht auf Freizeit für sich, für die Familie, für die Hobbies.

Die Mehrheit der übrigen liefert dazu ein ausgesprochenes Kontrastprogramm. Sie genießt in vollen Zügen alle sozialen Errungenschaften: den Feierabend nach Maß; die Fünftagewoche mit dem langen Wochenende, das im Bewußtsein schon am Freitagmorgen beginnt; den von Berufssorgen nicht überschatteten langen Urlaub; die elastische Altersgrenze; die von der Versicherung genehmigte Kur; die Lohnfortzahlung im Krankheitsfalle … In diesem Bereich wird zwar weniger verdient, aber hier besteht Zeit und Muße, ein angenehmes Leben zu führen …

In der Entscheidung, wieviel Anstrengungen ein einzelner oder eine Nation investieren will, ist man frei; aber nicht in den Konsequenzen einer solchen Entscheidung … Man kann z. B. nicht höhere Sozialleistungen auf allen Gebieten fordern, zugleich aber den Abbau des sogenannten ›Leistungsdrucks‹ verlangen … Wenn es bisher noch leidlich gut gegangen ist, so deshalb, weil es jene Schicht der ›Engagierten‹ gibt, die überall ungerührt von allen Veränderungen um sie herum am Werke sind und mehr tun als das Allernotwendigste. Aber sie haben das Gefühl, daß ihnen der Zeitgeist ins Gesicht bläst …«

Eben weil »man frei ist«, ob man zu den »Mehrleistenden« oder zu den »Normalarbeitenden« gehören will, werden hier keine aus der Sozialstruktur entstehenden Klassengruppen, sondern zunächst Verhaltensgruppen beschrieben, die sich anscheinend nur nach ihrer subjektiv-individuellen Arbeitsauffassung unterscheiden. Sieht man aber genauer zu und beachtet die Gruppenbestimmungen der Beispiele (Leitende, Spezialisten, Selbständige, Mehrfach-Tätige, Politiker), so wird deutlich, daß diese Arbeitsauffassung sich aus einer verschiedenen Struktur oder Art der Arbeit selbst ergibt: Ein Handwerksmeister oder ein Industriemanager kann sich der Art seiner Aufgaben nach kaum der beschriebenen »Mehrleistung« entziehen, während der in Routinetätigkeiten aufgehende Büroarbeiter, ob Angestellter oder Beamter, der sich ständig wiederholende einfache Leistungen ausführende Arbeiter, ja selbst die unter dem Schutz geregelter Dienststunden stehenden akademischen Berufe von den Arbeitsentlastungen und dem Freizeitkonsum des Sozialleistungssystems optimal Gebrauch machen können. Hier ist durchaus der Ansatz zur Teilung in eine »arbeitende« Klasse und eine neuartige »Muße- oder Freizeitklasse (Leisure Class)« zu verzeichnen.

Doch das entscheidende Unterscheidungsmerkmal liegt in zwei Formen von Arbeit und nicht in einer Trennung von Arbeitenden und Nicht-Arbeitenden. Wie man leicht sieht, ist die eine Art der Arbeit für den einen nicht nur belastender und zugleich einträglicher, sondern auch individuell disponibler, verfügbarer, selbstbestimmbarer, damit im höheren Maße verantwortlich, aber im Versagen schlägt sie auf ihn und seine Lebenslage mit Sanktionen, d. h. Nachteilen, zurück. Dagegen leistet der andere eine weitgehend schematisch vorgeschriebene, sich in dieser Gleichförmigkeit wiederholende und damit kaum persönliche Wahlhandlungen und Entscheidungen zulassende berufliche Tätigkeit ab, bei der er allerdings auch kein individuelles Lebensrisiko eingeht, sondern in seiner Existenz im wesentlichen überindividuell durch Sozialleistungen abgesichert wird. Man kann den jeweiligen Arbeitstyp zunächst als die »Disponierenden« einerseits, die »Exekutiven« andererseits bestimmen *(K. Messelken)*.

Diese Unterscheidung geht nun weit über die bloßen Arbeitsformen hinaus und bestimmt die gesamte Lebensform der Betreffenden samt ihrer Angehörigen. Wer in der Arbeit selbstverantwortlich »disponieren« muß und wem daher die Produktivität, d. h. die feststellbaren Ergebnisse, seiner selbstbestimmten Arbeit individuell zuzurechnen sind, vor allem, wenn es noch Instanzen gibt, die berechtigt und fähig sind, ihn zu solcher Verantwortung zu ziehen, der wird sich auch in seinem Lebensplan, in den außerhalb seiner Arbeitsverantwortung liegenden Entscheidungen und Fragen seines Lebens, seiner Berufswahl, seiner Familienplanung, seiner Alterssicherung, der Ausbildung und Fürsorge für seine Kinder, der Verwendung für seine Freizeit und letzten Endes in seinem Urteil über die Welt, seinem Glauben und seinen Verachtungen selbst bestimmen wollen; er wird grundsätzlich eine individuell-selbständige und der sozial vorgenormten und damit fremdbestimmten Vormundschaft sich entziehende *Selbständigkeit* in Anspruch nehmen. Intellektuelle und moralische Selbstbestimmung sind mit der Selbstverfügung und der Sanktionsverantwortung der beruflichen Arbeit engstens verbunden; wer dazu aus seiner Arbeitsstruktur nicht gezwungen wird, ist zur moralischen kaum fähig. Der andere Typ der Arbeit führt die Aufgaben aus, die ihm andere vorgeschrieben und vorgenormt haben; wie er sich in der Arbeit auf die Vorschriften, die Planpausen, die Arbeitsanweisungen und die vorgegebene Organisation verläßt und sie, ohne große Eigenverantwortung, pflichtgemäß *»ausführt«*, so ist er auch in seinen anderen, außerhalb der Arbeit liegenden Lebensbereichen bereit, die ihm »von außen«, d. h. durch die vorherrschende Sozialordnung, durch die jeweilige Regierung propagierte und vor allem durch die Beherrschung der öffentlichen Meinung, der vorbild- und normgebenden Kräfte, angesonnenen Lebensregeln zu übernehmen und ihnen zu folgen. Er entwickelt vielfach gar nicht die Fähigkeit zur Selbstbestimmung der eigenen Interessen. Die Struktur der Arbeit, die sich hier in einen grundsätzlichen Unterschied der ganzen Lebensführung verlängert, möchten wir daher auf den *Gegensatz von »Selbständigen« und »Ausführenden«* in der modernen Arbeits- und Sozialordnung bringen.

Die politische Bedeutung dieser Zusammenhänge habe ich in einem Vortrag ›Der selbständige und der betreute Mensch‹ abgehandelt, der in der ›Frankfurter Allgemeinen Zeitung‹ vom 29. 9. 1973 erschienen ist. Er stützt sich auf eine Abhandlung von Karlheinz Messelken ›Die politische Ökonomie des Parlamentarismus‹, jetzt im Hamburger Jahrbuch für Wirtschafts- und Gesellschaftspolitik, Tübingen 1974, S. 245 ff.

Dieser Gegensatz des Arbeitstyps und des damit verbundenen Lebensplantyps der Bevölkerung hochentwickelter Industriegesellschaften entsteht aus der Gesetzlichkeit der Arbeitsteilung selbst: Die Trennung des produktiven Vorganges der Güterherstellung in Entwurf und Planung der Produktion einerseits, in Vollzugs- oder Ausführungsteile andererseits führen zur Aufspaltung der Arbeiten und der Berufe in wenig komplexe Tätigkeiten einerseits, in hochspezialisierte andererseits, und begründen schließlich die Notwendigkeit, diese hochgeteilte Arbeit durch Prozesse der Arbeitsvereinigung, also durch Organisation, wiederum erst zum produktiven Zusammenwirken zu bringen. Darin liegen die Hauptursachen einer solchen gruppentypologischen Spaltung in »Selbständige« und »Ausführende«. Hinzu treten noch eine Reihe von Zusatzursachen wie der Grad der Zentralisierung und Hierarchisierung der jeweiligen Betriebseinheiten: So werden, je größer eine Produktionseinheit wird (Betrieb, Unternehmer, aber auch Behörde oder sonstige Organisation), sich die »Selbständigen«-Funktionen immer mehr auf einen kleineren Personenkreis konzentrieren, dagegen der Umfang der »Ausführenden« wachsen. Wenn dies dann sowohl durch »Rationalisierung«, d. h. unter dem Gesichtspunkt der Produktionssteigerung, erzwungen, als auch noch durch den Grundsatz der Hierarchie als Organisationsprinzip zur Machtbehauptung und -kontrolle verstärkt wird (wie in allen planungsdominanten Organisationssystemen, von mittelstands- und selbständigkeitsfeindlichen Besteuerungssystemen ganz abgesehen), dann wirken ökonomische Zwänge und politische Absichten in gleicher Richtung.

Da nun der Entwicklung moderner Industriegesellschaften in der Tat eine Richtung zur Großorganisation, d. h. zu immer umfassenderen Betriebseinheiten, innewohnt, und zwar nicht nur in der wirtschaftlichen Produktion, sondern genauso in Verwaltung, Politik, Unterricht, Forschung, Gesundheitswesen, Verkehr usw., so kann man von einer »natürlichen«, d. h. sich in dieser Produktionsstruktur aus Sachnotwendigkeiten ergebenden Tendenz sprechen, durch Verringerung und Konzentration der »Selbständigen« den Kreis der bloß »Ausführenden« ständig zu vergrößern. Damit allerdings höhlt man langfristig die Grundlagen der Produktivität des eigenen Systems aus. Das ist durchaus im Sinne von Marx gedacht: Das Produktionssystem erzeugt aus seiner eigenen sozialen und sachlichen Gesetzlichkeit die Übermacht einer Klasse, die gerade dieses System nicht mehr tragen und aufrechterhalten kann und will. Die Voraussage von Marx über die »Konzentration des Kapitals« und der damit sich steigernden »Verelendung der Arbeiter« erweist sich dann nur als ein Sonderfall dieses Prinzips. Seine These ist an der überzogenen Verallgemeinerung von geschichtlichen Sonderlagen gescheitert, allerdings auch an einem falschen Begriff des »sozialen Gesetzes«, der zwar strukturelle Entwicklungsrichtungen ausdrückt, aber gerade als erkannte Tendenz ihre soziale Gestaltung bis hin zur Umkehr ermöglicht. Soziale Gesetze werden »gemacht«, nicht nur erlitten und befolgt.

Dieser unmittelbar politischen Betrachtung und Auswertung der strukturellen Trennung von »Selbständigen« und »Ausführenden« liegt aber ein grundsätzlicheres oder allgemeineres Verhältnis dieser beiden typologischen Arbeits- und Lebensplanungsgruppen zur Herrschaft oder zur politischen, ökonomischen und geistigen Machtdurchsetzung zugrunde: Der »Ausführende« ist sowohl seiner Arbeitslage nach, vor allem aber auch in seiner Vorsorge für Krankheit, Not, soziale Sicherung in Krisen, Versorgung der Angehörigen, Ausbildung der Kinder usw. auf *Vorsorge, und das heißt Vormundschaft,* von planend herrschenden Gruppen angewiesen. Sein Freiheitsbereich liegt nicht im Arbeitsfeld, sondern in der Zeit außerhalb der Arbeit, der Konsumfreiheit und der Dispositionsfreiheit in der Freizeit. Damit ist er der passiven Daseinsvorsorge als Herrschaftsunterwerfung in viel höherem Maße ausgesetzt als der »Selbständige«, insbesondere aber verlagert sich seine Selbstbestimmungsmöglichkeit in den Bereich der Konsumlenkung und der Freizeitsteuerung, und auch hier wird er mehr und mehr geführt und betreut. Diese typologische Arbeitsspaltung begründet also vor allem einen deutlichen Unterschied in der *Beherrschbarkeit* dieser beiden Sozialgruppen; der »Ausführende« ist seinem »sozio-ökonomischen Status« nach *ein betreuter und in dieser Form beherrschter Mensch.*

Die erste Annahme über diese »Herrscher«, die sich anbietet, wäre die Beherrschung der »Ausführenden« durch die »Selbständigen«. Innerhalb des reinen Produktionsprozesses der Güter und Dienstleistungen (z.B. auch der staatlichen Vorsorge- und Fürsorgeleistungen) läßt sich dieses Verhältnis bis zu einem gewissen Ausmaß belegen. Die »Manager« in Wirtschaft und Politik und sonstigen Betriebseinheiten und -organisationen befehlen den »Ausführenden«. Umgekehrt gesehen: Soweit der Arbeitsprozeß Herrschaft begründet oder stützt, und zwar sowohl politische wie wirtschaftliche und Sach-Beherrschung, muß sie von den »Herrschenden« mit »Mehr-Leistung« bezahlt werden. Aber die »Selbständigen« und die »Ausführenden«, also »Mehr-Leistung« und »Normal-Arbeit«, stehen also nicht in einem Verhältnis der Ausbeutung sich gegenüber, es sei denn einer gegenseitigen »Ausbeutung«, indem die Ausführenden ihre soziale Sicherung, ihre geregelte Freizeit, die Normalität und Stabilität der »Mehrleistung« der anderen verdanken und sie diesen auch mehr oder minder vertrauensvoll übertragen, während die »Selbständigen« ihre Herrschaftspositionen, also ihr im Durchschnitt höheres Einkommen, ihre Dispositionsfreiheit im Beruf über sich und andere mit der Verantwortungsbelastung und dem beruflichen oder sozialen Risiko bezahlen, die der Preis der Leistungs-Herrschaft sind: Manager unterliegen harten Auswahlbedingungen und werden leicht ausgewechselt, Politiker müssen gewählt und wiedergewählt werden, selbständige Gewerbe können sich zum Bankrott »verdisponieren«, Spezialisten, die nicht auf der Leistungshöhe ihrer »Sache« bleiben, sind keine mehr usw. Das Kennzeichen dieser Herrschaftsgefährdung ist im Grundsatz das Individualrisiko, wie die Grundlage dieser Herrschaft eben auch die Individualleistung ist.

Ich bezweifle, daß diese Zweiteilung der Arbeitswelt, so wichtig sie für den Produktionsvorgang als solchen und darüber hinaus für die soziale und politische Verfassung einer Gesellschaft ist, als »Klassendualismus« verstanden werden kann. Nicht nur, daß der Übergang jedes einzelnen von der einen Verhaltens- und Lebensplangruppe in die andere leicht möglich ist und daß es »fließende Übergänge« und Mischformen genug gibt, da es sich hier ja um idealtypische Charakterisierungen handelt, vor allem aber können beide Gruppen niemals nach dem Kriterium geschieden werden, daß nur die einen »produktive Arbeit« leisten, während die anderen von dieser Leistung leben, jedenfalls ihr Beitrag zum Produktionsprozeß des Lebens nicht in erster Linie in einer Arbeit dafür bestünde. Im Gegenteil: Diese beiden Gruppen der Gesellschaft sind durch die Struktur des modernen Arbeitsvorganges, der Produktion des Lebens, in gegenseitiger Leistung aufeinander angewiesen und machen die jeweilige Leistungsform auch zur Sinngrundlage oder Zielbestimmung ihres Lebens außerhalb der Arbeit. Ihr Unterschied besteht in dem Grad oder dem Ausmaß an Freiheit, mit der sie diese Selbstbestimmung in der Arbeit und im davon abhängenden Leben verwirklichen können.

3. Die Ausbeutung der produktiven Arbeit

Um den »Klassen-Charakter« einer Zweiteilung der Gesellschaft festzustellen, muß man also »produktive Arbeit« von nicht produktiver unterscheiden und die Ausbeutung der ersten durch die letzte belegen können. Wir vermeinen, uns sowohl in der Tradition von Marx wie von Veblen zu befinden, wenn wir als »produktive Arbeit« die Herstellung materieller Güter der Lebenserhaltung und Lebensverbesserung, einschließlich materiell lebenserleichternder Dienstleistungen und Lebenssicherungen verstehen, wobei die Organisation und politische Durchsetzung (Verwaltung und jeweilige »Politik«) dieser lebensdienlichen Leistungen als Beitrag einer »abgeleiteten produktiven Klasse« (nach Veblen) mit in diesen Begriff der »Produktivität« einzubeziehen sind. Die »Gegenklasse« muß also zunächst rein negativ bestimmt werden als diejenige, die der Herstellung materieller Güter der Lebenserhaltung und Lebensverbesserung weder unmittelbar noch mittelbar dient. Es ist kritisch sicherlich deutlich, daß sich eine solche Unterscheidung sowohl in den Begriff der »materiellen Güter« als auch in die Frage der »Mittelbarkeit« eines Beitrages zu ihrer Erzeugung verlagert.

Gehen wir zunächst anschaulicher vor! Wenn wir die Aufzählung der »Mehr-Leistenden« betrachten, wie sie Eick (s. S. 236) gegeben hat (Leitende, Spezialisten, Selbständige, Politiker), so muß auffallen, wer in diesem Schema von »Mehrleistung« und »Normal-Arbeit« nicht ohne weiteres enthalten oder unterzubringen ist: Hochschullehrer und Lehrer, und zwar aller Ränge und Facharten, Theologen und Journalisten, Freizeitorganisatoren und Künstler, und vor allem natürlich Schüler und Studenten. Es sind offensichtlich die Gruppen, deren Arbeit in der Form der »Sinn-Vermittlung« vor sich geht, nicht aber unmittelbar an die materielle Produktion und Förderung des Lebens gebunden ist. Damit wird zur Gegenklasse gerade die Tätigkeitsgruppe, die den nicht-produktiven »Überbau« des Lebens als »Sinn-Gebung« zum »eigentlichen Ziel« des Lebens erklärt und die die empirischen Bedürfnisse der »Gattung« – materiell-biologische Lebenserhaltung und -förderung, Schutz und Sicherheit – einem von subjektiven Sinn-Entscheidungen abhängenden System »höherer Zielsetzungen« unterwirft; sie leitet daraus sowohl die Unterordnung der bloß lebensmateriell Produktiven unter ihre Sinngebungsherrschaft sowie die Berechtigung ab, unproduktiv von der Arbeit dieser anderen gut leben zu können. *Die Sinn-Produzenten stellen die unproduktive, ihrerseits die Güter-Produzenten ausbeutende Klasse dar.*

Hier erhebt sich natürlich sofort der Einwand, daß ja »Sinn« und »Sinn-Produktion« unaufhebbar und notwendig immer zur »Produktion des Lebens«, ja durchaus zu jeder Form materieller Güterproduktion gehört: Information, Ausbildungswissen, ja moralische und geistige Überzeugungen und Normen bilden einen ungemein wichtigen Bestandteil der modernen Form der Lebenserhaltung und Lebensförderung, sind also selbst als »Güter« anzusprechen; ihre Produzenten nehmen also an der »produktiven Arbeit« teil. Wir sind nicht nur weit davon entfernt, diese Einsicht zu bestreiten, wir werden sie sogar selbst zur Grundlage dafür machen, die Klassenherrschafts-Chancen dieser Sinnproduzenten zu begründen, denn sie liegen eben in der Monopolisierung dieser Art von notwendigen »Produktionsmitteln«. Die Funktionsnotwendigkeit einer Klassengrundlage hebt nicht ihren Ausbeutungs-Charakter in bestimmten geschichtlichen und gesellschaftlichen Zusammenhängen auf: Weder hat Marx das Geld schlechthin oder den Kapitalbedarf von Unternehmen als funktionswidrig verworfen (sondern die Verwendung des Kapitals als Privateigentum mit dem Ziel, allein dem Profit des Privateigentümers bei »Ausbeutung« der Arbeitskraft der anderen Produzenten zu dienen) noch Veblen die Leistungen der Politiker, Militärs, Gelehrten, Priester, Sportler usw. als solche für »unproduktiv« erklärt (sondern sie als die monopolisierten Tätigkeitsfelder einer Klasse verworfen, die diese dazu benutzt, den Güterproduzenten die Minderwertigkeit ihrer Arbeit einzureden, die besondere Ehrenhaftigkeit, d. h. Wertüberlegenheit, ihrer Tätigkeiten zu demonstrieren und damit eine klassenhafte »Wertherrschaft« durchzusetzen). Nur im Lebenszusammenhang der gesamten Gesellschaft gewinnt ein Produktionsfaktor die Eigenschaft der Herrschaftsdurchsetzung und Ausbeutung der anderen Produktionsfaktoren. So können durchaus auch im Namen der »produktiven Arbeiterklasse« die funktionsunentbehrlichen Sinn-Produzenten beherrscht und ausgebeutet werden, ein Verhältnis, das in den orthodox-marxistischen Gesellschaften des Ostens inzwischen vielfach zu beobachten ist.

Aber in den westlichen Gesellschaften, die bisher für die Aufstellung von Klassentheorien immer noch am entwicklungsträchtigsten sind, geht längst der umgekehrte Vorgang vor sich, nämlich daß die »Sinn-Produzenten« ihre Funktionsleistung dazu benutzen, sich die Klasse der Güterproduzierenden herrschaftlich unterzuordnen. Dies geschieht vor allem in zwei Sinngebungsvorgängen: Erstens wird die sich den Sachanforderungen der güterproduzierenden Leistung unterwerfende Arbeitseinstellung, ihre Arbeitsmoral und die damit verbundene Lebensbefriedigung, abgewertet und diffamiert, eine Herrschaftsstrategie, die sich heute vor allem in der *Diffamierung der Lei-*

stung schlechthin bezeugt. Zweitens wird die persönliche Lebenssinngebung bewußt und gezielt außerhalb des Arbeitsbereiches in Freizeittätigkeiten verlagert, deren Ziel- und Sinnbestimmungen aufgrund ihrer überzeugungshaften, in erfahrungsbedingten Interessen wenig überprüfbaren Zielsetzungen eine *Freizeitherrschaft der Sinnproduzenten* ermöglichen; diese werden also in einem neuen Sinne eine »herrschende Leisure Class«.

4. Die Verleumdung der Leistung

In den Mittelpunkt der Beurteilung des modernen Gesellschafts- und Wirtschaftssystems ist der Begriff und die Wertung der »Leistung« getreten, wobei auf der einen Seite der Leistungsverfall beklagt wird und man die Polemik bestimmter Kreise gegen das »Leistungsprinzip« als eine Zerstörung der Grundlagen unseres Gesellschaftssystems ansieht; auf der anderen Seite werden in der Tat die Leistungsanforderungen unseres gesellschaftlich-wirtschaftlichen Systems als die eigentümliche Form der modernen Inhumanität angeprangert und wird die »große Verweigerung« (H. Marcuse) gegen die »Leistungsgesellschaft« gepredigt.

Die sehr verschieden argumentierenden Verteidiger der Leistungshochwertung stimmen in einem Einwand gegen die Leistungsverdammung überein: Sie weisen der Polemik gegen das Leistungsprinzip einen politischen und logischen *Widerspruch* insofern nach, als diese auf der einen Seite das Individuum vor der Leistungsausbeutung beschützen will und den einzelnen auffordert, sich dem Leistungszwang zu entziehen, auf der anderen Seite aber die gleichen Leute mehr Sozialleistungen fordern und mehr Sozialprodukt verteilen wollen, der »öffentlichen Armut« im nationalen und internationalen Rahmen abhelfen und überhaupt allen Menschen mehr »freie Zeit« und Muße zur Entwicklung ihrer Subjektivität bescheren möchten. Wer die Mehrleistung bei gefordertem Leistungsabbau erbringt, darüber schweigen diese Progressiven sich meistens aus. Nur die Naiven unter ihnen wiederholen den alten kapitalistischen und zugleich sozialistischen Wunderglauben, daß dies der »Fortschritt der Technik« zustande bringen werde, da sich inzwischen herumgesprochen hat, daß »Technik« von Menschen gemacht und geleistet werden muß und zudem eben die Kritiker der Leistungsanforderungen im gleichen Zuge Kritiker der »technischen Rationalität«, des »technischen Fortschritts« und der damit verbundenen Geltung und Vorherrschaft der »Technokraten« sind. Und trotzdem verhallen diese logischen und politischen Argumente bei den Leistungskritikern ungehört, bestätigen und verallgemeinern eigentlich nur die Haltung derer, die »für Leistung« und gegen Leistungsabbau sind, d.h., die Argumentation hat auf beiden Seiten nur noch die Aufgabe einer ideologischen Bestätigung der hinter den vorgetragenen Beweisgründen verborgenen Gruppeninteressen.

Zunächst einige Stimmen, die diesen Widerspruch feststellen: Dieses Argument durchzieht als Grundgedanke die mit Verve vorgetragene Verteidigung des »Leistungsprinzips« von *Helmut Schoeck* ›Ist Leistung unanständig?‹ (Osnabrück 1971). Eine journalistische und daher kürzere Formulierung dieses Widerspruchs hat *Johannes Gross* gegeben: »Die Widersprüchlichkeit der Attacken auf das Leistungsprinzip liegt darin, daß auch von den Kritikern die Funktionsunfähigkeit sozialer Abläufe nicht gewünscht wird; es soll durchaus das Funktionieren der Verkehrswege, der Versorgung aufrecht erhalten bleiben; es soll ein Sozialprodukt geben, das wenigstens umverteilt werden kann und aus dessen jeweils festzusetzendem ›Mehrwert‹ noch revolutionäre Bewegungen und Entwicklungsländer gefördert werden können. Auch setzt die Freizeitgesellschaft an den Hochschulen eine im übrigen funktionierende Leistungsgesellschaft voraus. Ziel nicht weniger Kritiker der Leistungsgesellschaft wird darum nicht sein, sie zu zerstören, sondern zu erpressen« (›Fußnoten zur Leistungsgesellschaft‹, FAZ, 25. 5. 1972). Selbst entschiedene Vertreter der Leistungskritik wie *A. Mitscherlich* müssen anerkennen, daß »systematische Leistungsverweigerung ... im Grunde ein unpolitischer Akt (ist), da sie eine ›spendende‹ Gesellschaft voraussetzt, die diese Leistungsverweigerung mitträgt«.

Die Auflösung dieses sogenannten »Widerspruchs« ist verhältnismäßig einfach, wenn man darin kein argumentatives Verhältnis, sondern einen gruppenhaften Machtwettbewerb erkennt, bei dem Argumente nur vordergründig sind. Die Kritiker des »Leistungsprinzips« und der »Leistungsgesellschaft« wollen ja gar nicht die Leistung »der anderen« bremsen oder vermindern, *sie wollen sie nur abwerten;* es würde ein trauriges Realitätserwachen für sie geben, wenn »die anderen« ihren Anweisungen folgten und das Sozialprodukt in dem Maße absinken würde, daß sie nicht nur ihre weltbeglückenden Sozialpläne und damit den Wirklichkeitsschein ihrer Heilsverheißungen aufgeben müßten, sondern vielleicht sogar ihre eigene Existenz – die ja fast ausschließlich auf öffentlichen Steuerleistungen (Staatsbeamte) oder aus sonstigen öffentlichen Geldern (Rundfunkanstalten, Studierende, staatlich eingetriebene Kirchensteuern usw.) beruht – in Gefahr geriete. Die funktionale Absicht der Antileistungspolemik zielt keineswegs auf die Leistungsbeschränkung der produktiv Arbeitenden, sondern auf die soziale Rechtfertigung und Wertüberlegenheit der eigenen, gruppenhaften Leistungsverweigerung und Luxusexistenz. Es geht um Klassenvorteile, nicht um Humanitäten.

Damit wird ein Zug des Klassenkampfes deutlich, der in Marx' Lehre zwar erkennbar, genauer aber erst von Veblen herausgearbeitet worden ist: Klassenherrschaft zielt vor allem auf die Verfügung über die soziale Wertesetzung, über die von den Unterworfenen dann ebenfalls anerkannten Bestimmungen, was gut und böse, was edel und gemein ist, oder – moderner benannt – was als progressiv und reaktionär, als human und inhuman, als frei und als entfremdet, als sinnvoll oder sinnlos zu gelten hat. Man könnte gut marxistisch sagen: Diejenige Klasse herrscht, die den »Überbau« errichtet und verwaltet. Aus dieser Herrschaft über das Wertebewußtsein als Kern der Klassenherrschaft und d.h. der Ausbeutung der zu den »Wertminderen« gestempelten Klasse – es ist immer die der güterproduzierenden Arbeit – erklärt sich dann auch das »gute Gewissen« der jeweils herrschenden Klasse, sich keiner Ausbeutung anderer bewußt zu sein: Wer die Standards, die Maßstäbe dessen errichtet und beherrscht, was als Ausbeutung und was als Freiheit zu gelten hat, ist wie jeder Machtsouverän immer »ex lege«, d.h., er kann es ja so einrichten, daß die Normen, nach denen »Ausbeutung« gemessen wird, ihn nicht treffen. Deshalb ist es keineswegs heuchlerische Machtverstellung, daß die herrschende »Überbau«-Klasse der Sinn-Produzenten ihre »objektive«, d.h. an der Produktion des Lebens gemessene Ausbeutung der anderen nicht bemerkt, denn ihre Herrschaft beruht ja auf der Werte-Produktion ihres guten Gewissens, also der Absolutheit ihrer Normen und Ideale. Sie ist nur in ihrem Klassendenken befangen, wenn sie selbst daran glaubt. Deshalb kann sie ihre Klassenherrschaft oder Ausbeutung mit dem ganzen Pathos und der einer allgemeinen Zustimmung gewissen Idealität und Moralität umgeben, die einen Zweifel an ihrer Selbstlosigkeit und sozialen Verantwortung fast zur sozialen Gotteslästerung macht. In gleicher Weise war die kapitalistische Bourgeoisie von ihrer Sendung als Vertreter des »Fortschritts« und der bürgerlichen »Freiheit« oder die »Leisure

Class« Veblens von ihrer Vertretung der »Kultur« und des »Geistes« überzeugt, da sie diese Wertmaßstäbe in der gesamten Gesellschaft durchgesetzt hatten.

Angesichts dieser kollektiven Bewußtseinsbeherrschung muß man sich fragen, wie überhaupt eine moralische Gegenposition zur Klassenwertherrschaft aufgebaut werden kann, zumal ja im Sinne der »Wertherrschaft« die beherrschte Klasse immer die der Güterproduzenten und die herrschende die der Sinn-Produzenten verkörpert. Hier scheint mir die *Aufklärungsleistung der Renegaten* zu liegen, jener Abtrünnigen oder Überläufer der sinn- und wertproduzierenden Klasse, die ihre dort erworbenen Lebenserfahrungen und Erkenntnisfähigkeiten dazu benutzen, »ihr Nest zu beschmutzen«, d. h. eben die Herrschaftshintergründe der Gruppe aufzudecken, zu denen sie selbst geistig gehört haben und sozial unaufhebbar weiter gehören. So waren die Aufklärer des 18. Jahrhunderts im wesentlichen Mitglieder eben jener herrschenden Klasse der Feudalität und der Kirche oder ihrer abgeleiteten Dienste, deren Lehren, Moralität und politisch-ökonomische Herrschaft sie angriffen; das gleiche gilt für den »Bourgeois« Marx oder den »Kapitalisten« Engels; Veblen war im Sinne des Sozialstatus zweifellos ein Mitglied der »Luxus-Klasse«; in diesem Sinne bin ich im eigenen Verständnis ein Vertreter jener »sinnleistenden« Geisteswissenschaftler, die den Kern jener herrschenden und ausbeutenden Klasse der Sinn- und Wertungsproduzenten bilden, die ich angreife.

Vielleicht ist von hier aus eine neue Definition dessen erlaubt, was man *»Aufklärung«* nennen kann: Mit Recht hat *Kant* die Frage »Was ist Aufklärung?« damit beantwortet, daß er die geistige Mündigkeit des von Staat und Kirche bevormundeten Menschen, die Vernunft jedes einzelnen, gegen die Vormünder und d. h. die intellektuelle und moralische Herrschaftsklasse seiner Zeit aufrief. Was aber, wenn gerade der Begriff der »Mündigkeit« des Menschen – von Bonhoeffer als »mündiger Mensch« gegen alle Religion und ihre Bevormundung aufgenommen, von den Theologen sehr bald zum »mündigen Christen« kastriert – zum Herrschaftsvorwand für diejenigen wird, die die »Mündigkeit« definieren und im Namen der »Mündigen« vormundschaftlich reden? Die »Mündigen«, das zu sein beansprucht doch heute nur die sinnproduzierende Klasse, während die anderen sich noch nicht »artikulieren« können, also des Vormundes bedürfen. Wir schlagen eine neue Bestimmung dessen vor, was »Aufklärung« immer wieder sein muß: die Herrschafts-Entmachtung der sinn-produzierenden Klasse. Unter welchen Worten und Vorwänden sich dabei die Sinn-Klassenherrschaft verbirgt, ob sie sich selbst »Aufklärung« nennt und ihre Kritiker »Gegenaufklärer«, ob sie den »mündigen Menschen« zu vertreten beansprucht und eben mit diesem Wort bevormundet, ob sie die klassischen Begriffe der Aufklärung zu Herrschaftsmitteln ummünzt, das alles sind dann reine Wortanwendungsfragen und d. h. Sprachmacht-Fragen.

Weil aber die Abwertung der »Leistung« im wesentlichen eine Funktion des neuen Klassenkampfes darstellt, stoßen alle Versuche, den in ihr behaupteten Tatbeständen sachlich und empirisch zu begegnen, völlig ins Leere. Sicherlich kann man nachweisen, daß »Leistung« – wenn man über sie überhaupt so abstrakt reden darf – im wesentlichen ein Element der Freiheit ist, weil der »Leistende«, der Produktive, in allen Gesellschaftsordnungen der Unentbehrliche ist, was sich in der jeweiligen gesellschaftlichen »Honorierung« auszahlt. Man kann nachweisen, daß Leistung das Grundelement der Selbstbestätigung und Selbstsicherheit des modernen Menschen, also das Gegenteil von Entfremdung, darstellt, eine Einsicht, die alle Ärzte, Therapeuten, mit Erfahrung vorgehenden Sozialarbeiter usw. kennen, die Arbeit im Sinne der selbstbestätigenden Leistung als Heilmittel einsetzen. Man kann nachweisen, daß der demokratische Gleichheitsgedanke im Sinne der Chancengleichheit sich eben auf die Chance der Leistung bezieht, eine Auslegung des Gleichheitsprinzips, die nirgendwo härter gehandhabt wird als in den sozialistischen Staaten. Ja, man kann nachweisen, daß selbst die einfachen und repetitiven Arbeiten, wo sie noch vorhanden sind, von vielen in ihnen Beschäftigten bejaht werden, weil sie Freiheitsgrade in sich haben und weil sie die Eingliederung von Menschen in produktive Arbeit ermöglichen, die sonst als unfähig oder gar krank außerhalb des Produktionsprozesses blieben. Vor allem aber wäre darauf hinzuweisen, daß die Haupteinwände der Leistungsgegner sehr oft gar nicht der Leistung, sondern der Leistungsbemessung gelten, eine Frage, die von Fall zu Fall durchaus der empirisch-kritischen Überprüfung bedarf. Demgegenüber betreffen die empirischen Tatbestände, die von den Leistungsgegnern als Beweismittel angeboten werden, Randerscheinungen des Produktionssystems oder Schwächen, die arbeitspolitisch durchaus reformierbar, d. h. behebbar sind, zum Teil aber Beurteilungen von Arbeitsformen, die nicht den in ihnen Tätigen, wohl aber den Sinn-Produzenten belastend erscheinen.

Damit ist die Frage aufgeworfen, welche Arbeits- oder Tätigkeitsgruppe ihre Interessen in der Leistungsabwertung eigentlich als werthöher behaupten will. Dazu folgende Einsicht in den Wandel der Arbeitsstrukturen in modernen Industriegesellschaften: Die technische Entwicklung hat vor allem die schweren körperlichen Arbeiten durch Maschinenkraft, die einförmig und schematisch wiederholten Tätigkeiten, auch in der Büroarbeit, durch Automation ersetzt; und wo dies noch nicht der Fall ist, sind zumindest hohe technische Erleichterungen eingeführt und ist die Entwicklung in gleicher Richtung abzusehen. Damit ist eine Umverlagerung der entscheidenden produktiven Leistungen der Lebenserhaltung und -förderung der Gesellschaften in intellektuellere Tätigkeiten, in wissenschaftliche Forschung, Planung, Organisation, Beobachtung und Kontrolle, Ausbildung und Information, selbständige Regulationsfähigkeit und Improvisation in Krisenfällen, in Beurteilungsfähigkeit von komplexen Situationen, moralische Zuverlässigkeit, Geistesgegenwart und menschliches Umgangsgeschick usw., und zwar immer bezogen auf güterschaffende Leistung, umgeschlagen. Diese Einsicht gehört zu den Gemeinplätzen der modernen Arbeits-, Industrie- und Wirtschaftswissenschaften.

Damit sind zwei sozial-gruppenhafte Veränderungen in Gang gesetzt worden: Auf der einen Seite sind die Kennzeichen der frühen Hochleistungstätigkeit einer sozialen Führungsgruppe, die daran ihr Sozialprestige, ihr Einkommen, ihre Ausbildung, ihre spezielle Berufsethik, ihre Sozialauslese, ihre Umgangsformen und vieles mehr orientiert hatte, in hohem Maße »sozialisiert«, d.h. für breite Kreise als Rechte und Pflichten zugänglich geworden. Dadurch werden von der Produktionsform her die alten Klassenunterscheidungen (etwa in Kopf- und Handarbeiter, in »geistige« und »materielle« Arbeit usw.) immer unhaltbarer, und damit entfällt die realistischste Grundlage des »Bürgertums« als herrschender Klasse immer mehr. Auf der anderen Seite wird der Anspruch an »intellektuellen« Hochleistungen als Produktionsbeitrag zur Erhaltung des Lebensstandards der ganzen Gesellschaft so umfangreich, daß hier ein Engpaß an »Leistungen« überall aufbricht, weil weder die an diese Leistungen gewöhnte, für sie ausgebildete und darauf dienend eingestellte Gruppe noch ihre Anpassungskraft ausreicht, in geeigneter Menge dafür Personal bereitzustellen. Damit wird aus notwendigen Produktionsgründen immer stärker auf diejenigen zurückgegriffen, die im Schutze der dem Allgemeinwohl dienend verpflichteten intellektuellen Oberschicht der »Gebildeten« eine nur an subjektiv willkürlichen Eigenmaßstäben gemessene geisteswissenschaftlich-literarisch-ästhetische Tätigkeit ausübten und sich bereits als »freischwebende Intellektuelle« von der gesellschaftlichen und staatlichen Pflicht- und Dienstgesinnung der »Gebildeten« trennten. Diese ideologische Kerngruppe der intellektuell-freischwebenden Arbeitsauffassung zieht natürlich die »Aufsteiger« in hohem Maße an, weil sie die Entlastung von der Dienst- und Hochleistungsverpflichtung verspricht, die ihre Väter noch für selbstverständlich hielten. Die geisteswissenschaftlich-literarisch-ästhetische Gruppe verteidigt mit der Leistungsdiffamierung ihr eigenes Unproduktivitätsprivileg und macht daraus einen Klassenherrschaftsanspruch.

Schon hier möchte ich aussagen, um jedes Mißverständnis auszuschließen, daß diejenigen, die eine unbedingte Hingabe an die Kunst und damit an ästhetisch-literarische Höchstleistungen zu ihrem Lebenseinsatz gemacht haben und diesen nicht als verallgemeinerten Sozialanspruch stellen, meinem Aburteil nicht unterliegen. Die Selbstansprüche der literarisch oder sonstwie künstlerisch Hochproduktiven sind so individuell gesteigert, daß ihnen eine Umwertung in Sozialansprüche gar nicht in den Sinn kommt, vor allem dann, wenn eine ideologisch-herrschende »Arbeiterklasse«, in Wirklichkeit die sie bevormundenden Funktionäre, die Richtungsproduktivität der Künstler fordern und für sich in Dienst stellen wollen. Demgegenüber scheint die geistige Produktionsfreiheit der westlichen Gesellschaften das Umschlagen der literarisch-ästhetischen Produktionsbedingungen in Sozialforderungen, d. h. in Arbeitsanforderungen für alle und damit verbunden in Vormundschaftsansprüche, in hohem Maße zu begünstigen. So läßt sich leicht belegen, daß nur im deutschen Sprachraum Dichter wie Eich, Huchel oder Rainer Kunze und selbst ein halber »Arbeiterdichter« wie Wolf Biermann um individuelle Produktionsfreiheit kämpfen müssen, während westliche Freiproduzenten wie Böll, Grass, Walser, Lenz u. a. mit Selbstverallgemeinerung sich zu Anführern des neuen Klassenkampfes machen und sich nicht genug Publizität (und Einkommen) als Wortführer der »leistungsausgebeuteten Arbeiter« schaffen können. (*Böll:* Auf die Frage: »What bothers you most about German society?« seine Antwort: »Without doubt, this cursed Leistungsprinzip: the ›success‹ or ›achievement‹ principle. It is murderous, simply murderous, and self-destroying. Art and literature have a major task to lay this bare. A society based on profit and success alone (!) is totally inhuman.« Interview ›Newsweek‹, 22. 1. 1973.) Vgl. dazu S. 457–487.

Die Methode, mit der die Abwertung der »Leistung« in den klassenkämpferischen Äußerungen der Sinn-Produzenten ihre

Überzeugungskraft gewinnt, ist ebenso kennzeichnend für das demagogisch-klassentheoretische Argumentieren wie für die Denkweise der modernen sozialen Heilslehre: Man verallgemeinert zunächst den Begriff der Leistung in dem Maße, daß er allen konkreten und damit erfahrungsgebundenen und überzeugenden Halt verliert; diese Abstraktionserhöhung erlaubt es der Reflexionssubjektivität, nicht nur *die ganze Gesellschaft* plötzlich auf diesen Begriff zu bringen (»Leistungsgesellschaft«), sondern vor allem die Konkretisierung oder Anwendung dieser Begrifflichkeit auf einen beliebigen, ihren Abwertungsabsichten entsprechenden Wirklichkeitsbereich zu verengen und so ein wohl ausgewähltes und ausformuliertes »Beweismaterial« vorzulegen. Der eigentliche Überzeugungstrick, also der Herrschafts- oder Priesterbetrug, um in Worten der Aufklärung zu reden, besteht dann aber darin, unbemerkt einen Wertmaßstab zu unterschieben, der die Herrschaft der Argumentierenden sichert und die Kritiker von vornherein, d. h. vor jedem denkerischen Beweismittel, ins moralische Unrecht setzt. Diese Durchsetzungsmechanismen subjektiver Herrschafts-Begrifflichkeiten mit dem Anschein der Realitätsbezogenheit gerade in der Verwerfung der Leistung und der Diffamierung einer sogenannten »Leistungsgesellschaft« sind kennzeichnenderweise bisher von keinem an dieser Erörterung teilnehmenden Philosophen oder Wissenstheoretiker, Psychologen, Pädagogen oder gar Soziologen aufgedeckt worden; ihre klarste Feststellung fand ich verständlicherweise bei einem Vertreter der angegriffenen »produktiven Klasse«, dem Unternehmensberater *Christoph Theodor Wagner:* »Was ist nun mit dem Begriff Leistung passiert? Er ist einerseits ausgeweitet worden auf die Gesamtgesellschaft (die nun als ›Leistungsgesellschaft‹ apostrophiert wird), andererseits aber in der Gültigkeit eingeengt worden auf das Teilsystem Privatwirtschaft (der unterstellt wird, sie durchdringe mit ihren Werten die Gesamtgesellschaft). Sehr richtig ist die Einsicht, daß das Phänomen Leistung die Gesamtgesellschaft durchdringt. Aber weil Leistung ein universales Prinzip ist, nicht weil die Wirtschaft die Gesellschaft bereits auf ihr Wertsystem umfunktioniert hätte. Leistung wird in jedem Sozialgefüge, in jeder Werthierarchie gefordert, angestrebt und belohnt. In diesem Sinne ist Leistung als Anstrengung (Minimaldefinition) oder Beitrag/Mehrwert (Maximaldefinition) immer bezogen auf ein Wertsystem und abhängig von dessen Meßwerten. Deshalb sind so disparate Dinge wie die Exerzitien des Ignatius, eine Habilitation, eine Schuhreparatur, ein olympischer Sieg, eine Kapitalrente Leistungen und werden zutreffend so bezeichnet. Solche Leistungen werden meistens in einer Wettbewerbssituation erbracht, also unter dem Druck einer Konkurrenz, mit dem Ziel der Leistungssteigerung und mit dem Risiko des Scheiterns.« Welche unwissenschaftliche Klarheit!

Zunächst ist also zu betonen, daß »Leistung« je Sachbereich und je Wertbereich etwas Verschiedenes ist und daß derjenige, der gegen »Leistung« schlechthin polemisiert, entweder sehr verallgemeinert Tatbestände ablehnt (welche?) oder mit größter Wahrscheinlichkeit konkrete Leistungsanforderungen aufheben möchte und dafür einen verallgemeinerten, emotionale Zustimmung heischenden Grund anführt, d. h. andere vor seinen Wagen spannt. Nehmen wir die genannten Beispiele beim Wort: Die Leistung der »Exerzitien des Ignatius«, unabhängig von der jeweiligen Heilshingabe eine moralische Selbstdisziplinierungsleistung höchsten Ranges, früher Askese genannt, steht als Beispiel für die moralischen Selbstanforderungen, die zweifellos die Höchstleistungen jeder Kultur darstellen; sie werden selbstverständlich von denjenigen abgelehnt, die ihre kulturelle Führerschaft billiger haben können, die moralische Autorität mit Wohlleben und großen Einkommenshöhen in einem von ihnen nur moralisch abgeurteilten, ökonomisch aber abgemelkten System verbinden können. Zu keiner Zeit ist die moralische Autorität billiger und einträglicher gewesen als heute: Gegen den heutigen Kapitalismus des mühelosen Moraleinkommens bestimmter Sinn-Produzenten waren alle Mönche, Priester, altstiezigen Professoren, bohemehaften Literaten, rührende und lächerlich gemachte Studienräte usw. Moral- und Ideallehrer, die für ihre moralische Autorität durch Konsum- und Einkommensverzicht persönlich bezahlten. Heute fällt höchste moralische Autorität und damit verbundenes Millionärseinkommen zusammen; das eben nenne ich Klassenherrschaft von Weltbeherrschern.

Zweites Leistungsbeispiel: Habilitation: Eben diese soll ja abgeschafft werden, und alle Wissenschafts- oder Kultusminister stimmen dieser Abschaffung des Leistungsbeweises für höhere wissenschaftliche Forschungs- und Lehrstellen zu; schon jetzt ist es überdeutlich, daß die durchaus vorhandenen Beurteilungs- oder Maßstabsungerechtigkeiten der früheren Habilitation nicht nur abgeschafft oder dieser Auslesevorgang versachlicht werden soll, sondern daß die Privilegien der Forschungsunterstützung und der Lehrfreiheit heute ohne Leistungsnachweis durch Gesinnungskonsens all denjenigen zugeschanzt werden sollen, die die Umfunktionierung des »Systems« in eine Pfründe und Lehrherrschaft einer ausgehaltenen Sinn-Produzentenklasse anstreben; auch dies nur ein Vorgang der sich durchsetzenden neuen Klassenherrschaft. Weiter: Eine Schuhreparatur würden wohl selbst die Leistungsgegner als eine wünschenswerte Leistung anerkennen, aber schon »ein olympischer Sieg«, d.h. die sportliche Hochleistung, wird, wie wir sehen werden, zum bevorzugten Gegenstand und Modell der leistungsgegnerischen Gesellschaftskritik gemacht. Und daß schließlich eine Kapitalrendite als »Leistung« in Anspruch genommen wird, erscheint den meisten der Leistungskritiker als kennzeichnend »kapitalistisch«, nämlich als »arbeitsloses Einkommen« und daher als typisch ausbeuterisch durch »Nichtleistung«, obgleich wohl fast jeder von ihnen für seine Sparguthaben Zinsen, und das heißt Kapitalrendite, bezieht (wie es auch in der UdSSR selbstverständlich üblich ist).

Die Verfolgung dieser Beispiele sollte zeigen, daß die vielfältige Bedeutung des Leistungsbegriffs von seinen Kritikern nicht nur bewußt unterschlagen, sondern jede andere als die rein ökonomische Bedeutung der Leistung als illegitim erklärt und damit natürlich in allen anderen Bereichen ein wie auch immer sachgemäßer »Leistungsanspruch« von vornherein abgelehnt wird. Indem man nun aber die ökonomische Bedeutung von Leistung, die in der Vorstellung dieser Kritiker im wesentlichen auf unwiderstehbarem fremdbestimmten Druck zur quantitativen Steigerung von produzierten Gütern oder Dienstleistungen zielt und dabei bewußt mit der technischen Leistungssteigerung von Maschinen verbunden und vermengt wird, auf alle die Gebiete anwendet, deren sachangemessenen Leistungsbegriff man außer Kraft gesetzt hat, entsteht natürlich das Zerrbild einer Leistungsgesellschaft, die im wesentlichen darauf aus ist, quantitativ immer mehr Güter zu produzieren und diese Mehrleistung kapitalistisch auszubeuten. In Wirklichkeit wird die sachwidrige Verengung und Übertragung des ökonomischen Leistungsbegriffs auf nichtökonomische Tätigkeiten dazu benutzt, sich von den sachgemäßen Leistungsanforderungen der eigenen Tätigkeitsbereiche grundsätzlich zu entlasten und dies gleichzeitig mit der Entrüstung über den Zustand der Gesamtgesellschaft zu verbinden. So wird ein leistungsfreier Herrschaftsraum erkämpft, so setzt sich die »Nichtleistungselite« *(Schoeck)* politisch durch. Hier liegt das für alle Kenner der Verhältnisse zunächst völlig unverständliche Argument der herrschaftssüchtigen linken Studentenfunktionäre begründet, daß die bundesdeutschen Universitäten und Hochschulen den »Interessen des Kapitals« dienen – ein Argument, das in bezug auf ingenieurswissenschaftliche oder betriebswirtschaftliche Studien durchaus erörterungswürdig gewesen wäre, in bezug auf geisteswissenschaftliche, naturwissenschaftliche oder gerade sozial- und politikwissenschaftliche Studiengänge und Forschungen so absurd war, daß man aus Gründen der Rationalität nach den Hintergründen und Hintermännern dieser Behauptungen forschen mußte. Hier liegt vor allem der meinungswirksame Einsatz der pädagogischen, psychologischen, theologischen und natürlich erst recht soziologischen wissenschaftlichen Schriftsteller begründet, die, von ihren interessengleichen Helfershelfern im Mediengewerbe unterstützt, im Grunde genommen die gleiche Behauptung vertreten. Diese Leistungsdiffamierung ist also keineswegs eine politische Unterwanderung und Schwächung im weltpolitischen Herrschaftskonflikt von Ost und West, sie ist trotz zeitweiliger weltpolitischer Bundesgenossenschaften vor allem eine klassenkämpferische Auseinandersetzung vorläufig nur innerhalb der westlichen Gesellschaften.

Es gibt in der Tat einige allgemeine Kennzeichen jeder Form von Leistung; eine grundsätzliche Ablehnung der Leistung müßte also vor allem diese allgemeinen Leistungsanforderungen widerlegen. Auch hier greifen wir gern auf die sozusagen »kapitalistische« Allgemeinbestimmung der Leistung zurück, wie sie *C. T. Wagner* gegeben hat (denn jede andere würde uns als Verharmlosung angerechnet werden): Danach ist Leistung in allen ihren Bedeutungen dadurch gekennzeichnet, daß

a) die Tätigkeit in einer Wettbewerbssituation, d.h. unter Konkurrenzdruck erfolgt;

b) sie das Ziel der Leistungssteigerung gegenüber den bisher erbrachten Leistungen verfolgt und

c) die Bedingungen, unter denen die jeweilige Leistung erbracht und beurteilt wird, das »Risiko des Scheiterns«, d.h. die Feststellung des Versagens, einschließt.

(C. T. Wagner in einem Vortrag ›Läßt sich die Lücke zwischen den Erwartungen der Wirtschaftsunternehmen und den Leistungen der Hochschulen schließen?‹ auf der 97. Westdeutschen Rektorenkonferenz 1972.)

Daß jede *güterproduzierende Berufstätigkeit* diesen Maßstäben unterliegt, und zwar sowohl individuell als auch kollektiv-institutionell, gehört in der Tat zu den Grundlagen der westlichen Gesellschaften. Daß innerhalb der Güterproduktion diese Wertmesser gelten, und zwar vom Gastarbeiter angefangen über den Anlerntechniker und Facharbeiter, den Verkäufer oder Werbeberater bis hin zu dem Vorstands-Manager, bedarf keiner Erörterung. Zweifelhaft erscheint dies für den Bereich der »Sinn-Produzenten«, wobei allerdings die sachgemäße Verschiebung dieser Maßstäbe in Rechnung zu stellen wäre. Zu fragen wäre, ob man hier von Leistungswettbewerb, von Leistungssteigerung und vom »Risiko des Scheiterns« sprechen kann.

Nehmen wir als Beispiel zwei modellhaft-prominente »Sinnproduzenten«, nämlich den geisteswissenschaftlichen Universitätsprofessor und den freien Schriftsteller:

Der *Professor* scheint zunächst von jeder Konkurrenz, jeder Anforderung zur Leistungssteigerung und vor allem vom Risiko des Scheiterns befreit zu sein. Dieser Anschein verhüllt, daß bis vor kurzem die berufliche Qualifikation zur Berufung auf eine Universitätsprofessur (Habilitation) zu den härtesten Auswahlvorgängen in der Beamtenschaft gehörte, daß Konkurrenz, Leistungsdruck und das Risiko des Scheiterns in keiner beamteten Berufsgruppe so hoch war wie unter den jungen Wissenschaftlern, insbesondere der geisteswissenschaftlichen Fächer, ehe sie nicht ihren Ruf auf eine ordentliche Professur erhalten hatten. Dann allerdings fielen diese formellen Überprüfungen und ein Scheitern der Existenz im materiellen Sinne fort; der »Professor« erhielt eine materielle Sicherung und eine Dispositionsfreiheit seiner Tätigkeit eingeräumt, wie sie kein anderer Staatsdiener oder Beamter hatte. Ihm wurde ein Freiraum wissenschaftlicher Produktivität durch den Staat garantiert, der die »Leistungsbewertungen« verschob: Von jetzt ab war die nationale oder internationale Geltung unter Fachkollegen aufgrund produktiver wissenschaftlicher Veröffentlichungen die (sehr harte) Wettbewerbssituation, die »Leistungssteigerung« war der durch Fachkollegen bewertete Beitrag zum Fortschritt an der Forschungs-, d.h. wissenschaftlichen Erkenntnisfront. Das »Scheitern« bestand allerdings nur im Verlust eines wissenschaftlichen Rufes, damit allerdings auch in der Verringerung von Berufungs- und damit Einkommenssteigerungs-Chancen. In den anderen europäischen Hochschulsystemen (Großbritannien, Frankreich, Italien, Spanien) war – und ist noch heute – die Auswahl der Hochschulprofessoren nicht minder hart, in den sozialistischen Staaten wie der UdSSR praktisch noch schärfer, wenn auch durch zusätzliche politische Gesinnungsüberprüfungen verfremdet, nur in den USA neigt das Auswahlsystem der viel zahlreicheren Professuren – ohne beamtenhafte Dauerabsicherung – dazu, die quantitative Veröffentlichungsleistung als konkurrenzhafte Dauerleistung stärker in Rechnung zu stellen als in den europäischen Systemen. Bei diesen »Leistungskriterien« der Professoren wurde allerdings vernachlässigt, daß sie gleichzeitig eine berufliche Ausbildungsleistung an den Hochschulen zu bieten hatten und daß die Gleichsetzung von wissenschaftlicher Forschungsleistung (und ihr konkurrenzhaft-risikobelasteter Ausweis) nicht mehr angemessen war, soweit sich wissenschaftliche Hochschulen immer mehr in Ausbildungsstätten für praktisch-wissenschaftsbezogene Berufe entwickelten.

Soweit Hochschullehrer *Lehrer* waren, können die oben aufgeführten Konkurrenzen, Leistungssteigerungsanforderungen und Risiken des Scheiterns auf die Dauer für sie nicht aufrechterhalten werden. Lehrer unterliegen anderem »Leistungszwang«: Sie haben einen Lehrplan, ein Pensum zu erfüllen, ihre Leistungssteigerung besteht in der besseren Ausbildung von mehr Schülern, die den Prüfungsbedingungen entsprechen, und diese Lehrpläne, Prüfungsbedingungen und damit Leistungsbeurteilungen von Lehrern hat bisher der Staat als der beauftragte Vormund der Gesellschaft und ihrer Anforderungen übernommen. Er war damit zugleich der Vermittler von autonom-pädagogischen Bildungs- und Ausbildungskriterien mit den Nutzungs- oder Anwendungsansprüchen der gesellschaftlichen Praxis an die lehrerhafte Tätigkeit. Genau diesem in der staatlichen Zuständigkeit für das Ausbildungs- und Schulwesen festgelegten Ausgleich oder der »Versöhnung« von Ausbildungsproduzenten und Ausbildungskonsumenten, die »die Sache selbst« zum Tragen bringt, gilt ja der Hauptangriff der »Sinnproduzenten«.

Aus diesen durchaus erweiterbaren Beispielen geht hervor, daß bei allen Leistungsansprüchen, -überprüfungen oder Leistungswettbewerben im Bereich der beamteten Lehrer- und Ausbildungstätigkeit (Hochschullehrer, Lehrer der verschiedensten Schularten, also alles, was man heute vom Kindergarten bis zur Universität als einheitliches »Bildungssystem« zusammenfaßt), ein grundsätzlich anderes »Leistungsprinzip« gültig ist oder war, das nicht auf Konkurrenz, meßbarer Leistungssteigerung und Bedrohung mit Existenzrisiko beruht, sondern auf einer verinnerlichten Pflicht zur Erfüllung von Sachleistungen aufbaut, deren Verantwortung allerdings nur wirklichkeitsnah war, solange es Instanzen oder Institutionen gab, die »zur Verantwortung ziehen konnten« *(H. Lübbe)*. Genau diese sachdienende und sich der staatlichen Kontrolle unterwerfende Arbeitsauffassung wird aber heute in den »Lehranstalten« in hohem Maße verworfen. Die beamtete Hochschullehrer- und sonstige Lehrerschaft und insbesondere der noch in diesen Lehrberufen vor den Leistungs- und Sachausweisen stehende Nachwuchs der Assistenten, Referendare, Studenten und Abiturienten haben sich ja nicht nur weitgehend darin vereinigt, eine sachfremde »Quantitätsforderung« an Leistung abzulehnen, sondern der politisch und sozial aggressive Teil dieser Berufsgruppe lehnt doch unter dem Vorwand, nicht dem kapitalistischen Erwerbsstreben dienen zu wollen, die Sachverpflichtungen der Forschung und Lehre, die zum Dienst verpflichtenden Beamtenpflichten und jede Beurteilung ab, die nicht aus Kollegialorganen ihrer eigenen Wahl stammen. Das alles läuft in den Hochschulen, den Schulen usw. unter dem Stichwort der »Autonomie« und ist ganz offen eine politische Herrschaftsergreifung gegenüber der sachlichen Kontrollfunktion des Staates (die bei der immer ungehinderteren parteipolitisch-ideologischen Besetzung der Verwaltungsinstanzen ohnehin geschwächt wird). Indem die Sachverantwortung des Beamten vor allem mit dem Argument abgelehnt wird, man diene unter diesen gesellschaftlichen Anforderungen den »Interessen des Kapitals«, wird die sogenannte »kapitalistische« Wirtschaftsproduktionsbeurteilung zur vermeintlichen Beurteilung aller Beamtenpflichten von Lehrern verfälscht und von hier aus eine »Autonomie«, d. h. eine gesellschaftliche Verantwortungslosigkeit und kollektiv-interessenhafte Selbstbestimmung der Lehrtätigkeiten in Anspruch genommen und durchgesetzt, die eine Klassenherrschaft über den Staat und seine Bürger begründet. Mit dieser »Lehrautonomie« von Hochschulen und Schulen gibt es keine andere sachliche Verantwortungsinstanz für die Berufe mehr als ihre eigene kollegiale und berufliche Interessenvertretung. Gibt es eine modernere Definition der »Klassenherrschaft« als diese Form der »Autonomie«?

Wir haben als zweites Beispiel der intellektuellen Leistungsgegnerschaft den *freien Schriftsteller* der westlichen Gesellschaften angeführt. Wieweit wird seine intellektuelle Selbständigkeit oder Freiheit und seine soziale Wirksamkeit durch das »kapitalistische System« des »mörderischen Leistungs- oder Erfolgsprinzips« (Böll) behindert oder unterdrückt, das in den westlichen Gesellschaften wirksam sei? Hier liegt es nun so, daß eben der Markt von Büchern und Veröffentlichungen im Westen die Freiheit des westlichen Schriftstellers ausmacht, natürlich mit Verkaufs- und Verlagswettbewerb, mit Leistungsmaßstäben und dem Anspruch auf »Leistungssteigerung« (so fraglich auch der Geschmack des Publikums, der den »Erfolg« oder »Nichterfolg« bestimmt, immer sein mag) und damit auch mit der Chance zum Scheitern, d. h. der Feststellung, daß einen niemand lesen will. Dieses System der eigenen Veröffentlichungserfolge des freien Marktes will niemand der davon profitierenden Schriftsteller ändern, die gegen das Leistungsprinzip bei anderen polemisieren, zumal sich ja als anderes System nur das staatlich gelenkte Veröffentlichungswesen anbietet, in dem dann Wettbewerb,

Leistungsbeurteilung und Scheitern nur in die jeweiligen zentralen Ausleseinstitutionen verlagert werden. Aber auch hier tritt dem verdammten und zugleich ausgenutzten System der Marktfreiheit des Schriftstellers (oder Journalisten, Verlegers usw.) heute das Bedürfnis zur Seite, davon unabhängig wie ein Beamter (der keine Marktfreiheit hat) abgesichert zu sein und die Kriterien der Leistung in immer höherem Maße gruppenhaft selbst bestimmen zu können. Der Einfluß, den die freien und angestellten Mitarbeiter auf die Redaktionen der Fernseh- und Rundfunkanstalten, die Verlags- und Zeitungsredaktionen kollektiv beanspruchen; die auf eine solche politisch-soziale Machtposition zielende Vergewerkschaftlichung der Schriftsteller; die durch parteipolitisches Engagement erwirkte regierungsamtliche Förderung von Schriftstellern, die zugleich einen unmittelbaren politischen Herrschaftseinfluß darstellt usw., zielen alle in diese Richtung.

Es zeigt sich also bei diesen Gruppen, die heute die Wortführer der Kritik an der »Leistungsgesellschaft« stellen, immer der gleiche Interessenmechanismus: Sie wollen die Vorteile, ja Privilegien, die das jeweilige »Leistungssystem« in ihrem Tätigkeitsbereich hervorgebracht hat, selbstverständlich bewahren (den beamteten Produktionsstatus als Forscher, die Einkommenschancen des freien Bücher- und Publikationsmarktes), aber sie wollen die dafür erforderliche Konkurrenz, den Leistungssteigerungsnachweis und das Risiko des Scheiterns dabei ausschalten, d. h., sie fordern die Vorteile der jeweiligen sozialen Leistungspositionen, ohne die Leistungen weiter erbringen zu wollen. Das ist nur möglich, wenn man den »Leistungsanspruch« als solchen diffamiert und diese Abwertung mindestens in den eigenen beruflichen Tätigkeitsfeldern weitgehend durchsetzt. Wo man aber den Leistungsanspruch nicht umgehen kann, zielt die dementsprechende Praxis auf Veränderungen, Senkung oder sonstige Minimalisierung der Leistungsmaßstäbe. Dies wird durch den öffentlich durchgesetzten Argumentationstrick begründet, daß die ökonomischen Leistungsanforderungen für diese Berufe nicht zutreffen (was bis zu einem bestimmten Ausmaß durchaus der Fall ist) und daß, da alle Leistungsanforderungen auf das »kapitalistische System« zurückgehen, diese also für die eigene Tätigkeit auf jeden Fall abzulehnen sind, mithin das »Leistungssystem« für die eigene Tätigkeit überhaupt außer Kraft zu setzen ist. Da aber nur die weiterhin erbrachten, ja gesteigerten Leistungen »der anderen« diese Leistungsunabhängigkeit der Sinn-Produzenten ermöglichen und sichern können – sie besteht im allgemeinen in einer Ausbeutung der öffentlichen Einrichtungen, d. h. der Steuergelder der produktiven Bevölkerung –, geht es in dieser Argumentation also um die Rechtfertigung einer »nicht-leistenden« Klasse, auf Kosten der produktiven Arbeit ihre Lebensform im Sinne der sozialen Hochwertung beherrschend durchzusetzen, d.h., es handelt sich um eine wertsetzende Ausbeutungsideologie.

Der größte Schaden dieser gruppeninteressenhaften Polemik gegen das als »kapitalistisch« oder rein ökonomisch verstandene »Leistungsprinzip« besteht darin, daß die eigentliche, den sozialen Fortschritt verbürgende Ebene der »praktischen Vernunft«, nämlich die je sachangemessene und daher sehr berufsverschiedene Veränderung der Leistungs*maßstäbe* damit aller erfahrungsbezogenen und empirisch überprüfbaren Politik entzogen wird. Daß »Maßstäbe der Leistung«, und zwar je verschiedene in den jeweiligen Tätigkeitsbereichen der Handarbeit, der Maschinenbedienung, der Verwaltung, der Organisation und des Managements, aber auch der künstlerischen Leistungen, der Wissenschaft, der Lehre oder der politischen Führung usw. veralten und daß sie verändert und *reformiert* werden müssen, gehört zu den Selbstbehauptungsleistungen jeder Institution, also jedes organisierten und gesellschaftlich anerkannten Tätigkeitsbereiches. Es ist übrigens fast genau die Definition, die die technisch-industriell bestimmte Wettbewerbsgesellschaft, aber etwa auch das westliche Wissenschaftssystem unter »Fortschritt« versteht: So mangelt es z.B. an den heutigen westdeutschen Universitäten keineswegs an »Leistungen«, sondern an anerkannten und einheitlich vertretenen »Maßstäben« der Leistung, was auf der einen Seite zu schwerwiegenden Leistungsunterschreitungen bei akademischen Ausweisanforderungen führt, auf der anderen Seite aber die Leistungswilligen durch ihre subjektive Unorientiertheit in Überleistungsansprüche treibt, die verständlicherweise Ressentiment gegen das »System« – was leider gar keins ist – begründen. *Das Umschlagen von legitimen Reformbemühungen der praktischen Vernunft in einen ausbeutenden und ideologischen Klassenkampf der Sinn-Produzenten über die güterproduzierende Arbeit* gehört zu den entscheidenden sozialen Veränderungen der westlichen Gesellschaften, die sich, wenn sie die Abwertung und Verleumdung des »Leistungsprinzips« hinnehmen, in einer Selbstentmachtung zugunsten der neuen *Sinn-Theologen* verfangen.

Behält man diese Funktion der Leistungskritik im Auge, zuvörderst die Sinnherrschaft über die produktive Arbeit zu erobern, so wird man verstehen, weshalb diese Kritik des »Sinns der Arbeit« heute gar nicht bei der industriellen Arbeit unmittelbar ansetzt, sondern bei der »Arbeit« der Sinn-Produzenten oder gar nur ihrer Ausbildung (Schüler, Studenten) einerseits und bei der körperlichen Hochleistung im »Reich der Freiheit«, in diesem Falle im Sport. Der Aufruf zur »großen Verweigerung« gegenüber der Leistungsgesellschaft, den Herbert Marcuse, einer der Hohenpriester dieser Sozialreligion, erlassen hat, richtet sich deshalb auch gar nicht an die Arbeiter in den Fabriken, sondern an seine Hörerschaft, die Studenten. Ein Appell an die Gastarbeiter in der Bundesrepublik, die zweifellos die mühevollsten Arbeiten der Güterproduktion und der Dienstleistungen durchführen, zur Leistungsverweigerung aus »Sinn«-Gründen, wäre lächerlich; ihnen geht es um besseren Lohn und bessere Arbeitsbedingungen. Der *Zusammenhang von Lohn und Leistung* als Motivationszusammenhang muß von den Sinn-Kritikern der Leistung peinlichst umgangen werden, weil hier die praktischen Reformebenen der industriellen Gesellschaft liegen. Sie müssen also den Leistungsanspruch jeder Arbeit von dort her in Mißkredit bringen, wo die Sinngebung »Lohn und Leistung« im materiellen Sinne in der Tat nicht vorhanden, im übertragenen Sinne aber eben ausdeutbar ist. Dies ist einerseits in allen Ausbildungssituationen der Fall (Schüler, Studenten, Lehrlinge), andererseits dort, wo »Leistung« als Freizeitbeschäftigung betrieben wird (Sport).

Es ist daher kein Zufall, daß die Kritik der Leistung, das Infragestellen ihres »Sinnes«, heute vor allem bei der Schul- und Studienleistung einerseits, dem Hochleistungssport andererseits ansetzt und daß von dort her die Sinnherrschaft über die Arbeit schlechthin neu gewonnen werden soll. Die Literatur zur Leistungsmotivierung von Schülern und Studenten und ihrem Leistungsverfall einerseits, zur Kritik des Leistungssports andererseits ist daher in der letzten Zeit unverhältnismäßig angestiegen; daß es dabei gar nicht unmittelbar um die Verbesserung konkreter Umstände geht, sondern um Breiten- und Langzeitwirkungen, wollen wir an einem prominenten Beispiel dieser Stellungnahmen zum Leistungsverfall der Studenten belegen.

Im Mai 1972 hat die Westdeutsche Rektorenkonferenz in ihrer Jahresversammlung das Thema ›Leistungsstand, Leistungsdefizit und Leistungskontrolle bei den Studenten von heute‹ in Vorträgen von H. P. Bahrdt, von C. T. Wagner (wir zitierten bereits daraus) und von Alexander Mitscherlich behandeln lassen. Die Ausführungen von A. Mitscherlich erscheinen uns für die westdeutsche Szene kennzeichnender als die von H. Marcuse, weshalb wir uns mit ihnen hier exemplarisch auseinandersetzen wollen. (Das Referat ist zunächst mit Korrekturen von Mitscherlich von der Rektorenkonferenz verteilt worden – ich zitiere danach –, in der ›Deutschen Universitätszeitung‹, Juli 1972, erschienen und dann im Jubiläumsheft Nr. 300 des ›Merkur‹, München April/Mai 1973, wiederum abgedruckt. Wir wollen hier so vorgehen, daß wir M. zunächst selbst zu Worte kommen lassen und dann unsere Kritik anschließen.)

1. Die Sinngebung der Leistungen durch die Institutionen

Mitscherlich definiert menschliche Leistung als »*motivierte* Leistungen ..., die auf ein *Ziel* gerichtet sind und mit denen wir einen *Sinn* verbinden«. Die »Leistungsverweigerung« ist also eine »Sinnfrage«: »In mangelhaften Leistungen drückt sich eine Krise zwischen den Institutionen (z.B. Universität) und einer wachsenden Zahl von Individuen aus, die sich von den Institutionen verständnislos hinsichtlich der Sinnfrage behandelt fühlen.« Die Institutionen, anscheinend schlechthin, fordern das Falsche: »Gefordert ist offenbar Leistungswille, Leistungstechnik, Hingabe, Einsatzfreudigkeit und ähnliches, worin sich eine positive Gesinnung, eine deutliche Identifikation mit den bestehenden Verhältnissen (!), Kulturbejahung ausdrücken.« Er glaubt dabei übrigens »eine Grundwoge der Unzufriedenheit, die sich im mangelhaften sozialen Leistungswillen ausdrückt«, feststellen zu müssen und führt neben den studentischen Leistungsverweigerungen noch an: »schlampig montierte Automobile, schlechte Reparaturwerkstätten, Verfall handwerklicher Genauigkeit« usw. »In der dynamischen Psychologie nennt man derartige Gleichgültigkeit der Qualität der eigenen Leistung gegenüber mangelhafte Festigkeit der Objektbeziehung. Es kam zu mangelhaften Über-Ich-Bildungen, weil offenbar die Vorbildpersonen selbst Verantwortungsdefekte aufweisen.« Daß so viele »keine produktive (!) Objektbeziehung« entwickeln, liegt an der Vollzugsart der Arbeit: »Für Millionen Arbeitsplätze gilt doch, daß von ihnen kein Leistungsreiz ausgeht; außer dem höchst formalen des Geldes. Sie sind geisttötend und langweilig.« Resignation, d.h. Leistungsverweigerung, geht weiter darauf zurück, daß »das Individuum korrekturbedürftige Zustände seiner Gesellschaft entdeckt und nicht die geringste (!) Aussicht besteht, sie positiv beeinflussen zu können. Je gigantischer die Größe, zu der Institutionen heranwachsen, desto nachhaltiger erfährt das Individuum die Lehre von seiner Ohnmacht.«

Aus zwei Gründen ist es hier wie in anderen Schriften Mitscherlichs schwierig, sich mit ihm auseinanderzusetzen: Erstens werden gutgläubig erfahrungsunkontrollierte Allgemeinbehauptungen aufgestellt, die man nicht auf gleicher Simplizitätsebene beantworten darf, ohne sich ins gleiche Unrecht zu setzen; zweitens werden unter dem Vorwand der Analyse gleich Wertungen mitgeteilt, es wird also »im Kleid des Analytikers gepredigt und mit einem Blick auf die Bedürfnisse des Herzens analysiert« (Schumpeter über Marx). In der Tat hat das wissenschaftliche Moralisieren bei uns beste Wirkungs-Chancen, eben als Form der modernen Sozial-Theologie.

Aber gehen wir diesen angeführten Behauptungen einmal im einzelnen nach: Sicher, die Frage der Leistungsverweigerung und des Leistungsverfalls ist vor allem eine Frage der »Sinngebung« der Arbeit und Leistungsverpflichtung und hängt nicht nur von rein individuell produzierten Motivationen, sondern von sozial bereitgestellten Arbeitsanreizen ab. Diese richtige Feststellung hätte Mitscherlich eigentlich zu der Frage führen müssen, wer denn die institutionellen »Sinngebungen« der Leistungsbereitschaft und der Leistungsverweigerung bestimmt und beherrscht. Nichts davon. Die »Institutionen« werden als gleichsam unmenschliche Sachobjektivität gesehen; daß »Menschen« sie bilden, vertreten und verantworten, wird genauso unterschlagen, wie etwa im Begriff des »Systems« die Vertreter seiner Ansprüche von vornherein zu bloßen Sachautomaten, die anderen aber zu fühlenden und denkenden und daher mit humanem Recht Ansprüche stellenden Personen erklärt werden. Die Vertreter der »Institutionen« (nach Mitscherlich) und des »Systems« sind nach dieser Auffassung natürlich gar keine »Menschen« oder entscheidungs- und urteilsfähige Subjekte, sondern nur Hampelmänner sozialer und struktureller Zwänge. So hat schon Marx die Kapitalisten und Bourgeois beurteilt, so tut es der neue Klassenkampf. »Das System sind die anderen«, das ist die Grundthese dieser intellektuellen Klassenkampfpolemik, oder umgekehrt ausgedrückt: »Die Menschen sind wir, nicht die anderen.« Dieses inhumane Verständnis der »Institutionen« ist durch die intellektuelle Verfälschung möglich, daß »Institutionen« grundsätzlich und ihrem Wesen nach die »bestehenden Verhältnisse« bewahren wollen, also immer konservativ sind, und daß die Identifikation mit den »Institutionen« offensichtlich immer unkritische »Kulturbejahung« einschließt. Daß jede Institution in sich selbst immer den Anspruch, dem normativen Leitbild der Institution zu folgen und diese zu verbessern, unterliegt, dies aber in der institutionellen Arbeit, Verantwortung und alltäglichen Tätigkeit durchzusetzen ist, dieser mühevolle normative Institutionsanspruch ist Mitscherlich fremd, obwohl er genau von dieser institutionellen Chance der Institution »Universität« lebt und auf dieser Grundlage sich gleichsam »institutional-autoritär« äußert.

Die so superwissenschaftlich wirkende Darstellung, daß von »Millionen Arbeitsplätzen« kein »Leistungsanreiz«, psychologisch formuliert, »keine Festigkeit der Objektbeziehung« oder »keine produktive Objektbeziehung« ausgeht, meint in Wirklichkeit nichts weiter, als daß produktive Güterproduktion unter bestimmten Umständen als Arbeitsmotiv vernachlässigt werden kann. Die Ursachen oder motivalen Gründe für diese mangelnde »produktive Objektbeziehung«, d. h. Vernachlässigung der in unserem Sinne produktiven Arbeit, werden von Mitscherlich nun sehr einseitig »intellektuell« interpretiert. Daß bei Automobilmontagen, Reparaturwerkstätten oder sonstigen Handwerksleistungen die Qualität der Arbeit sofort steigt, wenn auf dem Arbeitsmarkt die Sicherheit der Arbeitsplätze fraglich wird und damit die »Objektbindung« zunimmt, weil das Lohneinkommen auf dem Spiel steht und damit Einschränkungen der Lebenshaltung, der Lebenspläne und der Lebenschancen, tritt nicht in das Gesichtsfeld des Psychologen.

Daß Entlohnungen, Gehalt, Honorare und Gewinne die Hauptleistungsanreize für fast alle sind, die produktive Arbeit im Sinne der Güter- und Dienstleistungsproduktion leisten (und natürlich auch für die große Mehrzahl der »Sinn-Produzenten«), wird als illegitimer Arbeitsanreiz angesehen und daher als »höchst formal« bezeichnet. »Höchst formal« ist der Geldverdienst natürlich nur für die Arbeitsmotivation weniger Gruppen, vor allem natürlich der Schüler und Studenten, die fast alle vom Gelde leben, das ihre Eltern oder der Steuerzahler ihnen zur Verfügung stellen. Aber Mitscherlich glaubt, dieses Leistungsmotiv des Geldverdienstes gerade für die »güterproduzierenden Berufe« unterschlagen zu können: »Für Millionen Arbeitsplätze gilt doch, daß von ihnen kein Leistungsanreiz ausgeht. Sie sind geisttötend und langweilig.« Als wesentliches Motiv für Arbeit, als Kriterium der Aburteilung aller an Millionen von Arbeitsplätzen erbrachten Leistungen, werden mit arroganter Selbstverständlichkeit Begriffe wie »geisttötend und langweilig« verwendet und damit die Forderung an *alle* Arbeit gestellt, sie solle »geistvoll und interessant« sein, oder wie immer die positiven Wertbenennungen lauten mögen. Hier werden typisch »intellektuelle« Arbeitsanreize, d. h. Arbeitswünsche der »Sinn-Produzenten« zum absoluten Maßstab für Arbeitsmotivation erhoben. Es geht also gar nicht darum, daß möglicherweise das Urteil, Millionen von güterproduzierenden Tätigkeiten seien langweilig, geisttötend, uninteressant usw. als solches empirisch falsch ist, weil der Begriff von »Geist«, »Langeweile« usw. andere Bezugspersonen voraussetzt, als sie hier Mitscherlich mit Selbstverständlichkeit in Anspruch nimmt, sondern es geht um die hier zielbewußt betriebene Abwertung des »Sinns« der Arbeit, die nicht den intellektuellen Wertmaßstäben sich unterwirft, aber in ihrer Belastung durch Einkommens- und Geldvergütungen »kompensiert« und damit motiviert wird. Da auch Mitscherlich weiß, daß nicht alle Arbeit geistvoll und abwechslungsreich zu gestalten ist, kann diese Argumentation nur die allgemeine und absolute »Sinn«-Durchsetzung eines spezifisch intellektuellen Arbeitsbewertungsanspruches zum gesellschaftlich herrschenden Wertmaßstab bedeuten. Es geht also um Beherrschung des »Sinns der Arbeit«, nicht um wirklichkeitsgebundene Untersuchung von Leistungsmotivationen.

Folgerichtig wären nach diesen Bewertungsmaßstäben die »härteren« und belastenderen Arbeiten, die »geistlos und langweilig« sind, höher zu bezahlen als die »geistvollen und interessanten« der Sinn-Produzenten, deren Arbeitsmotivation und damit Arbeitsbefriedigung doch schon durch die Art der Arbeit in hohem Maße abgegolten sind. Konkret hieße dies, daß heute ungelernte, angelernte und fachqualifizierte Arbeiter höher entlohnt werden müßten als Lehrer, Studienräte, Professoren, Assistenten, Schriftsteller usw., deren Berufsausbildung heute ja auch von der Allgemeinheit finanziert wird. Davon ist in der arbeits- und leistungskritischen Gesellschaftsanklage der klassenkämpferischen Intellektuellen keine Rede, übrigens zuletzt bei ihren studentischen Jüngern, die nicht genug betonen können, daß sie »die Interessen der

Arbeiterschaft« vertreten, aber natürlich nicht so weit, daß sie die konventionelle Hochbezahlung der Berufe, in denen sie ihren geistvollen und interessanten Lebensunterhalt sichern wollen, zugunsten einer Höherbezahlung der langweiligen und geisttötenden Güterproduktionsleistung ablehnen, im Gegenteil: Frühverbeamtung und kollektive Höchstgehälter sind das Ziel.

Schließlich darf als Argument für die »Sinnlosigkeit« der bestehenden Institutionen auch die Behauptung nicht fehlen, daß dem Bürger dieser Gesellschaft die aktive Teilnahme an seinem gesellschaftlichen Schicksal versagt werde, er also berechtigt einen Leistungsbeitrag zu ihrer Existenz verweigere, »wenn das Individuum korrekturbedürftige Zustände in seiner Gesellschaft entdeckt und nicht die geringste (!) Aussicht besteht, sie in einer positiven Weise beeinflussen zu können«. Daß dieses Argument, ein Bürger unserer Gesellschaft habe »nicht die geringste Aussicht« korrekturbedürftige Umstände in unserer Gesellschaft zu beeinflussen, überhaupt ernsthaft geäußert (und angehört) werden kann in einer Gesellschaftsordnung, die jedem ein freies Wahlrecht bietet, ihm die Zugehörigkeit und Aktivität in einer Vielzahl von Parteien, selbst revolutionären, gestattet, ihm in den Gewerkschaften, Berufsverbänden, Kirchen usw., gesellschaftlichen Assoziationen, die alle von der politischen Macht unabhängig sind, zur Verfügung stellt, in der ein unabhängiges Gerichtswesen seine legalen Interessen schützt usw., ein solcher Tatbestand ist intellektuell unerklärlich, wenn man nicht diesem Argument unterstellt, daß eben diese »Aussicht der positiven Beeinflussung« der »korrekturbedürftigen Zustände der Gesellschaft« sowohl in der Feststellung der jeweiligen »Korrekturbedürftigkeit« als auch in der Ausübung des Einflusses eben jenen Gruppen zugeschoben werden soll, die von diesem Zustand her ihre »Leistungsverweigerung« begründen. Es sind genau diejenigen, die die Mühe und den Einsatz scheuen, die die genannten Möglichkeiten der politischen und sozialen Anteilnahme allerdings erfordern, um lieber »direkter«, d.h. als Herrschaftsgruppe, ihre »Korrekturen« der Gesellschaft durchsetzen zu können.

2. Der Mensch als Maschine: der Hochleistungssport

Ein weiteres Zeichen der Wertungsherrschaft besteht in der Abwertung der körperlichen Hochleistung, vor allem in der Form des Hochleistungssports, der als maschinenhaft und sinnlos an den Pranger gestellt wird: »In unserer Kultur wurde der Hochleistungsmotor und der Hochleistungssport kreiert. Die Motive dafür sind sicher nicht gleichgültig. Mit primärer Anstrengung zur Lebensfristung hat das gewiß nichts mehr zu tun. Hier ist die Libidinisierung eines bestimmten Leistungstyps eingetreten; etwa über den Genuß des Prestiges, den diese Leistung verleiht. Für diesen der Selbstdemonstration dienenden Leistungstyp ... (ist es) aber nicht gleichgültig, daß in unserer Hochleistungszivilisation das Selbstverständnis vieler Menschen sich so weit verändert hat, daß sie sich dem Typ der Maschinenleistung angleichen. Das Musterbeispiel dafür ist der Hochleistungssport. Er hat kein Ziel, das mit Sinn verbun-

den wäre, sondern nur das Ziel der quantitativen Leistungssteigerung ...
Der Mensch gleicht sich mehr und mehr der Maschine an, versteht sich
als System ..., er stellt auch deutlich affektive Beziehungen zu Maschinen her ... Eine weitere These wäre deshalb, daß der Menschheit die
Gefahr einer definitiven Selbstentfremdung vor Augen stehen sollte,
nämlich die Selbstentfremdung permanenter Leistungssteigerung ohne
Ziel, ohne Sinn, ohne Anerkennung der Grenze, ohne Bescheidung.«

Hier ist der gleiche Beweisführungsmechanismus zu bemerken, an der
körperlichen Leistung oder Hochleistung eben das abzuwerten, was die
geistige oder sinnproduzierende Tätigkeit von sich abweisen möchte. So
wird Hochleistungssport und natürlich gerade jeder Berufssport als ein
»der Selbstdemonstration dienender Leistungstyp« abwertend bestimmt. Aber sind es denn nicht gerade die Schriftsteller und Meinungs-
produzenten, die Geisteswissenschaftler und Philosophen, deren Tätigkeit unaufhebbar das Kennzeichen der »Selbstdemonstration« trägt?
Und was heißt schon »Libidinisierung« dieses Leistungstyps? Offensichtlich doch die Tatsache, daß der Hochleistungssportler aus dieser
Tätigkeit einen eigentümlichen Lustgewinn, eine emotionelle Selbstbe-
friedigung und Selbstbestätigung gewinnt, z. B. auch (!) durch den Gewinn an Publizität und sozialem Ansehen. Na und? Tut dies Herr
Mitscherlich als wissenschaftlicher Schriftsteller nicht alles auch? Ich
bekenne offen, daß ich selbst immer »Lustgewinn«, d.h. Freude und
Befriedigung, aus meiner Arbeit, wo sie wirklich »Leistung« war, als
Forscher und wissenschaftlicher Schriftsteller oder als Lehrender gezogen habe, daß mir öffentliche Anerkennung gutgetan hat und daß ich
gerade die Art der »sinn-produzierenden« Arbeit, weil sie mir »Selbstdemonstration« gestattete, zu meinem Lebensinhalt (unter anderem) gewählt und gemacht habe. Diese sich hier nur pseudowissenschaftlich-tie-
fenpsychologisch aufspielende Rede von der »Libidinisierung« dieses
Leistungstyps vermittelt also gar keine angemessene Information, ist
selber »sinnlos«, wenn man nicht ihre sprachliche Abwertungsfunktion
in Rechnung zieht. In diesem Sinne fehlt natürlich dann auch die Aussage nicht: »Die Leistung wird zum Fetisch«, ein Ausdruck, der bei
näherem Hinsehen ebenfalls nichts aussagt, aber pseudowissenschaftlich
gut wirkt und der von Mitscherlich, gerade bei der Begründung der
Leistungsverweigerung von Studierenden, wohl kaum ohne Kenntnis
und Zusammenhang damit gewählt wurde, daß die Angriffe der Frankfurter Studenten gegen die Universitätsprüfungen immer mit dem
Schlagwort der Abschaffung des »leistungsfetischistischen Systems« erfolgten. Im übrigen ist die Linie der Beweisführung, die Leistungsverweigerung von Studierenden aus der Kritik an Hochleistungssportlern
zu begründen, an sich absurd (als ob von Studenten normalerweise
»Hochleistungen« erwartet würden!), aber sie leistet die beschriebene
Funktion der Aufwertung jener »leistungsverweigernden« Klasse, zu
deren Vorkämpfern diese Art von Studierenden gehören.

Ein in der gängigen Zeitkritik längst erprobtes demagogisch abwer-
tendes Argument besteht natürlich in der Gleichsetzung von körper-

licher Leistung des Menschen mit der mechanischen Maschinentätigkeit; in diesem Sinne entwirft auch Mitscherlich das Bild des Hochleistungssportlers als eines seelenlosen, nur auf »quantitative Leistungssteigerung« programmierten Automaten; Hochleistungsmotor und Hochleistungssportler, das seien die gleichen Prinzipien. Hier ist zu fragen, welche Hochleistungssportler und -sportarten Mitscherlich eigentlich kennt. In allen Sportarten werden heute durch überwachte Regeln gerade die Möglichkeiten ausgeschlossen, den Menschen durch quasi-technische Mittel zur Hochleistung zu bringen (Doping, Vorschrift und Kontrolle der Sportgeräte usw.). Jeder Kontakt zu Leistungssportlern würde ihn darüber belehrt haben, daß bei ihnen keineswegs nur die körperliche Anstrengung geschult, sondern heute gerade geistige, moralische und soziale (Gruppenleistung) Anstrengungen und Einsätze erwartet werden. Jeder Leistungssportler muß sich einer langen und strengen Schulung unterwerfen, um in dieser Kombination von körperlicher und charakterlicher Leistung mit dauernder moralischer, aber auch wissenschaftlicher Selbst- und Fremdkontrolle in die jeweilige sportliche Leistungsspitze auf gewisse Zeit vorzustoßen. Eine solche Form von Ausbildung zur sportlichen Höchstleistung hat eher Ähnlichkeit mit der Ausbildung eines Chirurgen oder eines Piloten, also mit allen Leistungsformen, deren Fähigkeit zur körperlichen und geistig-moralischen Präzision nur durch Unterwerfung unter ein langes und forderndes Ausbildungsprogramm erworben werden kann. Die Veränderung, die der moderne Sportbetrieb gegenüber dem hochbürgerlichen Amateursport erfahren hat, dessen Ideal Mitscherlich hier immer noch unbewußt zugrundelegt, besteht allerdings darin, daß der Hochleistungssport den Charakter des großen Erholungsspieles und der Hobby-Beschäftigung der arbeitsfreien herrschenden Klasse verloren hat und zur »*Arbeit*«, zum Beruf, zur sozialen, ja politischen Leistung geworden ist, und das gleicherweise in Ost und West.

Indem man im Hochleistungssport dessen »Arbeits-Charakter« diffamiert und die Freude und die Identifikation, die gerade die breiten Schichten der immer noch körperlich Arbeitenden der Hochleistung im Sport entgegenbringen, als moralisch und politisch illegitim erklärt, will man natürlich nur jenen Wertvorrang der geistigen, an keinem quantitativen Maßstab zu messenden Tätigkeit der Sinn-Produzenten behaupten, der schon mit Selbstverständlichkeit von den bürgerlich-idealistischen Soziologen (vgl. Riehl, ›Die deutsche Arbeit‹, 1861) als soziale Herrschaftsbehauptung vorgetragen worden ist. Der allerdings erstaunliche klassenkämpferische Erfolg dieser Herrschaftsbehauptung besteht heute nur darin, daß die offiziellen Vertreter der »Arbeiterschaft« auf diese »Arbeitskritik« des Sports, d. h. auf die Verdammung des Hochleistungssports, wenigstens in Westdeutschland, längst eingeschwenkt sind: So hat z. B. der Vorsitzende des Deutschen Gewerkschaftsbundes, Heinz Oskar Vetter (nach einer dpa-Meldung vom 3. 11. 1972), eine Philippika gegen die Hochleistungssportler als die »gehätschelten Kinder der Nation« losgelassen, die ihnen vor allem eine »bedenkliche

Unterordnung« unter ein langes und strenges Ausbildungsprogramm vorwirft und die Vorbildhaftigkeit oder vielleicht auch nur Freude und Anerkennung kritisiert, die gerade die Leute diesen Sportlern zollten, denen in ihrer Arbeit noch weitgehend die Befriedigung versagt bleibe. Man kann hier unschwer die Gedanken wiedererkennen, die von intellektuellen Klassenkämpfern durch ihre Informationsagenten den Arbeiterführern eingeimpft werden. Es ist hier festzustellen, daß ein prominenter Arbeiterführer nicht nur die langfristig leistungsfordernde Ausbildung als »bedenkliche Unterwerfung« unter ein langes und strenges Programm verwirft, die er bei jedem Arzt oder jedem Piloten voraussetzt, dem er sich anvertraut, sondern daß die westdeutschen Arbeiterführer, was vielfach zu belegen wäre, schon längst der Vormundschaft ihrer auf eine intellektuelle Klassenherrschaft zielenden Berater gegen die Interessen und Mentalität der Arbeiter selbst unterlegen sind. (Ich habe diese Zusammenhänge zwischen Hochleistungssport und dem Herrschaftsanspruch der Intellektuellen in meiner Schrift ›Friede auf Zeit. Die Zukunft der Olympischen Spiele‹, im Kapitel ›Die Intellektuellen und die Olympiade‹, Osnabrück 1972, S. 48 ff., eingehender abgehandelt.)

Schließlich darf in diesem Zusammenhang der Verurteilung des Leistungssportes natürlich nicht das schlechthinnige sozialreligiöse Verdammungsverdikt der modernen Sündhaftigkeit, die »Selbstentfremdung«, fehlen. Nach Mitscherlich ist der Leistungssport das zeittypische Beispiel schlechthin für eine »definitive Selbstentfremdung« . . . (durch) »permanente Leistungssteigerung ohne Ziel, ohne Sinn, ohne Anerkennung der Grenze, ohne Bescheidung«. Nun ist das Wort »Entfremdung« oder gar »Selbstentfremdung« inzwischen mit derartig vieldeutigen Vorstellungen von Inhumanitäten vollgestopft worden, daß es schwer ist, überhaupt noch erfahrungsbezogene Tatbestände in ihm zu überprüfen; immerhin muß es ja wohl im Kern die Aussage meinen, daß der Mensch in seinem eigentlichen Wesen, seiner »Personhaftigkeit« zerstört oder doch sehr gemindert wird durch bestimmte Umstände oder Kräfte, in diesem Falle also durch sportliche Hochleistung. Man sieht, daß bereits die Grundbedeutung des Begriffs eine Vorstellung vom »eigentlichen Selbst«, vom »Wesen des Menschen«, von der »Person« voraussetzt, von der zu fragen ist, ob die von Mitscherlich und die der Leistungssportler die gleiche ist und wer bei ungleichen Selbst-Vorstellungen die »allgemeingültige« vorzuschreiben hat.

Schon bei Marx ist die Vorstellung des »Selbst«, das »entfremdet« wird, mit der romantischen Patina einer glücklicheren Menschenheimat in der Vergangenheit bezogen, aber er hat immerhin die industrielle Arbeitsform seiner Zeit klar in den Vollzügen der Entfremdung bestimmt:

– Erstens als die Rückführung und Ausfüllung des Lebens des Proletariers auf den Austausch von technischer Arbeitsleistung und geldlicher Entlohnung, also auf die Subsumtion der Arbeit unter den Begriff der Ware;

– zweitens als die Fremdbestimmung in der Arbeit, insofern ihm die fast handgriffweise durch die technische Apparatur vorgeschrieben wird;

– drittens als die schematisierte Spezialisierung, die die Gesamtleistung der Arbeit, das Produkt, völlig aus dem Auge verliert und es persönlich nicht mehr zurechenbar macht;

– viertens als die erzwungene soziale Kontaktlosigkeit während der Arbeit und die dementsprechenden unpersönlichen Führungs- und Zugehörigkeitsverhältnisse im Betrieb usw.

Vergleicht man einmal im einzelnen die hier angegebenen Tatbestände in der Industriearbeit des Hochkapitalismus oder auch nur die Reste, die davon selbst heute noch in der industriellen Arbeit zu finden sind, mit den persönlichen und sachlichen »Betriebsverhältnissen« im Hochleistungssport, so wird sich sehr bald herausstellen, daß diese konkreten »Entfremdungstatbestände« im Sport gerade nicht zu finden sind, d. h., die »Ware« Leistung wird nicht unter dem Druck der Lebenserhaltung auf dem Arbeitsmarkt verkauft, sondern die Sportler entschließen sich freiwillig und unter Motiven bestimmter persönlicher Chancen dazu; die Spezialisierung betont gerade das Selbstgefühl des Leistenden, anstatt es auszulöschen, und der Erfolg, das »Produkt« der Leistung, ist in hohem Maße der Person zuzurechnen und wird es auch von der sozialen Umwelt und Öffentlichkeit; der Hochleistungssport schafft keine soziale Kontaktlosigkeit, im Gegenteil, er erhöht und vervielfältigt die sozialen Begegnungen, ja im Gruppensport, im Team, sogar die Kontaktverläßlichkeit als »Arbeitsweise«. Die häufige Interviewfrage an Hochleistungssportler, weshalb sie diese Hochleistungsanstrengungen auf sich nähmen, wird fast regelmäßig beantwortet mit der Versicherung: Weil's mir Freude macht, häufig ergänzt durch Angaben wie: Man kommt mit vielen Menschen zusammen, man kann viel reisen usw. Hochleistungssportlern mangelt es nach meiner Erfahrung keineswegs an Selbst- und Personbewußtsein, im Gegenteil: Gerade der Hochleistungssport scheint es jungen Leuten in verhältnismäßig kurzer, wenn auch jeweils sehr anspruchsvoller Leistung zu ermöglichen, ein sehr personbestimmtes Selbstbewußtsein durch eine Leistungsselbstbestätigung und durch soziale Anerkennung in allen Gesellschaftsschichten zu gewinnen, was sonst nur noch bei Personen der Kunst und des Schaugewerbes, bei publizitätsträchtigen technischen oder sonstigen wissenschaftlichen Leistungen unter gemeinhin längerem Leistungsaufwand möglich ist.

Nun geht diese Aussage Mitscherlichs von der Selbstentfremdung durch Hochleistungssport auf ein altes Muster der bürgerlichen Kulturkritik zurück, wonach sich im Sport die Arbeitsstrukturen der Gesellschaft reproduzieren und daher den Menschen der gleichen oder gar der höheren »Entfremdung« oder »Ausbeutung« unterwerfen wie das industrielle Arbeitssystem (so z. B. vertreten von dem Soziologen Helmut Plessner); die empirisch vorgehende Sozialforschung (so z. B. Hans Linde) hat diese Vorstellungen zwar längst widerlegt, aber das Argument ist viel zu schön für bestimmte Sinnherrschaftsabsichten, um es durch solche Bagatellen wie die empirische Forschung sich aus der Hand schlagen zu lassen.

Damit überblicken wir die Rolle dieser Kritik gegen den Hochleistungssport im Rahmen einer Rechtfertigung der allgemeinen, besonders aber studentischen Leistungsverweigerung: Hier werden nicht überprüfte, pseudowissenschaftliche Aussagen der bürgerlichen Zeitkritik zu Argumenten einer Gruppenwertherrschaft, zu einer Wert-Ausbeutung der Leistenden und Arbeitenden, benutzt, die zwar im Ernst diese Leistungen und Höchstleistungen niemals aufheben wollen oder können, aber ihr von ihnen erzeugtes schlechtes Gewissen öffentlich verwalten wollen. Da die körperliche Höchstleistung heute, dank der technischen Entlastung, in der Industriearbeit kaum noch anzutreffen ist, muß die freiwillige körperlich-moralische Hochleistung, der Spitzensport, in dem gerade die nach wie vor körperlich Arbeitenden die Glorifizierung ihrer eigenen, durchaus human gewordenen Leistungsform sehen und anerkennen, in Verruf gebracht werden, damit die Arbeitenden ihre Sinn-Vorbilder in der »geistigen« Arbeit behalten. Ein leistungsverweigernder Philosophie- oder Psychologiestudent ist dem »Sinn« des Lebens immer noch näher als der selbstentfremdete Hochleistungssportler! Schließlich wird in der Verwendung solcher scheinwissenschaftlicher Begriffe wie »Entfremdung«, »Libidinisierung«, »Leistungsfetischismus« usw. deren ursprünglich erfahrungsbezogene Wissenschaftlichkeit umfunktioniert zu einer sowohl in der heilsgläubigen wie demagogisch-klassenkämpferischen Argumentation bekannten Ritualisierung und Sinnentleerung von Sprachformeln; man verläßt sich auf den Pawlowschen Klingel-Speichel-Effekt, daß bei Nennung bestimmter Begriffe konventionell gut gesicherte Selbsttäuschungen der Sinngebung und Wertassoziationen einsetzen. Das Erstaunliche an diesem Priester- oder Herrschaftsbetrug ist nur, daß er nach zwei Jahrhunderten Aufklärung darüber immer noch wirkt.

3. Die Einschränkung der Leistung auf das Technisch-Wirtschaftliche

Die Abwertung der Leistung als einer allgemeinen Lebensanforderung vollzieht sich vor allem in dem Mechanismus, nicht-technische und nicht-wirtschaftliche Tätigkeiten als technisch-wirtschaftlichen Maßstäben unterworfene auszugeben – was ganz sicherlich sachwidrig ist – und dadurch bei den nicht-güterproduzierenden, sondern sinn-produzierenden Berufen eben jene Entrüstung zu erzeugen, die sich zu einem Anspruch auf ihren emotionellen Vorrang, ihren Herrschaftsanspruch in der Gesellschaft umwerten läßt. Daß »Arbeiter des Kopfes und der Faust«, eine sowohl kommunistische wie nationalsozialistische Bewertungsformel, unter dem Gesichtspunkt der »gesellschaftlichen Leistung« gleichwertig sind, das darf die aus der bürgerlich-idealistischen Kopfherrschaft hervorgehende Klassenherrschaft der Sinn-Produzenten niemals offen zugeben. Da diese Herrschaftsgruppe aber der Legitimitätsgläubigkeit der güterproduzierenden Arbeiter bedarf, muß eine Legitimitätslegende gefunden werden, die im Abstrakten die technisch-wirt-schaftliche Güterproduktion aburteilt, aber im Konkreten dabei den industriellen und sonstigen güterproduzierenden Arbeiter persönlich nicht verletzt. Das geschieht, indem man nicht die Arbeiter, sondern abstrakt Technik und Ökonomie als Sachzwänge verurteilt und dann für dieses »ausbeutende Sachsystem« natürlich in den »kapitalistischen Leitenden oder Herrschenden« die persönlich Verantwortlichen findet. Dies ist zwar alles in den sozialistischen Staaten genauso strukturiert, aber das sind ideologische Wertherrschaftskonkurrenzen, die durch Verschweigen am besten gemeistert werden.

Dieser Argumentationslinie folgt auch Mitscherlich, wenn er zunächst »das Einrücken der naturwissenschaftlich-technischen Ordnungsform in die Position der Alleinherrschaft« in unserer Gesellschaft feststellt. Technischer Fortschritt und wirtschaftliches Wachstum schaffen zusammen den Teufelskreis der modernen Zivilisation: »Leistung dient dem Fortschritt – Fortschritt ist Wachstum – Wachstum ist Leistung – Leistung dient dem Fortschritt ... In dieser Spirale geht es nur aufwärts. Das Selbstbewußtsein der Industrienationen bekräftigt und bestätigt sich in diesem wie mir scheint sinnfreien (!) Zirkel.« – »Das Absolutsetzen der quantitativen Leistung klammert den Sinn aus.« – »Das Zwangsmoment in diesem Geschehen ist nicht zu übersehen«: und zwar neben »äußeren Sachzwängen, die uns im Kreise drehen lassen«, sind es vor allem »innerseelische Zwänge, die aus für unsere Kultur charakteristischen Leistungsanforderungen unserer frühen Kindheit herrühren«, und schließlich versagen »die Objekte, die Sicherheit geben sollten – die Vorbildfiguren also – (sie) werden immer ratloser. Diese Verflechtung wirkt als Leistungsbremse ... Unser bewußtes integratives Ich steht also vor einer doppelten Aufgabe: es muß sich einerseits der Überwältigung durch Sachzwänge entziehen wie den psychischen Folgen unserer fortwährenden Leistungs- und Anspruchssteigerung.« Dieses »integrative Ich« schafft und drückt sich aus in einer »Antileistungsmotivation«, »sehr zum Ärger aller jener Kräfte, die zunächst ihr Selbstgefühl aus der quantitativen Besitz-, Produkt-, Konsum- etc. -steigerung ableiten«. Daß die Leistungsverweigerung auch die Konsum-Chance beeinträchtigen kann, wird mit dem Argument, daß »die Fristung des Daseins auf breiter Konsumbasis vielmehr den an sich ja doch sinnlos (!) verrinnenden Elan aufzehrt«, in Kauf genommen: »so mischen sich Anreiz zur Leistungssteigerung für erhöhten Konsumbedarf und Resignation zu einer sehr spannungsreichen Grundstimmung«. Und schließlich fehlt auch nicht das Argument, das die »Spezialisten« als Wortführer der »Sachzwänge« verurteilt: da »unsere Zivilisation in den Händen von Spezialisten ist«, muß man fragen: »Sollen wir uns mit dieser Machtverteilung (!), die sich auf Sachzwänge beruft, zufrieden geben? ... es geht um die Zielsetzungen, oder genauer, um das Wiederauffinden sinnträchtiger Zielsetzungen unseres Handelns.«

Gehen wir auch auf diese so typische Beweiskette noch einmal im einzelnen mit empirischer Überprüfung ein! Was zunächst die Behauptung der »technisch-naturwissenschaftlichen Alleinherrschaft« als »Ordnungsform« (?) oder doch wohl beherrschenden Denkart auch außerhalb technisch-naturwissenschaftlicher Aufgaben und Tätigkeitsgebiete betrifft, so ist dies – leider möchte man sagen – eine Legende oder »Schutzbehauptung«, die den Vorrang des literarisch-philosophisch gebildeten Sinn-Produzenten in unserer Gesellschaft bewahren soll. In einer Gesellschaft, in der die naturwissenschaftlich-technische Schulausbildung nur einen Bruchteil der sprachlich-kulturwissenschaftlichen Zweige ausmacht, in der die Studierenden an den Universitäten zu mehr als zwei Dritteln den Geistes- und Kulturwissenschaften angehören und bei harten Zulassungskämpfen um geisteswissenschaftliche Lehrfächer die Ausbildungskapazitäten der technisch-industriellen Fächer nicht voll in Anspruch genommen werden, ja rückläufig sind, möchte man wissen, woher denn all diese »technisch-naturwissenschaftlichen Alleinherrscher« eigentlich kommen. Gibt es so viele unbeschäftigte Ingenieure, Chemiker, Physiker, Mediziner usw., die sich der gesellschaftlichen Herrschaftsaufgaben annehmen oder die wissenschaftliche Sinnproduktion beherrschen? Zitieren wir eine realistischere Gegenstimme: Der bayerische Kultusminister *Maier* wertete es in seiner Haushaltsrede 1973 »als Alarmzeichen, ... daß an bayerischen Hochschulen die Kapazitäten vieler technisch-industrieller Fächer nicht voll in Anspruch genommen würden, ja daß sogar rückläufige Tendenzen festzustellen seien.« Den Grund für diese »Abwendung junger Menschen von lebenswichtigen Disziplinen unserer Industriegesellschaft« nannte Maier in Form einer Frage: »Täusche ich mich, wenn ich hier eine neue Maschinenstürmerei, eine große Verweigerung gegenüber der Industriegesellschaft Gestalt annehmen sehe?« (Zeitungsmeldung v. 18. 7. 1973).

Man stelle diese bundesdeutsche Auseinandersetzung um die »technisch-naturwissenschaftliche Alleinherrschaft als Ordnungsform« (in der ein CSU-Minister als Fürsprecher der Natur- und Ingenieurwissenschaften, ein sozialdemokratischer Kulturpolitiker als Ankläger gegen die Naturwissenschaft auftritt) einmal in einen die bundesdeutsche Provinzialität überschreitenden Weltzusammenhang: In den durch traditionell-kulturelle Bildungseinrichtungen (in diesem Fall juristische und theologische) beherrschten Ländern Lateinamerikas ist der soziale und wirtschaftliche Fortschritt, ja die politische »Progressivität«, entscheidend mit der Zurückdrängung der kulturwissenschaftlichen Vorherrschaft in den Hochschulen zugunsten einer Umwertung der naturwissenschaftlich-technischen Ausbildung und Forschung verbunden, was man an Mexiko, Kuba, Brasilien, Chile usw. studieren kann. Im Zusammenhang der Entwicklungsländer vertritt Mitscherlich also ein ausgesprochen reaktionäres, d. h. die Herrschaft der traditionellen Ausbeutungsschichten unterstützendes geistiges Prinzip. Im Blick auf das maoistische China gilt wahrscheinlich das gleiche. Im Vergleich mit den USA und der UdSSR wird, nicht zuletzt von den parteipolitischen Freunden Mitscherlichs, bei uns dauernd der »technical lag«, das Hinterherhinken in der technisch-naturwissenschaftlichen Weltbewältigung und damit auch politischen Weltbeherrschung, Vorbildlichkeit und Hilfsfähigkeit gegenüber den Entwicklungsländern beschworen, zugleich aber die (von allen demokratischen Parteien der Bundesrepublik vertretenen) Verstärkungen und Unterstützung der naturwissenschaftlich-technologischen Forschung und dementsprechenden Ausbildung mit Diffamierungen der naturwissenschaftlich-technischen »Alleinherrschaft«, der »Ideologie« dieser Wissenschaften, behindert. Da ich Mitscherlich keineswegs die politische Absicht unterstelle, die technologisch gestützten Freiheitsbewegungen in den Entwicklungsländern verhindern oder die macht- und wirtschaftspolitische Beherrschung Alteuropas durch den technologischen Vorsprung der USA und der UdSSR ideologisch unterstützen zu wollen, bleibt nur noch die Frage, ob hier eine provinzialistische (und in rückwärtsgewandte Intellektuellenstreitigkeiten verstrickte) Oppositionsattitüde oder ein neues soziales Herrschaftsinteresse intellektuell am Werk ist. Ich neige, schon aus eigenen Selbstbewußtseinsgründen, zu der zweiten Deutung, denn anderenfalls wäre diese ganze Kontroverse das belanglose Zwiegespräch der geschichtlich Bedeutungslosen, eine Position, die ich allerdings weder für Herrn Mitscherlich noch für mich ausschließen kann.

Mitscherlich macht für die von ihm als geschichtlich vorherrschend angesehene Entwicklungsrichtung einen *Kreisprozeß sozialer Wirkung* verantwortlich: Leistung dient dem Fortschritt – Fortschritt fordert Wachstum – Wachstum fordert Leistung … usf. Natürlich könnte man die Gegenbewegung einfach negativ ausdrücken: Nichtleistung dient dem Rückschritt – Rückschritt besteht in Stagnation – Stagnation beruht auf Nicht-Leistung usw. Diese formal-dialektische Antithese mag ein »Denkanstoß« sein und die logisch-begriffliche Reflexionslosigkeit solcher Äußerungen enthüllen, der kontroversen Sache oder Sinnbewertung des sozialen Geschehens wird ein solcher Beweis von Begriffsschwäche nicht gerecht. Man muß schon die Gegenpositionen dieses sozialen Kreisprozesses wertungshaft positiv ausdrücken, um die in solcher geschichtsphilosophischen Formel sich gegenüberstehenden Sinndeutungen und Wertungen als politische und gesellschaftliche Herrschaftsauseinandersetzung und Gesinnungsführung zu erkennen. Der im Sinne von Mitscherlich positiv zu bewertende geschichtliche Wirkungszirkel würde wahrscheinlich zur Zeit auf die aktuelle Formel »Lustgewinn ist Progressivität – Progressivität dient der Emanzipation – Emanzipation dient dem Lustgewinn usf.« zu bringen sein. Jedermann sieht, daß solche Globalformeln im Grunde genommen nichts aussagen, wenn man nicht die Definitionen ihrer Hauptbegriffe mitliefert; insofern ist Mitscherlich zuzustimmen, daß solche Zirkel »sinnfrei« sind. Indem er selbst den Zusammenhang von Leistung–Fortschritt–Wachstum als »die generell traditionsfeindliche Fortschrittsideologie, die Nachfolgerin religiöser Leistungsmotivation« definiert, sofort von einem »Kult der quantifizierbaren Leistung« spricht, unterschiebt er den Verteidigern des Leistungsanspruchs, insbesondere im Zusammenhang mit Forderungen nach wirtschaftlichem Wachstum, von vornherein eine quasi-religiöse, also »sinn-lose« Glaubenshaltung. Mitscherlich praktiziert in diesem Argument nur etwas vereinfachter, was *Habermas* unter dem Titel ›Wissenschaft und Technik als ‚Ideologie'‹ auf anderem Niveau abgehandelt hat. Nun ist durchaus der hier beschriebene positivistisch-technologische, antiquierte »Fortschrittsglaube« ideologisch und quasi-religiös; die Frage ist nur, ob diejenigen, die heute Leistungsanforderungen in der Wirtschaft und in andern Lebensbereichen verteidigen, dies unter dem Einfluß solcher ersatzreligiösen Motivationen tun oder ob sie ihnen hier nicht unterschoben werden, weil Mitscherlich eben jene ersatzreligiöse Sinngebung des Lebens in Anspruch nimmt und verdekken will, die er den anderen unterstellt. Daß der Zusammenhang »Lustgewinn – Progressivität – Emanzipation« genauso einen »sinnfreien Zirkel«, eine Nachfolge religiöser Lebenssinngebungen mit Kultcharakter, darstellt, ist jedem deutlich, der ihn so formuliert. Da aber liegt das Entscheidende dieser Argumentation, die klassenkämpferisch den Ideologieverdacht nur auf den Gegner lenkt: Welcher soziale Wirkungszirkel sein Denken und das der Leistungsverweigerer beherrscht und ob dies nicht viel empirisch unüberprüfbarer ideologischer Lebenssinn, also »Religion«, vermittelt, diese Fragen erhebt Mitscherlich überhaupt nicht. Die Techniker und die Wirtschaftler sind für ihn die »sinnfreien« Pseudoreligionsproduzenten, nicht die Philosophie- und Psychologieprofessoren, die der Leistungsverweigerung die progressiv-emanzipatorischen Motivationen liefern. Es ist dies der Kampf einer neuen religiösen Lebenssinngebung, die die alte – in diesem Falle den technologischen Fortschrittsglauben (z. B. den von Marx, Engels und Lenin genauso wie den von Ford und anderer ungehemmter Kapitalisten) – heute als »sinnlose« Gegenposition braucht, um ihren eigenen Kampf um die Sinn- und Klassenherrschaft zu verhüllen.

Indem der wirtschaftlich-technische Lebensbereich des Menschen und die seine Ansprüche Vertretenden zeitkritisch zu inhumanen Übeln schlechthin erklärt werden, jede »Leistung« aber eben an diese unmenschlichen Strukturen der fortschrittssüchtigen Wirtschaft gebunden wird, lassen sich leicht »Antileistungsmotivationen« aus dieser Sinndeutung ableiten und als zeitbeherrschend behaupten, d. h. durchsetzen. Die negativen Strukturen der wirtschaftlich-technischen Tätigkeiten werden von Mitscherlich dadurch gekennzeichnet, daß sie ein *Zwangssystem* sind, das die Freiheit unterdrückt; daß die in ihm entwickelten *Konsumbedürfnisse* den Menschen ausbeuten und daß sie dem *sozialen Aufstieg* wenig Chancen lassen. Zunächst zu den konkretesten Behauptungen: »Die immer ausweglosere Einkesselung des Individuums durch Verwaltungs- und sonstige Bevormundungsinstitutionen und -organisationen, ... diese verwaltete Welt läßt wenig Chancen für Aufstieg durch Leistung.« Zugestanden, daß vor allem die staatliche Bürokratie den Aufstieg durch Leistung vielfach durch den langsamen Weg der Karriere nach Dienstalter bremst oder in ihr der Aufstieg durch Gesinnung und Parteibuch an die Stelle der Leistung tritt, aber immerhin verlangt gerade die Verwaltungsorganisation zumindest Ausbildungsnachweise, gegen die sich die Leistungsverweigerung der Studierenden in hohem Maße richtet (Staatsprüfungen), wohingegen sie die damit verbundenen sicheren beruflichen Aufstiegschancen in der Staatsbürokratie nicht entbehren wollen. Wenn in unserer Gesellschaft noch hohe Aufstiegschancen durch Leistung vorhanden sind, dann doch – neben Kunst und Wissenschaft – wohl vor allem durch technische und wirtschaftliche Leistung gerade in einem wirtschaftlichen Konkurrenzsystem, insbesondere auch durch den Tatbestand, daß solche »Leistungen« (im Gegensatz zu Verwaltungs- oder Lehrleistungen) als solche eindeutig beurteilbar sind und güterproduktiv zu Buche schlagen. Hier hätte also für Mitscherlich, wäre er ein objektiv urteilender Wissenschaftler, Anlaß zu dem Hinweis bestanden, daß gerade in Wirtschaft und Technik Leistung für den sozialen Aufstieg noch ein großes Gewicht hat, was nicht zuletzt sich darin spiegelt, daß ja gerade in den Universitäten die dementsprechenden Fächer von der Leistungsverweigerung in hohem Maße verschont sind (eine Frage, die Mitscherlich mit Stillschweigen übergeht).

Zweiter »Tatbestand«, das *Konsumelend«:* »Die Fristung des Daseins auf breiter Konsumbasis zehrt den an sich ja doch sinnlos verrinnenden Elan auf«; diese fast klassisch zu nennende Formel der Konsumdiffamierung – »Fristung des Daseins auf breiter Konsumbasis« – beabsichtigt natürlich nicht, die Überwindung des Hungers und der Verelendung des Proletariats durch die naturwissenschaftlich geschaffene, technisch-wirtschaftliche Güterproduktion eines industriellen Wohlfahrtsstaates wieder auf das Elend des Hungers, der hohen Arbeitszeiten, der Unsicherheit im Alter, bei Krankheit usw. zurückzuführen; es geht nicht um die Aufhebung, sondern um die »Sinnlosigkeit« des Konsums. Der »sinnlose« Konsum von Gütern – vor allem Freizeitangebote, technische Lebenserleichterungen wie Eisschrank, Auto, Fernsehapparat usw., der »Luxus des privaten Eigenheims« (so Juso-Formel), der Zuschauerfanatismus für den Leistungssport, die Steigerung von Alkohol-, Tabak-, Waschmittel- und sonstigem werbungsmäßig aufgedrungenem Genuß und Verbrauch, also das allzu gute Essen und Trinken und dann noch die kleinbürgerlichen Ansprüche zugunsten verwöhnter Kinder etc. – diese »Sinnlosigkeit« und »Daseinsfristung« soll durch eine andere »Sinngebung«, nicht etwa durch »Konsumaskese«, abgelöst werden. Der »sinnvolle Konsum« ist ohne Zweifel der Konsum von Bildungsangeboten, Literatur und Kunst, im Fernsehen »Drittes Programm« anstelle des Klimbims und der Shows der anderen Programme, die Teilnahme an den Sozialproblemen der ganzen Welt anstelle der borniierten Beschränkung auf den eigenen Lebenserfolg, die vertrauensvolle Übertragung der Lebensprobleme an privat oder sozialversichert bezahlte Therapeuten, Sozialhelfer oder sonstige professionellen Lebensberater anstelle des sowieso vergeblichen Elans, seine eigenen Lebensprobleme durch moralischen Anspruch an sich selbst zu lösen. Daß dies nicht gelingt, daran ist ja das »Versagen der Vorbilder«, also der moralischen Autoritäten wie Eltern, Lehrer, institutionelle Führungsgruppen des »Establishments« oder all der moralischen Instanzen der Leistungsautorität schuld, deren Funktionsunfähigkeit eben diese Zeitkritiker herbeigeführt haben, die ihr Fehlen und Versagen jetzt öffentlich beklagen. Folgerung im »Leistungsproblem«: Wer sich in seinen Leistungen jener »sinnlosen« Konsumbefriedigung der Güter- und Dienstleistungsproduktion unterstellt sieht, arbeitet selbst »sinnlos« und verweigert sinnvollerweise diese Leistungen; wer sich aber dem »gehobenen« Bildungs- und Sinnkonsum unterstellt, handelt »sinnvoll emanzipatorisch«, und diese Lebenssinnerfüllung ist vor allem durch Leistungsverweigerung im Bereich des Wirtschafts- und Güterleistungskonsums zu erreichen. Die Tatsache, daß damit der Mensch nur »sonstigen Bevormundungsinstitutionen und -organisationen« unterstellt wird, eben den anderen »Sinngebern«, die in Konkurrenz der Sinnführungsherrschaft die »Sinnlosigkeit« und ideologische Ausbeutung durch das herrschende System der Wirtschaft und Technik, zumindest der westlichen Gesellschaften, eben in den gebotenen Konsumleistungen behaupten und propagieren, um ihre eigene, nicht minder entmündigende und ausbeutende Konsumherrschaft von Sinnproduktion in den Vordergrund zu stellen, geht nicht in diese klasseninteressenhafte Zeit- und Leistungskritik ein.

Daher produziert nach Mitscherlich gerade das wirtschaftlich-technische System die »Antileistungsmotivationen« gegen jene gesellschaftlichen Kräfte und Gruppen, »die ihr Selbstgefühl aus der quantitativen Besitz-, Produkt-, Konsum- etc. -steigerung ableiten«. Wer sind diese denn? Alle wirklich *Arbeitenden* leiten natürlich einen großen Teil ihres Selbstgefühls aus ihrer Arbeit ab, deren Sinn für sie ohne Zweifel darin besteht, daß sie immer mehr produzieren, dadurch immer mehr verdienen und sich leisten können, so z. B. sich Sachen anschaffen zu können (Besitz), die ihnen erlauben, angenehmer zu leben; Menschen, die durch ihre Mehr-Leistung beruflich aufsteigen, bei Hochleistung praktisch bis in die Spitzen der Gesellschaft auf allen Gebieten, als Politiker, Wirtschaftler, Wissenschaftler, Künstler usw. Vielleicht könnte man weiterhin unter »Leistungs-Steigerungen« die Vermehrung von Krankenhäusern, von Studienplätzen, von guten Verkehrsverbindungen etc. verstehen; das alles sind ja für diejenigen, die es erarbeiten, »Produktionssteigerungen« und für diejenigen, die es benutzen »Konsumsteigerungen«.

Hier hat die Äußerung Mitscherlichs nun durch ein unscheinbares Wort einen unauffälligen geistigen Vorbehalt, sozusagen eine »Mentalreservation« im Sinne des BGB, eingebaut: Er meint ja nur die »*quantitative* Besitz-, Produkt-, Konsum- und etc. -steigerung«, während er natürlich die *qualitative* Steigerung des Lebens, jene so aktuelle Vermehrung der »Lebens*qualität*«, wahrscheinlich begrüßen würde. Und damit kommen wir wieder zu dem Kernpunkt unserer Erörterung: »Quantität«, die hier in ihrer Steigerung verdammt wird, ist nach irgendwelchen Maßstäben objektiv meßbar, wogegen die Bestimmung der Qualitätssteigerung keine Maß-, sondern eine Wertungsfrage ist. Mehr Eigenheime, mehr privater Konsum, mehr Einkommen und mehr Vermögensbildung, das können schlechthin verwerfliche »quantitative« Produktionssteigerungen sein, während mehr Krankenhäuser, mehr Professoren,

Verhinderung von Umweltverschmutzung oder die Abtreibungsfreiheit wohl eher als »qualitative« Steigerungen des Lebens anzusehen wären. Die simple Wahrheit, daß Qualitätssteigerung des Lebens zumeist auch Quantitätssteigerung von Produktion und Konsum ist, wird in dieser Argumentation nicht zugelassen. Weshalb nicht? Weil es Mitscherlich gar nicht darum geht, bestimmte Leistungen der individuellen oder sozialen Kräfte zu fördern und bestimmte Leistungs- oder vielmehr Konsum- und Besitzansprüche auszuschließen und zu verhindern – das würde seine souveräne Zeitbeurteilung in die niedere Konkretheit von individuellen und gruppenhaften Interessen herabziehen. Nur weil die Wertbestimmung über die gesteigerte »Lebens*qualität*« die Herrschaft über eine allgemeine Bestimmung der Sinnhaftigkeit oder Sinnlosigkeit von Arbeits- und Produktionsbestimmungen und ihre individuelle Verwendung einschließt, wird diese globale Aburteilung von Leistungssteigerungen im Sinne der Besitz-, Produkt-, Konsum- und etc. -steigerungen vollzogen. Der »qualitative Sinn« solcher Leistungen, obwohl sie andere »quantitativ« vollbringen, soll bei denen bleiben, die über den Wertungsmaßstab der »Qualität« urteilen; das »Selbstgefühl« der Arbeitenden darf sich nicht auf »quantitative«, d. h. an irgendeinem objektiven Maßstab der Produkt- oder Konsumvermehrung, der Erfüllung von Lebensbedürfnissen orientieren, es muß sich »qualitativen« Wertmaßstäben unterwerfen, deren »Herrscher« im Anonymen bleiben, obwohl sie sich natürlich wie hier Mitscherlich »sinngebend« ausdrücken und propagieren müssen.

Das philosophisch tiefere Problem liegt in der Polemik Mitscherlichs gegen die »Sachzwänge« der wirtschaftlich-technischen Welt. Er ist sich sicherlich nicht bewußt, daß er hier die philosophische Grundfrage der modernen Welt, die Vereinbarkeit von Naturkausalität und Freiheit der moralischen Gewissens, wie es *Kant* klar entwickelt hat, so nebenbei wieder aufgreift. Allerdings stellt sie sich heute aktueller als Frage nach der Vereinbarkeit von sozialen Sachzwängen aus der Natur des Menschen (wirtschaftliche und technische Produktionskausalitäten) mit dem politisch-sozialen Freiheitsanspruch des Menschen. Kant hat der überheblichen christlichen Metaphysik gegenüber seine Philosophie der Natur entwickelt, auch die der menschlichen Natur als »Anthropologie«; daß er keine »Alleinherrschaft« dieser Kategorien zugelassen hat, sondern die »Freiheit« als Frage der praktischen Vernunft begründete, macht seine geistige Überlegenheit, ja Führerschaft in der Philosophie der Moderne aus. Diese von ihm entwickelte »Dialektik« oder »Aporie« wirkt sich dahin aus, daß einer nur kausalistischen Weltauffassung gegenüber, einer Auflösung aller menschlichen Fragen und Handlungsanforderungen in »Sachzwänge« mit Recht der Freiheitsanspruch und -auftrag des Menschen, seine »Autonomie«, entgegengestellt wird. Aber genauso umgekehrt: Der metaphysisch-ideologischen Sinnverfügungswillkür über den Menschen, zur Zeit Kants durch die klerikale Dogmatik, heute durch die sozialen Heilsverheißungen über den emanzipierten Zustand der Gesellschaft vertreten, muß eine Realitätsbindung in Erin-

nerung gebracht werden. Es scheint Mitscherlich nicht bewußt geworden zu sein, daß er in der Frage der »Leistungsverweigerung« (und in
anderen Fragen der modernen Gesellschaft) eben jene philosophisch-
dogmatische Position der klerikalen Dogmatik zur Zeit Kants einnimmt
und damit – wie es vor zweihundert Jahren auch der Fall war – die
Interessen einer bestimmten herrschenden Klasse unterstützt, damals
der Koalition von feudalem Absolutismus und klerikalem Dogmatismus, heute der Koalition von kollektivem Vor- und Fürsorgestaat mit
der Sinnherrschaft des emanzipatorischen Dogmatismus.

Statt die produktive Bewältigung der Spannung zwischen Sachzwang
einerseits und Lebens- und Sozialgestaltung im Rahmen dieser
»Zwänge« andererseits zum Thema seiner Philosophie zu machen, bevorzugt Mitscherlich – wie viele andere – ein Schema, das Zwang und
Freiheit, Sinnlosigkeit und Sinngebung des Lebens, auf verschiedene
Sozialgruppen verteilt. Damit ergreift er natürlich für die politische und
soziale Herrschaft der »sinngebenden« und »sachzwangverachtenden«
Intellektuellen Partei. Nur die fachwissenschaftlich gebundenen »Spezialisten« vertreten die Sachzwänge, und zwar als Machtanspruch. »Sollen wir uns mit dieser *Machtverteilung,* die sich auf Sachzwänge beruft,
zufriedengeben?« Natürlich nicht: »Es geht um die Zielsetzungen, oder
genauer, um das Wiederauffinden *sinnträchtiger Zielsetzungen* unseres
Handelns.« Damit ist, wie ich meine, die Katze aus dem Sack: Diejenigen, die im Bereich des sozialen Handelns die Anerkennung von »Sachzwängen« vertreten, sei es außenpolitischer, wirtschaftspolitischer, technologischer usw. Art, vertreten eine Machtposition, die bekämpft werden muß; das »Wiederauffinden *sinn*trächtiger Zielsetzungen unseres
Handelns« muß anderen »Sinnführern«, d. h. den modernen Sozialmeta-
physikern, übertragen werden. Und selbstverständlich ist dies eine Frage
der »Machtverteilung«, in deren Erörterung Mitscherlich nur unterschlägt, daß auch er eine Machtposition vertritt, nämlich die der »Sinn-
machthaber« gegenüber der der »Spezialisten« als Wortführer der »Sachzwänge«. Die Kritik und Sinnherabsetzung von beruflicher Leistung,
Konsum und einer Lebens- und Sinnbestätigung durch technisch-wirt-
schaftliche Produktion ist sozialfunktional natürlich ein Herrschaftsanspruch der nicht-güterproduzierenden Klasse über die Lebenssinngebung, die Moral und das Selbstbewußtsein der produzierenden Bevölkerung. Genauso, wie sich diese nicht der Sinnbeherrschung durch die
Kirche, der sinngebenden christlichen Dogmatik, entziehen konnte,
weil sie keine Wortführer hatte, so üben heute Sozial- und Emanzipa-
tionspriester eine Sinnherrschaft in den ihnen zugeordneten beruflichen
Ausbildungen und Produktionen aus, die deren Sachverpflichtung als
inhumane und reflexionslose Faktenhörigkeit denunziert. Die »Atheis-
musprozesse« gegen die Aufklärer finden heute längst ihre Parallele in
der Öffentlichkeitshinrichtung, die Institutionen und Personen erfahren, die den Menschen die Unvermeidbarkeit vor Augen halten, Sachzwänge, insbesondere technisch-wirtschaftlicher Art, anzuerkennen.

4. Die leistungsverweigernden Studenten haben recht – die Gesellschaft unrecht

Daß Mitscherlich mit diesen Thesen zur Leistungsverweigerung nicht etwa nur eine psychologische Motivationsanalyse der Leistungsverweigerer, in diesem Falle der zur Erörterung stehenden Studenten, bieten wollte, sondern bewußt und entschieden eine Rechtfertigung, eine Verteidigung dieser Leistungsverweigerung, wird letztlich dann deutlich, wenn er diese studentische Leistungsverweigerung bewertet; im Anschluß an seine Verwerfung des Konsums – »Fristung des Daseins auf breiter Konsumbasis« – und dessen Sinn-Leerheit heißt es: »So mischen sich Anreiz zur Leistungssteigerung (für erhöhten Konsumbedarf) und Resignation zu einer sehr spannungshaften Grundstimmung. Kein Wunder, daß genau *die* Studenten, die diesen Sachverhalt ohne ideologische Verbrämung (!), ohne fahrlässigen Optimismus (!) zu analysieren gelernt haben, nicht gerade unbesorgt geblieben sind. Es geht ihnen aber wie ihren akademischen Lehrern, sie sind in einer ziemlich hoffnungslosen Minderheit.«

Die Universitätsausbildung verfällt seinem Verdikt einer »Ausbildung als Abrichtung«: »Leistung und Effizienz lassen sich nicht restaurieren, wenn einmal in der Ausbildung das ›Abrichtungs‹-Moment erkannt worden ist.« Dafür ist natürlich vor allem die kapitalistisch eingestellte bundesdeutsche Wirtschaft verantwortlich zu machen; so zitiert er gleich anfangs seiner Ausführungen eine Stellungnahme des »Bundesverbandes der deutschen Industrie« zur Lage von Forschung, Lehre und Studium an den deutschen Hochschulen aus dem Jahre 1971 wie folgt: »Die Gesellschaft trägt die mit steigenden Studentenzahlen außerordentlich wachsenden Kosten. Sie kann daher mit Recht erwarten, daß die Hochschulen ihren Auftrag mit bestmöglichem wirtschaftlichen Wirkungsgrad erfüllen«, und M. fährt fort: »Meine *These:* genau diese Kostenrechnung, dieses ›Vermarkten‹ des Individuums zu ›bestmöglichem wirtschaftlichen Wirkungsgrad‹ ist es, was das Unbehagen an den Hochschulen hervorruft und Leistungsunwillen erzeugt.« An anderer Stelle des Vortrages prangert er die gleiche Aussage der deutschen Industrie weiter an: »Als ›Grundprinzip‹ wird dort weiter ausgeführt: ›Alle Reformbemühungen sind an den Maximen *Leistung und Effizienz* zu messen. Sie haben der Verbesserung des Ausbildungs- und Forschungspotentials der Hochschulen zu dienen. Die Entwicklung und gründliche Erprobung neuer Modelle hat der Hochschulgesetzgebung vorauszugehen.‹« Dem stellt er eine »ziemlich zufällig ausgewählte« Aussage der leistungsverweigernden Generation gegenüber (Helmut Dahmer, ›Wilhelm Reichs Stellung zu Freud und Marx‹. Ztschr. ›Psyche‹, 1972, S. 209f.), aus der wir ihrer Länge wegen nur auszugsweise zitieren können: »Die Studentengeneration der sechziger/siebziger Jahre ist vom Zerfall der traditionellen bürgerlichen Ideologie geprägt. Die Illusionen über die parlamentarisch realisierte Volkssouveränität in kapitalistischen Republiken ... verlieren an Kraft. Wesentliche Legitimationsgrundlagen der bürgerlichen Ordnung sind durch den Faschismus, die andauernden

Kolonialkriege und die Ko-Existenz mit den (bürokratisch deformierten) Arbeiterstaaten zerbrochen worden. Die daraus resultierende Krise des ›Überbaus‹ tritt als Krise der Überbau-Berufe in Erscheinung ... Ausbildung wird zunehmend als ›Abrichtung‹ zu entfremdeter, intellektueller Arbeit erfahren ... Aus den ›unruhigen‹ Fakultäten gehen Hunderte von Studenten hervor, die unter dem Einfluß der Protestbewegung Studiengänge durchbrochen haben, die sie zur besinnungslosen (!) Anwendung von Sozialtechniken ... abrichten sollten; ihr Interesse an der politischen ›Verwirklichung der Philosophie‹ läßt sich in ›Berufen‹ schwer unterbringen.« Wir könnten für unsere Thesen keine besseren, beweiskräftigeren Zitate erfinden.

Zunächst muß man einmal auf die einfache Textverfälschung hinweisen, die Mitscherlich mit den Zitaten des Bundesverbandes der deutschen Industrie vornimmt; dieser verlangt, daß »die Hochschulen ihren Auftrag (!) mit bestmöglichem wirtschaftlichen Wirkungsgrad erfüllen«, daß »Leistung und Effizienz« des »Ausbildungs- und Forschungspotentials« die Hochschulreformen steuern müssen. Hier wird der Ausbildungsauftrag der Hochschulen, die Zielsetzung von Forschung und Ausbildung als solche gar nicht festgelegt, sondern als sachliche Selbstbestimmung vorausgesetzt; was verlangt wird, ist die für jede Regierung, die Verantwortung über Steuergelder zu übernehmen hat, selbstverständliche Forderung, daß am institutionell autonomen oder Eigen-Auftrag der Hochschulen ein Grundsatz der Wirtschaftlichkeit, der Leistung und Effizienz entwickelt und angelegt wird. Dies aber, daß die Hochschulen in eigener Auftragsformulierung Leistung in Forschung und Ausbildung erstreben, wird bereits als ein »Vermarkten des Individuums zu bestmöglichem wirtschaftlichen Wirkungsgrad« angesehen, d. h., auch sachgemäße universitäre Leistungsanforderung ist »kapitalistische Abrichtung«, »Entfremdung«, »besinnungslose Anwendung von Sozialtechniken«, ist geistig illegitim, weil sich »die Verwirklichung von Philosophie in Berufen schwer unterbringen läßt«, wie die von Mitscherlich beifällig zitierten Motive der jungen Studentengeneration lauten. Es geht ihm also gar nicht um wissenschaftlich sachgemäße Leistung in Forschung und Ausbildung, sondern um Ablehnung von Leistungsanforderungen überhaupt, um Hochschulen, die der »Verwirklichung der Philosophie« dienen, die sich »in Berufen schwer unterbringen läßt«. Und an diesem so beifällig geäußerten Verständnis für die Berufsverweigerung der studentischen Generation wird deutlich, daß es gar nicht um die Bevorzugung von »kapitalistischen« oder »sozialistischen« Wirtschaftssystemen geht, denn die sozialistischen stellen die gleichen Leistungsansprüche. (Im Juli 1973 sprach sich der sowjetische Minister für Hochschulbildung, Jeljutin, vor dem Obersten Sowjet für erhöhte Leistungsansprüche an Studenten und Lehrkräfte aus; er »verlangte eine weitere Vervollkommnung des Lernprozesses. Jeder Erzieher müsse seine Arbeit verbessern. Man müsse die Anforderungen an die Studierenden erhöhen. Insbesondere solle die Erziehung der Arbeit verschärft werden, denn ›ohne eine solche Erziehung, ohne Erweckung der Arbeitsliebe als Lebensnotwendigkeit kann es keine vollwertige moderne Bildung geben. Jeder Student muß das gute Lernen als seine erste Pflicht vor der Gesellschaft betrachten‹« (Zeitungsmeldung, Moskau, 18. Juli 1973).

Wenn also der Antikapitalismus dieser Leistungsverweigerung ein Vorwand ist, da die marxistisch-orthodoxen, antikapitalistischen Ausbildungssysteme die gleichen Leistungsanforderungen noch ungeschminkter stellen, die Mitscherlich den »kapitalistischen« bundesdeutschen Universitäten unterstellt, wird doch die Frage unvermeidlich, welchem Sozialsystem die von Mitscherlich geforderte Ablehnung von Leistung und Effizienz in Forschung und universitärer Ausbildung eigentlich dienen soll. Unter dieser harten politischen Entscheidungsfrage verharmlost Mitscherlich die Leistungsverweigerung: »Sie ist im Grunde ein unpolitischer Akt, da sie eine ›spendende‹ Gesellschaft (!) voraussetzt, die diese Leistungsverweigerung mitträgt.« Die »spendende Gesellschaft«, die den Leistungsverweigerern unter den Studenten, Assistenten und Dozenten eine Existenz ohne Leistungs- oder Effizienzverantwortung gewährt: Ich habe selten eine karitativere Formulierung für den Tatbestand der Ausbeutung der arbeitenden Gesellschaft durch eine Luxusklasse gefunden!

Schlußbemerkung zum Exkurs

Der Leser, der dieser ausführlichen Auseinandersetzung mit einem Autor gefolgt ist, wird sich fragen, ob dieser Exkurs für die grundsätzlichen sozialen und geschichtlichen Entwicklungslinien, die wir entwerfen, wirklich notwendig war. Ich meine, daß ich mindestens an einer Stelle ein Beispiel der Analysen zeitgenössischer Autoren vorlegen mußte, die mich – selbstverständlich an einem breiteren Material – zu meinen verallgemeinerten und verkürzten Aussagen über die Entwicklung einer neuen Sozialreligion und einer damit verbundenen Klassenherrschaft von Luxusgruppen über die produktive Bevölkerung geführt haben. Mein Beweismaterial läßt sich in seinem Umfang gar nicht ausbreiten, da es in Interpretationen von Texten und Äußerungen im sozialen Zusammenhang besteht, die mit ihrer kritischen Deutung an erheblichem Umfang gewinnen würden und praktisch nicht reproduzierbar sind.

Daß wir eine solche Auseinandersetzung gerade mit Mitscherlich vorgelegt haben, hat folgende Gründe: Alexander Mitscherlich ist kein Irgendwer, sondern ein führender wissenschaftlicher Schriftsteller und Zeitkritiker von großer allgemeiner Anerkennung, Preisträger und Schulbuchautor, Protektor der studentischen Protestbewegung von den Anarchisten bis zu der erfolgreicheren Kulturpolitik der Jusos und ihres Kultusministers v. Friedeburg; er ist geradezu ein Musterbeispiel für die literarisch-politische Verwendung der Psychoanalyse, die sich von ihrem Beruf auf Heilung von kranken Individuen gelöst und sozialpsychologisch spekulativ geworden ist. Und schließlich bietet seine Form der Argumentation im Verhältnis zu anderen Wortführern dieser Einstellung wie etwa Adorno, Marcuse, Habermas usw. so geringe individuelle Abweichungen und Originalitäten, daß er geradezu klassische Stereotypen und Formeln für das hier beschriebene Herrschaftsbewußtsein produziert. Mitscherlich ist zweifellos zur Zeit einer der kennzeichnendsten und anerkanntesten Wortführer eben jener sozialen Heilslehre und zugleich der mit ihr verwobenen Klassenherrschaft der Intellektuellen, die wir hier untersuchen. Dabei halten wir es durchaus für möglich, daß nach einem Jahrzehnt dieser Autor seine Beweiskraft verloren hat, andere an seine Stelle treten und dann unsere allgemeinen Thesen nach wie vor an veränderten Wortführern und Beweismitteln zur Überprüfung stehen.

5. Die Freizeitherrschaft der Sinnproduzenten

Gerade das Beispiel Mitscherlich macht deutlich, daß sich hier ein Klasseninteresse im Sinne der »Muße-Klasse« Veblens ausdrückt: Wenn *Veblen* der »Leisure Class« seiner Zeit ein im Sinne der Produktion untätiges Leben aufgrund eines arbeitslosen Einkommens bescheinigte, so geht es hier um die Rechtfertigung eines Lebens ohne Leistungsdruck und eines Einkommens ohne Leistungskontrolle. Die ehemals kapitalistische Ausbeutung hat sich in die Leistungsverweigerung bei Anforderung des Lebensunterhalts durch die Steuerzahler geflüchtet, eine Praxis, die Studenten und sonstige Universitätsangehörige, viele Lehrer, vor allem aber die früher ohne soziale Sicherung dem privaten Lebensrisiko ausgesetzten Schriftsteller und Künstler über die »Medienpolitik« heute gewerkschaftlich-kollektiv betreiben. Veblen hat den »Sinn« der güterproduzierenden, Werke schaffenden Arbeit zum Grundinstinkt des Menschen als »Instinct of Workmanship« aufgewertet, die Freude an der Leistung als eine der überzeugendsten Sinnerfüllungen des Lebens und die Verachtung der Vergeudung, also das ökonomische Grundprinzip, zur rationalen Haltung der produktiven Klassen schlechthin erklärt; demgegenüber verallgemeinert Mitscherlich den Zusammenhang von Frustration (seelischer Ausbeutung und Sinnlosigkeit des Lebens) und Leistungsverpflichtung und setzt an die Stelle des ökonomischen Prinzips aller Anstrengungen das der »spendenden Gesellschaft«, d. h. den mittelalterlichen Grundsatz der »Caritas«, den nach *Max Weber* die moderne rationale Wirtschaftsgesellschaft endgültig überwunden hätte. Gerade an diesem Begriff wird deutlich, daß die Parteigänger der »großen

Verweigerung«, nämlich der Leistungsverweigerung, keinesfalls diesen Vorschlag als allgemein zu befolgenden Grundsatz aller Arbeitenden meinen – wo sollten denn sonst die Überschüsse herkommen, aus denen man »spendet« –, sondern als moralisch-religiöse Gesinnung und als Vorrecht der »sinnvoll« Lebenden. Es geht nicht um die Aufhebung der Leistungsanforderungen für alle, weder in der Hochschule noch in sonstigen gesellschaftlichen Institutionen, und zu allerletzt etwa in der güterproduzierenden Wirtschaft, sondern es geht darum, wer den »Sinn des Lebens«, den Überbau der Normen, bestimmt, denen sich alle als »sinnvoll« zu beugen haben. *Veblen* hat die analytische Einsicht von *Marx*, daß der bewußtseinshafte ideologisch-normative Überbau ein Ausdruck der »herrschenden Klasse« sei, durch die geringfügige Wendung, daß diejenigen zur »herrschenden Klasse« werden, die den »Überbau«, also die zur Anerkennung kommenden Ideologien und normativen Maßstäbe, prägen können, zu einer zukunftsoffenen Aussage gestaltet: Nicht der »Besitz der Produktionsmittel« im Sinne der Güterproduktion, sondern der »Besitz der Produktionsmittel« im Sinne der Sinnproduktion, der Bewußtseins- und Normbeherrschung einer Bevölkerung, machen heute die Fronten der »Klassenherrschaft« aus. Diese politische Einsicht haben nicht nur »kapitalistische« Klassenherrscher wie Beaverbrook, Hearst oder Springer gehabt, sie gehört zu den Grundpositionen der politischen Herrschaft des Faschismus (Goebbels) und des Marxismus aller Schattierungen.

(Veblen sagt »leisure«, aber die Übersetzung »Muße« entschärft und verhüllt durch antiquierten Ausdruck die ganze Problematik; »Leisure Class« ist aktuell nur noch als »Freizeitbeherrschungsklasse« zu übersetzen; die »Theorie der feinen Leute« – die Formel der deutschen Übersetzung – verleugnet die klassentheoretische Bedeutung dieser Schrift und macht sie zu einem Ressentiment-Elaborat zur Rechtfertigung der »kleinen Leute«.)

Die Herrschaftsumwertung, die hier erfolgt ist, kann man auf eine Einsicht von *Karl Marx* selbst zurückführen. Im Bd. III des ›Kapitals‹ (Ausgabe Berlin-Ost, 1947, S. 873 f.) unterscheidet er »das Reich der Freiheit« vom »Reich der Notwendigkeit« folgendermaßen: »Das *Reich der Freiheit* beginnt in der Tat erst da, wo das Arbeiten, das durch Not und Zweckmäßigkeit bestimmt ist, aufhört: es liegt also der Natur der Sache nach *jenseits der Sphäre der eigentlichen materiellen Produktion* ... Die Freiheit in *diesem Gebiet* (dem der Arbeit) kann nur darin bestehn, ...

ihn mit dem *geringsten Kraftaufwand* und unter den ihrer *menschlichen Natur würdigsten* und adäquatesten Bedingungen (zu) vollziehn. Aber es bleibt dies immer ein *Reich der Notwendigkeit. Jenseits* desselben beginnt die menschliche Kraftentwicklung, die sich als *Selbst*zweck gilt, das *wahre Reich der Freiheit*, das aber nur auf jenem Reich der Notwendigkeit als seiner Basis aufblühen kann. Die Verkürzung des Arbeitstages ist die Grundbedingung.« Diese – auch in den Sperrungen dem Original folgende – Einsicht kann zur Grundlage einer neuen Klassenherrschaftstheorie werden, denn die Klassentheorie von Marx bezieht sich offensichtlich immer auf die Herrschaft im »Reich der Notwendigkeit«, auf den Bereich der »eigentlichen Produktion«, wo »das Arbeiten ... durch Not und Zweckmäßigkeit bestimmt ist«. Wer hier die »Arbeit« ausbeutet, d. h. nicht dafür sorgt, daß sie »unter den der menschlichen Natur würdigsten und adäquatesten Bedingungen« und »mit dem geringsten Kraftaufwand« erfolgt, ist Herrscher im Bereich der Arbeit und der von ihr abhängigen Politik; aber, auch ohne Ausbeutung, die produktive Arbeit »bleibt immer ein Reich der Notwendigkeit«, also der Leistungsanforderung, der Disziplin, der Unterwerfung unter Produktionsanforderungen, der Produktionskontrolle, der Selbstverantwortung usw. Oder was soll man sonst unter »Notwendigkeit« verstehen?

Wir stehen heute einer ganz anderen Klassenherrschaft gegenüber, die nicht die Arbeit, sondern »das Reich der Freiheit« des Menschen ausbeutet, d. h. zur Grundlage ihrer Herrschaft als Klasse macht. Indem die Voraussetzungen zur Entstehung des »Reichs der Freiheit«, wie sie Marx skizzierte, heute in hohem Maße vorhanden sind, nämlich Verkürzung der Arbeitszeiten, Energieentlastung im Arbeitsvorgang zugunsten der Freizeit, die damit nicht nur der Regeneration von Arbeitskraft, der Überwindung von Ermüdung dient, sondern einen breiten Bereich der »Kraftentwicklung« bietet, die den Charakter des »Selbstzwecks« und – wie Marx ohne weiteres hinzufügen würde – auch der völligen persönlichen Selbstbestimmung hat, wird dem arbeitsentlasteten und insofern freien Menschen in der alltäglichen Wirklichkeit ein ungemein großes Feld neuer Tätigkeiten eröffnet, das dem der »Arbeit« an Bedeutung kaum noch nachsteht. Jedes große Tätigkeitsfeld des Menschen ist zugleich ein Bereich der Herrschaft über ihn; das »Reich der Freiheit«, einmal zur sozialen Wirklichkeit geworden, kann man selbstverständlich zu einem »Reich der Unfreiheit«, der Ausbeutung, »umfunktionieren«, wenn man die Ziel- und Wertbestimmungen dieser Tätigkeiten der arbeitsfreigesetzten Menschen beherrscht. *Freizeitbetätigung als Herrschaftsraum:* Das haben die »Herrschenden« längst als Chance erkannt.

Zunächst ist zu fragen: Welche Lebensbedürfnisse und Lebensziele will der arbeitsentlastete Mensch in seiner Freizeit unterbringen?

Der zur »Freizeit« arbeitsentlastete Mensch fortgeschrittener industrieller Gesellschaften hat von sich aus zunächst Freizeitbedürfnisse, die sich typologisch in zwei Gruppen einordnen lassen: Auf der einen Seite ist der Raum der arbeitsentlasteten Freizeit der Raum des *Konsums* in dem weiten Sinne, daß hier materieller Konsum an Nahrung, Kleidung, technischen Hilfsmitteln der Lebensführung (Auto, Kühlschrank usw.), Erholung (Urlaubsreisen), bescheidenem Privateigentum (Eigenhaus oder -wohnung, Schrebergarten, Ferienhaus) und Unterhaltung oder die demonstrative Fixierung und Abfuhr von Gefühlen (Zuschauersport, insbesondere die Verbindung nationaler oder regionaler Vergemeinschaftsgefühle mit sportlichen Wettkämpfen; spannungsvolle Unterhaltung wie in Krimis oder Western) usw., gleicherweise als »Konsum« verstanden wird, den die »Arbeitenden« und zur aktiven Freizeit »Befreiten« in Anspruch nehmen wollen. Auf der anderen Seite wird ihnen angesonnen, diese Freizeit im wesentlichen im Sinne der *Bildung* zu verwenden, worunter man jetzt eine Vermehrung von »Wissen« – keineswegs von praxisbezogener Ausbildung, die zum »Reich der Notwendigkeit« gehören würde –, von Reflexion und Gesellschaftskritik, von »Sinngebung« des gesellschaftlichen und politischen Geschehens, von kritischer Beurteilung des gesamten politischen Weltgeschehens und von möglichst leidenschaftlicher Unterstützung bestimmter politischer Parteien in der Welt – den »emanzipatorischen« und »progressiven« – und die demonstrative Verwerfung der »reaktionären«, »imperialistischen«, »kapitalistischen« usw. Kräfte versteht. Das Bildungsideal der in sich ruhenden »Persönlichkeit« ist längst als bürgerlich-reaktionär abgetan. Der Kampf zwischen »Konsum« und »Bildung« im Bereich der Freizeit ist die gegenwärtige Phase des Klassenkampfes von ausbeutenden Herrschaftsgruppen.

Natürlich gibt es eine »kapitalistische« Konsum-Ausbeutung der Freizeit des Menschen in der modernen arbeitsentlasteten Industriegesellschaft. Diese ökonomischen »Konsumherrscher« sind, wie man leicht sieht, diejenigen, die den Konsumenten, den

Verbrauchern, in ihrer Freizeit einen Konsum gegen ihren Willen, d. h. einen Verbrauch der durch produktive Arbeit geschaffenen Güter (materieller Art, Dienst- und Unterhaltungsleistungen), aufzwingen und dadurch einen finanziellen Gewinn machen. Das ist jedenfalls die Linie der Beweisführung, auf der jene geistvollen Kritiker der »Entfremdung des Menschen durch Konsum« wie Marcuse, Mitscherlich, Adorno, Habermas u. a. der alten Klassentheorie der Ausbeutung der Arbeiter durch Produktionsbeherrschung, eine Wiederbelebungsspritze in einer Gesellschaft verabreichen, in der nach einem Jahrhundert Sozialpolitik und Koalitionsfreiheit für Gewerkschaften und ihrer Machtkonzentration auf dem Arbeitsmarkt die Wirksamkeit sozial und sozialdemokratisch gesinnter Regierungen und die politische Bemühung aller Parteien um den »Arbeiter« oder »Arbeitnehmer« nicht mehr übersehen werden kann und die Rede von der Ausbeutung des Arbeiters durch den »Kapitalisten« als Klasse – zumindest außerakademisch – schal wird. Zu den politisch-wirtschaftlich aktuellen Problemen der Bundesrepublik gehört wirklich nicht mehr der ausbeutende Zwang zur Arbeit, sondern – wie gerade in diesen Tagen, Anfang August 1973, die Stellungnahme des Vorsitzenden des Gewerkschaftsbundes klarmacht – der Umstand, daß viel zu viel Arbeiter freiwillig mehr arbeiten und Überstunden machen und damit einen falschen »Normalzustand« im Sinne der arbeitsrestriktiven Tarifabschlüsse schaffen, weil sie die damit erhöhten Konsummöglichkeiten offensichtlich der Arbeit für wert halten. Ganz abgesehen von dem Tatbestand, daß Millionen von Ausländern, auch aus sozialistischen Gesellschaften, in die Bundesrepublik strömen, um Arbeit zu suchen (und damit im Verhältnis zu deutschen Arbeitern durchaus »ausgebeutet«, aber gemessen an ihren heimischen Arbeits- und Einkommensverhältnissen »Wohlstandsarbeiter« werden)!

Das Unwirkliche an dieser Aufrechterhaltung der Lehre von der »Kapitalistenherrschaft« im Konsum besteht nur darin, daß die Konsumenten ihrerseits, insbesondere die in produktiver Arbeit beschäftigten breiten Kreise von Verbrauchern, keinerlei Gefühle der Verelendung oder der Ausbeutung durch Konsum haben, sondern eher über Mangel an Konsummöglichkeiten (durch zu hohe Preise oder Zeitbeschränkungen) klagen. Man muß ihnen also erst ihre »Verelendung durch Konsum« bewußt machen, ihnen ihr Verbraucherelend aufreden, und darin besteht in der Tat ein nicht unbeträchtlicher Teil der modernen »Aufklärung«. Und eben in dieser Leistung oder diesem Anspruch schlägt die intellektuelle »Aufklärung« in Herrschaft um, ja wird zur Klassenherrschaft. Sicherlich sollte jeder Verbraucher vor betrügerischer oder täuschender Verbrauchsaufdrängung geschützt werden – und sowohl der Staat wie andere Organisationen schützen heute vor Trickgeschäften mit Abzahlung, vor Ausnutzung der Naivität am Türhandeln, vor wahrheitswidriger Werbung oder vor Werbung mit schädlichem, etwa gesundheitsgefährdendem Konsum –, und ohne Zweifel stehen hier noch manche Verbraucherschutzmaßnahmen an; aber darum, d. h. um solchen konkreten Verbraucherschutz, geht es der Konsumverelendungstheorie ja gar nicht: Es geht ihr um die Herabwertung, Verleumdung und Verdächtigung (Diffamierung) des Glücksstrebens und des Wohlgefühls, das der einzelne, insbesondere die breite Schicht der produktiven Arbeiter, in der Ausweitung und im Ausleben des »Konsums« in der eben gekennzeichneten Bedeutung findet.

Dieses Glück der Wohlfahrt und des Wohllebens soll nicht der Eigenbeurteilung der Verbraucher überlassen, sondern soll der Vormundschaft derer überantwortet werden, die nicht nur den »eigentlichen Sinn« des Lebens, sondern von dort her vor allem den »eigentlichen Sinn der Freiheit« verbindlich für die anderen feststellen. Hinter dieser Kritik der Konsumausbeutung der Verbraucher durch die Produzenten steht ganz einfach der Anspruch der Gegenherrschaft über die Freizeit: die Forderung der »Bildungsherrscher« als Klasse der Sinnproduzenten auf die vormundschaftliche Bestimmung des Lebenssinnes für die Arbeiter, konkretisiert auf ihre Tätigkeit im »Reich der Freiheit«, d. h. in der Freizeit. Der Verbraucher wird mit den Bildungsargumenten wiederum zu eben der Unmündigkeit verurteilt, die zu bekämpfen die Aufklärung bei *Kant* angetreten war. Die Gegenthese, die wir – völlig im Sinne Immanuel Kants, nicht aber der hegelianisch-marxistischen Aufklärungsvormundschaft – dagegen setzen, lautet: *Das Glück braucht keinen Vormund.*

Natürlich liegt der Einwand nahe, daß wir hier als »Glück« und Wohlfahrt des Menschen nur die Triebbefriedigung im weitesten Sinne verstehen, während wir die »Bildung der Person«, die »Persönlichkeit« als »höchstes Glück der Erdenkinder«, oder moralisch gewendet: die »Glückseligkeit« als Lebenssinn und Freizeitziel ausschließen wollen. Modern gesprochen: Wir würden »die Emanzipation des Menschen« als seinen und seiner Gattung Lebenssinn verkennen, vielleicht bewußt abwerten, und damit auch die diesen Lebenszielen gewidmete Freizeitbetätigung. Unsere Antwort auf diesen Einwand: Darum geht es nicht! Selbstverständlich ist eine Lebenssinngebung im Sinne der intellektuellen und moralischen Selbstbestimmung und Selbstformung der Person, sind Freizeitbeschäftigungen der erwachsenen (»mündigen«) Menschen, die diesem Ziele dienen, zu begrüßen. Herrschafts- und klassensoziologisch gesehen liegt der Unterschied des Lebenssinns und der davon abgeleiteten Tätigkeiten im »Reich der Freiheit«, nicht im Gegenstand des Glücksstrebens, also in dem, *was* man als Freizeittätigkeit erstrebt und genießt, sondern *wie* man zur Verfolgung dieser Ziele in Freiheit gebracht wird. Offensichtlich liegt hier der Grundanspruch des modernen Menschen, in freier Wahl und Selbstbestimmung die von ihm als »Glück« beurteilten Ziele zu verfolgen und nicht durch *psychischen Zwang* – dem Herrschaftsmittel der Priester- oder Lebensheilherrscher – dazu getrieben zu werden, die einen Ziele (Konsumglück) für minderwertig und im Grunde »sinnlos« halten zu müssen, während jede literarisch-wissensgewinnende Beschäftigung, jede politische »Aufklärung« und Problematisierung, jedes »Engagement« für abstrakte Ziele im Kopfe als »Bildung« oder »Emanzipation« durch vielfach ausgeübten, sozial gestützten und organisierten »psychischen Zwang« normativ und sehr bald auch sozial und ökonomisch prämiiert wird.

Natürlich werfen die Vertreter dieser Freizeitansprüche eben diesen »psychischen Zwang« der »kapitalistischen« Freizeitindustrie vor, den sie durch »manipulierende Werbung« ausübe; daß in diesem Vorwurf ein Bruchteil von Berechtigung liegt, haben wir deutlich gemacht. Aber die Hauptaufgabe dieses Vorwurfs an die alten, »kapitalistischen« Klassenherrscher besteht natürlich darin, von der neuen Klassenherrschaft der Bildungs- oder Freizeitherrscher abzulenken. Die Merkwürdigkeit oder der öffentlich verdeckte Widerspruch der heutigen Situation besteht ja geradezu darin, daß diejenigen, die heute die Begriffe »Emanzipation« und »Manipulierung« als Ziele im »Reich der Freiheit« und als deren typische soziale Gefährdungen aufgebracht haben und propagieren, eben die gleichen sind, die mit den Praktiken einer fast monopolistischen Manipulation ihre eigenen Klassen- und Gruppenziele des Lebens zur Glaubensabsolutheit erheben und dadurch sich als Herrschaftsschicht der Lebenssinngebung verkünden und durchsetzen. Um es augenfällig zu machen: An die Stelle der Krupp und Ballin, der Thyssen und Flick und ihren Generaldirektoren und Aktionären als personhaften Symbolen der Ausbeutung des »Reiches der Notwendigkeit«, also der produktiven Arbeit, sind heute als sozialmächtige Konkurrenz doch längst die Böll und Grass, die Marcuse und Mitscherlich mit ihren intellektuellen »Show-mastern«, ihren Freizeitverdienern und ihren Agenten unter Ministern und Abgeordneten getreten. (Daß die Einkommensmillionen aus Klassenherrschaft sich bei den Böll, Grass usw. gegenüber den Krupp, Ballin, Thyssen usw. erheblich verringert haben, sei nicht unterschlagen; es ist eben alles billiger geworden, auch die Klassenausbeutung. Man könnte dies als sozialen Fortschritt preisen. Dagegen kann ich nicht die Bemerkung unterdrücken, daß eine unbefangene herrschaftssoziologische Analyse wahrscheinlich das Verhältnis von Grass zum Kanzler Willy Brandt mit dem von Ballin zu Kaiser Wilhelm II. als weitgehend strukturgleich beurteilen müßte.)

Die geistig viel wichtigere Frage besteht darin, ob nicht die deutsche Aufklärung (bei Kant, Wilhelm v. Humboldt u. a.) die »Selbständigkeit« des Menschen, sein »Heraustreten aus der selbstverschuldeten Unmündigkeit« (Kant) im Gegensatz zu den welterfahreneren englischen Aufklärern allzu unpolitisch als Emanzipation zur bloßen Denk- und Diskussionsfreiheit des Individuums begriffen und demgegenüber die soziale und politische Befreiung des Menschen gegenüber den politischen und wirtschaftlichen Herrschaftskräften zur praktischen und wirtschaftlichen Selbstbestimmung (und der Herstellung der politischen und wirtschaftlichen Ordnungen, die diese Form der »Freiheit« ermöglichen) vernachlässigt und übersehen haben. Diese Frage ist in die Gegenwart zu verlängern: Ist – auch gerade heute – die Verselbständigung oder Befreiung des Individuums primär ein Akt der geistig-moralischen Befreiung, der Bildungs- und Gedankenautonomie (und ihrer sozialen Herrschaftserscheinungen) oder ist sie ein Akt der sozialen, ökonomischen und politischen Verselbständigung des Menschen gegenüber dementsprechenden kollektiven Zwängen, nicht zuletzt aber gegenüber der emanzipatorisch-ideologischen Bevormundung seiner Lebenssinngebung und der daraus entspringenden Handlungen? Geht es um *»Emanzipation« oder um »Selbständigkeit« des einzelnen* in unserer Gesellschaft?

Das gilt auch gerade für die Bildungsbetätigungen in der Freizeit:

– daß der Mensch, wenn er erwachsen, d. h. mündig ist, der Schul*pflicht* nicht mehr unterliegt;

– daß »Bildung«, d. h. intellektuelle Betätigungen, die als moralischer Charakter in die Person integriert werden und ihr gesamtes, vor allem auch soziales Handeln, bestimmen soll, nur gewonnen werden kann, wenn sie einem *freiwilligen* Antrieb des Menschen entspringt;

– daß sie Arbeit und Mühe, vor allem an sich selbst, ist;

– daß sie von vornherein auf ein falsches Gleis gerät, wenn sie politisch und ökonomisch erzwungen wird, d. h., daß sogenannte »Bildungstätigkeiten« in der »Freizeit«, die nur unter dem psychischen Druck politischer und gesellschaftlicher Prämiierungen und Diffamierungen oder unter dem Druck sonst nicht gewährter ökonomischer Vorteile (»Bildungsurlaub«), also unter ökonomischem Herrschaftsdruck, zustandekommen, wertlos sind;

– daß »Bildung« und »Aufklärung« durch praktisch monopolistisch-technologische Informationsherrschaft, wie z. B. in Fernsehen und Rundfunk, eine Machtausübung der dort Herrschenden darstellt, kaum noch aber als ein Angebot oder »Dienst« für die Freiwilligkeit und Selbständigkeit des Menschen zur »Selbstbildung« wirken.

Alle diese Grundsätze und Voraussetzungen einer Bildung aus Selbständigkeit und Selbsttätigkeit werden heute von denen, die Bildung für den eigentlichen »Sinn der Freizeit« erklären, übersehen, verletzt, beiseite geschoben oder gar offen außer Kraft gesetzt. Sosehr der Ausspruch *»Bildung ist Bürgerrecht«* (Dahrendorf) eben jenen berechtigten Anspruch des zur Selbständigkeit strebenden modernen Menschen auf Angebote für die Freiwilligkeit seiner Selbstbildung stützt, so sehr ist seine Umfunktionierung in die Zielsetzung *»Bildung ist Bürgerpflicht«* heute erfolgt. (Man muß sich, wenn man die politische Ausmünzung dieser These verfolgt, fragen, ob nicht von vornherein mit der Erklärung, ein »Recht des Bürgers« zu vertreten, die Interessen derer befördert werden sollten, die daraus eine »Pflicht« des Bürgers machen wollten und die ihren Rechtsanspruch zum eigenen Herrschafts-, Einkommens- und Versorgungsanspruch in die Welt setzen und vertreten wollten).

Die *Gegengrundsätze der Freizeitfreiheit* gegen diese Bildungsherrschaft würden auf etwa folgende Forderungen hinauslaufen: Man muß eine klare Trennung (institutionell, juristisch, berufsethisch usw.) zwischen einer notwendig verlängerten Berufsausbildung und Berufsfortbildung einerseits und der ohne Zwang oder Nützlichkeitsdruck ausgeübten intellektuell-ästhetisch-informativen Selbstbildung der Person festlegen; die erste gehört in das »Reich der Notwendigkeit«, ist »Arbeit«, und unterliegt all den Notwendigkeitsansprüchen einer Arbeitstätigkeit im institutionellen, politischen und ökonomischen Sinne; die zweite ist eine nicht auf »Praxis« oder auf produktive Arbeit bezogene selbstbestimmte Tätigkeit freier Wahl unter Angeboten, bei der jede auch psychische Beschränkung der freien Auswahl der Sache selbst widerspricht, die hier gefördert werden soll. Insbesondere ist ein Normdruck, der das Verharren auf Glücksansprüchen des »materiellen« Konsums (also auch Selbsttätigkeit als Sportler, Hobbies, Reisen, schlichtes Faulsein) als »inferior«, »konsumsüchtig«, trieb- und genußgebunden verwirft und den Emanzipations- und Bildungsanspruch als verpflichtende und in jedem »Sinne« höhere Freizeitbetätigung auferlegt, als ein Sinn- und Normherrschaftsanspruch abzulehnen, der den Menschen in der Bestimmung seiner Freizeit, im »Reich der Freiheit« unter der Vormundschaft, seine Mündigkeit zu vertreten, wieder entmündigt.

Wenn man die Freiheit des Menschen zur beliebigen politischen Gesinnung dahin ausbeutet, daß er sich organisieren und sich der verstärkten ideologischen Indoktrination, d. h. Pflichtbelehrung, eben der organisierten Führung aussetzen muß, die er zunächst als freiwilliges politisches Urteil befürwortet hat, so schlägt eben mit diesem »Engagement« die aus selbständigem politischem Urteil stammende Aktivität in eine Auslieferung an eine doktrinär und vormundschaftlich beherrschte Passivität um. Konkret: Nichtparteimitglieder sind in ihrem politischen Urteil freier als Mitglieder einer Partei.

Wenn man die im gesamtgesellschaftlichen Rahmen mögliche oder ertragbare weitere Freistellung der produktiv Tätigen zum Urlaub daran bindet, daß sie »Bildungseinrichtungen« besuchen müssen, nur vielleicht noch die Wahl haben, welcher Trägervormundschaft der Indoktrination sie sich anvertrauen, aber keineswegs die Wahlfreiheit, bei gleichen finanziellen Zuschüssen sich anstatt der Bildung oder Fortbildung im Urlaub weiterhin dem Angeln, Schwimmen, Bergsteigen oder dem bloßen die Arbeitswelt abschaltenden Faulsein und Vergnügen zu widmen, dann wird die »Bildungsherrschaft in der Freizeit« durch ökonomischen Druck, also durch eine typische Methode der Kapitalistenherrschaft, heute von den »Sozialpolitikern« der Freizeitherrschaft erzwungen. Dabei muß festgestellt werden, daß in dieser Frage eine sonst ungewohnte Einigkeit der politischen Parteien der Bundesrepublik vorhanden ist; dies beruht darauf, daß die intellektuellen Führungsgruppen aller Parteien und politischen Organisationen sich davon eine – sicherlich proportional verteilte – Zuleitung von passiven Bildungsbürgern für ihre Sinnherrschaft innerhalb ihrer Institution versprechen. Eben darin wird ein gemeinsames Klasseninteresse der intellektuellen Sinnführungsgruppen in allen Parteien, in den Gewerkschaften ebenso wie in den Kirchen, in den Organisationen der Publizistik, der Erwachsenenbildung und der Tagungsindustrie, der Unternehmer- und Berufsverbände, schlicht aller »Sinnproduzenten« deutlich, demgegenüber heute nur hilflos zu fragen ist, wer denn gegenüber dieser vereinigten Front der Sinn- und Freizeitbeherrscher aller Richtungen überhaupt noch den intellektuell entlasteten Glücksanspruch des einfachen Mannes, seine Freiheit der selbstbestimmten Freude und des Genusses, vertritt.

Damit kommen wir schließlich zu der Frage, welche sozialen Gruppen in jeweils welchem Maße dieser Freizeitherrschaft der Bildungsproduzenten ausgeliefert sind. Am wenigsten natürlich diejenige, aus der sich diese neue herrschende Klasse selbst rekrutiert: die Berufsgruppe der »Sinnproduktion«, also Lehrer, Pfarrer, Professoren, Studenten, Schüler, Journalisten, Schulungsleiter usw. Sie können die Beherrschung und Beplanung ihres »Reichs der Freiheit« durch Bildungsherrschaft schon deswegen nicht empfinden und nachvollziehen, weil ihre Berufstätigkeit zum großen Teil auch ihre Freizeittätigkeit bestimmt oder jedenfalls den eigentlichen Sinn ihrer Freizeitinteressen ausmacht; in den Berufsgruppen der Sinn-Produzenten gehen in Wirklichkeit Arbeit und Freizeit, das »Reich der Notwendigkeit« und das »Reich der Freiheit« (Marx), so ununterscheidbar ineinander über, daß sie in ihrer Lebenserfahrung die harte Problematik dieses Gegensatzes gar nicht nacherleben können. Daher stammt auch die Unbekümmertheit und das gute Gewissen, mit der sie »die anderen« in deren Freizeit den professionellen Interessen ihrer Produktivität als passive Objekte unterwerfen (denen man natürlich als Normdruck das »subjektive Wollen« einreden muß und kann). Erst hier schlägt das immer vermengte Freizeit- und Berufsinteresse der Sinnproduzenten in Herrschaft über andere um.

Gegen diesen Anspruch der Bildungsherrschaft in der Freizeit ist eine Sozialgruppe, die wir die »Mehrleistenden« im Gegensatz zu den »Sozialgesicherten« genannt haben (vgl. S. 235), die anschaulicher, aber traditionell-sozialistischen Mißdeuten ausgesetzter, als die »Selbständigen« gegenüber den »Ausführenden« (vgl. S. 238) umschrieben werden könnte, also etwa die in ihrer Arbeit selbstdisponierenden Freien Berufe, selbständigen Gewerbetreibenden, Leitenden Beamten und Angestellten, Unternehmer und die politischen Führungsgruppen, ebenfalls noch bis zu einem gewissen Ausmaß geschützt, weil sie aus ihrer beruflichen Tätigkeit, die auch administrativ keineswegs bloße »Sinnproduktion«, sondern (in unserer vorgetragenen Begriffserklärung) durchaus »produktive Arbeit« ist, die Fähigkeit ihrer Interessenwahrung und Selbstbestimmung im »Reich der Notwendigkeit« erworben haben und dauernd ausüben, sie daher auch in ihrem »Reich der Freiheit« anzuwenden einigermaßen fähig sind.

Die »sanfte Gewalt«, die hier sinnherrschaftlich zur Unterwerfung dieser sozialen Gruppe unter die Bildungsherrschaft der Sinn-Produzenten führt, beruht auf dem Tatbestand, daß diese Gruppe zwar in ihrer produktiven Tätigkeit »selbständig« ist, aber gerade ihre Freizeitbeschäftigungen und aufgrund ihrer schulischen und universitären Ausbildung ihre »höheren«, d. h. »sinnvolleren« Lebensziele bildungsunterwerfend bestimmt werden. So geraten sie in das Dilemma, auf der einen Seite der selbstbestimmten, »emanzipierten« kulturellen Personenbildung in der Freizeit zu folgen, die ihrem geistigen und – als gruppenhaft personale Kontakte verstanden – auch »gesellschaftlichen« Idealbild entspricht, auf der anderen aber der Vormundschaft intellektuell-gesellschaftlicher Funktionäre in den staatlichen, medienpolitischen oder parteipolitischen Stellungen am energischsten, initiativ- und argumentreichsten widerstehen zu müssen. Die Auseinandersetzung, die heute über die ideologische Programmierung der Bildungsanstalten (Schulen, Hochschulen, Museen, Fernseh- und Rundfunkanstalten usw.) stattfindet, ist im wesentlichen eine Herrschaftskonkurrenz zwischen den neuen Klassenherrschern der »Bildungsdiktatur« und dem im »Reiche der Freiheit«, d. h. der privaten Selbstbildung und personal und familiär selbstbestimmten Wert- und Bildungserziehung dieser Sozial- oder Berufsgruppen, vertretenen altliberalen Unabhängigkeitsanspruch.

Konkret sind die aktuellen Gegensätze hier längst in dem Tatbestand zu finden, daß z. B. bildungsbewußte Eltern sich gegen die indoktrinäre Erziehungsdiktatur der staatlich monopolisierten Lehrerschaft zu Wehr setzen müssen, völlig parallel zu dem Faktum, daß Hochschul- oder Oberschullehrer sich der

»revolutionären« Diskussionsprogrammierung in ihren Lehrveranstaltungen erwehren müssen. Es gehört zu den Mechanismen der Herrschaftsdurchsetzung in diesem Sozialbereich, daß die intellektuell-klassenhaften Herrschaftsanforderungen, die im Bereich der »produktiven« Berufstätigkeit noch nicht zum Zuge kommen, ersatzweise in den Bereich der Freiwilligkeit, d. h. der mehr oder minder erzwungenen Freizeittätigkeit verlagert werden. Gerade im Bereich des »Bildungswesens« ist dieser Mechanismus der Freizeitherrschaft vielfach zu finden.

Damit kommen wir zur letzten und größten Sozialgruppe der Freizeitausgebeuteten: Wir meinen damit jene in produktiver Arbeit Beschäftigten, die eine geregelte Arbeitszeit haben, berufliche Tätigkeit und Freizeit im Alltag klar trennen können, deren Arbeit vielfach routinehaft verläuft, so daß sie – einige körperlich schwer arbeitende Berufe ausgenommen – ein erhebliches Kräfte- und Energiereservoir in der Freizeit unterbringen können und die aufgrund ihrer vielfach schematisch vorgeschriebenen Arbeit wenig Initiative und Beschäftigungsphantasie entwickelt haben. Sie sind die eigentliche »Freizeitbevölkerung«, auf die sich die Herrschaftsabsichten der »Leisure Class« neuer Art, der »Freizeitbeherrscher«, richten. Über sie wird Herrschaft ausgeübt, indem man ihre Bedürfnisse vordefiniert. Dies wiederum ist nur möglich, wenn man ihr Bewußtsein und insbesondere ihre Sprache durch Schemata besetzt, die sie unweigerlich in das Netz der Bildungsherrschaft führen, und dies wiederum wird weitgehend mit den öffentlichen Mitteln, sowohl Finanzen wie Kommunikationsapparaturen, bewirkt, die guten Glaubens für die Förderung der Freizeitinitiativen und -tätigkeiten gerade dieser Bevölkerungsgruppe ausgegeben werden, nebenbei gesagt, vor allem aus den Steuermitteln, die eben diese produktiven Arbeiter aller Ränge erwirtschaften. Die »Bildungsherrschaft« betätigt sich also zumeist als Zielbestimmung und Verwaltung der öffentlich geförderten Freizeitbetätigung dieser »passiven« Freizeitbevölkerung. Der Einwand gegen diese Feststellung läuft voraussehbar darauf hinaus, daß hier nicht nur die »echten« Bildungsbedürfnisse dieser Gruppe unterschlagen, sondern daß sie bewußt nicht geweckt werden sollen, weil man sie im Dienste traditioneller Herrschaftsgruppen zielbewußt dumm, unaufgeklärt und unmündig halten möchte. Daß es diese Konkurrenz von Sinnherrschaft durch Aufklärungsverhinderung einerseits und durch Aufklärungsvormundschaft andererseits bei reaktionären Priestern gegeben hat und Reste dieses intellektuellen Machtwettstreites von Predigern der alten und der neuen Religion heute noch nachklingen, sei nicht bestritten; sie sind heute nur noch teils dekorative Arabeske des Zeitgeschehens, teils überständiges Argument der neuen Sinn-Herrscher.

Selbstverständlich wollen wir mit unserer kritischen Aussage nicht die Bemühungen treffen, die die berufliche Aus- und Fortbildung der arbeitenden Schichten fördern und damit ihren Zielen der beruflichen und sozialen Statusverbesserung, also ihrem Anspruch auf mehr Einkommen, mehr Sozialprestige, bessere berufliche und menschliche Entwicklungschancen, insbesondere für die Kinder usw., dienen. Im Gegenteil: Das wäre die eigentliche »Dienstleistung«, die die lehrenden Berufe dieser Bevölkerungsgruppe gegenüber zu erfüllen hätten, wogegen die Versuche, gerade die Berufsausbildung und -fortbildung mit politisch-intellektueller Indoktrination zu verbinden, zu den infamsten Formen der beschriebenen klassenbewußten Ausbeutung und des neuen Priesterbetruges gehören. Die ideologisch-klassenherrschaftliche Unterwanderung der Berufsausbildung ist ohnehin neben der bereits erreichten Klassenherrschaft in Schulen und Hochschulen die zur Zeit aktuelle Eroberung der Sinnherrschaft über die Arbeit.

Noch weniger wollen wir mit unserer Kritik natürlich die aus der genannten Sozialgruppe entstehenden echten Personbildungsabsichten treffen oder verhindern, die durchaus vorhanden, wenn auch selten sind. Das Kriterium der »Echtheit« solcher nicht aus beruflichem Fortschritt oder sonstigen Nützlichkeitszielen eingestellten Bildungsabsichten in der Freizeit liegt fast immer darin, ob die betreffenden Personen ihrerseits materielle Opfer an Zeit und Konsumverlust und einen zunächst langwierigen und mühevollen eigenbestimmten Arbeitseinsatz neben ihrer Routinearbeit, d. h. in ihrer Freizeit, auf sich nehmen wollen. Wo solche Bedingungen der Selbstbildung eingegangen werden, sollte jede Form des Angebotes gefördert werden, wenn die klare Freiwilligkeit, solche »Arbeit an sich selbst« einzugehen – und nicht nur einer aufgeredeten Mode oder materiellen Verführungsvorteilen zu folgen – sichergestellt ist. Bildung ist Menschenrecht, ohne Zweifel, wenn daran festgehalten wird, daß Bildung mit sozialen Opfern und Triebbeschränkungen, mit Selbstverleugnung und Arbeit an sich selbst erkauft wird, eine Einsicht, die die »Bildungsherrscher« (unter denen es längst verhältnismäßig mühelos ererbte Positionen gibt) sich selber kaum noch zum Bewußtsein bringen.

Die Klassenherrschaft in diesem »Reich der Freiheit« besteht also niemals darin, daß die produktiv Arbeitenden *aus eigenem* Antrieb Bildungstätigkeiten in der Freizeit erstreben und ihnen diese durch Dienstleistung anderer zugänglich gemacht werden, Klassenherrschaft ist auch hier primär Normherrschaft in der Weise, daß »der Mensch schlechthin« auf geistige und bildungshafte, sogenannte »höhere« Ziele für seine Freizeit festgelegt werden soll und eben die Befolgung solcher Norm- und Zielvorstellungen einer bestimmten Klasse von »Sinnproduzenten« berufliche Förderung und politische Macht einbringen. Daß viele Angehörige dieser Klasse der Freizeitbeherrscher dies »guten Gewissens« vertreten, d. h. das *»Recht auf die Freizeit der anderen« als Vertretung der emanzipatorischen Gattungsinteressen des Menschen selbst* verstehen, diese naive Selbstüberzeugung und -täuschung, Organ des humanen Fortschritts zu sein, verbindet den Freizeitausbeuter von heute als Klassenerscheinung mit dem Frühkapitalisten, dessen moralisch-religiöse Selbstüberzeugtheit ja gerade von der deutschen Sozialwissenschaft so eingehend beschrieben worden ist.

Trotz der immens wachsenden Literatur über Freizeit ist ihren Verfassern, die natürlich fast ausschließlich zur Klasse der Freizeitbeherrscher gehören, der kritische Gesichtspunkt eigener Herrschaftsabsichten kaum jemals gekommen. Eine der ganz wenigen Ausnahmen ist *David Riesman,* der in einer Abhandlung ›Einige Beobachtungen über den Wandel im Freizeitverhalten‹ bereits 1952 die Frage aufwirft, ob nicht die Intellektuellen ihr eigenes professionelles Interesse allzu unbedacht in die Freizeit der »anderen« hinein verlängerten. Ich habe diesen Gesichtspunkt in der Abhandlung ›Das Recht auf die Freizeit der anderen‹ 1956 (jetzt in: ›Auf der Suche nach Wirklichkeit‹, 1965, S. 415 ff.) ausführlicher erörtert und damals schon die Fragen gestellt: »Woher stammen eigentlich die Naivität und Selbstsicherheit, die ›altersessenen‹ Rechte der Intellektuellen, für ihre geistigen und kulturellen Produktionen die Freizeit der anderen in Anspruch zu nehmen?« Und: »Was bieten wir Intellektuellen damit eigentlich den anderen in ihrer Freizeit: Lebenserleichterung und Lebenshilfe oder ... neue Belastungen und vermehrte Verhaltensunsicherheiten?« (S. 416) Ich habe diese Ansprüche damals als »die für uns Intellektuellen lebensnotwendigen Berufsillusionen« bezeichnet: »Es besteht einfach die Gefahr, daß der überhöhte kulturelle Anspruch, den wir mit unseren Leistungen und Produktionen für die Freizeit der anderen verbinden, zu einer unbewußt massiv interessegebundenen Berufs-Ideologie wird ... schaut man näher zu ..., so entdeckt man darunter sehr oft recht moderne Nutzungsrechte und Berufsegoismen« (S. 419, 421). Heute halte ich diese Deutungen des Rechts auf die Freizeit der anderen« als bloße Berufsideologie für zu

»harmlos«; die gleichen Tatbestände gehören nach meinem gegenwärtigen Urteil in den Zusammenhang einer sich durchsetzenden neuen Klassenherrschaft und Priesterherrschaft.

Es ist wohl deutlich, daß mit dieser These von der Klassenherrschaft der Bildungs-Produzenten ihr Anspruch, die von eigenen sozialen Interessen freie *Emanzipation oder Mündigkeit des Menschen schlechthin zu vertreten,* gründlich in Zweifel gezogen wird. Diesen Auftrag, ja das weltgeschichtliche Programm der Aufklärung haben die modernen »Aufklärer« längst zur Interessenprogrammatik umfunktioniert, ein Vorgang, der übrigens seit über einem Jahrhundert in steigendem Maße zu beobachten ist. Es würde sich lohnen, dies am Wandel des Begriffs der »Aufklärung« bis hin zu dem der »Emanzipation« zu verfolgen. Ausgangspunkt der Emanzipationsforderung ist vielfach die berühmte Antwort *Kants* auf die Frage »Was ist Aufklärung?«: »Aufklärung ist der Ausgang des Menschen aus seiner selbstverschuldeten Unmündigkeit. Unmündigkeit ist das Unvermögen, sich seines Verstandes ohne Leitung eines anderen zu bedienen.« Und in der Tat umreißt Kant in dieser Abhandlung die Bedingung für das »Selbstdenken« im wesentlichen mit der Freiheit der öffentlichen Meinung, wie er auch Volksbildung oder Bildung der Jugend zum »Selbstdenken« als eine Aufgabe der »Aufklärung« ansieht. Hier ist also »Emanzipation« im Sinne der denkerischen Selbstbestimmung in den Vordergrund gestellt, allerdings mit der Absicht, die Bevormundung des Menschen durch andere im Denken gerade dabei abzustellen. Aber *Kant* ist mit seiner Forderung nach »Freiheit« nicht im Bereich der Denkfreiheit und Denkselbstbestimmung geblieben, sondern das Schwergewicht seiner »Aufklärungsforderungen« liegt im Bereich der staatsbürgerlichen und der wirtschaftsbürgerlichen Freiheit. Und hier, sozusagen im sozial-empirischen Bereich, verfolgt er durchaus das Ziel, eine empirische Bestimmung von Freiheit mit dem von ihm immer anerkannten Glücksanspruch des Menschen (den er keineswegs in »Denkfreiheit« auflöst) zu verbinden: Hier entscheidet über die Freiheit des Menschen »das Attribut der bürgerlichen *Selbständigkeit,* seine Existenz und Erhaltung nicht der Willkür eines anderen im Volke, sondern seinen eigenen Rechten und Kräften als Glied des gemeinsamen Wesens verdanken zu können« (›Metaphysik der Sitten‹, 1797), und diese »Selbständigkeit« (nicht »Emanzipation«) wird in der staatsbürgerlichen Beteiligung an der Gesetzgebung, also im allgemeinen Wahlrecht, daneben aber vor allem in dem Tatbestand gesehen, daß der Mensch auch wirtschaftsbürgerlich »sein eigener Herr ist«. Hier nennt Kant als Grundlage der wirtschaftsbürgerlichen »Selbständigkeit« ausdrücklich »irgend ein *Eigenthum* (wozu auch jede Kunst, Handwerk oder schöne Kunst und Wissenschaft gezählt werden kann, welches ihn ernährt)«. Es dürfte deutlich sein, daß Kant hier als »Eigentum« die produktive Arbeitsfähigkeit des Menschen versteht, die sich selbst in ihrer Tätigkeit bestimmen soll. Daher ist seine *soziale* Aufklärungsforderung die Freiheit der produktiven Arbeit: »Jedes Glied (eines Gemeinwesens) muß zu jeder Stufe eines Standes in demselben ... gelangen dürfen, wozu ihn sein Talent, sein Fleiß und sein Glück hinbringen können« (»Über den Gemeinspruch: Das mag in der Theorie richtig sein, taugt aber nicht für die Praxis.«). Sieht man das, so ist zu fragen, wer dem Aufklärungsauftrag zur »Befreiung« des Menschen eigentlich am meisten gefolgt ist: die Förderer der Denk- und Meinungsfreiheit als »Emanzipation« oder die Politiker der »Eigentumsbildung« in jenem umfassenden Sinne der maximalen Selbstbestimmung in der produktiven Arbeit zum eigenen Lebensunterhalt als Förderer der empirisch-sozialen »Selbständigkeit« des Menschen?

Die geistigen Ahnen dieser Klassenherrschaft der »Sinnproduzenten« sind jene Denker, die von der religiösen, moralischen oder humanitären Sinngebung der Geschichte und ihrer Gegenwart als oberster und unverbrüchlicher Richtschnur für alle Menschen so überzeugt waren, daß sie ihre Prinzipien der Moral (»Tugend«) oder Humanität (»Freiheit«) zum obersten politischen und sozialen Herrschaftsprinzip erklärten, das notfalls rücksichtslos mit Gewalt durchzusetzen sei. Zu diesen Politikern und Denkern gehören – wenn man einmal von Cromwell als der britischen politischen Priesterherrschaft der Neuzeit absieht – vor allem *Robespierre* in Frankreich und *Fichte* als der diktatorische Idealist des deutschen Denkens. Von Robespierre stammen die Aussprüche: »Die Triebfeder der in Revolution befindlichen Volksregierung ist *gleichzeitig* die Tugend und der Terror« (was Hegel zu der genialen Formel des »Tugendterrors« inspirierte); weiter Robespierre: »Im System der Französischen Revolution ist das, was unmoralisch ist, auch unpolitisch. Das, was verderbt ist, ist gegenrevolutionär«, eine Ansicht, die ein Abgeordneter im Konvent dann auf die eindrucksvolle Erklärung verkürzte: »Diejenigen, die nicht Jakobiner sind, sind auch nicht richtig tugendhaft.« *Friedrich Sieburg*, der 1935 in einer Lebensgeschichte Robespierres eine der intelligentesten, damals möglichen Kritiken Hitlers und des nationalsozialistischen weltanschaulich-moralischen Herrschaftsanspruches veröffentlichte, zieht mit völligem Recht die Schlußfolgerung: »In dieser Verstaatlichung der Moral liegt die eigentliche Bedeutung des jakobinischen Terrors.« Wir sind dieser Einschätzung der »Jakobiner« als priesterlicher und politischer Herrschaftsklasse bereits bei *G. Sorel* begegnet (vgl. S. 107). Über die Aktualität dieser Zusammenhänge orientiert eine einzige Frage: Wenn heute die »Systemüberwinder« ihre Forderung nach »Revolution« im Namen der »Emanzipation des Menschen« wirklich durch eine politische Machtergreifung durchsetzen könnten, wer zweifelt dann daran, daß im Namen der »Emanzipation«, im Namen der »Befreiung der Arbeiterklasse« und was der moralisch-aufklärerischen Formeln noch mehr wären, eben dieser »Bildungsterror« als sozialer und politischer Zwang umfassend einsetzen würde?

Die Herrscher dieser »Bildungsdiktatur« würden von der sich »humanitär« und »emanzipatorisch« verstehenden Überzeugung geleitet werden, die *Fichte* mit der Formel, man müsse »die Menschen zur Freiheit zwingen«, ausgedrückt hat. Fichte, der vielfach als ein »philosophischer Jakobiner« bezeichnet wurde, hat in seiner Philosophie die klare Forderung nach einer Erziehungsdiktatur gezogen, nach dem »Zwingherrn«, dem »Notherrscher« im »Zeitalter der vollendeten Sündhaftigkeit«, nämlich seiner Gegenwart: »Die erste Pflicht (des Zwingherrn ist) die Erziehung zur Freiheit ... Derjenige soll Zwingherr sein, der auf der Spitze seiner Zeit und seines Volkes steht ... Das Ziel dabei ist die freie Einsicht. Nun ist diese Einsicht aber bedingt durch die, welche diese Einsicht erst hervorbringen soll, also muß man zunächst glauben(!) ... Gegen den Verstand hat keiner äußeres (formales) Recht; der höchste Verstand hat daher das Recht, alle zu zwingen, seiner Einsicht zu folgen ... Der Erziehungsplan und Regierungsplan ist ganz derselbe« ... *Bernard Willms*, der diesem totalitären, ja terroristischen Zug im Denken Fichtes in seinem Buch ›Die totale Freiheit‹, 1969, ausführlich nachgegangen ist, folgert mit Recht: »Das letzte Ergebnis der politischen Theorie Fichtes ... ist der Erziehungsstaat, der seinen totalen Anspruch nicht nur nach innen, sondern auch nach außen auf die ganze Menschheit richtet« (a. a. O., S. 160); dazu ein letztes Zitat Fichtes: »... der Staat, als höchster Verweser der menschlichen Angelegenheiten ... und als der Gott und seinem Gewissen allein verantwortliche Vormund der Unmündigen (!), habe das vollkommene Recht, die letzteren zu ihrem Heile auch zu zwingen.«

6. Die Funktionsmonopole der Sinnproduzenten

Daß sich in Denkern wie *Fichte* – ihr Urahn ist *Plato* mit der These, daß »der Philosoph Herrscher sein müsse« – die totale und durch Zwang ausbeutende Herrschaft vermittels des Funktionsmonopols der »Erziehung« begründet, ist unübersehbar und schon früher bemerkt worden. Das politische Bündnis, das diese Denker anstrebten, lief vom Altertum bis in die Gegenwart auf die Einrichtung einer »aufgeklärten Diktatur« hinaus, wobei sich diese Philosophen zumeist in Form des »Beraters« als »indirekte Herrscher« einzurichten trachteten. Das Neue an dieser »Erziehungsdiktatur« aufklärerisch-philosophischen Ursprungs in der Gegenwart besteht – neben dem wahrscheinlich sehr erfolgreichen Rückfall in eine nun »säkularisierte« Priesterherrschaft – darin, daß sich nicht mehr der einzelne Philosoph (oder Staatstheoretiker, Soziologe, Rassentheoretiker usw.) als Neben-Herrscher vorhandener oder zu schaffender diktatorische Macht empfiehlt, sondern daß die »Denker« schlechthin als Gesinnungs-, ja, wie wir glauben, als Sozialgruppe diesen Zwangsaufklärungs- oder -emanzipationsanspruch erheben. Diese Ver-

änderung der indirekten »Erziehungsdiktatur« zur »Erzieher-
klassenherrschaft« ist schon angelegt in der praktischen Durchsetzung der »Diktatur des Proletariats«, deren aufklärerisch-in-
tellektualistische Theoretiker und Programmatiker reflexionslos
verschweigen, daß eben die »Vormünder«, sprich »Herrscher«
wie Marx, Engels, Lassalle, Kautsky, Lenin, Rosa Luxemburg
usf., jener Gruppe entstammen und von eben diesen Emanzipa-
tionsherrschaftsbedürfnissen bestimmt sind, die wir als »Aufklä-
rerherrschaft« kennzeichneten und deren Klassen-Herrschafts-
interesse sich mehr und mehr von den Real-Interessen, d. h.
den von ihnen selbst beurteilten Lebensbedürfnissen, der produktiven Arbeiterschaft lösen. Daß in den praktizierten
»Diktaturen des Proletariats« inzwischen die emanzipations-
diktatorischen Programmatiker längst durch die Monopolpartei-
funktionäre zurückgedrängt und entmachtet, allenfalls als welt-
intellektueller Dekor geduldet sind, soll hier nicht erörtert
werden.

Die Ausweitung der aufklärerischen »Denkherrschaft« zur
politisch-sozialen »Klassenherrschaft« steht im »Osten« oder
»Westen« unter ganz verschiedenen Entwicklungsgesetzlichkeiten: Im »Osten« kann es vorläufig keine »Klassenherrschaft« der
Intellektuellen geben, weil deren herrschaftsbegründende Funktionsbereiche – Erziehung und Information – so fest unter dem
Kommando der zentralen Partei- und Funktionärsmacht stehen,
daß nicht nur jede geistige Autonomie, jede herrschaftsfreie individuelle geistige Produktivität unter dem Gesichtspunkt der sozialen und politischen Machtbeeinflussung oder -gefährdung
kontrolliert, ja verhindert wird, sondern daß auch, wie die gegenwärtigen Beispiele in der UdSSR, in der Tschechoslowakei, in
Jugoslawien, in Kuba usw. zeigen, der Unterdrückung aller dieser intellektuellen Freiheitsregungen sogar das aktuelle Herrschaftsinteresse – mit machiavellistischem Recht – im besonderen Maße gilt. Die Diktatoren wissen um die Macht der Intellektuellen, von Napoleon ab, wesentlich besser Bescheid als die
Demokratien; sie haben den besseren Blick für Freund-Feind-
Verhältnisse, d. h. für den Herrschaftsanspruch einer klassenhaf-
ten Interessenkonstellation.

Wir wenden uns daher der Entwicklung und den Bedingungen
der intellektuellen Klassenherrschaft im »Westen« zu, insbesondere den Verhältnissen in der Bundesrepublik, wobei ich es den
Kennern der Szene in den USA, Großbritannien oder Frankreich
überlasse, die dort überall in gleiche Richtung weisenden Vor-

gänge ihrerseits zu interpretieren. Ich bin überzeugt, daß wir in den Grundlinien einer solchen kritischen Analyse übereinstimmen werden.

Sozialisation

Wir haben schon in den vorhergehenden Analysen des öfteren ausgeführt und belegt, daß die Funktionen der »Sozialisation« und der »Information« für die modernen »großräumigen«, d. h. auf Großorganisationen mit anonymer Mitgliedschaft und bürokratischen Verwaltungsgruppen, auf erfahrungsunüberprüfbaren politischen und sozialen »Repräsentationen« beruhenden *Gesellschaften des Westens* derart gesteigert und für die Selbsterhaltung, die wirtschaftliche Produktion und ihr Wachstum derart unentbehrlich geworden sind, daß sie entscheidende, ja beherrschende politische und soziale Macht in diesem Gesellschaftssystem ausüben. Die Frage ist hier nur die, in welcher Form sie sich zur Interessenlage einer Klasse erweitern. Zunächst ist eine Grundforderung der Aufklärung in der Tat die Verbreiterung der »Erziehung«, und zwar zunächst als allgemeine Volksbildung im Jugendalter, als Berufserziehung und als »aufgeklärte« Universität etwa im Sinne Humboldts mit der Verbindung von Philosophie und »sittlicher Grundeinstimmung« als Grundlage der klassisch »akademischen« Berufe des Theologen, Juristen, Arztes und der Gymnasiallehrer. Diese Breite der »Erziehung« bestimmte zwar die geistige, übrigens entschieden staats- und regierungstreue Führerschaft des höheren Beamtentums und der Freien Berufe, war aber anteilmäßig in der Bevölkerung derart gering, daß von einer »Klassenbildung« schon aus Mengenverhältnissen nicht die Rede sein konnte.

Die erste Ursache der Klassenbildung der »Erzieher« beruht also darauf, daß sich die »Erziehung« funktional und personal erheblich ausgedehnt hat: Heute setzt »Erziehung« bei den werdenden Müttern und den Kleinkindern im Kindergarten an (mit heftigen intellektuellen Kontroversen, d. h. Machtkämpfen), heute wird Grundschule, Hauptschule, das fortführende Schulsystem von Gymnasien, Realschulen, Berufsschulen im intellektuellen Klasseninteresse zusammengefaßt zum »Sekundarschulsystem«; desgleichen werden Universitäten, Hochschulen und Fachoberschulen im gleichen intellektuellen Klasseninteresse zum Gesamthochschulsystem vereinigt. Damit hat sich das alte

»Schulsystem« erheblich erweitert und umfaßt eine verbreiterte Schicht von »Jugend«. Vor allem aber dehnt sich »Erziehung« im Sinne der Berufsfortbildung, politischen Schulung, Freizeitunterweisung, Medienaufklärung, d. h. Zeitungs- und Fernsehbelehrung, meist wider Willen der »Belehrten« oder »Erzogenen«, auf das Leben der Erwachsenen bis zum Greisenalter (»Altersschulung«) aus und unterwirft so den modernen Menschen vom Mutterleib bis zum Grabe den wohltätigen Einflüssen der Einsicht anderer, die für ihn intellektuell und moralisch sorgen.

Wenn nach *Kant* die Aufklärung darin besteht, den Menschen von seiner »selbstverschuldeten Unmündigkeit« zu befreien, und der »unmündig« genannt wird, der »*sich seines Verstandes ohne Leitung eines anderen* zu bedienen« nicht entschlußbereit und mutig genug ist, dann hat es in der Erziehungs- und Informationsstruktur unserer Gesellschaft niemals so viele »Unmündige« gegeben wie heute. Allerdings sind es heute die zur »leitenden Klasse« zusammengeschlossenen »Aufklärer« selbst, die sich der Leitung des Verstandes der anderen bedienen, selbstverständlich unter dem Vorwand, deren leider immer noch vorhandene »Unmündigkeit« zu beseitigen. Heute ist die »Unmündigkeit« der Menschen nicht mehr durch Mangel an Entschließung und Mut jedes einzelnen bedingt, sondern heute existiert längst eine »aufklärungsverschuldete Unmündigkeit«. Die Masse, ja das Übermaß an professionellen Bedürfnissen, »Erziehung« und »Information« auszuüben, erstickt die mögliche geistige Selbständigkeit der davon passiv Betroffenen bereits im Keime.

Aber die Tatsache, daß diese Klassenherrschaft der »Sozialisatoren«, sprich »Erzieher«, im Namen und vermeintlich nur zugunsten der »Mündigkeit des Menschen«, seiner geistigen und moralischen Selbständigkeit und »Freiheit« ausgeübt wird, sollte hier nicht von ihrer Machtausübung ablenken. Klassenideologien und Herrschaftslegenden haben nie die Ausbeutung oder Machtausübung offengelegt, sondern dienten immer dazu, mit altruistischen, humanitären und sonstigen menschenfreundlichen Behauptungen ebendiese Herrschaft zu verhüllen und im Glauben der Beherrschten zu stützen. Das ist bei der Klassenherrschaft der Sinnproduzenten geradezu der ganze funktionale Inhalt ihrer Klassenherrschaft. Denn die gesellschaftlichen »Sinngebungs-Leistungen« sind ja ihre Form der unentbehrlichen sozialen Funktionen:

Jede Gesellschaft braucht Institutionen der moralischen Erziehung und der Aufrechterhaltung ethischer Verhaltensweisen als

Voraussetzung des sozialen, politischen, wirtschaftlichen, kulturellen Lebens.

Jede Gesellschaft braucht Erziehung zu den Wissensformen und Fähigkeiten, die sie erhalten und fortschreiten lassen.

Jede Gesellschaft braucht sowohl politische wie soziale »Sinndeutungen«, als auch »Sinngebungen« des persönlichen Lebens, das sich in die vorgegebenen Lebensaufgaben und -ordnungen einfügen, in ihnen behaupten oder ihnen widerstehen muß. Es geht also gar nicht um die Verdammung oder Verleumdung von »Sinngebungs«-Leistungen, von »Erziehung« schlechthin, sondern es geht darum, welche politischen und sozialen Herrschaftsrollen die mit diesen Sinn-Funktionen beauftragten Personen einnehmen.

In der Frage der »Erziehung« im weitesten Sinne – die Tatsache, daß die Aufgabe der »Erziehung« sich in der modernen Gesellschaft keineswegs mehr auf »unmündige« Kinder und Jugendliche, sondern in gleicher Intensität auf die gesamte erwachsene Bevölkerung erstreckt, muß dabei in Rechnung gestellt werden – ergeben sich zwei strukturgrundsätzliche, aber widersprüchliche idealtypische Modelle: Auf der einen Seite dient »Erziehung« oder, wenn man die Funktion der Einfügung in die gegebene Sozialstruktur als ständige Aufgabe gegenüber Kleinkind und Erwachsenen betrachtet, die mit Recht zu dem übergreifenden Dachbegriff der »Sozialisation« verallgemeinerte soziale Integrationsaufgabe dazu, die *vorhandene* Sozialstruktur zu stützen, mit Inhalt zu erfüllen und zur Selbstbehauptung zu befähigen. In dieser Hinsicht waren Schulen oder andere Erziehungseinrichtungen immer an der jeweils vorgegebenen Sozialstruktur ausgerichtet (etwa in Form der Zuordnung von Ober-, Mittel- und Volksschulen zu der Sozialschichtung von Ober-, Mittel- und Unterschicht) und dienten jeweils dem Erhalt dieser Schichtungsstruktur der Gesellschaft. (Der Gedanke, daß die Änderung dieser Sozialstruktur jetzt ihrerseits ein anderes »Schulsystem« hervorruft, sei, obwohl realsoziologisch sehr wichtig, zunächst vernachlässigt.)

Auf der anderen Seite kann natürlich »Erziehung« sich völlig von den vorgegebenen Sozialstrukturen der Gesellschaft, in der sie stattfindet, lösen und als soziales Ziel der Erziehung die *»zukünftige Gesellschaft«*, d. h. die Vorstellung von Gesellschaft im Kopfe der »Erzieher«, setzen. Dann tritt diese Zukunftsvorstellung an die Stelle der Interessenrealität der gegebenen Gesellschaft. Dies ist nur möglich, wenn die Sozialgruppe der »Erzieher« so mächtig ist, daß sie die Interessen der Realgruppen der Gesellschaft zugunsten ihres Gruppen- oder Klasseninteresses überspielen, diffamieren oder vernachlässigen kann. Die Aufklärer als einzelne Denker kämpften gegen ein breites institutionelles geistiges Herrschaftsinteresse (Kirchen, Staat) und gegen Klasseninteressen des Vorhandenen an; wenn aber die Kant, Lessing, Mendelssohn usw. selbst zur »Klasse« werden, dann liegt die Freiheit des Menschen in der *Abwehr der Erziehung als Herrschaft* und in Verbündung mit den Kräften, die ihm die Verfolgung seiner aktuellen Interessen zur Behauptung und zum Fortschritt seiner erreichten sozialen und wirtschaftlichen Lage und Selbständigkeit ermöglichen.

Zwischen diesen beiden Extremen der gesellschaftlichen Funktion der »Erziehung«, der sozialen *Integration* in die gegebene Gesellschaft durch Erziehung einerseits und der Verwirklichung einer das sozial Vorhandene (die gegebene Ordnung und ihre Interessen) überwindenden *Gesellschaft der Zukunft* aus den Vorstellungen der Erzieher, liegt das maßvolle Programm der praktischen Vernunft, wie es *Kant* vorbildlich, aber für die Denkvereinseitigung seiner Nachfolger weitgehend unwirksam festgelegt hat: Gerade in der programmatischen Schrift von 1784 ›Was ist Aufklärung?‹ legt er den Staatsbürger auf zwei »Rollen« fest: auf den mit Vernunft öffentlich diskutierenden Denker einerseits und den seine institutionellen Pflichten z. B. als Beamter, Offizier, Geistlicher oder Geschäftsmann usw. erfüllenden Bürger andererseits. Seine Überzeugung war, daß die unaufhebbare Einheit der Person, die diese beiden berechtigten Rollen »vermittelt«, auf die Dauer, d. h. im Verlauf von Generationen oder jedenfalls geschichtlich verstandenen Zeitabläufen, eben jene Wechselwirkung zwischen Zukunftsvorstellung und realen Ordnungs- und Interessenwahrungen hervorbringen würde, die er als stabilen Fortschritt, als eine realistische Verwirklichung des Reichs der Freiheit und des Friedens, einschätzte. Die Gegenwart hat diese »Synthese« Kants, die Versöhnung von Erkenntnis und Interesse im Ziele der Befreiung der einzelnen Person in ihrer sozialen Wirklichkeit, längst aufgespalten oder »polarisiert« in der Weise, daß die Vertreter des »Fortschritts« (die »Progressiven«) nur Denker der Gesellschaft der Zukunft sind, während einer Rücksicht auf das Bestehende, also auf die vorhandenen Funktionsinteressen der öffentlichen Ordnung, ihres Wirtschafts- und Verwaltungssystems, auf ihre Gruppeninteressen und Berufsansprüche usw. mindestens als konservativ, wenn nicht gar als reaktionär jede politische Berechtigung abgesprochen wird.

Eine solche Situation, die aller an der Verwirklichung der Gesellschaft der Zukunft aus dem Kopfe der Erzieher betriebenen Politik die öffentliche Weihe der einzig wahren Vernunft, der unbezweifelbaren Humanität und des schon im voraus anerkannten geschichtlichen Fortschritts verleiht, läßt sich nur schaffen, wenn die Real- und Berufsinteressen der »Erzieher« in der Gesellschaft beherrschend und bewußtseinsführend geworden sind, ohne als Herrschaftsinteressen von den produktiven Gruppen erkannt, verdächtigt oder gar abgelehnt zu werden. Das eben bedeutet die durchgesetzte Klassenherrschaft durch Monopolisierung der Erziehung.

Dieser Stand der Dinge macht übrigens auch verständlich, daß nicht nur die als »Erzieher« etablierten Personen dieses Klassenherrschaftsinteresse haben und durchsetzen, sondern in fast noch höherem Maße diejenigen, die mit dieser »Verwirklichung der Gesellschaft im Kopfe« noch keinerlei unmittelbare Lebensinteressen oder Berufserfahrungen verbinden. Gerade diejenigen, die auf Kosten der »anderen« ein, nach Möglichkeit sich von klaren Leistungsanforderungen entlastendes, freies oder »autonomes« Leben führen, das sich ganz der erfahrungsfreien, politisch fast risikolosen Planung und institutionsgebundenen demagogischen Durchsetzung der »Gesellschaft im Kopfe« widmen kann, also die *Studierenden* und die *Gymnasialschüler,* erheben hier die ungehemmtesten Forderungen. Die funktionale Notwendigkeit für eine breite wissenschaftliche Ausbildung in den modernen Gesellschaften der wissenschaftlichen Zivilisation führt zu einer geradezu überwältigenden Vermehrung, ja Inflation von Abiturienten und Studenten, zur Anhebung berufsbezogener Fachschulausbildungen in den Rang universitärer Studien, die den Freiheits- und Mußeanspruch der hochbürgerlichen Akademikerschicht von 1809 übernehmen und denen fast kritiklos enorme Unterstützungen aus öffentlichen Mitteln gewährt werden. So hat sich hier eine nicht unbeträchtliche, in ihrem politischen Einfluß weit über ihre soziale Größenordnung wirksame, z. T. durch Öffentlichkeitsterror kommandierende Gruppe von »Klassenherrschern« bilden können, die fast ohne eigenes Lebensrisiko die »anderen«, den Steuerzahler und die Arbeitenden und die verantwortlichen Politiker oder Behörden, ausbeuten kann und – welche Ironie und »Lust am Untergang« – als Belohnung ihrer demagogischen Klassenaktivität in eben die

Stellen als Erzieher, Informierer, Beamten und Verwalter, Manager der Arbeitenden usw. einrückt, die sie durch ihre utopistische Kritik in ihren Dienstleistungspflichten gelähmt hat. Hier vollzieht sich die Machtergreifung einer Klassenherrschaft, für deren Erkenntnis sowohl den Beherrschten wie den aus der Führung Verdrängten einfach die Begriffe der Feststellung fehlen. Das sich darüber verbreitende Unbehagen kann sich nicht ausdrücken, weil alle sozialen Ausdrucksformen durch ebendiese neue Herrschaftsgruppe längst besetzt und in Vormundschaft gebracht worden sind.

Nach dem Schema der 20er und 30er Jahre wird vor dieser Überproduktion an »Akademikern«, d. h. vor allem an wissenschaftlich ausgebildeten Sinnproduzenten (es geht ja nicht um Ärzte, Ingenieure, Chemiker usw.), also der Herausbildung eines »akademischen Proletariats«, mithin einer intellektuell hochausgebildeten Unterschicht, gewarnt. Diese Bezeichnung geht an der heutigen Lage völlig vorbei, verkennt vor allem, daß hier keine später ausgebeutete Klasse (»Proletariat«) herangezüchtet wird, sondern eine neue, auf soziale und politische Herrschaft ausgehende Sozialgruppe, die zu dieser Durchsetzung von Herrschaft allerdings ohne Ausweg verdammt ist. Die Teilrichtigkeit dieser These eines »neuen akademischen Proletariats« besteht also darin, überhaupt den Gesichtspunkt der Klassenbildung für diese Vorgänge herangezogen zu haben. In diesem Sinne erscheint uns eine Aussage von *Golo Mann* zu diesem Tatbestand sehr aufschlußreich: »Da wir allwissend sind, so sind unsere Ansprüche hoch. Da sie nicht erfüllt werden, so sind wir ›akademisches Proletariat‹, ›studentische Massen‹ oder wie solche selbstgewählten Namen lauten. ›Studentische Massen‹ gäbe es nicht, widmete man sich nicht massenweise solchen Studien, die nur für wenige, besonders Begabte, taugen. ›Akademisches Proletariat‹ gäbe es nicht, vergliche man bei der Wahl seines Faches den eigenen Wissensdrang mit den Bedürfnissen der Gesellschaft; eine Unterwerfung unter die oppressiven Regeln des spätkapitalistischen Marktes, die man natürlich verweigern muß. Nebenbei bemerkt gäbe es dieses neue ›Proletariat‹ auch nicht ohne die Erfolge eben dieses ›Spätkapitalismus‹. Hätte der nicht im letzten Vierteljahrhundert mehr produziert als in zweihundert Jahren Früh-, Mittel- und Hochkapitalismus zusammengenommen, so könnten nicht ganze Heerscharen bloßer ›Ideologen‹ – wie Marx sie genannt hätte – sich nähren, kleiden, behausen und automativ bewegen. So daß Marx hier recht behielt auf eine Weise, von der er sich freilich nichts träumen ließ. Wirklich hat der Kapitalismus in unseren Jahrzehnten ein ›Proletariat‹ erzeugt, das ihm zuletzt noch den Garaus machen könnte. Aber nicht, weil er die Produktivkräfte im Elend erstickte, sondern er sie im Gegenteil so rasch und gewaltig in die Höhe trieb, daß Hunderttausende von jungen Leuten sich philosophischer Muße (!) ergeben durften.

Wenn sie doch besser philosophierten.« (›Sonntags-Journal‹, Zürich, wieder abgedr. FAZ, 15. 5. 1972)

Information

Für den Bereich der »*Information*«, der Bildung der »öffentlichen Meinung«, gelten diese an der Erziehung getroffenen Feststellungen in noch höherem Maße. Die Freiheit der Meinungsäußerung, die allgemeine Zugänglichkeit zu urteilsbildenden Tatbeständen und ihre Deutung, früher als »Öffentlichkeit« gekennzeichnet, und die von Herrschafts- und Gruppeninteressen befreite Erörterung oder Diskussion des »sachlichen« Für und Wider einer die ganze Nation oder die staatlich verfaßte Gesellschaft betreffenden Frage gehören zu den Grundforderungen der Aufklärung, die gegen klerikale und staatlich-absolutistische Vormundschaft gerichtet waren. In dieser Grundvorstellung der aufklärerischen Politik war die Rolle der »Vermittler«, d.h. derer, die eine »Meinung« überhaupt äußern und äußern können und die Fähigkeiten und Möglichkeiten haben, »sich aus allgemein zugänglichen Quellen ungehindert zu unterrichten« (Grundgesetz der BRD, § 5,1) oder die »herrschaftsfrei«, d.h. von politischen und sozialen Gruppeninteressen entlastet, Argumente rationaler Art austauschen können, als Gruppe interessen- und herrschaftsunabhängiger Gelehrter und Denker zur Verwirklichung dieser ganzen Denk- oder Informationsfreiheit vorausgesetzt worden. Diese soziologischen Voraussetzungen der Aufklärung haben heute wohl offensichtlich keine soziale Realität mehr.

Bei grundsätzlicher, aber unverbindlicher Anerkennung der Denkfreiheits- und politischen Meinungsbildungsforderungen der Aufklärung muß heute dieses Postulat der denkerischen Selbstbestimmung des einzelnen, der Anwendung des »Verstandes ohne Leitung eines anderen« (Kant), als politisch völlig gegensätzlich ausdeutbar und ausnutzbar angesehen werden. Das Grundsatzdilemma dieser aufklärerischen Information einer urteilsmündigen Bevölkerung besteht offensichtlich darin, ob die »Informatoren« ihre Mitteilungen über Tatbestände des öffentlichen Lebens (und dazu gehören selbstverständlich auch Meinungen, Wertungen und Ideen des sozialen Lebens) so vermitteln können, daß den Informierten überhaupt eine intellektuelle Überlegung und damit die irgendwelche Alternativen ernstnehmende Wahl der politischen Entscheidungen angeboten wird, oder ob »Aufklärung« inzwischen darin besteht, die intellektuelle Klassenherrschaft der professionalisierten »Aufklärer« zu unterstützen. Diese informative »Manipulierung« der Meinungsfreiheit und geistigen Argumentationsabwägung, die die Aufklärung für die Gelehrten und Literaten als intellektuelles Herrschaftsrecht in Anspruch nahm, ist inzwischen längst ein professionelles, ja klassenhaftes Vorrecht der Meinungsbildner und Informatoren von Beruf geworden; Zeitungen, Zeitschriften, Rundfunk und Fernsehen, Informations- und Werbeabteilungen von Behörden, Organisationen, Firmen und finanzkräftige Privatpersonen beherrschen und lähmen damit längst die freie Meinungsbildung der Informierten. In der Tat ist »Information« zu einer Machtfrage ersten Ranges geworden, und die Macht- und Herrschaftskämpfe gehen darum, wer das Personal der Informationsapparate besetzt.

Dabei bestand die erste Phase der »Meinungsherrschaft« ohne Zweifel darin, daß die vorhandenen »Mächte«, seien es politische Herrschaften oder Organisationen, seien es wirtschaftliche Machtkonzentrationen oder Verbände, sich dieses »Machtinstrumentes«, und das heißt doch der Meinungsführer und -beeinflusser (Journalisten, Werber usf.), bedienten und sie in ihrer Bewußtseinssteuerungsleistung dazu benutzten, die ihnen unterworfenen oder von ihnen zu unterwerfenden Menschen zu führen und in ihre Führungsziele und damit Herrschaft einzuordnen, also zu »integrieren«. Hier kommt die von den Aufklärern zunächst übersehene Einheit von Funktionalität und Herrschaft in der »Information« zum Zuge, die darin besteht, daß mit der zunehmenden »Großräumigkeit« der Sozialbeziehungen, also jeder politisch-sozialen Organisation, sowohl die unmittelbare Mitteilung von Person zu Person wie vor allem das auf eigener Erfahrung beruhende Urteil der Person, weitgehend außer Kraft gesetzt wird zugunsten »vermittelter Information«, und d. h. zugunsten von Meinungslenkung von Professionellen des Meinungsverkehrs oder der sog. »Kommunikation«. Diese unaufhebbare lebenswichtige Funktionalität der im modernen industriell-bürokratischen und damit sozial-großräumigen Gesellschaftssystem angelegten professionalisierten Information läuft natürlich auf eine institutionelle Steuerungsleistung hinaus, die man besser als »Propaganda« oder »herrschaftsgesteuerte Information« als schlechthin als »Information« bezeichnet. Gegen diese von vorhandenen wirtschaftlichen oder politischen Machtpositionen ausgebeutete Meinungsbildung, für die etwa im Wirtschaftlichen das »Presseimperium« des Lord Beaverbrook, im Politischen das Propagandaministerium eines Joseph Goebbels die klassischen Beispiele bilden und die heute in ihrer Praxis keineswegs zu Ende ist, hat sich gerade in den letzten Jahrzehnten in den westlichen Gesellschaften, die weder einen unbeschränkten »Medienkapitalismus« noch vor allem die zentralistische staatlich-politische Lenkung der Massenmedien (Fernsehen, Rundfunk) kennen, eine Opposition gegen die »Manipulierung« der Menschen durch die Medieninformation gebildet. Sie konnte zunächst als naiver und romantischer Rückgriff auf den Aufklärungsursprung der »herrschaftsfreien Urteilskommunikation« (wie bei Habermas) verstanden werden, hat sich inzwischen aber bei den gedankenschwächeren, jedoch politischen Herrschaftsgruppen hörigen Nachfolgern dieser Kritik (wie Holzer, Küchenhoff u. a.) oder gar bei den lautstarken Demonstranten gegen die »Medienmanipulation« zu einem ganz offenkundigen »autonomen« Herrschaftsanspruch der Profession der »Informatoren« in ihrem politischen und ökonomischen Interesse entwickelt. Eben dies ist ein Klassenherrschaftsanspruch aufgrund einer unaufgebbaren gesellschaftlichen Funktion, die man schon weitgehend monopolisiert hat oder, wo dies noch nicht geschehen ist, als Ziel einer »Medienpolitik« erstrebt, bei der man unter der Biedermann-Maske des Garanten der »freien öffentlichen Meinung« die eigene Klassenherrschaft als Meinungsherrschaft erstrebt.

Hier ist nicht der Ort, die Frage zu erörtern, wie die unaufhebbare politische Integrationsleistung oder die Rolle der Meinungsführung mit dem Anspruch des selbständigen Menschen auf Urteilsfreiheit und ihr entsprechende »herrschaftsfreie« Tatbestandsunterrichtung vereint und institutionell gelöst werden könnte; wir verweisen dafür auf unsere Veröffentlichungen zu diesem Thema ›Propaganda und Information‹ (1948) und ›Publizistik und Gewaltenteilung‹ (1973), jetzt beide in H. Schelsky, ›Systemüberwindung, Demokratisierung, Gewaltenteilung‹, München 1973.

In einer Beurteilung stimme ich mit den Kritikern der Meinungsmanipulation durch wirtschaftliche oder politische Macht überein: Wer lehrt oder informiert, übt Macht aus, und jede Macht muß in einer demokratisch-rechtsstaatlichen Ordnung legitimiert und kontrolliert werden. Das Kennzeichen einer Klassenherrschaft der Sinn-Produzenten besteht aber gerade darin, diese demokratische Legitimierung (Machtübertragung und -anerkennung) und die Leistungskontrolle über ihre Lehr- und Meinungsvermittlung abzuweisen. Dies geschieht durch zwei sich ergänzende institutionelle Mechanismen, die zur Herrschaftsbegründung ineinandergreifen: durch möglichst vollständige *Zentralisierung von Lehre und Information* in der öffentlichen Hand und indem man gegenüber den staatlichen Anweisungs- und Kontrollbefugnissen dann eine nicht nur staatsfreie, sondern geradezu staatsgarantierte *institutionelle Autonomie* durchsetzt.

Daß die Institutionen der »Lehre«, also vor allem Schulen und Hochschulen, darüber hinaus aber auch Kindergärten, Erwachsenenbildungseinrichtungen, Berufsbildungs- und Fortbildungsinstitutionen usw. nicht durch private, d. h. nichtstaatliche Gruppen, Verbände oder Institutionen, sondern vom »Staat« getragen werden, ist in Deutschland als Erbe eines staatsbetonten Obrigkeitsstaates schon immer selbstverständlicher gewesen als etwa in den angelsächsischen Ländern, die gerade in dieser Hinsicht den gesellschaftlich-genossenschaftlichen Kräften mehr Spielraum und Initiative, damit mehr Freiheit und Verantwortung einräumten. Solange ein staatlich bestimmtes Schulwesen oder gar Hochschulwesen, kommunale Kindergärten oder Volkshochschulen die sozial unterlegenen Schichten damit in den Genuß von Bildungs- und Ausbildungs-Chancen bringen konnten, zu deren Einrichtung die eigenen Mittel noch nicht reichten, verdiente eine solche staatliche oder öffentlich-rechtliche Vorherrschaft in der Trägerschaft von Erziehungs- und Lehreinrichtungen aller Art zweifellos Unterstützung. Dabei ist allerdings Voraussetzung, daß der Staat oder die Kommune usw., die ja jeweils Institutionen politischer Herrschaft sind, sich einer gewissen Erziehungsneutralität im politischen Beeinflussungssinne befleißigen, eine Verpflichtung, die nur praktikabel wird, wenn die Vermittler der »Sache« der jeweiligen Erziehung ihre Sachverantwortung gegen die politische Beeinflussung überzeugend bestimmen und vertreten können. In dem Augenblick, wo diese Sachverantwortung – offensichtlich eine Quelle der Autonomieforderung – nicht mehr anerkannt wird – wie in allen totalitären, autokratischen, parteimonopolistischen Staaten oder bei sehr langer Herrschaft der gleichen Partei in Staaten, Kommunen oder sonstigen öffentlichen Organisationen –, gerät das öffentliche Erziehungswesen durch offene politische Herrschaft oder durch anpassende Personalpolitik in die Lage, Indoktrination, d. h. politische Willensführung und Herrschaftsdurchsetzung, zu werden.

Eine zweite, sehr deutliche Gefahr des vorwiegend öffentlichen Erziehungswesens aller Ränge besteht darin, daß zu seinem Betrieb nur öffentliche Mittel verwendet werden; die Finanzierung geschieht aus Steuermitteln, ist ein öffentlicher politischer Akt der Steuer- und Haushaltspolitik und entscheidet sich also allein im politischen Raum und damit nicht zuletzt unter politischen Herrschaftsinteressen. Demgegenüber haben die Benutzer oder Verbraucher der Einrichtungen, also etwa bei Schulen die Eltern, bei Hochschulen die Studierenden oder deren Eltern usw. verhältnismäßig geringe Aufwendungen, aber auch kaum etwas zu sagen. Dieses ganze System zielt auf eine Herrschaftskoalition von Erziehern und Staatsmacht über die zu Erziehenden und die Erziehungsberechtigten.

In dem Augenblick nun, wo diese vorwiegend staatliche oder sonstige öffentliche Trägerschaft des Erziehungssystems aber seine sachgebundene Neutralität verliert und zu einem Herrschaftsfeld der durch eigene soziale und politische Interessen oder »Engagement« bestimmten »Lehrerschaft« im weitesten Sinne des Wortes wird, entsteht hier natürlich eine *Ausbeutung von öffentlichen Mitteln zugunsten einer Klasse,* die über die Verwendung dieser Mittel entscheidet, ja ihre dauernde Steigerung verlangt. Eben diese Lage kennzeichnet das gegenwärtige bundesdeutsche Erziehungssystem: die Forderung, immer mehr Erziehungseinrichtungen zu verstaatlichen, sie zu vermehren und die öffentlichen Leistungen dafür enorm zu steigern, demgegenüber aber den Einfluß oder die Mitbestimmung der beruflichen Praxis oder anderer Erziehungsberechtigter, also vor allem der Eltern, als unberechtigte Interessenstandpunkte zurückzudrängen, eine Erfolgskontrolle entrüstet abzuweisen und sie schon dadurch unmöglich zu machen, daß man irgendwelche von anderen überprüfbare Sachlichkeitskriterien zu entwickeln oder anzuerkennen sich weigert. Die Selbstherrlichkeit der Selbstbedienung mit öffentlichen Mitteln ist wohl in keiner beruflichen Gruppe so unbeschränkt möglich wie unter den »Erziehern« und »Belehrern«.

Eine ähnliche Entwicklung ist auch im modernen Informationswesen der Bundesrepublik zu verzeichnen: Noch vor einem halben Jahrhundert war das Zeitungs-, Zeitschriften- und Verlagswesen fast ausschließlich in privater, also zumeist privatwirtschaftlicher Hand, zuweilen aber auch im Besitz von Parteien und ähnlichen gesellschaftlichen Organisationen, und diese Vielfalt der Trägerschaften verhinderte immerhin eine Meinungsmonopolisierung, wie sie dann unter der Herrschaft der Einpartei mit staatlichem Zwang durchgeführt wurde. Seitdem hat sich neben das reprivatisierte Verlags- und Pressewesen die viel größere Informations- und Meinungsmacht von Fernsehen und Rundfunk geschoben, die bei uns auf staatlichem Monopol beruht und mit Staatshilfe finanziert wird. Ohne hier auf die Frage einzugehen, wie sie kontrolliert wird – durch ein Ausbeutungssystem der etablierten politischen Parteien und einiger gesellschaftlicher Organisationen, die aber im wesentlichen selbst wiederum durch »klassenbewußte Sinnproduzenten« vertreten werden –, sei wiederum nur festgestellt, daß auch hier öffentliche Gelder ohne konkrete Verantwortung gegenüber den unmittelbaren Verbrauchern, also den Fernsehern und Rundfunkhörern, nach dem Urteil der Informationsproduzenten selbst verbraucht werden. Dieser Tatbestand trägt zur Klassenbildung unter den »Informatoren« natürlich in höherem Maße bei als jede privatwirtschaftliche Presseträgerschaft es zulassen könnte. So braucht man sich nicht zu wundern, daß als Kern der gegenwärtigen »medienpolitischen« Neuordnungen in der Bundesrepublik keineswegs der Schutz des Informationsverbrauchers im Vordergrund steht, sondern – natürlich mit dem Vorwand, dem Leser oder Hörer zu dienen – die sogenannte »innere Pressefreiheit«, d. h. die Freiheit der Redakteure, sich der öffentlichen und, wenn möglich, auch der privaten Gelder aufgrund kollektiver Beschlüsse selbst bedienen zu können. Auch hier also Ausbeutung der Steuerzahler aus Klasseninteresse mit dem Vorwand, dies um der Freiheit der Urteilsbildung der anderen willen zu tun.

Eine solche Entwicklungsrichtung zur Konzentration und Monopolisierung von Erziehungs- und Informationsfunktionen in der öffentlichen Hand ist natürlich für das Klasseninteresse von Sinnproduzenten nur dann erstrebenswert, wenn diese »öffentliche Hand«, also vor allem der Staat, aber auch die Kommunen oder öffentlichen Anstalten, nicht ihrerseits eine zentrale politische Steuerungs- und Herrschaftsfunktion ausüben, wie es überall in totalitären Staaten, also Einparteiherrschaften oder Militärdiktaturen, der Fall ist. Die politische Herrschaft muß die Selbstherrschaft der Sinnproduzenten im Bereich der Erziehung und Meinungsbildung als *institutionelle Autonomie* oder Selbstverwaltung nicht nur beachten, sondern mit ihren Machtmitteln geradezu durchsetzen und rechtlich schützen. Auch der

Grundgedanke der Autonomie ist in der Aufklärung gegen die staatliche und dogmatisch-kirchliche Gängelei entwickelt worden unter der Vorstellung, daß die »regste und stärkste Lebendigkeit« von Wissenschaft und Philosophie, wie es *Wilhelm v. Humboldt* mahnend dem Staat vorgehalten hat, von ihm »nicht eigentlich bewirkt werden kann, ja, daß er vielmehr immer hinderlich ist, wenn er sich hineinmischt, daß die Sache ohne ihn unendlich besser gehen würde« (›Organisationsplan‹, 1810). Genauso hat *Kant* die herrschaftsfreie öffentliche Diskussion oder öffentliche Meinungsbildung durch Kenntnis von Tatbeständen und mit Argumenten als die einzige Form bürgerlicher Geistesfreiheit gefordert, die notwendig sei, das Zeitalter aufzuklären und in ihren Wirkungen auch die Politik und die sozialen Verhältnisse vernünftig zu gestalten. Hat sich aber hinter den Produzenten von Wissenschaft und Philosophie, hinter den Vertretern von Aufklärung und Emanzipation, selbst ein politisch-soziales Herrschaftsinteresse, eine Klassenlage, gebildet, dann wirkt dieses Argument der Herrschaftsfreiheit gegen Staat und Kirche natürlich als Durchsetzungswaffe und zugleich Verhüllung des neuen Herrschaftsstrebens. Die »Autonomie« wird dann zu einem politischen Herrschafts- und Ausbeutungsanspruch, genauso wie das bekannte »Spiel der freien Kräfte«, ein Grundsatz, den der Liberalismus zur Entwicklung der freien Wirtschaft und anderer gesellschaftlicher Autonomien ins Spiel brachte, um ihn in der Phase des Hochkapitalismus zu der Grundlage einer Klassenausbeutung schlechthin verkommen zu lassen.

Diese Entartung einer freiheitlichen Produktivitätsvoraussetzung zur Täuschungsideologie einer gruppenegoistischen Ausbeutung der produktiv Arbeitenden, wie es mit anderen freiheitlichen Grundrechten des Individuums, wie z. B. dem Schutz des Eigentums, ebenfalls geschehen ist, findet heute seitens der Klasse der Sinnproduzenten mit den Freiheitsrechten der geistigen Produktion und Urteilsbildung statt, also der Forschungs-, Lehr- und Glaubensfreiheit, der Meinungs- und Gewissensfreiheit und ihren institutionellen Sicherungen. Das deutlichste Kennzeichen dafür ist der Tatbestand, daß die institutionelle Autonomie, also die Selbstverwaltung und Selbstbestimmung der jeweiligen Sozialeinheiten geistig Tätiger, gar nicht mehr in ihrer Berechtigung, ihrem Ausmaß und ihren Organisations- und Rechtseinzelheiten auf ihre Wirksamkeit für Produktivität des einzelnen geistig Tätigen, des Wissenschaftlers, Lehrers, Studenten, Journalisten, Schriftstellers oder auch nur des sich eine

Meinung bildenden, zur Erkenntnis seiner eigenen Interessen kommenden und von dort her sein Urteil fällenden Bürgers überprüft wird oder überprüft werden darf. Diese Forderung des Bezuges der »Autonomie« auf ihren ursprünglichen Zweck ist heute bereits klassenherrschaftlich tabuisiert: Sie darf nicht mehr für die »Autonomie« der Universitäten als Kriterium ihrer Forschungs- oder Lehrtätigkeit erhoben werden; sie darf nicht als Frage gestellt werden, wenn nun reine Berufs- oder Fachhochschulen die institutionelle Autonomie (und die Gehaltseinstufung) der »Ordinarienuniversität« erhalten, die Oberschulen jeder Art sich dieser Forderung, insgesamt zu universitätsähnlichen autonomen »Gymnasien« erhoben zu werden, erfolgreich anschließen; sie darf nicht als Frage gestellt werden, wenn das Kollektiv der Redakteure im Fernsehen, Rundfunk und in den Presseredaktionen eine Autonomie beansprucht, die nicht etwa die freie Meinungsäußerung des einzelnen Journalisten oder die Informationsansprüche der Leser, Hörer, Zuschauer sichert, sondern die kollektive Mehrheitsherrschaft der Sinnproduzentengruppe für die politische Führung des Medienorgans durchsetzt.

Die ganzen Reformen auf dem Gebiet der Sozialisation und Information, wegen der wachsenden funktionalen Bedeutung dieses gesellschaftlichen Bereichs sicherlich notwendig, werden unter der Hand zur Durchsetzung einer Klassenherrschaft der Sinnproduzenten benutzt, übrigens in gleicher Weise, wie die sozial notwendigen Wandlungen der Güterproduktion von der Agrarwirtschaft zur Industriewirtschaft zur Durchsetzung der Klassenherrschaft der Kapitalisten benutzt wurde. Wer da glaubt, daß es in den Universitäten und Hochschulen, Schulen und Redaktionsstuben, Kindergärten und Volkshochschulen noch um Freiheit der jeweiligen Produktivität, d. h. Schöpferkraft und Lebendigkeit, der vom kollektiven Herrschaftszwang befreiten einzelnen Person in Erfüllung ihrer sachethisch bestimmten Pflichten ginge, der soll einmal versuchen, diesen berechtigten Anspruch des produktiven Individuums innerhalb der neuen »Autonomien«, d. h. Kollektivherrschaften der Sinnproduzenten, zur Geltung zu bringen. Wer die Maßnahmen der Hochschulreform, der Schulreform und sehr bald auch der Medienreform auf ihre individuelle Freiheitswirkung und auf ihre sachliche Wirksamkeit hin – mehr wissenschaftliche Erkenntnisse, bessere moralische und funktionale Ausbildung, mehr Meinungs- und Urteilsfreiheit – überprüft, wird nur mit irrationalen

Zukunftsverheißungen den Standpunkt vertreten können, daß die Reformen diesen Zielen dienen, während alle empirischen Überprüfungen dem widersprechen.

Bei Durchsetzung von Klassenherrschaften, unter welchen liberalen, menschenfreundlichen, freiheitsverkündenden Parolen auch immer, mag es zunächst um Binnenherrschaftsvereinheitlichung der betreffenden Klasseninteressen gehen, aber diese wird nur erreicht, wenn sie sich sehr bald zu einem allgemeinen politischen und sozialen Herrschaftsanspruch der betreffenden Klasse erweitert. Sicherlich ging es den privatkapitalistischen Unternehmern oder den Funktionären der organisierten Arbeiterschaft zunächst nur um die Freiheit unternehmerischer Dispositionen oder um den Schutz der Arbeitnehmer vor kapitalistischer Ausbeutung, aber in beiden Fällen läßt sich doch heute ziemlich genau nachweisen, wann die unternehmerische Freiheit oder der Solidaritätsschutz der Arbeitnehmer zur Herrschaft über den Güter- und Arbeitsmarkt umschlug und diese »Autonomien« der wirtschaftlichen Partner zum politischen Herrschaftsdruck auf die gewählten Regierungen wurden. Die Entmachtung der Regierungen aus ihrer Verantwortung für das »Allgemeinwohl« zur Parteinahme für das »Klassenwohl« ist sowohl von den Klassenvertretern des Kapitalismus wie des Sozialismus vereint betrieben worden. Diese von rechts und links durchgesetzte Entwertung der Interessen der Allgemeinheit fand zunächst einen gewissen Widerstand an den Berufsgruppen, die eben das interessen- und herrschaftsfreie »Allgemeine« zu vertreten beanspruchten, in der deutschen Tradition etwa die staatsverpflichtete Justiz oder Beamtenschaft, aber eben auch die wissenschaftlich-akademisch ausgebildeten Berufe, insbesondere die Lehrerschaft aller Ränge. Ebendies ist heute mit dem Klassenherrschaftsanspruch der Intellektuellen zerstört, sie sind gruppenhaft politisch engagiert und damit Koalitionspartner oder Herrschaftsaspiranten der politischen Herrschaft selbst und nicht mehr ihre sachverpflichteten Diener.

Aus dieser Ausbeutung der geistigen Individualrechte und Freiheitsgarantien zu politischen Herrschaftsansprüchen ergeben sich in der jeweiligen Situation natürlich die verschiedensten Koalitions- oder Durchsetzungsstrategien. Die hier von der Klassenherrschaft der Sinnproduzenten eröffnete Herrschaftsfunktion der liberalen Freiheitsrechte und der Autonomie kultureller Institutionen kann unmittelbar in einen politischen Gesamtherrschaftsanspruch über die Gesellschaft umschlagen, si-

kann aber auch gewollte oder ungewollte Bündnisse mit anderen revolutionären Gruppen eingehen oder die staats- und gesellschaftstragenden Einrichtungen klassenegoistisch aushöhlen. Für alle die genannten Reaktionen lassen sich in der bundesrepublikanischen Wirklichkeit genügend Beispiele finden. Dies weist nur darauf hin, daß aller Klassenherrschaft die Entwicklungsrichtung innewohnt, sich auch mittelbar oder unmittelbar die politische Herrschaft zu unterwerfen. Davon macht die Klassenherrschaft der Sinnproduzenten nicht nur keine Ausnahme, sondern dieses Streben ist ihr seit dem Urahn Plato sozusagen angeboren. Unter diesem Gesichtspunkt des politischen Machtstrebens ist die Forderung nach kultureller Autonomie der verschiedenen sinnproduzierenden Institutionen dann ein bloßes strategisches Durchgangsstadium.

7. Die Sprachherrschaft

Das entscheidende Produktionsmittel dieser Klasse der Sinnproduzenten aber ist die Sprache; ihre Monopolisierung verbürgt die Klassenherrschaft. Allerdings stößt die Vorstellung einer Monopolisierung der Sprache zu Herrschaftszwecken zunächst auf den Einwand, daß ja jeder Mensch spricht, sich sprachlich mit anderen in Kontakt setzt oder »vermittelt« und niemand – von ausgefallenen Isolierungszuständen abgesehen – daran gehindert werden kann, sich mit den Menschen, mit denen er umgeht, sprachlich zu verständigen. So ist es richtig, daß die Menschen nur sehr schwer »mundtot« zu machen sind, wenn man sie nicht sozial zwangshaft vereinsamt: Lebende sprechen. Aber genauso ist die »Arbeit«, also die irgendwie produktive Tätigkeit des Menschen, kaum zu hemmen; die Klassenherrschaft über die Arbeit wird ausgeübt durch den »Besitz« von bestimmten Produktionsmitteln, nicht durch Hemmung der Tätigkeit selbst. Genauso ist es mit der Sprache: Ihre »Produktionsmittel« sind die Worte oder die in Worten ausgedrückten Begriffe, also die »Bedeutung« der Worte. Und Worte oder ihre Bedeutung lassen sich durchaus monopolisieren, unterdrücken oder aufdrängen, ja aufzwingen. Der oft so geringschätzig benannte »Streit um Worte« ist in Wirklichkeit ein »Kampf um Worte«, in dem sich Sozialbeziehungen, vor allem Herrschaftspositionen, entscheiden. Er ist genauso wie der »Kampf ums Recht« ein unaufhebbarer gruppenhafter politischer Grundsatzkonflikt.

Die politische Bedeutung der Sprache, in der klassischen Philosophie einige Male angedeutet, von den Sprachwissenschaftlern fast regelmäßig übersehen, hat in der letzten Generation zunächst unter dem Gesichtspunkt der ideologischen Sprachbeherrschung in totalitären Systemen zunehmend Beachtung gefunden (z. B. in dem von Sternberger, Storz und Süskind veröffentlichten ›Wörterbuch des Unmenschen‹, 1962, und vielen Totalitarismusstudien diesbezüglicher Art). Erst danach ist die grundsätzliche Herrschaftsdimension der Sprache stärker erörtert worden, insbesondere unter dem Einfluß der den Erkenntniswert der Alltagssprache betonenden Philosophie *Wittgensteins.* Kennzeichnend dafür ist der einflußreiche Vortrag *Hermann Lübbes* ›Der Streit um Worte. Sprache und Politik‹ (jetzt in: H. Lübbe, ›Bewußtsein in Geschichten‹, Freiburg 1972, S. 132 ff.). Sein sachlicher Opponent ist – obwohl zwischen beiden keine unmittelbare Auseinandersetzung stattgefunden hat – vor allem *Jürgen Habermas,* dessen Tendenz zur »herrschaftsfreien Kommunikation« nicht zufällig immer mehr zur Sozialphilosophie der Sprache wird. Die interessanteste Erörterung dieser Thematik hat in den letzten Jahren im »Bergedorfer Gesprächskreis« (41. Tagung, Mai 1972. Protokoll Nr. 41) unter der Fragestellung ›Sprache und Politik. Können Begriffe die Gesellschaft verändern?‹ stattgefunden; für unsere Darstellung haben wir die Gesichtspunkte, die dort *Hans Maier* in seinem Hauptreferat entwickelt hat (später unter dem Titel ›Die Sprache der Neuen Linken verhindert den Dialog‹ in der ›Frankfurter Allgemeinen Zeitung‹ vom 13. 7. 1972), sowie die gewichtigen Beiträge von *Wilhelm Hennis* und *Ulrich Oevermann* vor allem herangezogen. Eine zusammenfassende Betrachtung zu diesem Thema liegt weiterhin von *Wolfgang Brüggemann,* ›Didaktische Reflexionen zur politischen Sprache‹, in der Zeitschrift ›Gesellschaft. Staat. Erziehung‹, August 1972, vor.

Sprache durchzieht in noch höherem Maße als das Recht *alle* sozialen Beziehungen des Menschen (ja sogar die Beziehung der einzelnen Person zu sich selbst, also sein Selbstbewußtsein); insofern bilden sich nicht nur alle Sozialbeziehungen, also auch Herrschafts- und Produktionsverhältnisse, in der jeweiligen Sprache ab (ein Gesichtspunkt, auf den neuerdings vor allem *Jürgen Habermas* immer wieder hingewiesen hat), sondern Sprache *ist* jeweils die Grundlage der betreffenden Sozialbeziehung, d. h., sie herrscht, sie produziert, sie bildet den Gruppenzusammenhang, sie führt den Krieg oder Konflikt usw. Sprache ist nicht nur im Sonderfall, sondern immer Aktion, Handlung. Den Unterschied zwischen dem Einfluß der handgreiflichen und der sprachlichen Handlung haben wir zu Anfang dieses Buches als physischen und psychischen Zwang deutlich gemacht; psychische Herrschaft und psychische Vergemeinschaftung werden beide durch Sprache erzeugt und nehmen heute, in einer zivilisierten, d. h. auf Informationen beruhenden Welt, einen weit höheren Rang an sozialer Macht ein als physische Gewalt. Heute kann man verlorene militärische Kriege sprachlich-ideologisch zurückgewinnen. So stützt sich jede sozial-strukturelle Situation, insbesondere aber der Sachgehalt jeder Institution, auf die ihnen gemäße Sprache. Es gibt die Sprache der »herrschaftsfreien Kommunikation«, insbesondere unter Liebenden, es gibt die Sprache der terroristischen Macht, insbesondere in der totalitären Propaganda, um nur zwei extreme Situationen und Institutionen zu nennen. Diese sozialen »Sprachsituationen« bestimmen nicht nur die Verwendung und Bedeutung der Worte, sie wirken sich bis in die Grammatik und selbstverständlich den Sprachstil aus.

Den eindringlichsten sprachwissenschaftlichen Nachweis für diese These hat wahrscheinlich *Harald Weinrich* in seinem Buch ›Tempus. Besprochene und erzählte Welt‹ (Stuttgart 1964) geliefert. Sprache als »Handlung« (denn das ist bei W. »besprochene Welt«) unterscheidet sich in ihren verbalen Formen von der »erzählenden Sprache«, was W. durch die europäischen Sprachen hindurch beweist. Damit sind zwei sehr große Sprachsituationen angesprochen (der »Handelnde«, der »Erzählende«), was Weinrich zu der richtigen These und Forderung führt, daß Sprechsituationen, auf fundamentale Lebenssituationen in der betreffenden Kultur bezogen, erforscht werden müßten. Im übrigen deutet sich hier bereits der für die moderne Zivilisation viel grundlegendere Gegensatz von politischer und wissenschaftlicher Sprache an, der eine zukünftige Generation von Sprachwissenschaftlern beschäftigen wird. Leider hat Weinrich seine nur in interdisziplinär linguistisch-sozialwissenschaftlicher Zusammenarbeit zu erreichende Grundthese bisher nicht weiter verfolgt.

Unter dem Gesichtspunkt der Klassenherrschaft durch Sprache müssen wir uns natürlich besonders den sprachlichen Herrschaftseinwirkungen zuwenden. In der letzten Zeit sind dazu zwei Grundauffassungen vertreten worden, die zunächst als sogenannte »linke« und »rechte« Position, sehr widersprüchlich erscheinen:

a) »Die herrschende Sprache ist die Sprache der Herrschenden«, eine von der extremen und »systemüberwindenden« Linken in Umlauf gesetzte prägnante Formel, die ja auch sprachpolitisch-pädagogische Folgerungen nach sich gezogen hat.

b) »Institutionen und Rechtsordnungen bedürfen zu ihrer Erhaltung der Formkonstanz begrifflicher und sprachlicher Identität«, eine These, die in dieser Form *Hans Maier* zur Grundaussage seines Vortrages und seiner Antworten im »Bergedorfer Gespräch« gemacht hat.

Im Grunde genommen sagen beide Thesen dasselbe aus und unterscheiden sich nicht in der Erkenntnis über den Herrschaftswert der Sprache, sondern in der in dieser Aussage angezielten Politik. Wenn kooperative und damit demokratische Institutionen in ihrer politischen Zusammenarbeit, also in der »Herrschaft der Demokraten« welcher parteipolitischen Pluralität auch immer, eine Konstanz der Wortbedeutungen voraussetzen, wenn also die eine Seite unter »Friede«, »Rechtsstaat«, »Demokratie« usw. nicht sachlich genau das Gegenteil von dem versteht und sprachlich mitteilen will, was die andere Seite darunter meint (was in der Auseinandersetzung zwischen Ost und West längst der Fall ist), dann muß es natürlich einen »Hüter der Sprache« in einer auf politische Zusammenarbeit eingestellten Gesellschaft genauso geben wie es einen »Hüter der Verfassung«, etwa in Gestalt eines Bundesverfassungsgerichts oder der gesamten Justizorganisation, in demokratisch herrschaftskontrollierten Staaten gibt. Sprachkontrolle wird zur Herrschaftskontrolle – diese Folgerung ist aus beiden politischen Sprachvoraussetzungen unvermeidbar. Die Frage ist, wie sie ausgeübt wird. Denn eins ist in der politisch-geistigen Auseinandersetzung in der Bundesrepublik jetzt bereits deutlich geworden: Die Formkonstanz der Sprache, also das Gemeinverständnis der Bedeutungen und Ideen, wie es noch im 19. Jahrhundert und in der ersten Hälfte des 20. Jahrhunderts in den politischen Auseinandersetzungen einer Gesellschaft vorausgesetzt werden konnte, ist aufgehoben. Herrschafts- und Klassenkampf finden in der Bundesrepublik heute sogar vorwiegend als Kampf um die Sprache statt.

Auf der einen Seite sehen die Bewahrer der freiheitlich demokratischen Grundordnung mehr und mehr die Gefahr, die in der »Umwertung aller Worte« liegt, die die Grundlage der bestehenden Sozial- und Staatsordnung bilden (z. B. »Demokratie«, »Gewalt«, »Öffentlichkeit«, »Recht« usf.); sie sehen, daß »die Sprache der Neuen Linken den Dialog verhindert« (Hans Maier) und die Linke schon die sprachliche Verständigung nicht will und aggressiv abbricht. Damit wird deutlich, daß die Sprache in der Tat vor aller Sinn-Verständigung »ein System gegenseitiger (sozialer und politischer) Anerkennung« ist (H. Krings) und das

»Nicht-miteinander-sprechen-Wollen« bereits soziale und politische Aggression. So ist folgerichtig, daß ein Verteidiger der pluralistischen Parteiendemokratie wie *Wilhelm Hennis* zur Verteidigung einer »sich verständigenden« Demokratie die Frage nach der Notwendigkeit einer Zensur aufwirft: »Keine intakte Gesellschaft, die menschliches Zusammenleben in halbwegs friedlicher Form ermöglicht, kommt ohne eine gewisse ›Zensur‹ aus. Wenn jeder so reden könnte, wie ihm der Schnabel gewachsen ist, wäre menschliche Gesellschaft unmöglich. Die Frage ist nur, ob das tyrannisch organisiert sein muß, oder ob es einen ›common ground‹ gibt, der die pluralistische Austragung des Wortkampfes in vernünftigen Grenzen hält, so daß Verständigung noch möglich ist« (»Bergedorfer Gespräch«, Protokoll 41, S. 22; vgl. ebd., S. 46). Er entwickelt damit nur die im Art. 5 (1) des Grundgesetzes liegende Dialektik, daß auf der einen Seite Meinungsfreiheit und vor allem Presse- und Berichterstattungsfreiheit »gewährleistet werden« soll, auf der anderen Seite ebenso der kategorische Satz steht: »Eine Zensur findet nicht statt.« Der Widerspruch – entweder Einführung einer »Zensur« oder grundgesetzliche Unterstützung der Sprachherrschaft der sinnproduzierenden, klassenkämpferischen, die Verständigung aggressiv ablehnenden Linken – gehört zu den Situationen, von denen ich behauptet habe, daß Liberale in ihnen nur noch »Selbsttore« schießen können.

In diesem Zusammenhang hat meines Erachtens *W. Brüggemann* ausgewogener festgestellt: »Die politische Sprache pluralistisch-ideologischer Systeme kennt demgegenüber keine Instanz, die Macht zur Kanonisierung politischer Perspektiven und der diesen Perspektiven verpflichteten Sprache besitzt ... Die politische Sprache in politisch-pluralistisch strukturierten Systemen ist wesentlich nicht endgültige Sprache, deren ›ideologischer‹ Gehalt zu kontrollierender Wirklichkeitserfahrung und Kritik provoziert« (a. a. O., S. 225 f.).

Wenn also (nach beiden Autoren) eine sprachliche (und damit auch inhaltliche) Zensur als staatlich monopolisierte Institution ausgeschlossen wird, ist nach den sozialen und politischen Kräften zu fragen, die diesen »common ground«, diese alle Sinn- oder Ideenkonflikte übergreifende Sprach- und Verständigungseinheit in einer pluralistischen Demokratie eigentlich verbürgen. Da es keine staatliche und damit regierungshörige Institution sein kann, wie es in den totalitären Staaten selbstverständlich der Fall ist (die dadurch fast definiert werden), kann es nur die sprachliche Verständigungsgemeinschaft der Sozialgruppen sein, die insgesamt in allen pluralistischen demokratischen Institutionen die Politik bestimmen. Ohne eine solche, wenigstens in der sprachlichen Verständigung einige politisch-soziale Führungsschicht kann in der Tat keine parteienpluralistische Demokratie Bestand haben.

Damit ist die revolutionäre Strategie des klassenkämpferischen Herrschaftsanspruches gegen diese liberal-demokratische Herrschaftsform bereits programmiert: Die Sprache der (demokratisch) »Herrschenden«, also jenseits der Unterscheidung von Regierung und Opposition, ist als »herrschende Sprache« zu unterwandern, aufzuheben und durch eine andere »herrschende Sprache«, eben die der vorläufig noch revolutionären Kräfte, zu ersetzen. Die Sprachrevolution wird zum entscheidenden Einbruch in das pluralistisch-demokratische System. Die Demokratie der Bundesrepublik von 1945 ab beruhte nicht zuletzt auf dem Umstand, daß die Demokraten der verschiedenen Parteien wenigstens »eine Sprache sprachen«, was die außenpolitischen und grundgesetzlichen Grundlagen unseres Gemeinwesens betraf, ohne dabei immer einer politischen Meinung zu sein. Das bewirkte aber, daß in der institutionellen Herrschaftsschicht der Bundesrepublik in den zweieinhalb Jahrzehnten zwischen 1945 und 1970 keine die demokratischen Grundsätze aufhebende Gegnerschaft bei aller Konkurrenz um die Regierungspositionen bestand. Diese politische Grundlage für die pluralistische Demokratie bestand also in einer grundsätzlich unantagonistischen, über alle politischen Programmatiken hinüberreichenden politischen Schicksalsgemeinschaft, die nicht zuletzt in gemeinsamen politischen Lebenserfahrungen und ihrer sprachlichen Benennung bestand. Wer diese demokratische Grundeinheit der Bundesrepublik aufsprengen will, muß also nicht nur die Einheit der generationshaften Lebenserfahrung – die mit den Jahren ohnehin abnimmt – beseitigen, sondern vor allem die Sprach- und Verständigungseinheit, die sich als Grundlage der neuen westdeutschen Demokratie gebildet hatte. Eben hier setzt die politische Sprachstrategie der systemüberwindenden Revolutionäre an: Nicht die politischen Stellenbesetzungen und noch viel weniger die Militär- oder sonstigen staatlichen Monopolgewalten waren das vordringlichste Ziel der revolutionären Machtübernahme, sondern die Übernahme der Sprachgewalt. Wenn Bundespräsident, Bundeskanzler, Ministerpräsidenten und Minister die sprachlichen Vokabeln und damit verbalen Problemstellungen der klassenkämpferischen Revolutionäre übernehmen, geraten sie bereits in die Rolle der ungewollten Förderer der »Systemüberwindung« und arbeiten mit diesen »Denkanstößen« an ihrem eigenen Untergang.

Eine klassenkämpferische Sprachpolitik hat also ein Herrschaftsinteresse daran, daß es zwei »Sprachklassen« gibt, oder deutlicher: daß es eine politische Sprache gibt, über die nur die herrschende Klasse verfügt und der sich derjenige einfügen muß, der mitherrschen will, und daß die »Beherrschten«, die breiten arbeitenden Schichten des Volkes, in ihrer politisch ohnmächtigen Sprache gehalten werden. Daß dies mit dem vermeintlich arbeiterfreundlichen Argument geschieht, man wolle und solle die unmittelbare volkstümliche Sprache der arbeitenden Menschen nicht vergewaltigen, sie in den Schulen zu ihrem Recht kommen lassen und begünstigen, wie es etwa die Hessischen Rahmenrichtlinien für den Deutschunterricht vorsehen (die im übrigen ein Musterbeispiel für die neue Herrschaftssprache einer klassenkämpferisch-revolutionären Gruppe bieten), gehört zu dem Tarnungsprozeß der Herrschaftsabsicht vor den Beherrschten und den idealistisch-selbstbetrügerischen Mitläufern. Schon der Nationalsozialismus hat das »Volkstum« als Herrschaftsmittel zur Entmodernisierung und damit Entmündigung breiter Volksschichten benutzt.

Das Gegenteil ist natürlich demokratisch: Die Einführung eines allgemeinen Schulunterrichts, der vor allem ein gemeinsames Hochdeutsch lehrte, war die Grundlage und Voraussetzung aller Demokratiebestrebungen in Deutschland (und ähnlich in anderen Ländern); wer am »Hochdeutsch« teilnahm, sich in ihm ausdrücken, verstehen und verständigen konnte, gehörte in dieser Hinsicht eben schon zur »herrschenden« Schicht. Zur Klassenabschließung gehört aber gerade die Bewahrung einer eigenen gruppenhaften Sprache, von der man die anderen ausschließt; in dieser Form ist sie ein ganz wichtiges Mittel des Gruppenzusammenhaltes in Form der Zugehörigkeitserkenntnis und vor allem im Sinne formelhaft-bekenntnishafter Verständigung. Diese Leistungen nimmt das moderne soziologisch-psychologisch-marxistische Vokabular der Reflexionselite längst erfolgreich wahr:

– es vergemeinschaftet;

– es schirmt gegen widrige oder nicht gelöste Fragestellungen ab, weil mit der Sprachformel immer die Universalantworten gegeben sind;

– es stärkt die Autorität der Sprachherrschaftsklasse, weil es die anderen einschüchtert, von kritischen Nachfragen abhält und sie so entmachtet;

– es vermittelt legitimes Herrschaftsbewußtsein, denn bereits die Wiederholung von Sprachformeln, die auf methodische Unangreifbarkeit hin konstruiert sind, läßt jeden soziologisch-philosophischen Marxistischsprechenden heute vor sich selbst klüger erscheinen als Karl Marx selbst;

– vor allem aber siebt die angewöhnte Sprache aus der eigenen Erfahrung widrige Tatbestände aus und läßt nur formel- und wortgerechte Erfahrungen zu, übt also die (wahrscheinlich wichtigste) Funktion der Bestätigungsauswahl der Welterfahrung aus.

Zum Teil sind die Kennzeichen der Klassenherrschaftssprache in der *Priestersprache* verschiedener Religionen enthalten und könnten hier – im Anschluß an unsere These von der modernen Heilslehre – ohne weiteres auch unter diesem Gesichtspunkt gedeutet werden. Priestersprachen entstehen zunächst aus der notwendigen Kenntnis der Sprache der »Heiligen Bücher«, die nicht nur kaum in der Volkssprache, sondern sehr oft geradezu in fremden, oft vergangenen, geschichtlich gewordenen Sprachen geschrieben worden sind. Ihre Erkenntnis und Theologie ist dann immer zugleich Sprachüberlegenheit der Priester über die Laien und damit Herrschaftsmittel durch in Anspruch genommene Kompetenz der heilsherrschaftlich-legitimen Deutung der Heilsaussagen. (Die fundamentalen Demokratisierungen der Bibelübersetzungen wie der Luthers sind priesterherrschaftlich sehr bald zurückgenommen worden; die modernen Vervolkstümlichungen der christlichen Heilslehre bis hin zum Pop-Christentum wirken selbst sektenhaft, vielleicht ökonomisch gewinnbringend, aber kaum zur Bestätigung der Priesterherrschaft.) In diesem Sinne der aus Heilsschriften entstehenden Priesterherrschaftssprache bilden natürlich die Neomarxisten, die Soziologen, Psychologen, Pädagogen usw., die aus klassischen Schriften der Sozialwissenschaft wie denen von Marx und Freud, aber vor allem auch aus den neuen, diese Klassiker situations- und das heißt revolutionsgerecht interpretierenden Evangelisten, Kirchenvätern und karriereeifrigen Kommentatoren, ihre Sprache ziehen, eine zur Herrschaft verschworene Priesterzunft. Da diese Form von Priesterherrschaft schon immer Klassenherrschaft war, wäre es müßig, sich hier über das Verschmelzen von Priester- und Klassenherrschaft der Sprache groß auszulassen.

Einige aktuelle wissenschaftliche Hinweise mögen diese Thesen verdeutlichen: Die sog. »Frankfurter Schule« war sicherlich kein Klassenkampfverein in akademischem Gewande, aber sie hat klassenkämpferisch gewirkt. Die Sprachformeln, die Autoren wie Adorno, Habermas, Marcuse geliefert haben und die von unzähligen autorisierten und unautorisierten Schülern verbreitet und im intellektuellen Klassenkampf eingesetzt worden sind, haben alles andere als »herrschaftsfreie Kommunikation« bewirkt, sie wurden im Gegenteil zur Abwürgung sachlicher Diskussionen und zur Durchsetzung von Gruppenmacht benutzt. Daß dies nicht im Sinne ihrer Autoren lag, daß insbesondere in den akademischen Seminaren dieser akademischen Lehrer diese Erscheinungen nicht auftreten konnten, weil sie autoritativ, »ex cathedra«, solchen Sprach- und Argumentationsmißbräuchen entgegenwirkten, kann nicht darüber hinwegtäuschen, daß in ihrem Namen eben dieser herrschaftsbetonte Kommunikationsabbruch betrieben wurde. Für Sprachherrschaften sind nicht Autoren, sondern herrschaftsgierige Kollektive verantwortlich, die allzuoft die moralisch bescheidenen Motive ihrer Sprachväter widerlegen. Wahrscheinlich haben die Autoren der »kritischen Reflexion« niemals realisiert, wieviel akademische und universitäre Erörterungen in ihrem Namen mundtot gemacht worden sind. Daß möglicherweise Adorno an dieser Erkenntnis gestorben, Habermas ihr durch Emigration in eine Privatuniversität und Marcuse ihr durch transatlantische Distanzierung ausgewichen ist, kann diejenigen wenig trösten, die die politischen Folgen ihrer Sprachherrschaft zu ertragen haben.

Das bereits erwähnte »Bergedorfer Gespräch« über Sprache und Politik hat als eine keineswegs unrepräsentative Sammlung bundesdeutscher Intellektueller zu dieser Frage einige Beweismittel geliefert: Wir erwähnten bereits den entscheidenden Vortrag von Hans Maier und den Beitrag von Wilhelm Hennis; der klügste Beitrag der »anderen Seite« stammt sicherlich von dem Habermas-Schüler und wissenschaftlichen Mitarbeiter am Max-Planck-Institut für Bildungsforschung, Professor *Ulrich Oevermann:* Er stimmt nämlich in der methodologischen Analyse, daß Sprache politischen Einfluß und damit politische Macht darstellt, und zwar oft gegen die Lebensinteressen der Angesprochenen und die Sprache annehmenden Bürger, mit den Thesen Hans Maiers ausdrücklich überein, ja er verweist auf die Sprache der Wahlwerbung mit der richtigen Behauptung, daß sie die konkreten Interessen und Sozialerfahrungen des Wählers, die ihn in der Wahl bestimmen sollten, eher verschleiert und verstellt als aufhellt. Anstatt aber diesen Hinweis auf die sicherlich schwächste Stelle der modernen pluralistischen Parteiendemokratie als den grundsätzlichen Fehler aller »engagierten« und in Machtauseinandersetzungen sich befindenden Gruppen zu erkennen und nach der Aufrechterhaltung einer gemeinsamen Sprache zu fragen (wie H. Maier), dreht er den Spieß um und fordert, daß die »neue Sprache« in Bereiche eingeführt werden müsse, »in denen entsprechende Veränderungen dringend realisiert werden müssen. Ich denke zum Beispiel an Entscheidungen in bezug auf Lehrerbildung, Einrichtung von regionalen Curricula und Planungszentren und so weiter. Da werden praktische Entscheidungen darüber getroffen, welche Lernziele mit welchen Mitteln und Einstellungen in der Schule realisiert werden. Das hat wiederum Konsequenzen dafür, welche Kategorien und welches Interpretationsschema Kinder im Durchlauf durch die formalen Ausbildungsprozesse erwerben, die es ihnen möglich machen, soziale Verhältnisse in bestimmter Weise zu interpretieren.« Daß für Oevermann der kindliche »Durchlauf durch die formalen Ausbildungsprozesse« – nur ein Soziologe kann so über Erziehung reden – die entscheidende politische Indoktrinierungsphase für die Auffassung der sozialen Wirklichkeit ist, darüber lassen seine weiteren Ausführungen keinen Zweifel. Daß hinter dieser Sprachauseinandersetzung klar eine politische Ziel- und Machtauseinandersetzung steht, macht Oevermann dann durch eben die Thesen klar, die wir als Klassenherrschaftsthesen der Intellektuellen bereits geschildert haben: »... diejenigen, die die Politik verwalten, sind zu Technologen geworden ... Das politische System (!) ... ist nicht mehr in der Lage, langfristige politische Zielsetzungen zur Grundlage politischer Entscheidungen oder der öffentlichen Meinungsbildung zu machen. Vielmehr handelt es nur noch (!) im Sinne der Systemstabilisierung; es besorgt sozusagen den Kitt am Legitimationssystem ... Es geht eine Verkürzung der offiziellen politischen Sprache auf die Funktionssprache hin vor sich, die auch die Funktion der Meinungssprache mit übernimmt ... Diese (funktionale) Verkürzung hat die Abdichtung gegenüber Kategorien des guten Lebens zur Folge. Wir müssen jetzt prüfen, welche ›issues‹ bei konkreten Auseinandersetzungen, etwa bei ›Häuserbesetzungen‹ in Frankfurt, wirklich abrufbar sind. Da machen Leute plötzlich die Erfahrung, daß bestimmte Wünsche, die sie bisher nicht als politisierbar empfunden haben, auf einmal politisch artikulierbar sind ... Diese Erfahrung zu vermitteln ist von oben nicht gelungen, aber von unten gelingt es plötzlich ... Wenn also breite Gruppen die ... Begriffsinhalte übernehmen und damit einen neuen Kontext für politisches Handeln in erstarrten Strukturen (!) schaffen, dann ist das kein Rückschritt, sondern ein Fortschritt« (»Bergedorfer Gespräch«, Nr. 41, S. 26, 41, 57 f.). Ich finde diese Beiträge von Oevermann zu dem Thema Sprache und Politik so erfreulich, weil damit endgültig das vermeintlich unpolitische Gerede von der »herrschaftsfreien Kommunikation« vom Tisch ist und das Programm einer Sprachpolitik der Revolution und des intellektuellen Klassenkampfes, wie es die Hessischen Rahmenrichtlinien für die Schulen, die dementsprechenden hochschulpolitischen Gesetze und Verordnungen hier und an vielen anderen Stellen der Bundesrepublik darstellen, grundsätzlich ausgesprochen ist.

Für die Gruppenbildungswirkung einer nur für Eingeweihte verständlichen Sprache zitiert *Hans Maier* in seinem Vortrag das Zeugnis eines Berliner Studenten aus der ›Zeit‹ vom 26. 5. 1972: »Wir sind eine ›Gruppe‹; wir kennen uns nicht, aber wir erkennen uns an unserer Sprache und wir erkennen die anderen an ihrer Sprache. Wer an unserem Sprachspiel teilnimmt, nimmt auch bereits an unserem Lebensspiel teil;

unsere Sprache weist uns aus. Es kommt immer wieder vor, daß einzelne ›umfallen‹. Wir hören es; ihre Sprache ist (wieder) anders geworden; sie sind dem Druck der bürgerlichen Gesellschaft erlegen ... Auseinandersetzungen, aktive Anpassung, Dialoge sind ebenfalls nicht möglich, denn dies setzt zwei dazu bereite ›Gesprächspartner‹ voraus« (ebd., S. 12). Wie viele außerhalb der dementsprechenden Fakultäten der Hochschulen haben eigentlich gemerkt, daß hier längst zwei nicht mehr verständigungsfähige Sprachen gesprochen und daß die zwei klassenkämpferisch getrennten »Sprachnationen« bei uns bereits längst Wirklichkeit sind?

Bevor wir auf die noch zu beantwortende Frage eingehen, *wie* denn der Klassenkampf durch Sprache geführt wird, sei noch eine grundsätzliche Einsicht angemerkt: *Hans Maier* hat mit Recht darauf hingewiesen, daß keine soziale Institution, keine politische Gesamtordnung ohne eine vorausgesetzte Sprachidentität ihrer Mitglieder bestehen kann. Diese These gilt auch, vielleicht sogar noch gewichtiger, umgekehrt: *Alle Sprach- und Verständnisidentitäten sind institutionell begründet und werden nur so erhalten. Sprache wird nur innerhalb einer sozialen Zusammengehörigkeit verständlich.*

Über diesen Tatbestand haben die ethnischen Ursprünge der Sprachgemeinschaften, die Gemeinsamkeit der Sprachvölker ohne gemeinsame staatliche Institutionen, hinweggetäuscht, wie es ja gerade für die deutsche Sprache kennzeichnend ist. Von hier aus sind die »Dialekte«, also das Plattdeutsch, das Schwäbische oder Bayrische, als geschichtlich-regionale Sonderformen der Sprachentwicklung verstanden worden, die zwar sprachwissenschaftliches Interesse, volkstumbewahrende Kultivierung und alltagssprachliche Duldung erfuhren, aber im Sinne der Nationalisierung und Demokratisierung des 19. Jahrhunderts gerade politisch belanglos wurden. Sprachpolitik im 19. Jahrhundert (und etwas darüber hinaus) war Nationalismuspolitik und betraf die Vereinheitlichung zur umfassenden Gemeinsprache. Obwohl diese politische Sprachauseinandersetzung noch keineswegs völlig vorbei ist (selbst im »Vereinigten Europa« spielen diese Fragen etwa im Elsaß noch eine unerfreuliche Rolle), hat sich die politische Sprachfront mehr in soziale Herrschafts- und Revolutionsidentitäten verlagert: Die revoltierenden Studenten der Columbia-Universität, der Sorbonne, des Aufstandes von Prag und der vielfachen bundesdeutschen universitären Proteste und Aggressionen verfolgten zwar nur scheinbar die gleichen Ziele (sie wirkten z. B. sowohl pro- wie antikommunistisch), aber sie verband eine gemeinsame Sprache, die aus den soziologischen und philosophischen Seminaren stammte.

Das Universitätsseminar ist sowieso der institutionelle Ursprung der Sprach- und Denkweisen, die die sozialen Heilsreligionen ebenso begründen wie den verschleierten Klassenkampf ihrer intellektuellen Vertreter. Man hat schon öfters gesehen, daß »nur in der Sonder-Öffentlichkeit der Gelehrtenrepublik die Informationspraxis im allgemeinen nicht an Zwecken orientiert ist, die vom reinen Informationszweck selbst verschieden sind ... Nur in solchen kleinen, homogenen, auf den Zweck theoretischer Erörterung festgelegten Zirkeln« ist Sprache nicht Macht, sondern nur Einsicht vermittelndes Argument (*Lübbe*, a.a.O., S. 139f., 161f.). Indem dieser soziale Zusammenhang der Erkenntnisgewinnung um der Erkenntnis willen durch *Gespräch,* vielleicht die einzige menschliche Situation, die der Vorstellung einer »herrschaftslosen Kommunikation« nahekommt, als Modell auf das soziale, ja vor allem politische Leben insgesamt übertragen, also der Staat als platonische Akademie (»Der Philosoph muß herrschen«) oder als reiner Verwirklichungsagent nur durch Diskussionseinigung erzeugter Einsichten verstanden wird – und im Grundsatz vertreten Habermas, v. Hentig und viele andere Gelehrte diese Auffassung von »Politik« –, geschieht in Wirklichkeit das Umgekehrte: Die Erkenntnissprache wird zur Herrschaftssprache, und die analytisch-philosophischen Aussagen werden in den Händen und Mündern derjenigen, die der akademischen Illusion den Machtwillen hinzufügen, zur Klassenherrschaft der Sinnproduzenten. Daß dann diese vermeintlich herrschaftsfreie Wissenschaftssprache durch akademisch »gebildete« Sozialisatoren, also Lehrer aller Art, und Informatoren, also durch die ebenfalls sich aus wissenschaftlicher und erfahrungsfreier Ausbildung rekrutierenden Beherrscher der »Medien«, zum politischen Handlungszusammenhang schlechthin erweitert wird, ist wahrscheinlich das entscheidende und gefährlichste politische Strukturkennzeichen der »wissenschaftlichen Zivilisation«.

Über die *Strategie der Umwandlung der wissenschaftlichen Sprache in eine politische Klassenherrschaftssprache* ließe sich ein ganzes Buch, sozusagen eine desillusionierende und zugleich praktische Hinweise vermittelnde moderne Rhetorik schreiben. Wir können uns hier nur einige Hinweise auf diese klassenherrschaftliche Sprachpraxis leisten, die deutlich machen sollen, daß die Denkweisen, die wir für die neue Priester- und zugleich

Klassenherrschaft geschildert haben, sich in der Sprachpraxis am sinnfälligsten niederschlagen. Wir zählen also nur thesenartig auf:

1. Mit Sprachformeln kann die Erfahrung von *Realität verdrängt, aber auch aufgedrängt werden.* Dies ist ein Tatbestand, der in der Natur des Menschen beruht, insofern schon seine Wahrnehmung, in noch viel größerem Maße seine Erfahrung oder seine bewußte Erkenntnis durch Sprache geleitet und ausgelesen wird (auf diesen Zusammenhang hat z. B. die Anthropologie *Arnold Gehlens* eindringlich hingewiesen).

Beispiele: Wenn der in der Bundesrepublik (heute gerade noch) »Heimatvertriebener« oder »Flüchtling« genannte Mensch in der DDR nur »Umsiedler« oder »Neubürger« heißen darf, so wird damit die gewaltsame Austreibung aus der Heimat und ein eventueller Anspruch auf »Heimatrecht« ausgeblendet; daher überrascht es nicht, daß in diesen Tagen solche »Heimatverbundenheit der Flüchtlinge« von einem westdeutschen Volkshochschulleiter bereits als »Revanchismus« gekennzeichnet wird, der nicht zur Entspannungspolitik passe. Zu diesen »Realitätsausblendungen« oder *politischen Sprachverharmlosungen* gehören die Umbenennung von »Kriegsministerium« in »Verteidigungsministerium« oder (aktueller) die Verwandlung von »Propaganda« in »Information« oder »Aufklärung« (*Lübbe,* a.a.O., S. 150, im Anschluß an W. Dieckmann, ›Information und Überredung‹, Marburg 1964). Moderneres Beispiel: Sobald die neuen Klassenherrscher in den Universitäten nicht mehr wegzuleugnende Fehler eingestehen müssen, nennen sie diese »Lernprozesse«, obwohl keiner von ihnen zu lernen bereit war oder ist, aber mit dem Wort ist keine politische, sondern höchstens eine pädagogische Zurechnung möglich. Beispiele dieser Art kann jeder Leser heute leicht selbst finden.

2. Worte, Benennungen von Erfahrungsbeständen, *vermitteln Werturteile oder lösen Werthaltungen auf,* ein Vorgang, der mit dem der Realitätsverdrängung oder -aufnötigung meist Mund in Mund geht. Dabei gebrauchen die totalitären Sprachherrschaften ein ziemlich einfaches Rezept: Sie setzen neue Worte als unbezweifelbare Werte oder Unwerte, an deren Wert- oder Unwertgehalt zu zweifeln bereits politisches Vergehen ist: so die Nazis etwa mit »Rassenschande«, »Herrenrasse«, »Jude« (mit seinen infamen Ableitungen in »Halbjude«, »Dreivierteljude«), »Untermensch«, »entartete Kunst«; so die Kommunisten mit den Worten wie »Imperialismus«, »Kapitalist«, »Reaktionär«, »Abweichler« usw. So einfach ist die verbale Wertbeherrschung und

Umwertung der Sprache in meinungspluralistischen Demokratien nicht; hier bedarf es raffinierterer Mechanismen; so z. B. der *dialektischen Sprachumwertung,* die darin besteht, daß man positive Begriffe mit negativen Eigenschaften verbindet. Ein berühmtes Beispiel dafür ist die Formel *Marcuses* von der »repressiven Toleranz«, ähnlich die der Theologin *Dorothea Sölle* über den »kreativen Haß«, von älterem Ursprung »das formale Recht« usw. Dazu gehört auch die Rechtfertigung des Negativen, indem man es als Heilmittel für ein anderes Negatives darstellt: So sprechen heute die neuen Sozialtheologen von der »Gegengewalt«, um die eigene Gewaltanwendung durch die fremde zu rechtfertigen, im gleichen Sinne, wie die alten Theologen vom »gerechten Krieg« sprachen; so wird eine »Gegenöffentlichkeit« gefordert, um die vorhandene zu unterbinden usw. Die Glorifizierung und Diffamierung von Tatbeständen durch Worte ist natürlich eine alte Praxis; eine ihrer ältesten Techniken ist die werthafte Polarisierung von Begriffspaaren, wobei das eine positiv oder negativ überladen, das andere aber möglichst nicht ausgesprochen und damit unbewußt und unerörtert auf- und abgewertet wird. Zu solcher Wortherrschaft gehört heute der Gebrauch der Begriffe »progressiv«, »bürgerlich«, »Reflexion«, »Technologen«, »Anpassung«, »funktional« usw., die immer von den möglicherweise durchaus zwiespältigen Erfahrungstatbeständen zugunsten oder zu Schaden des einen von aller Bewußtheit oder gar Diskussion ablenken. Schließlich gehören zu diesen Diffamierungen durch Worte noch die *unverbindlichen Verdächtigungen,* die wortprägnant, aber in ihrem Realitätsbezug bewußt diffus sind: Wer ist schon »Schreibtischtäter« (wenn man den konkreten Bezug zu den durch Verwaltungstätigkeit an den KZ-Morden Beteiligten aufgibt)? Das kann man beliebig diffamierend verlängern: Kanzeltäter, Kathedertäter, Schulzimmertäter, Rundfunk- und Fernsehtäter, Parlamentstäter usw., oder wertumgekehrt: Protestgewinnler, Autonomiegewinnler, Maulwerksburschen usw.; als Tätigkeitswort gehört hier das bekannte »hinterfragen« her oder »in Frage stellen« der Gegner (möglichst nicht sich selber), das dem Verdächtigten »Fraglichkeit« bescheinigt, aber nicht ausdrückt, welche.

3. In der Sprache wie im Denken übertölpelt die Klasse der Sinnproduzenten die an Hand von konkreten Lebenserfahrungen Denkenden vor allem durch einen *Wortschatz von Abstraktionserhöhungen* (vgl. S. 114), der es ihnen erlaubt, positive,

harmlose und verwerfliche Tatbestände zu ihren Gunsten auf einen gemeinsamen negativen Sprachnenner zu bringen. Das beste Beispiel dafür ist der Gebrauch des Wortes »Gewalt«, das sinnvollerweise nur körperlich ausgeübten Zwang bedeutet, sei es in krimineller oder in staatlich legitimierter Weise von Militär und Polizei; aber heute gibt es »strukturelle Gewalt«, die in der Wirtschaftsordnung die Unternehmer (»Kapitalisten«) ausüben, nicht etwa »wirtschaftliche Macht«, was zuzugestehen wäre mit der Anmerkung, daß sie auch die Gewerkschaften besitzen. Aber für diesen Klassenkampf sind Prüfungsordnungen, vorgeschriebene Studiengänge, Zensuren usw. längst »Gewalt«, natürlich die der »privilegierten Professoren«; »Werbung« der anderen ist sowieso sublim angewandte »Gewalt« usw. (vgl. dazu *Brüggemann*, a. a. O., S. 222).

Ein ähnlich universal benutztes Wort ist heute der aus der Tiefenpsychologie stammende Begriff der »Frustration«: Seine einmal im psychologisch-wissenschaftlichen Zusammenhang leidlich präzise Bedeutung umfaßt heute längst jede Form von Leid und Enttäuschung: auf diese Weise können durch Prüfungsanforderungen »frustrierte« Studenten mit allen Lebensenttäuschten Klassensolidarität erzeugen, ohne daß der Grund des Leides noch ernsthaft geprüft würde. Die gleiche Funktion hat der Begriff der »Unterprivilegierten«, worunter man Gastarbeiter, Schwerbeschädigte und Rentner, Sprachgestörte und Hilfsschüler, aber zugleich Lehrlinge, Schüler, Studierende, auch Frauen (wenn's nötig ist), ja, allgemein alle die fassen kann, für die die Klasse der intellektuellen Vormünder die öffentlich-verbale »Betreuung« übernehmen kann. In diesem Zusammenhang sei durchaus an das aus dem ›Wörterbuch des Unmenschen‹ von *Sternberger* u. a. stammende (und damals für die Nazi-Sprache gemeinte) Zitat erinnert: »Die Betreuung ist diejenige Art von Terror, für die der Betreute Dank schuldet« (a. a. O., S. 21); ersetzt man heute das Wort »Terror« durch »Klassenbeherrschung«, so ist die Beziehung noch die gleiche. Ähnliches gilt für das aus der Soziologie stammende und heute bis in die höchsten Kreise der Politik geläufige Wort der »Randgruppen« der Gesellschaft: Auch hier ist ein »Elend« so verallgemeinert und unkonkret, daß alle für seine Beseitigung eintreten, zugleich aber wird das politische und soziale Mißtrauen gegen die »Kerngruppen« der Gesellschaft, ähnlich wie gegen die »Privilegierten«, hervorgerufen und genährt. Daß diese »Kerngruppen«, diese »Privilegierten« die große Mehrheit der Gesellschaft darstellen, die arbeitenden Menschen, die ihr Leben auf den ihnen zugestandenen und meist durch Arbeit und Verantwortung erworbenen Rechten führen, diese Einsicht muß durch Wortverschiebungen, die zugleich Problemverschiebungen sind, ausgeblendet werden. Ein Teil der »Reformpolitik«, die von den neuen intellektuellen Klassenherrschern durch die sozialliberale Koalition und darüber hinaus veranlaßt wird, beruht auf solchen durch Wortherrschaft errungenen politischen Interessenverschiebungen zugunsten der Machterweiterung der »Betreuer«.

4. Damit ist natürlich bereits eine Form der politischen Verwendung von Worten angesprochen, die allgemein als *Umbildung politischer neutraler Sinnbegriffe zu politischen Kampfbegriffen* bezeichnet werden muß. Das ist an sich in den Untersuchungen der »politischen Sprache« weitgehend erörtert; das Besondere des gegenwärtigen Gebrauchs dieser Wortstrategie besteht in der politisch-aggressiven Aufladung von Begriffen, die durch lange und allgemein anerkannte Wissenschaftstradition anscheinend neutrale und damit übergreifende Grundlagen der philosophischen Verständigung des westeuropäischen, »abendländischen« Denkens darstellten.

Hans Maier hat in dem genannten »Bergedorfer Vortrag« zwei solcher Worte untersucht: a) »Emanzipation«, ein Schlüsselwort der Aufklärung, wird nicht mehr in erster Linie als Selbstbefreiung der Person in moralischer und dann auch sozialer Hinsicht verstanden, sondern ausschließlich als ein Vorgang der Befreiung von äußeren »Zwängen«, also Institutionen, Gesetzen, Verhaltenskonventionen, Sachverbindlichkeiten usw.; der Freiheitsbegriff wird negatorisch verengt, Emanzipation schlägt in einen pauschalen Verdacht gegen das »Bestehende« um. Das gleiche schildert Maier für das Wort »Freiraum«, auf Institutionsdeutsch »Autonomie«: Diese institutionellen »Freiräume« der Universitäten, Redaktionen, Kirchen usw. haben ja einmal die von den Liberalen durchgesetzte politikfreie Sachlichkeit geistiger Handlungsräume bedeutet, deren Geschäft, wie *Humboldt* meinte, ohne die staatliche Intervention unendlich besser ginge, von denen aber selbstverständlich vorausgesetzt wurde, daß sie in dieser »Autonomie ihrer Sache« auch der Allgemeinheit, z. B. dem Staate, langfristig am besten dienen würden. Das setzt noch unser Grundgesetz im Art. 5 voraus, wenn es nach der Konstituierung von Freiheit der Kunst und Wissenschaft, Forschung und Lehre heißt: »Die Freiheit der Lehre entbindet nicht von der Treue zur Verfassung.« Dies eben wird jetzt vom Begriff »Autonomie« abgestreift: »Die Organisation von ›Gegengewalt‹ bei extremen Gruppen lebt von den asylartig ausgestalteten korporativen Freiräumen in Schulen,

Kirchen, Universitäten, wo (relative) Staatsferne und Polizeiimmunität radikalen Kräften alle Möglichkeiten, vom Flugblattdruck bis zur Vorbereitung von Straßenaktionen, bieten« (H. Maier, ebd., S. 9f.).

Universität, Kirche, Schule usw. als »Gegengesellschaft« oder als »Modell der neuen Gesellschaft«, das hat schon der Tugendterrorist Fichte verkündet. Bei diesen dramatisch-revolutionären Gesichtspunkten der Umwertung von institutionellen »Freiräumen« sollte man aber die viel breitenwirksamere Wirkung von »Autonomieüberheblichkeiten« nicht übersehen, die etwa in der Außerkraftsetzung von Minderheitenschutz, Beamtenrechten, Verwaltungsgrundsätzen, finanziellen Sparsamkeitsgeboten und soundso viel geltenden Anordnungen bestehen, gegen die man zwar vor Gericht klagen könnte, aber damit eben die »Freizeit« der Sachbeschäftigung verlieren würde, zu deren Schutz diese »Autonomien« einmal geschaffen wurden. »Autonomie« bedeutete einmal Schutz der geistig Produktiven *vor* der Macht, heute ist sie die Grundlage der Macht der geistig Produktiven über andere.

Neben dieser »Umfunktionierung« – auch eine wissenschaftlich-verbale Verschleierung des Tatbestandes der Verfälschung der Schlüsselbegriffe in der aktuellen Klassenauseinandersetzung – steht aber eine epochale Sprachveränderung, die viel entscheidendere Herrschaftsverschiebungen bezeugt; man kann sie in dem sehr weitgehend gediehenen Ersatz des Wortes *»Staat«* aus dem politischen Wortschatz des 19. Jahrhunderts durch das Wort *»Gesellschaft«* in der Gegenwart feststellen. Das Bemerkenswerte in dieser Sprachwandlung besteht darin, daß ihr offensichtlich keiner widerstehen kann: Selbst die konservativen Politiker oder die auf Verantwortungseindeutigkeit zielende Sprache der Gesetzgebung und der Verwaltung übernimmt den Begriff der »Gesellschaft«, wo sie vom sozialen »Ganzen« sprechen will. Die bei einigen universitären Staatsrechtlern noch aufbewahrte Unterscheidung von »Staat« und »Gesellschaft« im Sinne Hegels, also des 19. Jahrhunderts, kennzeichnet nur die Antiquierung einer wissenschaftlichen Disziplin; die politische Durchschlagskraft der »Gesellschaft« dokumentiert dagegen die intellektuelle Herrschaft der Soziologen. *Hans Maier* hat auf diese Verschiebung hingewiesen, ohne allerdings die entscheidende politische Konsequenz zu nennen: Wer »Staat« sagt, meint Institutionen, meint Regierung, Parlament, Parteien, Justiz, Kommunen usw., also Einrichtungen, deren Personal eindeutig bestimmbar und zur Verantwortung zu ziehen ist, deren Willensbildung durch kontrollierbare Vorgänge wie Wahlen, gesetzlich geregelte Verordnungen, Geschäftsordnungen und Statuten usw. zustande kommt, meint also letzthin amtliche Verantwortung von berufsethisch verpflichteten Amtsträgern. Wer »Gesellschaft« sagt, meint ein »Ganzes« ohne institutionelle Konkretisierung, einen analytischen Begriff, den jeder nach seiner subjektiven und individuellen Erkenntnislage ausdeuten kann, meint eine »unbestimmte Verpflichtung«, die zwar jeder für sich je nach persönlichem Geschmack moralisch verstehen kann, die sich aber glänzend dazu eignet, die sozialen Handlungen anderer einer objektiv scheinenden, in Wirklichkeit völlig subjektiv-meinungshaften sozial-moralischen Abwertung zu unterziehen. Was ist z. B. die bereits in die Gesetzgebung eingegangene »Verantwortung des Wissenschaftlers vor der Gesellschaft« (Hochschulgesetze)? Forschungen im Auftrage der Bundeswehr entsprechen dieser »gesellschaftlichen« Verantwortung des Wissenschaftlers offensichtlich nicht mehr, während Aufwiegelung, ja systematische Kaderausbildung zum Klassenkampf gegen das bundesdeutsche »System« eben diese »gesellschaftliche« Verantwortung bezeugen (vor allem praktikabel, wenn man als Lehrer oder Hochschullehrer die konkrete Verantwortungszurechnung als Parteimitglied der KPD oder DKP vermeidet). »Gesellschaft«, dieser Ausdruck dient politisch vor allem dazu, die institutionell-soziale Verantwortung in subjektiv unverbindliche, aber anspruchs- und herrschaftsvolle Meinung zu überführen.

In diesem universalideologischen Sinne ersetzt er übrigens den Begriff »Volk«, der eine ähnliche politische Unbestimmtheit und damit herrschaftsbetonte Ausdeutung zuließ; der Volksbegriff hat daher den nationalsozialistischen Ideologen ähnliche Dienste geleistet.

5. Zur gruppenhaften Sinnleistung der Sprache gehört dann vor allem ein *klassenspezifischer Vorrat an Leerformeln,* der sozial und politisch zusammenbindet (integriert). Die kritische Wissenstheorie, so z. B. *Topitsch,* hat an diesen »Leerformeln« bisher im wesentlichen ihre Unwissenschaftlichkeit, ihre Unbrauchbarkeit für wissenschaftliche Beweisführungen, aufgewiesen. Das mag stimmen, ist politisch aber belanglos, denn diese Leerformeln haben die unüberschätzbare Eigenschaft der Aufsaugung der Vieldeutigkeit des subjektiven Meinens zu einer vermeintlich

gruppeneinheitlichen Übereinstimmung. Wer in der politischen Öffentlichkeit »Emanzipation« oder »reflektieren« sagt, gibt sich zu erkennen und kann auf Zusammengehörigkeit rechnen. Das gilt im Grundsatz natürlich für alle politische Sprache, nicht nur für die Klassensprache der Sinn-Produzenten.

So hat *Lübbe* treffend zum *Begriff »Freiheit«* gesagt: »Das Allgemeine ist, daß jeder im Namen der Freiheit gegen Formen der Herrschaft opponiert, die er nicht will. Und einer Herrschaft nicht unterworfen zu sein, die man nicht will – eben das ist es, was soweit sogar übereinstimmend alle ›Freiheit‹ nennen. Aber dieser möglich generellen Regel für den Gebrauch des Wortes ›Freiheit‹ entspricht gar nicht ein gemeinsamer politischer Freiheitswille. Der ist überall auf einen anderen Gegner bezogen; überall wird gegen andere, ideologisch zuvor für illegitim erklärte Herrschaftsformen gekämpft, und gerade darin, im Namen der Freiheit, auch gegeneinander gekämpft« (a. a. O., S. 163). Es ist also unübersehbar, daß die politische Sprache der »Leerformeln« vor allem der Feststellung, ja Begründung von Freund-Feind-Verhältnissen dient.

Erstaunlicherweise ist dem Entstehen solcher politischer Leerformeln bisher wenig Aufmerksamkeit gewidmet worden; sie entstehen nämlich nicht als politisch dienliche Unklarheiten, sondern als durchaus eindeutige Begriffe innerhalb von wissenschaftlichen, philosophischen und früher sogar theologischen Denksystemen; aber ihr gruppenhaft-konventioneller Gebrauch läßt sie zu Worthülsen herabsintern, deren Anwendung die ursprüngliche Sinnfelderfüllung erspart. Man kann dies auch als *politische Abnützung der wissenschaftlichen Sprache* bezeichnen und trifft damit zumindest genau die verbale Klassenkampfpraxis der wissenschaftlich herrschsüchtigen Sinn-Produzenten. Und für diesen Vorgang der geradezu unendlichen Vervielfältigung und damit immer der Abnützung, Ausleerung und Verbalritualisierung wissenschaftlicher Wort- und Begriffsprägungen stehen ja in der »wissenschaftlichen Zivilisation« die von wissenschaftlich ausgebildeten Funktionären betriebenen »Medien« in reicher Zahl zur Verfügung.

So waren Begriffe wie »Mündigkeit«, »kritische Reflexion«, ja selbst wie die aus dem Amerikanischen wahlkämpferisch ausgeborgte »Lebensqualität« einmal in bestimmten wissenschaftlichen Denksystemen präzise; wer sie heute noch mit dem Glauben der sinnvollen Beweisführung benutzt, belügt entweder sich oder andere. Dabei wollen wir gar nicht reden von dem Heruntersintern der Begriffe der Theorie von *Karl Marx;* Wortformeln

wie »Herrschaft des Monopolkapitalismus«, »Macht der Groß-
konzerne«, »Imperialisten und Reaktionäre«, ja selbst neomarxistische wie »mittelfristige Bewußtseinsbildung«, »Lernprozesse«, »Unterprivilegierte« usw. gehören heute zu den Gebets-
mühlen des niederen politischen Klerus.

Ich kann in diesem Zusammenhang eine der erschreckendsten
persönlichen Erfahrungen nicht verschweigen: Wenn man einmal das Fernsehen oder den Rundfunk so anstellt, daß man
ungewollt mitten in eine Sendung hineinfällt, die »sozialaufklä-
rerisch« sein will (so vor allem des »Dritten Programms«), und es
hallen einem dann die Wortfetzen der stereotypen klassenherrschaftlichen Verdummung durch die intellektuelle Sozialvormundschaft entgegen, mit denen ja aufgrund ihrer Sendegewalt
nicht mehr zu »kommunizieren« oder zu »argumentieren« ist,
dann wird einem der unvermeidbare Glaube früher Kulturen an
die »Dämonen« oder an den »Teufel« völlig verständlich. Der
neue Teufel, das ist vor allem der unfaßbare Sprachverderber, der
dadurch herrscht, daß er die Menschen »sprachlos« macht.

Zu diesen Erscheinungen gruppenbildender und gruppenab-
grenzender Leistung von Worten gehören noch einige andere
sprachliche Tatbestände der modernen politischen Auseinandersetzung, so die von *Scheuch* als *»Fäkalsprache«* bezeichnete Verwendung von vulgärsexuellen, pornographischen und einfach
unflätig-schweinischen Worten besonders durch die jungen
Akademiker. In der Tat wird man das Wort »Scheiße« in den
letzten Jahren unter Arbeitern keineswegs so oft gehört haben
wie in soziologischen oder psychologischen Fakultätssitzungen
oder Seminaren. Scheuch (a. a. O., S. 186) führt dafür psychologische Ursachen an wie z. B. die in Aggression umgesetzte
Potenzangst von Spätpubertät oder Jugenddelinquenz; wichtiger erscheint mir, daß dieser richtig erkannte »Fäkal-Kult unter
Teilen der Jugend des Bürgertums« eben genau die politische
Funktion hat, vermeintliche Klassenidentifikationen von Studenten und Arbeitern herzustellen, wie man ja auch in unseren
Breiten eine proletarisch-ärmliche Vernachlässigung in Kleidung, Haartracht und Umgangsformen im Sinne des (von Marx
ironisierten) Lumpenproletariats nur noch unter den klassenkämpferischen Studierenden der Hochschulen findet. Kann man
dies noch als eine Form der »Herrschaft durch Anpassung«
verstehen, so darf man die daraus folgende Belastung des Beherrschten nicht übersehen: Der einfache Mann, der das literarische Hochdeutsch als Überlegenheit empfand und diese poli-

tisch-sozialwissenschaftliche Sprachbeherrschung erst recht als Anmaßung und Last empfindet, konnte sich früher in den Untergrund der Sprache zurückziehen; er sagte »leck mich am Arsch« oder »Scheiße«. Aber heute wird ihm auch dieser Ausweg in die sprachliche Grobheit versperrt, denn seine ureigene Sprache, sein »Volksvermögen«, wird nicht nur von herrschaftsarroganten Jungakademikern imitiert, sie wird vor allem nun auch den Lehrern offiziell zum Schutz und zur Verwaltung überantwortet, wie es in den Hessischen Rahmenrichtlinien für den Deutschunterricht deutlich wurde. Über sie ist viel diskutiert worden, aber den Gesichtspunkt, daß hinter den vermeintlichen arbeiterfreundlichen Argumenten ihrer Befürworter sich ein ganz massives Klasseninteresse der neuen Sinn-Produzenten verbirgt, hat keiner ihrer Kritiker deutlich geäußert.

Mit diesem sehr schnellen Umsetzen wissenschaftlichen Vokabulars, vor allem der Sozialwissenschaften, der Psychologie und Pädagogik in politische Breitenwirksamkeit, entsteht oder verschärft sich übrigens auch ein innerwissenschaftlicher Anspruch: die *Erneuerung, Reaktualisierung alter Erkenntnisse durch neue Ausdrücke.* Zunächst ist dies binnenwissenschaftlich begreiflich: Die Verbreiterung und damit das Unscharfwerden wissenschaftlicher Begriffe durch ihren politischen Gebrauch fordert dazu heraus, die damit einmal getroffenen Einsichten durch neue Benennungen, eventuell unter leicht verschobenen Gesichtspunkten und Zusammenhängen, in neuen Fachausdrücken zu ersetzen und damit wieder erkenntnisintensiv zu machen. Dieser Vorgang läßt sich begreiflicherweise jeweils aktuell nur in einzelnen Wissenschaften ausweisen (so ersetzt zur Zeit in der Soziologie etwa das Wort »Stigmatisierte« das der »Unterprivilegierten«, werden unter »symbolischer Interaktion« oder »kognitiven Systemen« Einsichten verlebendigt, deren neuere Autoren von der Unkenntnis der älteren leben). Dieser Vorgang wäre innerwissenschaftlich unbedeutend, vielleicht sogar als Arbeits- oder Literaturentlastung für die Jüngeren hilfreich, wenn er sich nicht sehr bald in politische Praxis der Verbalherrschaft umsetzte. Gerade die »angewandten« Wissenschaften der Soziologie, aber auch Psychologie und Pädagogik verkaufen ja unter solchen Neubenennungen uralte Irrtümer oder längst wissenschaftlich überprüfte und bezweifelte oder begrenzte Einsichten wiederum als »neue« Wahrheit, denen man folgen müsse. Und da dies mit der Autorität der Wissenschaftler geschieht, die sich als gerade Lebendige und Herrschaftsbegierige lautstark zu Wort melden können, besteht ein großer Teil der politisch aktuell wirksamen Wissenschaftsbegriffe aus Neudekorationen alter Erkenntnisse. Diese politische Funktion der wissenschaftlichen Wortdekorateure ist im Klassenkampf der Sinnproduzenten wahrscheinlich noch wichtiger als die Verwendung von Leerformeln.

Wir glauben, mit diesen fünf methodischen Gesichtspunkten der Klassenherrschaft durch Sprache wenigstens auf diesem Gebiet deutlich gemacht zu haben, daß man im »Klassenkampf« nicht neutral bleiben kann, sondern daß in der Tat schon die Sprache – womöglich vom Sprechenden individuell ungewollt – zur Herrschaftsklasse der Sinn-Produzenten zählen läßt oder zu der politisch immer ohnmächtiger, weil »sprachloser« werdenden Klasse der die Alltagssprache Gebrauchenden. Mag man in diesem neuen Klassenkampf vielleicht gesinnungshaft gar nicht Partei ergreifen wollen, man wird, da sich Sprache nicht aufgeben läßt, zur Parteinahme gezwungen: Die Art, wie man öffentlich redet, zeigt an den gebrauchten »Produktionsmitteln«, bei welcher Klasse die eigenen Interessen liegen.

IV. Teil: Anti-Soziologie

Dieser letzte Hauptteil soll deutlich machen, woher die geistigen und sozialen Kräfte stammen, aus denen die neue Priesterherrschaft ebenso erwächst wie die neue Klassenherrschaft. Man könnte dies tun, indem man auf bestimmte Berufsgruppen einginge, die in unserer Gesellschaft diese neuen sozialen Vorstellungen zur Durchsetzung ihrer Herrschaftsansprüche benutzen. Dies wäre nicht nur eine ausführlichere Wiederholung von längst Gesagtem, sondern würde uns auch in die berufssoziologische Untersuchung von beruflichen Gruppenleistungen und beruflicher Gruppenideologie, also von Funktion und Herrschaft, führen, die ebenso kompliziert wie unergiebig ist. Denn jede Erkenntnis, die sich nur am sozialen Machtbehauptungsinteresse einer Gruppe orientiert (Ideologiekritik), ist genauso einäugig wie eine bloße Verdeutlichung der jeweiligen Sachleistungen und gesellschaftlichen Dienste einer Gruppe (Funktionsanalyse). Die immer vorhandene Spannung zwischen Funktion und Herrschaft in einer Berufs- oder Fachgruppe wird erst durch die Art der institutionellen Eingliederung in das Gesamtgefüge des Gemeinwesens und die daraus stammende berufliche Ethik entschieden, die das gruppenegoistische Herrschaftsinteresse moralisch blockieren und damit die institutionellen Kontrollen durch andere, z.B. übergeordnete, Instanzen rechtfertigen. (Vgl. Amtsauffassung und Dienstethos der bildungsbürgerlichen Berufe in der Vergangenheit, S. 150–156.)

Der »intellektuelle Verrat« (Julien Benda, ›La trahison des clercs‹) der sinnproduzierenden und -vermittelnden Berufe besteht heute also vor allem darin, daß sie ihre unentbehrlichen Dienstleistungen für die anderen offen an gruppenhafte Herrschaftsansprüche binden und, wenn diese nicht erfüllt werden, diese Leistungen verweigern. Die heilsbewußte Erpressung gegenüber der Verantwortung weltlicher Daseinsvorsorge ist ein geschichtlich immer wieder belegbarer Akt sozialer Nötigung. »Du sollst Gott mehr gehorchen als dem Kaiser!«; gewiß, aber diese Aufforderung verhüllt allzu bereit den Tatbestand, daß die »Stellvertreter Gottes« die Pflichten des Ungehorsams zu ihren Gunsten auslegen. Aber nicht alle sind »Verräter«: Nicht diese Fach- und Berufsgruppen als solche sind bereits Teil der neuen Sozialreligion und der neuen Klassenherrschaft, sondern diejenigen von ihnen, die ihre beruflichen Dienstleistungen und Funktionen bewußt in den Dienst der sozialen Machtgewinnung stellen. Die Sprache dieser Gruppen hat für diese Strategie ein außerordentlich kennzeichnendes Wort gefunden: »Umfunktionieren«.

Dieses »Umfunktionieren« von Sachaufträgen spaltet also diese Berufsgruppen in sich selbst: Nicht nur, daß sich diese Herrschaftsinteressen auf Kosten der berufsfremden anderen Teile der Bevölkerung entfalten, sondern die Herrschaftsfunktionäre und ihre Begünstigungsgruppen stellen bewußt die sachverpflichtete Dienstleistung ihrer Fach- und Berufskollegen als Sprungbrett ihrer Machtforderungen in Rechnung. (So gehören keineswegs alle Lehrer oder Hochschullehrer zu diesen »Herrschaftsgruppen«, aber bestimmte Gruppenfunktionäre leben von der gewerkschaftlichen »Umfunktionalisierung« der Lehrerleistung – vgl. Lehrerstreik –, oder die »Heilslehrer« der Hochschule leben vom Berufsprestige der forschenden Wissenschaften usw.) Die These, »die Arbeit tun die anderen«, gilt also nicht nur im Verhältnis der Herrschaftsinteressen der sinnproduzierenden und -vermittelnden Klasse zur güterproduzierenden Arbeit, sondern sie spaltet auch diese Fachgruppen selbst in eine machtfordernde und eine dienstleistende Hälfte. Empirisch ist diese Trennungslinie wahrscheinlich schwer zu ziehen; immerhin kann man wohl mit Recht vermuten, daß die ältere Generation sich jeweils mehr einer werthaft neutralen Dienstleistung verpflichtet fühlt, die jüngere Generation, jedenfalls zur Zeit, vor allem ihr ideologisches Engagement zum gruppenhaften Herrschaftsanspruch auswertet.

Wichtiger als diese gruppensoziologischen Herkunftsforschungen ist die Frage nach den geistigen Quellen dieser »Umfunktionierer«, dieser neuen Herrschaftsansprüche in Berufen, deren traditionelle Ethik und »Philosophie« ihnen eben dies versagte. Woher kommt eigentlich das »gute Gewissen« so vieler in diesen Fachgruppen, sich ungehemmt einem Heilsglauben und seinen Herrschaftsforderungen oder einem Klassenherrschaftsanspruch hinzugeben? Als Antwort vertreten wir die These: Diese Neigung wird durch eine immer mehr der beruflichen Erfahrung entfremdete, der abstrakten Wissenschaft allein überantwortete Ausbildung geschaffen, bei der dann vor allem die Sozialwissenschaften, genauer die moderne Soziologie und ihre Ableger, die Empfänglichkeit zur sozialen Selbstherrlichkeit entwickeln. Dabei ist zu betonen, daß diese Wirkung keineswegs nur der ideologischen Soziologie usw. zuzuschreiben ist – die sozusagen ihrer Eigenwirkung bereits zum Opfer fiel –, sondern daß die Wirkung der sozialwissenschaftlichen Erkenntnisse und Ausbildung überhaupt in diese Richtung führt, also auch dort, wo etwa Soziologie in ganz unideologischen, unvoreingenommen wissenschaftlichen Fragestellungen betrieben wird. *Der soziale Gesichtspunkt schlechthin und seine soziologische Ausdeutung überhaupt bilden den Mutterboden für das Wachsen der Sozialreligion und der Klassenherrschaft der Sinnvermittler.* Indem wir also *die Soziologen und ihre Gefolgsleute* untersuchen, decken wir das wissenschaftliche Reservoir auf, aus dem der Hauptstrom dieser neuen Herrschaftskräfte fließt.

Wir wollen in diesem Teil also zeigen, daß die Soziologen auch ungewollt durch ihre Weltsicht und ihre Grundbegriffe diese Entwicklung hervorrufen und verstärken. Je mehr die Soziologie zur »Schlüsselwissenschaft« der Zeit wird, um so verstärkter wird sich der soziale Heilsglaube und die Klassenherrschaft der Intellektuellen durchsetzen. Man kann dies am besten an einigen großen Berufsgruppen zeigen, deren Ausbildung und geistige Ausrichtung heute mehr und mehr von der Soziologie bestimmt wird: Wir haben dazu als ausführlicher dargestelltes Beispiel die Pädagogen gewählt und müssen uns bei den Theologen, Publizisten und Schriftstellern, die auch zu dieser Gefolgschaft der Soziologie zu zählen sind, auf kurze Hinweise beschränken. In allen diesen Fällen lautet die erkenntnisführende Frage also, wieweit eine an sich für das gesamte Gemeinwesen wichtige und unentbehrliche Leistung – die wir bei diesen Berufsgruppen niemals bestreiten, sondern immer voraussetzen – durch *die soziologische Indoktrination,* also durch den *Vorrang der »gesellschaftlichen« Auffassung des Menschen,* in eine Chance zur Beherrschung der anderen umgewendet wird.

Von diesem Standpunkt aus wird die Soziologie nicht nur in bestimmten Lehren oder Richtungen kritisiert, sondern die Soziologie wird als wissenschaftliches Fach schlechthin ihrer unwissenschaftlichen Wirkungen wegen bezweifelt und abgelehnt. Sicherlich wird man die hier kritisierten Auswirkungen der Soziologie niemals *innerhalb* der Soziologie durch interne Fachauseinandersetzungen beheben können, sondern ihre heils- und klassenherrschaftlichen Auswirkungen werden erst aufhören, wenn die Soziologie ihre große Zeitwirkung verliert und in die Stellung eines »esoterischen« Fachs zurückgedrängt, also auf Personenkreis wieder beschränkt worden ist, der seinen

Welterfahrungen nach den Verführungen der Soziologie gewachsen ist. In diesem Sinne einer auf die Wurzeln des Faches selbst zielenden Kritik stelle ich diesen Teil unter den Titel »Anti-Soziologie«.

1. Die Stunde der Soziologie

Wenn ein Soziologe sein eigenes Fach zu den hauptverantwortlichen Faktoren für eine weitreichende geschichtliche Entwicklung zählt, ob dies nun im Guten oder wie hier im Bösen geschieht, so liegt der Einwand nahe, er verfalle einer professionellen, sich überschätzenden Selbsttäuschung. Daß die Soziologie aber in vielerlei Hinsicht die »Schlüsselwissenschaft« des 20. Jahrhunderts darstellt, läßt sich leider belegen. Dabei will ich ganz davon absehen, daß alle weltanschaulich-totalitären sozialistischen Staaten mit soziologischen Gedankensystemen beherrscht werden, sondern die These auf die westeuropäischen (und amerikanischen) Gesellschaften beziehen, die den Nährboden für die neue Priester- und Klassenherrschaft der Sinnvermittler bieten. Hier gibt es einen sehr leichten, wenn auch vordergründigen Beweis: Alle sinnanalytischen Wissenschaften (die sogenannten »Geisteswissenschaften« und »Kulturwissenschaften«) werden mehr und mehr von soziologischen Gesichtspunkten erobert, ja dieses »soziologische« Selbstverständnis dringt auch zunehmend in die angewandten Naturwissenschaften ein, sofern sie auf die Berechtigung ihrer Anwendung zurückblicken. Aber dieser Tatbestand bedarf natürlich selbst der Erklärung: Woran liegt es, daß der Trend der Historie von der politischen Geschichte zur Sozialgeschichte, der Pädagogik von der Individualerziehung zur Sozialpädagogik verläuft? Daß Literatur- und Kunstsoziologie in das Zentrum der Literatur- und Kunstwissenschaften rücken? Daß die Theologen und Philosophen mehr Soziologie und Politik treiben als Theologie und Philosophie? Daß die Rechtssoziologie ihren Gestaltungsanspruch für die gesamte Rechtswissenschaft anmeldet und durchsetzt, und daß in der Medizin und den technischen Wissenschaften ähnliche »Einbrüche« zu verzeichnen sind? Wenn heute Literaten besonders progressiv sein wollen, so schreiben oder reden sie wenigstens »soziologisch«; und wenn ein Politiker seine geistige »Progressivität« bezeugen will, so fördert er die Sozialwissenschaften. Zwar begegnet die Soziologie – und in ihren Umkreis gehören in diesem Zusammenhang natürlich noch Sozialpsychologie, ja, wahrscheinlich die Psychologie insgesamt und bestimmte Arten der Politikwissenschaft – wie alle Potentaten auch in der Republik der Wissenschaften dem Ressentiment der Zurückgedrängten, aber in der Sache selbst bringt man wenig Widerstandskraft auf.

Eugen Rosenstock-Huessy, einer der eigenwilligsten Denker unserer Zeit, der sich zu den »Soziologen« rechnete, obwohl die Professionalität ihn nie als solchen anerkannte, hat bereits 1925 in der ersten Auflage seiner ›Soziologie‹ (›Die Kräfte der Gemeinschaft‹) dieses Jahrhundert als »die Stunde der Soziologie« bezeichnet und diese Behauptung nach mehr als drei Jahrzehnten im anderen Zusammenhang wiederholt (›Soziologie‹, Bd. I, S. 52 ff., 1956). Er analysierte diese These an den Überzeugungen von Saint-Simon (und Comte), den französischen Begründern einer sozialen Planwissenschaft, einer »positiven Philosophie«, die schon zu Beginn des 19. Jahrhunderts mit dem Namen »Soziologie« verfrüht den gleichen Anspruch stellte. Rosenstock bindet die geistige Führungsleistung mit Recht an den historisch geradezu explosiven Wandel der feudal-agrarischen Gesellschaften in die demokratisch-industriellen Gesellschaften, also an den Abbau von Jahrtausende alten, sich nur in innerer Kontinuität verändernden Gesellschaften und geistigen Traditionen zugunsten einer Geisteshaltung, die in einem »Überlieferungsbruch« geradezu die Dimension der Vergangenheit und Geschichte selbst zugunsten einer pointierten »Gegenwärtigkeit« und illusionistischen Zukunft abbricht, also zu eben dem gelangt, was man heute »Progressivität« nennt.

Wir bieten ein längeres Zitat aus Rosenstock-Huessy sowohl um der Sache wie um des darstellerischen Genusses willen: »In der Tat, lange genug konnte Soziologie für weite Teile der Menschheit als schädlich, mindestens als überflüssig gelten. Überall dort nämlich, wo Menschen in ererbter Sicherheit von Geschlecht zu Geschlecht nach festem Herkommen Recht und Unrecht, Gut und Böse kennen, Bauern und Handwerker der kleinen Landschaften Europas, die Kulis Chinas und die Neger Innerafrikas – überall, wo nicht Neues zu erwarten steht unter der Sonne, weil vorgesorgte Ordnung weiser Ahnen alles voraussah, dort hat nur jeder Ahn oder der weise Gesetzgeber oder der Fürst oder der Nachfolger des Oberhaupts sich Erfahrungen erkämpfen müssen. Alle Späteren liegen, tun, hassen, lieben ›wie das Gesetz es befahl‹. Daraus entspringt jene bewunderungswürdige Triebsicherheit des sittenstarken Stammes oder Dorfes, der klare Stil des Tuns von der Totenklage bis zum Erntefest. Überall besteht solches gesicherte Leben, wenn auch nur in Inseln und Resten, im stürmischen Europainnern ... Aber die Eroberer, Gesetzgeber, Führer und Ahnherren, die zum Bewußtsein verurteilten Träger der Ordnung (!), deren Gesetze und Beispiele ›instinktiv‹ befolgt zu werden scheinen, sind in Europa schon längst ... zu einer ständigen, schulmäßig erzeugten Einrichtung geworden: die Geistlichkeit des Mittelalters, die Gebildeten der Neuzeit stellen eine dauernd neuernde, ändernde, triebüberwindende, triebwandelnde Führerschicht dar. Die Wissenschaften, mit deren Hilfe sie diese Neuerungsaufgabe angreifen, sind anfangs Theologie und Rechtswissenschaft, später Staatsphilosophie und Naturphilosophie. Die Geistlichen und die Gebildeten genossen, solange sie Erfolg hatten, jene bei den Christen, diese bei den Europäern für ihre Gestaltungsleistung Respekt ...

Die bisherigen Führerwissenschaften geben nicht Ansehen noch Autorität mehr. Die Erbweisheit, die in ihnen überliefert wird, droht mit dem unansehnlich gewordenen Gefäß zugleich verschüttet zu werden. Eine theologische Erkenntnis, ein Rechtssatz ist dem Mitglied des Klerus oder der Juristenzunft ohne weiteres einleuchtend. Aber um dem Mann der Arbeit und Wirtschaft einzuleuchten, muß derselbe Satz anders gefaßt werden. Diese Umfassung aber ist notwendig. Denn die kommenden Führer sind unbekannt, und jedenfalls gehen sie nicht mehr nur aus den alten Führungsschichten und Führerschulen (Klerus und Juristen) hervor. Jene ›Krise Europas‹, die den Grafen Saint-Simon auf den Plan rief, bleibt also für uns eröffnet« (a. a. O., S. 52 f.).

Wenn Rosenstock hier von »Führerwissenschaft« spricht und wir selbst von »Schlüsselwissenschaft« unserer geschichtlichen Epoche, so wollen wir damit die Tatsache ans Licht heben, daß eine Wissenschaft über ihre fachlichen Erkenntnisse hinaus für das Selbstbewußtsein und Bewußtsein einer Reihe von Generationen zum Erkenntnismittel des Lebenssinnes schlechthin werden kann. Dann wird in den Begriffen und Problemen dieser Wissenschaft das kollektive und das individuelle Selbstverständnis der Zeit gefunden, dann werden in dem Medium der Problemstellung dieser Wissenschaft die kollektiven und individuellen Lebensziele und Sehnsüchte formuliert, dann leiten sich von ihr Handlungsformen und moralische Zurechnungen ab, vor allem aber definiert sie die Konflikte im sozialen Zusammenleben und in der Brust des Menschen. Eine Wissenschaft in dieser geschichtlichen Wirkung ist immer oberstes »Herrschaftswissen«. Man kann sagen, daß die Rolle des bewußtseinsführenden Herrschaftswissens, die die Altertumswissenschaften in der Renaissance, danach lange Zeit die Philosophie und im 19. Jahrhundert in den europäischen Staaten die Geschichtswissenschaft gespielt haben (der Nationalstaat und der Nationalismus waren ohne die ihnen entsprechende Geschichtswissenschaft nicht denkbar), heute zweifellos die Soziologie an sich gerissen hat.

Arnold Gehlen hat die These vertreten, daß mit »dem Verfall festgefügter sozialer Ordnungen die Entwicklung nicht bloß der Psychologie, sondern *des Seelischen selbst* parallel geht« (›Die

Seele im technischen Zeitalter‹, 1957, S. 58). Wenn also die psychologisch denkenden Menschen »sich gegenwärtig reflektieren und darin ihre Seele ebensowohl entdecken wie produzieren«, so gilt dieser Zusammenhang natürlich in noch höherem Maße für die soziologische Gegenseitigkeits-Reflexion. Wer sich dem soziologischen Führungswissen unterwirft, sieht sich selbst und die anderen sehr bald nicht mehr als Person, sondern als Agent sozialer Beziehungen, Funktionen und Strukturen; es schwinden jene personalen Zurechnungen der Moral und Vernunft, die einmal die europäische Philosophie und ihr Recht als Grundlage des Zusammenlebens geschaffen haben, zugunsten kollektiver Anonymisierungen; das Handeln und seine Ziele werden in soziale Zustände und Beziehungen aufgelöst. Vor allem aber werden durch soziologische Erkenntnisse als allgemeine Bewußtseinsführung die Schwierigkeiten, Spannungen und Konflikte des Lebens jetzt als »soziale« benannt und bewußt gemacht und damit nicht nur entdeckt, sondern verstärkt, ja produziert; »die Soziologen«, sagt ein selbstkritischer Vertreter dieser Wissenschaft, »provozieren häufig auch die soziale Unruhe, indem sie von ihr erst einmal sprechen, die bis dahin stummen Konflikte sprach- und streitfähig machen für die Öffentlichkeit« (Horst Baier). So hat Marx nicht nur die »Klassenkämpfe« entdeckt und untersucht, sondern sie erst zu der generellen politischen und sozialen Auseinandersetzung gemacht und ihren Konflikt angeheizt; so sagen Kampfbegriffe wie »repressive Toleranz« und »strukturelle Gewalt« weniger Erkenntnisse aus, als daß sie Repression und Gewalt gegen »die anderen« befördern und rechtfertigen. So kommt es, daß soziologische Konfliktforschung – und das ist jede Soziologie – eben die Konflikte steigert, zu deren Überwindung sie sich allzu leichtgläubig aufgemacht hat; daß soziologische und politologische Friedensforschung plötzlich ihr Hauptgeschäft darin findet, »Feinde« zu definieren (was Außenwertbestimmungen unterworfene Sozialwissenschaften immer schon taten), und daß die abstrus-naive Verwechslung von Soziologie und Sozialismus hinterrücks ein Stück Wahrheit wird.

Nun ist unverkennbar, daß hier die Soziologie als Bewußtseinsführungswissenschaft mit den Mitteln soziologischer Argumentation in Frage gestellt wird. Widerspricht sich damit der Ankläger nicht selbst? Im Gegenteil: Solange eine Wissenschaft eben die beschriebene allgemeine Bewußtseinsherrschaft innehat, kann sie auch nur auf dieser Ebene kritisiert und bekämpft werden. So war der theologische Kampf gegen die philosophische Aufklärung, die Gegenaufklärung, philosophisch; so waren die intellektuellen Gegner der Philosophenherrschaft wie Marx und Nietzsche »Anti-Philosophen«; so scheint sich mir heute eine Anti-Soziologie zu formieren, deren zukunftsträchtigstes Merkmal darin besteht, daß sie nicht auf eine vergangene Wissenschaftsherrschaft zu beziehen ist. Die Soziologenherrschaft kann nur von »Soziologen« bekämpft werden, also wenn man will, von »ideellen Überläufern«, genauso wie Absolutismus und Feudalismus im Adel (wie z. B. in Charles de Secondat, Baron de la Bréde et de Montesquieu, oder in Claude Henry de Rouvroy, Graf von Saint-Simon, Enkel des Herzogs und Schriftstellers Louis de Rouvroy) und die Bourgeoisie in abtrünnigen Bürgern und Unternehmern wie Marx und Engels ihre treffsichersten Kritiker fand. Ohne den Anspruch ähnlicher Prominenz zu erheben, würde ich mich mit dieser Schrift ohne Zögern in die Reihe gegenwärtiger »Anti-Soziologen« selbst einreihen.

2. Soziologische Aufklärung

Ihre fachliche Aufgabe, die soziale Wirklichkeit und d. h. das soziale Verhalten der Menschen und ihre Instutionen wissenschaftlich zu erkennen, leistet die Disziplin »Soziologie« in dreifacher Form: als systematische Theorie, als empirische Forschung und als fachübergreifendes, praktisches Orientierungswissen. Jede dieser drei soziologischen Erkenntnisformen stützt jede der anderen, trägt aber eigene Erkenntniszwänge und damit Verselbständigungsbestrebungen in sich.

So ist das Bestreben, die Erkenntnisse und die Begrifflichkeit soziologischer Problemstellungen und ihrer Antworten zu einer sich gegenseitig stützenden Sinn- und Begriffseinheitlichkeit zu bringen, wohl der selbstverständlichste und niemals aufzugebende Denkanspruch jeder Wissenschaft nach einer Theorie; aber seine Erfüllung in einem einheitlichen Sinn- und Begriffssystem befriedigt zunächst nur Denk- und Wissensansprüche, die sich bis zu diesen begrifflich-sinnhaften Fragestellungen professionell vorgearbeitet haben. Nichts ist professionell begrenzter als ein theoretisches System. Allerdings können diese theoretischen

Ergebnisse als Hypothesen der empirischen Sozialforschung dienen, ja, es ist kein empirischer Forschungsansatz denkbar, der nicht theoretische Annahmen macht; aber je mehr man in der praktischen Sozialforschung die theoretischen Annahmen begrenzt oder minimiert, um so offener sind die Ergebnisse für die Pluralität der Theorien und um so mehr Eigengewicht erlangen sie als empirische Einsichten. Daß sozialwissenschaftliche Theoriesysteme sich besonders gut eignen, als scheinbar das Ganze der sozialen Wirklichkeit umfassendes Orientierungswissen mit hohem Bewußtseinszwang den Anschein und Schleier des vermeintlichen vollen Verstehens, modern »Transparenz« genannt, bei dem fachfremden Publikum zu erzeugen, dafür sind die verschiedensten politischen Ideologiesysteme in Vergangenheit und Gegenwart überzeugende Beispiele. Doch wächst hier der geistige Orientierungsbetrug mit der theoretischen Perfektion der Erklärung. Es spricht für die Theoretiker der modernen Soziologie wie Parsons oder Popper, in Deutschland Luhmann oder Albert, daß sie kaum orientierungswissenschaftliche Publizität verfolgen, sondern isoliert und autonom sozialwissenschaftliche Theoretiker sein wollen.

Die Vorherrschaft der empirischen Forschung gegenüber dem soziologischen Orientierungswissen wäre noch verständlicher, denn der Grundgedanke soziologischer Aufklärung besteht ja eigentlich darin, daß die von der Sozialwissenschaft beweiskräftig erhobenen Tatbestände und Gesetzlichkeiten zum Handlungsbewußtsein der einzelnen oder der Gruppen umgebildet werden; genauso illusionistisch wird übrigens die Annahme vertreten, daß soziologische Theorien nur aufgrund von empirisch erhobenen Tatbeständen, also der Falsifizierung oder Verifizierung von theoretischen Forschungsansätzen, gebildet werden könnten. Da sich nach der letztgenannten Maxime selbst ihre wissenstheoretischen Vertreter nicht richten, wenn sie etwas über die soziale oder politische Wirklichkeit aussagen (z.B. Popper), überlassen wir dieses unpraktische Problem der professionellen Selbstbeschäftigung. Wichtiger für unsere Erkenntnisabsicht ist der Tatbestand, daß methodisch einwandfreie Faktenforschung, gerade auch wenn sie operational ihre methodischen Ansätze und Voraussetzungen völlig offenlegt, in ihrem Orientierungswert für die soziale und politische Praxis immer vieldeutig ist, weil sie den Zusammenhang der politischen oder sozialen Entscheidungen ja gerade als Faktenforschung ausgeblendet hat.

Mir ist dieser Tatbestand zum erstenmal eindringlich klar geworden, als Anfang der 50er Jahre bei der Formulierung der Familienpolitik im Bundestag die Vertreter der CDU und der SPD sich auf meine empirisch-soziologischen Untersuchungen zur deutschen Familie in der Nachkriegszeit beriefen. Beide griffen im einzelnen durchaus richtige Tatbestände heraus, aber sie fügten sie in politische Informations- und Argumentationsrahmen ein, die durch die Ergebnisse der Untersuchungen gar nicht mitgeliefert wurden. Ich habe damals – nach dem Prinzip, daß man die herrschende Seite zuerst kritisieren muß – einen kritischen Artikel gegen diese politische Auswertung von empirischen Forschungen seitens des Familienministeriums veröffentlicht (›Der Irrtum eines Familienministers‹, in der ›Frankfurter Allgemeinen Zeitung‹ vom 8. 6. 1954, wieder abgedr. in H. Schelsky, ›Wandlungen der deutschen Familie in der Gegenwart‹, 3. Aufl., Stuttgart 1955, S. 367ff.); die Kritik brachte mir, was heute wahrscheinlich unmöglich wäre, die Berufung in den wissenschaftlichen Beirat des Familienministeriums ein und ausführliche kritische Diskussionen mit Herrn Wuermeling, dem ersten Familienminister der Bundesrepublik.

Diese konstitutionelle Vieldeutigkeit empirischer soziologischer Forschungen wird gegenwärtig damit überwunden, daß man die Ansätze der Forschungen bereits durch »kritische Reflexion« auf ihr »Engagement« verpflichtet. Die »Offenheit«, d. h. die sogenannte technologische Vieldeutigkeit empirischer Forschungen, die sich nicht politisch-sozial auf ein Auswirkungsziel festlegen lassen, wird als »Ideologie der Neutralität« verdammt, um die »Ideologie des Engagements« zu legitimieren. Die Ergebnisse der engagementhaft, also bewußt ideologisch gesteuerten empirischen Forschung lassen sich in der Tat von der Gegenseite nicht mehr verwenden: Ideologie und Tatbestand sind ununterscheidbar verschmolzen. Für diese Einstellung gegenüber der empirischen Sozialforschung ist es allerdings noch kennzeichnender, daß sie diejenigen Ergebnisse der von ihr verdammten »objektivistischen« Forschungen ohne weiteres gebraucht, die ihren »progressiven«, »sozialistischen« oder »emanzipatorischen« Handlungszielen entsprechen, während sie die widersprechenden mit wissenschaftskritischen Argumenten vom Tisch wischt. Diese partikulare Wissenschaftskritik entspricht völlig dem »partikularen Ideologieverdacht« bei Mannheim, nach dem immer nur »die anderen« die Ideologen sind.

Diese nach politischen Ziel- und Glaubensvorstellungen wohl ausgewählten Bruchstücke empirischer Forschungsergebnisse werden vor allem im *soziologischen Orientierungswissen* verwendet, also der Erkenntnisaufgabe der Soziologie, der hier unser Interesse gilt. So wie einst die Philosophie oder die Geschichtswissenschaft erhebt auch die Soziologie als Bewußtseinsführungswissenschaft der Epoche Anspruch auf eine Erkenntnis und Erkenntnisvermittlung, die sich nicht auf den Kreis der Wissenschaftler beschränkt, sondern einen *allgemeinen Aufklärungsanspruch* stellt. »Aufklärung«, das meint immer die Vermittlung von Erkenntnissen und Einsichten, zu denen jedermann fähig ist, die also keineswegs auf wissenschaftliche Beweiswürdigung oder gar wissenschaftliches Problemverständnis angewiesen sind, dafür aber den einzelnen Menschen von der intellektuellen Vormundschaft von staatlichen, kirchlichen und – was heute das Entscheidende ist – von wissenschaftlichen und pseudowissenschaftlichen Autoritäten befreien. Unter diesem Maßstab spricht die »soziologische Aufklärung« mit gespaltener Zunge, denn sie bekämpft im Bewußtsein der einzelnen die geistige Autorität der anderen Wissenschaften, nicht aber ihre eigene. Die von der Soziologie verallgemeinerten Erkenntnisinteressen sind rationalisierte Partikularinteressen des Faches Soziologie, die in ihrem Herrschaftsegoismus durch die Monopolisierung der Definition von Rationalität verhüllt werden.

Diesen Vorwurf hat im Konkreten *Wolfgang Fach* gegen die »Legitimationslogik« von Jürgen Habermas erhoben (vgl. ›Ztschr. f. Soziol.‹, 1974, S. 221 ff.). Im übrigen hat gerade die deutsche Soziologie der letzten Generation sich dem Ziel der »soziologischen Aufklärung« mehr hingegeben als die anderer Länder: *Ralf Dahrendorf* hat als Ertrag seiner vielen Amerikaaufenthalte ein Buch über ›Die angewandte Aufklärung. Gesellschaft und Soziologie in Amerika‹ geschrieben (München 1963), das seine Auffassung von Soziologie durch ein deskriptives Bekenntnis auf politische Aufklärung festlegt. Als *Max Horkheimers* und *Theodor Adornos* Programmschrift kann die von ihnen 1947 veröffentlichte ›Dialektik der Aufklärung‹ gelten. Die Schriften von *Jürgen Habermas* wären ohne die Einsicht, daß er sich als ein Fortführer der »Aufklärungs«-Tradition in der deutschen Gegenwart betrachtet, unverständlich. Und schließlich hat *Niklas Luhmann* dem ersten seiner Aufsatzbände den Titel ›Soziologische Aufklärung‹ gegeben und deren Aufgabe auch für seine Denkweise als entscheidend anerkannt (Köln und Opladen 1970). Diese aufklärerischen Ansprüche moderner deutscher Soziologen machen, zusammen betrachtet, die außerwissenschaftlichen Wirkungsabsichten und -möglichkeiten der Soziologie recht deutlich. Wissensgeschichtlich ließe sich die gegenwärtige deutsche Soziologie an ihrer Einstellung zum Begriff der »Aufklärung« wahrscheinlich am gründlichsten kritisieren.

Den umfassendsten Begriff einer »soziologischen Aufklärung« formuliert *Luhmann*, wenn er sie als »Reduktion von Komplexität« und zugleich als das »Reflexivwerden des Aufklärens selbst« bestimmt. Damit meint er, daß »die unheimliche Vielzahl an Möglichkeiten« des Handelns und der Informationen über die Welt »reduziert werden muß auf ein sinnhaft erlebbares Format«; die Erhöhung der Informationen, der Erwerb von immer mehr Wissen, wirkt handlungshemmend; »zuviel Wissen klärt nicht mehr auf, sondern verliert sich in der Ferne des vorhandenen, aber nicht gewußten Wissens«. Der »Mechanismus«, die in der Welt vorhandene Überfülle des Wissens und Handelns auf einen erfaßbaren und erlebbaren Sinn für den einzelnen auszulesen und zu beschränken, diese im Grunde anti-wissenschaftliche Tendenz, ist lebensnotwendig, wie umgekehrt die Steigerung von »Komplexität«, der Weg des Wissens und der Technik, den Fortschritt bedeutet. Die beschränkende, sinn-reduzierende Leistung wird in vielen Formen erfüllt: von den Institutionen, von den Rechts- und Moralregeln und nicht zuletzt vom Glauben als religiösem Bekenntnis und als politischer Ideologie. Nicht jedoch aber von einer Wissenschaft, wie sie Luhmann auffaßt! Hier liegt nicht die Aufklärungsleistung der Soziologie, sondern darin, daß sie die Wissenschaften selbst über die Funktion der Aufklärung aufklärt: So erkennt sie eine Stufenfolge von der »Vernunftaufklärung«, die jene Reduktion der Welt auf »Sinn« in dem jedem Menschen vorgegebenen Vernunftbesitz sah, der das Wahre und das Gute von sich aus rational zu bestimmen vermochte, über die »entlarvende Aufklärung«, eben jene ideologie- und bewußtseinskritische von Marx und Freud und ihren Nachfolgern, die der »Vernunft« der anderen ihre Scheinhaftigkeit nachweist, sich selbst aber partikular als allgemeines Vernunftinteresse bestätigt, bis hin zur »soziologischen Aufklärung«, die nun, wahrhaft wissenschaftlich, das Verfahren der vorhergehenden »Aufklärungen« aufweist und sie damit als ebenso lebensnotwendig wie unwissenschaftlich bestätigt. In der Tat besteht nach Luhmann die Leistung der Soziologie darin, sich selbstkritisch von der »Aufklärung« zu trennen: »In der Soziologie kann die Aufklärung sich selbst aufklären und sich dann als Arbeit organisieren«, d.h. Wissenschaft bleiben. (Vgl. dazu a.a.O., S. 72f. u. 86.)

Es ist leicht erkennbar, daß die »kritische Aufklärung« Adornos die Vernunftbeurteilung des »Ganzen« der Gesellschaft als Wissenschaftsreduktion vornimmt und sie zugleich mit der

Ideologieaufdeckung, der Unvernunfterklärung, bei politischen und wissenschaftlichen Gegnern verbindet; bei Habermas wird diese Reduktionsmethode durch ausdrückliche Monopolisierung von Rationalität und ethischem Urteil durch den Letztwert der »Emanzipation« zu dem modernen Angebot »reduzierter Sinnhaftigkeit« des »Ganzen« schlechthin, ein Glaubensangebot, das seine Gläubigen und seine Missionare gar nicht verfehlen konnte.

Komplizierter liegt, was Dahrendorf als »angewandte Aufklärung« in den USA diagnostizierte: »Der Glaube an die Machbarkeit auch der Menschenwelt auf der Grundlage wissenschaftlicher Erkenntnis«, und zwar gerade auch der empirischen sozialwissenschaftlichen Einsichten, war eine geradezu religionshafte Überzeugung des amerikanischen Sozialverhaltens geworden. In diesem Sinne hatte die »Re-Education-Politik« der USA-Gesellschaftsplaner nach 1945 in der Bundesrepublik, der Versuch, nach soziologischen Einsichten eine Gesellschaft von ihren geschichtlichen Wurzeln abzuschneiden und soziologisch-optimal neu zu planen, geradezu eine weltschöpferische Dimension gewonnen und war bereits »Politik des großen Plans«. Allerdings weist Dahrendorf mit Recht darauf hin, daß in der pragmatischen Philosophie der Wissenschaftsanwendung an sich alle Totalpläne, aller Wahrheitsabsolutismus (William James: »Wahrheit ist, was funktioniert«) ausgeklammert und Auseinandersetzung und Experiment bereits mitgedacht sind. Aber die Überzeugung, daß »alle Fragen des Lebens unmittelbar in Probleme der Wissenschaft übersetzt werden« können und daß man »ohne den Beistand des wissenschaftlich ausgebildeten Experten mit den eigenen Lebensfragen nicht mehr fertig werden kann«, beschwor die eine Gefahr der »wissenschaftlichen Zivilisation«, die technologische Beherrschung des Menschen: »Die liberalen Technokraten der Soziologie sind unter dem Banner der Sympathie für den ›underdog‹ zu Marktforschern des Wohlfahrtsstaates und Urhebern einer Management-Soziologie geworden« (Alvin Gouldner, ›Die westliche Soziologie in der Krise‹, Bd. 2, Reinbek 1974, S. 587 f.). Am Ende dieses Weges aber steht, wenn sie nicht durch eine »reflexive Soziologie« in der Art Luhmanns oder Gouldners gebremst wird, die Fahrt in den »großen Plan« einer umfassenden »Gesellschaftspolitik«.

Wir haben bereits früher (S. 142 f.) darauf hingewiesen, daß sich technokratische und ideologische Positionen gegenseitig hervorrufen. So auch in der Soziologie der USA: Die Anklage gegen die sozialwissenschaftlichen Technologen hat die intellektuelle Opposition in den USA im letzten Jahrzehnt beherrscht und viel Zustimmung gefunden (z. B. Noam Chomsky, ›The New Mandarins‹); am gewichtigsten aber erfolgte diese Kritik von einem Soziologen selbst, von *C. Wright Mills.* Schon 1958 schrieb er: »In Amerika und in Rußland – in verschiedenen Weisen, aber oft mit erschreckender Konvergenz – erleben wir heute den Aufstieg des fröhlichen Roboters, des technologischen Idioten, des verrückten Realisten. Alle diese Typen verkörpern ein gemeinsames Ethos: Rationalität ohne Vernunft.« Die Aufklärungsbezogenheit der letzten Formel ist unübersehbar. Lange vor Habermas fordert Wright Mills, die Soziologie solle sich in den Dienst einer moralischen Aufgabe stellen (so vor allem in seiner wirkungsvollsten polemischen Schrift ›The Sociological Imagination‹, 1959); Dahrendorf urteilt darüber: »Der alte Ruf nach den Philosophen-Königen verwandelt sich bei Mills in einen Ruf nach den Soziologen-Königen«, nach der Einsetzung von »soziologischen Wächtern« der Vernunft und Moral.

C. Wright Mills hat in gewisser Hinsicht die Erbschaft von Veblen in den USA angetreten, vgl. die Darstellung von Dahrendorf, a. a. O., S. 186ff. Das erwähnte polemische Hauptwerk von Mills, ›The Sociological Imagination‹, ist deutsch übersetzt mit dem bezeichnenden Titel ›Kritik der soziologischen Denkweise‹, Luchterhand 1969. In der Tat liegt die Schwäche all dieser Auseinandersetzungen von Soziologen mit der Soziologie bisher darin, daß sie mit der Reform der Soziologie die soziale Entwicklung beeinflussen wollen, etwa indem sie eine »vernünftige«, »moralische«, »emanzipatorische«, »progressive«, »reflexive«, »klassenbewußte« usw. Soziologie fordern, anstatt einzusehen, daß die Soziologie schlechthin als Bewußtseinsführung der Epoche abgelöst werden muß. Selbst diese Kritiker der technologisch eingestellten Sozialwissenschaften erhöhen im Erfolg die Führungsrolle der Soziologie: So fordert Mills eine moralische Führung des sozialen Geschehens durch Soziologen, aber die sozialen Voraussetzungen der Wirkungen von Moral entgehen seinem Forscherblick, eine reflektive Blindheit der professionellen Selbsterhaltung, die man an fast allen sogenannten »kritischen Soziologen« feststellen kann.

Aber die Darstellung Dahrendorfs über die »angewandte Aufklärung« in den USA macht ungewollt eine ganz andere Einsicht deutlich: Die Soziologie wird dort gar nicht in ihren mehr oder minder empirisch abgesicherten Forschungsergebnissen so wichtig genommen, sondern in den Begriffen, mit denen sie die Probleme aufwirft. Status, Rolle, Funktion, Community, Mobilität, sozialer Wandel, Gruppe, Team, sozialpsychologisch etwa Streß, Frustration usw. sind in den USA und darüber hinaus nicht wissenschaftliche Einsichten, sondern es sind zu simplifizierten Selbstvorstellungen gewordene Wort- und Sinnformeln, die das Handeln der Zeitgenossen entscheidend beeinflussen. *Die Bewußtseinsherrschaft der Soziologie wirkt nicht durch ihre Einsichten, sondern durch ihre Themenstellungen und begrifflichen Formeln.*

Hat man dies einmal erkannt, gewinnen die wissenschaftlich unwahrscheinlichsten Aussagen an Wahrheitsgehalt: Das scheinbar primitive Mißverständnis, Soziologie sei politisch von vornherein Sozialismus, wird über die Tatsache, daß die Soziologie den geistigen Aspekt auf die Person verdunkelt, den Bezug auf das Soziale überbelichtet, eben doch zur Wahrheit: Wer soziologisch denkt, muß die soziale Gerechtigkeit überbewerten, muß die Grundrechte unserer Verfassung primär auf soziale Zustände, nicht aber auf den Handlungsraum der Person bezogen auslegen und landet folgerichtig in sozialistischen Vorstellungen. (In der Bundesrepublik erkennen diese Bewußtseinsherrschaft der Soziologie die Politiker aller Couleur an, wenn sie hochgestochen von »soziologischen Strukturen« oder »soziologischen Gruppen« sprechen; natürlich meinen sie soziale Strukturen und soziale Gruppen, die ihrerseits die Soziologie sehr verschiedenartig erkennt und interpretiert; der bis in höchste Kreise reichende falsche Sprachgebrauch ist ein untrügliches Zeichen dafür, daß der Politiker nicht mehr die sozialen Verhältnisse selbst beurteilt, sondern sich willig dieses Urteil von den Soziologen – welchen auch immer – vorschreiben läßt.) Nicht welche soziologischen Einsichten sich in einer Zeit durchsetzen, sondern bereits der Tatbestand, daß der soziale Aspekt des Lebens, von jedweder Soziologie interpretiert, vorherrschend wird, macht die Bewußtseinsführung dieser Disziplin aus: Dann sehen plötzlich die Christen nicht mehr zunächst das Seelenheil und die Liebe, sondern primär die soziale Gerechtigkeit und die Solidarität; dann wird alle Kunst sozialbezogen, wie sie einst im Mittelalter religionsbezogen war; dann werden alle Wissenschaften vor das Tribunal ihrer sozialen Wirkung gezogen, und ihre Richter und Ankläger sind zugleich jene Sozialwissenschaftler, die auch noch die Gesetze geschaffen haben, nach denen sie anklagen und urteilen.

Wenn in dieser Binsenwahrheit, daß alle sozialwissenschaftliche Erkenntnis sich sozial zur Bewußtseinsherrschaft von Sozialwissenschaftlern auswirkt, die jenseits aller wissenschaftlichen Beweismittel und Sinnargumente liegende meta-wissenschaftliche Führungsrolle der Soziologie für den »Zeitgeist« begründet liegt, dann sind Auseinandersetzungen mit einzelnen soziologischen Schulen und Richtungen, Erkenntnissen und Begriffen immer zweitrangig; die Gesamtwirkung der Soziologie als ein Themenblock und Argumentationsfeld schlechthin auf die Bewußtseinsselbstführung der Menschen muß in den Vordergrund der Einsicht treten. Nur dann wird sichtbar, daß es nicht darauf ankommt, gesellschaftsplanende angewandte Sozialforschung gegen Systemtheoretiker, Neomarxisten gegen Emanzipationsphilosophen und was der fachfamiliären Bruderzwiste mehr sind, in ihrer politischen und sozialen Bedeutung gegeneinander abzuwägen: Ihre Grundeinwirkung auf die Formierung oder Deformierung des Zeitbewußtseins, der vorherrschenden Lebenssinngebung der einzelnen Menschen einer Kultur (»Gesellschaft«), ist zu verstehen als der Zwang zur Orientierung an sozialen Zielen und sozialen Gesichtspunkten und zur Abdunkelung oder Verdrängung anderer Formen der Lebenssinngebung.

Wir wollen diesen bisher in der Überprüfung der Soziologie wissenstheoretisch ausgesparten Gesichtspunkt der geistesgeschichtlichen Gesamtwirkung der Soziologie für diese verständlich als die *meta-wissenschaftliche Primär-Wirkung der Soziologie* bezeichnen. Sie entspricht einer *»verwissenschaftlichten Primär-Erfahrung des Soziologen«*, die ich in meiner Schrift ›Ortsbestimmung der deutschen Soziologie‹, Düsseldorf 1959, S. 81 ff. herausgearbeitet habe: die Tatsache, daß der Soziologe alle Erscheinungen der Wirklichkeit bereits unter der Leitung vage verallgemeinerter, ja, in den Bewußtseinshintergrund getretener sozialwissenschaftlicher Begriffe und Vorstellungen wahrnimmt und begreift, ehe er sie überhaupt sich zum methodisch-wissenschaftlichen Problem stellt. Die *wissenschaftliche Primär-Wirkung* der Soziologie kann man als eine Übertragung dieser vorwissenschaftlichen Erfahrungsform auf die Gesamtbevölkerung verstehen. In meiner angegebenen Schrift lassen sich viele Thesen dieses Buches schon 1959 angedeutet finden; andererseits enthält sie z. B. Passagen über die subjektive Reflexion, die hier mit in die Kritik einbezogen werden. Die wichtigste der dort vertretenen Ansichten, daß es Aufgabe einer »kritischen Soziologie« wäre, die Person von der Allmacht der Soziologie zu befreien, indem man die Grenzen der Soziologie bestimmt, wird hier fortgeführt.

Von hier aus gesehen werden innersoziologische Auseinandersetzungen vielfach zu Konkurrenzkämpfen von partiellen Herrschaftsabsichten, zu Konfessions- und Glaubenskriegen von Bewußtseinsherrschern, die im partiellen Ideologieverdacht zwar die andere soziologische Lehre dieses Priesterbetruges verdächtigen, gleichwohl selbst aber das gemeinsame Ziel soziologischer Bewußtseinsführung der anderen gerade durch die Aktualisierung der Schulstreitigkeiten um so wirksamer durchsetzen. Wer Technik und Wissenschaft als Ideologie entlarvt, dafür aber »Gesellschaft« und »Emanzipation« sagt, setzt nicht nur seine Schullehre durch, sondern die Bewußtseinsherrschaft *aller* Soziologen; aber auch der durchaus jeder sozialen Heilslehre abholde Systemtheoretiker oder sozialwissenschaftliche Empiriker befestigen ungewollt eben die sozialen Grundlagen und die metawissenschaftliche Begriffswelt, auf denen die sozialen Heils- und Herrschaftsansprüche heute beruhen. Eine dagegen kritische Soziologie müßte eine fachwissenschaftliche Disziplin sein, die sich in ihrer Anwendung im Praktischen bewährt, dabei aber gleichzeitig die Grenzen der soziologisch gesteuerten Praxis, also der »manipulierenden« Wirksamkeit von Sozialwissenschaften, und zugleich den Bereich des sozial nicht Gestaltbaren, die Positionen der Freiheit *vom* Sozialen, erkennt und durchsetzt. Die Frage ist, von welchem geistigen Standpunkt aus diese Art »Kritik« heute überhaupt denkbar ist. Ganz sicherlich nicht von moralisch-ideologischen Glaubenspositionen à la »Emanzipation« oder »Mündigkeit« verbunden mit soziologisch-ideologiekritischen oder gar klassentheoretischen Verdammungsurteilen. Wer heute »Ideologie« sagt und damit den anderen meint, nimmt sozial die Rolle der alten Ketzergerichte ein; Ideologiekritik wird mehr und mehr zu dem Kennzeichen der Glaubensverfolgung schlechthin, und allein damit werden die eigenen Positionen zu Glaubensansprüchen. Wahrscheinlich besteht die einzige haltbare geistige Stellung in einer unentscheidbaren Pluralität von moralisch-theoretischen Sinn-Entwürfen, verbunden mit einer methodologisch-pragmatischen Kooperationsphilosophie nach der Art der »praktischen Vernunft« Immanuel Kants; dazu sind bei uns zwar einige wissenschaftliche Ansätze zu erkennen, aber ihnen fehlt bisher jede fachübergreifende und d. h. gemessen am eigenen Kriterium praktisch-vernünftige Verallgemeinerung und Durchsetzung. Bisher gibt es keinen Nachfolgeanspruch für die in ihr Gegenteil umgeschlagene »soziologische Aufklärung«.

Der weiteren Beweisführung mag eine Erinnerung an die Ausgangspunkte unserer Argumentation dienlich sein: Wir wollten in den Aufgabenstellungen und Wirkungsweisen der Soziologie diejenigen Ansätze und Wirkungsfelder erkennen, deren sich die Heils- und Klassenherrschaft der neuen Sozialreligion zu ihrer Durchsetzung bedient. Von den drei Leistungen der Soziologie – systematische Theorie, empirische Sozialforschung und fachübergreifendes Orientierungswissen – verwerten die Missionare der Sozialreligion vor allem die letzte Wirkungsmöglichkeit. Dabei geht es gar nicht mehr um die wissenschaftliche Beweiskraft der Orientierungsformeln, sondern es wirkt bereits die soziologische Thematisierung und Begrifflichkeit als Bewußtseinsführung. Fast ausschließlich auf dieser meta-wissenschaftlichen soziologischen Bewußtseinsverengung der anderen, d.h. nicht professionell soziologischen und gegen diese Wirkung der Soziologie nicht abwehrbereiten Bevölkerung, beruhen die missionarischen Erfolge der Sozialreligion. Wie alle Missionserfolge beruhen sie also nicht auf der Überlegenheit ihrer Heilslehre, sondern auf die Abwehrunfähigkeit des alten Glaubens.

Damit behaupten wir keineswegs eine pauschale Verfallenheit der Soziologie in die Rolle der Heilslehrerin; wir erkennen im Gegenteil die binnenwissenschaftlichen und binnenfachlichen Leistungen und Aufgabenstellungen der Soziologie, einschließlich ihrer allgemeinen Orientierungsfunktion, ausdrücklich an. Allerdings sind diese nur wissenschaftlich auszuüben, wenn die Soziologie zugleich die geistig-sozialen Mechanismen aufdeckt, mit denen die soziologischen Erkenntnisse in heilsherrschaftliche Mission überführt werden. Allein diese heilswissenschaftlichen Rekrutierungsvorgänge in der Soziologie sind hier unser Thema.

Es ist wohl deutlich, daß die »Sinngebung des Ganzen«, wenn dies als »Gesellschaft« definiert wird, an erster Stelle bei den »Gesellschaftswissenschaftlern« liegt. Wir würden also nur unnötig Einsichten wiederholen müssen, wenn wir jetzt noch einmal nachwiesen, daß die Heilsvorstellung einer »vollkommenen Gesellschaft im Kopfe«, die allen soziale Gerechtigkeit und dem einzelnen seine Selbstverwirklichung verspricht, mit soziologischen Argumenten predigt und sich ihre Missionare vor allem aus Soziologen oder ihren wissenschaftlichen Zuleistungs-

kollegen zusammensetzen. Die dementsprechenden Heilsverheißungen der Herrschaftslosigkeit, der Freiheit vom Leistungsdruck der Arbeit, der allseitigen Partizipation durch Meinungsäußerung, der parteilich bestimmten Rationalität usw., wie wir
sie dargestellt haben, stammen aus soziologischen Theorien, deren wissenschaftliche Verfälschung zur Heilslehre oft schon von
ihren Autoren selbst vorgenommen wurde.

Schließlich hängt die zu jeder Heilslehre gehörende Bußpre-
digt, in diesem Falle der Nachweis des zeitlichen Elends, heute
ganz und gar von der soziologischen Deutung ab, wenigstens in
unseren Breiten. Man muß sich einmal klar machen, daß diese
heilsverheißende Sozialreligion nicht in den Bereichen der stärksten sozialen Not in unserer Welt entsteht, also keineswegs in
Lateinamerika, Südasien oder Afrika, nicht aus den Flüchtlingslagern der Palästinenser oder den Elendsvierteln von Rio oder
Santiago zu uns dringt, sondern daß sie inmitten der Wohl-
standsländer geistig aufgeht, im westlichen und nördlichen Europa und in den USA; das »Elend«, von dem hier Erlösung
gesucht wird, ist entweder die Not »der anderen«, »das geborgte
Elend«, oder es ist das eigene Unbehagen an Kultur, Zivilisation
und Wohlstand, das seine Deutung im »sozialstrukturellen
Elend« findet, also in einem Zeitbewußtsein, dessen Negativität
und Unglück von den Sinn- und Bewußtseinsvermittlern erst
geschaffen wird. Es ist nicht ganz einfach, das nicht erfahrbare
Elend durch das gedeutete Elend zu ersetzen; aber die »gesell-
schaftsstrukturelle« Deutung der »kritischen« Sozialwissenschaft schafft das schon, wenn der einzelne auf primär soziales
Selbstverständnis des Lebens eingestellt ist. So zielen geistes- und
kulturwissenschaftliche Zeitkritik, politische Kapitalismuskritik, soziologische Herrschaftskritik, Ideologiekritik oder Kon-
sumkritik gleicherweise nicht primär auf die Veränderung sozialer Tatsachen, sondern des sozialen und individuellen Bewußtseins: Man will primär die Gesinnung ändern und erhofft sich
davon eine vage verheißene Veränderung der Faktenwelt. Das
eben heißt, die Welt wieder auf den Kopf und seine Vorstellungen stellen.

In allen diesen Formen der sozialen Heilsverkündung würde
man den soziologischen Ursprung als argumentatives und perso-
nales Rekrutierungsfeld unschwer nachweisen können; aber
darum geht es hier eigentlich gar nicht mehr: Nicht die Verfälschung der wissenschaftlichen Soziologie zur sozialen Heilslehre, sondern die Thematisierung des Zeitbewußtseins auch durch

die durchaus wissenschaftlich bleibende Soziologie macht die entscheidende meta-wissenschaftliche Wirkung auf das Zeitbewußtsein aus. Diese besteht weniger in den sozialutopischen Zukunftsverheißungen als in dem Abbau der Bewußtseinssicherheiten und Sinnhorizonte, mit denen bisher der in unserer Kultur handelnde Mensch rechnen konnte. Die Bewußtseinsherrschaft der Soziologie jedweder Herkunft macht es heute fast unmöglich, die sinn- und werthaften Voraussetzungen der Vergangenheit weiterhin als Orientierungsrichtmarken für die Zukunft zu verwenden: Der von der Renaissance her in der Aufklärung des 18. Jahrhunderts und dem philosophischen Idealismus des 19. Jahrhunderts aufgebaute absolute Bezug allen Handelns, vor allem auch allen sozialen Handelns, auf das Individuum oder die einzelne Person und ihre Kräfte der Verinnerlichung, der letzten Endes sogar auf der Durchsetzung des Christentums und seinem individuellen Seelen- und Gewissensbegriff beruht, wird heute durch die Soziologie und die soziologiegestützte Sozialphilosophie der verschiedensten Herkunft grundsätzlich abgebaut. *Die Auflösung der Person und ihrer auf sich selbst gerichteten Verbindlichkeiten im Handeln ist die zeitbestimmende Wirkung aller Soziologie.*

Diese These zu belegen, zwingt dazu, auf geistige und soziale Allgemeinwirkungen soziologischer Grundbegriffe und Aussagen hinzuweisen, die in ihrer innerfachlichen Konkretheit diese meta-wissenschaftliche Auswirkung keineswegs beabsichtigen, sondern sich sogar mit irgendwelchen theoretischen Schutzbehauptungen ausdrücklich dagegen abgeschirmt haben. Die sozialwissenschaftlichen Autoren, denen man diese wahrscheinlich entscheidenden »Nebenwirkungen« ihrer wissenschaftlichen Veröffentlichungen entgegenhält, pflegen meist mit einem argumentativen Rückzug auf die wissenschaftlich vordefinierte Fragestellung und den ebenso fachlich abgesicherten Aussagerahmen zu antworten; dies ist an sich wissenschaftlich legitim, aber leider sind es meist die gleichen Autoren, die andere Wissenschaftler wie z. B. die Naturwissenschaftler, Mediziner und Ingenieure, die Wirtschaftswissenschaftler und Juristen unbarmherzig auf ihre ungewollten Nebenfolgen festzulegen pflegen und sie für die »gesamtgesellschaftlichen« Wirkungen verantwortlich machen, wobei eben diese Ankläger den vermeintlich wissenschaftlichen Maßstab für diese Anklage selbst frei produzieren. Dieses heute überall festzustellende Verhältnis zwischen den Sozialwissenschaften, insbesondere der sozial engagierten Soziologie und Psychologie, ist wirklich nichts weiter als ein Herrschaftssymptom: Diese Wissenschaften setzen sich wie ein absoluter Herrscher »ex lege«, d. h. beanspruchen, daß die Kriterien ihrer Anklage und Verdammung der »anderen«, in diesem Falle, Wissenschaften, für sie selbst nicht gelten.

Das erste, was mit dieser Vorherrschaft der soziologischen Themenstellung erreicht wird, ist die Verbreitung der Einstellung, den einzelnen Menschen zunächst nur aus seinen sozialen Bedingtheiten und in seinen sozialen Verhältnissen zu begreifen und zu behandeln; seine Handlungen werden sozial bestimmt begriffen, und er wird als ein Vertreter seiner sozialen Zurechnungseinheiten behandelt; das sind längst die kulturellen Selbstverständlichkeiten des sozialwissenschaftlichen Jahrhunderts. Damit ist kurzgeschlossen die Unterordnung der einzelnen Person und ihrer einmal als individuell betrachteten Handlungen unter ein soziologisch-sozialpsychologisches Gedankensystem möglich, dessen Gesinnungsbewertung die vermeintlich wissenschaftliche Entwertung der anderen Person, ihrer Freiheit und ihres Gewissens, zur bloßen Funktion ihrer sozialen Umstände, ihrer Interessen und damit Klassen- oder sonstigen Gruppenzugehörigkeit, erlaubt. Handlungen, Ideen und Gewissen der »anderen« sind sozial bedingt, abhängig und gesteuert, nur der dies Aussagende ist »frei«, und seine Aussagen sind dieser sozialen Determination entzogen. Diese Argumentation war und ist der bewußt parteiliche Standpunkt der Marxisten, die den anderen »Ideologie« und »falsches Bewußtsein« attestieren, sich selbst aber mit dem arroganten Anspruch, die Interessen der Menschheit oder der Gattung schlechthin zu vertreten, ebendieser Kritik soziologischer Determination entziehen. Daß sich auf einer solchen, nur auf die anderen angewandte Soziologisierung des Menschen eine Heilslehre aufbauen läßt, die die eigene Position zum »himmlischen Sozialismus« glorifiziert und die anderen verteufelt, ist leicht zu sehen. Aber die an dieser Stelle zu fordernde Einsicht besteht darin, daß fast alle soziologischen Betrachtungsweisen diese Aufsaugung der Individualität und der grundsätzlichen Selbständigkeit der Person unterstützen, auch wenn sie keineswegs marxistisch denken oder sonstwie mit partikulärem Ideologieverdacht arbeiten. Wenn etwa Parsons in seiner Analyse des »sozialen Systems« die ethischen oder politischen Verantwortungen des einzelnen nur in der soziologisch abstrakten Form eines »Normensystems« aufgreift, das zu jedem »sozialen System« gehört, oder Luhmann die Individualität der Person nur noch als »Umwelt« für das »soziale System« gelten läßt, so haben beide im Sinne der soziologisch-wissenschaftlichen Analyse dafür gute Gründe, aber es ist unverkennbar, daß damit das Individuum, dessen Kern für die Aufklärung seine auf den Einzelnen bezogene Vernunft und sein immer persongebundenes Gewissen waren, hier zu einem Hampelmann der sozialen »Normen« und zu einem reduzierten Bruchteil der Systemrationalität gemacht wird.

Überhaupt kennzeichnet die *soziologische Verwendung des Begriffes der »Norm«* bereits die Entmachtung der personhaften Ethik der Aufklärung (und des Christentums), indem sie sowohl politische Glaubenssätze wie das religiöse oder philosophische Gewissen, das gesetzte Recht des Gesetzgebers und der Verwaltung ebenso wie die verfeinerte Berufsethik von hochspezialisierten Funktionsgruppen, einheitlich auf den Begriff der »Norm« reduzieren. Hier fällt die soziologische Abstraktion als Scheidewasser das personale Gewissen als soziale Belanglosigkeit aus. So kann z. B. die Soziologie, insbesondere die vor diesen Fragen noch abgeblendetere Berufssoziologie, kaum verstehen, daß jede Berufsethik eine Verfeinerung der jeder einzelnen Person an sich angesonnenen Moral ist, deren Sensibilität oder Schwellenwert für die moralischen Probleme der zivilisatorisch-arbeitsteiligen Spezialisierung enorm gesteigert werden muß, will sie der für den einzelnen sich in spezialisiertem Berufskönnen verkörperten »Komplexität« der modernen Welt gewachsen sein. Statt dessen beobachten wir einerseits eine »Reprimitivisierung« der Moral auf allgemeinste und der willkürlichen, »außengesteuerten« Interpretation offene Gemeinplätze wie »Emanzipation«, »Mündigkeit«, »Humanität« usw. und andererseits eine Verdächtigung aller speziellen Berufsethiken als professionelle Ideologie.

Wie hier die Soziologisierung der Ethik durch die »soziologische Aufklärung«, so wirken alle wichtigen Begriffe und Gesichtspunkte der modernen Soziologie, sobald sie aus ihrem rein fachlichen Zusammenhang gerissen und zu Formeln der allgemeinen Einstellung zum Leben, zu populären Richtlinien des politischen und persönlichen Handelns werden, zusammen zur Herstellung eines »soziologischen« Zeitbewußtseins, auf das sich die Verkündigung der Sozialheilslehre stützt. Eben in der unwissenschaftlichen, aber breiten und unvermeidbaren Aufnahme, die kennzeichnende Lehrteilstücke der Soziologie bei breiten Bevölkerungsschichten finden, wird sie zum Argumenten- und Personalreservoir der modernen Sozialreligion und ihrer Herrschaftsgruppe. Wir wollen dies zunächst noch an wenigen Beispielen kurz zeigen: am Begriff der »Gruppe«, am soziologischen Handlungsbegriff und am Begriff der »Rolle«, alles zentrale Kategorien der modernen Soziologie.

Die Gruppe

Die Überzeugung von der entscheidenden lebenswichtigen Bedeutung der *Gruppe*, insbesondere der *Kleingruppe*, gehört heute zu den glaubenshaften Grundüberzeugungen aller etwas naiven Soziologie und Psychologie. Die Betonung der kleinen Gruppe als der sozialen Hülle, von der der Mensch gehalten und geborgen wird, in der er erst seine Identität, sein Selbstbewußtsein, findet oder – wenn verloren – wiedergewinnt, ist in der westlichen Welt die Hoffnung und Lehre der Erzieher vom Kindergarten bis zur Universität; sie wird zum Zauberstab der Psychotherapeuten, der sozialen Berufe, der Arbeitslehre und der Managerausbildung. Einzig die »Gruppe« scheint noch menschliche »Kreativität« zu versprechen. Gruppenforschung und Gruppendynamik, Gruppenarbeit und Gruppentherapie, Gruppenmoral und Gruppentrainer sind einige der vielen Ausdrucksformen einer sich immer unkritischer verbreitenden Geistesbewegung unter den von den Sozialwissenschaften beeinflußten Intellektuellen.

Daß die jeweiligen gruppenanalytischen Erkenntnisse und, in sehr viel beschränkterem Ausmaß, auch soziale Gruppenpraxis im konkreten fachwissenschaftlichen Zusammenhang gute Gründe für ihre Wichtigkeit für sich anführen können, soll hier weder bestritten noch erörtert werden. Auch als allgemeine Überzeugung ist die Einsicht, daß der einzelne Mensch in seiner Bewußtwerdung, ja seiner »Menschwerdung«, im hohen Maße von den sozialen Einflüssen seiner unmittelbaren sozialen Umwelt und der ihn betreuenden, zu ihm stehenden Menschen abhängt, unbestreitbar und wichtig, nur daß sie keineswegs neu ist: Man hat – wissenschaftlich-theoretisch mindestens seit Aristoteles, praktisch seit Urzeiten – die Familie immer für die »Urgruppe« angesehen und ihr in der sozialen Praxis den dementsprechenden Wert zugemessen. Aber die Tatsache, daß in allem modernen »Gruppismus« die Familie keineswegs als die ideale »Kleingruppe« angesehen wird, sondern fast als das Gegenteil davon, macht deutlich, daß die moderne Gruppenbetonung wohl doch eine meist verschwiegene einseitige Stoßrichtung hat: Der Halt, den der Mensch in der »Gruppe« findet, wird keineswegs in den institutionalisierten oder organisierten Gruppen gefunden, also vor allem in der Familie, als Schüler in der Klassengemeinschaft, als Erwachsener in den organisierten Arbeits- und Berufseinheiten oder gar den funktionalen Institutionen, sondern das Augenmerk richtet sich vor allem auf die »Gruppe freier Kommunikation«, auf die »informellen« Gruppen, auf die Neigungs- und Sympathiegruppen, auf die Meinungs- und Gesinnungsgruppen. Der vergehende Individualismus will seine Vorteile bewahren, indem er die individuell wählbaren Formen der Vergesellschaftung überbewertet, aber seine eigentümlichen Verpflichtungen, nämlich die personale Verantwortung, die individuelle Leistung, die Einsamkeit des individuellen Gewissens und die den Meinungen der Gruppen und Gesellschaften trotzende individuelle Denkfreiheit in ihren Existenzbedingungen abstößt. Das ist geistesgeschichtlich so etwas wie ein betrügerischer Bankrott. Man verspricht den Menschen die Rettung aus einer Gefahr, die man systematisch selbst erzeugt. So beispielsweise sehr deutlich in der Gruppentherapie: Man konstatiert dort den Identitätsverlust in der modernen Gesellschaft, die Erosion der Person, die wachsende Unsicherheit des einzelnen in seinem Selbstbewußtsein, aber indem man verschweigt oder verdrängt, daß eben die Überbetonung der Gruppenzugehörigkeit zu dieser Angst vor der sich sozial distanzierenden individuellen Einsamkeit und den als Preis für die Autonomie der Person zu zahlenden Leiden führt, verspricht man die Heilung der Leiden eben durch den Mechanismus ihrer Verursachung. Hier kann man nur ein Wort von Karl Kraus über die Psychoanalyse abwandeln: Die Gruppentherapie ist jene Geisteskrankheit, für deren Therapie sie sich hält.

Aber hier geschieht welt- und geistesgeschichtlich mehr: Hier wird das seit der griechischen Philosophie größte und gewagteste geistige und daher auch soziale Abenteuer unserer Kulturtradition, die Überbetonung der einzelnen Person und ihrer Denk- und Willensfreiheit, zurückgenommen in die geistige und soziale Betreuungssicherheit eines neuen Mittelalters. Als »höchstes Glück der Erdenkinder« wird heute nicht mehr die »Persönlichkeit« bezeichnet, sondern die Anpassung und die Harmonie und Sicherheit in der Gruppe; in diesem Sinne sagt eine schwedische Schulpolitikerin: »Es hat doch keinen Wert, die Individualität aufzubauen, weil die Menschen unglücklich wären, wenn sie es nicht gelernt hätten, sich der Gesellschaft anzupassen« (vgl. S. 366). So gerät der einzelne zurück in die Schutzherrschaft der Gruppe, zuerst sozial, dann geistig. Die Anzeichen dafür sind, wenn man sie sehen will, in unserer Gesellschaft geradezu aufdringlich deutlich: Überall tritt an die Stelle des Schutzes der einzelnen der »Gruppenschutz«, an die Stelle der Individualverantwortung eine Gruppenverantwortung (für die dann niemand als einzelner zur Rechenschaft gezogen werden kann, weshalb man veraltet von »Anonymität« spricht), an die Stelle von Entscheidung und Durchführung die unaufhörliche handlungslose gruppenhafte Dauerreflexion und das gruppenhafte Dauergespräch. Die Hochburgen der Individualität wie die Universitäten werden zu Gruppenuniversitäten mit Gruppenprivilegien geschleift, die Schriftsteller suchen gruppenhaften Schutz und Unterschlupf in der Gruppensicherheit der Arbeitergewerkschaften, die Journalisten glauben ihre Geistes- und Äußerungsfreiheit vermeintlich durch institutionalisierte Gruppenautonomie sichern zu können usw.

Wenn die Grundwerte »soziale Gerechtigkeit« und »individuelle Freiheit«, die immer nur in praktisch-vernünftigen Kompromissen versöhnt werden können, ihren Vorrang austauschen, wie es heute geschieht, dann bedeutet dies geistig zunächst, daß die Ableitung des einen vom anderen umgekehrt wird: Heute wird das Individuum primär nur noch in seinem sozialen Status begriffen und nicht als personale Individualität; die Humanität richtet sich an der sozialen Rolle und dem sozialen Status aus, nicht am Selbstverständnis und Selbstbewußtsein des einzelnen; das unbefragte Ziel allen anerkannten Handelns wird die Vervollkommnung oder »Optimierung« des gruppenhaften Sozialstatus anstelle der institutionellen Möglichkeiten zu individueller Freiheit. Damit verliert der auf das Individuum bezogene Rechtsstaat unabwendbar seine Grundlagen zugunsten des auf die Gruppen bezogenen Sozialstaates, was nur der verfassungsrechtliche Aspekt des gleichen Umschwunges ist, der in der Erziehung, in der Literatur, in der Religion, in der Wissenschaft usw. vor sich geht. Die »Gruppe«, d.h. die soziale Einheit, gewinnt in jeder Hinsicht den Vorrang vor dem einzelnen, seiner Individualität, Personalität und Freiheit. Auf dieser allgemeinen Prädestinationsbasis, der generellen Umwertung von Personalwerten zu Gruppenwerten, kann sich fast unauffällig der Umschwung von der individuellen Heilsreligion zur sozialen Heilsreligion und der dementsprechende Wechsel der Herrschaftsformen vollziehen.

Diesen Vorgang im einzelnen zu belegen wäre nicht schwer, aber umfangreich. Wir wollen nur drei symptomatische Beispiele bringen:

1. Der Kult der Gruppen stammt aus den Vereinigten Staaten; dort beherrscht er heute nicht nur Kindergarten und Klinik, sondern die »community therapy«, also die kommunale Bürgerinitiative, ebenso die Praxis der wirtschaftlichen Managementausbildung. Als grundlegende soziale Beziehung wird die Kooperation in »Gruppen« überall angepriesen, und die »heilende Gruppe« wird schlechthin zum Heilsweg unserer Tage erklärt. Am frühesten und klarsten hat diesen Vorgang *David Riesman* in seinem Buch ›Die einsame Masse‹ (1950, dtsch. 1956) herausgestellt: Wenn er idealtypisch den »außengeleiteten« (»other-directed«) Menschen dem »innengeleiteten« gegenüberstellt, so meint diese Steuerung des Verhaltens vom sozialen »Außen« her sowohl die Beeinflussung durch die Massenkommunikationsmittel als durch die soziale Kleingruppe. Dies weist er besonders für die Kinder und die Jugend auf: An die Stelle der verunsicherten, ängstlichen Familie ist längst die subkulturelle Gruppe der Gleichaltrigen (»peergroup«) als Richtschnur, Meinungsführung und moralische Instanz für die Jugendlichen getreten; daß die »moderne« Schule diesen Trend zur Gruppenanpassung als Erziehungsziel übernimmt, daß alle »emotionalen Energien der Lehrer auf das Gebiet der Gruppenbeziehungen abgelenkt« werden und daß die Gruppenbeziehung als solche, nicht aber was sie leistet, zum Ziel der »Gesellschaft« selbst gemacht wird (»Thus the other-directed child is taught at school to take a place in a society where the concern of the group is less with what it produces than with its internal group relations, its moral«). Riesman hat zuerst erkannt, daß die Meinungs- und Gruppenzugehörigkeit der amerikanischen Menschen Auswirkung einer neuen Weltangst in den komplizierten Beziehungen der modernen Gesellschaft ist; *Peter R. Hofstätter* hat des öfteren darauf hingewiesen, daß der Begriff der »Lonely Crowd« im Deutschen mit der Formel »Die ängstliche Masse« übersetzt werden müßte. Riesman sieht auch, daß aus dieser Angst der neue Schutz- und Heilsglaube, die neue »Gruppenmoral« und »Gruppengesinnung«, geboren wird, die die »innengeleitete Person«, also Gewissen und Leistung des einzelnen, zugunsten des sozialgruppenhaften Heilsschutzes verwirft. Hier wird die Entstehung der neuen sozialreligiösen Gesellschaft in den USA geschildert, ohne daß ihr religiöser Charakter soziologiegehemmt erkannt wird. Die sozialreligiösen Bewegungen der Studenten in den amerikanischen Universitäten, ihr Einfluß auf die Politik der demokratischen Partei usw. kamen deshalb überraschend, weil man den Tiefgang des anderthalb Jahrzehnte vorher diagnostizierten »Wandels des amerikanischen Charakters« unterschätzt hatte.

2. Die gleiche Diagnose liegt inzwischen für ein keineswegs »kapitalistisches«, sondern für ein sozialdemokratisches Gesellschaftssystem vor: 1971 veröffentlichte *Roland Huntford* eine Diagnose der schwedischen Gesellschaft mit dem Titel ›The New Totalitarians‹, London 1971 (dtsch. ›Wohlfahrtsdiktatur. Das schwedische Modell‹, Berlin 1973), in der er die These vertrat, daß Schweden ein Land sei, »in dem moderne Institutionen auf einer mittelalterlichen Geisteshaltung errichtet worden« seien und diese darin bestünde, daß »der mittelalterliche Mensch mit seinem Instinkt für das Kollektiv ausschließlich als Mitglied einer Gruppe existiert« (S. 29). Ohne mich auf die Frage einzulassen, ob wirklich hier in Schweden eine Wohlfahrtsdiktatur im kommen sei und ob ausgerechnet Huxleys ›Schöne neue Welt‹ ein geeignetes Erklärungsmodell für die schwedische Szene biete, halte ich die Fakten und originalen Aussagen, die Huntford mitteilt und die durch die politischen Informationen aus Schweden früher und besonders in der letzten Zeit auch anderswo gegeben werden, für einen hinreichenden Beweis dafür, daß die »Gruppenideologie« längst zu einer sozialreligiösen Überzeugung in Schweden geworden ist und dementsprechend durch »neue Herrscher« ausgenutzt wird.

Dafür sind diese Zielsetzungen für das Erziehungswesen kennzeichnend, in dem sich ja immer die Zukunftsillusionen einer Gesellschaft am deutlichsten niederschlagen: Maj Bossom-Nordboe, eine frühere Schulpolitikerin, programmiert: »Unsere Schule muß Menschen hervorbringen, die veränderbar sind, denn anderenfalls wären sie nicht glücklich. Dasselbe trifft für den einzelnen zu. Es hat doch keinen Wert, die Individualität aufzubauen, weil die Menschen unglücklich wären, wenn sie nicht gelernt hätten, sich der Gesellschaft anzupassen. Auf die Freiheit legen wir *keinen* Nachdruck. Vielmehr sprechen wir von der Freiheit, die Freiheit aufzugeben. Der Schwerpunkt liegt auf der *gesellschaftlichen Funktion* der Kinder, und ich will gar nicht leugnen, daß bei uns das Kollektiv den Vorrang hat.« Als »größtes Glück der Erdenkinder« um Gottes willen keine Persönlichkeit, sondern dauernd veränderbare Anpassung an das Kollektiv. Huntford kommentiert diese und viele andere Äußerungen führender schwedischer Pädagogen und Schulpolitiker folgendermaßen: »Die herkömmliche Klasse, in der Schüler für sich gearbeitet haben, ist weitgehend durch die Gruppenarbeit abgelöst worden. Nach den offiziellen Richtlinien für die Lehrer liegt dahinter das Ziel, die Kinder zu lehren, wie man sich dem Kollektiv anpaßt, und zu zeigen, daß der einzelne auf sich gestellt nicht viel erreichen kann. ›Indem man ein Projekt der Gruppe überträgt‹, sagen die Richtlinien, ›und so die Schüler dazu bringt, die Arbeit unter sich aufteilen zu müssen, kann man sie die Befriedigung erfahren lassen, die darin besteht, daß sie ihren Beitrag für das Kollektiv leisten‹ ... Außerhalb der Gruppe zu bleiben, ist eine Sünde wider den Heiligen Geist, und so bemüht man sich sicher außerordentlich, auch den Unabhängigen und Widerstrebenden einzureihen ... Was man selbständig erreicht hat, zählt nicht; was man hingegen innerhalb einer Gruppe geleistet hat, das wird hoch eingeschätzt ... Nicht scharfer Verstand oder hohe Begabung ist offiziell angesehen, sondern der Wille zur Zusammenarbeit und zur Anpassung an eine Gruppe. Der Wettstreit wurde abgeschafft, denn das Verlangen, sich hervorzutun, gilt als unerwünscht und asozial ... Ein Vertreter des russischen Erziehungswesens war bei einem Besuch in Schweden von dessen Schulsystem schockiert und sprach vor Schülern in Stockholm von der Notwendigkeit des Wettstreits beim Lernen als der einzigen Möglichkeit, wirklich Leistungen zu erzielen.« (Dies als Beispiel für politisches »Kollektiv«-Denken und den sozialreligiösen »Kollektiv«-Begriff.)

Die Verschmelzung zwischen utopischen Glaubensinhalten und Machtpolitik wird noch deutlicher, wenn wir die Äußerungen des sozialdemokratischen Erziehungsministers Ingvar Carlsson kennen: Er hat die Wichtigkeit der Vorschulerziehung darin gesehen, »das soziale Erbe zu beseitigen«, womit er den Einfluß der Familie auf die Kinder meinte. »Es ist wichtig, die Kinder schon in sehr frühem Alter zu sozialisieren ... Für die zukünftigen Spielgruppen der Vorschule müssen die Kinder von zu Hause fortgenommen werden, damit sie lernen, wie die Gesellschaft (!) arbeitet. Die Gruppen entwickeln die soziale Funktion der Menschen und lehren die Kinder das Zusammenleben. Und die Kinder müssen lernen, miteinander solidarisch zu sein und zusammenarbeiten, anstatt miteinander zu wetteifern.« Die meisten Eltern sind inzwischen fest davon überzeugt, daß ihre Kinder bereits in sehr frühem Alter »sozialisiert« werden müssen ... selbst die Angehörigen der Mittelschicht und vor allem die Intellektuellen. Weiter Erziehungsminister Carlsson: »Zweck der neuen Schule ist es, die Achtung vor der Autorität niederzureißen und an deren Stelle die Kooperationsbereitschaft zu setzen. Die alte Ordnung wäre sowieso zusammengebrochen, und so mußte man eben Ersatz finden. Das hieß für uns, daß wir die kollektive Einstellung fördern mußten. Die neue Schule hat man nach den Erfahrungen der Gewerkschaften aufgebaut.« Huntford kommentiert: »Wenn man die Kinder lehrt, die ›Autorität‹ in Frage zu stellen, so sind damit die Lehrer, die Arbeitgeber und die Eltern gemeint. Die Kinder sollen dazu gebracht werden, die alten Herren der Gesellschaft zurückzuweisen und an deren Stelle die neuen anzuerkennen ... Man hat sie (die jungen Leute) konditioniert, einer bestimmten Art der Autorität zu mißtrauen, nicht jedoch, die Autorität *an sich* in Frage zu stellen ... Der Preis der Zufriedenheit in Schweden ist absolute Konformität. Persönliche Wünsche müssen nach den Wünschen der Gruppe geschneidert werden. Meist richtet man sich danach. Wo nicht, erzwingt die Gesellschaft Uniformität. Die Methoden sind zivilisiert, rational, human, und trotzdem gewissenlos ... Möglicherweise hatten die Pädagogen, die ursprünglich die Pläne entwarfen, etwas ganz anderes beabsichtigt, doch wie sich jetzt herausstellt, sind die Ergebnisse für die Führer der schwedischen Gesellschaft sehr dienlich« (Huntford, dtsch. S. 171–183, 277).

Sicher haben die Sozialdemokraten 1932, als sie in Schweden an die Macht kamen, und viele Pädagogen ursprünglich ganz andere politische und soziale Aufgaben zu lösen beabsichtigt; daß heute aus diesem sozialen Impetus zumindest ein sehr deutlicher Zug zu einer sozialreligiösen Heilsherrschaft mit der Begründung neuer Priesterautorität geworden ist, dafür zeugen die quasi-päpstlichen internationalen moralischen Abkanzelungen, die sich der frühere Ministerpräsident Schwedens, Palme, leistete, dafür zeugen die Kriterien, mit denen etwa der von schwedischen Intellektuellen vergebene Nobel-Preis für Literatur zielsicher nicht die ästhetisch-literarischen, sondern die sozialreligiösen schriftstellerischen Leistungen prämiiert.

3. Die gleiche unwissenschaftliche Breitenwirkung des Gruppenbegriffs könnte man im sozialen Leben der Bundesrepublik belegen; auch hier spielen Gruppenpädagogik und Gruppentherapie die gleiche vor Kritik geschützte Rolle des Progressiven; wer sich bei uns der Erforschung und Verfolgung einer »emanzipatorischen Gruppendynamik« hingibt, trinkt vom innersten Quell der sozialen Heilswissenschaft. Ausgerechnet die institutionelle Hochburg der Individualität, die Universität, hat in den letzten Entwicklungen der Bundesrepublik die institutionelle Autonomie, die ihr für die Forschungs- und Lehrfreiheit des Professors und für die Lernfreiheit des einzelnen Studenten verliehen war, in eine Autonomie der »Gruppen« in der Universität »umfunktioniert«, so daß jeder einzelne, Professor, Assistent oder Student, nur noch als »Mitglied der Gruppe« seine »Freiheiten« wahrnehmen und verteidigen kann; nur die Abwesenheit aller geschichtlicher Kenntnis konnte diesen Rückfall in die »Gruppenprivilegien« des Mittelalters als progressive Demokratisierung verkaufen und die damit bewirkte Unterdrückung und Verachtung des Individuums verhüllen. Das pflanzt sich fort in Einzelheiten wie z. B. die längst zugestandene Praxis, daß Diplom- oder Doktorarbeiten (ohne jeden sachlich-arbeitsteiligen Grund) von »Gruppen« angefertigt werden, also 4–12 Kandidaten eine »Gruppenarbeit« einreichen, aber den damit erworbenen Titel oder akademischen Grad dann durchaus individuell tragen wollen. Daß so etwas verlangt wird, ist bei der herrschenden Gruppenmentalität der Hochschulen verständlich, daß Ministerien es billigen, ist die Kapitulation.

Verdeutlichen wir diese unwissenschaftliche Herrschaft der Gruppenvorstellungen mit einer der seltenen kritischen Stimmen: In einer der letzten Nummern der Kölner ›Zeitschrift für Soziologie‹ (Juni 1974) schreibt Michael Klein in einem Artikel ›Wem nutzt schon Psychoanalyse? Kritische Anmerkungen zum Internationalen Kongreß für Gruppenpsychotherapie in Zürich‹: »Die Sehnsucht vieler Menschen, in einer inhumanen und kommunikationszerstörenden Gesellschaft (!) wieder zu tragfähigen zwischenmenschlichen Bezügen zu gelangen und damit auch die Schwäche des eigenen Ich zu heilen, hat in den letzten Jahren ›Gruppe‹ und Gruppentherapie zu einer Modeströmung werden lassen. Die zweischneidige Entwicklung, daß ›Gruppe‹ damit zu einer neuen Art Gesellschaftsspiels werden kann, zeichnete sich auf dem Kongreß ebenfalls ab. Praktisch alles wurde zur ›Gruppe‹ deklariert ... Hier stellt sich eine Gefahr ein, die meiner Meinung nach noch viel zu wenig gesehen wird: dem Einfrieren der Kommunikation auf einer anderen Ebene, dem Konsum von Kommunikation ...« (S. 439 f.). Daß diese Scharfsicht aus der Führungskonkurrenz der sozialen Heilswissenschaften stammt, dafür zeugt die Schlußfolgerung dieser Abhandlung: »Der Bruch zwischen der herrschenden Lehrmeinung psychoanalytischer Provenienz und dem Problemanliegen der Gruppentherapie sowie das daraus resultierende Theoriedefizit der Therapie führen dazu, daß Gruppentherapie gerade dort noch nichts leistet, wo in unserer Gesellschaft die Probleme überhaupt erst beginnen. Gruppentherapie ist weitgehend noch ein gesellschaftlich folgenloses Gesellschaftsspiel der Mittelschicht. Erforderlich wäre, das psychoanalytische Vokabular und Instrumentarium aufzugeben und sich stärker soziologischer Theoriebildung zu bedienen. Vor allem aber müßte das therapeutische Verständnis des Arztes zum Patienten zugunsten der Konzeption sozialen Lernens und gesellschaftlicher Veränderung aufgegeben werden« (S. 449).

Diese fast zufällig aufgelesene Äußerung eines Soziologen macht auf einen Schlag dreierlei deutlich:

1. »Gruppen«leben und -handeln soll »Schwächen des Ich« in einer »inhumanen und kommunikationszerstörenden Gesellschaft heilen«, also Verelendungstheorie plus Heilsbotschaft im wörtlichen Sinne.

2. In der gegenwärtigen deutschen Wissenschaftssprache sind die an den Begriff der »Gruppe« gebundenen Sehnsüchte zum großen Teil bereits in das Wort »Kommunikation« überführt. Die unwissenschaftliche Breitenwirkung von Jürgen Habermas beruht auf seinen heilsreligiös aufgenommenen Begriffen, wozu nicht zuletzt »herrschaftsfreie Kommunikation« oder sein negatives Spiegelbild »verzerrte Kommunikation« gehören, die natürlich im unmittelbar seminarphilosophischen Kontext durchaus sachlich-strenge Bedeutung haben.

3. Das Konkurrenzbewußtsein der soziologischen Theoriebildung, das den Psychotherapeuten »geradezu monströsen Unernst« bescheinigt (S. 445), zielt darauf, die letzten Individualbindungen (das Verhältnis Arzt zum Patienten) auszuschalten zugunsten »sozialen Lernens« (wer lernt?) und gesellschaftlicher Veränderung (wer verändert sich? Der einzelne Mensch? Wohin?).

Für jemanden, der die mikrosozialen Fortschritte oder vielleicht auch nur Begriffsveränderungen der Sozialwissenschaft fachentlastend »hinterfragt«, ist es nicht zu übersehen, daß die *Gemeinschaftsideologie* der ersten Hälfte des Jahrhunderts, deren quasi-religiöse Bedürfniserfüllung ebensowenig zu verkennen ist wie ihre intellektuelle Entstehung und Durchsetzung gerade durch die damalige deutsche Soziologie, sich heute in historischer und sozialer Kontinuität in den Verheißungen der »Gruppe« und der »unverzerrten Kommunikation« fortsetzt. Hans Freyer und Jürgen Habermas haben nicht zufällig Textkongruenzen von unbewußter Parallelität: die geistigen Führer der Jugendbewegung, des »Gemeinschaftskultes«, und die des »Kommunikationskultes«, verbindet die gleiche Hingabe an die romantisch-religiösen Sozialsehnsüchte.

Wir haben in dieser Anmerkung allein die außerwissenschaftliche

Bewußtseinswirkung des Begriffs und der Vorstellung der »Gruppe« als eines von der Soziologie geschaffenen Grundbegriffs skizzenhaft verfolgt. Wir müßten, wollten wir unsere These von der meta-wissenschaftlichen Primärwirkung der Soziologie weiter belegen, im Grunde genommen jede dieser Thesen mindestens in diesem Umfange durch wissenschaftliche Hinweise und Zitate belegen. Das ist weder dem Verlag noch dem Leser zuzumuten. So bitte ich den Leser um Verständnis, daß wir die weiteren Ausführungen von solchem Nachweiszwang befreien. Im Grunde genommen liegt hier eine verschüttete wissenschaftliche Aufgabe vor, nämlich eine »soziologische Geschichte der Soziologie« oder eine »psychologische Kritik der Psychologie« im sozialgeschichtlichen Zusammenhang durchzuführen, wofür zwar in einzelnen Abhandlungen Ansätze vorliegen, eine überzeugende Gesamtdarstellung aber typischerweise fehlt.

Der soziologische Handlungsbegriff

Noch wirksamer als die Verheißung der seelischen Heimat in der »Gruppe« muß man die Vermittlung eines *soziologischen Handlungsbegriffs* als Grundlage des Zeitbewußtseins einschätzen. Die früheren »Schlüsselwissenschaften«, von deren Breitenwirkung der jeweilige »Geist der Zeit« lebte, haben das Handeln der Person betont, ja, analytisch gesehen sicherlich überbetont. So war für die Philosophie der Aufklärung bis tief hinein in den Idealismus der einzelne der Träger der Vernunft und des Gewissens, jener zwei Kräfte, die den einzelnen vor sich selber und im äußeren Handeln verpflichteten. Der praktisch-moralische Grundzug der Aufklärungsphilosophie im Sinne Kants, der die Pflicht und das Recht zu den rationalen Grundlagen des sozialen Handelns auch gerade in Institutionen und Öffentlichkeit erhob, prägte damit das Selbstverständnis jedes einzelnen, ob nun durch Erziehung, Religion, Obrigkeit oder Lektüre vermittelt. Die individualistischen Illusionen der Aufklärung waren ihre soziale und politische Stärke. Schon der späte Idealismus mit seiner Betonung des Volkes (Fichte) oder des Staates (Hegel) als Träger des Weltgeschehens und damit von Vernunft und Sittlichkeit leitete vom Vorrang der Person ab; die »Ideen«, also abstrakte Vorstellungsgehalte, wählen in ihrer »List« Personen und Kollektive als Träger ihrer Handlungsverwirklichung. Die Historie als die Bewußtseinsführungswissenschaft des 19. und beginnenden 20. Jahrhunderts wies daher sowohl den politisch oder sonstwie spektakulär handelnden Individuen (Herrschern, Staatsmännern, Geistes- und Kunstheroen, dem »Genie«) ebenso die eigentliche Handlungsverantwortung und -substanz zu wie den als »kollektive Subjekte« verstandenen Völkern und Staaten. In dieser ersten säkularen Abweichung vom personbetonten Handlungsmaßstab der Aufklärung liegen die Vergehen dieses Zeitabschnittes schon deutlich begründet: die Übersteigerung der »genialen« Personen zu politischen und weltanschaulichen »Führern« und die von dort ausgehende Untergrabung der individuellen Vernuft-, Moral- und Rechtsauffassungen einerseits und spiegelbildlich die weltanschauliche »Ideen«-hörigkeit mit ihrer Hingabe an die Ideenverkörperungen von Partei, Staat oder Gesinnungsgemeinschaft andererseits.

Inzwischen hat gerade die soziologische, politologische und psychologische Analyse die sozialen Irrtümer und Interessen dieser Bewußtseinshaltungen aufgedeckt; sie hat die Totalitarismen des Nationalismus und Faschismus zerstört, ohne offensichtlich die Wurzeln des kommunistischen Totalitarismus ausrotten zu können, sondern ihm nur neue »Wortmasken« verliehen. Sie hat die vermeintlich sozialblinde, literarisch-hochbürgerlich gebundene Aufklärung mit soziologischen Hintergründen versehen und sie in einen »kapitalistisch-liberalen« und einen »intellektuellen-emanzipatorischen« Nachlaß geschieden (so vor allem die selbsternannten soziologischen Nachlaßverwalter der Aufklärung wie Horkheimer, Adorno, Habermas usw.). Überspielt wird dabei, daß sie damit keineswegs den alten Vorrang des »Individuums« oder »der Person« schlechthin verteidigen, sondern die Emanzipation (»Freiheit«?) verschiedener Sozialgruppen oder Sozialstatus, also etwa die »Emanzipation der *Frau*« (als ob es so etwas gäbe außerhalb der naiven soziologischen Abstraktion!), oder die Emanzipation des Kindes oder der Jugend (von Emanzipation des Alters redet niemand, das ist von vornherein ein Betreuungsfall); allenfalls wird das anthropologisch-soziologisch bestimmte Gattungs- und Gesellschaftswesen noch »emanzipiert«. Der Mechanismus dieser »Spätaufklärung« ist überall gleich: Der einzelne, die unverwechselbare Person, wird in ihren sozialen Status überführt und damit in der Sozialgruppe »aufgehoben«; da aber diese Sozial- oder Statusgruppen keine rechtlichen Institutionen mit handelnden Organen sind, brauchen sie Vormünder, die diese abstrakten Freiheitsansprüche vertreten; dies sind die selbsternannten Gesinnungsvormünder für Gesinnungsrechte, deren Definition sie selbst vornehmen. So verheißen heute die soziologischen Emanzipationslehren dem einzelnen die »Mündigkeit«, wenn er als bloßes Gesprächs- oder Meinungssubjekt in die Autonomie der sozialen Gruppe sich einfügt: als Gesprächs- oder Diskussionsgruppe, die sich dann immer als Gesinnungsgruppenherrschaft durch diejenigen enthüllt, die vormundlich für den einzelnen das Wesen und die Bedingungen seiner »Mündigkeit« definieren. Eine solche Unterdrückung der Personfreiheit im Namen der gruppenbezogenen und vormundschaftlich-intellektuell verwalteten Gruppenfreiheit – eine fast unbemerkte geistige Wandlung, die *Hermann Lübbe* als den Umschlag der Aufklärung in die Gegenaufklärung ansah – konnte nur vor sich gehen, weil in breitem Umfange das Handeln von Menschen nicht mehr als primär individuelles und damit moralisches, sondern als soziales und damit organisationsgeführtes Handeln verstanden wird.

Die Grundvorstellung der Sozialwissenschaften von Handlung meint eine Veränderung oder Bewahrung von sozialen, also wirtschaftlichen, politischen, rechtlichen, publizistischen usw. Umständen, die jeweils den sozialen Gruppen von Menschen verbesserte Lebenschancen bieten; soziales Handeln zielt immer auf Optimierung sozialer Verhältnisse, wobei die einzelne Person daran teilnimmt (»partizipiert«), sofern sie soziales Wesen ist. »Glück«, »Freiheit«, »Selbstachtung«, Lebenserfüllung und was der individuellen Handlungsziele mehr sein mögen, werden von vornherein in bezug auf die sozialen Beziehungen des Menschen definiert und verstanden und dann natürlich auch nur sozial erfüllt. Im Grunde genommen geht es um die Frage, wo jeweils ein Zeitalter die Eigenwerterfüllungen menschlichen Handelns, also das »Absolute« oder moderner das »Nicht-Hinterfragte«, hinverlegt. Diese fast ein Trick zu nennende Wandlung der »Letztwerte« (Max Weber) von der Person- zur Sozialbezogenheit besteht darin, vor allem die moralischen, vom Individuum gegen sich selbst gewendeten Verantwortungen über soziale Vermittlungen laufen zu lassen, d. h. auf soziale Ordnungen oder »Strukturen« zu beziehen, die dann ihrerseits über Wert oder Unwert dieser moralischen Überzeugungen entscheiden. In der Soziologie nennt man diesen Zuordnungsbezug für Wertüberzeugungen »Referenzgruppen«. Dann werden eben »Dienst, Pflicht, Opfer« als »feudale«, d. h. »den Menschen in seinem Selbstbestimmungsrecht verneinende« Tugenden gekennzeichnet, anstatt zu sehen, daß eben diese Tugenden »sozial« definiert sowohl der feudalen wie der revolutionären Gruppe oder Institution dienen, aber Institutionen auch vom Individuum und seinen Personalrechten her bestimmt sein können und dann erst recht, will man sie erhalten, »Dienst, Pflicht und Opfer« verlan-

gen. *Szczesny*, von dem diese Formeln stammen (›Das sogenannte Gute‹, S. 78 ff.), fordert mit Recht: »Man muß sich entscheiden
zwischen jenen Tugenden, die auf der Autonomie der einzelnen
Person beruhen und jenen anderen, die ihren Bezugs- und Ziel-
punkt in der Bindung an eine Gruppe oder eine Institution
haben«, aber er merkt nicht, daß er längst selbst der sozialen
Definition der Moral unterlegen ist und damit gegen die Selbständigkeit der Person votiert.

Ein weiterer Zug dieser Soziologisierung der Handlungsvorstellung besteht darin, alle Äußerungen des Individuums, seine
Moral und seine Gesinnung, seine Lebensziele und Sehnsüchte,
seine Gefühle und seine Gedanken in allem Wesentlichen durch
soziale Verhältnisse und Tatbestände begründet und bestimmt
anzusehen. Das kann zuweilen noch durch eine Psychologisie-
rung der Person, ihre Auflösung in psychische Antriebsstruktu-
ren und Faktoren, vermittelt sein: Dann werden eben Aggression
und Frustration oder, etwas veraltet, Masochismus und Sadis-
mus usw. der Personen als sozial verursacht erklärt. In dieser
Grundüberzeugung der sozialen Determiniertheit der Person
liegt natürlich der dann unvermeidliche Zwang, jede Verbesserung des Zustandes der Person durch Veränderung ihrer sozialen
Umstände zu erreichen. Am historischen Beginn dieser Denkweise steht in der Tat Karl Marx, der durch eine Veränderung der
Eigentumsordnung seinen individual-humanistischen Traum
der Befreiung jedes Menschen von der »Entfremdung«, d. h.
eben der sozio-ökonomischen Unterordnung des einzelnen unter seine sozialen Umstände, erfüllen zu können glaubte. Von der
personbezogenen Aufklärung her gesehen ist Marx in seinen
welthistorischen Wirkungen längst ein Widerspruch gegen sich
selbst oder, soziologischer formuliert, ein Opfer seiner eigenen
Dialektik. Die sozialen Umstände sind längst im hohen Maße in
der Zielsetzung von Marx verändert, aber es lassen sich immer
neue soziale Fakten finden, die eine Optimalisierung der Personfreiheit verhindern; also gibt es immer neue Faktenverände-
rungsprogramme, die von der Illusion ihrer – bereits durch ihren
soziologischen Handlungsansatz gesperrten – abstrakten Personfreiheit leben. Nun läßt es sich im Sinne der soziologischen
Tatbestandsanalyse keineswegs leugnen, daß die soziale Determiniertheit, die hier hervorgehoben wird, in gewissem Ausmaß
auch besteht; die Frage ist, wie sie gebrochen werden kann, und
die stellt kein sozialwissenschaftlich Denkender. Daß alles individuelle Denken von sozialen Umständen abhängt, kann und

wird kein Soziologe bestreiten; aber ob die Folgerung aus dieser Einsicht darin besteht, die Kräfte in der Person zu stärken, die gegen ihre soziale Abhängigkeit wirken (die Grundtendenz der personalen Aufklärung), oder vorerst die sozialen Umstände zu ändern, um der Person neue soziale Bedingungen zu schaffen (die Grundtendenz aller sozial-humanitären Revolutionsgesinnung), das ist verwissenschaftlicht die Letztentscheidung der gegenwärtigen politischen Szene.

Diese Grundentscheidung wird von der sozialwissenschaftlich beherrschten Intelligenz und Sinnvermittlung mit einem einfachen Tabuisierungsmechanismus nicht zugelassen: Alle Aussagen sind sozial determiniert, durch parteiische Interessen bedingt; wer also für das Individuum als Letztwert eintritt, ist nur vordergründig liberal, human und rechtsstaatlich und in Wirklichkeit Agent der hinter dieser Individualideologie stehenden politisch-sozialen, werthaft selbstverständlich reaktionären Kräfte. Natürlich kann man diese Argumentation mit ihren eigenen Voraussetzungen kontern: Wer steht im Sinne der sozialen und politischen Interessendurchsetzung eigentlich schlechthin hinter den Argumentationsfeldern der Sozialdetermination, hinter den soziologischen und psychologischen Verdächtigungen aller Moral und Gesinnung? Eben diese totale Reflexion wird aus wissenschaftlichen Glaubensgründen tabuisiert. Hat man nämlich einmal die Überzeugung, daß »alles (individuelle) Bewußtsein durch das (soziale) Sein bestimmt wird«, als Grundsatz aller Welterkenntnis angenommen – und diese Prämisse ist die Grundlage *aller* Sozialwissenschaft, die sie unaufhörlich vorwissenschaftlich verbreitet –, dann kann die Welt nicht mehr »als Material der Pflicht«, als von unserem individuellen Handeln und seinem individuellen und bewußten Selbstbezug abhängig gedacht werden, sondern das unmittelbare Verändern der Außenwelt, der sozialen und ökonomischen Umstände, getragen und durchgeführt durch soziale Handlungseinheiten, wird zur selbstverständlichen Handlungsvorstellung und die einzelne Person zu ihrem Handlanger.

Nun soll hier keineswegs die These vertreten werden, daß alle wissenschaftliche Erkenntnis falsch sei, die die Abhängigkeit des individuellen Bewußtseins und seiner moralischen und emotionalen Handlungssteuerung von sozialen Tatbeständen untersucht und aussagt; die Aufdeckung dieser Wirkungsfelder ist die Aufgabe der Sozialwissenschaften. Die Gefahr und der Welt-Irrtum dieser Gedankenrichtung liegt in ihrem geistigen Vorherrschaftsanspruch, im bewußten Verlust des Bezugs der wissenschaftlichen Fragestellung, innerhalb dessen diese wissenschaftlichen Erkenntnisse »gelten« dürfen. Übrigens hatte die aufklärerisch-idealistische Philosophie diesen Geltungsbereich ihrer Erkenntnisse ebenfalls überschritten, und die Zurechtweisung der falschen Individualansprüche des Idealismus war nicht zuletzt die situationsgerechte geistige Leistung der linken Hegelschule, insbesondere die von Karl Marx. Die Überzogenheit der individuellen Welthandlungsfreiheit landet ebenso wie das Überziehen der sozialen Determination in Glaubenshaltungen und widerlegt sich in der Praxis. Aber: Während eine übertriebene Betonung der Freiheit der Person deren Natur und Gesellschaft gegen die Außendetermination gerichteten Anstrengungen der einzelnen wenigstens stärkt, obwohl oder weil sie die individuelle Gebundenheit und Abhängigkeit verschweigt und damit sozusagen die übertriebene Individualmoral religiös wird, befördert die sozialwissenschaftliche Übersteigerung die Neigung des Individuums, sich mit dem, was sowieso aus gesellschaftlichen und natürlichen Zwangsgesetzen geschieht, auch noch willentlich und moralisch zu verbünden. (Die kurioseste, weil völlig unlogische, aber in diesem Widerspruch die soziale Wirkungs-Chance der Soziologie genial treffende Aussage solcher Lehre besteht in der von allen gläubigen Anhängern kritiklos angenommenen Behauptung von Karl Marx, daß die ganze geschichtliche und also auch zukünftige Entwicklung nach den ehernen Gesetzen eines permanenten Klassenkampfes abläuft, er aber trotzdem jeden einzelnen auffordert, das »richtige« Bewußtsein als Revolutionär zu entwickeln.) Der moralische Gehalt der sozialen Normen, der von eben dieser Soziologie als Heuchelei enthüllt wird, wenn es die Gegner betrifft, macht die Grundlage der gesinnungshaften sozialreligiösen Lehre aus. Für dieses Verhältnis wären in der Bundesrepublik heute fast alle sich »progressiv« dünkenden geistigen und politischen Vertreter als Beispiel anzuführen. Nicht der politisch-dogmatische Marxismus der östlichen Parteigesellschaften ist der Nährboden der neuen Sozialreligion, sondern der unorthodoxe, ja zum Teil unbewußte Marxismus der westlichen Sozialfortschrittlichen.

Die *Rechtsstaatlichkeit* der modernen staatlichen Gemeinwesen ist von der Philosophie der Aufklärung und den liberalen und konservativen Staatstheoretikern gleichermaßen durchgesetzt worden. Verfassung, Gewaltenteilung, Grundrechte, gerichtlicher Rechtsschutz gegen öffentliche Eingriffe, Gesetzmäßigkeit der Verwaltung, Verbot rückwirkender Strafgesetze usw. sind anerkannte Grundsätze der Rechtsstaatlichkeit, die die einzelne Person, ihre Handlungen und Lebensplanung vor den sozialen Gewalten der Institutionen, besonders des Staates, schützen. Diese Begrenzung der politisch-sozialen Autoritäten des Staates und aller anderen öffentlichen Institutionen wird heute in der westlichen Szene nicht angezweifelt; selbst die entschiedenen Vertreter der kommunistischen Systemüberwindung benutzen strategisch die Zustimmung und Betonung dieser rechtsstaatlichen Freiheiten zur Entfaltung ihrer revolutionären Aktivität. So ist die Rechtsstaatlichkeit und ihre Verteidigung gegen ihre deklarierten politischen Feinde anscheinend bei uns noch fest gesichert; vor allem, da sie ja in der Bundesrepublik sich auf die Erfahrungen fast aller Älteren über die praktische und theoretische Unterdrückung der Rechtsstaatlichkeit durch den Nationalsozialismus verlassen zu können glaubt.

Von vielen sich rechtsstaatlich verstehenden Liberalen, Konservativen und Sozialisten wird allerdings übersehen, daß »Rechtsstaatlichkeit« insofern ein wechselseitiges oder reziprokes Verhältnis ist, als nicht nur die institutionellen Autoritäten die Rechte der Einzelperson unbedingt zu wahren, als Grenze ihrer herrschaftlichen Verfügungsgewalt zu achten haben, sondern daß umgekehrt auch das Verhältnis oder die Einstellung der Person gegenüber den Institutionen, also gegenüber Staat, Kommunen, Verbänden usw. primär »rechtlich« sein muß, d.h. auf rechtsgeschützte Freiheitsräume der Person zielen muß. Wenn ein großer Teil der Bevölkerung am individuellen Freiheitsraum des Handelns gar kein Interesse hat, sich durch Obrigkeiten gar nicht beengt oder bevormundet fühlt, sondern nach dem von Hobbes schon formulierten Grundsatz der Gegenseitigkeit von Schutz und Gehorsam denkt, seine soziale Versorgung und Sicherheit durch eine autoritäre Staatsbetreuung für wichtiger hält als die Wahlfreiheiten des individuellen Verhaltens, dann schwindet die grundlegende Forderungsbereitschaft zum Rechtsstaat allmählich dahin gegenüber der Forderung der »sozialen« Versorgung und materiellen Lebenssicherheit an die institutionellen Autoritäten. Das ist heute längst die Richtlinie der großen Parteien in der Bundesrepublik, der Sozialdemokratie, der sozialen Christdemokraten und der sich auf diesen Sozialstaat mit einem Seitenblick auf die liberale Rechtsstaatsforderung festlegenden Sozialliberalen. Man kann diese Einsicht pointieren: Wer das »soziale Elend« in der westlichen Wohlstandsgesellschaft für wichtiger hält als den Rechtsanspruch auf Freiheit des Individuums, der arbeitet, ob er es wissentlich will oder nicht, an der Untergrabung des »Rechtsstaates« durch den »Sozialstaat«. Daß dies eine »falsche Alternative« sei, ist dann die existenznotwendige Schutzbehauptung dieser Überzeugung.

Ich will mit dieser These nicht die immer kompromißhaft verlaufende Tagespolitik des »Sozialstaates« gegen die des »Rechtsstaates« ausspielen, sondern ich ziele mit dieser These auf eine ganz andere Dimension der Entscheidungen: auf die der epochalen Letztwertbedürfnisse der Menschen einer Kultur. Ob man die personale Freiheit als Rechtsanspruch zu seinem Grundverhältnis zu den Institutionen macht und von dort her die Verbesserung der sozialen Situation aller in dem Maße für notwendig hält, daß sie nicht durch ihre ökonomische Lage am Gebrauch ihrer Freiheitsrechte als Person gehindert werden, *oder* ob man soziale Sicherheit und ökonomische Wohlfahrt zur Grundforderung an alle Institutionen, besonders den Staat, erhebt und von dort her das Recht zu allererst als Durchsetzungs- und Organisationsmittel der sozialen Gerechtigkeit dieser Art ansieht, diese Entscheidung über die »gesellschaftliche Funktion des Rechts« liegt nicht nur jenseits juristischer Interpretation, sondern auch jeder aktuellen Politik. Von hier aus operiert man politisch mit dieser oder jener »Evidenz«, von hier aus bestimmt sich, was die »Hinterfrager« an sich selbst nicht »in Frage stellen« oder die Ideologiekritiker nicht als Ideologie bei sich selbst gelten lassen wollen. Von hier aus fallen an fast zufälligen politischen Problemen und Maßnahmen die geistig wichtigsten Entscheidungen der Zeit, die manchmal hektisch aktualisiert und damit für eine praktikable juristische Lösung meist versperrt werden, wie der Links- und Rechtstheologenkampf um die strafrechtliche Lösung der Abtreibung, also den § 218 StGB, oder die viel unauffälliger vor sich gehende Entscheidung über die Art der Juristenausbildung und damit der Durchsetzung der geistigen Voraussetzungen zukünftiger Rechtssprechung und Rechtswahrung.

Daß in den meisten sozialdemokratisch regierten Ländern der Bundesrepublik heute Juristenausbildungsgesetze erlassen sind, die eine »langfristige Bewußtseinsbildung« aller juristischen Berufe zum Ziel haben, ist in der aktuellen Politik kaum und im öffentlichen Bewußtsein überhaupt nicht registriert worden. Dabei sind diese Reformmodelle (vor allem das »Bremer Modell« und das »Wiesbadener Modell«) derart kennzeichnende Marksteine des Umschwunges vom grundsätzlich liberalen Rechtsstaat zum sozialreligiös gesteuerten Sozial- und Planungsstaat, wie sie eine Veranschaulichung unserer Thesen nicht besser erfinden könnte. Diese Wirkung kommt durch ein Zusammenspiel von »engagierter« Rechtssoziologie mit einer politischen Umpolarisierung des juristischen Berufsethos zustande. Die moderne Rechtssoziologie in der Bundesrepublik hat – in Nachfrage und Vereinseitigung der US-amerikanischen rechtssoziologischen Forschung – sich vor allem auf die wissenschaftliche Feststellung der Abhängigkeit des Richters in seinen Entscheidungen von seiner sozialen Herkunft und der daraus abgeleiteten normativen Voreingenommenheit spezialisiert (von Dahrendorf bis Kaupen); aus diesen Untersuchungen ist die politische These einer neuen

Klassenjustiz und Klassenpolizei aufgestellt worden (so vor allem Kaupen und die Gruppe der »jungen Kriminologen«, auch Blankenburg, Feest u. a.), die eben die Sozialvorurteile von Justiz und Polizei aufgrund ihrer Herkunft und allgemeiner weltanschaulicher Fragebogenstellungen bereits in der Praxis als erwiesen halten. Da die gegenläufige Frage, wie weit die berufliche und wissenschaftliche Ausbildung, die Rechts- und Disziplinarordnungen die subjektiv bei Juristen, Polizisten, Verwaltungsbeamten, Rechts- und Staatsanwälten immer vorhandenen subjektiven Einstellungen bestimmen (die wissenschaftlich belegbar keineswegs primär aus sozialer Schichtenherkunft stammen), in keiner Weise intensiv erforscht wird, zielt das ganze Interesse dieser Äußerungen auf eine Abwertung der vorausgesetzten Neutralität und Objektivität der Justiz und Polizei, ist also eine politisch tendenzielle *Diffamierungssoziologie der Justiz und Polizei.*

Denn anstatt zu untersuchen, wie die zweifellos immer vorhandenen und immer u. a. auch sozial determinierten Vorurteile und Subjektivitäten bei Richtern, Staatsanwälten, Polizei und sonstigem Justizpersonal durch Ausbildung oder andere Einrichtungen am besten zurückgedrängt werden können, wird in einem geistigen Salto mortale gerade die subjektive Verfügungsfreiheit des Richters bei seinen Entscheidungen gefordert; man will ihn weniger binden an das Gesetz als an seine soziale Gesinnung. Dies wird mit folgenden argumentativen Schritten durchgesetzt: An sich wäre die logische Folgerung aus der überbetonten Abhängigkeit des Richters von seiner sozialen Herkunft, die schichten- oder klassenhafte Repräsentanz der Bevölkerungsgruppen unter den Richtern zu fordern, also zu verlangen, daß 50% der Richter Arbeiterkinder, 30% von Angestellten und keineswegs mehr als 10–15% Sprößlinge von selbständigen Unternehmern, Handwerkern, Kaufleuten und Bauern sein sollen (Dahrendorf hat schon 1960 eine derartige Repräsentanzforderung zur Grundlage seiner Klassenjustizbehauptung gegenüber der westdeutschen Justiz gemacht). Aber das hätte ja nicht die Vormünder der Arbeiterschaft in der Justiz zum Zuge gebracht, sondern sie vielleicht sogar ferngehalten. Also muß zwar die berufsethische Bindung an das Gesetz abgebaut, aber die Gesinnungssteuerung des Richters durch Steigerung seiner Verfügungssubjektivität und Umpolung seiner Verantwortlichkeit auf soziale Normen gestützt werden. Dies erreicht man durch Einfügung soziologisch-theoretischer Grundannahmen in die Rechtswissenschaft, von denen die allgemeinste in den Begründungen der neuen Justizausbildung lautet: »Die Jurisprudenz ist eine Sozialwissenschaft.« Dieser Grundsatz wird dadurch konkretisiert, daß man die Handlungsvorstellung der Justiz einem Handlungsbegriff unterordnet, wie ihn Soziologie und Ökonomie als »Sozialwissenschaft« entwickelt haben. Jede Soziologie denkt analytisch-konstruktiv, d. h., aus der Analyse von sozialen Fakten und Beziehungen entwirft sie planend eine Veränderung eben dieser sozialen Tatbestände, wobei der einzelne Mensch sowohl in der Analyse wie in der Veränderungsplanung eben nur als empirisch gefaßtes objektives Element in diese Sozialplanung und

-gestaltung eingeht. Gegenüber dieser Gesellschaftsplanung und »Gesellschaftspolitik« – das zur Zeit von links bis rechts angenommene Schlagwort für diese Veränderung des Menschen durch Veränderung seiner ökonomisch-sozialen Umstände – stellt das Recht den Menschen immer als *Subjekt* motivierter Handlungsentscheidungen in Rechnung, dem man als einzelnem Handlungen und ihre Folgen zurechnen muß; die Rechtswissenschaft ist die wissenschaftliche Methode der angemessenen Aufstellung und Interpretation solcher Handlungsnormen in bezug auf die einzelne Person, und sie entscheidet die dabei auftretenden Konflikte am Maße einer Personzurechnung des Verhaltens (für diesen Gesichtspunkt des personal-verantworteten Handelns ist dann die Fiktion einer »Juristischen Person« für Handlungen von Institutionen und Korporationen unentbehrlich, d.h., sie unterwirft »kollektive Handlungseinheiten« dem Schema der Handlungseinheit »Person«).

Der sozialwissenschaftlich denkende Richter und Gesetzgeber wird diese Individualzurechnung von Handlungen sowohl bei den Rechtssuchenden wie bei den Rechtsentscheidenden aufgeben müssen. Das personale Zurechnungsprinzip und der Strafgrundsatz von Schuld und Sühne ist nicht aufrechtzuerhalten, wenn die »Tat« – welche auch immer – im wesentlichen die Auswirkung personungünstiger Sozialfaktoren ist und daher dem »Schuldigen« als Person gar nicht zugerechnet werden kann, sondern er eine »Resozialisierung« braucht, d.h. eine Veränderung der ihn bestimmenden Sozialumstände. Diese sozialwissenschaftliche Entschuldigung und sozialwissenschaftliche Rehabilitierung oder außengesteuerte Resozialisierung bestimmt längst die juristische Praxis unserer Strafrechtsentscheidungen, Strafgesetzgebung und unseren Strafvollzug. Das »sogenannte Böse« ist längst anthropologisch, psychologisch und soziologisch weginterpretiert und daher eigentlich auch nicht mehr strafbar. Wenn dann diese Sozialdetermination als Beurteilung in zivilrechtliche Klagen eingeführt wird, kann man sich vorstellen, wie gering die Chance von Klagen von Unternehmern oder sonstigen »Bürgern« gegen Arbeiter und sonstige soziale »Unterprivilegierte«, von Vermieter gegen Mieter, allgemein gesprochen: von Personalansprüchen gegen Sozialentschuldigungen sein wird. Denn nach der Einführung der sozialwissenschaftlichen Grundausbildung wird der Richter (und der Staatsanwalt, der Polizist usw.) nicht mehr »rechtstechnisch« entscheiden, sondern der »neue Jurist« soll von Anfang an zur »rechtlich-politischen Programmkonkretisierung« als »sozialer Gestaltungsaufgabe« erzogen werden; er soll »politisch-produktiv« eine »eigenständige, folgenreiche und phantasievolle Innovationspraxis am Recht« entfalten, kurz: Es wird ihm *als* Juristen die Freiheit des aktiven Politikers angesonnen. (Die Zitate stammen aus den Begründungen der neuen Juristenausbildungsgesetze oder ihren Interpretatoren wie Wassermann u.a.)

Auch die Gewerkschaft der Polizei hat längst die Forderung gestellt, daß die Polizei nicht einfach den »Status quo«, also die bestehende Ordnung, zu schützen habe, sondern offensichtlich selbst beurteilen soll, wo sie schutzwürdig ist und wo nicht; dem entspricht die ebenfalls geäußerte Ansicht, daß die Polizei in zunehmendem Maße eine »Regulierungsfunktion zur Ermöglichung sozialer Kontakte nichtorganisierter Gruppen« (!) zufalle; dementsprechend fordert sie mehr Soziologen und Psychologen, aber weniger Juristen in ihren Reihen.

Diese Konzeption, die eine Durchsetzung der sozialen Gerechtigkeit zunächst dem individuellen Richter (Polizisten usw.) unmittelbar ins soziale Gewissen schiebt, würde natürlich nur zu einer Rechtsanarchie richterlicher und polizeilicher Subjektivitätsüberzeugungen führen, wenn dahinter nicht die Gewißheit stünde, die Gesinnungsvereinheitlichung der Juristen (Richter, Staatsanwälte, Rechtsanwälte, Polizisten, Gefängnisbeamten usw.) auf der Grundlage sozialwissenschaftlicher Ausbildungen durchsetzen zu können. Nicht das Gesetz, sondern die soziale Gesinnung wird in Zukunft die berufsethische Instanz der Verantwortung des Rechtsentscheidungs- und Rechtsdurchsetzungsapparates bilden. Diese Gesinnungsharmonisierung, im Osten durch die Gesinnungsdiktatur der herrschenden Einpartei erzwungen, wird in den westlichen Gesellschaften durch eine sozialreligiöse Sinnherrschaft von Wissenschaftlern und Publizisten durchgesetzt werden. Schon heute, wo man sich anschickt, die letzten Reste christlich-religiöser Beeinflussung der Rechtseinheit und -sicherheit (etwa die regionalen Unterschiede in der Handhabung der Scheidung, der Bestrafung der Abtreibung, also insbesondere im familienbezogenen Recht) oder die letzten längst partnerschaftlich-nützlichen Beziehungen von Staat und christlichen Kirchen zu beseitigen, entstehen durch die sozialgesinnungshaft gezielten Ausbildungsgesetze einzelner Länder des Bundes neue Rechtsuneinheitlichkeiten und Rechtsunsicherheiten: Es wird in Zukunft vor Gericht sehr darauf ankommen, in welcher Sozialgesinnung der jeweilige Richter »berufssozialisiert« ist und ob man sich dem richtigen »Sozialanwalt« anvertraut hat. Recht und Rechtsanwendung sind dann zu Instrumenten der sozial-religiösen Mission im Namen der jeweils unmittelbar gedeuteten *sozialen* Gerechtigkeit geworden.

Indem sich die soziologische Handlungsvorstellung durchsetzt und das auf die Person bezogene Handeln verdrängt, wird das »Menschenbild« natürlich selbst verändert: »Humanität« bezieht sich jetzt kaum noch auf den unverwechselbaren einzelnen, auf jedes Ich oder Du oder auf die Person in ihrer ureigenen, also vom anderen oft als »falsch« beurteilten Selbstbestimmung, sondern »human« und »sozial« werden mehr und mehr zu einer Vorstellungseinheit, und »Humanität« wird eigentlich nur noch in sozialen Maßnahmen oder Frontenstellungen praktiziert. Daß man »human« sich gegenüber Armen verhält, ist dann sozusagen doppelt gesichert, wogegen ein »humanes« Verhalten gegenüber »Kapitalisten« – schon aus Definitionsgründen – kaum in Betracht zu ziehen ist. Die Humanität ist gegen die Militärdiktatur und ihre Gewaltanwendung in Chile breit aufgerufen worden, gegen die Gewalttaten unter der Regierung Allendes wurde sie in Schweigen gehalten. Gegen die hektische Verfolgung der Baader-Meinhof-Verbrechen hat Heinrich Böll die Humanität auch gegenüber Verbrechern aufgerufen, den Opfern, den umgebrachten Polizisten und ihren Hinterbliebenen, galt seine Stimme nicht. (Der Philosoph Schopenhauer hinterließ in seinem Testament den Witwen und Waisen der in der Revolution von 1848 getöteten Soldaten einen großen Teil seines Vermögens, pessimistisch davon wissend, daß der Staat und die Nachwelt diese unauffälligen Leiden zu ignorieren pflegen.) Es lohnt sich immer, kritisch zu fragen, wer jeweils *nicht* zum Gegenstand der Humanität gemacht werden darf. Auch die Beherrschung dieser Definition hat der sozialreligiös gesteuerte soziale Handlungsbegriff längst übernommen.

Von der Psychoanalyse zur Sozialtherapie

Eine weitere Folge der Durchsetzung des soziologischen Handlungsbegriffs liegt in dem fast unbeschränkten Ausmaß, wie Handlungen und Entwicklungen für *planbar* gehalten werden. *Der Plan* ist eine Grundkategorie der soziologisch beeinflußten Handlungsauffassung, und zwar nicht in der allgemeinen Bedeutung, daß alles Handeln seine zukünftigen Wirkungen vorstellt und in Rechnung stellt (also »providentielles«, auf Zukunft gerichtetes Handeln ist), sondern in der viel engeren Bedeutung, daß der »Plan« bereits das Wesen dieser Wirklichkeit sei und die »Verwirklichungen« nur noch ein Ablaufen der vorher planhaft getroffenen Entscheidungen. Damit verlagert sich die Verantwortung für die Zukunft im wesentlichen in den »Plan«, in die Vorstellung von sozialen Umständen oder der ganzen Gesellschaft »im Kopfe« und d. h. praktisch in die Heilsgesinnung der Gedankenkonzeptionen. Die Verantwortungen für die Durchführung, ihre Folgen und Nebenfolgen, werden subaltern. Wir haben den Druck dieser Vorstellungen, die den verantwortlichen Politiker wie auch Verwalter oder Ökonomen sozialmoralisch degradieren, in der Regierung der sozialliberalen Reform als Macht ihrer sozialreligiösen Zujubler kennengelernt. (Über Planung als Herrschaft, vgl. S. 497 ff.).

Am stärksten wirkt aber ohne Zweifel die analytische Auflösung des in seine sozialen »Elemente« als Zerstörung und zugleich moralische Entlastung der Person. Am einfachsten ist dies bei der Psychologie, insbesondere der *Tiefenpsychologie*, zu beobachten, wenn sie soziale Handlungslehre wird: Der Nachweis, daß der Mensch in seinen Antrieben durch »Sozialisierung«, also Erziehung, kleingruppenhafte Umwelt, ökonomische Bedingungen usw., geprägt wird, führt in seiner unwissenschaftlichen, aber glaubensgeprägten Überschätzung regelmäßig zur Entschuldigung seines gegen moralische, rechtliche oder politische Normen gerichteten Verhaltens und zur primären Forderung, »die Umstände« zu ändern, also die Verfassung der Familie, der Schulen, der Lehrbetriebe, der Verwaltung, des Militärs usw.; die umgekehrte Einwirkungsrichtung, die »Anpassung« des einzelnen durch innere Übernahme der moralischen, rechtlichen usw. Anforderungen an die Person, wird um so weniger gesehen, je weiter der Beteiligte von einer Pflicht gegenüber den jeweiligen Einzelpersonen entfernt ist. So konnte gerade unter den Sozialgläubigen das Wort »Anpassung« schlechthin in Verruf kommen und mußte dann durch die Hintertür der »Sozialisation« wieder eingeführt werden. Am deutlichsten ist dieser Bedeutungswandel durch Verschiebung des Bezugsrahmens an der Tiefenpsychologie zu bemerken: Solange sie bei ihrem Urheber Sigmund Freud in erster Linie die wissenschaftliche Erkenntnis eines *Arztes* war, der sie in ihrer Anwendung dem Prüfstein der *Heilung von Personen* unterwarf, blieben anthropologische und kulturkritische Spekulationen tiefenpsychologischer Art von praktischer Unverbindlichkeit; sobald aber diese ärztliche Grundbindung aufgegeben wurde zugunsten ihrer politischen und sozialen Verwendung, wurde sie zur politischen Waffe, zum psychologischen Handwerkszeug der »Behandlung«, hier besser »Manipulierung«, von Gesunden und Kranken in gleicher Weise oder eben von vorgestellten sozialen Einheiten und sozialen Beziehungen, die als »krank« definiert wurden, um die psychoanalytisch gesteuerte Herrschaft über sie zu beanspruchen oder zu errichten. In dieser Weise ist aus den psychoanalytischen Erkenntnissen und ihren Praktiken als Diagnose (»Analyse«) und Therapie der Person längst in bestimmten Händen ein Instrument von sozialer Diffamierung und Beherrschung geworden.

Diese Wandlung der Psychoanalyse zur »Sozialtherapie«, praktisch zur psychologisch gesteuerten und gerechtfertigten politischen Beeinflussung der Personverfassung ganzer Bevölkerungen oder Bevölkerungsgruppen, ist zuerst in dem weitgehend sozialpsychoanalytischen Programm der US-amerikanischen »Re-Education« im besetzten Deutschland praktiziert worden; vgl. dazu die Schriften von Fr. Alexander, E. Fromm, M. Horkheimer, den Verfassern der Studien zur »Autoritären Persönlichkeit« usw. In der bundesdeutschen Szene hat im wesentlichen *A. Mitscherlich* diese politisch-soziale Wirkungsrichtung der Psychoanalyse entwickelt, d. h., er ist als derjenige anzusehen, der die ärztliche Therapie in ein Instrument politisch-literarischer Herrschaft »umfunktioniert« hat. Obwohl er in einer seiner frühen Programmschriften ›Widerstand und Einsicht. Zu Sigmund Freuds Anliegen in der Psychoanalyse‹ (›Studium Generale‹, 1949/50, S. 358 ff.) noch eine personbezogene, die Ich-Du-Beziehung betonende Auffassung der Psychoanalyse betont und verteidigt, klingt auch hier schon an, daß »sich die Aufgabe unabsehbar vergrößert, wenn man mit der analytischen Methode in den Makrokosmos der Gesellschaft eindringen will«. Hier zitiert er noch das politisch resignative Urteil Freuds: »Was hilft die zutreffendste Analyse der sozialen Neurose, da niemand die Autorität besitzt, der Masse die Therapie aufzudrängen« (›Unbehagen in der Kultur‹). Die hier deutlich gemachte Warnung, daß der psychoanalytische Arzt sich nicht die Autorität des totalen Gesellschaftsarztes anmaßen kann, hat Mitscherlich in der Folge verworfen; als zeitkritischer Literat, als politischer Parteigänger hat er mit den Mitteln der Psychoanalyse versucht, »den Massen die Therapie aufzudrängen«, d. h. sie zu beherrschen. Das zunächst nur kultur- und zeitkritische Argument, »die Strukturen der Gesellschaft haben schuld«, verliert mehr und mehr die konservative Traurigkeit dessen, der erreichte Höhen menschlichen Daseins unwiederbringlich schwinden sieht, und wird zur Anklage gegen eine »strukturelle Unmenschlichkeit«, ohne eine persönliche Verantwortung für Verfall und für Rettung anzugeben. Das sind die vorwissenschaftlichen Überzeugungen der Soziologie oder hier der Psychologie, die einmal den Kurzschluß begünstigen, daß man sich gegen »strukturelle« Gewalt mit personaler Gewalt wehren muß, zum anderen aber – und dies vor allem als Wirkung der literarisch so wirksamen Bücher Mitscherlichs – eben das allgemeine Bewußtsein sozialer Hilflosigkeit und Verelendung schaffen, das der sozialen Heilsverheißung den Boden bereitet. Daß aus solchen Überzeugungen außerdem das *Aggressionspotential einer missionarischen Überzeugung* erwächst, läßt sich bei Mitscherlich gut belegen.

Die »Rolle«

Die analytische Auflösung der Person in ihre soziologischen Elemente hat vor allem der Grundbegriff der *»Rolle«* und die mit ihm verbundene soziologische Rollentheorie vorgenommen. Auch hier wirkt eine soziologisch nicht nur notwendige, sondern außerordentlich fruchtbare Abstraktion in ihrer Übertragung in das breite Alltagshandeln oder in die erfahrene »Lebenswelt« (A. Schütz) auflösend für das moralische Selbstbewußtsein oder die sogenannte »Identität« der Person. Daß jedermann in der modernen arbeits- und funktionsteiligen Gesellschaft in der Vielzahl der Institutionen, Organisationen und Gruppen, denen er angehört, sehr verschiedenartigen sozialen »Erwartungen«, also Verhaltensvorschriften und -ansinnen unterworfen ist, die man »Rollen« nennt und die unter sich in Konflikt geraten können (Rollenkonflikt), kann einerseits zu einem Medium individueller Freiheit werden, wenn man durch die Rollenhaftigkeit sozialen Verhaltens die sozialen Zwänge zugunsten einer individuellen Selbstsicherheit distanziert und kombiniert; sie werden aber zum belastenden Zwang, wenn man diese dahinterstehende Selbsteinheit der Person niemals erworben oder vor lauter Sozialüberzeugungen aufgegeben hat.

In diesem letzten Sinne kennzeichnen sie gerade die personale Verantwortungslosigkeit des modernen Menschen: Man hält die »Rollen« so auseinander, daß man in einer Rolle kriminell, in der anderen »anständig« sein kann. Das schlagendste Beispiel dieser »Rollenscheidung« sind die Schergen der KZ-Verbrechen und der Judenmorde, die »gute Familienväter« waren, die Himmler oder Heydrich, die bei weitem im privaten Bereich »moralischer« waren als mancher hochgelobte Demokrat. Die Erfahrung, daß Gewerkschafts- oder Arbeiterfunktionäre als »berufliche« Rolle aggressive Ideologien ihrer Auftraggeber vertreten und mit dieser Rolle der Konfliktsteigerung nicht nur die Interessen ihrer Klientel übersteigern, sondern dann auch noch in privaten Gesprächen diese reine Berufshaltung zugeben und vertraulich sogar ihre Widerlegung vermitteln, ist intern eine bekannte Erfahrung. Allerdings nimmt diese Rollenoffenheit ab, seit die Funktions-, Berufs-, Organisations- und Unternehmensideologie durch die auch private und berufsfremde Bereiche erfassende sozialreligiöse Einstellung vereinheitlicht wird. Das sozialreligiöse Bekenntnis wird zur Quasi-Personeinheit hinter den Rollenverständnissen. Inzwischen haben wir an den Universitäten längst die Erfahrung gemacht, daß Studenten und Assistenten als ihre Statusrollen, aber auch Kollegen als ihre Gesinnungsgruppenrollen es als selbstverständlich in Anspruch nehmen, die geistige und moralische Existenz anderer Studenten, Assistenten und Professoren zu bekämpfen, aber gleichzeitig von ihnen die institutionellen Normerwartungen zu verlangen, d.h. den funktionalen und kollegialen Leistungsanspruch der anderen zu ihren Gunsten einzukassieren, aber zugleich ihre Existenz in Frage zu stellen, zu bedrohen oder gar zu vernichten.

Es kann sein, daß dieses Extrem sich in Hochschulen, Schulen, Rundfunkanstalten, Kirchen und Parteien bisher am deutlichsten entfalten konnte, während ein Minister, eine Gewerkschaft oder ein Unternehmen sich solcher Rollenvernichtung von Verantwortung und Zurechnung bisher, geschützt durch Gesetze, die man als veraltet denunziert, noch erwehren konnte. Aber wie lange noch?

Daher zerstört nicht das Rollenverhalten als solches die Selbsteinheit der Person, sondern die mit dem soziologischen Rollenverständnis vordringende Entlastung des einzelnen von der Aufgabe, »hinter« der Vielzahl der Rollen die Einheit der Person zu gewinnen. Auch in der Gesellschaft der Aufklärungszeit waren, wenn auch ohne die moderne Komplexität, im Grundsatz die Handlungen des einzelnen je nach seinem sozialen Bezug verschieden in ihren normativen oder sittlichen Verpflichtungen. Die erste »Rollentheorie« hat daher *Immanuel Kant* in seiner bekannten Abhandlung ›Beantwortung der Frage: Was ist Aufklärung?‹ aufgestellt: Indem er dort, wo er die Forderung der Mündigkeit des Menschen erhebt, zugleich deutlich macht, daß man »*als* Gelehrter«, d. h. in der Rolle des Publizisten, anderen Verpflichtungen und Rechten unterliegt, als man sie »*als* Bürger«, »*als* Offizier«, »*als* Geistlicher« usw. in Anspruch nehmen kann, hat er die grundsätzliche Vielfalt sozialer Verhaltensvorschriften durchaus anerkannt; aber er hat in seinen anderen Schriften keinerlei Zweifel darüber gelassen, daß die Einheit der praktisch handelnden Person im Gehorsam gegenüber dem »Sittengesetz« als dem höchsten Auftrag der Person liegt und daß ebenso alle sozialen Verhaltensweisen, also das Verhältnis der Personen zueinander und zu den Institutionen, vom *Recht* her vermittelt, d. h. im Rechtsbewußtsein der Person begründet sein muß (der »Gehorsam«, den er vom »mündigen« Menschen »*als* Bürger« usw. fordert, ist nicht, wie man meist gedeutet hat, »typisch preußischer Untertanengeist«, sondern eben das Verhältnis zum Recht). Die modernen soziologischen Rollentheorien haben diese Problematik abgestoßen, um den sozialen Vordergrund der Person besser analysieren zu können. Daß sie damit einer antipersonalen Sozialgesinnung die Chance gaben, den »Hintergrund« des Rollenverhaltens auszufüllen und so die »Person« als individuelle Lebensanforderung zu verdrängen, lag nicht in der Absicht, aber in der Wirkung dieser Soziologen. Dann tritt eben soziale End- und Glücksplanung an die Stelle individueller Pflicht-, Moral- und Rechtserfüllung, soziale Systemrationalität anstelle individueller Zweckrationalität. Die handelnde Person ist Element sozialer Prozesse geworden und wird mit ihnen »identifiziert«. Auf dieser Grundlage bleibt als Lebenshoffnung in der Tat nur die Hingabe an den Glauben an einen glücklichen Ausgang des »Ganzen«, was schließlich nur eine Definition von Religion ist.

Daß die soziologischen Rollentheoretiker dieser Frage der personalen Einheit »hinter« der Vielfalt sozialer Rollen so wenig Beachtung geschenkt haben, liegt an ihrer Unkenntnis der Philosophie. Ausnahme davon sind einige deutsche Soziologen, die bei der Rezeption der amerikanischen Rollentheorie in Deutschland diese Frage wenigstens aufgeworfen haben wie Ralf Dahrendorf oder Friedrich Tenbruck. *Dahrendorf* hat in einer seiner frühesten und anregendsten Abhandlungen ›Homo Sociologicus. Ein Versuch zur Geschichte, Bedeutung und Kritik der Kategorie der sozialen Rolle‹ (›Kölner Ztschr. f. Soziologie‹ 1958) eine »philosophische Kritik der Soziologie« gerade in der Frage gefordert, »wie denn der künstliche Mensch der Soziologie sich zu dem wirklichen Menschen unserer Alltagserfahrung verhält«. Dabei geht es ihm ausdrücklich darum, den Widerspruch zwischen dem moralischen Bild des Menschen als einem ganzen, einmaligen, freien Wesen und seinem wissenschaftlichen Bild als zerstückeltem, exemplarischen, determinierten Aggregat von Rollen zu klären: »Der ungeteilte, freie einzelne ist empirischer Forschung zwar nicht zugänglich und kann es seinem Begriff nicht nach sein; dennoch wissen wir um ihn in uns selbst und in anderen«. An Hand dieser Fragestellung definiert Dahrendorf die Aufgabe der Soziologie in geradezu klassisch-aufklärerischer Weise: »Die Soziologie hat es mit dem Menschen im Angesicht der ärgerlichen Tatsache der Gesellschaft zu tun.« (Zitate a.a.O., S. 181, 183, 356, 365, 367.)

Leider trifft diese Definition der Soziologie schon für die Art dieser Abhandlung *Dahrendorfs* nicht zu; allenfalls könnte man sagen, daß seine Überlegungen es mit der Gesellschaft *angesichts der ärgerlichen Tatsache des Menschen als Person* zu tun haben, eine Kennzeichnung, die ich auch für meine Soziologie annehmen müßte. Leider hat Dahrendorf die hier von ihm aufgeworfene liberale Grundfrage in seinen Arbeiten nicht weiter verfolgt, sondern er hat im Gegenteil als wahrscheinlich wirksamster Anreger seiner Generation deutscher Sozialwissenschaftler alle die Fragestellungen in die Welt gesetzt oder neu belebt, die zu der politischen und neu-ideologischen Herrschaft der Linken, der Neomarxisten und der Sozialreligiösen geführt haben, mit denen er sich allerdings politisch nirgends identifiziert hat. So hat er den schon überwundenen Klassen- und Klassenkampfbegriff in der deutschen Soziologie theoretisch wieder belebt (ohne Marxist zu sein), so hat seine Überbetonung der Konfliktbeziehung im sozialen Leben zu eben den Konfliktanweisungen der Hessischen Unterrichtslinien geführt (von denen er sich wegen Niveaulosigkeit distanzierte), so hat seine Forschung über die »funktionalen Eliten« eben den Grundton der Anklage gegen das »Establishment« angestimmt, das dann die Apoprotestierer als kümmerliche Feind-Definition benutzten (und denen Dahrendorf in einer offenen Diskussion mit Dutschke widersprach), so hat er eben die diffamierende Rechtssoziologie gegen die deutsche Justiz eröffnet (»Klassenjustiz«), die heute zur neomarxistischen Umfunktionierung der Rechtsstaatlichkeit dient (der er als Liberaler nie zustimmen würde), so hat er das »Bürgerrecht auf Bildung« in die Welt gesetzt und damit »Bildung« anstelle eines personalen Selbstanspruches zu eben der an den Staat gerichteten Sozialforderung gemacht, die seitdem unsere Schul- und Hochschulpolitik bestimmt (der er sich, obwohl er hier politische Pläne aufgestellt hat, zugunsten eines außenpolitischen Engagements entzog, das dann in einer wissenschaftlichen Verwaltungsstelle in Großbritannien endete). Das Verhältnis von Wissenschaft und Politik, wie es der Soziologe Dahrendorf veranschaulicht, scheint mir typisch für die Zwischengeneration deutscher Soziologen, die sich von der Wiederherstellung der klassischen deutschen Soziologie ebenso ablöste, wie sie ihre theoretischen Probleme nicht der Primitivisierung einer politischen Praxis zu unterwerfen bereit waren. Dieses Dilemma ist fast gleichbedeutend mit der Tatsache, daß der deutsche Liberalismus nach der ökonomisch-liberalen Schule von Eucken, Böhm, Erhard (deren Ursprung weit vor 1945 lag) niemals wieder fähig war, gesellschaftliche Probleme grundsätzlich zu durchdenken. Eine liberale Soziologie – das wäre eine Sozialwissenschaft, die sich die Frage stellte, wie die Person sich in der modernen Gesellschaft bilden und behaupten läßt.

Davon hat neben Kant schon *Nietzsche* mehr gewußt, der im Aphorismus 356 der »fröhlichen Wissenschaft« darüber nachdenkt, »inwiefern es in Europa immer ›künstlerischer‹ zugehen wird«: »Die Lebens-Fürsorge zwingt auch heute noch ... fast allen männlichen Europäern eine bestimmte *Rolle* auf, ihren sogenannten Beruf ... Das Ergebnis ist seltsam genug: fast alle Europäer verwechseln sich in einem vorgerückten Alter mit ihrer Rolle ... Tiefer angesehen, ist aus der Rolle wirklich Charakter *geworden*, aus der Kunst Natur ... Und jedesmal, wenn der Mensch anfängt zu entdecken, inwiefern er eine Rolle spielt und inwieweit er Schauspieler sein *kann, wird* er Schauspieler ... Damit kommt dann eine neue Flora und Fauna von Menschen herauf, die in festeren, beschränkteren Zeitaltern nicht wachsen können, ... es kommen damit jedesmal die ... Zeitalter der Geschichte herauf, in denen die ›Schauspieler‹, *alle* Arten Schauspieler, die eigentlichen Herren sind ... Was von nun an nicht mehr gebaut ... werden *kann*, das ist eine Gesellschaft im alten Verstande des Wortes; um diesen Bau zu bauen, fehlt *Alles,* voran das Material. *Wir alle sind kein Material mehr für eine Gesellschaft* ... Es dünkt mich gleichgültig, daß einstweilen noch die kurzsichtigste, vielleicht ehrlichste, jedenfalls lärmendste Art Mensch, die es heute gibt, unsre Herren Socialisten, ungefähr das Gegenteil glaubt, hofft, träumt, vor allem schreit und schreibt; man liest ja ihr Zukunftswort ›freie

Gesellschaft‹ bereits auf allen Tischen und Wänden. Freie Gesellschaft? Ja! Ja! Aber ihr wißt doch, ihr Herren, woraus man die baut? Aus hölzernem Eisen!« Die Frage, die hier Nietzsche bereits erhebt, ob die schauspielerhaft-vordergründige Sozialperson nicht gerade die Dauerfähigkeit einer sozialen gerechten Ordnung (»und Dauer ist auf Erden ein Werth ersten Ranges«) verhindert, ist heute den Soziologen und den »Herren Socialisten« ebensowenig zu vermitteln wie etwa den »social« engagierten Pädagogen, Schriftstellern, Journalisten usw. Die Grundfrage des Liberalismus ist von allen aufgegeben. Dahrendorf hat sie wenigstens noch aufgeworfen, ohne sie beantworten zu können. Heute gibt es sie nur noch im ironischen Protest gegen die Überheblichkeit der Soziologie:

» *Theater.*
Das Rollenverständnis
des Bürgers
Anselm X
ist ins
Wanken
geraten,
seit er kraft
höherer
sozio-psychologischer
Weisung
gelernt hat,
daß er nur spiele,
und zwar
eine Rolle
und diese schlecht.
Der Bürger
fragt darum –
seines Textes
nicht länger sicher –
den geheimen Souffleur des Dramas,
wann und wie
er wohl schließlich
er selber
werde und
gewissermaßen
zu leben beginne?
Er habe
das Theater
satt.«
(Bleichroeder in der ›Deutschen Zeitung‹, 2. 8. 1974.)

Wenn man wie wir die außerwissenschaftliche Wirkung eines wissenschaftlichen Faches untersucht und von der populären Wirkung seiner Grundbegriffe ausgeht, dann müßte eigentlich die *Friedensforschung,* diese gerade moderne Richtung der Politikwissenschaft, als eine Form der Sozialwissenschaft zu begrüßen sein, da sie unabhängig von ihren strittigen Erkenntnissen wenigstens den Friedenswillen stärkt und verbreitet, indem sie mit den Mitteln der Wissenschaft die allgemeine Aufmerksamkeit auf die Friedenswahrung und Friedensstiftung lenkt. Leider ist ihre Wirkung zum großen Teil umgekehrt: Als Heilsglaube an eine imaginäre Friedensharmonie stärkt sie die Aggressivität der so Gläubigen gegen den rationalen Skeptizismus empiriegebundener Wissenschaft und als analytische Konfliktforschung, die sich der praktischen Verhinderung von Konflikten widmet, unterschlägt sie, daß jede solche sozio-strategische Einsicht auch zur Erregung von Konflikten verwendet werden kann, und ist in beider Hinsicht geradezu als der typische wissenschaftliche Gesinnungsbetrug dieses Jahrzehnts zu bezeichnen. Daß dieser gerade in der Bundesrepublik fast staatsoffizielle Weihen genießt, kennzeichnet den gegenwärtigen Geistes- und den Wissenschaftszustand der Bundesrepublik und ihrer Herrscher.

Ganz im Sinne unserer ersten Behauptung – »Heilsglaube« – hat *Friedrich Tenbruck* in der ›Frankfurter Allgemeinen Zeitung‹ vom 22. 12. 1973 eine Abhandlung mit dem Titel ›Friede durch Friedensforschung? Ein Heilsglaube unserer Zeit‹ veröffentlicht, der fast wie abgesprochen in unsere Beweisführung hineinhört, so daß wir diesen Titel hier auch als Überschrift des Kapitels verwenden und uns zunächst auf Tenbrucks Aussagen beziehen.

Er geht mit Recht von einer grundlegenden Begriffsunterscheidung aus, die der skandinavische Friedensforscher Johan Galtung (jetzt Professor in Bonn) in die Welt gesetzt hat: Der »negative Friede« als bloße Gewaltlosigkeit zwischen Staaten, als Vermeiden von Krieg oder organisierter Gewaltanwendung, als »die bloße Abwesenheit letaler Konflikte (Waffenstillstand, Ruhe und Ordnung, Freiheit von Bürgerkrieg, Freiheit von wirtschaftlichem Boykott, Koexistenz, Gleichgewicht des Schreckens etc.)« (Krysmanski), wird dem »positiven Frieden« entgegengesetzt, der eine inhaltlich harmonisch bestimmte »Ordnung« der Gesellschaften in sich und untereinander fordert, »wo die territorialen und funktionalen Glieder des Gesamtsystems koordiniert und integriert sind und sich dieses Gefüge leidlich durchgesetzt hat und wo der Mensch mit seiner mitmenschlichen Umwelt in optimaler Wechselwirkung steht« (Galtung). Die Formel einer solchen optimal wechselseitigen Koordinierung und Integrierung – brr – gilt natürlich sowohl für die Familie, den Staat, ein Unternehmen, eine Gemeinde, die Partei oder den Himmel; hier wird die Hoffnung auf die »Optimalisierung« des sozialen »Ganzen« als Ziel einer »Forschung« gesetzt, eine Entwicklung, die Tenbruck mit Recht mit dem Urteil bedenkt: »Diese Friedensforschung hat falsche Luft. Als Wissenschaft gestelzt kommt sie daher, während sie doch ein Heilsglaube ist.« Natürlich ist die Vorstellung des »positiven Friedens« in all der Schwammigkeit wesentlicher Sozialwissenschaftsbegriffe genauso eine Utopie sozialer Perfektion wie die konkreter gedachte »klassenlose Gesellschaft« der Marxisten (»optimale Koordinierung und Integrierung«) oder der christlich-idealistische »wahre Staat« Othmar Spanns und seiner Anhänger. Es ist erstaunlich, wie sich die gleichen Heilsverkündigungen in einer Generation wiederholen und mit leicht durchschaubarer Namensänderung immer den gleichen Typ von Mensch als Gläubigen gewinnen. An sich wäre diese wissenschaftliche Glaubenshoffnung an eine soziale Utopie gar nicht so wichtig zu nehmen, wenn sie nicht aus dieser »Negativität« eines Friedensbegriffs die aggressive und arrogante Mißachtung und Denunzierung aller Bemühungen »bloß« (das Wörtchen steht kennzeichnend in allen Aussagen) gewaltausschließender Friedensstiftung ableitete. Sie gibt damit die Friedensforschung der Aufklärung in der Tat wieder auf zugunsten der Friedensforschung einer »universalen Heilsgemeinde«, wenn auch nicht der christlichen; eines der zentralen Ziele der Aufklärung war die Durchsetzung eines rationalen Völkerrechts – das zu verstehen allerdings die deutsche Sozialwissenschaft sich immer schwer getan hat – und der formalen Regeln zur Befriedigung innerstaatlicher (oder innergesellschaftlicher) Konflikte, z. B. der Unterdrückung von »Bürgerkrieg«, der Durchsetzung von »Ruhe und Ordnung« (diffamierend als »Law and Order« gemeint), des Verbots von Boykott, aber auch anderer kollektiven Erpressungen wie rein politischem Streik oder ungerechtfertigten Aussperrungen usw., also der vielen rechtlichen Maßnahmen zur Wahrung des »sozialen Friedens«, die hier »negativ« als Friedensleistungen ebenso abgeschrieben werden wie »Abwesenheit von Gewalt«, auf die die UNO, Kissinger oder andere »negative« Staatsmänner ihre Energie verschwenden. Wenn man je selbst erlebt hat, welche Marter und Grausamkeit ein »bloßer« Waffenstillstand beendete oder was »Ruhe und Ordnung« in terrorisierten Gebieten Nordirlands oder auch nur in terrorisierten Gemeinden oder Institutionen bedeutet, ja wenn man nur die ungeheure Anstrengung und das Risiko einer auf Koexistenz zielenden Ostpolitik zu ermessen fähig wäre, müßte einem der Begriff des »negativen Friedens« im Halse stecken bleiben. In Wirklichkeit lebt diese »positive Friedensforschung« nach einer strukturell harmonisierten Welt-Gesellschaftsordnung von der Friedensarbeit der anderen: Es sind die Neutralen wie die Skandinavier, die keine Kriege oder Revolutionen kennen und deren Befreiungskämpfe selbst die anderen für sie führen, die dieser Geisteshaltung zuneigen, ebenso wie die geistige Generation jener Wohlfahrtssöhne, für die ihre Väter den »negativen« sozialen Frieden geschaffen haben, den sie so schwer ertragen können.

Die Gewalt, die ihnen angetan wird, nennen sie »strukturelle Gewalt«. *Tenbruck* schreibt: »Der Frieden also zieht auf Erden ein, wenn wir uns als leibliche und geistige Wesen voll realisieren können, und wo uns das versagt bleibt, ist strukturelle Gewalt am Werk ... Wer auf ›strukturelle Gewalt‹ nicht ›gegen Gewalt‹ reimen will, der ist vom Heerbann ausgestoßen. Wer im Staat nicht die ›organisierte Friedlosigkeit‹ erblickt, der ist in die Acht getan. Und so wird der Aufstand, der gewaltlose und nur zu oft eben der gewalttätige, zum Schiboleth der Friedensforschung, auf das geschworen werden muß, bisweilen naiv oder schamhaft als die neue ›Basis‹, sprich ›Gemeinde‹.« In der Tat, die »strukturelle Gewalt« unserer westlichen Sozialordnung als den eigentlichen Feind anzusehen, der die soziale Friedensordnung stört, diese Überzeugung verbindet die Baader-Meinhof-Gruppe mit Heinrich Böll, die Studentenproteste mit den progressiven Theologen usw. Hier ist die Feindbestimmung, die die Gemeinde vereint zu einer kämpferischen Kirche, einer »ecclesia militans, die auf tausend Wegen ihre Botschaft ins Volk trägt, mit politischer und pädagogischer Aktion, mit Volksaufklärung und Propaganda«, und dies unter der Tarnung des wissenschaftlichen und humanen Fortschritts. Hier liegen die Wurzeln der Rechtfertigung der »Gegengewalt« im Sinne der gewaltmäßigen Abschaffung der als »strukturelle« Feinde definierten Ordnungen. »Gegengewalt«, ein Begriff des »gerechten Kriegs« der christlichen Tradition (und in der Tat unterstützen die heutigen Kirchen ja auch »gerechte Gewalt« bei Aufständischen) oder des »Krieges zur Abschaffung aller Kriege«, jene militanten Vorstellungen der Weltrevolution. Über das Recht zur Gewalt entscheidet wieder die Gesinnung, die immer »Friedensgesinnung« ist; diese Lehre der Friedensforschung widerruft daher auch »die innergesellschaftliche Monopolisierung der Gewalt in den Händen der ›überragenden‹ politischen Instanzen«, weil damit die »gegebenen gesellschaftlichen und politischen Verhältnisse« stabilisiert werden (Senghaas). Den sogenannten Status quo, in denen die anderen herrschen (nach deren Legitimität oder Rechtlichkeit nicht gefragt wird), durch Friedensforschung zu verfestigen, ist sowieso das Trauma dieser Friedensforschung; aus ihm stammen die verschiedenen sozial- und politikwissenschaftlichen Rechtfertigungen der Gewalt im neueren sozialwissenschaftlichen Schrifttum (Marcuse, Negt, Papcke u. a.).

Die sozialreligiösen Gesinnungspunkte liegen nun nicht in der allen Soziologen schon immer bekannten Erscheinung, daß politische, wirtschaftliche, ja selbst kulturelle Sozialordnungen immer schon *auch* Herrschaftsverhältnisse sind, die grundsätzlich allerdings nicht aufgelöst, sondern nur durch das Recht ihres Zustandekommens und ihrer Ausübung gebändigt und dann anerkannt werden können, sondern in der Abweisung oder Minimisierung der Bedeutung des Rechts. Von dem Recht, das nicht nur der Garant sozialer Dauer, sondern auch das universalste Mittel gewaltloser sozialer Veränderung ist, wird in der Friedensforschung kaum geredet, und mit gutem Grund, denn zu den selbstverständlichsten Überzeugungen des Westens seit der Aufklärung gehörte die, daß die Rechtswissenschaft die eigentliche »Friedenswissenschaft« sei, und eben diese so glaubensferne Konkurrenz mußte in den Hintergrund treten. Im Gegenteil: Das Unrecht der herrschenden Rechtsordnung muß gepredigt werden können; dies geschieht, indem man als Sozialwissenschaft, insbesondere als Friedensforschung, eben jene »Legitimitätskrise im Spätkapitalismus« beklagt, an der man als progressiver Intellektueller leidet und die man von dort her benennt, definiert, interpretiert und propagiert. Wir variieren auch hier Karl Kraus: Friedensforschung ist die soziale Krankheit, für deren Therapie sie sich hält. Daß sie außerdem eine der Einbruchsstellen für die neue Vermischung von Glauben und Wissenschaft ist, hat Tenbruck deutlich formuliert: »Vorbei ist die Zeit, in der man Wissenschaft und Glaube auseinanderhalten konnte und jedem seine Naivität an der Stirne geschrieben stand ... Glaubensbedürfnisse drängen in die Wissenschaft hinein, weil diese allein in einer verwissenschaftlichten Zivilisation Legitimation zu spenden vermag, und Wissenschaft saugt sie gierig auf, weil sie den Glauben an sich selbst verloren hat.« So wird Soziologie zur neuen Theologie.

Aber es gibt eine andere Form der »Friedensforschung«, die empirisch mit den Mitteln der Geschichtswissenschaft, der Ökonomie, der Rechtswissenschaft und auch der Soziologie und Politologie das Zustandekommen und die Auflösungsmöglichkeiten konkreter internationaler oder binnenstaatlicher *Konflikte* erforscht. Diese Forschungsaufgabe gehört längst zum normalen Themenbereich der genannten Wissenschaften und brauchte die Aufschrift Friedensforschung gar nicht; dafür waren rechtswissenschaftliche Arbeiten zur Schaffung eines Europarechts in der OECD, die »Welfare-Economics« in der Volkswirtschaftslehre, selbst militärwissenschaftliche Studien über Sicherheitsverhältnisse oder Umweltforschung wahrscheinlich dem »Frieden« in seinen verschiedenen Formen vielfach dienlicher als die »positive« oder »revolutionäre Friedensforschung«. Aber diesen konkret vorgehenden Untersuchungen, die sich selbstverständlich im Gesamt ihrer Fächer mehr zu Hause wissen als in der Mode- und Finanzierungseinheit »Friedensforschung«, werden von den sich »kritische Friedensforschung« nennenden Bekenntnissen eben als die unkritischen, gefährlichen »Techniker« des Konflikts betrachtet. Und in der Tat: Jede konkrete Einsicht in das Gefüge und den Ablauf, wie Konflikte zustande kommen, sich entwickeln oder abklingen, ist eine Erkenntnis, die »man« ebensowohl zur Entspannung wie zur Verschärfung benutzen kann, ebenso für mehr Frieden wie für mehr Revolution oder Krieg gebrauchen kann. (Diese Erscheinung wurde vor Jahren deutlich, als US-amerikanische Friedensforscher in lateinamerikanischen Gesellschaften das revolutionäre Potential von Gewerkschaften usw. untersuchten und dafür geheimerweise von den amerikanischen Militärbehörden bezahlt wurden. Offene Frage: Friede für wen?) Die »kritische Friedensforschung« will dieser nach zwei Seiten offenen Instrumentalität der Wissenschaften, die sich mit sozialen und politischen Konflikten beschäftigen, dadurch entgehen, daß sie nur die Praxis erkennen läßt, die zum »Frieden« in ihrem Sinne führt (und das kann zunächst Revolution sein); das Instrumentelle der empirischen Konfliktforschung soll heilsverpflichtet weggebetet werden. Damit wird sie im ganz konkreten wissenstheoretischen Sinne Theologie: Nur die wissenschaftlichen Einsichten, die einem vorausgesetzten Glaubensdogma entsprechen, dürfen ausgesprochen und angewandt werden, die andere Seite wird unterdrückt, verfemt, verleumdet. Kommt solche Wissenschaftsauffassung zur Herrschaft, geraten die glaubenswidrigen Folgen wissenschaftlicher Einsichten in den Rang von Geheimwissenschaften, von denen dann die Herrschaftspraktiker ausführlich Gebrauch machen.

Die »kritische Friedensforschungsbewegung« kann sich nicht mit der Tatsache abfinden, daß die Verantwortung über Steigerung oder Entspannung der Konflikte eben die des Politikers oder sozialen Führers oder der von ihnen dafür eingesetzten und gestützten Instanzen (Justiz, Schiedsgerichte, Verhandlungskommissionen usw.) ist, aber niemals die Eigenmächtigkeit einer Wissenschaft, die einige Erkenntnisse absolut setzt. Kurz: Sie will die politische Herrschaft, auch die legitime, durch ihre eigene, die geistlich »wahre« ersetzen.

In seiner Schrift über die ›Soziologie des Konflikts‹ (Reinbek 1971) hat *H. J. Krysmanski* diese Widersprüche als typische Antinomien der »bürgerlichen Sozialwissenschaften« bezeichnet: »Der in der Friedensforschung angelegte Grundwiderspruch, den Status quo als Bedingung der eigenen Forschungs-›Freiheit‹ zu verteidigen und zugleich als Behinderung bei der Erschließung des ›eigentlichen‹ Forschungsgegenstandes, der Utopie des Friedens, bekämpfen zu müssen, spiegelt das Dilemma der bürgerlichen Sozialwissenschaften insgesamt wieder ... Eine erste Antinomie ist die zwischen *positivem* und *negativem* Frieden ... Andere Antinomien des gleichen Dilemmas lauten: mittelfristige versus *langfristige* Friedensforschung, Vermeidung *personaler* Gewalt versus *struktureller* Gewalt, Pazifizierungs- oder Befriedigungsforschung versus ›*revolutionäre*‹ Friedensforschung.« Schon die Bezeichnungen lassen die Gesinnungsentscheidungen erkennen. Einer der »revolutionären« oder »kritischen« Friedensforscher aus Skandinavien, Lars Dencik, schreibt dann auch offen: »Die systemstabilisierenden Friedensforscher bezeichnen ihre Kritiker als Leute, die sich zwar Friedensforscher nennen, die aber ›Pazifismus‹ durch ›Marxismus‹ ersetzen wollen, ›Konfliktlösung‹ durch Klassenkampf, ›Frieden‹ durch Revolution, wenn nötig sogar ›blutige Revolution‹.« Ich würde diese Charakterisierung als grundsätzlich richtig bezeichnen, nicht aber die in ihr versteckte Unterstellung: daß die radikalen jungen Friedensforscher an den Universitäten, besonders gewisse Gruppen in Skandinavien, sich zu hemmungslosen, vielleicht sogar zu pervers blutdürstigen Anbetern der Gewalt entwickelt hätten. Sicherlich sind diese Art Friedensforscher keine auf kriminelle Gewalttaten ausgehenden Terroristengruppen, aber eben die gesinnungsethischen Heilsgläubigen, die den Glaubenskriegen ihre Rechtfertigung liefern. Dencik legt noch eine »Systematik kritischer Friedensforschung« vor, aber wenn man seine offensichtliche Einseitigkeit untersucht, so fehlt kaum eine der heilsreligiösen Glaubensformen, die wir genannt haben, und das Ganze gipfelt in der neureligiösen Praxis der »Heilserziehung«, hier »Friedenspädagogik« genannt. Krysmanski, der diese Systematik abdruckt, kommentiert auch sehr offen: »Politisch ist sie gekennzeichnet durch eine entscheidende Kapitalismuskritik (die für Sozialwissenschaftler, die in sozialistischen Gesellschaften leben, durch eine entsprechende Sozialismuskritik zu ersetzen wäre)« (a.a.O., S. 212–216). Die rührende Vorstellung einer antisozialistischen Friedensforschung in der Sowjetunion trägt den Stempel einer Schutzbehauptung und Neutralitätsvortäuschung an der Stirn. Solschenizyn paßt daher auch gar nicht in das Konzept dieser Friedensforscher.

Nimmt man schließlich zu dieser Konflikte mit gutem Friedensgewissen erregenden Friedens- und Konfliktforschung noch hinzu, daß gerade die jüngere deutsche Soziologie die *Konfliktbeziehung* als die herrschende *Sozialbeziehung* interpretiert hat und daß diese Konfliktbenennung in der vorwissenschaftlichen Breitenwirkung immer konflikterregend wirkt (wir haben auf S.346 bereits darauf hingewiesen), dann wird verständlich, weshalb eine Gesellschaft wie die westdeutsche in diesem Jahrzehnt, das zwar nicht problem- und notfrei ist, wohl aber ihre Probleme, Notstände, Bedürfnisse und Schwierigkeiten in vernünftiger Interessenauseinandersetzung und mit ständiger politischer und wirtschaftlicher Arbeit an der Verbesserung der Verhältnisse lösen könnte, von einer sozialen Konflikthysterie geschüttelt wird, die ausschließlich gesinnungsverursacht ist.

Der für diese Konfliktindoktrinierung durch neue Herrschaftsmittel kennzeichnendste Vorgang in diesen Jahren ist der Erlaß der Hessischen Rahmenrichtlinien für den Unterricht an den Schulen, der insbesondere in den Fächern Gesellschaftslehre, Geschichte, Germanistik usw. das behördlich gesteuerte Eindringen dieses Heilsglaubens der Konfliktbetonung, der »kritischen Philosophie«, in deren Schlepptau natürlich die »kritische Friedensforschung« hängt, und die Auflösung der sozialen Identifikation mit der bestehenden rechtsstaatlich-demokratischen Ordnung durch Übertragung der souveränen Normenentscheidung an jeden Schüler und Lehrer usw. gebracht und sich auf Niedersachsen, Bremen, Nordrhein-Westfalen usw. ausgedehnt hat. Die Schulpolitik der sozialdemokratisch regierten Länder der Bundesrepublik ist von der heilsgläubigen Pädagogik erobert worden, in deren Kielwasser natürlich der marxistische Klassenkampf fischt. Über die geistigen und politischen Widersinnigkeiten, über die Pervertierung der für den einzelnen Schüler verantwortlichen Erziehung und Schule zu einer kollektive Gesinnungseinheiten und -aktivitäten erzeugenden »Sozialpädagogik« hat es in der Bundesrepublik eine eindringliche Auseinandersetzung in Zeitungen und Zeitschriften, in Gutachten und Denkschriften, in Diskussionen und selbst wieder behördlich gesteuerten »Fora« und Fernsehsendungen gegeben. Ich gestehe offen, daß ich diejenigen bewundere, die in diesen aktuellen, vermeintlich nur schulpolitischen Auseinandersetzungen die Rolle der Verteidigung rational-aufklärerischer Positionen gegen die neue Heilsgläubigkeit übernommen haben (so vor allem Hermann Lübbe, Thomas Nipperdey, Golo Mann, Karl Korn, Wolfgang Brezinka u. a.); diese vielleicht verzögernde politische Opposition – und Verzögerung könnte im Konkreten viel bedeuten – erscheint mir pessimistisch insofern bereits hoffnungslos, als die Lehrer, Professoren, Pfarrer und Journalisten, die diese konfliktsteigernde, institutionenauflösende Wirkung verbreiten, längst vorhanden, ausgebildet und tätig sind und immer mehr ausgebildet und tätig werden, wenn sie sich nicht auf die extreme Torheit nachweisbarer parteikommunistischer Aktivität verfassungsverräterischer Art einlassen. Meines Erachtens liegt in dem Streit um die jeweiligen »Rahmenrichtlinien« ein Irrtum auf beiden Seiten vor: Die Autoren und Verteidiger der Rahmenrichtlinien nehmen die staatliche obrigkeitliche Autorität des Staates in Gestalt der Kultusminister in Anspruch, um sich die längst überflüssige gesetzliche Legitimierung ihrer Lehr-Praxis bestätigen zu lassen, obwohl gerade der von ihnen bekämpfte Staat diese längst verbürgt; also geht es gar nicht mehr um Lehrfreiheit, sondern um Lehrzwang für die anderen, wahrscheinlich aber einfach um Besetzung politischer Machtpositionen: Man will ausprobieren, wie weit man Gesetzgebungs- und Verwaltungsmacht über »unseren Mann in Havanna«, über die heilsreligiöse Hörigkeit von Kultusministern wie v. Friedeburg, v. Oertzen oder auch nur Girgensohn ausüben kann. Andererseits unterstützen diejenigen, die die vorder- und hintergründigen Absichten der soziologisch und sozial zugleich klingenden Texte der »Rahmenrichtlinien« wissenschaftlich und politisch entschlüsseln, natürlich die aktuell politische Gegenwehr, aber die Frage, wie denn die Generation der systemüberwindenden und heilsherrschaftlichen Lehrer, Professoren usw., die sich längst in den Institutionen der Lehre und Information befinden, jemals in ihrer Wirkung gestoppt werden könnten, diese entscheidende Frage wirft kein Gutachter auf und kann sich keine CDU oder CSU als öffentliche Erörterung leisten.

Diese Art Stärke der pädagogischen Konflikt-Vertreter beruht nicht zuletzt darauf, daß gerade eine rein analytische und in ihrer politischen und wissenschaftlichen Objektivität keineswegs systemverändernd gemeinte Soziologie diese Vorherrschaft des Konflikt-Begriffs für das Verständnis sozialer Beziehungen und Veränderungen hervorgerufen hat: In den 50er Jahren hat sich die damals jüngere Generation der deutschen Soziologen gegen eine Soziologie zur Wehr gesetzt, die im wesentlichen den harmonischen Zusammenhang in den Sozialbeziehungen und die Stabilität der sozialen Systeme betonte; als vorherrschende Theorie dieser Art war damals vor allem die Soziologie Talcott Parsons' anzusehen, der die Integrationsleistungen und Bedingungen des sozialen Systems untersuchte, eine Thematik, die der ethnische und soziale »Schmelztiegel« der US-Gesellschaft schon lange als seine politische Hauptaufgabe empfand; zu diesen »Harmonie«-Vorstellungen gehörten aber auch die praktisch sehr wirksamen »Public« und »Human Relations«-Vorstellungen der Industriegesellschaft, in Deutschland die Betonung der »Sozialpartnerschaft« usw., die geeignet waren, berechtigte Interessen harmonistisch zu überspielen; und schließlich war auch eine spezifisch deutsche Vergangenheit zu bewältigen: die Soziologie und Politik der »Volksgemeinschaft« und die politische Nachkriegsmüdigkeit gegenüber aller Art von Konflikten.

Theoretisch hat vor allem *Ralf Dahrendorf* den Widerspruch zu Talcott Parsons bei uns formuliert: Er unterschied eine »Integrationstheorie« der Gesellschaft, die im wesentlichen die Formen der sozialen Kooperation untersucht, gegenüber einer »Herrschaftstheorie«, die die Gesellschaft als ein System offener und verdeckter Konflikte versteht. Obwohl Dahrendorf grundsätzlich beide Theorienkonzeptionen für berechtigt ansah, hielt dies Scharnier nicht, weil er und andere ihre Kraft dafür einsetzten, eben die Konflikt-Theorie auszuarbeiten, da ja die Integrationstheorie schon da war. Indem dann insbesondere jede bestehende Herrschaft als Klassenherrschaft und als immer nur verdeckte, wenn nicht gar offene Konfliktbeziehung verstanden wurde, in Wirklichkeit also als bloßes Machtverhältnis, bestätigte sich diese »kritische« Soziologie sehr bald nicht nur in der berechtigten Aufdeckung von Konfliktlagen, sondern praktisch auch in der Entwertung von sozialer Zusammenarbeit, gegenseitigen Verpflichtungen und Stabilität. Obwohl das wissenschaftliche Ergebnis dieser Diskussion die wohl kaum zu widerlegende Aussage bleibt, daß jede soziale dauerhafte, also institutionelle Beziehung und Ordnung gleichzeitig (und nicht in getrennt einseitigen Soziologien) als Kooperation und Konflikt verstanden werden muß, insbesondere die der »Herrschaft«, hat diese Einseitigkeit einer soziologischen Konflikttheorie das Tor aufgestoßen für die Argumente der gezielten Konflikterregung, der Denunziation aller Herrschaft (außer der eigenen), der Verdächtigung jeder sozialen Zusammenarbeit über Interessenkonflikte hinweg usw., also der Überzeugungsgrundlagen, der sich dann sowohl die soziale Heilsherrschaft wie die Klassenherrschaft der Sinnproduzenten zu ihrer Durchsetzung bedienen.

Vgl. dazu *R. Dahrendorf*, ›Soziale Klassen und Klassenkonflikte in der industriellen Gesellschaft‹, Stuttgart 1957; eine Zusammenfassung der damaligen Auseinandersetzung in meiner 1961 veröffentlichten Abhandlung ›Die Bedeutung des Klassenbegriffs für die Analyse unserer Gesellschaft‹, jetzt in ›Auf der Suche nach Wirklichkeit‹, 1965, S. 352 ff.; vgl. auch eine ähnliche Zusammenfassung der Problematik derzeit durch J. Habermas, ›Zur philosophischen Diskussion um Marx und den Marxismus‹, ›Philosophische Rundschau‹, Jg. 1957, S. 165–235. In diesen wissenschaftlichen Auseinandersetzungen in der deutschen Soziologie der 50er Jahre liegt nicht nur der Schlüssel für die Frage, weshalb auch in Westdeutschland unter den theoriebeeinflußten Intellektuellen die Idee des Klassenkampfes mit seinem orthodoxen Gesinnungsanschluß an die Kommunisten wieder Fuß fassen konnte, sie machen auch deutlich, woher mit einem Jahrzehnt intellektueller Verzögerung die pädagogischen Überzeugungen stammen, die – außer der unmittelbaren Glaubenslehre der »Emanzipation« – hinter der »Konflikt«betonung einer Bildungspolitik stehen, die die »Schule als Anstalt zur Auflösung sozialer Identifikation« machen will. Die Umgestaltung der Schulen und Hochschulen zu Gemeinden des sozialen Heilsglaubens, also zu Sozialkirchen, muß natürlich die Identifikation oder das Zugehörigkeitsgefühl zu anderen Institutionen, insbesondere zu dem noch nicht heilsgläubig eroberten Staat, seiner Justiz oder gar seiner Polizei oder seinem Militär »kritisch« auflösen. »Kritische Soziologie«, »kritische Friedensforschung«, »kritische Philosophie«, »kritische Pädagogik« und was es noch für »kritisch« firmierende Standpunkte dieser Art gibt, sind funktional das gleiche geworden, was Teufelsaustreibung und Hexenwahn für die christlich-klerikale Orthodoxie waren.

Wir wollen zum Schluß dieser ausführlichen Untersuchung der meist unbekannt gebliebenen außerwissenschaftlichen sozialen Wirkungen der Soziologie noch einmal ganz kurz den geistigen Ort bestimmen, den diese Kritik der Soziologie in unserer Darstellung der neuen Sozialreligion und der neuen Klassenherrschaft der Sinnproduzenten einnimmt:

1. Die Herrschaft des *»soziologischen Gesichtspunktes«* im Selbstverständnis des modernen Menschen und damit in der angenommenen Sinndeutung seines Lebens entmachtet die bis dahin geltende Innen- und Selbstbezogenheit seiner *Person* und begründet mit diesen Welt- und Selbstdeutungen die Vorrangstellung der Soziologie unter den Wissenschaften und wird von deren außerwissenschaftlichen Wirkungen wiederum genährt und bestärkt. Die »Innerlichkeit« weicht »dem Sozialen«. (So schon die Diagnose Riesmans.)

2. Damit wird eine innerfachliche Dimension der Soziologie und ihrer Gefolgswissenschaften von ihren gesellschaftlichen, d. h. unwissenschaftlichen, aber »mittel- und langfristig« Sozialbewußtsein bildenden Wirkungen zu trennen sein. Während die erste Gruppe der Problemstellungen binnenfachlich keine Kritik dieser Denkmöglichkeiten erlaubt, wirkt diese wissenschaftliche Denkfreiheit doch zugleich so, daß sich jeder Praktikant systemüberwindender, revolutionärer oder, was hier wichtiger ist, neue orthodoxe Geistesherrschaft durch einseitige, ja infantile soziologische Argumente und Glaubenslehren aufrichtender Sozialwissenschaftler bei irgendwelcher Form von Gegnerschaft sofort in den Schutz der fachwissenschaftlichen soziologischen Denk- und Problemfreiheit begeben kann. Genauso wie die Ethik Kants oder die idealistische Philosophie eines Fichte oder Hegel den Herrschaftspraktiken und Ideologien des Nationalstaates des 19. Jahrhunderts bis hin zu Hitler ungewollt oder gewollt in die Hand gespielt haben, so befördern heute die Soziologen, auch wo sie »rein« fachlich denken wollen oder sich darauf zurückziehen, gewollt oder ungewollt die sozialreligiöse oder die sinnproduzierende Heils- und Klassenherrschaft. Keine der soziologischen Fachproblematiken, keine der Hypothesen oder Theorien, wird durch ihre soziale Breitenwirkung theoretisch widerlegt, aber die Soziologie selbst verliert ihre wissenschaftliche Glaubwürdigkeit und wird hilflos oder mit Glaubenszu-

stimmung zur Sozialtheologie gesellschaftlich »umfunktioniert«.

3. Die Schwierigkeit, daß man heute Soziologie als Wissenschaft kaum treiben kann, ohne wenigstens ungewollt eine neutheologische Wirkung zu entfalten, wäre an sich ja nur eine Frage der Soziologen selbst. Aber die Soziologie ist so weit doch Wissenschaft, daß sie – im Verein mit anderen empirisch vorgehenden Sozialwissenschaften – mit Recht auf die veränderten sozialen Bedingungen hingewiesen hat, die einer geistigen und zugleich sozialen Selbständigkeit der Person immer mehr im Wege stehen; wir haben diese sozialen Wandlungen selbst als die Ängste dargestellt, die den modernen Menschen in die Arme der sozialen Heilsverheißungen treiben. Die Person wird nicht nur durch die soziologische Daseinsinterpretation, sondern auch durch reale soziale Tatbestände und Veränderungen aufgelöst. Und hier steht die *Entscheidung der Zeit* an: Man mag diesen Vorgang der Unterdrückung der Person als des zentralen Bezugspunktes unserer Kultur bereits als geschichtlich unumkehrbaren Vorgang ansehen, die personale Freiheitsauffassung als typisch bürgerlich denunzieren und sich damit das Heil der Zukunft des Menschen nur von der Ausbreitung der »vollkommeneren Gesellschaft« versprechen; diese bürgerlich-liberale Altersschwäche oder ihr Eskapismus, die sich in verschiedenen Formen an die neue soziale Heilsreligion anlehnen, anfreunden oder in sie eingliedern, haben die Wahrscheinlichkeit der Anpassung an sowieso ablaufende Sozialentwicklungen für sich. Die Gegenposition ist heute fast ohne intellektuelle Zustimmung, weil sie ja in den sozialwissenschaftlich gläubigen oder zumindest klasseninteressenbestimmten Intellektuellen ihre eigentlichen Gegner hat.

Die Entscheidungsfrage, wie eine »Freiheit der Person« und damit »die Person« in den modernen Sozialstrukturen überhaupt noch existenzmöglich ist, wird nicht nur von den Soziologen und ihrer Gefolgschaft in Wissenschaft, Politik und Literatur mit soziologischen Argumenten überspielt, sondern es wird aus genau dieser Frage die intellektuelle Vormundschaft von Soziologen, Pädagogen, Sozialtheologen, Publizisten und auf das Soziale reduzierten Schriftstellern abgeleitet.

Damit stehen wir vor der Aufgabe, die Auswirkung der geistigen Vorherrschaft der Soziologie auf andere Wissenschaften oder geistige Tätigkeitsgebiete und Berufsfelder wenigstens anzudeuten. Eine Gesamtdarstellung dieser intellektuellen Gefolgschaft müßte nicht nur die jeweiligen berufssoziologischen Fragen jeder Tätigkeitsgruppe darstellen, sondern auch ihre eigene geistige und ideenhafte Tradition und deren Veränderung (»Umfunktionierung«) durch den Einfluß der Soziologie aufweisen; erst dann wäre aus dieser berufs- und wissenssoziologischen Bestimmung des gegenwärtigen Zustands dieser Gruppe das geistige Rekrutierungsfeld deutlich zu machen, das sie für die soziale Heilsreligion oder zumindest für die Klassenherrschaft der Sinnproduzenten abgibt. Dies würde hier zu weit führen. So soll hier nur noch angedeutet werden, in welcher Hinsicht die übrigen Bewußtseinsführungswissenschaften oder -praktiken wie die Pädagogen, die Theologen, die Publizisten und Schriftsteller (und zum Teil auch Wissenschaften wie die Jurisprudenz, die Ökonomie usw.) sich den soziologischen Führungsdogmen unterworfen haben.

Dabei sind die gleichen Strukturen und Unterscheidungen zu beobachten, die wir in der Untersuchung der Soziologie immer wieder betont haben: Zunächst leisten alle diese Wissenschaften und ihre Anwendung, also z. B. die Pädagogik und die Lehrer oder die Theologie und die Priester, einen Sachauftrag der Erziehung, Belehrung, Betreuung, Tröstung usf., der sozial erforderlich und, wo er bei fast beliebiger geistiger Interpretation funktional geleistet wird, nicht allein von seiner ideologischen Selbstinterpretation her kritisiert oder abgelehnt werden darf; ob ein »guter« Lehrer oder ein sachlich und urteilsfähig informierender Journalist die Verantwortung für sein Berufsethos, sein »Sachethos«, mit christlichen, atheistischen, humanitären, philosophischen oder eben auch soziologischen Motivationen stützt, ist »Privatsache«. Aber dort, wo diese auf die Einzelperson bezogene »Privatsache« als solche verdammt, kritisiert oder gar lächerlich gemacht wird, tritt eine Form des Bekenntnisses doch wieder in die Rolle der Gesinnungssteuerung von Berufsverantwortungen, die dann den anderen Menschen, auf den sich ihre Wissenschaft oder Praxis richtet, vorerst auch als Bekenntnisgenossen oder Gesinnungsfeind ansieht. Die »Privatheit« des Gewissens, eine der großen Gewinne der Aufklärung, wird wieder zu einem »öffentlichen Gewissen« z. B. der »Emanzipation«, der »sozialen Gerechtigkeit«, des »Anti-Rassismus« usw.

Neben diesem Gegensatz von »Verantwortungs- oder Sachethik« (im Sinne Max Webers) und der Gesinnungs- oder Bekenntnissteuerung des sozialen Wirkens gibt es noch einen inneren Widerspruch, den wir gerade in diesem Teil unserer Ausführungen aufgedeckt zu haben glauben: daß selbst eine programmatisch sozial-emanzipatorische Pädagogik, Publizistik, Theologie usw., die nebenbei alle Gegnerschaften zur christlichen Altgläubigkeit, zur staatlichen Gesinnungsvorschrift oder zur kommunistisch-marxistischen Orthodoxie usw. bewahrt und sich als »liberal«, »tolerant«, »ideologiefrei« usw. selbst versteht, allein durch Übernahme der soziologischen Vorverständlichkeiten, der epochalen Denkapriori, eine praktische Wirkung entfaltet, bei der die nicht gewollten Nebenwirkungen die programmatischen angestrebten Ziele bei weitem übertreffen. Die Frage der Nebenwirkungen gesinnungsgesteuerten Handelns ist sowieso die schwächste Seite oder gar die Gretchenfrage der Soziologie; ihre eigenen »Nebenwirkungen« hat diese Wissenschaft kaum untersucht und sie dort, wo sie in der Praxis auftauchten, der Denk- und Verwirklichungsfähigkeit der jeweils anderen Disziplin zugeschoben. Dabei hat die Gegenposition ein Philosoph in den dialektischen Aphorismus gekleidet, daß alle »produktiven« Ergebnisse des menschlichen Lebens nur »Nebenprodukte« seien (wofür sich die simple Tatsache anführen läßt, daß die Fortpflanzungsleistung der Bevölkerung ein Nebenprodukt der individuellen sexuellen Lust ist, abgesehen von den »in Pflicht« gezeugten Kindern, deren Anzahl die Menschheit schon seit langem hätte aussterben lassen).

Ein Kennzeichen für die programmatische Anpassung der geistig-praktischen Wissenschaften an die sozialreligiöse Programmatik der Soziologie ist etwa die Übernahme der Begriffe »emanzipatorisch« oder »kritisch«: Eine »emanzipatorische« oder »kritische« Pädagogik mit ihren Unterabteilungen einer »emanzipatorischen Germanistik«, »kritischen Anglistik«, »kritischen Justiz« usw., hat längst diese sozialreligiöse Glaubenseinheit dieser Wissenschaften und ihre praktisch diffuse Anwendung hergestellt. Da ihre Nebenwirkungen ihnen selbst unbekannt sind, brauchen sich die soziologisch-philosophischen Autoren der »Emanzipationsphilosophie« mit diesen praktischen Nebenwirkungen ihrer Theoreme keineswegs zu identifizieren.

An dieser Stelle sei einmal darauf hingewiesen, daß *Jürgen Habermas,* der für die meisten dieser sozialen Glaubensentwicklungen der entscheidende Publizist gewesen ist, keineswegs die praktischen, außerwissenschaftlichen Wirkungen seiner Formeln zu verantworten bereit ist; im Rückzug auf berechtigte innersoziologische Fragestellungen kann er so gewisse Praktiken der »emanzipatorischen Pädagogik« und Schulpraxis mit fachwissenschaftlichem Recht scharf verurteilen.

6. Pädagogen: Die Erziehung zur Unwirklichkeit

Hier sei zunächst Raum geschaffen für das, was wir hier noch aussagen wollen! Wir meinen mit Pädagogen die Wissenschaftler der Pädagogik, weniger die Lehrer oder jedenfalls diese nur soweit, wie sie »moderne Pädagogik« praktizieren; wir schließen in diesen Begriff der »Pädagogen« im Grundsatz die ganzen »Schulfächer« der Universität wie Germanistik, Anglistik, Geschichtswissenschaften, Romanische Philologie, ja vor allem auch Mathematik ein, soweit sie Lehrer ausbildet (bei ihr findet sich der sozialreligiöse Überbau verständlicherweise am ausgeprägtesten). Wir wollen, soweit es aus den nachfolgenden Überlegungen nicht sowieso deutlich wird, zwei Gesichtspunkte nicht noch einmal gesondert behandeln:

a) daß die Wissenschaft »Pädagogik« und zum großen Teil auch ihre Sachgebiete wie Germanistik, Geschichtswissenschaft usw. bis hin zur Mathematik und Musikwissenschaft das soziologische Begriffs- und Problemreservoir übernommen haben, für ihre modischen Fachfragen ausbeuten und damit an der Verbreitung der soziologischen Vorurteile unter den Lehrern kräftigst beitragen (die Pädagogik ist immer die Magd einer gedankenbeherrschenden Disziplin gewesen, der Theologie, der Philosophie, der Psychologie und nun eben der Soziologie; es gibt nichts Rührenderes in der Geistes- und Wissenschaftsgeschichte als die geistigen Autonomiebestrebungen der Pädagogik);

b) daß weiterhin im Besonderen ein großer Teil der wissenschaftlichen Pädagogik und ihre Schüler, also vor allem Junglehrer, Sozialgläubige in dem von uns dargestellten Sinne sind, dafür muß man nur das Ausmaß und die universitäre Herrschaft der sogenannten »emanzipatorischen Pädagogik« oder »kritischen Erziehungswissenschaft« zur Kenntnis nehmen, die sich spektakulär in der Durchsetzung von Rahmenrichtlinien in sozialdemokratischen Ländern dokumentiert, praktisch aber viel wirksamer in der Form des sozialbekennenden Unterrichts die Schule zur predigenden Kirche macht und damit die Abwehrschwäche stärkt gegen unmittelbar politische Unterwanderungen der Erziehung wie sozialistische Kinderläden, Rote Zellen an Schulen, Kommunisten im Schuldienst usf.

Über diese mehr politisch gesehene Rolle der »linken Pädagogik« haben ausführliche Auseinandersetzungen stattgefunden, die hier nicht wiederholt werden sollen, obwohl sie viel Material für unsere Anschauungen böten; vgl. z. B. Wolfgang Brezinka, ›Die Pädagogik der Neuen Linken‹, Stuttgart 1972, u. a.

Zu fragen ist vielmehr, durch welche unter Pädagogen allgemein anerkannte Anschauungen und erzieherische Praxis oder durch welche Organisationsformen der Erziehung heute diese Gruppe der Sinnvermittler zum geistigen und personalen Hauptreservoir sowohl für die Entwicklung der sozialen Heilsreligion wie der Klassenherrschaft der Sinnproduzenten wird. Wir wollen auf diese Frage hier nur in zwei Gedankengängen antworten:

Die in sozialwissenschaftlicher Abstraktionserhöhung verstandenen und formulierten Erziehungsziele und die davon abgeleitete Schul- und Hochschulpraxis entfernt das Schulwesen von der realen Wirklichkeit immer mehr und wird zu einer *Pädagogik des abstrahierten Gedankens,* der den erzieherischen und moralischen Zugriff auf die vorhandene Wirklichkeit verliert und dadurch seine Schüler in den Schoß des sozialen Heilsglaubens treibt.

Zweitens führt die Orientierung der schulinstitutionellen Politik an der gedachten Realität der »Gesellschaft« zu einer *»Bildungspolitik«, die sich als »Gesellschaftspolitik« versteht* und damit natürlich die personale Bildung verrät. Der »Bildungspolitik«, die sich vor allem an gesellschaftlichen Zielen orientiert, steht dann die theoretisch/praktische Grundkategorie der Soziologie, der »Plan«, als Mittel der Fortschrittlichkeit zur Verfügung. Institutionale Verantwortung für Erziehung wird heute von links bis rechts zur *Bildungsplanung.* Planung aber ist längst eine der selbstverständlichsten Formen der intellektuellen Klassenherrschaft.

Erziehung zur Unwirklichkeit: Daß alle schulische Erziehung eine Bildung des »Kopfes« ist, d. h. primär auf Bewußtseinsführung hinausläuft, ist eben das Kennzeichnende der von der ausübenden Praxis gesonderten Schul- oder Vorschulpraxis (»intentionale Erziehung«), die alle Erziehung durch bloßes Mitmachen in der Praxis (bis auf wenige Reste in der Lehrlingsausbildung und in der familiären Erziehung) ersetzt hat und diese Reste heute gerade heftigst bekämpft. Aber damit wird das Medium der Erziehung grundsätzlich die vorgestellte Wirklichkeit, und die praktische Erfahrung wird aus ihrem Erziehungsbeitrag entlassen. Das ist an sich ein alter Zug intellektueller Herrschaft: Die Klosterschulen erzogen an Hand der Heiligen Schriften, die Gymnasien und Universitäten vom Humanismus bis zu den letzten Ausläufern der Bildungsvorstellungen Wilhelm von Humboldts an den Texten der Antike oder der Philosphie und Dichtung. Weshalb soll man nicht heute an den Texten der Soziologie diese literarische Erziehung fortsetzen? Aber abgesehen davon, daß diese Erziehung an literarischen Texten immer nur eine Erziehung von Oberschichten war, die gerade damit ihren Oberschicht-Charakter in der Erziehung bestätigte, muß man diese geistlichen und geistigen Erziehungseinrichtungen befragen, wo ihr jeweiliger Realitätsbezug lag. Die an den Heiligen Schriften, der Philosophie oder den Dichtungen Erzogenen sind ja keineswegs alle Priester, Philosophen, Wissenschaftler und Dichter geworden (obwohl dies genau die weltentfremdende Verführung dieser Oberschichten war, denen wir die Höhe der westeuropäischen Kultur verdanken). Zunächst ist demgegenüber in der Erziehung der breiten Schichten immer an der Ausbildung für praktische Fertigkeiten (einschließlich Lesen, Schreiben, Rechnen) und an der moralischen Erziehung für die zu erwartenden beruflichen Lebenstätigkeiten festgehalten worden. Aber dieser Gesichtspunkt der Erziehung zur »Praxis« ist selbst in den Gymnasien (bezogen auf ihre Aufgabe, Universitätsvorbereitung zu sein) und vor allem den Universitäten festgehalten worden: die »sittliche Grundeinstimmung« (Schelsky, ›Einsamkeit und Freiheit‹), die das Ziel jedes Universitätsstudiums war und damit auch indirekt jeder Gymnasialerziehung, wurde letztes ideelles Erziehungsziel auf verschiedenen Stufen der sozialen Erziehung auch durch Literatur und hatte sich in jedweder Praxis gerade der akademischen Berufe zu bewähren.

Genau in diese Erziehungstradition ist die sozialreligiöse Erziehungs- und Schulpraxis der Gegenwart hineingestoßen: Der Bezug auf die konkrete Berufspraxis wird immer verächtlicher behandelt, dafür aber die »gesellschaftliche Relevanz« jeder Lektion abgefragt. Daß dieser ständige Bezug auf die »Gesellschaft« gerade die Konkretisierung auf Berufsausbildung oder auch nur auf die schulische Sache selbst verhindert, liegt daran, daß es nur »eine Gesellschaft im Kopfe« ist, d. h. eben die Gesellschaftsvorstellung, zu der Lehrer überhaupt fähig sind, und vor allem, die dem geringen Wirklichkeitssinn und der gezüchteten Besserwissersimplizität einer lauthals für »mündig« ohne alle Arbeit an sich und der Welt erklärten Jugend entspricht. Diese »Gesellschaft«, auf die sich alle neue Erziehung ausrichten will, lebt also nur im Medium der Meinungen und der Diskussionen der als Schulsystem wirklichkeitsisolierten Lehrer und Schüler. Die institutionelle Autonomie der Schulen und Hochschulen als Lehranstalten wird heute nicht zuletzt deswegen so überbetont, weil man nur so die Verbindlichkeiten zur Lebenspraxis, wie sie ist und wie sie von Eltern und Berufen angemeldet werden, abbrechen kann; gewiß wird die »Einheit von Theorie und Praxis« immer wieder betont, aber die »Praxis«, die anerkannt wird, ist nur eine die »theoriegereinigt« und d. h. erst durch den ideologischen Kopf denaturiert ist. Von diesem sozial-abstrakten Verhältnis zur »Gesellschaft« kommt dann zum Schluß folgerichtig die Forderung, die »Gesellschaft« selbst in allen ihren Einrichtungen müsse pädagogisiert werden: »... die Gesellschaft muß durch das belehren, was sie selbst ist. Ist etwas unerziehlich, muß sie es ändern ... Die Lehrer (!) müssen die Erziehungsmittel der Gesellschaft insgesamt, nicht nur die der speziellen Bildungseinrichtungen, kritisieren, erproben, filtern, verändern, vergleichen« (v. Hentig, ›Cuernavaca oder: Alternativen zur Schule?‹, 1971, S. 127). Daß eine solche Forderung nach der »pädagogisierten Gesellschaft« (wie bei Hentig) gerade aus der Einsicht in die beschränkte Wirksamkeit der Schule auf die soziale Wirklichkeit entsteht, macht den immanenten Heilsverkündigungsgedanken solcher pseudo-selbstkritischen Forderung um so deutlicher.

Die zweite Reihe der modernen Erziehungsziele, die erfolgreich den jungen Menschen von der Wirklichkeit des Lebens entfernen, liegt in jener mühe- und arbeitslosen Vorstellung, die Pädagogen von der »mündigen Persönlichkeit« haben. Schon der Schüler oder Student wird als fähig vorgestellt, vollerwachsene und endgültige Urteile über alles abzugeben, was überhaupt durch die Lehrer oder Bücher in seinen Kopf kommt. Ja, er soll geradezu dazu erzogen werden, sich insofern als »mündige Persönlichkeit« zu gebaren und durchzusetzen, als er von Jugend auf mit Zweifelsfähigkeit und Konflikthaltung auf eine soziale Wirklichkeit reagiert, deren Funktionieren, Erfolge und Mißerfolge, er nie selbst am eigenen Leibe *erfahren,* sondern deren Beurteilungen ihm durch Autoritäten, die sich »antiautoritär« geben, vorgeredet sind. Die ganze kulturphilosophische Zeitkritik wird pädagogisch nur zu dem Zweck gesammelt und reproduziert, um als Argument dazu zu dienen, eine fiktive Selbstbestimmung der Schüler zu erziehen gegen einen »Systemzwang«, den sie noch gar nicht erlebt haben. Der junge Mensch wird mit dieser Pädagogik sozusagen prophylaktisch oder »auf Verdacht« zum Gegner seiner eigenen Gesellschaft erzogen, die »emanzipatorische« oder »aufklärerische« Pädagogik wird zu einer »Erziehung zum Protest« gegen alles, was ihnen die »Lehrer« als protestwürdig hinstellen. Die Einsicht Kants, daß »Mündigkeit des Denkens« mit institutioneller Einordnung verbunden sein muß, die Vorstellung Humboldts, daß die Schule, insbesondere das Gymnasium, eben schulisch-lehrend den Stoff zu vermitteln habe, auf den sich die philosophische Besinnung (»Reflexion«) des selbstbestimmenden Studiums zu richten habe, alle diese Einsichten, daß »ohne eine lange Periode der Autoritätsanerkennung durchlaufen zu haben, man kein autonomes Gewissen gewinnt und damit auch nicht die Fähigkeit zur Selbstbestimmung« (Brezinka), wofür sich neben Freud, Adorno usw. einige bürgerliche, tiefenpsychologisch erfahrene Zeugen gewinnen ließen, diese störende Voraussetzung der Lebenserfahrung, auf die man sich besinnt (»reflektiert«), wird von den »emanzipatorischen Pädagogen« als obrigkeitshöriger Restbestand solcher Denker in den Wind geschlagen.

Die denkerische Unfähigkeit der Pädagogen, die immer die Ausführenden der eigentlichen Sinnproduzenten und ihrer Hoffnungen und Irrtümer waren, vermag das Bleibende in allen Erziehungs- und Lehrsituationen heute nicht mehr zu erkennen und schafft daher unter den Lehrern aller Ebenen, die wenigstens zum Teil noch mit der Wirklichkeit der Eltern und Berufe in Verbindung bleiben müssen, mehr Verwirrung, als daß sie ihnen in ihrem schweren Geschäft der Schule und der ihr zum Teil überantworteten Erziehung der Kinder und Jugendlichen hilft. Die Lehrer sind in den intellektuellen Zirkuskuppeln ratlos, die

Pädagogen wollen ihre eigene wirklichkeitsfrustrierte Protestautonomie auf die Schüler und Studenten als »Mündigkeit vor aller Erfahrung« übertragen. Wo soll ein so Erzogener, der die Ideale der »Gesellschaft im Kopfe« als Glaubensüberzeugung und das Selbstbewußtsein des Meinungs- und Protestautonomen gegen alle Wirklichkeit vermittelt bekommen hat, eigentlich anders landen als in der tröstenden Glaubensgemeinschaft der sozialreligiösen Protestgemeinden, wenn er die noch nicht ideologisch weggearbeitete Wirklichkeit von Arbeit und Wirtschaft, von Politik und Herrschaft, von Gefährdungen der Sicherheit, Ordnung, Produktivität oder gar ausbeutender Macht erfährt? Die neuen Pädagogen leben und lehren bereits im sozialen Himmel, wie könnte es anders sein, als daß ihre gläubigen Schüler in der Praxis in die soziale Hölle geraten!

Zur Verdeutlichung dieser »Pädagogik des Protests« vgl. meine Besprechung des Buches v. Hentigs ›Systemzwang und Selbstbestimmung‹ im ›Spiegel‹, Nr. 50, 9. 12. 1968. Die Erziehung zur Konfliktbereitschaft gegenüber der bestehenden Gesellschaft bei Fehlen jeglicher Erfahrung seitens der Erzogenen ist einer der Grundsätze der Hessischen Rahmenrichtlinien, in diesem Falle z. T. bewußt, z. T. helfershelferisch unbewußt als politische Maxime zur Errichtung einer Volksfrontherrschaft in den Erziehungsinstitutionen, als Ansatz zur Überwältigung des »Systems«, entworfen. Aufschlußreicher ist es, wenn nicht dieses politische Ziel in den Schulrichtlinien unmittelbar erreicht werden soll, wie unter dem hessischen Kultusminister v. Friedeburg, sondern wie in Nordrhein-Westfalen unter dem Kultusminister Girgensohn diese Richtlinien darauf hinzielen, »die jungen Menschen in die Lage zu versetzen, die vorgegebenen gesellschaftlichen Normen entweder frei und selbstverantwortlich anzuerkennen oder abzulehnen und sich gegebenenfalls für andere zu entscheiden«. Der Philosoph *Hermann Lübbe*, der sich die Mühe gemacht hat, sowohl zu den Hessischen Rahmenrichtlinien wie zu den Nordrhein-Westfälischen zum politischen Unterricht kritische Denkschriften zu verfassen, argumentiert folgendermaßen: »Wie erklärt sich, daß ein parlamentarisch verantwortlicher Schulminister Richtlinien für einen politischen Unterricht herausgibt, der die Schüler in den Stand setzen soll, ›die vorgegebenen Normen‹ ... entweder anzunehmen oder abzulehnen, um sie so auf ihren neuerdings bereits mit achtzehn Jahren möglichen Einzug in das Landesparlament vorzubereiten – das uns durch seine Beschlüsse doch die alsdann geltenden Normen vorgibt, ohne daß wir wiederum frei wären, sie ›entweder anzunehmen oder abzulehnen‹? Noch vor wenigen Jahren hätte man das für einen Hohn auf die Verbindlichkeiten der parlamentarischen Demokratie gehalten. Schwäche im Geltendmachen dieser Verbindlichkeiten verleiht diesem Hohn das Ansehen kritischer Pädagogik« (›Deutsche Zeitung‹ vom 9. 8. 1974).

In der Tat: Die soziologisch alle sozialen Konkretheiten aufweichende Verwendung des Begriffs »Norm« hat hier einen Kultusminister als Lehranweisung praktisch formulieren lassen: Die jungen Menschen sollen in die Lage versetzt werden, die geltenden Gesetze unseres Staates entweder frei und selbstverantwortlich anzuerkennen oder abzulehnen und sich gegebenenfalls für andere zu entscheiden. Das ist in vornehmster emanzipatorischer Formulierung nicht nur die Pädagogik des Protestes, sondern die Pädagogik des subjektiv überzeugten Gesetzbruches und der Revolution. Es ist typisch, daß diese pädagogische Formel keineswegs von dem systemüberwindenden Soziologen v. Friedeburg, sondern von dem gläubigen Christen Girgensohn als Kultusminister kommt. Die christliche Verwerfung der Welt reproduziert sich als sozialreligiöse Verwerfung der bestehenden politisch-rechtlichen Ordnung. Dies hat H. Lübbe in einem Artikel ›Wie man es lernt sich zu distanzieren. Die Schule als Auflösung sozialer Identifikation‹ (FAZ, 26. 6. 1974) folgendermaßen beurteilt: »Es wird ganz offensichtlich verkannt, daß Selbstbestimmungsfähigkeit sich nicht über eine Distanzierungskultur entwickeln läßt, vielmehr gelungene Identifikation voraussetzt. Ein politischer Unterricht, der zur Selbstbestimmung erziehen will, müßte, zunächst einmal unter anderem, den Anspruch der Institutionen der Demokratie zur Geltung bringen, anstatt nun auch sie noch zur Disposition zu stellen. Selbstbestimmung, die vorweg durch nichts bestimmt sein will – das ist das Ideal verinnerlichter und zugleich mißverstandener Souveränitätskompetenz, historisch sehr deutsch, pädagogisch abgesunkenes Kulturgut des sogenannten deutschen Idealismus.« In der Tat: Die ganze »emanzipatorische Pädagogik« ist »abgesunkenes Kulturgut des sogenannten deutschen Idealismus«, wie es übrigens bereits die ganze nationalsozialistische Ideologie war. Man kann, wie es schon Thurber wußte, auch politisch sich nicht nur nach vorn, sondern auch nach rückwärts überschlagen.

Die Natur des Menschen, seine Fähigkeiten, seine Gefühle und seine Intelligenz, sind auf eine Erfahrung durch Handeln in und mit der Welt eingestellt; wer dem Menschen grundsätzlich und gar schulmäßig die Erfahrung verbaut, weil er das Denken in sich selbst, die Reflexion, überschätzt, erzieht ihn gegen seine Natur. »Schon Kant hat den vom Standpunkt aller Rationalisten aus paradoxen Sachverhalt gesehen, den man so ausdrücken kann, daß die Notwendigkeit zu handeln *weiter reicht, als die Möglichkeit zu erkennen.* Die grundsätzlich irrationale, nicht wissenschaftsfähige und nicht direkt kontrollierbare ›breite‹ Erfahrung hat *ihre* Wahrheit: es ist die Gewißheit. Und sie hat *ihre* Form des Handelns: das nichtexperimentelle aus Tradition, Instinkt, Gewohnheit oder Überzeugung« (A. Gehlen, ›Der Mensch‹, 4. Aufl., 1950, S. 328). Die abstrakte Gesellschaft sowie der aus dem Nichts oder zumindest der Erfahrungslosigkeit sich allein selbst bestimmende Mensch schaffen jene eigentümliche Handlungslosigkeit, für die der Raum vor der Handlung – die Reflexion, die Planung, die Methode, das Gespräch usw. – aus ideologischer Notwehr zur »eigentlichen« Wirklichkeit wird, mehr eine »Vorderwelt« als eine »Hinterwelt«. Um die gegenüber den Lebensansprüchen bewahren zu können, muß eine Abwehrmentalität gegen alles Konkrete geschaffen werden, eine Gefühlswelt der Wirklichkeitsentwertung. Brezinka schreibt: »Das emotionale Erziehungsziel der Neuen Linken ist die Gefühlsdisposition des Ekels vor dem Leben in der nichtsozialistischen Welt«; er führe dazu, daß die Menschen »dann bereit sein werden, die Erlösung aus ihrem sinnlos gewordenen Leben im totalitären Sozialismus zu suchen« (S. 33); das ist so etwas kurzschlüssig, weil allzusehr auf die politische Parteiheimat bezogen, als Unterfall einer allgemeinen Gefühlserziehung zur Einstellung auf Heilsgläubigkeit aber richtig gesehen.

Eine weitere heilsreligiöse Gläubigkeitsneigung erzeugt heute Schule und Erziehung durch ihre übertriebene *Autoritäts*furcht. Die »permissive« Pädagogik der Emanzipation mit ihrem Verzicht auf Führung, auf Strenge, auf Leistungsanforderungen, auf Strafen, mit ihrer extremen Toleranz gegenüber kindlichem und jugendlichem Fehlverhalten – alles pädagogische Grundanschauungen, die mit den politischen des »Abbaus von Herrschaft«, von »Mitbestimmung« und »Demokratie« in den Schulen vermischt werden –, lebt von der Überziehung der Autoritätsansprüche im nationalen Hochbürgertum oder gar im Feudalismus; Schule und Familienleben jener Zeit, deren sozial bedingt psychische Krankheiten Freud zu seiner Tiefenpsychologie als Material dienten, gehören längst der Vergangenheit an, obwohl diese in einigen strukturunwichtigen Resten immer noch aufzufinden sind; (ich selbst kenne ein gymnasiales Internat, das, von einem pensionierten Offizier und entlassenen Unteroffizieren als Direktor und Erzieher geleitet, eben jene Autorität praktiziert, die uns die genannte Protestmentalität noch sicherer erzieht als die »progressive Pädagogik«). In dem geradezu extremen Zickzackkurs, der die deutsche Pädagogik ebenso charakterisiert wie die deutsche Bildungspolitik, glaubt man heute immer noch an die Furcht vor den Autoritäten der Eltern und Lehrer (und natürlich erst recht der politischen und sozialen Autoritäten) als Quelle der Angst, ja der neurotischen Erkrankungen und Lebensunfähigkeit. Daß inzwischen die »Anti-Autorität« zum neuen Gewissenszwang geworden ist und ihrerseits Angst erzeugt, ja Neurosen und Lebensunfähigkeiten produziert, das darf von den Kennern der Schulverhältnisse, den Kennern der Tiefenpsychologie nur so nebenbei mal geflüstert werden. Dabei meinen wir damit gar nicht das Extrem der viel beschriebenen roten Kinderläden und Kommunen, »deren zum Experimentalobjekt gewählten Kindern« selbst A. Mitscherlich »eine wahrscheinlich traurige Zukunft (vorausgesagt hat), die sie in depressive Psychose oder ins Kloster führen könnte«, sondern wir zielen auf den in vielen intellektuellen und politischen Verdünnungen vorhandenen Grundsatz aller »progressiven« Erziehung, daß Autorität der vollkommenen Gesellschaft ebenso schädlich sei wie der Entwicklung des einzelnen.

Das Gegenteil ist übrigens allen wissenschaftlich kritischen Tiefenpsychologen bekannt: *Anna Freud,* die die Lehre ihres Vaters auf die Kindererziehung angewandt hat, stellt fest: »Noch aussichtsloser ist, Kindern die beabsichtigte Angstfreiheit zu verschaffen. Wo die Angst vor der elterlichen Strenge verschwindet, steigt die Gewissensangst; wo die Strenge des Über-Ichs sich mildert, finden die Kinder sich überwältigt von der Angst vor der eigenen Triebstärke, der sie ohne den Einspruch von äußeren und inneren Instanzen hilflos ausgesetzt bleiben« (›Wege und Irrwege der Kinderentwicklung‹, Stuttgart 1968, S. 17). In der Tat: Die Verinnerlichung der »vollkommenen Gesellschaft« und der unbedingten »Selbstbestimmung der Person«, die sozialistisch-emanzipatorischen Ideale, durch Pädagogik eingepflanzt, schaffen neue Gewissensängste, neue Minderwertigkeitsgefühle, neue Lebensfurcht, die man unter den höheren Schülern oder Studenten heute massenhaft beobachten kann. Indem die Tröstungen und der Lebensschutz, den die Autoritäten anbieten, die Eltern sowohl wie die Lehrer oder Professoren, systematisch von der Pädagogik heute unterschlagen oder verdächtigt werden, wird ein in seinen Gedanken und Selbstbewußtsein selbstherrlicher Mensch erzogen, der sich in einer Schwäche gegenüber der Welt nur durch Flucht in eben die Heilswelt der Gedanken behüten kann. Ob er dann in der irgendwann unvermeidbaren Auseinandersetzung mit der »Lebenswelt«, wie sie ist – wenn er nicht Lehrer oder Professor wird –, sich dem Kommando einer organisierten Glaubensdisziplin unterwirft oder die »bürgerliche Praxis« mit schlechtem Gewissen betreibt, in beiden Fällen ist die »Emanzipation« mißlungen.

Eine so einfache Erziehungswahrheit wie die, daß »ohne eine

lange Periode der Autoritätsanerkennung durchlaufen zu haben, man kein autonomes Gewissen und damit auch nicht die Fähigkeit zur Selbstbestimmung gewinnt« (Brezinka), wagt doch kein Pädagoge mehr zu äußern, der auf seine progressive Reputation hält. (Was wäre ich selbst heute, wenn ich nicht sieben Jahre meines Lebens fast ausschließlich der Lektüre der klassischen Philosophen gewidmet und mich dabei den vermittelnden »Autoritäten«, durchaus in lebhafter Auseinandersetzung, aber universitätsinstitutionell »unterworfen« hätte?) Die Polemik gegen die lange sich einer frei gewählten Autorität unterwerfenden Leistung und »Fremdbestimmung« ist längst das entwicklungshemmendste Argument in den Universitäten wie im Sport, in der Politik wie in der Kunst. Die Bedeutung, die entgegenstehende Autoritäten in der persönlichen Entwicklung haben, jene widerwärtige menschliche Wirklichkeit, die durch die Möglichkeit der (existentiell ungefährdenden) Gegnerschaft erzieht, dieses dialektische Prinzip findet in der permissiven oder emanzipatorischen Pädagogik keine Anerkennung. Hier muß alles schön schwarz oder weiß sein. Glauben oder Protest. Das wahrhaft dialektische Epigramm von Arnfrid Astel

»Ich hatte schlechte Lehrer.
Das war eine gute Schule.«

verdiente mehr als eine pädagogische Meditation. Auch die Prinzipien von Anna Freud würden nahelegen, eine Pädagogik zu entwickeln, die jenes produktive Mittelmaß von Autorität in der Erziehung, Schule und Organisation der Bildungsanstalten ermittelte, das wirklichkeitsoptimal den jungen Menschen hilft und schützt, ohne ihn auf der einen Seite institutionell, auf der anderen Seite gesinnungsüberlastend zu vergewaltigen. Es würde die Einführung des »Prinzips Erfahrung« in die pädagogischen und didaktischen Leitvorstellungen einer industriell-bürokratischen Gesellschaft bedeuten. Die sowjetrussische Lehre der »Polytechnischen Bildung« ist eine frühe Antwort auf diese Frage, wie das »Prinzip Erfahrung«, verkörpert vor allem in der Erziehung zur Arbeit, in modernen Industrie- und Bürokratie-Gesellschaften zur Geltung gebracht werden könnte. Die Verachtung der konkreten Arbeit in allen ihren beruflichen Ausprägungen kennzeichnet die »Emanzipationspädagogik«; in dieser Hinsicht scheidet sie sich von allen konkreten Pädagogiken sozialistischer Länder. Die Anstrengung, eine die Arbeit bejahende Pädagogik in einem nicht orthodox-sozialistischen Gesellschaftssystem zu entwickeln, haben die pädagogischen Nutznießer der bürgerlichen Aufklärung bisher nicht aufgebracht.

Zu der »Entwirklichung« des Lebens durch unsere Pädagogik gehört vor allem auch das Streben, alle Beziehungen unter Menschen zur gedanklichen Meinungsäußerung zu reduzieren. Das Nichtaushalten individueller Einsamkeit wird in der Wertübersteigerung der »Kommunikation« ausgeglichen, wobei Kommunikation in diesem Sinne immer »herrschaftsfrei« sein muß, d. h. nicht dem Zwang unterworfen sein darf, zu vorbestimmten Zielen zu führen. Verständlicher: Die sozialen Beziehungen werden im idealtypischen Kern auf das »Gespräch«, die »ideale Redesituation« (Habermas) reduziert. Das »Gespräch« wird geradezu zum rituellen Zentrum der modernen Pädagogik, nämlich zur Grundlage der einzig anerkannten Gemeinschaftsform, die zugleich bindet und andere Bindungen ebenso systematisch auflöst. Gehlen hat in der Untersuchung der Riten archaischer Kulturen darauf hingewiesen, daß »das oft gerühmte Erlebnis der ›Gemeinschaft‹, der Gruppeneinheit« keineswegs unmittelbar stattfindet, sondern daß das Selbstbewußtsein der einzelnen mit den anderen einen gemeinsamen Schnittpunkt haben muß und daß eben dieser im Ritus, in der institutionellen Ritualisierung und Wiederholung gruppenverbindender Handlungen erreicht und auf Dauer gestellt wird« (›Urmensch und Spätkultur‹, S. 167). »Das Gespräch« in diesem Sinne, genauer die Diskussion im Sinne der unaufhörlichen Meinungsumwälzung ohne Entscheidungs- und Durchführungszwang einer Handlung, sondern nur mit der illusionären Hoffnung auf »Konsens«, der im Sinne der Subjektivitätsäußerung natürlich nie erreicht werden kann, tritt heute funktional genau an die Stelle, wo in den alten Religionen das Gebet stand (oder der Kirchengesang oder das Abendmahl usf.); das ganze Leben »im Gespräch« verbringen zu können ist heute längst das spirituelle Ideal dieser pädagogischen Aufklärung, wie einst die gläubigen Christen danach strebten, ihr Leben »im Gebet« zu verbringen.

Aber nicht nur diese Seite der neuen Gläubigkeitserziehung ist hier zu sehen, sondern ebenso die andere, daß für die so Erzogenen alle Politik und das soziale Geschehen überhaupt, ja im wesentlichen auch jede Beziehung von Person zu Person, auf den Austausch von Argumenten hinausläuft, auf die zu hören oder deren Sachgehalt zu würdigen man immer unfähiger wird, weil dies ja die Kommunikation in der Wechselrede der behaupteten

Meinung in Frage stellen würde. Die normalen Erziehungsprodukte dieser Gesprächs-Aufklärung als Pädagogik sind junge Menschen, die Selbstbestimmung ohne Arbeit an sich selbst für gegeben halten; die Mitbestimmung als Meinungsäußerung und Mehrheitsmeinungsherrschaft ohne Verantwortung für die Durchführung irgendwelcher Beschlüsse für das politische Grundrecht ansehen; die persönliche Bindungen individueller Art an andere Menschen nicht durchhalten können, wenn nicht der Gesinnungs-Konsens der Gesprächskommunikation sie dauernd bestätigt und aktualisiert; die eine meinungshaft geforderte Triebfreiheit kaum ertragen können, damit spiegelbildlich zur sexuell ängstlichsten Generation seit dem Hochpuritanismus viktorianisch-bürgerlicher Prüderie werden, und für die Leidenschaft eine unbegreifliche und damit illegitime Vokabel geworden ist.

Man gebe sich keinen Täuschungen hin: Das sind unzurücknehmbare pädagogische »Erfolge«, die ihre Auswirkungen in Politik und Arbeitswelt, in Lebensanschauungen und Meinungsbildung, vor allem aber in den Glaubensüberzeugungen der Sinnproduzenten und -vermittler, sprich Erziehung, Schulen und Hochschulen, Information und Massenmedien, Kirchen und Kunst und den von ihnen beherrschten Organisationen der Arbeit der anderen, erst in der kommenden Generation haben werden. Eine Frontenstellung gegen sie wird, wenn sie bei der Sinn-, Lehr- und Meinungsherrschaft überhaupt noch möglich ist, die Aufgabe einer neuen Generation sein. Und da das Prinzip der Meinungsherrschaft auch immer die Bereitschaft zur Meinungsbeherrschung erzeugt – je mehr Meinungsmitbestimmung, um so mehr Meinungsbeherrschbarkeit; die emanzipatorischen Philosophen und Pädagogen sind die Theologen der neuen Beherrschungsformen des Menschen – werden sich die politischen und sozialen Folgen der »progressiven« Pädagogik und der ihr zuarbeitenden Philosophie darin zeigen, daß die nichtargumentationsfähige Bevölkerung, also diejenigen, die güter- und dienstleistungsproduktiv arbeiten, sich immer mehr der Klassenherrschaft der Sinnproduzenten unterwerfen müssen und mit sozialheilsreligiösen Predigten darüber noch getäuscht werden.

Um die zu erwartenden Einwände wenigstens textlich zu erschweren, sei betont, daß ich unter dem geistigen und politischen Exzeß des »Prinzips Gespräch« keineswegs die teamhafte Beratung von Arbeitsgruppen verstehe, die unter sich Arbeitsziele, Richtlinien des Vorgehens und vor allem Leistungsverantwortungen in Absprache beschließen, und daß ich institutionelle Verhandlungen über Interessen, besonders wenn sie wenigstens teilöffentlich sind, als die Grundlage aller demokratischen Verfassungen und ihrer Austragung von Konflikten ansehe, ob das nun auf der Ebene des Parlaments oder in Tarifverhandlungen usw. geschieht. Und schließlich beabsichtige ich nicht, die wissenschaftliche Diskussion, also etwa die Problemdiskussion philosophischer oder sonstiger universitärer Seminare, zu unterbinden, denen ich zu einem gewissen Teil meine eigene wissenschaftliche Bildung verdanke. Aber gerade weil ich sie über ein Lebensalter hinweg kenne, bin ich ein entschiedener Gegner jenes erfahrungsentlasteten, sozialarroganten Anspruchs, den schon Plato erhoben hat, daß die Staatsbeamten und -pensionäre der Philosophie die »eigentlichen Herrscher« sein müßten. Auf dieser Überzeugung des »Platonischen Lehrens« (v. Hentig) beruht aber die ganze moderne pädagogische »Progressivität«.

Die Planung der Bildung

Die schärfste Anklage gegen die »Bildungsorganisation« der westlichen (und östlichen) Welt als politisch-soziale und zugleich geistlich-quasireligiöse Herrschaftsorganisation der Lehrer hat wohl *Ivan Illich* erhoben. Seine – vor allem an der sozialen Wirklichkeit der USA und Lateinamerikas – gewonnenen Thesen stellen die moderne Schule als die entscheidende Stabilisierung des vorhandenen großbürokratischen Gesellschaftssystems dar, insbesondere aber als die Zwangsorganisation des Menschen durch eine Lehrerschaft; weiterhin sieht er klar, daß der moderne Lehrer längst die Rolle des Priesters früherer Zeiten eingenommen hat und daß sich das sog. »Bildungssystem« zu einer »Weltkirche« entwickelt, die das zentrale, Herrschaft verschleiernde, mythenbildende Ritual der Industriegesellschaft schafft; und schließlich setzt er dieser neuen geistigen und sozialen Machtkonzentration die Forderung einer Aufhebung der staatlich verordneten Schulpflicht und ihres zentralistischen Schulwesens entgegen, die sowohl Erziehung wie Lehre und damit die echte Chance der Personbildung wieder der Pluralität der gesellschaftlichen Institutionen, also der Familie, dem Arbeitsplatz, freien Vereinigungen und Geselligkeitsformen, zurückgibt, in denen der einzelne nach seiner Wahl seine Welterfahrung macht und zugleich auch aus ihnen lernt.

Da unsere Thesen mit den von *Ivan Illich* im hohen Maße übereinstimmen, seien uns wenige Zitate aus seinen Schriften gestattet; in deutscher

Sprache sind veröffentlicht: ›Schulen helfen nicht. Über das mythenbildende Ritual der Industriegesellschaft‹, Hamburg 1972 (I), und ›Entschulung der Gesellschaft‹, München 1972 (II). Daraus 1. »Der Lehrer als Missionar des Schulevangeliums« (I, S. 25): »Das Schulwesen übt heute die dreifache Funktion aus, die im Laufe der Geschichte mächtigen Religionsgemeinschaften zukam. Es ist zugleich Hort des gesellschaftlichen Mythos, die Institutionalisierung der Widersprüche dieses Mythos und der Ort des Rituals, das die Dissonanzen zwischen Mythos und Wirklichkeit reproduziert und verschleiert.« – »Die Schule scheint vorzüglich geeignet, die Weltkirche unserer verfallenden Kultur zu sein. Keine andere Institution könnte die tiefe Diskrepanz zwischen sozialen Grundsätzen und sozialer Wirklichkeit in der Welt von heute wirksamer verschleiern« ... »Die Schule verschmilzt das Aufwachsen in demütigender Abhängigkeit von einem Lehrer mit dem Heranwachsen im sinnlosen Gefühl der Allmacht, das so typisch ist für den Schüler, der ausziehen und alle Völker lehren möchte, sich selbst zu retten« ... »Die neue Weltkirche ist die Wissensindustrie« (II, S. 62, 68 f., 71, 73).

2. Zur Stabilisierung der Gesellschaftsstruktur, insbesondere der eigenen Klassenherrschaft: »Keine Gesellschaft in der Geschichte hat ohne Ritual und Mythos auskommen können, aber die unsrige ist die erste, die eine so langweilige, langwierige, destruktive und aufwendige Einführung in ihren Mythos benötigt hat. Auch ist die heutige Weltkultur die erste, die es für nötig hält, ihr grundlegendes Einführungsritual im Namen der Bildung zu rationalisieren. Wir können nicht mit einer Bildungsreform beginnen, sofern wir nicht vorher begreifen, daß weder individuelles Lernen noch soziale Gleichberechtigung durch das Ritual der Schulbildung gefördert werden können. Wir werden nicht über die Verbrauchergesellschaft hinausgelangen, sofern wir nicht vorher begreifen, daß pflichtgemäß öffentliche Schulen unweigerlich eine Gesellschaft reproduzieren, was immer in ihnen auch gelehrt werden mag« ... »Das Vorhandensein von Schulen produziert die Nachfrage nach Schulunterricht ... Die Schule ist nicht nur die neue Weltreligion, sie ist auch der am schnellsten wachsende Arbeitsmarkt der Welt ... Die Schule ist der größte und anonymste Arbeitgeber überhaupt. Ja, die Schule ist das beste Beispiel eines neuen Unternehmensart, welche die Nachfolge von Zunft, Fabrik und Aktiengesellschaft antritt. Die multinationalen Gesellschaften, die bisher das Wirtschaftsleben beherrscht haben, werden jetzt ergänzt und eines Tages vielleicht abgelöst durch übernational geplante Dienstleistungsbetriebe ... Unsere derzeitigen Bildungseinrichtungen dienen den Zielen des Lehrers ... Das macht aus dem Lehrer einen Wächter, Prediger, Therapeuten ... Der ›Lehrer als Moralist‹ tritt an die Stelle von Eltern, Gott und Staat. Er trichtert dem Schüler ein, was Recht oder Unrecht ist, und zwar nicht in der Schule, sondern in der Gesellschaft überhaupt ... und sorgt dafür, daß sich alle als Kinder desselben Staatswesens fühlen. Der ›Lehrer als Therapeut‹ fühlt sich ermächtigt, in das Innenleben seines Schülers einzudringen, um ihm bei der Entwicklung seiner Persönlichkeit zu helfen ... Die Behauptung

eine liberale Gesellschaft lasse sich auf der modernen Schule aufbauen, ist widersinnig. Alle Sicherungen der persönlichen Freiheit werden im Umgang eines Lehrers mit seinem Schüler aufgehoben. Vereinigt der Lehrer in einer Person die Rollen des Richters, des Ideologen und des Arztes, so wird der bestimmende Stil der Gesellschaft gerade durch die Einrichtung verdorben, die eigentlich auf das Leben vorbereiten soll. Ein Lehrer, der diese drei Machtfunktionen in sich vereinigt, trägt zur Verkümmerung des Kindes viel mehr bei als Gesetze ... Der erzwungene Aufenthalt in Gesellschaft von Lehrern führt zu dem fragwürdigen Privileg, diesen Aufenthalt fortsetzen zu dürfen ...« (I, S. 62 f., 72, 76, 103, 54 f. u. 37).

Illich, der als Leiter eines Institutes in Cuernavaca in Mexiko lebt, verdankt einen Teil seiner Bekanntheit in der Bundesrepublik *Hartmut v. Hentig;* dieser hat nicht nur eine Schrift in der deutschen Übersetzung eingeleitet (II), sondern in zwei eigenen Veröffentlichungen Illich zu interpretieren und sich mit ihm auseinanderzusetzen versucht: ›Cuernavaca oder: Alternativen zur Schule?‹, Stuttgart 1971, und ›Die Wiederherstellung der Politik. Cuernavaca revisited‹, Stuttgart 1973. Ich gestehe, daß ich Illich zunächst nicht und damit zu spät gelesen habe, weil ich diese Schriften v. Hentigs kannte. Es gibt in der älteren und neueren Geistesgeschichte schon öfters den Fall, daß ein aus organisierten Heilsgemeinschaften ausbrechender Unbedingter – ich scheue die abgegriffenen Worte »revolutionär« oder »radikal« – wieder sanft in eben die Institution, gegen die er den einzelnen Menschen verteidigt, eingegliedert wird. Geschichtlich ist Franziskus wohl das beste Beispiel, dessen Orden das Papsttum sich klug wieder einzufügen verstand; so ist z. B. auch Dietrich Bonhoeffer, der den »mündigen Menschen« einem »Ende der christlichen Religion« gegenüberstellte, längst durch Re-Interpretation zum Lehrer der »mündigen Christen« einer unerschütterten Kirche geworden; so scheint mir auch v. Hentigs Rolle gegenüber Illich die eines päpstlichen Prälaten zu sein, der durch entschärfende Interpretation ihn in die Gemeinde der Schulreform und Bildungspolitik zurückholt.

Wir meinen umgekehrt, daß Illich nicht gekommen ist, den »Frieden in der Schulpolitik« zu bringen, sondern »das Schwert.« Sehen wir uns die bundesdeutsche »Bildungspolitik« unter diesen Verdachtsgesichtspunkten einmal an!

Die zwei wesentlichen Ziele der gesamten als »progressiv« geltenden Bildungspolitik der Bundesrepublik im letzten Jahrzehnt, und zwar vor allem von den Sozialdemokraten und Liberalen geplant, von den CDU/CSU-Bildungsprogrammatikern mehr oder minder zwangsweise nachgeahmt, sind folgende organisatorische »Konzentrations«-Vorgänge:

1. Die *institutionelle Vereinigung* eines Schulwesens, das pluralistisch oder vielfältig nach speziellen Erziehungsaufträgen,

verschiedener Organisation der Trägerschaft und unterschiedlichen geistigen Grundlagen der Erziehung und Ausbildung gegliedert war, in *Großverwaltungseinheiten*, die eine damit verbundene stärkere Einflußnahme der jeweiligen Staatsregierung erlaubt;

2. die damit einhergehende Vereinheitlichung des früher vielfältig in Leistungsanspruch und Ausbildung gegliederten Lehrerberufs, die sowohl auf eine *soziale Nivellierung* als auch auf eine *geistig-ideologische Konformität* der Lehrer zielt.

Zur *institutionellen Konzentration* gehört die Bildung von Gesamtuniversitäten, zu denen alte Universitäten, Pädagogische Hochschulen, Kunst- und Musikhochschulen und die alten oder neu dazu beförderten Fachhochschulen vereinigt werden, selbstverständlich mit der Bildung überdimensionaler und daher wenig funktionaler Selbstverwaltungskörper, vor allem aber mit einem sich langsam durchsetzenden einheitlichen Schema staatlicher Verwaltung und Kontrolle; dazu gehört die Bildung von Gesamtschulen, in denen die alten Gymnasien aller Art, die Real-, Volks- und Grundschulen ebenfalls zu Großgebilden, »Zentren« genannt, zusammengefaßt werden; dazu gehört die weitgehende Verstaatlichung und Verschulung der Berufsausbildung, wobei die unumgänglich in den Betrieben verbleibende praktische Ausbildung zumindest durch staatliche Kontrolle und d.h. Überprüfung der praktischen Ausbilder und Meister durch Lehrer in deren Herrschaftsbereich eingegliedert wird; dazu gehören die staatlich geförderten und damit immer stärker gesetzlich geregelten Pläne zur Verstärkung der Erwachsenenbildung bis hin zum gesetzlich verfügten, zwangsfinanzierten Bildungsurlaub, der bei sonst erfolgender Arbeitsbestrafung die Arbeitnehmer zur passiven Indoktrinationsunterwerfung zwingt. Das alles geschieht selbstverständlich aus »sozialen Gründen«, wobei aber die Frage, wer das, was »sozial« ist, definiert, ebensowenig erhoben wird wie die Überlegung angestellt, ob nicht gerade die Erhaltung, ja Vermehrung der Vielfalt der Bildungseinrichtungen der Wahlfreiheit der einzelnen, den von jedem selbst zu bestimmenden »menschlichen« Interessen, am meisten zugute kommen würde. Selbst die einfache Frage, ob nicht die gesellschaftlich-funktionalen Verbesserungen wie z. B. die sogenannte »Durchlässigkeit« in der Schulbildung, die »Entmonopolisierung der Berufe durch Bildungszertifikate« usw. bei Beibehaltung der institutionellen Vielfalt sich hätte auch erreichen lassen, wird nicht erhoben, wie jede ehrliche Gewinn-

und Verlustrechnung dieser institutionellen Konzentration des Bildungswesens fehlt. (Daß die Liberale Partei diesen Antiliberalismus der Entwicklung geistig gar nicht mehr begreift, gehört zu unseren geistigen Erschöpfungserscheinungen.)

Hinter den teils wirklichen, teils vorgetäuschten Verbesserungen dieser institutionellen Bildungsreformen steht aber eine politische Absicht, die alle Bildungspolitiker verbindet, ja, die längst als »Allianz zwischen Reformern und Bewahrern« anzusehen ist: »die Schule als das öffentlich kontrollierte Instrument der gesellschaftlichen Selbststeuerung« (v. Hentig, II, S. 5) durchzusetzen. Aber diese Formel bildungsfrommer Selbsttäuschung wird doch nur real, wenn man fragt: Wer steuert die Schule? Die Bildungs-Schlüsselattitüde der Lehrer aller Art und ihrer Bildungspolitiker – es gibt kaum noch andere – ist der Anspruch auf das zentrale Herrschaftsinstrument in der verschulten Gesellschaft. Im Stil der Kanzlererklärungen in der Bundesrepublik heißt das: »Die Schule der Nation ist die Schule« (Willy Brandt).

Neben der Tatsache, daß mit dieser Konzentration der Bildungsanstalten offensichtlich große moderne Herrschaftsapparate geschaffen werden, ergibt sich daraus auch die Interessenvereinigung der Lehrer aller Art, also ihre Klassenbildung im polit-ökonomischen Sinn. Anerkennt man den Zusammenhang, daß wer lehrt auch herrscht, dann ist die Errichtung von großen zentralisierten Lehrinstituten beruflich eine organisatorische Monopolisierung von Herrschaftsmacht im Sinne der übermächtigen Monopole der Wirtschaftsmacht, ja, z. T. bereits mit der über ein Land und einen Staat hinausreichenden Absicherung durch multinationale Interesseneinheiten. Dieses Monopolisieren der Lehrmacht erfolgt zunächst (in sozialistischer Tradition) in den Händen des Staates, aber die klassenegoistische Gegensteuerung ist bereits wirksam im Gange: Sie besteht einerseits in der Durchsetzung der *institutionellen Autonomie aller Lehreinrichtungen,* andererseits in der offenen politischen *Machtkonzentration* durch »Parteibildung«, in diesem Falle in *Form der gewerkschaftlichen Verbandsmacht.* Beide politischen Stoßrichtungen sind gegen »den Staat« gerichtet, sofern dieser sich noch in den Händen anderer politischer Gruppen und Organisationen befindet, z. B. der auf andere Durchsetzungsmechanismen verwiesenen politischen Parteien und der hinter ihnen stehenden Mehrheit der arbeitenden Bevölkerung. Die »Lehrer«-Strategie geht auf Durchsetzung einer Klassenmacht.

In der Forderung nach institutioneller Autonomie aller Lehranstalten sozialisiert man ebensowohl die den Kirchen unter Toleranzgrundsätzen verliehene institutionelle Selbständigkeit wie die Autonomie der Universitäten, die auf wissenschaftliche Produktivität zielt; in beiden Fällen heißt hier »sozialisieren«, daß man die sozialen Rechte in Anspruch nimmt, ohne sich der Pflichten – religiöses Glaubensbekenntnis, wissenschaftliche Produktivität – noch bewußt zu sein. »Als Lehrer autonom sein«, heißt auch nicht mehr, sich grundsätzlich als Dienstleistender gegenüber einem anderen zu verstehen, der seinerseits die Legitimität erworben hat, für »das Allgemeine« sprechen zu können oder wenigstens parteidemokratisch die Mehrheit der Bevölkerung hinter sich hat, sondern der zur institutionellen Autonomie strebende Lehrer versteht sich ganz selbstverständlich selbst unmittelbar als der unbezweifelbare Beauftragte des »Allgemeinen«, als der Sprecher, den die artikulationsunfähige und mit dem »falschen Bewußtsein« überzogene Bevölkerung bedarf, um die Zukunft der sozialen Gerechtigkeit und der Harmonie aller als gebildeter Persönlichkeiten zu gewinnen. Dazu wird, soweit es noch geht, der Begriff der »Bildung« einer Person, sozusagen die Erbschaft der sonst verworfenen Vorfahren, lehrherrschaftlich ausgebeutet (obwohl heute jeder weiß, daß »Bildung« das Letzte ist, was man an Schulen oder Universitäten planmäßig vermittelt).

Aber die alte Ideologie »Bildung« – jetzt wissenschaftlich streng im Sinne der Herrschaftsverschleierung gemeint – bringt nicht mehr viel und schon gar nicht bei den Jüngeren, es muß eine neue Herrschaftsideologie der Lehrenden her! Diese eben bot die Soziologie: Lehren als die Gestaltung der gesellschaftlichen Zukunft im Sinne der sozialen Gerechtigkeit in allen ihren Hoffnungszweigen; dabei ist der hier zuerst gebrauchte Begriff des »Sozialingenieurs« aus gutem Grund bald verworfen worden, denn er enthüllte eine Nähe zur sonst abgelehnten Technik und ließ außerdem die Frage offen, ob nicht »Ingenieure« Auftraggeber haben müssen, die die Ziele bestimmen; die abstraktere Formel, die sich natürlich hinter dem Gesamtheil »Emanzipation« verbirgt, lautet heute berufsideologisch, daß der Lehrer »der Agent des sozialen Wandels« sei. Und mit dieser Selbstermächtigung kann man auch den Fachverstand in den Schulen zurückdrängen: Dann werden Sozialkundeunterricht (selbst ohne Soziologen), Wirtschaftskunde oder die jetzt drohende Rechtskunde ohne jegliche Fachkenntnis von Ökonomie oder Rechtswissenschaft zum eigentlichen »Reformzentrum« der progressiven

Schulen, überwinden sozialunproduktive Lehrfächer wie Geschichte, Geographie und eine auf die Vergangenheit von gestern oder gar noch weiter zurückbezogene Literaturlektüre oder gar Philosophie. Goethe lesen? Aber nein: Mitscherlich und Marx.

Noch klarer gegen den Staat als der Institution der legitimen zentralen Verantwortung für politische Entscheidungen (Regierungen und Parlamente) gerichtet ist die Organisation der Lehrerschaft als funktionale Verbandsmacht, also als Gewerkschaft. In der Bundesrepublik heute wird dies vor allem durch die *Gewerkschaft »Erziehung und Wissenschaft« (GEW)* vorwärts getrieben. Hier will man zwar die ökonomisch-rechtlichen Vorteile des Staatsbeamten beibehalten, aber die Verpflichtungen des Staatsdieners baut man lauthals ab. Staatsaufgaben werden von der Gewerkschaft übernommen; so hat der Vorsitzende der GEW, Frister, offen erklärt, es gäbe in der Bundesrepublik keine andere politische Kraft als die Gewerkschaften, die die Freiheit von Forschung und Lehre sichern könnte. Auf dem gleichen Kongreß forderte diese Gewerkschaft das »Mitbestimmungsrecht der arbeitenden Bevölkerung und der Gewerkschaften in allen Bereichen der Hochschule«, vertreten selbstverständlich durch Erziehungs- und Wissenschaftsfunktionäre der GEW. Hier sind allerdings »Agenten des sozialen Wandels« am Werk, deren erfolgreiche Strukturveränderungen bisher wenig gesehen werden: Zunächst zeigt schon die Wandlung eines Berufsverbandes der Volksschullehrer und ihrer Ausbildungsdozenten zu einer Gewerkschaft, die sich dem großen Dachverband der Arbeitergewerkschaften eingliedert, daß sie sich nicht mehr primär als Staatsbeamte verstehen, sondern als Arbeitnehmer; sie gewinnen damit den Schutz einer sozialen Macht, die sie, wo notwendig, gegen den Staat einsetzen können, der seinerseits ja die Interessen aller vertreten muß.

Dabei werden aber die an der wirtschaftlichen Auseinandersetzung orientierten Interessen der Arbeiter-Gewerkschaften unversehens auf ganz andere Interessen und Machtbedürfnisse umgelenkt: Der Schutz, den die sich zur Gewerkschaft erklärenden Lehrer, Studenten, Assistenten und Professoren durch ihre ideologische und organisatorische Gleichstellung mit der »arbeitenden Bevölkerung und den Gewerkschaften« schaffen, wird mehr und mehr zur intellektuellen Sozialvormundschaft über die Arbeiterorganisation »umfunktioniert«, und die legitime Wirtschaftsmacht der Gewerkschaften wird auf Ziele abgelenkt, die der Herrschaft der Sinnproduzenten und -vermittler und ihrer bestmöglichen wirtschaftlichen Sicherung dienen. Denn nicht nur Lehrer, Studenten, Assistenten und Professoren zerren die Arbeitergewerkschaften in Schul- und Hochschulkonflikte, sondern die Schriftsteller und Journalisten oder »Medienarbeitnehmer« begeben sich in gleicher Weise »in den Schutz« der Arbeitergewerkschaft, indem sie eine »Mediengewerkschaft« aufbauen, und von den jungen Theologen wird auch bereits berichtet, daß sie ihre »eigentlichen« Interessen in der Mitgliedschaft einer Gewerkschaft sehen. *Die Eroberung der Arbeitergewerkschaft durch die neue ideologisch-betreuende und sozialvormundschaftlich artikulierende Klasse der Sinnproduzenten gehört für einen betrachtenden Sozialwissenschaftler zu den faszinierendsten Formen moderner Machtergreifung,* für die es in nächster Zukunft wahrscheinlich noch viel Anschauungsmaterial geben wird.

Das untrüglichste Warnzeichen dieser neuen Klassenherrschaft als Verbandsmacht ist die Forderung des *Streikrechts für Lehrer.* Streik ist in seiner Entstehung und in seiner heute gewonnenen Rechtlichkeit ein letztes Mittel der Auseinandersetzung zwischen Positionen der wirtschaftlichen Machtausübung, d. h. zwischen Kapitalmacht und Arbeitsmacht; durch die Lahmlegung von güterproduzierenden Betrieben soll eine frei am Markt kalkulierende Unternehmerschaft zu anderen ökonomischen Interessenlagen und damit zum Einlenken auf Verteilungsforderungen der Arbeiter gezwungen werden. Streik ist also der Auseinandersetzungsprozeß von Wirtschaftsparteien in einer von gruppenpartikularen Interessen gesteuerten Wirtschaftsordnung. (Auf die Fragen, ob ein Arbeiterstreik auch erforderlich ist, wenn diese Wirtschaftsordnung [Tariffreiheit und Unternehmensfreiheit] politisch grundsätzlich in Gefahr gerät und wer diese Gefahr feststellt, sowie auf die Frage, wo denn das organisierte Streikrecht oder wenigstens die Interessenwahrung des unschuldigen Dritten, in diesem Falle der Verbraucher, bleibt, wird hier nicht eingegangen.) Die Forderung des Streikrechts für Lehrer (oder für Beamte überhaupt, obwohl dies im wesentlichen auch nur durch ihre lehrerhaften Vormünder gefordert wird) setzt eine ganz andere Bestimmung und Funktion des Streiks in die Welt: *Streik ist jetzt funktionale Machtenteignung der legitimen politischen Macht des Staates in der Form der Belastung des unschuldigen Dritten, um so die staatlichen Instanzen, die für das Wohl dieser »Dritten«, also für das »allgemeine Wohl«, verantwortlich sind, durch Geiselnahme und Erpressung zu Konzessio-*

nen an die Herrschaftsgruppe der streikenden »Staatsdiener« zu veranlassen. »Der unschuldige Dritte« beim Lehrerstreik sind die Schüler und die Eltern.

Der entscheidende politische Strukturwandel liegt nun nicht nur darin, daß der vermeintlich bestreikte »Staat« ja gar keine andere Wahl hat, als Gruppeninteressen auf Kosten von Allgemeininteressen zu bevorzugen, sondern darin, daß die in Wirklichkeit Erpreßten, nämlich im Lehrerstreik die Eltern, die Schüler und die lernwilligen Studierenden, bei Überwältigung des Staates aus Selbstverteidigungsgründen sich selbst als politischsoziale Gruppe organisieren und ihrerseits die Lehrer oder welche herrschaftssüchtig-erpressenden Staatsdiener auch immer bestreiken, d. h. ihnen entscheidende ökonomische und funktionale Nachteile zufügen müssen, um deren Macht und Herrschaftsansprüche zu bändigen. Wer heute noch als Elternteil der Lehrverantwortung der Lehrer traut und sich nicht durch eine sozial organisierte Gegenstreikgewalt absichert, hat offensichtlich noch nicht die Politik der Lehrer- oder sonstigen Intellektuellengewerkschaften verstanden. Die verständlichen Versuche, sich in diesem Bereich der Lehre und Information durch einen selbstbeschwichtigenden Glauben an die Bildungsverantwortung, Beamtenneutralität, wissenschaftliche Objektivität oder erzieherische Verantwortung für Kinder und Schüler seitens der Lehrer aller Arten zu entlasten, sind Selbsttäuschung und stellen genau das falsche traditionelle Vertrauen und die sich zur Wehrlosigkeit verdammenden Illusionen der bürgerlichen und staatsvertrauenden Schichten dar, die der klassenhafte Herrschaftsanspruch der Sinnvermittler, also Lehrer, Hochschullehrer, Journalisten, Pädagogen und was sonst noch von dieser Art in einem vermeintlich »öffentlichen Dienst« steht, zu seiner unauffälligen Durchsetzung bedarf. Für die organisierten Herrschaftsansprüche dieser intellektuellen »Staatsdiener« ist der Staat, also die Regierungen, die Kommunen, heute schon Gegner im politischen Sinne, allenfalls mißtrauter Vertragspartner.

Obwohl jeder Streik von Beamten als ökonomischer Zwang niemals den Staat trifft, sondern immer die »Ordnung«, d. h. die Interessen Dritter (wie beim Streik der Zöllner in Italien oder dem bundesdeutschen Flugleiterstreik vor allem die Reisenden und Touristen), so ist die beabsichtigte organisatorische Durchsetzung des Unterrichts- und Ausbildungsmonopols – schon in der Hand auch eines demokratischen Staates sehr bedenklich – durch und für eine Klassenherrschaft der Lehrergruppe, wie es das politisch-soziale Ziel der GEW und der von ihr gepflegten politischen Mentalität ist, keineswegs nur eine Aushöhlung oder Schwächung staatlicher Autorität, sondern bedeutet die Errichtung neuer Herrschaft, die ihre Legitimität selber definiert und verwaltet. Das Musterbeispiel eines Klassenkämpfers dieser neuen Klasse der Sinnvermittler ist der Vorsitzende dieser Gewerkschaft *Erich Frister;* allein seine Äußerungen und Politik zu analysieren, würde unsere These von einem neuen Klassenkampf belegen. Selbstverständlich faßt er seine Gewerkschaft als einen linken politischen Gesinnungsverband auf und trägt damit zur Ideologisierung und Politisierung des Bildungswesens bewußt bei, denn nur so kann er Herrschaftsansprüche anmelden und durchsetzen. Daß er sich dabei mit den Kommunisten in vielerlei Volksfrontbeziehungen zu verbünden bereit ist, hat seine Politik mit den Studentenorganisationen gezeigt (die Zeitung des Marxistischen Studentenbundes Spartakus konnte unwidersprochen werben: »Organisiert Euch in der GEW, organisiert Euch im Spartakus!«). Daß damit auch alle linksoppositionellen Protestforderungen (gegen die Einstellung von Kommunisten in den Schuldienst, also das sog. »Berufsverbot«, oder die schulische Aufklärung über die Kriegsdienstverweigerung usw.) zu seinem Programm gehören, war ebenso selbstverständlich wie ihm bei dieser Einstellung »die SPD das kleinere Übel« darstellt. Vor allem aber hat er den Kreis der möglichen Mitglieder der GEW so systematisch auf alle Universitätsstudenten (nicht nur Lehrerstudenten), Assistenten und eine bestimmte Gesinnungsgruppe von Professoren ausgedehnt, daß eine Einheitlichkeit beruflicher Interessenvertretung gar nicht mehr möglich ist, sondern diese »geballte intellektuelle Arbeitnehmergewalt« sich natürlich nur im Spektakulären und Ideologischen »profilieren« kann. So droht Frister, der selbstverständlich grundsätzlich für das Streikrecht aller Beamten eintritt, auch unbekümmert schon damit, »durch einen diktat- und zensurenboykott die gesetzliche kodifizierung (der kleinschreibung) zu erzwingen«, also auch hier Zwang und Streik gegen die anderen, die auch schreiben. Die ideologische Speerspitze in seinem Verband ist selbstverständlich der Ausschuß junger Lehrer und Erzieher, der als Jugendriege die klassenkämpferischen Positionen offen ausspricht, die für den Gesamtverband noch unratsam sind, etwa: »Lehrerstreiks sind weniger als Element des ökonomischen Kampfes als vielmehr in ihrer Bedeutung für die Destruktion bürgerlicher Bewußtseins- und Verhaltensformen der Lehrer zu verstehen« (E. Altvater). Die Gegenthese wäre: Eltern- und Schülerstreiks sind ... in ihrer Bedeutung für die Zerstörung der klassenkämpferischen Bewußtseins- und Verhaltensformen von Lehrern zu verstehen. Da die älteren Mitglieder dieser Gewerkschaft bei solchen hochfliegenden sozialen und politischen Zielen vielfach ihre Berufsinteressen nicht mehr gewährleistet sehen und sich auch mit der linken Verbandslinie nicht immer befreunden können, gibt es auch Rückschläge: So wird, um weitere Austritte zu vermeiden, zur Zeit gerade eine »Abgrenzung gegen die Kommunisten« verkündet, selbstverständlich von Frister selbst, der beklagt, daß sich zu viel jüngere Mitglieder des mitgliederabstoßenden »kommunistischen Jargons« bedienen, dabei vergißt, daß er selbst z. B. die Gymnasien in geradezu antiquiert kommunistisch-klassenkämpferischer Manier als Brutstätten der sozialen Reaktion beschimpft hat. Der kleine Lenin des bundesdeutschen Lehrerklassenkampfes verdient mehr Aufmerksamkeit, als ihm seine Gegner bisher geschenkt haben.

Natürlich sollte hier nicht über den Stand und die Schwierigkeiten der Schul- und Hochschulpolitik in der Bundesrepublik Fachliches ausgesagt werden; es ging um die Frage, wieweit in diesen Vorgängen geistige und soziale Antriebe zu dem von uns gekennzeichneten neuen Klassenkampf der Sinnproduzenten und -vermittler stecken und zum Ausdruck kommen. Unter diesem Gesichtspunkt nehmen bekannte Vorgänge eine andere Bedeutung an: Wahrscheinlich ist es längst ein Irrtum, daß der Drang von solchen Massen junger Leute an die Universitäten, und zwar besonders in die geisteswissenschaftlichen Fächer mit durchaus fraglichen Berufschancen, vor allem auf ein bürgerlich-akademisches Statussymbol zielt, sondern man kann diesen Vorgang auch als ein tiefliegendes Zielstreben zur neuen Herrschaftsklasse verstehen. Vielleicht wird unter diesem Aspekt die Hartnäckigkeit verständlich, mit der die Gewerkschaft »Erziehung« die vielfachen offiziellen Berechnungen eines drohenden Lehrerüberschusses nicht wahrhaben will, obwohl ja mit seinem Eintreten erhebliche berufliche Nachteile für die Lehrer, bis zur Arbeitslosigkeit hin, verbunden wären; wahrscheinlich braucht eine solche Klassenkampfpolitik den personalen Überdruck und die berufliche Unzufriedenheit, um ihre Macht so weit steigern zu können, daß dann die arbeitende Bevölkerung auch die überflüssigen Lehrer bezahlt. Bedarf ist dann eine Frage der politisch durchsetzbaren Definition.

Zum Schluß noch eine Bemerkung: Diese Beurteilung der gegenwärtigen Bildungspolitik wird, insbesondere da sie die gängigen Ziele der »Gesamt«-Einrichtungen kritisiert und für ein pluralistisches Lehr- und Ausbildungswesen eintritt, sicherlich dem Verdacht der bloßen Bewahrung des traditionellen Bildungswesens ausgesetzt sein; aber für die »Pluralität« oder Vielfalt von Trägern, Organisationen und geistigen und praktischen Zielen eines modernen Lehr- und Ausbildungswesens einzutreten, bedeutet keineswegs, auch die Gliederungs- und Aufteilungsprinzipien des alten Bildungswesens zu bejahen. Die wesentlichen von ihnen, nämlich der Unterschied der Schulen nach der religiösen Konfessionalität oder die Gliederung nach den sozialen Schichten (Volks-, Mittel- und Oberschule gemäß Unterschicht, Mittelstand, Oberschicht), sind überholt und verschwinden mit Recht. Das Fragen und Nachdenken über ein neues vielfältiges (pluralistisches) und durch Gewaltenteilung der Lehrermacht die Freiheit des zu Belehrenden schützendes Schulwesen müßte mit der Erkenntnis beginnen, daß Belehren eine Herrschaftsform ist und daß »der Bildungsplan« genauso ein totalitärer Herrschaftsanspruch ist wie die totale Klassenherrschaft durch eine Einpartei.

7. Theologen: Vom Seelenheil zum Sozialheil

Daß vor allem die christlichen Theologen und durch sie die christlichen Kirchen des Westens zu Gefolgsleuten der soziologischen Heilslehren geworden sind, pfeifen inzwischen die journalistischen Spatzen von den Dächern. »Der Progressismus hat Einzug in die Kirchen gehalten. Die Frohe Botschaft ist zur sozialen geworden. Die Theologie der Erlösung wird als Botschaft der Freiheit im Vokabular der Pseudorevolutionäre engagiert verkündigt«, das war die Redaktionsüberschrift einer Wochenzeitschrift zu einem Kommentar des Katholikentages 1974. Wir wollen hier weder diese längst bekannte Einsicht durch Beispiele bebildern noch diesen Vorgang in der mit viel Scharfsinn und Bekennermut und gleichzeitig Gewissensheuchelei und prätentiöser Weltfremdheit betriebenen Diskussion der christlichen Theologen darüber soziologisch aufarbeiten. Wir wollen in gewisser Kenntnis der realsoziologisch feststellbaren Veränderungen in den christlichen Gemeinden und Kirchenorganisationen hier nur drei Gesichtspunkte erörtern, von denen wir glauben, daß sie in der christlich-theologischen Kontroverse bisher nicht in dieser Härte zur Sprache gekommen sind:

1. Die christliche Heilslehre als organisierte Kirche kann nur die menschlichen Bedürfnisse befriedigen, die sie selbst vorher geweckt hat.

2. Die sozial betonte Emanzipations- oder Befreiungs-Theologie der christlichen Kirchen wirkt innerkirchlich auf Abbau der hierarchischen Ordnungsherrschaft über das Individuum, unterstützt außerkirchlich aber die Überführung der christlichen in eine abstrakt humanitär-soziale Heilslehre und damit die Aushöhlung der christlichen Kirchen.

3. Indem der charismatische Protest des christlichen Glaubens durch den politisch-sozialen Protest ersetzt wird, verfällt auch die christliche Kirche immer mehr den caritativ motivierten Ersatzfunktionen der modernen Weltlage und Binnengesellschaften.

(1) Die Gestaltung der Heilsbedürfnisse. – Wir wollen vom Urteil eines führenden Kirchenoberen zu den hier gemeinten Vorgängen ausgehen:

Kardinal König, der Erzbischof von Wien, schreibt unter dem Titel ›Für ein Lächeln von Marx‹ in der ›Deutschen Zeitung‹ vom 30. 8. 1974: »Die menschliche Entwicklung vollzieht sich in Wellen oder Pendelschlägen ... Was die Beziehung zwischen Kirche und Politik, Kirche und Staat betrifft, so leben wir ... in der Spätphase einer engen Kooperation zwischen geistlicher und politischer Macht. Dieses Bündnis, diese Kooperation, diese Symbiose beginnt sich heute überall aufzulösen ... Rückzug der Kirche aus der Parteipolitik ...

Seit einigen Jahren setzt nun von anderer Seite eine rückläufige Bewegung ein. Die politische Abstinenz, die apolitische Haltung schlug in eine neue politische Ideologisierung der Religion um. In gewissen Teilen der katholischen Jugend wurde es modern, sich als ›superlinks‹ zu geben ... So hat es heute den Anschein, als ob man vor einer religiösen Besinnung und Einkehr in eine politische Aktivität flüchten wollte. Es gibt keine Protestresolutionen wegen irgendwelcher Mißstände in der Welt, die nicht von manchen katholischen Organisationen mitunterzeichnet werden. Es gibt keine Demonstration, an der nicht auch katholische Jugendliche teilnehmen, keine linken Komitees, an denen nicht auch junge Katholiken mitarbeiten, wobei bedenkenlos, ja oft gedankenlos das ganze pseudorevolutionäre Vokabular, der verbale Progressismus von gestern, übernommen wird ... Religion ist nicht mehr ›religio‹, das heißt Bindung des Menschen an Gott. Die frohe Botschaft ist nur mehr eine soziale Botschaft. Die Kirche hat, wenn überhaupt, nur dann einen Sinn, wenn sie Anstalt, Durchführung und Vorbereitung der Revolution ist. Die Theologie hat das Rüstzeug dazu zu liefern. Der Glaube verflüchtigt sich, ist nur mehr persönliches Gefühl, nach Belieben interpretierbar als Motivation persönlicher Freiheit ... Selbstverwirklichung soll zur Selbstbefreiung und zur Selbsterlösung werden. Die Religion hat die Schlagworte, die plakativen Forderungen für eine soziale Revolution zu liefern. Gleichzeitig aber wird sie für den einzelnen zur vollkommenen Privatsache ...

Der Mensch hat ein religiöses Bedürfnis, einen religiösen Durst, der gestillt werden will. Eine religionslose Religion, ein religionsloses Christentum, ein total des Geheimnisses entkleideter Glaube kann das nicht. Eine pluralistisch aufgefächerte, ethisch unverbindliche Religion, die sich in sozialen Aktivitäten erschöpft, wird nicht gefragt, wird nicht gebraucht und hat keine Chancen ... Das Pendel schlägt aus, einmal nach links, einmal nach rechts. Die Welle rollt vor und rollt zurück ... Das Pendel wird wieder zurückschlagen, die Welle wieder zurückrollen. Nach einiger Zeit der Freizügigkeit wird wieder eine Zeit der Ordnung, nach einer Zeit der Selbstbestimmung eine Zeit der gesetzten Ordnung kommen. Dem Rationalismus wird die Mystik folgen, der Eigengesetzlichkeit die Norm.«

Ohne Zweifel werden hier die Erscheinungen gesehen, die auch wir als einen Wandel des »religiösen Interesses« vom Seelenheil zum Sozialheil bezeichnen. Und doch werden sie in einer Weise verharmlost und mit dem Trost eines geschichtsphilosophisch-metaphysischen »Wellenschlags« versehen, die wir nur als wahrscheinlich folgenschwere Selbsttäuschung des herrschenden christlichen Klerus ansehen können. Dies bezieht sich auf folgende hier geäußerte Ansichten:

Zunächst spiegelt sich in der Kennzeichnung Königs das Wissen um die theologische Auseinandersetzung, die in beiden Konfessionen um die »Theologie der Freiheit«, die »politische Theologie« oder gar eine »Theologie der Revolution« oder einfacher eine »Theologie der Welt« (J. B. Metz) geführt worden ist. In allen diesen modernen theologischen Richtungen ist die Aufnahme der emanzipatorisch-sozialkritischen Philosophie ebenso unverkennbar wie der Anspruch, die »Welt« im Sinne der modernen Sozialstrukturen zu verwerfen und diese »Welt-Kritik« als neue, zeitgemäße christliche Kirche zu institutionalisieren. Uns kann aber hier nicht das auf vielen geistigen Ebenen durchgeführte innerkirchlich-theologische Streitgespräch als solches interessieren, sondern es ist für uns nur ein Symptom für die Breitenwirkung, die der Einfluß der Soziologie als geistige Führungswissenschaft heute auch hier hat.

Die Breite dieser neuen theologischen Diskussion um das Thema »Kirche und Gesellschaft« kann von einem Fach- und Kirchenfremden kaum noch übersehen werden; aus persönlichen Gründen habe ich mich daher in meiner Unterrichtung im wesentlichen auf die Kontroverse beschränkt, die zwischen dem Theologen *Johann Baptist Metz* und dem Politologen *Hans Maier* zur »politischen Theologie« vor sich gegangen ist, sicherlich eines der geistreichsten Streitgespräche über dieses Thema. Literatur: J. B. Metz, ›Zur Theologie der Welt‹, Mainz 1968 (I); ›‚Politische Theologie‘ in der Diskussion‹, in: ›Stimmen der Zeit‹, 1969, S. 289 ff. (II); ›Gefährliche und befreiende Erinnerung. Zur Präsenz der Kirche in der Gesellschaft‹, Ztschr. ›Publik‹, 9. 10. 1970 (III); ›Erlösung und Emanzipation‹, in: ›Stimmen der Zeit‹, 1973, S. 171 ff. (IV). *Hans*

Maier: ›Kritik der politischen Theologie‹, Einsiedeln 1970 (I); ›Kirche und Gesellschaft‹, München 1972 (II).

Aber die Entwicklung der Religion als sozialer Erscheinung wird nicht durch die Ergebnisse oder auch nur im Laufe des Streits der Argumente angenäherten Formulierungen von wissenschaftlichen Diskussionen entschieden, sondern auch hier wiegt die meta-theologische Wirkung auf die Menschen und ihre Interessen weit mehr als der exakte Sinn im wissenschaftlichen Erkenntnisrahmen, wie wir es ja schon für die Soziologie feststellten. Und hier kann nun kein Zweifel daran sein, daß diese neue »Theologie der Welt« oder »politische Theologie« in beiden Konfessionen das ganze Argumentationspotential der heilsreligiös wirkenden Soziologie aufgenommen hat – es wimmelt nur so von Ausdrücken wie Emanzipation, Mündigkeit, Manipulation, Terror, strukturelle Gewalt, Ausbeutung, Repression, Frustration und vor allem immer wieder Kritik, Kritik, Kritik (vgl. H. Maier, I, S. 34; Metz, z. B. III) – und daß diese Theologen als akademische Lehrer eben jene Studierenden der Theologie und andere christliche Studenten angezogen haben, die sich mehr zu Sozialpredigern als zu Seelsorgern berufen fühlten. Die ihre Forderungen einschränkenden und damit relative Berechtigung verleihenden Aussagen dieser progressiven Theologen wurden daher gar nicht zur Kenntnis genommen, während jedes »revolutionäre«, jedes sozialkritische Wort ihnen den Zulauf und die Aktualität sicherte. Die immer stärker sich politisierenden Studentengemeinden beider Konfessionen waren dafür bestes Beispiel: »Eine Studentengemeinde ist heute links, oder sie stirbt ab«, hieß es unwidersprochen auf einer programmatischen Tagung der katholischen Studentengemeinden. So ist hier innerhalb der jungen Generation der katholischen Priester und der evangelischen Pfarrer ein christlicher Klerus herangewachsen, der in Sozialkritik und sozialer Aktivität seine eigentliche Aufgabe sieht und diese Bedürfnisse unter den von ihnen betreuten »Gläubigen« verbreiten wird. So liegt der erste Irrtum des Kardinals König darin, daß diese »soziale Ideologisierung« des Glaubens nur eine Modeerscheinung »gewisser Teile der katholischen Jugend«, sozusagen eine Jugendtorheit, sei; sie ist im Gegenteil in der geistig führenden Theologie verwurzelt, in Ausbildungswissen und geistige Überzeugung der Mehrheit der jungen Priester einer ganzen Generation übergegangen, und der erhoffte »Wellenschlag zurück« müßte sich also schon gegen die professionellen Diener der Kirche selbst durchsetzen.

Der zweite Irrtum Kardinal Königs liegt in seiner Auffassung der religiösen Bedürfnisse des Menschen, die er als »Durst« nach dem irrationalen »Geheimnis« begreift (als das »Numinose« im Sinne Rudolf Ottos, als »Schauern vor dem Ungeheuren«, dem »Überweltlichen«); wäre diese Annahme richtig, so spielte die Natur des Menschen in unseren Breiten und auch Zeiten der christlichen Lehre und Kirche sozusagen in die Hände. Davon kann keine Rede sein. Wir haben (S. 75–95) die anthropologischen Ansprüche, die an Religionen gestellt wurden, erörtert, dabei insbesondere die »Interessen der Ohnmacht«, als Erfahrung des jeweils eigenen Leidens, Todes, Unglücks, als die ständigen Quellen des Bedürfnisses nach »Tröstung« herausgestellt; wir haben aber auch (S. 193–200) die neuen Erlösungsbedürfnisse dargestellt; in die heute die »Interessen der Ohnmacht« einfließen und heilsgläubig erfüllt werden. Die These oder besser Hoffnung des Kardinals, daß dem »Rationalismus« wieder die mystische Religion folgen werde, übersieht gerade den entscheidenden Vorgang der neuen Religionsbildung: daß »Rationalität« als Verheißung auftritt und daß die »gesetzte Ordnung«, auf die er hofft, ja auch zur neuen Heilshoffnung gehört, also gar nicht die »gesetzte Ordnung christlicher Kirchlichkeit« sein wird, sondern die sich immer wieder heilsgläubig überbietende Sozialordnung der »Welt«. Die Religionsanthropologie Königs ist falsch: Wohl erwachsen dem Menschen aus seiner Natur und Stellung in der Welt gleichartige Grundbedürfnisse, die in religiösen Institutionen und geistigen Führungssystemen befriedigt werden müssen, aber diese Bedürfnisse können und müssen erst sozial und d. h. auch bewußtseinsführend, lehrend gestaltet (definiert und konkretisiert) werden, ehe sie befriedigt werden können. *Die Grundaufgabe der Religionen und damit der Kirchen aller Art liegt gar nicht darin, die religiösen Bedürfnisse zu befriedigen, sondern vor allem sie erst zu wecken und zu gestalten;* und daß dies im Sinne der zuhandenen und bereitgehaltenen Mittel der Bedürfnisbefriedigung geschieht, liegt im Wesen jeder Werbung, die bei den Religionen »Bekehrung« oder propaganda fidei heißt.

So kann man zunächst den Streitpunkt zwischen alter und neuer Theologie als eine Konkurrenz um die Art der Werbung oder Bekehrung bezeichnen, was sie vordergründig sogar zugegebenerweise innerhalb der christlichen Kirchen ist. Der entscheidende Unterschied liegt aber in dem Selbstverständnis und den daraus abgeleiteten Bedürfnissen und Interessen, die dem Menschen durch die jeweilige »Theologie« vermittelt werden: Die alte christliche Theologie sah ihn vor allem als *Geschöpf und Kind Gottes*, in Sünde und Leid naturhaft verstrickt, auf Trost und Erlösung durch den göttlichen »Erlöser«, Jesus Christus, angewiesen; die neue Theologie, außerhalb und innerhalb der christlichen Kirchen, sieht ihn als auf sich selbst gestellten (autonomen) Menschen, der vor allem als *soziales Wesen* begriffen werden und sich begreifen muß. Das stellt nicht nur eine »Transzendenz ins Jenseits« gegen eine »Transzendenz im Diesseits« als Ziel der Glaubenshoffnung, sondern es definiert den Menschen in seinem »innersten Wesen« um, denn jetzt will er als »soziales Wesen« erlöst werden, nicht aber als das Individuum »unmittelbar zu Gott«. Die sogenannte Säkularisierung, d. h. weltliche Umdeutung christlicher Lehren in allgemein politische oder soziale Doktrinen, und die daraus folgende Religionsentleerung oder Ent-Christlichung aller außerkirchlichen staatlichen und sozialen Institutionen und Beziehungen, ist ein längst überwundenes Vorspiel zu der nun rückläufigen Bewegung, christliche Lehren und Institutionen mit sozialen Ansprüchen des von Gott gelösten, »autonomen« Menschen aufzuladen und damit religiös »umzufunktionieren«. Daß dabei christliche Theologen helfen, ist unvermeidbar, denn auch die Werbung des Glaubens muß sich nach ihren Erfolgs-Chancen richten.

So werden keine moralischen Bußpredigten mehr gehalten, sondern Sozialanklagen, der Mensch des »neuen Glaubens« soll nicht mehr zur Anerkennung individueller Schuld, sondern sozialer und politischer Schuld gebracht werden. So schiebt sich die soziale Meinung und der soziale Protest mehr und mehr an die Stelle des nach innen gewandten Glaubens und seiner auf den Kern der Person zielenden Aktivitäten. Die Auflösung der Person, wie wir sie als ungewollt-gewolltes Ergebnis der Soziologie geschildert haben, setzt sich in der sozialchristlichen Lehre und Kirchenpraxis fort; so beteiligt sich auch gerade die neue Religiosität in den Kirchen an der Auflösung des Privaten (wie wir es auf S. 172 ff. beschrieben haben). Das »Liebe deinen Nächsten« wird als Sozialhilfe und Sozialbetreuung verstanden, denn »der Nächste«, das ist nicht etwa der Nachbar nebenan oder um die Ecke, der ja womöglich ein »Kapitalist« oder »Kleinbürger« sein könnte, sondern das sind soziale Abstraktheiten wie »die Randgruppen« (oder die »Unterprivilegierten«, die »Stigmatisierten«, die »Sozialdiskriminierten oder -diskreditierten«; für keine

Gruppe hat die Soziologie ein reicheres Neuvokabular zur Verfügung gestellt). Sich dafür zu »engagieren«, wie die glaubensblasse Formel dafür heißt, kann sicherlich nicht negativ bewertet werden, aber hier geht es darum, daß damit der abstrakte Mensch in der Sozialbeziehung zum Kern des christlichen Glaubens gemacht wird, also allenfalls eine soziale Glaubenspositivität an die Stelle der christlichen Heilspositivität tritt.

Die Hoffnung des Kardinals König wie die vieler traditioneller Christen, daß die Welle des »Rationalismus« und der »politischen Indoktrinierung« der christlichen Kirchen wieder »zurückrollen« werde, diese »Wellentheorie« setzt auf geschichtlich erfahrene zeitliche Schwankungen zwischen einer gefühlsbetont-spekulativen Gläubigkeit und einer rational-tätigen Glaubensform *innerhalb* des Christentums, sieht aber nicht, daß die neuen sozialen Glaubenslehren die religiösen Bedürfnisse des Menschen genauso »umfunktionieren« und im geschichtlichen Einschnitt verändern, wie einst die Entstehung der Heilsreligionen die Naturreligionen »aufgehoben« haben. Um im Bilde der Strömungen zu bleiben: Die Wasser des Christentums wogen nicht wellenförmig zurück, sie fließen ab. Selbstverständlich werden die neuen sozialen Heilslehren in ihren »Bekehrungen« für bestimmte Gruppen an den Resten von Altgläubigkeit anknüpfen, und noch selbstverständlicher werden sie die alten Institutionsformen mit ihrer neuen Aktivität erfüllen. Im übrigen aber ist das Angebot zwischen »rationaler« und »mystischer« Glaubensform längst innerhalb der sozialen Heilslehren selbst vorhanden. Die einzige Form religiöser Bedürfnisbefriedigung, in der die traditionellen christlichen Kirchen für breite Massen noch anziehender sind als die intellektualistische Sozialreligion, liegt in der Erfüllung des menschlichen Grundbedürfnisses nach ritualisiert-symbolischer Selbstdarstellung (vgl. S. 200 ff.), wenigstens in den anthropologisch-sozialen Grundgeschehnissen jedes Lebens: Geburt, Erwachsenenreife, Hochzeit und Tod; verstünde die neue Sozialreligion, den Massen ein für sie verständliches und annehmbares symbolisches Ritual der natürlichen Lebenshöhepunkte anzubieten, so würde sie die Austrittsbewegung aus den christlichen Kirchen in ungeahnter Weise beschleunigen, ihrerseits aber die geistliche Herrschaft über ebendiese Menschen institutionell endgültig verfestigen.

(2) Die Verbindung von Kirchenreform und Sozialkritik. – Natürlich muß man in diese große Linie der Entwicklung christli-

cher Lehren und Institutionen bei- und widerläufige Unterentwicklungen eintragen, die auch anderen Wertungen unterliegen. Die kirchliche Bewegung der »politischen Theologie«, besser gekennzeichnet als die Umwandlung des Kirchenauftrags in eine sozialkritische und sozialaktivistische Weltbewältigung, richtet sich in diesem Sinne »nach außen«, insofern sie ein neues Verhältnis der Christen zur Welt herstellen will; sie richtet sich zugleich aber immer auch »nach innen« im institutionellen Sinne, insofern sie die institutionelle Ordnung der Kirche und ihr Binnenleben selbst verändern und reformieren will: Hier ist nun nicht zu übersehen, daß sich die Forderungen nach »kritischem Widerstand«, nach »Mitbestimmung aller«, nach Freiheit des Subjekts usw. binnenkirchlich gegen die Autokratie und Bürokratie der alten Kirchen selbst richten, gegen Hierarchie und Lehrautorität, gegen ein »unkritisches monolithisches Bewußtsein innerhalb der kirchlichen Institutionen selbst« und daß man damit zum »Abbau bestimmer unkontrolliert vorherrschender Milieuvorstellungen« (Metz) beitragen will. Insofern könnte man diese kritische, sich an den Laien und seine subjektiv verbindliche Protest- und Handlungsfähigkeit wendende binnenkirchliche Antidogmatik durchaus zu den »charismatischen Protesten« rechnen, von denen wir meinten (vgl. S. 67 ff.), daß sie zum Wesen des Christentums gehören.

In der gegenwärtigen Situation der Entstehung einer neuen Sozialreligion führt aber der charismatische Protest innerhalb der Kirchen keineswegs zu deren Glaubenserneuerung zurück, sondern er führt – dialektisch gegenüber der Absicht der Protestler – aus dem christlichen Glauben und den christlichen Kirchen heraus oder in ihnen zu neuen dogmatischen Herrschaftsformen. Wir wollen einige dieser den Wirkungsabsichten widersprechenden Rückwirkungen kurz darstellen: Die im Namen der Mitbestimmung des Laien und der »Demokratisierung« in den Kirchen vorgetragene Entmachtung der kirchlichen Hierarchie und institutionellen Lehrautorität schafft, wenn sie sich einmal durchgesetzt hat, von einer verhältnismäßig kleinen Meinungsführungsgruppe beherrschte Gremien und Beiräte, die nicht weniger herrschsüchtig sind als die entmachteten Autoritäten, dafür aber dem Kirchenvolk gegenüber weitgehend unbekannt; an die Stelle der institutionellen Autokratie der Kirchenfürsten tritt die Oligarchie oder Klüngelherrschaft der Meinungsführer.

Das beste Beispiel für diesen Austausch der Herrschaft ist wohl die *Affäre Simonis* in der so »progressiven« katholischen Kirche der Niederlande. Der Papst hatte von seinem Recht Gebrauch gemacht, den Bischofsstuhl der Diözese Rotterdam gegen die Mehrheit der nachkonziliaren Räte mit einem »konservativen« Katholiken, eben Monsignore Simonis, zu besetzen. Gegen ihn wurde, wie das holländische Nachrichtenmagazin ›Elsevier‹ es nannte, eine »moderne Hexenjagd« im Sinne einer Kampagne in der öffentlichen Publizistik entfaltet. »Zu jenen, die Simonis nicht als Bischof sehen wollten, müssen, nach Lage der Dinge auch nach ihrem Votum die übrigen sieben Bischöfe der niederländischen Kirchenprovinz, die Mehrheit in den Räten der Diözese, mehrere Theologische Fakultäten und eine gewisse Anzahl von Priestern im ganzen Lande gezählt werden sowie ein überwiegender Teil der Produzenten öffentlicher Meinung« (A. Razumovsky in der FAZ vom 20. 1. 1971). Die Amsterdamer (katholisch-fortschrittliche) Zeitung ›Tijd‹ schrieb darüber: »Die niederländische Kirche ist ein ziemlich autoritär gelenkter Betrieb. Denn im Gegensatz zu dem, was immer verkündigt und von Nichtkatholiken auch geglaubt wird, ist die niederländische Kirchenprovinz keinesfalls ein Modell von Demokratie. Die meisten Katholiken haben so gut wie nichts zu sagen ... Über sie wird beschlossen, nicht mehr durch die römischen Kardinäle und bejahrte, autoritäre Bischöfe, sondern durch modern denkende Funktionäre, die besser wissen, was gut ist für das Volk, als das Volk selbst. Der Konflikt zwischen holländischer Kirche und Vatikan ist nicht einer zwischen Demokratie und Autokratie, sondern zwischen Oligarchie und Autokratie. Die Regierung über die niederländische Kirchenprovinz ist in den Händen einer Oligarchie aufgeklärter Regenten, die gestützt werden durch eine Anzahl von Laien, die mitreden dürfen, weil sie genügend komplizierte soziologische und philosophische Fachausdrücke beherrschen« (zit. im ›Spiegel‹ v. 11. 1. 1971). Zur »Affäre« wurde die Ernennung des Bischofs Simonis aber erst dadurch, daß sich unerwarteterweise das »Kirchenvolk«, also die einfachen Arbeiter und Gemüsebauern der Diözese, »gegen die intolerante Repression angeblich ›Progressiver‹« gegen die »Intoleranz christlicher Funktionäre« zu wehren begann: Sie sammelten viele Tausende von Unterschriften für Simonis, vor allem aber sammelten sie Geld, um Reklameflugzeuge und andere Publikationsmittel bezahlen zu können, die ihre »öffentliche Meinung« gegen deren neuklerikale Herrschaftsclique zum Ausdruck brachten.

Ein weiterer »dialektischer Kreisprozeß« der Kirchenreform besteht darin, daß gegen ein in bloßer Glaubensinnerlichkeit oder gar nur beliebig subjektivem Fürwahrhalten christlicher Meinungen sich absättigendes Christentum die Kirche wieder in Kontakt gebracht werden muß mit den wirklichen Sorgen und Ängsten der Menschen in dieser Zeit und daß sie die Sprache finden muß für ihre Lehre, die auch die vielen Nichtchristen oder Halbchristen verstehen und beachten. *Metz* hat gegen diese drohende »kognitive Vereinsamung« der Kirche die reformerische Forderung ausgesprochen: »Das kirchliche Bewußtsein muß sich vor zunehmender Sektenmentalität bewahren«; und was sollte, wenn man die christliche Volkskirche bewahren will, auch anderes gefordert werden! Aber indem sich diese Forderung nach Modernität mit der »Modernität« der kritisch-sozialen Heilslehre und der Weltdeutung der Soziologen verbindet, wird sie genau das, was sie vermeiden möchte: Sekte. *Metz* hat selbst auf diese Gefahr hingewiesen, daß »der harte Kern der christlichen Botschaft völlig angepaßt wird und das kirchliche Christentum zur entbehrlichen religiösen Paraphrase« moderner Prozesse der Welt herabsinkt« (III). In der Tat: Wenn z. B. als wesentlichste Aussage einer im August 1974 in Berlin abgehaltenen Sitzung des Zentralausschusses des Ökumenischen Rates die Formel durch alle Provinzzeitungen geht, die heutige Aufgabe der Kirchen sei »ein humanisierendes Engagement in den Kämpfen der Menschen«, so werden sich viele fragen, ob man dazu gerade den christlichen Kirchen noch anzugehören brauche, da ja diese Aufgabe von vielen anderen Gemeinden und Instanzen der neuen Sozialreligion längst ohne Schnörkel vertreten wird; in dieser Formel und Absicht sinken die zeitkritisch reformierten christlichen Kirchen dann zunehmend zu einer christliche Zusatz- und Sondermotivationen und christlich-konventionelle Sprachformeln mit sich führenden Sekte innerhalb der allgemeinen humanitären Sozialreligion herab, die sie mit der Zeit aufsaugen wird.

Daß die notwendigen und berechtigten Reformforderungen, die an die sich institutionell versteinernde, kristallisierende Kirche etwa zugunsten der individuellen Glaubenslebendigkeit gerichtet werden, heute in ihrem fast unvermeidbaren Bündnis mit der Welt- und Gesellschaftsdeutung der Soziologie, der Grundauffassung des Menschen als eines »sozialen Wesens« usw., als Agenten eben jener Abläufe wirken, die die Innerlichkeitsgrundlage des christlichen Menschenverständnisses und des christlichen Heilsglaubens aushöhlen und damit die Kirchen in soziale Heilsanstalten umfunktionieren helfen, dieser »dialektische Kreisprozeß« ist der wahrhaftige »Kreuzweg« der gegenwärtigen Bemühungen um eine Verlebendigung des christlichen Glaubens. Wir betonen diese vielfach ungewollte Widersprüchlichkeit einerseits, um die vereinfachende Bewertung zu verhindern, daß die »Bewahrer« recht und die »Reformer« unrecht hätten, andererseits aber, um die für die Gegenwart so unvermeidbare, aber verhängnisvolle *Kombination von Kirchenreform und Sozialmission* an einem eindrucksvollen Beispiel zu verdeutlichen, wobei man allerdings das gleiche an der Bildungs- oder an der Hochschulreform erläutern könnte.

(3) Die gesellschaftlichen Ersatzfunktionen der Kirche. – Nun ist das Christentum immer schon nicht nur Glauben und Lehre, sondern zugleich Leben der Gemeinde und christliches Handeln gewesen, insbesondere im Sinne der Nächstenhilfe. Auch diese beiden Bereiche des christlich-kirchlichen Lebens haben sich unter dem Einfluß ihres mehr und mehr gesellschaftswissenschaftlichen Selbstverständnisses und dem Eindringen der sozialreligiösen Gebote entscheidend verändert. Beginnen wir unsere kurzen Hinweise zunächst mit dem zweiten Bereich christlicher Tätigkeit:

Das christliche Gebot »Liebe deinen Nächsten« ist immer schon als die Verpflichtung der Hilfe gegenüber den Armen aufgefaßt und praktiziert worden, wobei »der Nächste« eben der persönlich Bekannte und mit mir zusammenlebende Mensch war, wie es den sozial kleinräumigen Ordnungen der älteren Gesellschaften entsprach. Daß dieser »Nächste«, dem geholfen werden muß, ja, den man »lieben« soll wie sich selbst, immer mehr in ganzen Menschengruppen gesehen wurde, die Not litten, gefährdet waren oder denen Unrecht getan wurde, entsprach der Horizonterweiterung der modernen Sozialstrukturen: Dem ausgebeuteten Arbeiter in der Kohlengrube des 19. Jahrhunderts konnte nicht durch bürgerlich-christliche Hilfe unmittelbar von Person zu Person geholfen werden; hier setzen aus christlicher Verpflichtung schon im 19. Jahrhundert bei uns zahlreiche sozialpolitische Unternehmungen an, die sich mit der christlichen Kirche verbunden wußten, genauso wie diese Lage immer mehr das Fortschreiten von der persönlichen caritativen Hilfe zur Entwicklung sozialfürsorgerischer Organisationen und Anstalten im weitesten Sinne des Wortes (z. B. Bethel) verlangte. Daß das Gebot der christlichen Nächstenliebe heute in der organisierten Hilfe gegenüber ganzen sozialen Gruppen erfolgt, deren Mitglieder einem völlig unbekannt sind und von deren Not man nur durch Informationen weiß, denen man vertraut, daran soll hier keine Kritik geübt werden. Im Gegenteil: Wo die Sozialbetonung der Glaubensüberzeugungen zur praktischen Hilfe für Menschen in Not führt, rechtfertigt sie sich in dieser Hinsicht immer. Dies gilt übrigens genauso für die nicht-christliche soziale Heilsreligion:

Daß sie einige ihrer Anhänger dazu führt, sich selbst freiwillig und unprofessionell der Abhilfe von Notständen aktiv anzunehmen, darin liegt ihre praktische Überzeugungskraft, wie auch in der »Motivierung« der wachsenden Zahl von Betreuungsberufen eine ihrer wesentlichsten, wenn auch wertwidersprüchlichen Auswirkungen liegt. (Daß ein junger Mann in diesem Sinne einen sozialen Hilfsdienst bei Schwerkranken usw. für gesellschaftlich wichtiger hält als eine militärische Ausbildung, diese Überzeugung der Kriegsdienstgegner ist also durchaus eine religiöse Position, wenn auch nicht die im Grundgesetz vorausgesetzte christliche.)

Die kritischen Fragen, die wir gegenüber dieser christlichen Sozialtätigkeit stellen wollen, zielen auf andere Bedenken: Wandelt sich der Anspruch Christi »Liebe deinen Nächsten« nicht unversehens in eine Forderung nach sozialer und politischer Gerechtigkeit und wird sie damit in ihrem innersten Gehalt nicht mehr platonisch als christlich? Das Wirken für »den wahren Staat«, für die immer vollkommenere soziale Gerechtigkeit, macht es den sozial tätigen Christen nicht unvermeidbar zum Helfershelfer von politischen und sozialen Frontenstellungen und damit verbundenen Herrschaftsansprüchen? Und vollziehen damit die so sozialbetonten Christen nicht genau die Bündnisse mit politischen Machthabern, gegen die sie als »unchristlich« bei den alten Kirchen wettern und protestieren? Man kann die Revolution und die damit verbundene Gewalt in manchen Ländern für sozial notwendig halten, aber die Gewalt der Revolutionen unterstützen ist spiegelbildlich nichts anderes als die Kanonen segnen; man mag die Ablösung der Kolonialherren durch schwarze Diktatoren, die »im Namen des Volkes« regieren (das sie selbst erst »definieren« und schaffen) für ein erstrebenswertes politisches Ziel ansehen, aber die Ausbeutung der einen anprangern und bei den anderen schweigen, ist Heuchelei. Genau dieses Sozialgewissen, verbunden mit Heuchelei und Herrschaftsparteilichkeit der gesellschaftsorientierten christlichen Kirchen, wird heute weltweit von politischen Kräften in Rechnung gestellt, die mit dem Christentum sonst kaum etwas zu schaffen haben; hierin liegt eine der gesellschaftlichen Ersatzfunktionen der christlichen Sozialkirche, die völlig der politischen Unterstützung der nationalstaatlichen Politik durch die »Nationalkirche« entspricht.

Aber das sozialwissenschaftlich abstrahierte Samaritertum bestimmt ja im hohen Maße bereits das Leben der kirchlichen Gemeinde: Obwohl die meisten Mitglieder der Kirchen von ihr vor allem Seelsorge und christlich-rituellen Dienst verlangen (die deshalb auch oft als »Randsiedler« bezeichnet werden), verlagert sich die wichtig genommene Tätigkeit der Gemeinde immer mehr auf den *Sozialdienst und die Freizeitangebote.* Wenn die Gemeinde als das soziale Zusammenleben von sich kennenden und daher auch zusammengehörig fühlenden Menschen schon in kommunaler und regionaler Hinsicht an Bedeutung verliert und die anonymen und funktionalen Sozialbezüge immer lebenswichtiger werden, dann verliert natürlich auch die Kirchengemeinde ihre alte soziale Stütze. Wenn dieser Wandlungsvorgang aber noch ideen- und lehrhaft gestützt wird, dann vollzieht er sich um so schneller und ohne Mobilisierung von Gegenkräften. Nach der Soziologie, die heute die Kirchen übernehmen, steht der Mensch primär »der Gesellschaft« gegenüber und so dann auch der Christ; die Soziologie »der Gemeinschaft« hat nicht nur den Platz geräumt, weil ihr in der sozialen Wirklichkeit immer weniger entspricht, sondern auch weil sie als reaktionär und veraltet verworfen worden ist, und dies ausgerechnet in den Kirchen. Wo diese beiden Tendenzen, nämlich der soziale Strukturwandel zur großräumigen, funktional-abstrakten Sozialbeziehung einerseits, die »progressive« soziologisch orientierte Selbstdeutung des Christen und seiner Kirche andererseits, zusammentreffen wie etwa in den modernen Großstädten, tritt diese Entwicklung zu einer »Kirche ohne Gemeinde« unvermeidbar auf; hier wird Kirche also zu einer Großorganisation, die sich und andere bürokratisch und publizistisch steuert und die an der »Basis« für funktional spezialisierte Kleingruppenarbeit sorgt.

Wir wollen als Beispiel dafür einen Bericht über die Lage in den Westberliner Gemeinden anführen, der von *Wolfgang See* mit dem Titel ›Der Berliner Kirchenkrieg. Müssen sich ‚Rechte‘ und ‚Linke‘ streiten?‹ in der ›Deutsche Zeitung – Christ und Welt‹ vom 9. 8. 1974 erschienen ist. Dort heißt es: »Heute treten die Westberliner in Scharen aus oder nehmen den volkskirchlichen Service (Taufe, Konfirmation, Gottesdienst und Seelsorgegespräch) so wenig in Anspruch, daß die statistische Selbsttäuschung nicht mehr funktioniert. Während die Nachfrage für Gottesdienst, Amtshandlung, Sakrament und Seelsorge alle gegenwärtig in West-Berlin amtierenden Pfarrer nicht mehr auslastet, hat ein respektables Freizeitangebot (für Kinder, Jugendliche, Eltern, Senioren) neue Interessenten gewonnen. Das aber sind Leute, die – zuweilen ausgetreten wie eine ganze Reihe berufstätiger Westberliner Pfarrfrauen – auch nicht einmal aus Höflichkeit mehr zum Gottesdienst kommen; die nicht verhehlen, daß ihr Interesse ausschließlich das gesellschaftliche Angebot meint, und die, im Gegensatz zu den Kirchenfremden früherer Jahrzehnte, ein interessantes Angebot nicht mehr ausschlagen, nur weil es von der Kirche kommt. Das ist eine Kirchenbeziehung ohne Bindung an Gemeinde und Glauben, jederzeit ersetzbar durch Vereinsbindungen oder Kontakte zu staatlichen Einrichtungen. Und die Westberliner Pfarrer wissen das . . .

Die innergesellschaftliche Ersatzfunktion der Kirche erfordert und ermöglicht überdies einen wachsenden Anteil beamteter und angestellter Mitarbeiter, deren Berufsbindung an die Kirche nicht mehr auf Überzeugung und Bekenntnis gegründet ist, sondern lediglich auf die jeweilige Funktion (Kindergärtnerin, Freizeitgestalter, Jugendleiter, Krankenpfleger, Psychologe, Publizist, Jurist u. a.) orientiert bleibt . . .; niemand hindert sie daran, den kirchlichen Betrieb auf ihre Normen hin umzutrimmen . . . Sie sind die eigentlichen Fachleute der Kirche geworden. Im Wettstreit mit ihnen kann der Pfarrer sich nur als Dilettant erweisen. So finden Rationalisierungen, Vereinheitlichungen statt, die ganz einfach tödlich für eine Kirche ohne Gemeinde sind, die vorwiegend von persönlichen Initiativen und Einzelaktivitäten lebt . . .

Da wird Ministerium oder Plankommission oder Gesellschaftsveränderung gespielt, wird informiert, aufgeklärt, gestaltet und (sehr fleißig) sozial geackert. Kaum einer widersteht der Versuchung, die Ersatzfunktion zum dienstlichen Hauptgeschäft zu machen. Noch ist die Kirchengemeinde der sicherste Zulieferer von Klein-Publikum. Der Pfarrer hat schon noch eine Funktion: Er beschafft das Publikum für die Basisarbeit. Und in dem Maße, wie er auf geistlich-religiöse Beilagen verzichtet, findet er auch Interessenten . . .

Denn die ›Rechten‹ haben recht: Die Kirche hat ihren Auftrag verlassen. Und auch die ›Linken‹ hatten recht, als sie nach den Ersatzfunktionen suchten. Der Kirche ist gar nichts anderes übriggeblieben.«

Um den Pfarrer aus der Rolle des Dilettanten im Bereich der Sozial- und Freizeitaktivitäten der Kirchen zu befreien, bietet sich ein einfaches Rezept an, das überdies seinen Neigungen entgegenkommt: Man bilde ihn in der »universal« zuständigen Soziologie aus und veranlasse, daß er sich selbst in seinem beruflichen Selbstverständnis und seine Gemeinde vor allem soziologisch versteht. Die Handhabe dazu bietet vor allem eine von den Kirchen selbst großzügig geförderte kirchen- und pastoralsoziologische Forschung und ihre Einfügung in die Ausbildung der Theologen. So »gibt es derzeit in der Bundesrepublik keine andere Berufsgruppe, die derart umfänglich und intensiv zum Gegenstand einer soziologischen Untersuchung gemacht worden ist« wie die Priester (G. Siefer). Diese Kirchensoziologie leistet – soweit sie nicht einfach Markterforschung der an die Kirchen herangetragenen Sozialbedürfnisse darstellt – vor allem die Vermittlung des Wissens um die »gesellschaftlichen Funktionen« der Kirche und Gemeinde und von dort her meist auch der ganzen christlichen Religion. Dieses gesellschaftliche Wissen um das Wesen der Religion läßt die neuen Arbeitsformen des Sozialdienstes und der Freizeitangebote als eine notwendige »Emanzipation« gegenüber dem veraltenden Selbstverständnis einer Kirche verstehen, die sonst zur »Emigration aus der Gesellschaft« gezwungen wäre (J. Matthes). So bringt (wenige Jahrzehnte nach Bonhoeffers Forderung nach einem »religionslosen Christentum« und der daraus abgeleiteten christlichen Kritik der »Religion«) die Religionssoziologie den christlichen Pfarrer und seine Kirche zurück in die alte Aufgabe (»Funktion«), als moralischer Lehrgehilfe eben die Deutungs- und Wertauffassungen durchzusetzen und zu rechtfertigen, die gerade »in einer Gesellschaft grundlegend in Geltung stehen« (K. W. Dahm). Damit ist der Anschluß an das sozialreligiöse Wertsystem gesichert.

Über die hier nur im Rahmen unserer Grundaussage angedeutete Rolle der modernen Religions- und Kirchensoziologie unterrichten wohl am umfassendsten die zwei Bände der ›Einführung in die Religionssoziologie‹, die *Joachim Matthes,* Reinbek bei Hamburg 1967 u. 1969, veröffentlicht hat. Er war auch einer der ersten deutschen Soziologen, der in seiner Schrift ›Die Emigration der Kirche aus der Gesellschaft‹ (1964) die neuen Arbeitsformen der Kirche (Sozialdienst, Freizeitmanagement) in ihrer Fülle gerade als ein Zeugnis des Bestands der Kirche in unserer Gesellschaft verstand und damit die »Emigrationsthese« durch die (innerkirchlich verstandene) »Emanzipationsthese« widerlegte. In der Wertung ähnlich übrigens ich selbst in der 1957 veröffentlichten Abhandlung ›Ist die Dauerreflexion institutionalisierbar?‹, die ich aufgrund von Erfahrungen in den Evangelischen Akademien verfaßt habe (jetzt in: ›Auf der Suche nach Wirklichkeit‹, 1965, S. 250ff.).

Zur kirchlich gestützten Berufssoziologie des Pfarrers seien zwei Stimmen genannt, die auf empirisch-soziologischer Grundlage doch beide eine Aussage über die »Zukunft der Religion« wagen:

1. *Karl Wilhelm Dahm,* ›Beruf: Pfarrer. Empirische Aspekte‹, München 1971. Der Verfasser, ein soziologisch ausgebildeter Theologe, der sich heute mit der Aus- und Fortbildung von Theologen befaßt, will ausdrücklich mit Hilfe der Soziologie »Aspekte einer funktionalen Theorie des kirchlichen Handelns« entwickeln: »Es geht uns demnach, um unsere Absicht formelhaft zu kennzeichnen, nicht um das *Wesen* der Religion, sondern es geht uns um die *Funktion* der Religion. Wir meinen, daß in dieser sogenannten funktionalen Betrachtungsweise der Streit darüber, ob die Religion auf das Heilige schlechthin bezogen ist oder nicht, ob es in der Religion notwendig um Übernatürliches geht oder nicht, zurücktritt, sozusagen unentschieden bleiben kann.« Daher geht

Dahm von der Definition der Religion des funktionalistischen Soziologen Niklas Luhmann aus: »Religion hat die Funktion, die an sich kontingente Selektivität gesellschaftlicher Strukturen und Weltentwürfe tragbar zu machen, d.h. ihre Kontingenz zu chiffrieren und motivfähig zu interpretieren. Etwas vereinfacht bedeutet dieser Satz, daß Religion die Aufgabe hat, die mir zufällig zuteil gewordene Lebenssituation tragbar zu machen, d.h. ihre Zufälligkeit gewissermaßen zu chiffrieren und gleichzeitig im Sinne einer Motivation zu deuten ... Wollen wir diese Bedeutung soziologisch etwas differenzierter ausdrücken, dann müssen wir Religion nunmehr beschreiben als eine Institution der Vermittlung, Legitimierung und Transzendierung derjenigen Deutungs- und Wertauffassungen, die in einer Gesellschaft grundlegend in Geltung stehen. Die religiösen Institutionen haben also die Aufgabe, diese geltenden Auffassungen ... zu überliefern, auszulegen, einzuüben, missionarisch auszubreiten.«

Mit dieser Theorie einer Religion als Motivation fürs Volk ist natürlich nicht einfach die Anerkennung der vorhandenen gesellschaftlichen Tatbestände gemeint, sondern ihre Übersetzung in eine Heilsbotschaft; unter Berufung auf den »marxistischen Sozialphilosophen Max Horkheimer« und den »Religionssoziologen Peter Berger« wird dann auch das jenseitige Heil des Christentums ausdrücklich durch eine »Verdiesseitigung des Transzendenzbegriffes« ersetzt: »Gemeint ist nämlich sowohl bei Horkheimer wie bei Berger ..., daß die Gegebenheiten und Zustände unserer gegenwärtigen Alltagswelt transzendiert, das heißt: überschritten, relativiert werden können und werden müssen, daß wir uns nicht mit ihnen abfinden brauchen, so wie sie sind, daß wir in ihnen bereits die Spuren einer besseren Welt (!) erkennen können und daß wir mit Blick auf eine solche bessere Welt auch die Aufgaben der Gegenwart in Angriff nehmen sollen.«

Damit ist der Weg frei zur Anerkennung des »Sozialheils« als der zur Zeit »in Geltung stehenden Wertungs- und Deutungsschemata« in unserer Gesellschaft als religiöser Lehre: Dahm weiß, daß das religiöse Deutungsmonopol der christlichen Kirchen für unsere Gesellschaft verfallen ist und daß zur Zeit ein »Pluralismus« subjektiver religiöser und ethischer Überzeugungen herrscht (in der Religionssoziologie vor allem dargestellt von P. Berger und T. Luckmann). Da aber Dahm vermutet, daß keine »Gesellschaft auf ein Schema gemeinsam vertretener Grundüberzeugungen verzichten kann« und »diese Pluralität nur ein Übergangsstadium markiert«, fragt er, »ob sich insgeheim, über und hinter all den Widersprüchlichkeiten in den ethischen Grundorientierungen und Konzeptionen, doch bereits wieder so etwas wie ein gemeinsam verpflichtendes und anerkanntes Wertsystem herauskristallisiert hat, dem beispielsweise die ideologischen Führer der modernen Marktwirtschaft genau so zustimmen wie die inzwischen recht zahlreich gewordenen Mitglieder der streng marxistischen Studentengruppen an unseren Universitäten. Mit den oft als Allerweltsformeln bezeichneten Begriffen von Humanität und Humanisierung könnte sich eine solche Entwicklung ebenso andeuten wie in der von Herbert Marcuse beschriebenen Tendenz, daß sich die kulturellen Bedürfnisse etwa im Freizeit-Sektor oder am Fernsehgerät auf der ganzen Welt einander immer stärker annähern.« Die Möglichkeit, daß beim Entstehen dieser neuen Einheitsreligion, in die das Christentum eingeschmolzen wird – was wir, wenn auch mit anderer Bewertung, ebenfalls behaupten –, Max Horkheimer und Herbert Marcuse auch einmal als Propheten eines sich so verstehenden Christentums verehrt werden, ist nicht von der Hand zu weisen (Zitate a. a. O., S. 192–200).

2. Sehr viel zurückhaltender äußert sich *Gregor Siefer* über diese Fragen in einer Schrift ›Sterben die Priester aus? Soziologische Überlegungen zum Funktionswandel eines Berufsstandes‹ (1973), in der er vor allem die von der katholischen Kirche veranlaßten pastoral-soziologischen Untersuchungen würdigt und an ihnen zum Verhältnis von Theologie und Soziologie (»Der mühsame Dialog zweier Wissenschaften«) Stellung nimmt. Siefer hat als Verfasser eines international hochanerkannten soziologischen Buches über ›Die Mission der Arbeiterpriester‹ (Essen 1960) den Zusammenstoß zwischen der traditionellen Glaubensform und der gegenwärtigen sozialen Wirklichkeit an einem erschütternden Beispiel untersucht und meint, daß die dort aufgetretene »Spannung heute zum beherrschenden Kennzeichen kirchlicher Systeme schlechthin geworden ist«. Dabei erkennt er wirklichkeitsnah den Konkurrenzcharakter der Soziologie gegenüber der Theologie, ja, spricht in verschiedenen Zusammenhängen von einer »Ablösung der Theologie durch die Soziologie«, insbesondere in der Priesterrekrutierung. Im Schlußteil seiner Schrift steht eine Abhandlung mit dem bezeichnenden Titel ›Kommt das Heil durch die Soziologie?‹, und in einem Absatz mit der Fragestellung ›Der Soziologe als neuer Priester?‹ heißt es: »Die Idee vom Soziologen als dem Priester dieser neuen Gesellschaft – in einer naiven Wissenschaftsgläubigkeit schon bei Comte entworfen – mag uns schaudern lassen, nur ist sie von der Realität oft gar nicht so weit entfernt, wie wir meinen. Denn ist es auch nur ›die Gesellschaft‹ selbst, die in der Soziologie zu Wort kommt, so gewinnt sie eben dadurch doch eine Autorität, die alles und jeden – und nicht zuletzt andere Wissenschaft – zur Reflexion und Darlegung ihrer ›gesellschaftlichen Relevanz‹, also zur Rechtfertigung zwingt« (a. a. O., S. 8, 99, 120, 135, 139 f.).

Die nur noch soziologisch reflektierte und gerechtfertigte Theologie und pastorale Praxis lenken die religiösen Quellen unvermeidbar auf die Mühlen der Christus gegenüber gleichgültigen sozialen Heilsreligion. Ja, man kann sagen, je mehr die Kirchen sich selbst, ihre Gemeinden, ihre Priester soziologisch untersuchen lassen, um so mehr verstehen sich alle Beteiligten von ihrer »gesellschaftlichen Funktion« her und um so deutlicher wird der Tatbestand, daß diese auch von nichtchristlichen Institutionen ausgeübt werden kann. Die Soziologisierung der christlichen

Kirchen macht diese überflüssig oder günstigstenfalls zu völlig subjektiven Sondermotivierungsanstalten. Will sich das institutionalisierte Christentum davor retten, dann bleibt ihm nur der »anti-soziologische« Weg, den nicht zu gehen, ja wie den Teufel zu fürchten, der Konservativismus der traditionellen Volkskirche mit dem Progressismus der »politischen Theologie« einig ist: der bewußte und entschlossene *Weg zur Sekte*. Nur in der Form des christlichen Sektenbewußtseins wird das Christentum in dieser »Gesellschaft« noch den unbedingten Anspruch Christi an die Person vertreten und zur Grundlage von Gemeindebildungen machen können, ohne in anderen, verwechselbaren Heilswahrheiten aufzugehen.

8. Der »engagierte« Publizist und Schriftsteller

Es mag unnötig erscheinen, in einem Werk, das insgesamt den Herrschaftsanspruch der Deutungs- und Informationsproduzenten und der Sinnvermittler darstellte, noch einmal zum Schluß gesondert auf Journalisten und Schriftsteller einzugehen; aber die Absicht dieser Schlußkapitel ist ja nicht zuletzt, in unserer bundesdeutschen Landschaft von heute die geistigen Kräfte und Vorgänge aufzuweisen, aus denen die Intellektuellenherrschaft und das Wachsen der Sozialkirche ihre geistige Kraft ziehen. Zu diesen Quellen gehört die fast unbestrittene Auffassung, daß politisch-soziales *»Engagement«* im Sinne parteilicher Überzeugungen nicht nur ein Grundrecht aller sinnproduzierenden und -vermittelnden Berufe ist, sondern sein Fehlen geradezu einen Charaktermangel des Betreffenden darstellt. Wir definieren ein »Engagement« dieser Art gerade umgekehrt als den *Verrat der Sache zugunsten der Überzeugung*.

Was heißt aber »Sache« in der Publizistik? Und beruht nicht gerade alle »öffentliche Meinung«, alle Publizität auf der Grundlage, daß die Publizisten ihre subjektiven Meinungen »engagiert« vertreten? Die Unklarheit über die geistigen Pflichten publizistischer Berufe gehört heute in der Tat mit zu den professionell gepflegten Herrschaftslegenden dieser Tätigkeitsgruppe. Dazu gehört vor allem auch das Verschweigen einer schroffen Gegensätzlichkeit in den Funktionen der Sinnvermittler, je nachdem sie sich als Informatoren oder als Meinungsführer betätigen, ein berufsethischer Widerspruch, den Sammelbegriff wie »Journalist« oder »Publizist« vor den Betroffen selbst und den anderen bewußt verschleiern. Wir müssen, um unsere Kritik zu verdeutlichen, einen Blick auf die Bedeutung des hier gemeinten »Engagements« werfen und dann typologisch die zwei sich widersprechenden Aufgaben der »Publizisten« darstellen, die als Sachverpflichtung im »Engagement« verraten werden.

Die Bezeichnung »Engagement« hat sich, soviel ich sehe, vor allem in einer Diskussion des französischen Existentialismus, insbesondere um die »littérature engagée«, nach dem Kriege durchgesetzt, wobei die Sache selbst unter Schriftstellern und die Diskussion darüber alt sind und regelmäßig wiederkehren. Die französischen existentialistischen Schriftsteller verwarfen eine Literatur, die sich als Kunst oder Reflexion in sich absättigte, und suchten den Ausweg aus diesen Frustrationen der intellektuellen Distanz in der politischen Parteinahme: Sie traten der Kommunistischen Partei bei oder wirkten für sie öffentlich. »Engagement« ist also keineswegs nur die Leidenschaftlichkeit und Entschiedenheit, mit der sich jemand etwa für seinen Beruf einsetzt, als Politiker oder Wähler für seine Partei wirkt, als Priester oder Gläubiger sich am Gemeindeleben beteiligt usw., sondern »Engagement« ist der Versuch, die Last einer auf die Person bezogenen Aufgabe der Reflexion, der Analyse, der geistig-emotionalen Gestaltung, allgemein gesagt: der Aufgaben des Menschen, die nur im sozialen Nichthandeln erfüllt werden können und mit Einsamkeit bezahlt werden müssen, loszuwerden zugunsten einer unbedingten Bindung im sozialen Zusammenhange. Wofür man sich dann »engagiert«, ist letzten Endes gleichgültig, der »Sinn« liegt im Engagement selbst, und seine Ausdrucksformen stellen sich dann schon ein. So wie die französischen Existentialisten die bloße Reflexion loswerden wollten, so heute die jungen Soziologen die bloße Analyse und die Dichter das bloße Kunstwerk. »Engagement« ist damit gewissermaßen der Versuch, den Sinn seiner Tätigkeit in einer anderen zu finden, als man sie treibt.

In jeder modernen, insbesondere demokratischen Gesellschaft werden zwei lebensnotwendige gesellschaftliche Aufgaben von der »Publizistik«, also insbesondere von Presse, Rundfunk und Fernsehen, erfüllt, die wir einmal als *Information* einerseits, *Integration* andererseits bezeichnen wollen. Sie bedienen sich der gleichen Techniken und der gleichen Medien der Äußerung, aber sie wollen bei den Adressaten ihrer Publizität jeweils sehr verschiedenes erreichen, ja wirken vielfach bewußt gegeneinander und besitzen von daher auch eine sich gegenseitig ausschließende moralische Berufsauffassung.

Information hat, soweit sie auf das breite Publikum der Leser, Hörer und Zuschauer gerichtet ist, die Aufgabe, deren Urteilsfähigkeit durch übermittelte Tatsachen, Beziehungen, Gesichtspunkte usw. zu bereichern und zu stützen; Informatoren sind in diesem idealen Sinne erweiterte Wahrnehmungsorgane des Publikums, das sich durch sie über die Welt unterrichten will. Eine solche informatorische Publizistik ist daher im hohen Maße verwandt mit der Tätigkeit des wissenschaftlichen Forschers, aus dessen Lebensraum ja auch die klassische Forderung nach Öffentlichkeit und Freiheit des Informationszuganges stammt. In dieser Funktion als Informant dient der Journalist sowohl seinem allgemeinen Publikum wie vor allem auch allen Politikern, Wirtschaftlern und sonstigen Handelnden und Entscheidenden am besten, wenn er sich der subjektiven Wunsch- und Willenseinschüsse in seiner Tätigkeit nach Möglichkeit enthält; gewiß muß er über Handlungen und Handlungsmöglichkeiten informieren, aber nach Möglichkeit über alle zur Verfügung stehenden und ihre jeweiligen Folgen und Begleitumstände; kurz er darf den Adressaten nicht führen und ihm die Entscheidung abnehmen oder aufdrängen wollen, sondern er muß sozusagen allen politischen Wirkwillens sich entledigen und *nur* unterrichten wollen. Sein Berufsethos der Sachlichkeit besteht also darin, möglichst nur über »die Natur der Sache« selbst oder, wenn diese wie meistens keineswegs eindeutig ist, über die Vielzahl der sie erfassenden Gesichtspunkte und Zusammenhänge in Kenntnis zu setzen.

Die *integratorische* Funktion der Publizistik ist die Kunst der Willensführung und Meinungsbeeinflussung durch Veröffentlichungen aller Art; da heute die meisten sozialen Institutionen und Organisationen Menschen verbinden, die gar keine persönlichen Kontakte mehr haben, ist Publizität das lebensnotwendigste soziale Führungs- und Bindemittel; »Publizität ist das Blut, das durch alle Adern der modernen Sozialorganisation pulst und in ihrem Kreislauf diese am Leben erhält«. In diesem Sinne ist der Publizist immer der Gehilfe einer sozialen oder gar institutionellen Machtausübung, sei es nun des Staates oder der Parteien, der Wirtschaft, der Kirchen oder auch lockerer organisierter Gesinnungsgruppen. Natürlich besteht die Wirkungsweise dieser Integrationspublizistik nicht nur in offener Propaganda und Werbung, sondern vor allem in »ausgewählter Information«, d. h. in der Beschränkung der mitgeteilten Tatsachen auf die für die eigene Absicht wirkungsgünstigsten und in der Überzeugungskraft der eigenen Meinung als der einzig richtigen; der Adressat soll bestimmte Urteile übernehmen, sie verteidigen, nach ihnen handeln. Integrative Publizistik ist als Willensbildung und Meinungsführung die entscheidendste Form der politischen Herrschaft, die es heute in unserer Gesellschaft gibt, sie ist das Medium der Politik schlechthin. Daher liegt das Berufsethos dieses Publizisten in seiner politischen Überzeugung begründet, mit der er sich in den Dienst der »Sache« stellt, für die er eintritt – und bestünde sie nur in der Überzeugung, daß er als Techniker der Publizität vielen Herren dienen kann.

So weit, so gut: Jede der beiden »Sachen« der Publizistik ist in sich selbst nicht nur berechtigt, sondern sozial lebensnotwendig. Aber eine Aufgabe unter dem Anschein der anderen zu erfüllen, das ist das verführerische Dilemma der modernen Publizistik und, sofern sie es willentlich betreibt, ihr Betrug am Leser oder sonstigen Publikum. Bewußt auf ihre politische Wirkung ausgewählte Information ist nicht nur sachlich falsch, sondern sie schwächt planmäßig die Urteilsfähigkeit der Adressaten; schon Karl Kraus hat dies gegeißelt: »Die Mission der Presse ist, Geist zu verbreiten und zugleich die Aufnahmefähigkeit zu zerstören.« Und eine politische Publizistik, die vorgibt, einer politischen »Sache« oder einer politischen Idee zu dienen, aber damit die Herrschaft der Publizisten selbst zum Ziele hat, ist nach der anderen Seite hin unehrlich. Diese Art Verfälschung der Information und der Absage an die – nie voll erreichte, aber als ethische Verpflichtung wirksame – Sachlichkeit des Informators erfolgt heute mit der Berechtigung und Anerkennung des »Engagements« für irgendwelche politischen oder sozialen Überzeugungen, zu denen sich der betreffende Journalist oder Publizist subjektiv entschlossen hat. Und hier entwickelt sich das intellektuelle Klassenherrschaftsinteresse der Journalisten am üppigsten, hier stehen die Kanzeln der sozialreligiösen Predigt am wirksamsten bereit.

Ich meine hier also nicht die Erscheinung, daß der Journalist in den Dienst einer Presse tritt, die schon vom Träger und Herausgeber her als politische Integrationspresse verstanden werden muß und die gelesen wird, weil man die politischen und d.h. einseitigen Anschauungen dieser Verbände teilt oder erfahren will; das gilt für den ›Vorwärts‹ der SPD genauso wie für die ›Welt der Arbeit‹ der Gewerkschaften oder den ›Bayernkurier‹

der CSU. Schon mehr meint diese Kritik die sogenannte »Richtungspresse«, unter der ja die Springer-Presse die besondere Kritik wegen ihrer politischen Einseitigkeit der Information gefunden hat; gewiß, Springer hat im Nachkriegsdeutschland am deutlichsten gezeigt, wie man mit der Produktion von Information nicht nur gut verdienen, sondern sie auch nach eigenen Überzeugungen politisch einsetzen kann; versöhnlich daran könnte höchstens wirken, daß gerade Springer die politischen »Auswahlgrundsätze« seiner Druckerzeugnisse offen bekanntgegeben hat, z.B. Antikommunismus, Vereinigungspolitik in Deutschland, Israelfreundschaft usw., und daß daher jeder Journalist, der bei ihm arbeitet, und jeder Leser seiner Presse weiß, welche Art politischer »Integration« ihn erwartet. (Daß der Kommunist Holzer, der SPD-Politiker Küchenhoff und der polemische Schriftsteller Böll ausschließlich die ›Bild‹-Presse auf ihre politische Einseitigkeit hin kritisieren, liegt offenkundig nicht am Grundsatz – denn jeder von ihnen informiert politisch noch einseitiger –, sondern an der Wirkung der Springer-Blätter, ist also politischer Konkurrenzkampf um Informationsherrschaft.)

Aber Springer verkörpert fast mehr das Feudalzeitalter der Presse als ihre Klassenherrschaft; diese liegt dort vor, wo ein Typ von Journalisten zum Zuge kommt, der unter dem Vorwand »objektiver« Information und ohne eine dem Publikum gegebene klare Angabe seiner politischen Ziele nach subjektivem Engagement »informiert«. Kennzeichnende Figuren dieser Art in unserer publizistischen Landschaft sind vor allem die »Moderatoren« der sogenannten »Nachrichtenmagazine« des Fernsehens und Rundfunks; daß je nach politischer Richtung der Moderatoren für die politischen Parteien etwas abfällt, reicht doch wohl nicht hin, um die Tatsache zu erklären, daß politisch in keiner Weise zur Rechenschaft zu ziehenden Personen Woche für Woche das mächtigste politische Einflußinstrument zur Verfügung gestellt wird, damit sie in subjektiven Überzeugungsäußerungen und -kommentaren, die der Flüchtigkeit der Darbietung nach schon nie überprüft werden können, in aggressivster Form zur Gesinnungsherrschaft benutzen können. Hier deutet sich die Unangreifbarkeit einer selbständigen großen Macht an: Weil sie von den anderen in ihrer Funktion als lebensnotwendig angesehen wird, kann sie selbst in einer Weise aggressiv sein, die sich im demokratischen Staat verantwortliche Politiker oder Wirtschaftsführer gar nicht mehr leisten dürfen.

Das beste Beispiel dafür scheint uns aber das »Nachrichten«-Magazin ›Der Spiegel‹ zu sein, auf das wir näher eingehen wollen.

Zuvor sei aber noch darauf hingewiesen, daß die hier skizzierte Struktur von informatorischer und integratorischer Publizistik selbstverständlich nur einen Gesichtspunkt im Zusammenhang von Publizistik und Gesellschaft darstellt, den wir zur Verdeutlichung unserer Thesen brauchten. Ich habe in drei zu sehr verschiedenen Zeiten veröffentlichten Abhandlungen versucht, die Herrschaftsbedeutung der Publizistik ausführlicher zu untersuchen: ›Propaganda und Information‹ (1948); ›Gedanken zur Rolle der Publizistik in der modernen Gesellschaft‹ (1961), jetzt in: ›Auf der Suche nach Wirklichkeit‹, S. 310ff., und ›Publizistik und Gewaltenteilung‹ (1973); jetzt wie die erstgenannte Abhandlung in: ›Systemüberwindung, Demokratisierung, Gewaltenteilung‹, S. 83–130.

Exkurs: ›Der Spiegel‹ – ein Klassenkampfblatt

Der ›Spiegel‹ ist das erfolgreichste publizistische Plagiat im deutschen Blätterwald. Ich meine damit keinen kriminellen Tatbestand, sondern die gar nicht rechtlich geschützte Übernahme eines Zeitungstyps bis in alle Einzelheiten. Als Rudolf Augstein 1947 den ›Spiegel‹ herausgab, übernahm er die von Henry R. Luce in seinem Presseunternehmen vor allem für das Nachrichtenmagazin ›Time‹ entwickelten redaktionellen Arbeitsmethoden, den publizistischen Stil und die äußere und innere Aufmachung. Während der Chefredakteur und Herausgeber Luce als »Erfinder« neuer Publizitätsformen (außer ›Time‹ noch die Illustrierte ›Life‹ und das Wirtschaftsmagazin ›Fortune‹, ein vorgeahmtes »Manager-Magazin«) anzusehen ist, besteht der Gründungsbeitrag Augsteins in der Weitsicht, daß ein solches in den Fakten zuverlässiges Nachrichtenmagazin im neuen Westdeutschland gefragt und daher ein wirtschaftlicher Erfolg sein würde. Seine reaktionellen Organisationsprinzipien wie etwa die Teamarbeit an den Nachrichtenartikeln ohne Angabe der Redakteure, die typische Stilform einer Darstellung, die »von Klatsch zu Information, von der Indiskretion zur Verhüllung, von der Kommentierung zur Glossierung springt« (Zachäus), die schnoddrig-komprimierte Sprachform (»Egon Francke, 58, Innerdeutscher ...« oder »Josef Neckermann, 59, Reiter für Deutschland ...«) genauso wie die Tendenz, Politik möglichst durch Personifizierung verständlich zu machen, alles das hat Augstein von dem Erfinder Luce übernommen und in sein deutsches Nachrichtenmagazin übertragen. Vielleicht sind von vornherein einige kleine Unterschiede bemerkbar: Im Luce-Presse-Imperium wurde systematisch jede Faktenangabe unabhängig mehrfach auf ihre Richtigkeit überprüft, was sich der ›Spiegel‹ zunächst wahrscheinlich finanziell gar nicht leisten konnte und worauf er später keinen Wert mehr legte; der Herausgeber und Chefredakteur Henry Luce machte sich den Anonymitäts-Grundsatz für seine Redakteure auch persönlich zu eigen: Der Herrscher des Luce-Empire war den Lesern in den USA so gut wie unbekannt. Aber dieser ›Spiegel‹ in Westdeutschland hat auch eine demokratische Potenz aus den USA übertragen; mir scheint es keine Frage, daß er durch seine zuweilen geradezu detektivistische Aufspürung von aktuellen politischen Fakten und Zusammenhängen, durch Anprangern von Korruptionen und politisch unbequemen Tatbeständen und Personaldaten, durch eine immer mißliche, aber informationsnotwendig lesbare und attraktive Aufbereitung von größeren politischen und sozialen Tatbestandszusammenhängen in den ersten anderthalb Jahrzehnten seines Bestehens eine Informationsquelle hohen Ranges war; und daß die Politiker aller Richtungen seinem Erscheinen gierig-ängstlich entgegensahen, sprach für seine politische Unabhängigkeit. Daß ihm bei dieser Wirkung der Umstand half, daß die Nachkriegsgeneration der jüngeren Leute die skeptisch-mißtrauische Distanz zu den Äußerungen und Machenschaften der Politiker ebenso wie die schnoddrig-landserhafte Sprachform teilte, darunter aber nur etwas rigorose politische Ansprüche an die bejahte Demokratie stellte, oder daß sich die Kritik an der in den Jahrzehnten vorherrschenden bürgerlichen Parteiregierungen (CDU, CSU, FDP) im nachhinein offensichtlich gesinnungskonformer motivieren ließ, das alles verband den ›Spiegel‹ in den ersten anderthalb Jahrzehnten mit einem breiten Lesepublikum der damals jüngeren Generation. In dieser Betonung seiner Aufgabe als *Nachrichten*-Magazin stand er zweifellos in der Bundesrepublik (und darüber hinaus) an der Spitze einer *Informations*-Presse, wie wir sie idealtypisch von dem Typ der »Integrations«-Publizistik als politischer Meinungspresse unterschieden haben.

Das hat sich gründlich geändert: In den letzten Jahren ist der ›Spiegel‹ zu einem politischen Indoktrinationsinstrument für bestimmte Leserschichten mit parteiisch-politischen Absichten und d. h. zur politischen Herrschaftsdurchsetzung geworden. Dabei liegt das geradezu Infame darin, daß er sein früheres Informations-Prestige vermeintlich politischer Unabhängigkeit als Mittel und Sprungbrett eines maskierten politischen Machtstrebens und einer Richtungspropaganda benutzt. Diese Entwicklung im ›Spiegel‹ begann nach meiner Kenntnis mit der Autoreneitelkeit ihres Herausgebers: Als Rudolf Augstein, der sicher ein ebenso kluger Journalist ist, wie es in den führenden deutschen Zeitungen eine ganze Reihe gibt, damit begann, seine privaten Meinungsäußerungen zur Zeitanalyse, Vorträge vor aktualitätssüchtigen Intellektuellengremien usw., nun auch noch im ›Spiegel‹ gelb abgesetzt zu veröffentlichen (zuerst mit dem noch an die alten Grundsätze rückgebundenen illusorischen Hinweis, man solle sie doch rausreißen, wenn man sie nicht lesen wolle), war der Umschlag im Publizitäts-Charakter dieser Zeitschrift eingeleitet. Jetzt drängten immer mehr »Subjektivismen« in das Blatt hinein: ausführliche Buchbesprechungen, redaktionelle Vorbemerkungen als Politik und viele andere Formen von Meinungsleitartikeln. Der von Luce übernommene Grundsatz, möglichst alle Meinungen politischer Persönlichkeiten von ultrarechts bis ultralinks für Nachrichten zu halten, dagegen die des Journalisten, der sie vermittelt, nicht hervortreten zu lassen, diese Grundlage eines verläßlich informierenden Nachrichtenmagazins wurde vom ›Spiegel‹ mehr und mehr aufgegeben.

Diese Binnenpolitisierung des Blattes erfolgte in zwei sich gegenseitig stützenden Vorgängen: Erstens wurde das journalistisch hochspezialisierte und nachrichtenfähige redaktionelle Team, insbesondere unter der Chefredaktion von Günter Gaus, immer mehr in eine Gesinnungsgruppe von politischen Linksintellektuellen umgewandelt, die journalistisch ihr »Engagement« ausdrücken wollten. Zweitens benutzten die führenden Leute des Blattes, Augstein und Gaus, wie inzwischen wohl allen offenbar geworden ist, die Publizitätskraft des »Nachrichten«-Magazins als Sprungbrett für eine eigene politische Karriere und d. h. zum politischen Machterwerb.

Der erste Vorgang, die Besetzung der Redaktion mit politisch »engagierten« Journalisten, brachte genau die Gruppe der grundsätzlich herrschaftssüchtigen Sinnvermittler zum Wirken, die wir in diesem Buch geschildert haben. Ihre Herrschaftsinteressen bestimmten Themenauswahl, Informationsselektion und natürlich die Meinungsleitartikel des ›Spiegel‹. Das zeigte sich in dem Abbau der Kritik an der damaligen sozialliberalen Bundesregierung, denn sie erschien den Linksliberalen geradezu als ihre politische Repräsentation, und darüber hinaus hatte der Chefredakteur Gaus gute persönliche Gründe, das Blatt in den Dienst der intellektuellen Hochlobung Willy Brandts zu stellen. Die Verzerrungen der Information zugunsten dieser politischen Ziele nahmen geradezu sprunghaft zu. Niemals mußte der ›Spiegel‹ so viele Berichtigungen von Interviewten abdrucken wie unter der Chefredaktion von Gaus, wobei noch in Rechnung zu stellen ist, daß fast nur Personen mit Pressestelle oder Büro solche Berichtigungen ihrer verdrehten Aussagen verlangten. Die im ZDF und in der ›Welt‹ behauptete Tatsache, daß in 50 Nummern des ›Spiegel‹ 79 berichtigungswerte Fehler zu verzeichnen waren, ist insofern belanglos, als die Absicht der Informationsverfälschung nicht untersucht und damit gar nicht deutlich gemacht ist und daß sehr viel mehr Informationsverzerrungen in gleicher Richtung erfolgt sind. Meinen eigenen Erfahrungen nach ›Spiegel‹-Recherchen und -Lektüre entspricht am besten eine Leserzuschrift des Schweizers Curt Riess: »Augsteins Rekorde (berichtigungswerter Fehler) liegen viel höher! Sicher gab es Fehler, die zu berichtigen die Betroffenen nicht für notwendig hielten und von denen der sicher stark überarbeitete Justitiar der Zeitschrift nicht glaubt, daß ihre Berichtigung erzwungen werden könnte … Ich habe nun Leute befragt, die jeweils für einen (im ›Spiegel‹ behandelten) Themenkreis zuständig, das heißt Fachleute waren. Die Antworten ähnelten einander wie auf das berühmte Haar. Jeder der von mir Befragten erklärte – natürlich mit anderen Worten –, ›Der ›Spiegel‹ ist ein außerordentlich verläßliches Organ. Alle Themen, von denen ich nicht allzuviel verstehe, werden aufs beste abgehandelt. Nur das Thema, von dem ich etwas verstehe, wurde recht fehlerhaft behandelt.‹ Wie man sieht, Fachleute finden, daß die Berichterstattung des ›Spiegel‹ unzuverlässig ist. Die Nichtfachleute finden ihn zuverlässig.« Das ist ein vernichtendes Urteil, denn damit wird der ›Spiegel‹ zu einem von Nichtfachleuten, die er informieren will, fälschlich für nachrichtenzuverlässig gehaltenes Presseorgan. Die seinem Anspruch nach beabsichtigte angemessene »Übersetzung« von Fachkenntnissen in allgemeine Information wird nicht mehr oder nur unter einem hohen Anteil von Sachverfälschungen geleistet.

Trotzdem halte ich den Vorwurf, den der damalige Präsident der Bundesärztekammer (nach einer ›Spiegel‹-Serie, die berechtigte Kritik an Interessenverfilzungen in den ärztlichen Organisationen mit der Propaganda der von den Linksintellektuellen begünstigten Sozialisierung des Gesundheitswesens verband) äußerte, daß der »›Spiegel‹ ... die Gesellschaft ... durch publizistische Hetze sozialisierungsreif zu ›schreiben‹« unternehme, für falsch. Die Kombination von informativer Kritik, linksintellektueller Politik und Verlegergewinn einschließlich hoher Journalisteneinkommen, zielt nicht auf »Sozialisierung« im Sinne der »Verstaatlichung« (alle hier Beteiligten würden die Abschaffung des kompetenten Privatarztes als eine schwere Einbuße ihrer »Lebensqualität« verzeichnen); hier geht es um Gruppenentmachtungen und gruppenhaften Machterwerb. *Der ›Spiegel‹ ist das wirksamste Klassenkampfblatt der Klasse der Sinnvermittler und ihrer politischen und ökonomischen Klasseninteressen geworden.* Parteipolitisch reichen diese Begünstigungen von der ultra-SPD-istischen Linken bis zur FDP-Linken, und selbstverständlich muß man, um die spezifische Leserwirkung scheinobjektiver Information zu erhalten, auch einmal jemanden verständnisvoll über die »Konservativen« schreiben lassen, aber ein Wolf macht glücklicherweise kein Rudel. Der Hauptnenner, auf den sich die politische Parteilichkeit des ›Spiegel‹, vor allem unter Gaus, bringen läßt, ist nicht der »Sozialismus«, sondern die Klassenherrschaft der Sinnvermittler.

Auf dieser Grundlage haben auch die beiden führenden Personen dieser politischen Umwandlung des ›Spiegel‹ seine Informationsmacht zur Grundlage persönlichen politischen Machtstrebens gemacht, nämlich Rudolf Augstein und Günter Gaus. Sie sind, wenn auch auf verschiedenem Niveau, Prototypen der sich ankündigenden politischen Machtergreifung der Sinnvermittlungsklasse. Eine *Analyse Rudolf Augsteins* unter diesem Gesichtspunkt macht vieles verständlich, was sonst widersprüchlich bliebe:

Augstein wird parteipolitisch irrtümlich der FDP zugerechnet; er ist dieser Partei ebensowenig verpflichtet wie Springer der CDU; daß er die Verwirklichung seiner Überzeugung, er sei Politiker und Staatsmann, im Rahmen einer Abgeordnetenwahl als Kandidat der FDP suchte und finanzierte, entspricht der Konstellation, daß die linke FDP dem politischen Ehrgeiz von Intellektuellen, die sich plötzlich für die politische Karriere entscheiden, die größten Chancen bietet, weil sich hier Meinungssubjektivität und persönliches politisches Machtstreben am leichtesten parteipolitisch zur Deckung bringen lassen. Aber Augstein ist kein FDP-Parteimann, mag er auch dafür sorgen, daß ab und zu diese Partei günstig in seinen »Informationen« wegkommt; er ist ein Politiker und »Staatsmann« aus eigener struktureller Machtvollkommenheit, er praktiziert eine »Staatsräson«, die sich nicht anders als die *Machträson eines Publizitätsherrschers* verstehen läßt. Nehmen wir seine Urteile zu Karl Wienand: »Viele, auch viele Abgeordnete des Deutschen Bundestages, sind schon einmal bestochen worden, ohne daß sie es auch nur gemerkt hätten. Wo immer Leute auf ihren handfesten Vorteil aus sind, liegt Bestechung nahe. Das für richtig Erkannte nicht tun, weil ein Nachteil droht, ist sozusagen die Normalität. Das für richtig Erkannte nicht tun, weil ein Vorteil winkt, ist Bestechung ... Was Karl Wienand am Rande der Legalität für diese Regierung getan hat, mag zehnmal ehrenvoller sein als seine Fürsorge in eigener Sache, die vielleicht auch nicht unehrenhaft war und die er, zur Verwunderung aller, überlebt hat. Wer wollte sich überheben angesichts eines Mannes, der vielleicht nur getan hat, was etliche zu fein waren zu tun und was ungezählte andere in ihren Träumen getan zu haben wünschten ... Hätte er tatsächlich durch unlautere Praktiken, vulgo Korruption genannt, die Regierung Brandt/Scheel gerettet – wäre das denn etwa kein Opfer wert?« (Rudolf Augstein, ›[Noch kein] Watergate in Bonn‹, ›Spiegel‹ Nr. 25, 18. 6. 1973.) Man begreift diese Verteidigung der politischen Korruption nur, wenn man versteht, daß in ihr Augstein (ohne jede personale Beziehung zu Wienand) seine eigene politische Einstellung und Ethik verteidigt. Das höhere Ziel rechtfertigt die Korruption der Mittel, das »Opfer«, das das hat Augstein mit der Informationsverpflichtung des ›Spiegel‹ genauso gebracht wie Wienand mit der Verpflichtung des Abgeordneten zur Wahrung des Gemeinwohls.

Im übrigen verträgt sich seine »Staats-Räson«, die in Wirklichkeit eine »Augstein-Räson« ist, durchaus mit der Tatsache, daß auch er privatkapitalistisch recht gut davon profitiert, Politik zu treiben, die sich »anti-kapitalistisch« engagiert (übrigens ein durchgehender Zug der »Führer« dieser neuen Sinnvermittler-Herrschaft, z.B. bei den diesbezüglichen Schriftstellern und Künstlern; so bekämpften früher die Kirchenfürsten im Namen des Christentums die weltlichen Fürsten und erstrebten und genossen doch deren Macht und Ehren). Weil aber diese »kapitalistische« Basis zugleich die materielle Grundlage seiner Engagement-Politik ist, läßt er durch andere daran nicht tasten, auch wenn er mit diesem Widerstand sich scheinbar zu widersprechen scheint: So stand er unerwartet in der Diskussion um die Rechte der Herausgeber und Chefredakteure gegen die mitbestimmungsversessenen und d. h. herrschaftsgierigen Gesinnungsgenossen, und als der maßvolle Mitbestimmungsversuch seines Hauses an eben den Erscheinungen einer »Vollversammlungsdemokratie« scheiterte, die sein Blatt an den Universitäten jahrelang nicht genug hochloben konnte, da fand er plötzlich Töne, die wortwörtlich etwa in der Rektorenkonferenz oder sonstigen Professorengremien für ihn ungehört verhallt waren. Ich habe selten so gelacht wie an dem Tage, da Augstein im ›Spiegel‹ schrieb: »Die Vollversammlungsfraktion aber will den Redaktionsrat durch imperatives, jederzeit entziehbares Mandat abhängig wissen. Derart würden Personal-Details einer erstaunten Umwelt offen vor Augen liegen, und die Redaktion wäre einem ständigen Parteien-Kampf ausgesetzt, der jeden Korpsgeist (!) ersticken müßte« (27. 9. 1971); ein noch später veröffentlichtes Augstein-Memorandum enthält noch mehr solcher unwahrscheinlicher Einsichten: Demokratie bedeute nicht, daß jeder über alles Bescheid wissen und über alles mitbestimmen müsse; wollte man den formalen Demokratiebegriff des parlamentarischen Systems auf unseren Betrieb übertragen ..., so würden zwei oder mehr Fraktionen einen permanenten Wahlkampf führen müssen; ohne wechselseitige Loyalität und Kollegialität kann keine Redaktion existieren ... usw.; alles sehr richtig, aber nicht nur für den Betrieb ›Spiegel‹. Seit diesem Tage, das gestehe ich offen, bezweifele ich nun auch noch die soziale Urteilsfähigkeit Augsteins.

Aber am kennzeichnendsten erscheint mir doch die Art, wie Augstein aus seinem ›Spiegel‹-Besitz und seiner Herausgebertätigkeit die gleiche, übergroße Stützung seiner Tätigkeit als Politiker herausschlägt, die Partei-Politiker nur dadurch erreichen, daß sie sich demokratisch-organisatorisch einen Anhang sichern. Hier funktioniert bereits das Klassenkartell der Publizisten: Herr Höfer unterhält sich gerade in der Zeit, in der Augstein in Paderborn als Bundestagsabgeordneter kandidiert, mit ihm im Fernsehen »über Jesus«, also über ein Buch, in dem Augstein laienhaft-pubertäre Auseinandersetzungen mit dem kirchlichen Jesus-Bild versucht, die nur aus dem eigentlichen Ressentiment des laizierten Katholiken zu erklären sind; der ›Stern‹ walzt die Sache rechtzeitig breit. (Für die Art, wie Augstein den Antikatholizismus im ›Spiegel‹ praktiziert, geben die Berichte über Hans Küng ein Beispiel, gegen die Küng nur in der FAZ eine berichtigende Darstellung unterbringen konnte, weil der ›Spiegel‹ sie ablehnte, aber danach in einer Kleinigkeit glossierte.) Die gegenseitige Intellektuellen-Politiker-Lobhudelei von Augstein und Gaus im Fernsehen gehört zu den aufschlußreichsten Schauspielen dieser Art Klassenherrschaft; man sollte das Interview im Fernsehen immer wieder zeigen. An dem sehr typischen Verhältnis von Augstein und Gaus als Politiker läßt sich überhaupt beispielhaft die machtpolitische Durchsetzungspraxis dieser neuen »Herrscher« belegen: Sie marschieren parteipolitisch getrennt (FDP und SPD), aber sie schlagen vereint; als Gaus endlich die Belohnung für seine publizistische Tätigkeit, seine Ernennung zum Staatssekretär und Vertreter der Bundesrepublik in Ost-Berlin durch Überreichung seines Beglaubigungsschreibens bei Willi Stoph besiegeln konnte, schrieb Augstein persönlich an den »Spiegelleser« (17. 6. 1974), daß Gaus »mit der Ostpolitik Brandts und Scheels und Wehners mehr als oberflächlich befaßt war, ja, daß er mittlerweile einer der wenigen Amtsinhaber ist, die überhaupt noch etwas davon verstehen« (auf welche neuen »Amtsinhaber« zielt dies, daß sie weniger von der Ostpolitik verstehen als Herr Gaus?); weiter heißt es: »Sollte Günter Gaus die Absicht haben, sich in der DDR-Politik über das einem Diplomaten bekömmliche Maß hinaus zu engagieren ..., so würde er nicht nur den SPD-Vorsitzenden Herbert Wehner an seiner Seite wissen, was für ihn wichtig ist, sondern, was für ihn nicht unwichtig ist, auch den ›Spiegel‹.« Man muß wissen, daß zu diesem Zeitpunkt Helmut Schmidt Kanzler, Genscher Außenminister ist; im übrigen machen diese Aussagen deutlich, daß der ›Spiegel‹ unter Gaus und Augstein bereits in der Berichterstattung über die Ostpolitik Brandt/Scheel nur Partei genommen hat und daß eine auch nur einigermaßen objektive Berichterstattung über die Tätigkeit von Gaus in Ost-Berlin nicht zu erwarten ist; Herr Gaus kann Herrn Augstein und seinen ›Spiegel‹ auf seiner Seite wissen, dieses politische Bündnis ist in aller Öffentlichkeit geschlossen, auf den Rücken derer, die noch eine Nachrichten-Berichterstattung vom ›Spiegel‹ erwarten. Eine ähnliche Dokumentation der politischen Augstein-Räson geschah in Höfers »Frühschoppen«, als Augstein dort nach den Gründen gefragt wurde, weshalb er Willy Brandt nicht vor dem politisch schädlichen, aber dem ›Spiegel‹ gute Einnahmen bringenden Vorabdruck seiner Darstellung ›Über den Tag hinaus‹ gewarnt hätte; Augstein, der dort den Eindruck zu erwecken versuchte, er sei mit Brandt befreundet – »soweit man mit solchen Männern überhaupt befreundet sein kann« –, und der diesen Abdruck mit einem für Brandt nicht schmeichelhaften Vorbericht aufputschte und ein Bild abdruckte, das ihn in staatsmännischem Gespräch mit Brandt zeigt, erklärte offen: Brandt habe sich mit diesem Vorabdruck eben auf ein Gebiet begeben, dessen Gesetze er nicht beherrsche und wo er also Schaden hinnehmen müsse; auf die Frage, weshalb er ihn denn nicht freundschaftlich gewarnt hätte, sagte er ebenso offen: Er sei nicht um einen freundschaftlichen Rat gebeten worden und sei froh darum gewesen. Die politische Umformulierung von »Freundschaft«, die hier zutage tritt, entspricht genau der publizistischen Umformulierung von »Wahrheit« und »Nachricht«, die der ›Spiegel‹ unter Augstein mehr und mehr betreibt.

Ein zusammenfassendes Urteil über Augstein als Politiker und den ›Spiegel‹ als sein politisches Herrschaftsinstrument hat Augstein selbst geschrieben, als er in einem Herausgeberkommentar im ›Spiegel‹ vom 27. 3. 1972 unter der Überschrift ›Der unnützliche Idiot‹ über Axel Springer schrieb: »Da gäbe es eine Menge zu philosophieren über den Spezialwahn von Zeitungsdiktatoren, über ihre Beziehungslosigkeit zu dem, was um sie herum los ist. Wenn die Wirklichkeit beharrlich anders sein will, als sie aus den Rotationsmaschinen herauskommt, lassen sie kurzerhand gegen die ›Realitäten‹ anschreiben, irgendein Mensch mit der Höhenkrankheit läßt sich in irgendeiner Redaktionsstube ja wohl finden.« In dieser Absicht, die »Realitäten« publizistisch und politisch unmittelbar verändern zu können, unterscheidet sich Augstein von Springer nur dadurch, daß er nicht nur Geld hinter sich hat, sondern auch eine Klasse, die wie er zur Herrschaft strebt.

Günter Gaus ist dafür ein Symptom auf niedrigerem Niveau. An sich gehört er zu den vielen meinungsführenden Journalisten, die für irgendeine Organisation oder Person eine auch ihrer subjektiven Parteimeinung entsprechende werbende Publizistik entfalten. Diese Art propagandistische – wir nannten sie »integrative« – Leistung hat Gaus auch in seinen Kommentaren und Interviews gebracht, die, liest man sie einmal Jahre später, wegen ihrer Urteilsunfähigkeit auffallen, da hier die Irrtümer und Werbephrasen des »Brandt-Reformismus« gebündelt gesammelt sind. Das Ärgerliche, aber für diese neuen Sinnherrscher Kennzeichnende besteht darin, wie hier vorgetäuscht wird, Nachrichten im Sinne einer optimalen kritischen Wahrheitsüberprüfung zu vermitteln, wozu er als Chefredakteur des »Nachrichten«-Magazins ›Der Spiegel‹ wohl vor allem verpflichtet, aber wozu er wohl am unfähigsten war. Darüber hinaus kennzeichnet Gaus die demonstrative geistige Arroganz, die sich durchaus typisch auf alle die Fehler gründet, die diese neuen Sinnvermittlungsherrscher für ihre Tugenden halten.

Gaus hatte sich der Politik Willy Brandts mit einer parteilichen Einseitigkeit verschrieben, die von diesem, wie inzwischen deutlich geworden sein wird, geschätzt und hoch belohnt wurde; wieweit später einmal deutlich wird, daß das Bündnis mit diesen Intellektual-Politikern Brandt so weit zur Selbstüberschätzung getrieben hat, daß er gerade an ihnen und an ihrer gruppenegoistischen Herrschaftsdevise »Reform« gescheitert ist, mag eine distanziertere Geschichtsschreibung feststellen. Gaus ist jedenfalls ein Beispiel dafür, daß Brandt allzuoft einen unglücklichen Mund hatte und seinerzeit die politische Polarisierung – ich fürchte: ungewollt – immer mehr anheizte. Gaus begann in einem ›Spiegel‹-Kommentar ›Die Mitte ist links‹ (15. 11. 1971) jenen ridikülen Streit der bundesdeutschen Politiker um die neue »Mittel«-mäßigkeit, der bis heute andauert. »Politische Mitte« zu sein gehört zu den demonstrativsten politischen Leerformeln, die geradezu Lehrbuchreife haben; daß, wer in einer sich ständig schnell wandelnden parteipolitischen Szenerie sich selbst politisch als »Mitte« bezeichnet, damit ein Bekenntnis zum inhaltlosen politischen Opportunismus ablegt, wird dem auf emotionelle Werbe-Publizistik bedachten Gaus offenbar nicht bewußt. So kann man solche phraseologischen Leerformeln bei ihm vielfach auffinden (im gleichen Artikel): »Die öffentliche Armut weiterhin mit pragmatischer Gelassenheit zu akzeptieren hieße ...«; »Epplers Steuerprogramm hilft der SPD auf jene Sprünge, die sie jetzt tun muß, ob sie will oder nicht«. Im Schwall dieser Art »progressiver« Phrasen à la Gaus ist die »Reformpolitik« ersoffen. Es ist wohl deutlich, daß heute – ich schreibe dies im Oktober 1974 – Helmut Schmidt treffender die Sprache der Arbeiter spricht, die jetzt in unserem Lande leben, als jemals diejenigen, die den Namen der Arbeiter nur im Munde führten, um sie zu »bevormunden«.

Für das Verhältnis, das Gaus als publizistischer Schildknappe Willy Brandts zu einer Nachrichtenpresse hat, die die Sachlichkeit zu optimieren versprach, mag die Einleitung eines ›Spiegel‹-Kommentars mit dem Titel ›Brandt und die Korruption‹ (2. 10. 1972) kennzeichnend sein: »Dies ist ein parteiischer Kommentar. Er basiert auf der festen Meinung, daß ... Na, und nun? Sind mit dieser schlichten Einleitung also die edelsten Teile des Journalismus verletzt worden, verschleudern wir unsere höchsten Güter? Oder ist es noch möglich, durch das Eingestehen einer Selbstverständlichkeit, die gewöhnlich unerwähnt bleibt (dieser Kommentar ist parteiisch), einen Aha-Effekt auszulösen ...?« Was bewegt ihn wohl, hier ausdrücklich eine »Selbstverständlichkeit einzugestehen«? Offensichtlich doch wohl noch ein Restgewissen, daß »Journalismus« eben doch nicht in allen seinen Teilen diese Art »Parteilichkeit« für »selbstverständlich« ansieht. Ohne jeden Zweifel hat Gaus selbst am ›Spiegel‹ vor allem die Möglichkeit zum parteiischen Kommentar an die für ihn optimale Zielgruppe geschätzt; eben deshalb verluderte unter ihm auch die Nachrichtenqualität des Blattes.

Für die geringe Selbstkritik seines politischen Engagements spricht außerdem die Art, wie er »Informationen« in von ihm zahlreich abgehaltenen Interviews zu vermitteln versuchte. Seine Eitelkeit, sich selbst reden zu hören; seine Unfähigkeit, anderen zuhören zu können; vor allem aber seine Impertinenz, dem Gesprächspartner die Gaussche Problemstellung aufzuzwingen, nicht aber die des Interviewten sich entwickeln zu lassen, machen ihn zu einem beispielhaft schlechten Interviewer; wie er – um nur einen Fall anzuführen – den CDU-Sozialpolitiker Norbert Blüm in einem Interview quälte, ganz belanglose und dilettantische Äußerungen zur katholischen Geschichts- und Sozialphilosophie von sich zu geben, aber die Fragen zu vertiefen vermied, worin sich denn sozial-, wirtschafts- und gewerkschaftspolitisch der CDU-Gewerkschaftler von den führenden SPD-Gewerkschaftlern eigentlich konkret unterschied, darin bestand die Methode, ein Interview auf das Gaussche Niveau zu heben. Als der Hamburger Bürgermeister Weichmann, der sich gegen den Linksradikalismus warnend ausgesprochen hatte, seinen Abschied aus der Politik nahm, führte Gaus im Fernsehen (Juni 1971) mit ihm ein Interview durch, in dem Weichmann wiederum die Bewahrung des Rechtsstaates und der demokratischen Spielregeln betonte; Gaus schloß das Interview mit den Worten: »Herr Weichmann, dies ist, ganz wertfrei gesagt, ein ›Law-and-Order-Standpunkt‹«; Weichmann darauf: »Ja, ganz richtig.« Weiß man, daß zu der Zeit der Begriff »Law and Order« die Formel war, mit der die intellektuelle Linke (und der ›Spiegel‹) alle Politiker von Helmut Schmidt bis Franz Josef Strauß als Reaktionäre kennzeichnete, dann ist diese Art, das Interview zu schließen, »ganz wertfrei gesagt«, eine intellektuelle Unverschämtheit: Man führt zum Schluß den Gesprächspartner unredlicherweise zur Zustimmung zu einer unscheinbar gemachten Formulierung, die dieser im Moment nicht übersieht, macht damit aber seinen eigenen Gesinnungsgenossen sprachzwinkernd klar, wie man den Kerl beurteilt. Für die Machtposition, die eine solche Art von interviewendem Journalismus heute in unserer Öffentlichkeit bereits erreicht hat, spricht die Unterwürfigkeit der Politiker, solche Herabsetzungen hinzunehmen – ich kenne nur eine prominente Ausnahme –, weil für sie eben eine schlechte Publizität immer noch politisch besser erscheint als gar keine.

Sowenig man die verlorene Unschuld wiedergewinnen kann, so wenig wird auch die Redaktion des ›Spiegel‹ jenes »Engagement« für Nachrichtenfindung und -vermittlung sich wieder aneignen können, das dies Blatt in seiner Anfangszeit bestimmte. Mindestens nicht, solange Rudolf Augstein darin das Sagen hat. Aber welcher Politiker verzichtete schon auf ein solches Machtmittel! Damit ist der ›Spiegel‹ zu den vielen Tages- und Wochenzeitungen der Bundesrepublik zu zählen, die Nachrichten und Meinungen vermischen und sich an jeweils ihr Gesinnungspublikum wenden; allerdings steht der ›Spiegel‹ in seiner Informationszuverlässigkeit unter ihnen keineswegs an erster Stelle, wohl aber in der Maskierung seiner politischen Werbelinie. Zwar hat Augstein – angesichts des Mitbestimmungskrachs in seinem Betriebe und gegen die Linksradikalen gewandt – die Parole ausgegeben: »Wir bleiben ein liberales, ein im Zweifelsfall linkes Blatt«; wir glauben allerdings, die Klientelschaft der Augstein-Publizistik in diesem Buche eingehender bestimmt zu haben. Man sollte daher sein Blatt nicht immer als »ein bekanntes Nachrichtenmagazin« zitieren – und damit ungewollt ›Spiegel‹-Werbung treiben –, sondern wie bei anderen Zeitungen und Zeitschriften die verfolgte politische Linie angeben: Für den ›Spiegel‹ hieße dies »im Zweifelsfalle«, der bei ihm immer gegeben ist, »das linke Augsteinblatt«.

Ein ähnlicher Verrat der Sache zugunsten der Überzeugung, diese Art des politisch-sozialen Engagements, findet in Tätigkeitsbereichen statt, die man als Kunst anzusehen sich gewöhnt hat. Damit ist die Frage aufgeworfen, ob und wieweit nicht auch *die Künstler* zu diesen Gruppen der Gläubigen und Verkünder der Sozialreligion und zu den Besitzern einer neuen intellektuellen Klassenherrschaft gehören. Ich neige dazu, sie nicht zu den nach Herrschaft Strebenden zu zählen und daher ihrer weitverbreiteten sozialen Heilsgläubigkeit soziologisch einen ganz anderen Ort zuzuweisen. Zunächst muß man einmal sehen, daß Kunst im Sinne von Kunstwerken und Kunstschaffen nicht in dem Sinne sozial lebenswichtige Funktionen für alle erfüllt wie Information, Unterrichtung, Leidens- und Ohnmachtströstung usw. Die Funktion der Kunst in der Gesellschaft ist die Kunst, und sie erfüllt die Bedürfnisse der Menschen, die sie selbst zu erwecken und zu verfeinern versteht. Es gibt heute auf der Welt genügend Gesellschaften, wo die Kunst nur in der funktionalen Dienstleistung gegenüber der politisch durchgesetzten Verfassung erlaubt wird und also ihre soziale Funktion eben die gleiche politische »Integrationshilfe« ist, wie wir sie bei der Information bereits beschrieben haben. Dazu kommt, daß alle Kunst die Herrschaft als Brotgeber sucht, denn sie lebt grundsätzlich »von der Arbeit der anderen«, deren Erträge die »Herrscher« verteilen, in diesem Falle etwa die fürstlichen, kirchlichen oder staatlichen Mäzene oder die kapitalistischen Kunsthändler und -käufer am offenen Markt. Die Zweckidentifikationen von Künstlern mit diesen brotgebenden Herrschaftsformen sind unterschiedlich stark, häufig sehr spannungsgeladen, auf jeden Fall selten in der Weise vorhanden, daß die Künstler jeweils zu der betreffenden Herrenschicht selbst zuzurechnen wären. Unsere Frage über die Künstler in der modernen Gesellschaftsstruktur würde also genauer lauten müssen: Ob sie sich den neuen Herrschaftsschichten der Sinnproduzenten und Sinnvermittler zugehörig fühlen und inwiefern sie selbst diese Art Herrschaft mit ausüben.

Angesichts der Tatsache, daß sehr viele Künstler Anhänger sozialutopischer Vorstellungen, ja vielfach politisch linksradikal sind, bis hin zur Mitgliedschaft in kommunistischen Parteien und Sekten, ist man geneigt, sie zu dem Kern der modernen linken Sozialgläubigkeit zu zählen. Bemerkt man aber, daß diese politisch-soziale Radikalität im wesentlichen die Aufgabe hat, die für eine schöpferische künstlerische Tätigkeit lebensnotwendige Außenseiterposition oder zumindest soziale Distanz von den Alltagsverpflichtungen des Jedermann und damit gerade von der normalen sozialen »Funktionalität« zu schaffen, dann erhält dieser soziale Heilsglaube hier einen ganz anderen Stellenwert: Er zielt nicht auf Beherrschung anderer und auf politische Planung der zukünftigen Sozialverfassung, sondern dieser Glaube ist ein Faktor zur Herstellung eines produktiven Innenmilieus des Künstlers, indem er sich bewußt von der sozialen Mühe und Arbeit konkreter Politik, ja schon konkreter staatsbürgerlicher Pflichten entlastet. Daher ist dieses politisch-utopische Links-Engagement natürlich nur bei den Künstlern im demokratischen Westen zu finden, während in kunstlenkenden totalitären Gesinnungssystemen diese Haltung kaum zu finden ist – es sei denn, als Unterwerfung unter die politische Gesinnungsherrschaft –, sondern eher die Neigung, die Autonomie der Kunst gegenüber der Gesellschaft zu betonen. Das für jeden Künstler schaffensnotwendige Streben nach der Vollkommenheit des Werkes, dem man sein Leben widmet, wird hier als ein Glauben an die Vollkommenheit einer Gesellschaftsordnung auf ein fremdes Feld übertragen; deshalb mag dieses politisch-soziale Engagement im Innenleben der Künstler wichtig sein, in die geleistete »Sache selbst«, in die Kunstwerke von Niveau, dringt es selten ein.

Allerdings muß man wohl neben den Rangunterschieden von Kunst auch deren verschiedene Arten für solche Urteile berücksichtigen: Musik und Malerei sind sozialideologieferner als Architektur und Romanschriftstellerei. Auch bei »engagierten« Malern sind die Werke mehr als Verkündigung: Picassos ›Guernica‹ geißelt nicht nur die faschistischen Bomber, sondern auch die Bomben auf Dresden, die Leiden des Krieges schlechthin; seine ›Taube‹ gilt allem Frieden, nicht nur den kommunistischen Friedenskongressen. Ob der Komponist Hans Werner Henze seine Stücke Che Guevara oder Richard Kaselowsky widmet, ist für die Musik genauso gleichgültig wie die Frage, ob Beethoven die Widmung seiner ›Eroica‹ an Napoleon wirklich zurückgenommen hat oder nicht (wenn H. W. Henze seinen Musikverleger zu einer kunst- und gesellschaftspolitischen Einseitigkeit seiner Musikzeitschrift zwingen will, so ist das Herrschaftsmittel offensichtlich nicht die Musik, sondern das Geld). Anders liegt es dort, wo das betreffende Kunstschaffen von vornherein mit den auch unkünstlerisch ausgeübten Berufstätigkeiten ähnlicher Art ineinanderfließt: bei der Architektur und beim Schriftsteller. Und hier ist das soziale »Engagement« in der Tat häufig mit intellektuellen Herrschaftsabsichten verbunden. Die Erscheinung, daß die Architekten und Städtebauer »den anderen« die in ihren Köpfen ersonnenen und geplanten Lebensformen aufdrängen, ja aufzwingen wollen, ist eine bekannte Erscheinung des modernen Städte- und Wohnungsbaus; die Abhängigkeit dieser *Gesellschaftsplanung durch Stahl und Beton* von den jeweils gängigen Lehren der Soziologie und ihre oftmals erheiternden verräumlichenden Kurzschlüsse in unsere Kritik der Soziologieauswirkungen einzubeziehen, könnte reizen. Doch wollen wir hier nur versichern, daß ein erheblicher Teil der Architekten und Stadtplaner in der Tat zum Kern der durch Sozialvormundschaft über die Politiker und andere Bau-»Herren« und noch mehr natürlich über die bloßen Benutzer heilsgläubig Herrschenden gehört und daß ihre Selbstlegitimierung gesinnungssoziologisch erfolgt.

Die größte Nähe zum engagierten Journalisten gewinnt zweifellos der »engagierte Schriftsteller«, zumal bei diesem Engagement seine literarisch-künstlerischen Produkte bald ununterscheidbar mit seinen nur publizistisch-journalistischen sich vermengen; und genau darin, daß mit literarisch-künstlerischem Prestige mehr oder minder guter Journalismus serviert wird und der gute Wille der politischen Überzeugung an die Stelle des uniformierten Urteils tritt, liegt die eigentliche Chance, als »Dichter« – wie ihn die anderen nehmen und nehmen sollen – soziale und heilspolitische Macht auszuüben. Auch dies haben christlich-religiöse Schriftsteller gläubig schon immer im ienste der Kirchen getan; das Kennzeichen der »engagierten

Schriftsteller« von heute ist aber gerade, daß sie es zugunsten
ihrer selbst als Herrschaftsgruppe oder Wortführer der Sozialkirche tun. Wir wollen solche Zusammenhänge an dem wohl
bekanntesten »engagierten Schriftsteller« der Bundesrepublik,
Heinrich Böll, kurz darstellen.

Exkurs: Heinrich Böll – Kardinal und Märtyrer

Hier soll die literarisch-ästhetische Leistung des Dichters und Schrift-
stellers Heinrich Böll in keiner Weise gewürdigt oder gewertet werden:
Davon verstehe ich nicht genug, und mein persönlicher literarischer
Geschmack bevorzugt unter den lebenden deutschen Schriftstellern eher
Arno Schmidt, bei dem man dauernd denken muß, als die langatmigen
Sozialromanciers wie Böll, Walser, Grass, Lenz usf.; über die ›Zeit‹,
erlitten von Dichtern, erfahre ich mehr bei Handke, Huchel oder Reiner
Kunze, ja selbst aus den gelungenen Zeilen von Enzensberger oder
Rühmkorf, weil hier die Subjektivität sich rein und konzentriert äußert
und die gewonnene Sprache allein die Wahrheit ist. Dagegen ist Böll
soziologisch für mich ein ungewöhnlich aufschlußreicher Gegenstand,
und allein davon soll hier die Rede sein. Für die in diesem Buche
entwickelte Vorstellung einer sozialen Heilsreligion und ihrer Führung
durch die Sinnproduzenten stellt Böll eine so repräsentative Figur
sowohl in seiner »Herrscher«-Attitüde wie in seinem missionarischen
Leidensdrang dar, daß man ihn wohl als *Kardinal und Märtyrer zugleich*
in der Gemeindebildung der neuen sozialen Heilsbewegung bezeichnen
kann. So wollen wir hier nur in gebotener Kürze die Kennzeichen seines
öffentlichen Verhaltens betonten, die diese Zurechnung begründen.

Zunächst ist Böll der wohl überzeugendste literarische Prediger des
Elends der bundesdeutschen Wirklichkeit, besonders für das Ausland. Für ihn ist bis heute der westdeutsche Staat die Domäne der Nazis
und des Kapitalismus, der Polizei und der Klassenjustiz, der Bürokratie
und der Großbourgeoisie, der scheinheiligen Kirchenfürsten und vor
allem der machtgierigen und korrupten Journalisten. Gelegentliche An-
erkennungen der westdeutschen Demokratie sind kurz und farblos,
mehr thematische Aufhänger für die dann folgende farbig blühende
Kritik. 1961 über die Bonner Republik: »Die Catcher beherrschen das
Feld, die Primitivtaktiker, Männer ohne Erinnerungsvermögen, die Vitalen, Gesunden, die nicht ›rückwärts‹ blicken und nicht jenem verpön-
ten Laster frönen, das Nachdenken heißt«; 1972: »... eine Gesellschaft,
deren tägliches Gebet, deren Erziehungssystem um Profit, Gewinn,
Umsatzsteigerung, Beförderung, Rekord geht«, usw. Man könnte Seiten
mit solchen Zitaten Bölls füllen. Leider wird diese Auffassung seiner
Umwelt auch zur kritischen Substanz seiner literarischen Werke (sofern
man von seinen frühen Schriften absieht, wo er den unter Krieg und
Kriegsfolgen leidenden Menschen schildert, die einzige Wirklichkeit, die

Böll mit den anderen Menschen geteilt zu haben scheint und deren Schwinden er nicht verwinden kann); ich selbst habe seine gesellschafts-kritischen Schriften zunächst als Karikaturen gelesen und so viel Spaß daran gehabt, bis ich durch seine öffentliche Rolle merken mußte, daß er sie wortwörtlich ernst meinte.

Selbst dort, wo er einer praktischen und an offene Interessen gebunde-nen öffentlichen Tätigkeit am nächsten kommt, in seiner Berufspolitik für Schriftsteller, gerinnen ihm alle Aussagen zur gesamtgesellschaftli-chen Anklage: In der Rede zur Gründung des Verbandes deutscher Schriftsteller 1969, die den Titel ›Ende der Bescheidenheit‹ trägt, bringt er durchaus berechtigte Einwände vor gegen das geltende Urheberrecht, gegen die steuerliche Behandlung von Schriftstellern, gegen das freie Abdruckrecht aus pädagogischen Absichten usw., definiert realistisch die Schriftsteller als eine Produktionsgruppe von Selbständigen und argumentiert für sie durchaus einkommenskapitalistisch. Aber statt auf klare Gesetzesänderungen zu dringen, die gerade ab 1969 eine ihm nahestehende Regierung hätte einbringen können, verschwimmt das Konkrete wieder in emphatischer Gesellschaftsanklage: »Auf diese Weise wird der Unternehmer-Schriftsteller von einer Gesellschaft be-straft, die ständig den Unternehmergeist lobt.«

Hier machte er auch zwei betont grundsätzliche Feststellungen, die es festzuhalten und zu überlegen lohnt: »Wir (die Schriftsteller) verdanken diesem Staat nichts, er verdankt uns eine Menge« (1969 verdankte ich »diesem Staat«, daß ich 20 Jahre lang als Sozialwissenschaftler so ohne jeglichen politischen Druck oder gewollten Einfluß arbeiten und veröf-fentlichen konnte, daß ich keinen historischen oder zeitgenössischen Zustand irgendeiner anderen Gesellschaft angeben kann, der mir mehr an »geistiger Freiheit« hätte bieten können). Zweite Feststellung: »Wer gesellschaftspolitisch nicht vorhanden ist, ist auch politisch nicht vor-handen«, eine Mahnung, die als Organisationsaufruf zum Beitritt in einen Berufsinteressenverband völlig legitim ist, nur hat man bei Böll und manchen seiner Gesinnungsgenossen unter den Schriftstellern den Eindruck, daß dieses »gesellschaftspolitische Vorhandensein« zum Zwecke des politischen Drucks keineswegs nur für Berufsinteressen eingesetzt, sondern daß hier der universale politische Machtanspruch von Schriftstellern organisiert werden soll, der eine dauernde Interven-tion oder – auf deutsch – Einmischung in alle politischen und sozialen Angelegenheiten der eigenen und jeder beliebigen fremden Gesellschaft abstützt. Die Dialektik dieser Forderung, daß derjenige, der vor allem gesellschaftspolitisch-allgemeinpolitisch-organisatorisch präsent sein will, vielleicht seine eigene Produktionsgrundlage verliert, daß also der organisatorisch aktive Schriftsteller zwar immer mehr politisch tätig, aber als Schriftsteller immer unproduktiver wird, diesen an Walser und ähnlichen Figuren deutlich zu beobachtenden Vorgang hat Böll naiver-weise für seine eigene Existenz vielleicht zu wenig beachtet. Kardinäle werden eben unvermeidlich immer mehr Politiker und immer weniger Priester. Außerdem fehlt ihm die einfachste berufssoziologische Kenntnis der modernen Gesellschaft, daß man nämlich als irgendwo produktiv Arbeitender seine gruppenhaft-egoistischen Interessen nicht mehr selbst vertritt, sondern dafür seine Funktionäre hat; aber der geistig überhöhte Funktionär, der Böll sein will, eben das ist ein »Kardinal«. Schließlich wird aus diesen Äußerungen wohl bereits deutlich, daß Böll sich nicht nur persönlich als ein Gegner der »Gesellschaft«, in der er lebt, versteht, sondern daß sein »Wir« eine Gruppe von moralischem und politischem Anspruch meint, die »die Gesellschaft« oder »diesen Staat« von anderen egoistischen Gruppen beherrscht sieht: eben jener Standpunkt des Klassenkampfes der Sinnproduzenten, den wir dargestellt haben.

Klassenkampf, das ist ein Kampf um Besitz und Beherrschung von Produktionsmitteln. Genau das ist es auch für Böll: Es geht ihm um den Besitz und das Monopol des Produktions- und Herrschaftsmittels »Publizität«. Gerade weil er diesen Klassenkampf um publizistische Macht so naiv und unreflektiert führt, mag er vielen als eine Art Tick, als Privatfehde zwischen Herrn Böll und Herrn Springer erscheinen, aber im Gegenteil: Gerade weil Böll nicht ein soziologisch-doktrinärer Repräsentant des neuen Klasseninteresses ist, sondern es personalisiert vorträgt, wirkt er als Klassenkämpfer der Sinnproduzenten so überzeugend, zumindest wenn man die humanitär-kulturelle Selbstmaskierung – sozusagen das Böllsche Scheichkostüm – durchschaut. Das läßt sich vielfach belegen: In einem der viel zu vielen Interviews, die Böll aus Publizitätshunger gegeben hat, dem sicherlich bedachten Interview in dem internationalen Nachrichten-Magazin ›Newsweek‹ vom 22. Januar 1973, antwortet er auf die erste Frage des befreundeten Journalisten Van Voorst: »Können Deutschlands Nachbarn sicher sein, daß es eine stabile demokratische Gesellschaft entwickelt hat?« »Im ganzen genommen funktioniert die deutsche Demokratie ebensogut oder besser als die meisten (anderen), obwohl da eine Reihe von Dingen sind, die mich besorgt machen. Die Presse zum Beispiel. Oh, nicht die bundesweite Presse (national press), die Sie lesen, sondern die Hunderte von Lokal-›Blättern‹, die weit hinter der Zeit herabsinken. Sie sind weit konservativer als das Volk. Und dann gibt's bei uns immer noch ein Establishment der privilegierten Großindustrie, die auf die Gesellschaft genausoviel Gewalt ausübt wie die publizistisch viel beschriene (much-publicised) anarchistische Baader-Meinhof-Gruppe.« Diese vielfach aufschlußreiche Antwort macht jedoch deutlich, daß Böll nicht nur »gegen die massive publizistische Gewalt einiger Pressekonzerne« kämpft – wobei er immer Springer meint, niemals Augstein, denn bei ihm publiziert er selbst –, sondern daß ihm gerade die vielen kleinen Tageszeitungen verdächtig sind, die wir immer noch haben, die aber seinem »Fortschrittskriterium« nicht entsprechen (gerade sie müssen darum kämpfen, daß sie gegenüber der Pressekonzentration noch lebensfähig bleiben, was Böll nicht zu bemerken beliebt, genausowenig, wie er je einen Gedanken daran verschwendet hat, weshalb denn von dem so wenig »konservativen« Volk die progressiven SPD-Tageszeitungen nicht gekauft werden, sondern gerade die der verfluchten Springer-Presse). Es geht ihm um die Sinn-Produktionsmittel, die anderen gehören als seinem Gesinnungsclan, weshalb bei ihm auch keine ernsthafte Kritik der »Gewalt« der Fernseh- und Rundfunkmedien zu finden ist.

So überrascht es nicht, daß auch Böll seinen politischen Reden und Schriften von den Abfällen der neueren Soziologie lebt, insbesondere von der Vorstellung der »strukturellen Gewalt«: In seiner Rede auf dem Parteitag der SPD 1972 mit dem Titel ›Gewalten, die auf der Bank liegen‹ sind einige dieser Begriffe entwickelt: Neben ›»Gewalt und Gewalten, die auf der Bank liegen und an den Börsen hoch gehandelt werden«, erscheint selbstverständlich »die massive publizistische Gewalt einiger Pressekonzerne«, aber auch die »Gewalt gegen Sachen« (wie er die Verkehrsunfälle wertet), die, »wenn auch unfreiwillig, die Produktion fördert«, oder »die peinliche Art von Gewalt, die Herrn Strauß blind zu machen scheint«, und schließlich charakterisiert er die Bürgerinitiative für die SPD, in deren Namen er spricht, als »eine Gegengewalt«, wobei es ihm offensichtlich unklar bleibt, daß die Theoretiker und Praktiker der »Gegengewalt« darunter in der Tat physische Gewalt verstehen. Genauso ist ihm »Law and Order« nur die Totenstille der Friedhöfe oder allenfalls der Museen. Die Tatsache, daß auch er selbst dann »Gewalt«, wenn auch nach seiner Wertung eben »Gegengewalt« ausübt (was die Leute bei Springer natürlich ebenso überzeugt denken), kommt ihm nicht zum Bewußtsein; jedoch gibt er in einem Interview im November 1972 einmal von sich, die Schriftsteller hätten »vielfach nicht kapiert, daß sie tatsächlich Macht (!) haben«, allerdings wisse der Schriftsteller jedoch nie, »welche Macht er in welchem Augenblick wo hat«, denn seine Macht sei nicht abgedeckt etwa durch eine Partei, einen Verband oder ein Organ, und das sei »gut so«. Und das sagt der Präsident des Internationalen PEN-Clubs, der Mitgründer des Schriftstellerverbandes, der politisierende Literat, dem fast jedes wichtige Presseorgan oder jeder westdeutsche Sender für seine Polemiken, Interviews und vor allem für die bei jeder ihm passenden Gelegenheit im Schriftstellerkollektiv vorgetragenen Aufrufe und »Öffentlichen Briefe« zur Verfügung steht. Wir wollen daraus zunächst nur zweierlei feststellen, was sich noch öfter bei Böll zeigen wird: Er hat ein sehr fixiertes, emotionelles, parteiliches, aber außerordentlich unklares Verhältnis zur »Gewalt«, insbesondere zur »publizistischen Gewalt«, und er besitzt weiterhin ein sehr liederliches Verhältnis zu den Worten. Aus beidem ist viel von der öffentlichen Rolle zu erklären, die Böll in den Jahren 1972–1974 gespielt hat.

Doch darf man bei all dieser Verwerfung der bundesdeutschen Wirklichkeit und ihrer bösen »Gewalten« nie vergessen, daß es Böll vor sich selbst in der Tat nicht um politische Macht geht, sondern um die Verkündigung und Durchsetzung des für ihn moralisch »Positiven«. Dies besteht in einem tief, ja fast mystisch empfundenen Mitleid mit dem Menschen, in einer humanitären Gesinnung, die mit einem Bedürfnis nach sozialer Gerechtigkeit verschmilzt, und wohl auch in einem Leiden oder wenigstens der Empfindung des Ungenügens an der eigenen, durch Charakter und Profession aufgezwungenen bloß verbalen Demonstrativität. Daß diese moralische und soziale Heilsbotschaft sehr vage und subjektiv ist, darin liegt nicht nur seine literarische Überzeugungskraft bei seinem »idealistischen« Lesepublikum, sondern auch die unschätzbare Möglichkeit für ihn, sie jederzeit sozusagen kasuistisch an der Wirklichkeit zu konkretisieren. Niemand als er selbst bestimmt dann den Anlaß und die innere Pflicht, wann und wo er in der sozialen und politischen Wirklichkeit moralisch interveniert und wann er schweigen darf, aber auf diesem »innersten Selbstverständnis als Mahner und Gewissen in Opposition zu dem sogenannten herrschenden Establishment« beruht sein Anspruch der Verdammung »der Gesellschaft«; diese Kennzeichnung Bölls stammt übrigens von seinem Vizepräsidenten des Internationalen PEN, Robert Neumann, der von Böll weiter sagt: »Mit seiner notorischen Integrität seines Selbstverständnisses als eines Mannes, der doch einen Teil des öffentlichen Gewissens darstellt, der ausspricht, was für Recht und Gerechtigkeit ist«, sollte »das eigentlich außer Streit stehen«. Und er wird von Neumann ausdrücklich mit den literarischen Kritikern im Sowjetstaat verglichen: Was Bukowski im Osten, das sei Böll im Westen. Ich glaube, daß hier ein Freund das Selbstverständnis Bölls und seine Glaubensüberzeugungen richtig deutet.

Es ist jener ineinandergreifende geistige Mechanismus einer Predigt über das Elend des Vorhandenen und der Verkündigung einer moralisch-sozialen Heilslehre, die wir als die neue Heilsreligion geschildert haben. Diese auf sich selbst bezogene Religiosität macht Böll dann auch zu einem entschiedenen Gegner seiner alten Herkunftskirche: Pfarrer und Kardinäle der katholischen Kirche sind nach Springer-Publizisten und Wirtschafts-Gewaltigen sein bevorzugtes Angriffsobjekt. Dabei ist sein Verhältnis zur Kirche so, daß er sie als »Institution« ablehnt, so z. B. sich öffentlich weigert, Kirchensteuern zu zahlen, aber diese möglicherweise verständliche Reaktion keineswegs wie jeder einfache Mann durch Kirchenaustritt löst, sondern die Kirche soll seine subjektive Form von Zugehörigkeit gefälligst anerkennen. Daß hier kein bloß skurriler Zug an Böll getroffen wird, mag seine Äußerung in dem schon erwähnten ›Newsweek‹-Interview belegen: Auf die Frage »Was repräsentieren Sie in der deutschen Nachkriegsliteratur?« antwortet er: »Ich möchte nicht übertreiben, aber fast jeder wichtige Schriftsteller kommt aus katholischem Milieu. Grass, Martin Walser, Hans Magnus Enzensberger, ich selbst ...«; und dann entwickelt er eine Kurztheorie der »konfessionellen Emanzipation«, die bei den Protestanten schon lange zurückläge (weshalb sie offensichtlich literarisch unproduktiv sind), die man aber mit der Emanzipation der Juden von ihrem Milieu in den USA vergleichen müsse, »denn es gibt kaum einen gegenwärtigen amerikanischen Schriftsteller von Gewicht, der nicht jüdisch ist«. Auch hier stimmen wir der von ihm geäußerten, sonst wenig beobachteten Feststellung durchaus zu, wenn auch unter anderer Deutung: In der Tat läuft bei dieser Gruppe von Schriftstellern wie Böll, bei dem Jesus-Interpreten Augstein, bei den vielen jungen Theologen, die aus Marx ihr Christentum erneuern usw., jener Vorgang ab, den wir das Umschlagen der alten christlichen Religion in die neue soziale Heilsgläubigkeit nannten. Einer der geistigen Repräsentanten dieses Vorgangs ist der Schriftsteller Böll, und man kann nicht daran zweifeln, daß er selbst diese »konfessionelle Emanzipation« als das Wesentlichste seines geistigen Wirkens versteht.

›Heinrich Böll und die Entstehung der Gewalt‹ – ein Stück in fünf Aufzügen

Aus diesen sicherlich allzu kurz beschriebenen und belegten Grundlagen der politisch-sozialen Wirksamkeit Bölls lassen sich jene spektakulären Auftritte und Geschehnisse begreifen, in die sich Böll in den Jahren 1972–1974 begab und verwickelte und die nicht einer gewissen Dramaturgie entbehren, wobei wir die Art dieses »Stückes« in fünf Aufzügen nicht kennzeichnen wollen.

I. Akt: Böll greift an. – Am 23. Dezember 1971 berichtet ›Bild‹ über einen Banküberfall, der tags zuvor in Kaiserslautern stattfand und bei dem nach vorläufigen Angaben der Polizei Indizien auf die Urheberschaft der Kriminellengruppe um Ulrike Meinhof hinweisen, in drei Schlagzeilen auf der ersten Seite: in Größtbuchstaben heißt es: »Bankraub: Polizist erschossen«, in mittlerer Größe »Baader-Meinhof-Bande mordet weiter«, eine kleinere Überschrift über dem Nachrichtentext heißt »Eine Witwe und zwei kleine Kinder bleiben zurück«. Zwei Überschriften enthalten Tatsachen, um die sich Böll nicht kümmert; die dritte eine juristisch voreilige Schuldzurechnung nach noch unsicheren Indizien oder gar nur einer zugegebenen Ermittlungsrichtung der Polizei. Böll wählt sich den Tatbestand der durch Schlagzeilenverkürzung fälschenden Information, die etwas als sicher hinstellt, was damals nur als Vermutung gerechtfertigt gewesen wäre, zu einem Angriff auf die Publikationspraxis des ›Bild‹ aus, den er mit dem Versuch verbindet, menschliches Verständnis für die Lage von Ulrike Meinhof zu wecken; dieser aggressive Artikel erscheint am 10. 1. 1972 im ›Spiegel‹ unter der Überschrift »Will Ulrike Gnade oder freies Geleit«? Die zwei in der Sache richtigen Einwände, die dieser Artikel enthält, sind zunächst der Hinweis auf eine Form der Informationsverfälschung und zweitens die Mahnung, auch die Verbrecher noch als Menschen zu verstehen, denn ohne diese Rücksicht könnte eine gerechte Aburteilung durch die Justiz erschwert werden. Aber bei dieser sozusagen selbst nur informativ bleibenden Mahnung beläßt es der Artikel keineswegs, sondern Böll zieht alle Register seiner Aggression. Zunächst wird angesichts der Belanglosigkeit der Baader-Meinhof-Verbrechen – »ein Krieg von 6 gegen 6 Millionen« – die Aufregung darüber zum eigentlichen Notstand: »Es ist Zeit, den nationalen Notstand auszurufen. Den Notstand des öffentlichen Bewußtseins, der durch Publikationen wie ›Bild‹ permanent gesteigert wird ... Wer zieht ›Bild‹ zur Rechenschaft, wenn die Vermutungen der Polizei sich als unzutreffend herausstellen?« Und dann härter: »Ich kann nicht begreifen, daß irgendein Politiker einem solchen Blatt noch ein Interview gibt. Das ist nicht mehr kryptofaschistisch, nicht mehr faschistoid, das ist nackter Faschismus. Verhetzung, Lüge, Dreck.« Demgegenüber werden Ulrike Meinhof und die Verbrechen ihrer Gruppe verständnisvoller benannt, zwar immer wieder als »Krieg« gegen die Gesellschaft, aber »es ist eine Kriegserklärung von verzweifelten Theoretikern, von inzwischen Verfolgten und Denunzierten, die sich in die Enge begeben haben, die in die Enge getrieben worden sind und deren Theorien weitaus gewalttätiger klingen, als ihre Praxis ist«, und: »Ich wiederhole: Kein Zweifel – Ulrike Meinhof lebt im Kriegszustand mit dieser Gesellschaft ... Ein sinnloser Krieg, nicht nur nach meiner Meinung, nicht nur generell, auch im Sinne des publizierten Konzeptes.« Die Informationen, die Böll über die Verbrechen gibt, stammen nämlich aus den Manifesten und Veröffentlichungen der Kriminellen selbst: »Die Kriegserklärung, die im Manifest enthalten ist, richtet sich eindeutig gegen das System, nicht seine ausführenden Organe.« Rein soziologisch gedacht.

Deshalb werden von Böll jetzt auch die Gewichte der Schuld umverteilt: von Baader-Meinhof auf Polizei und Justiz: »Es wäre gut, wenn Herr Kuhlmann, der Vorsitzende der Polizeigewerkschaft, dafür sorgte, daß seine Kollegen, die einen so gefährlichen und schlecht bezahlten Beruf ausüben, dieses Manifest einmal lesen ... wenn man es schon als legitim ansieht, daß Polizeibeamte für 1373 DM monatlich ihr Leben riskieren, unter anderem, um Banktresore zu schützen ... Hebt man die Kränkung, die in der Bezeichnung ›Bulle‹ liegt, gegen das Wort ›Bande‹ auf ...« (Kein Zweifel, die Polizisten sind nur uneigentlich erschossen, weil sie unsinnigerweise »das System« schützen.) Noch schlechter kommt natürlich die Justiz weg: »Soll sie (Ulrike M.) sich wirklich (der Justiz) stellen, mit der Aussicht, als die klassische rote Hexe in den Siedetopf der Demagogie zu geraten? ... Für einen so abscheulichen Satrapen wie Baldur von Schirach, der einige Millionen junger Deutscher in die verschiedensten Todesarten trieb und zu den verschiedensten Mordtaten ermutigte, sogar für ihn gab es Gnade. Ulrike Meinhof muß damit rechnen, sich einer totalen Gnadenlosigkeit (!) ausgeliefert zu sehen. Baldur von Schirach hat nicht so lange gesessen, wie Ulrike Meinhof sitzen müßte.« Deshalb fordert er für sie »Gnade oder freies Geleit, selbst wenn sie keines von beiden will, einer muß es ihr anbieten«; offensichtlich schwebt ihm ein Prozeß »in Gegenwart der Weltöffentlichkeit« vor, bei dem von vornherein der Gnadenerweis und ein undefinierbares »freies Geleit« zugesagt wird.

Diese »gnadenlose« Beurteilung der gegenwärtigen bundesdeutschen Justiz und Polizei stammt aus der Überzeugung, daß beide im Grunde genommen noch Fortsetzungen nationalsozialistischer Unrechtsbehörden sind, was Böll hier zunächst in den Zweifel kleidet, ob jemals einer die »jüngeren Polizeibeamten« bzw. »jungen Juristen« darüber informiert habe, »auf dem Hintergrunde welcher Polizei*geschichte* (bzw. Rechts*geschichte*) sie ihren Beruf ausüben«. Und das Ganze wird überhöht von dem Vergleich, daß die von Nazipolizei und -schergen Verfolgten nicht vergessen sollten, daß sich jetzt Meinhof und ihre Gruppe in der gleichen Situation befinden wie sie damals: »Haben alle, die einmal verfolgt waren, von denen einige im Parlament sitzen, der eine oder der andere in der Regierung, haben sie alle vergessen, was es bedeutet, verfolgt und gehetzt zu sein? Wer von ihnen weiß schon, was es bedeutet, in einem Rechtsstaat gehetzt zu werden von ›Bild‹, das eine weitaus höhere Auflage hat, als der ›Stürmer‹ sie gehabt hat? Waren nicht auch sie, die ehemaligen Verfolgten, einmal erklärte Gegner eines Systems, und haben sie vergessen, was sich hinter dem reizenden Terminus ›auf der Flucht erschossen‹ verbarg ... Weiß keiner mehr, was es bedeutet, einer gnadenlosen Gesellschaft gegenüberzustehen?«

Hier geht es Böll in der Tat um mehr als nur um eine mahnende Aufklärung, in der Verfolgung einer sich politisch motivierenden Kriminellengruppe, die kriminologisch als »Bande« bezeichnet werden kann, sich nach Möglichkeit der Hysterie und ihrer publizistischen Steigerung zu enthalten; Inhalt, Wortwahl und Erscheinungsort bestätigen, was er ja selbst sagt: Hier will er »den nationalen Notstand, den Notstand des öffentlichen Bewußtseins ausrufen«. Deshalb antwortet er auf die Hysterie des ›Bild‹ mit seiner Gegenhysterie, auf publizistische »Gewalt« mit publizistischer »Gegengewalt«. Nur so ist bei einem intelligenten Manne zu erklären, daß er die strukturelle Gleichheit seiner Sprache und Argumente mit denen von ›Bild‹ in Kauf nahm, nämlich nach der alten Glaubensüberzeugung, daß das Ziel die Mittel heilige. Und diesen »nationalen Notstand des öffentlichen Bewußtseins« zu erregen, ist ihm mehr gelungen, als ihm nachher selbst recht war.

Wir wollen hier mit dem Inhalt seiner Aussagen noch nicht rechten, aber auf zwei immer wieder zu beobachtende Kennzeichen der politisch-sozialen Aggression Bölls hinweisen: Zunächst wird immer wieder deutlich die Unbeherrschtheit des sprachlichen Ausdrucks im Bösen wie im Guten. Wir haben schon auf den emotionell gesteuerten Gebrauch der Worte Gewalt und Macht hingewiesen; wir sehen in diesem Aufruf, wie die ›Bild‹-Zeitung als »nackter Faschismus, Verhetzung, Lüge, Dreck« bezeichnet wird, wogegen die »Theorien« der Baader-Meinhof »weitaus gewalttätiger klingen, als ihre Praxis ist«; Schirach hat »zu verschiedensten Mordtaten« ermuntert, wogegen die »Rote Armee Fraktion« nur einen »sinnlosen Krieg ... auch im Sinne des publizierten Konzepts« führt (war es nicht gerade umgekehrt?); und »Krieg gegen System« ist sowieso gerechtfertigt, welches »System« auch immer. Böll pflegt das, wogegen er »kämpft«, sprachlich zu kriminalisieren: Als Redner für die SPD im Bundeswahlkampf 1972 bezeichnete er eine möglicherweise von der Union, also der demokratischen Opposition, nach der Wahl gebildete Regierung als »lebensgefährlich« (»wie Gewalt entsteht?«) oder als »Alarmstufe I« (also auch ein polizeilich-militärischer Begriff); im ›Newsweek‹-Interview fällt gegenüber dem »Leistungsprinzip« dreimal der Begriff »mörderisch, einfach mörderisch«; vor der SPD-Fraktion über Unternehmer: »Raubtiere, die frei herumlaufen«; 1969 in einer Publikation »Notstandsnotizen«, also nicht nur als Redelapsus: »Möglicherweise gibt es sogar Anständige in der CDU oder gar in der CSU, und da die ja bekanntlich Gott auf ihrer Seite haben, warum sollte der ihnen nicht auch ein bißchen Anstand genehmigen« (und das geht ein in seine für die Dauer publizierten Schriften!). Die Beispiele ließen sich fortsetzen.

Diese Sprache ist nicht vom Zorn beherrscht, wie man Böll allzuoft zugesteht und damit den »Zorn der freien Rede« verkennt, der nämlich nicht am Schreibtisch ausklamüsiert wird; das ist auch nicht nur Demagogie, wie sie Böll der Springer-Presse vorzuwerfen nicht müde wird, das ist die Sprache der Glaubenshysterie, die ihre Feinde mit der letzten Gewalt des Wortes zermalmen will, das ist ein modernes Verfluchen im gläubig-abergläubischen Sinne. In seiner Nobelpreisrede 1972 sagt Böll von sich: »Mein einzig gültiger Ausweis ist die Sprache!« Ja, sicher – nur welche?

Die zweite Argumentationsfigur, die den Aggressionsstil Bölls kennzeichnet, besteht in dem Rückvergleich auf ein allgemein anerkanntes Unrecht, um seine Unrechtsbehauptung zu stützen; man könnte dies als den *Rückversicherungsvergleich demagogischer Anschuldigungen* bezeichnen, ein Argumentationstopos, den die wenigen Professoren der Rhetorik, die es bei uns noch gibt und die mit ihrer eigenen rhetorischen Praxis überbeschäftigt sind, natürlich keine Zeit haben zu untersuchen. Beispiele in diesem »Aufruf zum nationalen Notstand« sind etwa: Natürlich ist es menschlich verletzend, »Bulle« zu sagen (»Raubtier« wäre eine höhere zoologische Klasse), aber – rückverweisend – die anderen sagen ja auch »Bande«! Wie scheinbar gerecht! Daß bei den systemverändernden Studenten und Schülern längst vor jeder »Bandentätigkeit« von Baader-Meinhof für jeden Polizisten der Ausdruck »Bulle« selbstverständlich und vielfach publiziert war (übernommen vom US-amerikanischen Universitätsslogan »pig«, also »Schwein«, was Böll erst in ›Katharina Blum‹ verwendet) und daß auf der anderen Seite der Begriff »Bande« im Text des Strafgesetzbuches enthalten und damit für juristisch verantwortliche Äußerungen festgelegt war, woher sollte gerade Böll das ohne Nachforschung wissen! (Ich habe es ja auch erst aus dem Brockhaus erfahren.) Aber das ist ein fast belangloses, nur sprachliches Beispiel dieser Rückversicherungsdemagogie. Die gewichtigen Argumentationsfiguren in diesem Aufruf sind ja: Man darf Leute, die Systemgegner sind, nicht derart verfolgen, denn die Nazis haben die Juden, Sozialisten, Antinazis genauso falsch als »Systemgegner« verfolgt. Habt ihr das vergessen! Oder: Die Polizei, die Justiz der Bundesrepublik von heute muß gerade in ihren jungen Vertretern belehrt werden, welche Verbrechen ihre Vorgänger auf sich geladen haben, sie muß unter der Last der »Geschichte« handeln. Ob sie das nicht längst tut und ob nicht eine gewisse Hysterie der Bevölkerung vor dem bewaffneten Linksterrorismus gerade in dem gewalttätigen Terrorismus der Nazis und der Kommunisten vor 1933 ihre Erinnerungsstütze hat, das alles wird von Böll nicht erwogen; es kommt ihm darauf an, Assoziationen der Schuld zu setzen: »Verfolgte« heute sind wie Verfolgte im Dritten Reich, »Verfolger« heute sind wie die Häscher von damals. Auf diese fast verleumderische Vertauschung angesprochen, erklärt er dann später: ihm ginge es eben darum, »den emotionalen Haushalt«, »die Psyche des Verfolgten jeglicher Art zu erkennen«. Dann wird er sich auch mit den von ihm selbst »Verfolgten« beschäftigen müssen.

Noch deutlicher wird diese Rückversicherungsstrategie des Arguments dort, wo er sicherlich im Praktischen politisch bisher das meiste ausgerichtet hat: in der Verteidigung der bedrohten und gemaßregelten Schriftsteller und Wissenschaftler in der Sowjetunion. Hier, wo er die ganze öffentliche Meinung des Westens hinter sich wußte, wo also ein unbedingtes Nein, sozusagen »unconditional NO«, wohl angemessen gewesen wäre, auch hier wirbt er in einem Rundfunkinterview für »vergleichsweises« Verständnis der Sowjets: Vom sowjetischen Standpunkt aus seien diese Dissidenten (Sacharow, Solschenizyn, Bukowski, Amalrik usw.) auch als »System«-Radikale und -Extremisten zu betrachten; so sähe auch er im regierungsamtlichen Radikalenbeschluß der Bundesregierung eine Anti-Intellektuellen-Bewegung. Und nach der ›Literaturnaja Gaseta‹, einer sowjetoffiziellen Literaturzeitschrift, hat Böll dort gesagt: »Es ist möglich, daß in der Sowjetunion Angriffe auf mich erscheinen; aber diese beunruhigen mich weniger als das mögliche Lob von seiten odioser Kreise in unserem Lande.« Und Böll zählte dabei die Blätter namentlich auf, deren Anerkennung er schlimmer fände als eine Polemik aus Moskau. Hierher gehört auch der zugleich politische wie logische Widerspruch, daß Böll, wie andere Schriftsteller, dagegen polemisierte, daß der Moskauer Botschafter der Bundesrepublik in der Situation der weltweiten und insbesondere auch in den literarischen Gremien der Bundesrepublik geäußerten Proteste gegen die Behandlung der intellektuellen Nonkonformisten in der UdSSR einen vereinbarten Vortrag von Grass in Moskau in Rücksicht auf eben die entspannende Ostpolitik absagte, die durch eine der üblichen außenpolitischen ehrlich-anmaßenden Zensurierungen, die Grass bei vorhergehenden Gelegenheiten immer wieder von sich gab, sicherlich gefährdet gewesen wäre. An diesem Fall wird deutlich, daß diese politisierenden Schriftsteller zwar eine bestimmte Politik, in diesem Falle die Ostpolitik der Entspannung, leidenschaftlich unterstützen, aber ihre praktischen Folgerungen in die Luft schreiben, wenn sie ihrem professionell-egoistischen Geltungsbedürfnis widersprechen. In einem Interview mit Böll über die Situation von Schriftstellern in der Sowjetunion und kulturelle West-Ost-Beziehungen, das die ›Frankfurter Rundschau‹, also keineswegs eine im Böllschen Sinne »Hetzzeitung«, am 12. 7. 1973 veröffentlichte, antwortet Böll auf die Fragestellung, wieso die Sowjetunion einerseits Entspannungspolitik in Bonn und in den USA treibe, aber andererseits »ihre Intellektuellen unter verstärkte staatliche Bevormundung stellt«, wörtlich: »Natürlich, der Widerspruch ist eklatant ... Ein Widerspruch ist es auf jeden Fall, und ich finde es ganz falsch, ich finde es die falscheste Konsequenz der sogenannten (!) Ostpolitik, wenn man in diesem Punkt der Sowjetunion entgegenkommt. *Intellektuelles und geistiges Terrain preisgeben ist schlimmer als physikalisches preisgeben oder ökonomisches*« (Kursives von mir). Völlig richtig! Aber wenn in der bundesdeutschen Schul- und Hochschulpolitik gefordert wird, diesen sowjettreuen und der Hetze gegen die russischen »Intellektuellen« durchaus zustimmenden »Intellektuellen« zwar nicht ihre Meinungs- und Äußerungsfreiheit zu beschneiden, sie aber wenigstens nicht zu Staatsbeamten zu machen oder zu verhindern, daß an bestimmten Fakultäten nur noch orthodoxer Marxismus gelehrt wird, dann beurteilt das Böll keineswegs als »Preisgabe intellektuellen und geistigen Terrains«, sondern als »Intellektuellenhetze«.

Solche Widersprüche sind für mich als Soziologen keineswegs mit der dauernd kritisierten »logischen Denkschwäche« und »Emotionalität« Bölls zu erledigen. Dauerhafte politische Denkstrukturen haben immer soziale Strukturhintergründe. Der wichtigste erscheint mir hier, daß Böll konsequenterweise für die »Freiheit der Intellektuellen« ficht, d. h. für die politische Freiheit und Herrschaft einer Klasse, die er selber definiert: Er bringt die Freiheits- und Herrschaftsinteressen *aller* Schriftsteller gegen *jedes* politische Ordnungssystem auf einen politischen Nenner. Der konkrete historische und politische Unterschied der »Systeme«, dieser lebenswichtige Unterschied, ob ich gewöhnlicher Staatsbürger in der Sowjetunion oder in der Bundesrepublik bin, der kümmert Böll nicht, sondern ihm geht es allein um die existentiellen Freiheitsbedingungen der »Intellektuellen«, d. h. seiner Klasse, in allen Systemen. Solschenizyn und seine Mitstreiter der »Bürgerbewegung« in der UdSSR kämpfen ja nicht nur um die Freiheit der intellektuellen Schriftsteller, sondern *um die Freiheit des russischen Volkes* von einem terroristischen Regierungssystem. Ich habe fünf Jahre Böllscher Äußerungen dahin überprüft, ob er je etwas für die Freiheit des russischen Volkes gegenüber dem sowjetischen Herrschaftssystem geäußert hat; so schlecht kann doch die gesamte Presse in der Bundesrepublik (Springer etc. einmal ausgenommen) gar nicht sein, daß sie das übersehen hätte! Böll kämpft nur um die Freiheit der Intellektuellen, und das Volk darunter ist ihm längst entschwunden. Dazu kommt, daß er zwar in Rußland noch Wissenschaftler und Schriftsteller als eine Einheit der »Intellektuellen« begreift, in der Bundesrepublik und im weiteren Westen diese Zusammengehörigkeit von Wissenschaft und literarischer Schriftstellerei längst als »dubios«, d. h. als herrschaftspolitisch unbequem, aufgegeben hat.

Der aggressive Böll ist das Musterbeispiel einer Naiv-Demagogie, wie man sie bei den überlegen kalkulierenden Berufs-Demagogen, z. B. Strauß oder Wehner, nicht mehr finden kann; wenn Wehner von Moskau aus die Regierung Brandt angreift, so ist das wohlbedacht; wenn Böll von Moskau aus die »reaktionären« Blätter kritisiert, so will er sich in der Kritik noch bei den Sowjets einschmeicheln und ist selbst dort an der Distanzierung seiner Glaubensgemeinschaft von den andersgläubigen Bundesdeutschen interessiert. Daß diese Offenheit der Interessenpolitik der »Sinnproduzenten« im internationalen Zusammenhang in der Bundesrepublik nicht begriffen wird, mag die Zustimmung der CDU zu genau diesen Argumenten verdeutlichen: Auf dem Landeskongreß der

Jungen Union Rheinland im März 1973 erklärte der nordrhein-westfälische Parteivorsitzende Köppler, »die CDU sollte dem jüngsten Protest des Schriftstellers und Nobelpreisträgers Böll gegen die Unterdrückung von Intellektuellen in Ost und West (!) ›aus vollem Herzen‹ zustimmen« (Nachricht v. 19. 3. 1973). Ich vermute, daß das »volle« Organ dieser CDU etwas tiefer liegt als das Herz.

II. Akt: Böll ist zerknirscht. – »Wer zieht ›Bild‹ zur Rechenschaft, wenn die Vermutungen der Polizei sich als unzutreffend erweisen?« fragt Böll in seinem »Aufruf«. Später, in ›Katharina Blum‹, läßt er sie deutlicher fragen, »ob der Staat ... nichts tun könne, um sie gegen diesen Schmutz zu schützen und ihre verlorene Ehre wiederherzustellen«. Und eine Negativfigur der Erzählung, »der junge Staatsanwalt Dr. Korten«, belehrt sie, »daß es nicht Sache der Polizei oder Staatsanwaltschaft sei, ›gewiß verwerfliche Formen des Journalismus strafrechtlich zu verfolgen‹. Die Pressefreiheit dürfe nicht leichtfertig angetastet werden«, und er verweist sie auf eine Privatklage. Ich bin in der Sache mit Böll einig, habe schon früher die Sorgfältigkeit und Sachgerechtigkeit der Information als die »Sozialbindung der Meinungsfreiheit« bezeichnet. Aber so einfach nach dem Staatsanwalt rufen, wenn jemand durch falsche öffentliche Information verletzt ist oder sich fühlt; den freien Markt (z. B. für Bücher) abschaffen, weil raffiniert ehrabschneiderische Bücher verkauft werden können? »Wer zieht ›Bild‹ zur Rechenschaft?« Nun, zunächst hat es ja Böll selbst getan.

Dann aber muß man fragen: »Wer zieht Böll zur Rechenschaft, wenn sich seine Behauptungen als unzutreffend herausstellen?« Und auch hier fand sich jemand von Gewicht in der Pressefreiheit: Der Minister *Diether Posser,* Jurist und später Justizminister in Nordrhein-Westfalen, dem Wohnsitz Bölls, und schließlich Sozialdemokrat wie Böll, antwortete diesem bereits am 24. 1. 1972 im ›Spiegel‹. Er wirft ihm viererlei vor:

1. Unwahre Tatsachenangaben, weil er die Behauptungen der Kriminellen selbst als wahr übernommen habe (z.B. daß die Polizei zuerst geschossen habe und die Baader-Meinhof-Leute »nur« zurückgeschossen hätten; Posser nennt fünf Fälle vom 14. 5. 1970 bis 22. 10. 1971. Darüber gab es »Berichte anderer Zeitungen, in denen ... in durchaus sachlicher Form berichtet worden« war (›Katharina Blum‹), die aber Böll anscheinend nicht liest.

2. Verharmlosung der Gewalttätigkeit dieser Kriminellen; Posser stellt dagegen als Delikte klar fest: vollendeter und versuchter Mord oder Totschlag, Banküberfälle, Sprengstoff- und Brandsatzanschläge, Diebstahl, Betrügereien, illegaler Waffenbesitz. (Im Oktober 1974 wird gegen die engere Baader-Meinhof-Gruppe Anklage erhoben wegen sechs Sprengstoffanschlägen, durch die vier Menschen getötet und das Leben von mindestens 54 weiteren Personen unmittelbar gefährdet wurde, wegen eines weiteren Falls des Mordes und mehrerer Fälle des versuchten Mordes an Polizeibeamten, außerdem zweier Fälle des schweren Diebstahls und dreier Fälle schweren Raubes. Vielleicht sollte man in

diesem Zusammenhange hinzufügen, daß einer der Sprengstoffanschläge auf das Springer-Pressehaus in Hamburg verübt wurde.)

3. Posser weist die Verdächtigungen der bundesdeutschen Justiz und Polizei zurück: Die bereits erfolgten Aburteilungen von gefangengenommenen Mitgliedern der kriminellen Gruppe am Landgericht Berlin im Mai 1971 brachten wegen gemeinschaftlich versuchten Mordes und Gefangenenbefreiung Strafen von sechs Jahren Freiheitsstrafe, vier Jahren Jugendstrafe, und Mahler wurde sogar mangels Beweisen freigesprochen. Keiner der Kriminellen sei »auf der Flucht erschossen« worden. Die Zweifel Bölls an einem juristisch fairen Prozeß für die Baader-Meinhof-Gruppe sind durch keinerlei Tatsachen begründet.

4. Bölls Sprachgebrauch ist sachfremd, zum Teil antiquiert religiös; als Beispiele dafür: »Gnade ist nach weltlichem Sprachgebrauch Erlaß oder Milderung einer rechtskräftig verhängten Strafe«; ähnlich ist »freies Geleit« oder »Freistätte« bei Böll im mittelalterlichen Sinne verwendet, eben an ihre Stelle ist die Rechtsstaatlichkeit für alle, gerade als Bindung der Behörden, getreten (von deren Praxis Böll offensichtlich keine Vorstellung hat und haben will).

Possers Gesamturteil über diesen Böll: »Seine Polemik übertrieb nicht nur – sie schadete. Er wollte zur Besinnung rufen und schrieb selbst unbesonnen.«

Böll antwortete darauf ganz schnell; schon in der nächsten Nummer des ›Spiegel‹ vom 31. 1. 1971 gesteht er unter dem Titel ›Verfolgt war nicht nur Paulus‹ (›Spiegel‹-Redaktion?): »Im großen ganzen, auch in einigen (!) Details muß ich Herrn Dr. Posser recht geben. Die Wirkung meines Artikels entspricht nicht andeutungsweise dem, was mir vorschwebte: eine Art Entspannung herbeizuführen ... Ich gebe zu, daß ich das Ausmaß der Demagogie, die ich heraufbeschwören würde, nicht ermessen habe.« Dieses Global-Eingeständnis, daß der andere »im großen ganzen« recht und er sebls unrecht hat, entspricht stilistisch dem christlichen Bekenntnis, daß wir allzusamt Sünder seien, was die Rechthaberei nur noch um das Argument der Demut verstärkt. Wichtig an diesem Eingeständnis-Artikel ist, was er nicht sagt: Welche Tatsachenbehauptungen oder »Details« von Posser sind nach Bölls Beweisen nicht stichhaltig? Böll nimmt keine der falschen Tatsachenbehauptungen zurück. An der Tatsache, daß er in der Methode der Information ganz genauso, ja seinem Range nach noch verwerflicher, ungeprüfte, aber hetzerische Faktenverfälschungen verbreitet hat, an diesem Geständnis des Informationsbetruges drückt er sich global-zerknirscht vorbei. Er bekennt, daß sein publizistisches Ziel, »eine Art Entspannung herbeizuführen«, auch »nicht andeutungsweise« erreicht worden sei. Seine Absicht war wörtlich: »Es ist Zeit, den nationalen Notstand auszurufen, den Notstand des öffentlichen Bewußtseins, der durch Publikationen wie ›Bild‹ ständig gesteigert wird.« Die Frage, die sich hier unabweisbar erhebt, ist doch die: Wie muß ein Geist beschaffen sein, der durch »Ausrufung eines nationalen Notstandes im öffentlichen Bewußtsein« offensichtlich wirklich glaubt, »eine Art Entspannung herbeizuführen«?

Der einzige Vorwurf Possers, auf den Böll antwortet, ist der des falschen Sprachgebrauchs: Er beruft sich darauf, daß er die Ausdrücke unterschiedlich gebraucht: »Ich kann mich nicht mit einer juristischen« (im Original ›puristischen‹, aber wahrscheinlich Druckfehler) »Definition der Termini ›Gnade‹, ›verfolgt‹ und ›kriminell‹ zufriedengeben. Ich muß als Autor in diesen Begriffen andere Dimensionen sehen als ein Polizeibeamter, Jurist und Minister sie notwendigerweise sehen muß.« In seinem Sinne des Wortgebrauchs: »Verfolgt war nicht nur der heilige Paulus, ... verfolgt sein kann ein dreifacher Raubmörder ...« In diesem Sinne ist natürlich auch Böll ständig »verfolgt«, und Springer wird von ihm, Grass usw. »verfolgt«. Diese Argumentation macht wohl ein Selbstverständliches deutlich: daß es in dieser Auseinandersetzung nicht um Wortgebrauch geht, sondern um den *Unterschied von Denkweisen.* Dies kommt in der ungemein naiven, weil unbeantworteten Frage Bölls zutage: »Privat mag mir Herr Dr. Posser auch erklären, welch ein schreckliches Vergehen darin liegen mag, in einer Gesellschaft, die sich weitgehend christlich definiert, um Gnade zu bitten und den Zustand des Verfolgtseins auch existentiell und metaphysisch und nicht rein moralisch zu definieren.« Hier wird's plötzlich deutlich: Er denkt »christlich«, »metaphysisch«, »existentiell«, »nicht rein moralisch« und schon gar nicht »juristisch«; nur war davon in dem »Aufruf zum öffentlichen Bewußtseinsnotstand« gar keine Rede, darin ging es um die Informationsverzerrung von ›Bild‹, um die »Gnadenlosigkeit« von Polizei und Justiz, die jetzt plötzlich »notwendigerweise« so denken müssen, wie sie denken. Jetzt möchte Böll auch plötzlich die erstrebte Breite des öffentlichen Bewußtseins zurückziehen; folgende Appelle an Posser: »Kann ich nicht bei einem Mann seiner politischen Verantwortung, Bildung und Sensibilität voraussetzen, daß er möglicherweise mehr von mir kennt als diesen Artikel«; ›ich würde gern das Gespräch mit ihm privat, nicht öffentlich fortsetzen. Privat mag mir ...« (vgl. oben). Das ist schlicht gesagt, kläglich; ein Rückzug, der sich als solcher öffentlich einzugestehen nicht den moralischen Mut hat, denn schließlich hat Böll seinen »Aufruf« im ›Spiegel‹ nicht nur für Minister und Personen ähnlicher »Sensibilität« und Kenntnis seiner Werke geschrieben und kann einen »öffentlichen Aufruf« nicht gut in ein »privates Gespräch« zurücknehmen. Wie würde Böll eine Aufforderung von Herrn Springer an ihn, ihre »Mißverständnisse« privat zu klären, beantworten? Er will die Tatsache, daß Posser im Sinne des »öffentlichen Bewußtseins«, nämlich der Rechtsstaatlichkeit, gesprochen hat, durch »existentielle Privatisierung« unterlaufen und zum Verschwinden bringen. Dazu gehört auch die Tatsache, daß er weit später den vollen Text seines ersten aggressiven »Aufrufs« voll in dem Buch ›Heinrich Böll, Neue politische und literarische Schriften‹, Köln 1973, also einen Teil seines »offiziellen Werkes« wieder abdruckt, aber von der Anerkennung der Einwände dagegen »im großen ganzen« und in »einigen Details« nicht das geringste erwähnt, also kein Abdruck des zweiten ›Spiegel‹-Artikels oder auch nur einen Hinweis auf seine geistigen Rückzüge bringt. In seinen ›Gesammelten

Werken‹ ist Böll moralischer Sieger. Wie war seine Anfangsfrage: »Wer zieht ›Bild‹ (Böll) zur Rechenschaft, wenn die Vermutungen der Polizei (Bölls) sich als unzutreffend herausstellen?« Kein Staatsanwalt klagt ›Bild‹ oder Böll an, beide verschweigen ihre Fehlinformationen, aber bei beiden finden sich in der für so belanglos erklärten Meinungsfreiheit ihre öffentlichen (nicht nur privaten) Kritiker.

Die Denkweise und politische Machtausübung Bölls in diesen Wochen ist nämlich prompt von *Dolf Sternberger,* einem selbst stilistisch sorgfältigen Journalisten, einem Politikwissenschaftler, vor allem aber einem der weltlichen Aufklärung und der Gewissenhaftigkeit im Wort »existentiell« verpflichteten Autor, bereits nach zwei Tagen am 2. 2. 1972 in der ›Frankfurter Allgemeinen Zeitung‹ in einem Leitartikel ›Böll, der Staat und die Gnade‹ intellektuell entlarvt worden. »Er sieht sich gern als bedrängt, bedrückt, zu Unrecht angegriffen, beinahe als verfolgt. Er schreibt im ›Spiegel‹, in der ›Süddeutschen Zeitung‹ und anderwärts, alle Welt diskutiert seine Äußerungen, er wird im Bundestag zitiert. Eine Korporalschaft amtierender Minister hat Stellung bezogen, er kann sich vor Interviews nicht retten, die Frager wissen ihn selbst auf Reisen und beim Essen ausfindig zu machen. Er aber bildet sich allen Ernstes ein, ringsum nur beleidigt und verleumdet zu werden. Es ist kein Größenwahn, was ihn ergriffen hat, sondern ein Kleinheitswahn, aber ein großer. Er kündigt einem Sender die Mitarbeit auf, worin ein Kommentator ihn ein bißchen kritisiert hat, und er straft Zeitungen, in denen ein anderer seiner Kritiker etwa künftig schriebe, mit dem Entzug seiner eigenen Beiträge. Von diesem fühlt er sich derart gekränkt, daß er ihn gern aus dem PEN-Club entfernt sähe. Er schlägt um sich, mit trauriger Miene. Er stellt Macht dar, er hat Macht. Wer weiß, was er täte, wenn er noch mehr hätte? Aber er lebt in dem falschen Bewußtsein, eine arme Kreatur zu sein. Nicht daß er Macht hat, ist das Unglück, sondern daß er sich um keinen Preis dazu bekennen will.« Im weiteren macht Sternberger deutlich, daß Böll alle politischen Grundlagen der politischen Aufklärung »religiös« umfunktioniert: »Er spricht auch das Wort ›Demokratie‹ in einem heilig-wehen Ton aus, als käme es in der Bergpredigt vor ... Die Demokratie ist aber nicht durch die Bergpredigt begründet worden, und der Verfassungsstaat ist nicht das Reich Gottes ... der Staat ist kein Brei aus Mitleid, Ressentiment und Müllabfuhr ... Es gibt keinen Gnadenstaat, wohl aber einen Rechtsstaat.«

Bereits in diesem zweiten Akt des von Böll angestoßenen intellektuellen Melodramas wird deutlich geworden sein, daß es sich gar nicht mehr um eine Gegnerschaft von Böll, Grass etc. gegen die Springer-Presse handelt, sondern um eine geistesgeschichtlich viel grundsätzlichere Gegnerschaft: Die politisch-sozialen Errungenschaften der Aufklärung des 18. Jahrhunderts, verkörpert in einem Wortführer ihres größten politischen Ertrages, der juristisch gesicherten Rechtsstaatlichkeit, in diesem Falle Diether Possers, und eines weltlichen und damit »antimetaphysischen« Aufklärers wie Dolf Sternberger, müssen verteidigt werden gegen die neuen sozial-religiösen »Dunkelmänner«, die die Ressentiments der Zeit missionarisch zur Begründung einer neuen Glaubenshysterie benutzen, um ihre eigene sozial-religiöse Herrschaft durchzusetzen.

Allerdings fühlt sich Böll dieser selbstgewählten Rolle nicht immer gewachsen; so schreibt er zum Schluß seiner Posser-Antwort zerknirscht: »Nach meinen bisherigen Erfahrungen ... verspreche ich allen Politikern, mich vorläufig in nichts mehr einzumischen, zu nichts mehr zu äußern, jedenfalls so lange nicht, bis ich mir selber klar darüber geworden bin, wo sich in diesem Falle die Grenze der vielgepriesenen Liberalität gezeigt hat.«

III. Akt: Böll – der Märtyrer der »Intellektuellenhetze«. – Böll hatte seine Macht unterschätzt; zwar dauerte es einige Monate, bis der von ihm ins Leben gerufene »nationale Notstand des öffentlichen Bewußtseins« richtig in Fahrt kam, aber dann war er da, allerdings in der »polarisierten«, d.h. in zwei unversöhnliche Gegensätze zerbrochenen Form, die herzustellen ja gerade Schriftsteller wie Böll nie müde geworden waren. Allerdings war in diesen Monaten die Fahndung nach den Baader-Meinhof-Kriminellen ohne Erfolg weitergegangen, so daß ihr »Terror ein Gefühl der Unsicherheit in der Bevölkerung auslöst(e), das Selbstvertrauen der arbeitenden Menschen schwächt(e) und den Ruf nach der starken Hand, dem starken Mann, dem starken Staat laut werden« ließ (Eckart Spoo in ›konkret‹, 15. 6. 1972). Es halfen also andere Kräfte zu diesem »Bewußtseinsnotstand«.

Da bereits klar war, daß die Mitglieder der kriminellen Gruppe auf ihrer Flucht bei Sympathisanten ungebeten Zuflucht suchten und sich auf deren Gesinnungsskrupel verließen, kriminelle Genossen niemals der Polizei zu übergeben (was wohl Böll in solchem Fall auch niemals getan hätte), und da andere Spuren in die Eifel wiesen, wurde bei einer allgemeinen regionalen Fahndungsaktion auch Böll in seinem Landhaus von Polizisten befragt und um die Ausweise seiner Gäste gebeten. Eine solche Überprüfung muß Böll in die geistige Situation des Gestapoterrors versetzt haben, denn sofort gelangten unortbare Nachrichten in die Presse, sein Haus sei von Polizisten mit Maschinenpistolen durchsucht worden; Faktum ist, Böll schrieb sofort einen persönlichen Brief an den Bundesinnenminister Genscher und bat um Aufklärung über diese Polizeiaktion, deren »Opfer« Gäste Bölls (ein unverdächtiger Professor mit seiner Frau) am Tage der Festnahme von Baader wurden. Natürlich antwortete ihm der zuständige Polizeiminister seines Landes, veranlaßt auch durch eine Anfrage der CDU im Landtag Nordrhein-Westfalens: Das Ferienhaus des Schriftstellers Heinrich Böll in der Eifel ist während der Fahndung nach der Baader-Meinhof-Bande von Polizisten weder durchsucht noch mit Maschinenpistolen betreten worden. Zwei Polizisten hätten lediglich an der Tür geklingelt, sich namentlich vorgestellt und nach einem Hinweis auf die allgemeine Fahndungsaktion um die Ausweise der Gäste von Böll gebeten. Böll selbst habe eine Durchsuchung seines Hauses bereitwilligst angeboten, ohne daß die Polizei dies begehrt habe. Außer der Ausweiskontrolle sei weiter nichts geschehen. Anderslautende Darstellungen habe der Schriftsteller selbst zu vertreten.

So der Innenminister Weyer. Böll dazu später, wie immer gemäßigter: »Wieviel Beamte dran teilnahmen, ist schwer festzustellen. Ich sah fünf bis sechs, nach Beobachtung der Dorfbewohnern waren es 12 bis 20. Einigen wir uns auf acht bis neun ... ich bat fünf Tage danach Bundesminister Genscher um Aufklärung. Ich wiederhole: Ich habe den Polizeibeamten nichts vorzuwerfen ... Nicht erklären kann ich mir, wieso ich besonders verdächtig gewesen sein soll.« Das Beispiel ist nur gebracht, um die naive Ichbezogenheit Bölls zu verdeutlichen, die er selbst sofort als »öffentliche Angelegenheit« behandelt. Ein Mann wie er wendet sich natürlich nicht wie sonst jeder normale Staatsbürger an die unmittelbaren Vorgesetzten der Polizisten, denen er übrigens »nichts vorzuwerfen hat«, sondern als »Kardinal« der Intellektuellen mit der Weihe des PEN-Präsidenten natürlich nur unmittelbar an den anderen »Souverän«, an den höchsten Bundesminister. Und sein ungehaltenes Unverständnis, wieso gerade bei ihm (höflichst) nachgefragt wird, ob flüchtige Baader-Meinhof-Mitglieder bei ihm Unterschlupf gesucht hätten, zeugt doch nur von einer völligen Ignoranz der wirklichen Handlungsmaximen dieser Gruppe. Man muß diese Reaktionen festhalten, um zu dokumentieren, wie sehr sich Böll als Repräsentant einer herrschenden Klasse oder, wahrscheinlich angemessener, als Repräsentant einer religiösen Position versteht, die kuriale Exterritorialität beanspruchen darf.

Die Dinge streben jetzt schnell ihrem Höhepunkt zu: Am 1. Juni findet eine Bundestagssitzung über die Fragen der inneren Sicherheit statt, in der die Frage der geistigen Verursachung der »Roten Armee Fraktion«, also der geistigen Urheber der Baader-Meinhof-Terroristen, in den Mittelpunkt der Bundestagsdebatte gerät. Es werden als »geistige Urheber« genannt: Professor Brückner (von Minister Genscher), dann in der Debatte von der CDU auch Böll, Marcuse, Grass, Enzensberger, Hochhuth, Interviews von Professor Ernst Bornemann usw. Böll ist erschüttert über diese Folge seines Aufrufs zum nationalen Bewußtseinsnotstand. Da in dieser »Bewußtseinssteigerung« jemand anderer, ja gegensätzlicher Überzeugung sein könnte als er selbst, das kann er nur noch mit den assoziativen Vorstellungen der »Intellektuellenhetze der Nazis« vor und nach 1933 vergleichen. Bewußt oder emotionell zielsicher steuert er die Frage von der Beunruhigung der Bevölkerung durch eine seit mehr als 25 Jahren ungewohnte Frage der Staatssicherheit weg in die präfaschistische Situation des Angriffs auf die »geistige Freiheit«; und da nur er und seine Gesinnungs- und Herrschaftsgenossen Sprecher der »Freiheit« sind – nach eigenem Ausweis –, ist jede Kritik gegen sie »faschistisch«. Von dieser Position aus läßt sich jede Kritik an dieser Intellektuellenherrschaft als faschistische »Intellektuellenhetze« begreifen und publizieren, wobei es machtpolitisch-konkret nur darum geht, eine gesinnungsgegnerische Publizistik – in diesem Falle vor allem die Springer-Presse – auszuschalten.

Betrachten wir die Reaktionen der verschiedenen Gruppen und Personen Anfang Juni, die von Böll und seinen Gesinnungsgenossen als die Geburtsstunde einer neuen »Intellektuellenhetze« in der Bundesrepublik gewertet und publiziert wurden, einmal etwas »differenzierter« – eine Forderung, die Böll etwas später selbst stellt! Die Frage der *geistigen Verursachungen von politisch kriminellen Akten* ist selbst für den dafür spezialisierten sozialwissenschaftlichen Fachmann sehr schwer zu beantworten. In der Schuldsuche für die geistige Entstehung der Naziherrschaft in Deutschland wurden nach 1945 nicht nur Nietzsche und Heidegger, sondern auch noch Luther und Kant verantwortlich gemacht. Die gleiche Personalisierung geistiger Kausalität hat – aus begreiflichen Machtinteressen – vor allem die Linksintelligenz fortgeführt, weil sie ja weniger die geistigen Zusammenhänge, sondern ihre materiell-politischen Wirkungen sozial zurechnet. So war bei dem Attentat gegen den linksradikalen Studentenführer Dutschke der etwas geistesschwache Attentäter publizistisch ziemlich unergiebig, dagegen seine Angabe, er habe aus (Springer-)Zeitungen seinen Aggressionsgegenstand bezogen, wurde zum Hauptthema der Publizistik. Der in Ostdeutschland mundtot gemachte, im Westen um so mehr hofierte Sänger Wolf Biermann dichtete dazu:

Die Kugeln auf Rudi Dutschke
Ein blutiges Attentat
Wir haben genau gesehen
Wer da geschossen hat ...

Die Kugel Nummer eins
kam aus Springers Zeitungswald.
Ihr habt dem Mann die Groschen
auch noch dafür bezahlt.

(Die Kugeln Nr. 2 und 3 dafür gossen übrigens nach diesem Gedicht der Regierende Bürgermeister von Berlin, Schütz, und der damalige Bundeskanzler der Großen Koalition, Kiesinger. Das Gedicht wurde in Plakaten und Platten in Westdeutschland verbreitet, ohne daß einer der intellektuellen Führer gegen diese Hetze auch nur ein Wort gesagt hätte.)

Was nun die geistige Urheberschaft der Baader-Meinhof-Bande betrifft, so sind die Äußerungen in der hochgespielten Bundestagssitzung genauso wirklichkeitsfremd wie die von Böll. Nicht die Philosophie der Schein-Radikalen der »Frankfurter Schule« oder der »linken Schriftsteller« sind Ursache des anarchistischen Terrors der Baader-Meinhof, sondern die von allen demokratischen Parteien der Bundesrepublik hilflos übersehenen geistigen Entwicklungen an den Universitäten. Von dem, was da geschah, haben Böll oder andere Schriftsteller ebensowenig Ahnung wie die Abgeordneten aller Parteien im Bundestag. Die Absicht der Personalisierung der politischen Gewaltanwendung entspricht sowieso einem primitiven Denkniveau religiöser oder unmittelbar parteipolitisch agonaler Art: Sicherlich hat Herbert Marcuse die Verharmlosung der direkten Gewalttat gegen die zur »strukturellen Gewalt« erklärten Sozialordnung mit dem Satz gerechtfertigt: »Wenn sie Gewalt anwenden, beginnen sie keine neue Kette von Gewalttaten, sondern zerbrechen die etablierte. Da man sie schlagen wird, kennen sie das Risiko, und wenn sie gewillt sind, es auf sich zu nehmen, hat kein Dritter, und am wenigsten der Intellektuelle und Erzieher, das Recht, ihnen Enthaltung zu predigen.« (Habermas hat ihm in dieser Position ausdrücklich aus moralischen Gründen widersprochen.) Aber man kann nicht erwarten, daß ein emotional-naiver Denker wie Böll solche differenzierten Gedanken zur Kenntnis nehmen kann und die intellektuellen Wurzeln der Gewalt, wie sie in der »Roten Armee Fraktion«, zutage treten, überhaupt begreift. Die Unkenntnis von Böll und Genossen über die Art, »wie Gewalt entsteht«, entspricht der emotionalen Ignoranz der Bundestagsabgeordneten, die allein die Entschuldigung haben, daß sie die Ängste der breiten Bevölkerung geistig unangemessen ausdrückten. Böll hat ganz sicher nicht als »geistiger Urheber« die Taten der Baader-Meinhof-Bande beeinflußt; ich bezweifle, daß die Mitglieder dieser Gruppe je ein Werk von Böll überhaupt gelesen haben, wahrscheinlich war sein »Ulrike«-Aufruf der erste Text, der sie überhaupt interessierte. Das gleiche gilt für alle Namen, die oppositionelle Bundestagsabgeordnete in der Böll so empörenden Bundestagssitzung nannten: Die Unkenntnis über die Universitätsverhältnisse, aus denen ja wohl der Kern der revolutionären Baader-Meinhof-Bande hervorgegangen ist, verdummte die Bundestagsabgeordneten aller Parteien, nicht zuletzt deshalb, weil sie alle für diese Zustände an den Universitäten verantwortlich waren. Sowenig, wie man von Böll etc. verlangen konnte, sich als »geistige Urheber« zu beschuldigen, kann man erwarten, daß die Abgeordneten von SPD und FDP bis zur CDU sich als »politische Urheber« der aus den Universitäten ausbrechenden Revolution zur Rechenschaft zogen.

Böll hatte genau das Gegenteil von dem erreicht, was er – wenn man ihm glauben will – erreichen wollte: »eine Entspannung herbeizuführen«; er hat sich im Gegenteil als eine Art von Katalysator in Abläufe hineingedrängt, mit denen er an sich gar nichts zu tun hatte. An die Stelle der Auseinandersetzung der demokratisch-rechtsstaatlichen Regierung der Bundesrepublik mit antidemokratischen und zum Teil gewalttätigterroristischen Umsturzgruppen schieben er und seine Helfer plötzlich den Glaubensstreit von Sozialreligiösen und Realitätsdemokraten. Da er nie die kriminellen Gewalttaten der terroristischen Anarchisten irgendwie ernst genommen hat – er erklärt sie entwaffnend naiverweise damit, daß diese Leute in der Sozialarbeit das Elend kennengelernt und deshalb Revolutionäre geworden wären, ein Argument, das alle Sozialfürsorgeberufe zu potentiellen Revolutionären machen würde –, sind für ihn diese terroristischen Geschehnisse im Grunde nur ein willkommener Anlaß, den Angriff auf die »Intellektuellen« – und das ist symptomatisch erst einmal er selber – zu proklamieren. Das Stichwort, daß in dieser Bundestagsdebatte eine »Intellektuellenhetze« im Sinne der Nazis von vor und nach 1933 beginne, wird von allen Mitgliedern und Helfern der neuen intellektuellen Klassenherrschaft bereitwilligst aufgenommen.

Beispiele: In einem der von Böll als so gefährlich konservativ bezeichneten »Provinz-Blättern«, der ›Münsterschen Zeitung‹, schreibt der SPD-Bundestagsabgeordnete Walkhoff, Beruf Studienrat, am 11. Juni: »Wenn den Anfängen nicht gewehrt wird, dann dürfte der Tag nicht mehr fern sein, an dem an deutschen Schulen, Universitäten und Behörden demokratische Kräfte aller Richtungen – auch Sozialdemokraten – nichts mehr zu suchen haben« und einige starke Worte mehr gegen die Demokratiefeindlichkeit der CDU/CSU. Tatbestand an den Hochschulen: In der gleichen Woche erscheint die amtliche Bekanntgabe der Verteilung der Sitze in den Hochschulparlamenten: 70% sind in der Hand von Spartakus, SHB, Roten Zellen und deren ideologisch anarchistischen Verbündeten; diese radikalen Antidemokraten links von der SPD haben den Abgeordneten der Universitätsstadt nie beunruhigt. Es melden sich sofort zahlreiche Böll-Sympathisanten: So schreibt der Staatssekretär im Justizministerium Nordrhein-Westfalens, Professor Ulrich Klug (Justizsenator in Hamburg): »Man greift sie an und meint die ›ganze Bande‹, die auf dem Felde des Geistes und damit der Kritik arbeitet«; der später in Hessen führende Jurist Theo Rasehorn hatte schon früher gefordert: »Wir brauchen mehr Bölls.« In der Zeitschrift ›konkret‹ (die sicherlich in Kreisen der Linksradikalen mehr Anhang findet als ›Bild‹) schreibt am 15. 6. K. R. Röhl unter der Überschrift ›Faßt die Springer-Gruppe!‹: »Nach der Auflösung der Baader-Gruppe müssen auch ihre intellektuellen Wegbereiter zur Verantwortung gezogen werden: Die Mitglieder der Springer-Gruppe.« Am schnellsten sind natürlich die Schriftsteller selbst: Wenige Tage nach der Bundestagssitzung schreiben 14 Schriftsteller an »den Bundestag« einen offenen Brief – was denn sonst: Die Studenten bemalen die Wände, die Intellektuellen schreiben unentwegt »offene Briefe«, nur wenn's peinlich wird, bitten sie um »private Gespräche« – mit dem schon genannten Inhalt: »Alte und neue Nazis« fangen schon wieder an, gegen die Intellektuellen zu hetzen; unerhört die »Diffamierungskampagne« vor allem gegen den Präsidenten des Internationalen PEN, Heinrich Böll. Verschwiegen wird, daß Böll es war, der dazu aufforderte, am Fall Baader nicht totalstaatliche Hetzmethoden, sondern den viel berufenen Rechtsstaat zu bewähren ...« (Was die Aufforderung an den Rechtsstaat betrifft, so müssen die Herren in der Eile den Beitrag von Posser mit dem von Böll verwechselt oder – was wahrscheinlicher ist – beide nicht gelesen haben. Daß der »Präsident des Internationalen PEN« hier schon im Titel wie ein tabuisierter religiöser Führer behandelt wird, ist aufschlußreich. Der Schweizer Soziologe Walter Rüegg hat diesen Brief dann auch als »ein Dokument der sprachlichen und geistigen Verwirrung deutscher Intellektueller« analysiert (FAZ v. 21. 6. 1972). 149 weitere Schriftsteller, Journalisten, Künstler, Wissenschaftler und Verleger schlossen sich kurz danach diesem Protest an, beklagten das »Hetz-Klima« in der Bundesrepublik, das sich bis zur »Treibjagd« gesteigert habe.

Anders reagierten die wirklich politischen Linken; sie ließen sich keineswegs auf den von Böll eröffneten Nebenkriegsschauplatz des wenn auch nur menschlichen »Verständnisses« für die »Rote Armee

Fraktion« und der daraus abgeleiteten »Intellektuellenhetze« ablenken, sondern sie kündigten entschieden die Solidarität mit der Baader-Meinhof-Gruppe auf: So auf einem am 4. Juni abgehaltenen »Angela-Davis-Kongreß« in Frankfurt die Professoren Herbert Marcuse, Oskar Negt, Abendroth, Seifert, Narr, Krippendorff usw., später ähnlich Alexander Kluge. In der Zeitschrift ›konkret‹ vom 15. Juli urteilt Herbert Marcuse über die »Rote Armee-Fraktion«: »Dieser Terror ist konterrevolutionär«; diesem Urteil schließen sich dort mit jeweils anderen Worten an: der Sozialdemokrat Jochen Steffen, der Jusovorsitzende Roth, der Judovorsitzende Bremer, der Gewerkschaftler Hauenschild, die Schriftsteller Jens und Walraff, die Journalisten Duve und Spoo. Sie alle hatten bemerkt, daß nicht nur ein paar Rechtsjournalisten à la ›Bild‹ die Gewalttaten der Baader-Meinhof-Gruppe bedrohlich fanden, sondern breite Schichten der arbeitenden Bevölkerung, und daß es notwendig war, hier die Sache des »demokratischen Sozialismus« deutlich von politischen Kriminellen zu trennen.

Böll muß in diesen Tagen ein Masochist im Zeitungslesen gewesen sein, nämlich nur »Springer- und jegliche Sorte christlicher Zeitungen«, wie er es später ausdrückt, gelesen haben, die »kübelweise« Dreck ausschütteten. Sammelt man einmal später die Zeitungsmeldungen und Kommentare deutschsprachiger Zeitungen im In- und Ausland, von ›Bild‹ und ›Bayernkurier‹ über die verschiedenen Frankfurter Zeitungen bis zu ›konkret‹ und kommunistischen Blättern, dann sind ganz offensichtlich mehr verständnisvolle als aburteilende Kommentare und Nachrichten über Böll zu finden. Trotzdem müssen diese Meldungen und die Radionachrichten über die Bundestagssitzung vom 7. Juni (das Protokoll kann er erst später gelesen haben) ihn derart zerstört haben, daß am Montag, dem 12. Juni, abends in der *Monitor-Sendung des Fernsehens* ein zitternder und stammelnder Böll auftrat, der, wie er wiederum später selbst sagte, »Angst hatte und die Nerven verloren hatte (wer je in einen Nervenkrieg verwickelt war, wird das verstehen«). Er übermittelte nicht mehr Argumente, sondern nur noch einen bemitleidenswerten Eindruck. Hier fielen dann auch die Worte, dies sei ein Land, in dem man nicht mehr leben könne. Hier stellte sich der Märtyrer der auf ihn bezogenen »Intellektuellenhetze« vor.

Ein Nachspiel einen Tag später macht das Fernsehbild zum schriftlichen Dokument: Laut dpa-Meldung hat der damalige Vorsitzende der Länderinnenministerkonferenz, der Hamburger Sozialdemokrat Ruhnau, in einem Rundfunkinterview von einer »relativ kleinen Gruppe« gesprochen, die den Terroristen Unterstützung geboten hätte; nach seinen Informationen gehörten diese Helfer alle gutbürgerlichen Kreisen an. »Ruhnau zeigte sich weiter davon überzeugt, daß die Anarchisten in der Bundesrepublik keine Beziehungen zu Arbeiterkreisen haben. Er bezeichnete sie vielmehr als ›dekadente Bourgeoisie‹, mit der die demokratische Arbeiterbewegung nichts zu tun habe« (dpa v. 12. Juni). Bereits am 13. Juni gibt dpa folgende Meldung heraus: »Mit scharfen Worten hat der Schriftsteller Heinrich Böll die Erklärung des Hamburger Innensenators Ruhnau zurückgewiesen, in der Ruhnau die Helfershelfer der Baader-Meinhof-Bande als ›dekadente Bourgeoisie‹ bezeichnet hatte. Böll sagte: ›Wissen Sie, das ist ein Terminus, den finde ich nur aus den Äußerungen des ZK (Zentralkomitees) der KPdSU (Kommunistische Partei der Sowjetunion) über dekadente Literaten. Und ich kenne ihn außerdem aus der Kampagne, die gegen meine Kollegen in der Tschechoslowakei im Gange ist. Das ist unglaublich, der Ausdruck ,dekadente Bourgeoisie‘ ... Damit wird ein Klima der Denunziation geschaffen, in dem kein Intellektueller mehr arbeiten kann. Ich kann in diesem Lande, in diesem Hetzklima nicht arbeiten ... und in einem Lande, in dem ich nicht arbeiten kann, kann ich nicht leben. Es macht mich wahnsinnig, ewig, ewig mich gehetzt zu fühlen und ewig gezwungen zu sein, zu dementieren, Presseerklärungen zu geben ...‹« Man sieht, Böll zieht wie ein heiliger Sebastian alle Pfeile auf sich, auch wenn sie gar nicht auf ihn gezielt sind. Im übrigen sind diese Worte wahrscheinlich die aufschlußreichsten des ganzen Vorganges!

Kein Zweifel daran, daß dies Worte eines Verzweifelten und tief Leidenden sind. Kein Zweifel, daß man in der Lage, wie er sie schildert und empfindet, nicht geistig arbeiten kann. Kein Zweifel, daß Böll in diesen Tagen die Nerven verloren hat und angstbesessen ist.

Aber auf der anderen Seite genießt er es auch, öffentlich gequält zu werden; münzt er selbst noch Beleidigungen, die gar keine sind, zur publizistischen Demonstration aus. Wer zwingt ihn denn, als Nervenbündel vors Fernsehen zu treten oder »ewig, ewig« Presseerklärungen zu geben? Doch nur er sich selbst unter dem Drang, im Mittelpunkt der Geschehnisse zu bleiben. Wir wollen gar nicht die Frage erörtern, ob er nicht diese ganze Auseinandersetzung um ihn im Zusammenhang mit der Baader-Meinhof-Gruppe erst bewußt hervorgerufen, ja sich sozusagen in die Sache hineingedrängt hat, mit der er an sich gar nichts zu tun hatte. Und wenn sein Name in dieser Bundestagsdebatte neben vielen anderen fiel, so kann man ja auch meinen, daß es aus einem Wald so töricht herausschallt, wie man hineingerufen hat. Nein, die Handlungen und Worte Bölls auf diesem Höhepunkt des Dramas bezeugen, daß es ihm immer schon und vor allem jetzt allein um den Schriftsteller geht, um die publizistische Demonstration seiner selbst.

Dabei widerfährt ihm in diesen Tagen eine große Existenzbestätigung, nach der er sich lange gesehnt hat: Er kann sich als der von der »ganzen Gesellschaft« Verfolgte fühlen; nicht nur die Springer-Presse, sondern die ganzen deutschen Politiker (mit wenigen befreundeten Ausnahmen) betreiben eine »Kampagne« gegen ihn wie die Kommunisten in der Sowjetunion oder Tschechoslowakei. In seiner Person werden alle Intellektuellen der Bundesrepublik von »einer gnadenlosen Gesellschaft« gehetzt, wie bei dem Nazis, wie in der Sowjetunion! Böll – ein Möchtegern-Solschenizyn, hier wird es Ereignis.

Bis hierhin muß man Mitleid mit ihm haben, vielleicht gerade, weil er sich selbst täuscht; bis hierhin kann man ihn menschlich verstehen, selbst wenn man sein Gebaren nicht billigen kann. Aber es gibt auch eine Seite, die ich verächtlich finde: Der Böll, der darüber klagt, daß man unter Dauerhetze nicht geistig arbeiten kann, der sich denunziert fühlt, der das Land verlassen will usf., dieser Böll verschwendet nicht einen Gedanken oder Satz an die Tatsache, daß es in diesem Lande eine nicht unbeträchtliche Gruppe geistig Arbeitender gibt, die seit drei bis vier Jahren dauernd gehetzt, beschimpft, bespuckt werden, deren Frauen man bedroht, beschimpft, gegen die nun wirklich »Psychoterror« bewußt angewendet wird, ja in gar nicht wenigen Fällen auch physische Gewalt; er scheint nicht zu wissen, daß mit diesen Methoden einige von ihnen in den Selbstmord oder schwere Erkrankungen getrieben worden sind; er will nicht sehen, daß ja »dieses Land« längst eine Reihe von Menschen wirklich verlassen haben, um wieder geistig arbeiten zu können. Allerdings waren dies keine Schriftsteller, sondern Wissenschaftler; und die deutschen Universitäten liegen für Böll auf dem Mond.

Hier wird nun auch der Charakter seines Begriffs der »Intellektuellen« deutlich, die vermeintlich »gehetzt« werden: Das sind nicht wie in der Sowjetunion Schriftsteller und Wissenschaftler zusammen, Dichter und Physiker, Historiker, Nationalökonomen usw., die mit ihrem Leben und ihrer Freiheit darum kämpfen müssen, das, was sie für wahr erkannt haben, überhaupt sagen zu dürfen, nein, die Böllschen »Intellektuellen« sind eine Glaubensgenossenschaft von Schriftstellern bestimmter Gesinnung, die es nicht mehr leiden wollen, daß man ihnen in dem rüden Ton widerspricht, den sie zum Teil selbst kultivieren, die sich verleumdet und verhetzt fühlen, wenn ihnen gegenüber die Frage nach der »geistigen Urheberschaft« von politisch motivierter Kriminalität aufgeworfen wird, die beim Attentat auf Dutschke in den Vordergrund zu stellen, gerade für sie selbstverständlich war. So tritt hier in aller Härte ein Begriff der »Intellektuellen« zutage, der Klassenherrschaft und Glaubensgemeinschaft, wie wir sie beschrieben haben, auf das engste verbindet. Erst wenn man dies sieht, wird die Fixiertheit ihrer Auseinandersetzung mit dem »Machtimperium Springer« verständlich: *Es ist der Streit um die Monopolisierung der Publizitätsmacht in der Bundesrepublik, die zugleich als Glaubenskampf geführt wird.*

Damit wird noch ein weiterer Unterschied zu den sowjetrussischen »Intellektuellen« deutlich: Denen geht es nicht primär um die Freiheit der Schriftsteller, sondern um die Freiheit des ganzen russischen Volkes. Der ›Archipel Gulag‹ berichtet nicht von Schriftstellerlagern. Am besten spricht diesen Tatbestand eine Stelle aus dem Brief Sinjawskis aus, mit dem dieser Günter Grass auf dessen – natürlich sofort »offenen« – Brief an ihn und Solschenizyn über das »Machtimperium Springerkonzern« antwortet, das er, um es den Russen recht deutlich zu machen, mit dem Leninismus-Stalinismus vergleicht: »Ich möchte dennoch feststellen, daß diese ›schlechte Gesellschaft‹, sogar dann, wenn man diese nach den Kriterien Ihres Briefes beurteilen sollte, noch keinen einzigen Schriftsteller erschossen oder ins Konzentrationslager geschickt hat ... Sie beziehen sich auf Fälle von Zeitungspolemiken, die von Ihrem Standpunkt nicht zulässig sind. Aber wir beziehen uns auf Berge von Leichen – darunter auch Leichen von Schriftstellern.«

Schließen wir den Akt mit dem Urteil eines Leitartikels aus einem der so »hinter der Zeit herhinkenden« überkonservativen Provinz-Blätter: »Treibjagd? Von ›Bild‹? Oder auf ›Bild‹? Wer treibt wen? Tucholsky hätte es so formuliert: Nichts ist verächtlicher, als wenn Treibjäger Treibjäger Treibjäger nennen« (›Münstersche Zeitung‹, 5. 7. 1972).

IV. Akt: Böll – der Nobelpreisträger. – Ein Autor, der die öffentliche Diskussion, die er selbst angezettelt hatte, nicht durchstand; der – ein jämmerliches Bild – vor den Bildschirmen der Nation seinem »Lande« die Zugehörigkeit aufkündigte, dieser mit seinem Leid wuchernde Egozentriker der publizistischen Macht, hatte sich wie der sprichwörtliche »Held« der antiken Tragödie in seine eigenen Probleme dramatisch verwickelt; und ebenso prompt kam der sprichwörtliche Deus ex machina, der ihn aus seinen Verwicklungen befreite und seine Gegner zum Verstummen brachte. Böll erhielt im Oktober 1972 den Nobelpreis für Literatur zugesprochen. Da dies in der bürgerlichen Welt eine Art Heiligsprechung bei Lebzeiten bedeutet, wird der so Ausgezeichnete der profanen Kritik entrückt; auch seine Gegner fühlen sich halb schamhaft als Deutsche mitgeehrt, und er selbst bewegt sich von nun an in der Watte der offiziell dokumentierten literarischen Hochachtung, die die halbe Welt ihm zollt. (Die Kommunisten halten den Nobelpreis für Literatur und den Friedensnobelpreis seit langem für eine politische Waffe und lehnen sie ab oder verbieten ihren Schriftstellern die Annahme.)

Die Äußerung, daß auch Böll seinen Nobelpreis politischen Überlegungen verdanke, hat er selbst als eine »Spezialdemagogie« gebrandmarkt. Das ist, wie das meiste bei Böll, halb richtig. Natürlich hat man mit ihm eine bestimmte Richtung der westdeutschen Nachkriegsliteratur auszeichnen wollen, die schriftstellerisch, vor allem erzählerisch, die »deutsche Misere« der Nazizeit, des Krieges und Nachkrieges bewältigt hat. Das ist keine Wahl im Sinne »politischer Rücksichten«, sondern ein Votum für eine im Ausland besonders überzeugend wirkende deutsche Literaturgattung. Bekanntlich kann man über ästhetische Werturteile kaum streiten.

Aber Böll verkennt, daß in den Verleihungskriterien des Literaturnobelpreises durchaus selbst »politische« Gesichtspunkte eingebaut sind. Da ist zunächst die Aufforderung, daß bei der Bewertung alle Nationen einigermaßen gleichmäßig beachtet werden sollen; die »Deutschen« waren, wie man aus allen internationalen Kommentaren erfahren konnte, einfach einmal »wieder dran«, nachdem 1929 mit Thomas Mann der letzte »Reichsdeutsche« diese literarische Anerkennung erhalten hatte (der Preis 1946 an Hermann Hesse, der [halbierte] Preis 1966 an Nelly Sachs fielen in diesem »nationalen« Sinne bewußt an Emigranten). Bald wäre es mit Böll auch so gelaufen. Wichtiger ist hier aber die Bestimmung, daß dieser Preis einem Autor und Werk von durchgehend »idealistischer Tendenz« zufallen soll. Diese Auflage entspricht genau der moralischen Gesinnung der Klasse und Zeit, aus der der Gründer dieses Preises, das »Raubtier« Nobel, und das aus seinen Dynamit-Geschäften, also im wesentlichen – modern gesprochen – Waffengeschäften, geflossene Kapital des »Preises« stammen. Wie doppeldeutig doch plötzlich das Wort »Preis« wird! Und wie nahe liegt die Ironie, daß Böll in der »Preisunterlage«, auf die sich die Jury bezog, seinen Roman ›Gruppenbild mit Dame‹, eben die Moral und Haltungen verdammt und anklagt, die den ihm verliehenen Preis gestiftet haben. Aber es gibt keine rückwirkende Verantwortung von Böll auf Nobel, und niemand ist gegen geistesgeschichtliche Ironisierungen gefeit. Aber ich zweifle nicht daran, daß Böll aus allen deutschen Schriftstellern mit sozialen Ambitionen, den »Sozialromanciers«, deshalb als Preisträger gewählt worden ist, weil er dem »bürgerlich« verstandenen Kriterium der »Idealität«, d.h. der realistischen Unverbindlichkeit, bei weitem am besten entspricht. Er soll, als er die Verleihung des Nobelpreises erfuhr, spontan gesagt haben: »Wie, ich allein und nicht der Grass auch?« Hier unterschätzt er die Differenzierungsfähigkeit der Nobelpreisjury: *Grass* hat vieles und auch viel von dem hier Kritisierten mit Böll gemeinsam, aber ein Autor, der den möglichen Fortschritt als »Schnecke« erkennt, der, wenn er sich in die Politik einmischt, weiß, daß er »nicht auf dem Parnaß, sondern in der Bundesrepublik steuerpflichtig ist«, der mag im Politischen vieles tun, dem man widersprechen muß, aber er ist nicht der »tendenzielle Idealist«, der mit Böll zusammen den Nobelpreis verdient hätte.

Böll wird es mit dem Nobelpreis so gehen wie Gerhart Hauptmann, dem Literaturnobelpreisträger von 1912: Danach konnte er literarische Belanglosigkeiten, ja politische Peinlichkeiten schreiben, soviel er wollte, er blieb immer »der Nobelpreisträger der Nation«. Böll wird von dieser Hege in einem Geistesschutzpark genauso Gebrauch zu machen wissen wie Gerhart Hauptmann.

V. Akt: Böll rächt sich. – Er tat es schneller, als man dachte. Im Juli/August 1974 erschien im ›Spiegel‹ im Vorabdruck seine Erzählung ›Die verlorene Ehre der Katharina Blum, oder: Wie Gewalt entstehen und wohin sie führen kann‹.

Als ich mehr als zwei Jahre vorher seinen »Aufruf« für Ulrike Meinhof las, war meine spontane Reaktion: Weshalb schreibt dieser Mann diesen unausgegorenen Unsinn, anstatt bei seinem »Amt« zu bleiben und eine Novelle oder einen Roman über die Meinhof oder Baader zu verfassen, etwa in der Tradition von Dostojewski, und er würde sofort alle Nachdenklichen für diese »Beleidigten und Erniedrigten« mindestens zu Überlegungen gezwungen haben. Anfang April 1972 hat der Pfarrer Öffler in der pfälzischen Gemeinde Rodenbach öffentlich für sie gebetet und mit Recht von der Kanzel gesagt, daß »dies für einen Christen nichts Ungewöhnliches sei«. In der Tat, dieser Mann waltete nur seines Amtes. Als dann Böll nach zwei Jahren seine Erzählung vorlegte, die, schon erkennbar im Untertitel, ohne Zweifel die literarische Fassung seines Anti-›Bild‹-Aufrufes darstellt, habe ich meine Erwartung revidieren müssen: Heute bin ich überzeugt, daß es Böll gar nicht um das menschliche Schicksal der Meinhof ging, sondern daß es für ihn nur ein Anlaß war, seine Fehde mit der Springer-Presse auszutragen, ja daß er geistig und literarisch gar nicht die Fähigkeit hat, das Milieu und die geistigen Kräfte zu verstehen oder zu gestalten, aus denen die »Gewalt« bei Baader oder Meinhof entstanden ist. Sein Horizont ist »Springer«, die Wirklichkeit der neuen Klasse der »Sinnvermittler«. So beurteilte auch die Presse, die Springer fernsteht, diese »Erzählung« als emotionales Nachtreten, eben »Böll rächt sich«.

Versteht man einmal die Erzählung ›Katharina Blum‹ unter soziologischen, also keineswegs literarischen Gesichtspunkten, so muß man folgende Tatbestände feststellen:

Die unechte Berichterstattersprache täuscht eine objektivierende Distanz vor, die ich als Sprachbetrug empfinde; Böll hätte in dieser Hinsicht bei Alexander Kluge und seinen ›Lebensläufen‹ in die stilistische Lehre gehen sollen, aber der war ja wirklich mal Jurist.

Betrachtet man die Negativ- und Positiv-Personen dieser Erzählung, so ist ihre soziologische Kennzeichnung eindeutig. Die negativen sind im wesentlichen Journalisten (der schuldige Ermordete), Juristen, Polizisten, der Pfarrer und – von besonderer Infamie – der »Herrenbesuch« Straubleder, von Beruf Politiker, Wirtschaftler und Wissenschaftler in einer Person. Man soll diese Figur bei der von Böll verwendeten Primitivsymbolik nicht unterschätzen: Politik (natürlich der CDU), Wirtschaft und Wissenschaft, das ist jetzt für Böll die Seite des »Teufels«. Die Positiv-Figuren sind alle angenehme, vernünftige Leute, aber es gibt kaum einen, der nicht durch jüdische Abstammung, kommunistische Gesinnung, Antifaschismus- oder Naziopferzugehörigkeit oder mindestens derartige familiäre Bande seine unauffällige soziale »Heroisierung« erfährt. Daß der »einfache« Mann, der deutsche Durchschnitt, eben derjenige war, der auf den Nationalsozialismus im gewissen Ausmaß reingefallen ist und vielleicht NSV-Blockwart spielte oder der aus Landarbeiterkreisen oder als Ungelernter zum Militär gekommene Unteroffizier (von denen sowieso nicht viel übriggeblieben sind); diese Figuren sind zwar real, aber leider nicht symbolträchtig.

Die inhaltlichen Geschehnisse der Erzählung sind soziologisch noch unwahrscheinlicher und machen seine Erzählung zur Kolportage. Nur zwei Beispiele:

Was Böll noch unter »Ehre« versteht, ist unerfindlich, zumal er mit der »Ehre« von anderen doch ziemlich leichtfertig umgeht. Eine Person wie die Katharina Blum, die von so großer Unabhängigkeit des Charakters, solchem praktischen Realitätssinn, solcher Fähigkeit, die Asozialitäten und Belastungen der eigenen Familie zu überwinden und sich die Männer vom Rock zu halten, geschildert wird, ausgerechnet diese vernünftige Person soll durch falsche Zeitungsberichte und Nachbarschaftsgeschwätz so in ihrem Selbstbewußtsein gekränkt sein, daß sie zur Gewaltverbrecherin wird? Ausgerechnet sie soll einen Journalisten, der zur Einleitung eines vereinbarten Interviews ihr einen Koitus vorschlägt, nicht mit Ohrfeigen zur Tür rausschmeißen, sondern zum Eintritt einladen und erschießen. Nein, das zu glauben weigert sich meine Menschenkenntnis ganz entschieden; eher glaube ich, daß hier die Faulheit und der Überdruß Bölls, sich argumentativ mit dem Springer-Journalismus auseinanderzusetzen, den Tagtraum ersonnen hat, ihn einfach mit Gewalt zu beseitigen.

Aber – Spaß beiseite – meine hier kritisch vorgebrachten Einwände sind nicht nur argumentativ ersonnen: Ich lebe seit 4–5 Jahren mit meiner Familie unter der Belastung anonymer Telefonanrufe und Beschimpfungen, meist spätabends oder nachts; von mir werden mit gefälschten Unterschriften Briefe ins Land geschickt, die der Situation nach nur von wissenschaftlichen Mitarbeitern in der Universität stammen können; die Texte der Fakten-Verleumdungen in allen möglichen Zeitungen, universitären Veröffentlichungen und Flugblättern zähle ich gar nicht mehr; ich bin mit meinen Kollegen von studentischen Psychoterroristen über drei Stunden eingesperrt worden und habe mir Beschimpfungen nicht nur meiner Person, sondern unserer Frauen im übelsten pornographischen Jargon anhören müssen (Strafanträge sind wegen Geringfügigkeit oder Amnestie eingestellt worden; Teilnehmer dieser »Aktion« sind heute Richter, Studienräte, Pfarrer, angehende Hochschullehrer etc.). Offensichtlich ist mein »Ehrgefühl« erheblich unterentwickelt, denn ich bin nie auf den Gedanken gekommen, meine »verlorene Ehre« mit »Gewalt« zu rächen. In welcher sozialen Welt lebt eigentlich Herr Böll?

Zweite Frage: Daß der Liebhaber der Katharina Blum, der Gewaltverbrecher Götten, einem Andreas Baader oder einem anderen politischen Kriminellen vage nachgebildet ist, geht aus vielen Nebenbemerkungen über ihn hervor. Aber gerade seine »Gewalttat« tritt überhaupt nicht näher in Erscheinung; er wird nur unter der rosa Brille einer ungemein bürgerlichen Liebesleidenschaft gesehen. Da aber die ganze Dramaturgie dieser Geschichte, der ganze polizeilich-juristische und publizistische Aufwand, ja offensichtlich darauf beruht, daß die Blum gerade mit einem solchen notorischen Gewaltverbrecher in Verbindung gebracht wird und die auf ihn gerichtete Hysterie nun auch auf die unschuldige Liebhaberin überschlägt, bedeutet doch die Tatsache, daß diese Gewalt von Böll weitgehend ignoriert wird, daß er die reale Gewalt im Dunkeln läßt. Die Erzählung hieße in ihrem Untertitel besser: Wie man Gewalt verschweigen und die anderen zu Schuldigen stempeln kann.

Kommen wir zum Schluß! Am 13. März 1974 sprach Böll mit zwei anderen Schriftstellerkollegen vor der Fraktion der SPD. Böll sagte dabei: »Versuchen wir zunächst, uns von dem dummen Klischee zu befreien, wir, Intellektuelle und Schriftsteller, wären die Moralisten oder das Gewissen der Nation. Wir sind nichts weiter als in diesem Land arbeitende und Steuer zahlende Staatsbürger, die sich möglicherweise – ich betone: möglicherweise – besser artikulieren als irgendein Staatsbürger, der ebenso das Gewissen der Nation verkörpert, sei er Arbeiter, Bankdirektor, Lehrer, Abgeordneter. Der Beichtspiegel der Nation, falls Sie Ihr Gewissen prüfen möchten, ist das Grundgesetz; und da

Gesetze, Politik, Rechtsprechung zunächst aus Worten bestehen, kommt uns Autoren, die wir mit Worten einen gewissen Umgang pflegen, vielleicht die Rolle der Interpreten zwischen verschiedenen Wortbereichen zu, die immer aneinander geraten, wodurch Reibung und Gewalt entstehen.« Das erste, die vermeintliche Selbstbescheidung, halte ich für geschauspielert und nach alledem für unwahr, und daß zweitens gerade Böll nicht die Fähigkeit hat, die widersprüchlichen Bedeutungen der Worte in den verschiedenen Lebensbereichen miteinander zu versöhnen, dafür hat er in diesem Stück genügend Beweise erbracht. Für ihn hat immer nur seine eigene Wortbedeutung recht.

Ich habe dies Buch mit den langen Ausführungen über Böll beschlossen, weil ich glaube, in Böll als Person und in seinen politisch-publizistischen Aktionen ein Musterbeispiel dafür zu haben, wie die Glaubenskämpfer der sozialen Heilsreligion aussehen und wie sie ihre Glaubens- und Klassenkämpfe auch weiterhin durchführen werden. Ich habe mich gefragt, weshalb ein Mann wie Böll in unserer Gesellschaft heute politisch ernst genommen wird und genommen werden muß. Auf solche Fragen grundsätzlich zu antworten ist die Absicht dieses Buches. Seine Ablehnung durch die Betroffenen, der zu erwartende Bannstrahl, ist auch im Wortschatz von Böll bereits vorprogrammiert: Intellektuellenhetze.

Schluß

Die neuen Formen der Herrschaft: Belehrung, Betreuung, Beplanung

Wir sind in diesem Buch zu dem pessimistischen Urteil gekommen, daß die Unterwerfung der Menschen – zunächst in der westlichen Zivilisation – unter die wachsende Klassenherrschaft der Sinnproduzenten und -vermittler und die darauf aufbauende Priesterherrschaft einer neuen sozialen Heilsreligion sich wahrscheinlich unvermeidlich vollzieht. Das Zwingende in dieser Entwicklung beruht darin, daß die moderne Gesellschaft aufgrund technischer und sozialer Strukturveränderungen, die in ihrer Richtung unaufhaltbar sind, neue Funktionen oder Leistungsformen für »die Produktion des Lebens« schafft, die der Macht von Menschen über Menschen im großen Stile und Umfange neue Chancen und Grundlagen geben.

So sind die Lehrenden und Informierenden aus einer verhältnismäßig kleinen elitären Gruppe, die im wesentlichen Bedürfnisse der verfeinerten Kultur erfüllte, zu Produzenten und Vermittlern von Funktionswissen und Verhaltenssinngebungen geworden, deren Tätigkeit sich keineswegs auf einen »kulturellen« Bereich beschränkt, sondern deren sachliche Leistungen in praktisch jedem Lebensgebiet und in jeder beruflichen Tätigkeit lebensentscheidend und unentbehrlich geworden ist; mit den ungeheuren Funktionsgewinnen dieser Gruppe geht ihre mengenmäßige Vermehrung einher: Nennen wir diese Berufe einmal (nach der von den Ökonomen Clark und Fourastié bekanntgemachten Einteilung) den »quartären Berufssektor«, so hat dieser in den letzten Jahrzehnten ein geradezu rapides Wachstum angenommen und bestimmt immer stärker die gesamte Sozialstruktur. Diese Entwicklung macht mehr und mehr Menschen und ihre Lebensbedingungen von den Leistungen und damit auch von der Einstellung und den Überzeugungen dieser »Sinnvermittler« abhängig, und zwar in rein funktionaler, sachlicher Hinsicht, die mit heilsreligiöser Herrschaft zunächst scheinbar gar nichts zu tun hat. Aber wer andere so lebensnotwendig von sich abhängig macht, gewinnt auch Macht über sie; es braucht jetzt nur noch der bewußte Herrschaftswille hinzuzutreten, der als Klassenbewußtsein aus dem Zustand einer großen Masse von Menschen mit gleichen »Produktionsinteressen« und der Chance, ein wichtiges Produktionsmittel (»Sinn«) monopolisieren zu können, unvermeidbar erwächst. Daß dann gerade die Sinnproduzenten und -vermittler die geistlich-religiöse Form der Bewußtseinsführung in den Dienst ihrer Herrschaft stellen, ist sowohl als Tröstungs- und Beruhigungswirkung nach außen wie als geistiges Bindemittel nach innen strategisch verständlich. Man kann also sagen, daß aus diesem Sektor der »quartären« Berufe die heilsgläubige Sozialreligion in dem Maße erwächst, wie die sozialen Herrschaftsinteressen in ihnen sich durchsetzen.

Diese neuen »Herren« haben alles Interesse daran, die Bedrohtheit des Menschen durch die alten Formen der Herrschaft, nämlich politische Macht und wirtschaftliche Macht, nach wie vor als die einzige Unterwerfung und Ausbeutung des Menschen darzustellen, um ihre eigene nicht bewußt werden zu lassen. Die alten Formen der Macht, soziologisch zutreffend in ihrem letzten Grunde durch Monopolisierung der Gewaltanwendung einerseits und durch Monopolisierung der Betriebsmittel zur Produktion lebenswichtiger Güter andererseits gekennzeichnet, sind – zumindest in den fortgeschrittenen demokratischen Staaten des Westens – heute gebändigter, aufgeteilter und kontrollierter, als es die neuen intellektuellen Herrschaftsbewerber im allgemeinen zuzugestehen bereit sind; aber sie brauchen die Vorstellung, daß es der Bevölkerung schlecht geht, daß sie elend und unfrei, »entfremdet« ist, um ihre Herrschaft und Pläne als das Heilende, Erlösende durchsetzen zu können; »ihre landläufige Haltung dem gewöhnlichen Sterblichen gegenüber … nämlich ihn in der Praxis zu unterdrücken und in der Theorie zu verherrlichen«, hat schon Chesterton vor vielen Jahrzehnten gegeißelt.

Als erste und auffälligste dieser Herrschaftsformen ist die *Information oder Belehrung* in allen ihren Arten und Institutionen zu nennen: Ob nun die publizistisch kurzfristige Information durch Presse und elektronische Medien oder die langfristige Information in Schulen und Hochschulen, ob Information durch Propaganda, Werbung und an die Wand geschriebene Parolen oder durch Theater und Gottesdienst, Romane und Schulbücher, überall besitzt und nutzt, wer informiert, »die Chance, innerhalb einer sozialen Beziehung den eigenen Willen auch gegen Widerstreben durchzusetzen«, wie Max Weber den Begriff der Macht gekennzeichnet hat. Diese Herrschaft von Menschen über Menschen durch die publizistischen Massenmedien ist als »Manipulation« durch Presse und Fernsehen durchaus erkannt worden, wird aber im wesentlichen von denjenigen beschrien, die ihrerseits wirksamer informieren, d. h. manipulieren möchten; der

Protest gegen die Manipulierung klingt heute bei uns verräterisch nach »Haltet den Dieb«! So wird der Anspruch, daß die Informationsmacht kontrolliert werden muß, heute durchaus gestellt, aber paradoxerweise richtet er sich gar nicht gegen die Informationsproduzenten und -vermittler, sondern gegen die politische und die wirtschaftliche Macht, die Rundfunk und Presse als Integrationsmacht ihrer Institutionen in Dienst nehmen; die entscheidende Kontrolle über diese Informationsmacht ist aber gegenüber den Journalisten und Publizisten durchzuführen. Eine Freiheit, die es heute neu zu erkämpfen gilt, ist die Freiheit des Informierten gegenüber den Informatoren. Die Meinungsäußerungsfreiheit schlägt ohne die Sozialbindung der Sachlichkeit und Sorgfältigkeit der umfassenden Unterrichtung genauso in ein Herrschaftsprivileg um wie das Eigentum. Nicht irgendwelche »Autonomie« der Publizisten, die nur zu Anhäufungen und Monopolen von Produzentenmacht führt, sondern Pluralität von Medienträgern und Sinnproduzenten und das Offenhalten des Informationsmarktes für die Informationsverbraucher, vor allem aber eine Berufsethik der Informatoren, die sich – wenn auch mit schwer völlig abzubauenden subjektiven Schranken – der Sachlichkeit und Objektivität der Information genauso verpflichtet fühlt wie der Richter der Neutralität seines Urteils und der Forscher der Beweiskraft seiner publizierten Erkenntnisse, verbürgen eine leidlich »herrschaftsfreie« Information. Von solcher die Informationsherrschaft gewaltenteilig kontrollierenden Regelung sind wir noch weit entfernt.

Ob aber in unserer Gesellschaftsstruktur die Meinungsführung des Menschen durch Meinungsherrscher nicht überhaupt zur unaufhebbaren Beherrschungsform des Zeitalters wird, diese Befürchtung hat angesichts der Tatsache, daß sowohl die alten wie die neuen Herrschaftsgruppen daran Interesse haben, den Menschen immer mehr und leichter von einer Führung seines Lebens aus eigener Lebenserfahrung abschneiden können, eine große Wahrscheinlichkeit für sich.

Denn wer lehrt, herrscht. Daß jede Art von Lehre vom Elternhaus und Kindergarten über Schulen und Hochschulen aller Art bis zur praktischen »Lehre« und Erwachsenenbildung hin eine Form von Machtausübung ist, war bisher wenig bewußt. In unserer Tradition hat gerade das bürgerliche Zeitalter eine große Vielfalt von Lehreinrichtungen und Lehrbefugnissen geschaffen; die »Lehrgewalt« war zwischen den Elternhäusern, dem Staat und den Kommunen, den Kirchen und den Lehrmeistern des

Handwerks und der sonstigen Wirtschaft sowie einer ganzen Reihe selbständiger Vereine und Einrichtungen in so hohem Maße aufgeteilt, daß zwar die Frage auftauchte, ob nicht gewisse soziale Gruppen bestimmte Formen der Lehre oder Ausbildung allzu einseitig für sich in Anspruch nahmen, daß aber die Lehrenden nicht als eine einheitliche herrschende Gruppe aufgefaßt werden konnten. Im Gegenteil: »Bildung macht frei« und »Wissen ist Macht« galten für die Belehrten als Leitworte gerade zu Lebensmöglichkeiten, welche soziale Bevormundung und Gruppenzwänge und -nachteile abzuschütteln erlaubten. Daß das »Menschenrecht auf Bildung« (wie man es aufklärerisch-emanzipatorisch besser nennen sollte, denn ein »Bürgerrecht auf Bildung« trägt schon den Betreuung fordernden Anspruch an den Staat in sich) auch wie andere personale Grundrechte zu einem Mittel der Beherrschung umschlagen kann, das haben bisher nur sehr wenige bemerkt.

Es hängt vor allem mit zwei Vorstellungen und von ihnen verursachten Veränderungen des Bildungswesens zusammen: Erstens wird Lehren und Lernen aus verschiedenen Gründen immer mehr als ein einheitliches, durchgehendes Schul-System aufgefaßt, das sich in immer umfangreicheren »Gesamt«-Einrichtungen, in einem »Bildungsplan« vom Kindergarten bis zur Akademiefortbildung, niederschlägt und damit, mehr gewollt als ungewollt, lehrend die Menschen vereinheitlicht; in der Tat stellt dieses Gesamtsystem Schule heute in den westlichen Gesellschaften wie etwa den USA oder der Bundesrepublik das große Domestikationsinstrument gegenüber der Bevölkerung dar. Ivan Illich hat dies klar gesehen: »Hat jemand erst akzeptiert, daß Schule nötig ist, so fällt er leicht anderen Institutionen anheim ... Menschen, die sich für die Bewertung ihres persönlichen Wachstums dem Maßstab der anderen unterwerfen ... brauchen nicht mehr an ihren Platz verwiesen werden, sondern stecken sich selber in die vorgesehenen Schlitze, quetschen sich in die Ecke, die aufzusuchen man sie gelehrt hat, und verweisen ebendabei auch ihre Kameraden an deren Plätze, bis alles und jedermann übereinstimmt. Menschen, die auf das richtige Maß heruntergeschult sind ...«, nehmen natürlich das, was mit ihnen geschieht, aufgrund des ihnen beigebrachten Wertsystems als »Befreiung«, »Emanzipation«, »Aufklärung«, Fürsorge usw. auf; so urteilt Illich hart: »Von allen ›unechten Versorgungsbetrieben‹ ist die Schule die heimtückischste.«

Dieses Umschlagen eines institutionell und inhaltlich sehr vielfältigen Bildungswesens in ein planmäßig organisiertes und finanziertes Schul-System zur Lehrbetreuung aller erzwingt schon aus institutionellen Gründen eine immer stärkere Interessen- und Denkangleichung der »Lehrer«, wofür sich die nötigen professionellen Ideologien dann schon einstellen. Die in unseren Breiten wirksamsten sind die zur Herrschaftslegende umfunktionierten Begriffe der historischen Aufklärung. Unter ihnen nimmt der Begriff der »Autonomie«, aus der Tradition der Universitäten übernommen und nach und nach auf alle möglichen Lehreinrichtungen ausgedehnt, die Rolle einer Herrschaftsmaskierung und -tabuisierung der neuen Lehrherrschaft ein. Die der alten Universität verliehene beschränkte Selbstverwaltungsautonomie sollte die individuelle geistige Produktion von Professoren und Studenten ermöglichen, war also im Grunde genommen nur für die einzelne Person und für das, was wir heute Forschung nennen, gedacht; die moderne Gruppenuniversität und ihre organisatorischen Angleicher aber wenden ihn in die staatsgegnerische Funktion der politischen Gruppenautonomie um, die allein die Kennzeichnung »Privilegium« verdient. Heute besitzen in Wirklichkeit diejenigen die stärksten sozialen Vorrechte, die über die Privilegien der anderen am meisten reden. Dieses umfunktionierte Autonomie-Tabu macht jedoch auf die »Bildungs«-Politiker aller demokratischen Parteien noch einen so unwiderstehlichen Eindruck, daß sie mehr oder minder alle diese neuen Herrschaftsformen der Lehrer ausbauen helfen; deshalb gibt es auch keine wirkliche Alternative zur gegenwärtigen Schul- und Hochschulpolitik (denn von der kommunistischen wird von ihren Anhängern jetzt begreiflicherweise wenig gesprochen). Dagegen steht die Gefahr unmittelbar vor der Tür, daß die gesamte arbeitende Bevölkerung vom Kindergarten bis ins hohe Alter mit den jeweils neuesten Seminar-Ideologien über ihren Lebenssinn und ihre Verhaltensrichtigkeiten belehrt und so zum Material derer gemacht werden, die ihre eigenen Lernprozesse zur Lehrherrschaft umzubauen verstanden haben; denn: »Der Mann, der daran gewöhnt ist, belehrt zu werden, sucht seine Sicherheit zwangsläufig im Lehren. Die Frau, die ihr Wissen als Ergebnis eines Verfahrens erlebt, möchte es in anderen reproduzieren« (Ivan Illich).

Eine zweite große Herrschafts-Chance entsteht in dem anscheinend notwendig wachsenden Erfordernis zur *sozialen Betreuung* in der modernen Gesellschaft; sie verschmilzt sachlich und im Personal sehr bald mit der Herrschaft der Informierenden und Belehrenden. Zunächst scheint durch die fortschreitende Mechanisierung der Produktion, durch Verlagerung vieler Arbeitsentscheidungen in die Vorplanung der Arbeit und nicht zuletzt durch die Rationalisierung in immer größeren Betriebseinheiten die Gruppe derer, die nur »exekutiv« arbeiten, sich unaufhaltsam zu vergrößern; diese Art der Arbeit bringt relativ geringes Einkommen, kaum Berufsprestige, läßt wenig berufliche Qualifikationen entwickeln, die ihrerseits personbestätigend wirken, so daß in vieler Hinsicht diese Gruppen auf eine organisierte Lebenssicherheit und Daseinsvorsorge angewiesen sind. Das entscheidende Hilfsmittel dieser Gruppen ist zunächst die politische Solidarität in Arbeiterparteien und Gewerkschaften, wobei die grundsätzliche Zielentscheidung darin liegt, ob deren Politik auf den immer »selbständiger« werdenden Arbeiter zielt oder auf den immer umfassenderen Ausbau der großorganisatorischen Hilfssysteme. Es ist deutlich, daß in der letzten Richtung die Abhängigkeit und Unselbständigkeit dieser Arbeiter durch ihre eigenen Hilfs- und Unterstützungssysteme ebenso vermehrt wie die Macht ihrer Sozialvormünder gestärkt wird. Wenn diese Hilfsprogramme dann aber den modernen Sozialperfektionismus einer von Intellektuellen ersonnenen Vollbetreuung annehmen, dann ist die Herrschaft der Betreuer über diese Menschen fest gegründet; denn »solche Fürsorge macht sie nur noch abhängiger von weiteren Hilfeleistungen und beraubt sie mehr und mehr der Möglichkeit, ihr Leben gemäß ihren eigenen Erfahrungen und Möglichkeiten in ihrem Gemeinwesen einzurichten« (Illich).

Davon zu unterscheiden sind gewiß Menschen, die aufgrund körperlicher oder geistiger Benachteiligungen oder extremer sozialer Hilflosigkeit und Ausgliederung dauerhafter oder jedenfalls intensiver betreuerischer Fürsorge bedürfen; zu ihrer Bezeichnung hat man heute den traditionell karitativen Begriff der »Armen« durch den ebenso falschen, aber die soziologische Programmierung schon vorgebenden Begriff der »Randgruppen« ersetzt. Wer sich der *tätigen* Hilfe an diesen Menschen hingibt, ob professionell oder freiwillig, ist unserer Kritik entzogen, gleichgültig, welche Überzeugungen sein Tun vor ihm selbst begründen. Aber die Gruppe dieser Täter ist klein, dagegen schwillt die der Proklamierer und Programmierer der Hilfsbedürftigkeit des Menschen erstaunlich an. Die demonstrative Ausbreitung des geborgten Elends aus aller Welt und die fast einer Gehirnwäsche gleichkommende Überbetonung der

»Randgruppen« und was als solche behandelt wird, in Rundfunk und Fernsehen, schafft eine Dramaturgie der durchgehenden sozialen Ungerechtigkeit und Hilfsbedürftigkeit, von der sich seitens ihrer Autoren nicht nur gut leben, sondern vor allem gut herrschen läßt. Die Aufklärung über die verborgene Herrschaftsgier dieser Betreuer übernehmen die »Aufklärer« von heute nicht, weil sie sich selbst dann als die Herrschenden entlarven müßten. So liegt die neue Legitimitätsbegründung der Betreuungsherrschaft in der Ausbreitung des Bewußtseins, daß fast alle zu den Hilfsbedürftigen gehören, insbesondere unter der »unselbständigen« Arbeiterschaft, die an sich sehr wohl zur Selbsthilfe und solidarischen Selbständigkeit fähig ist. Die »soziale Gesinnung« wirkt als das gute Gewissen, mit dem man selbst realistisch die Herrschaftsposten besetzen und andere zum Gehorsam verpflichten kann; Betreuung wird das Legitimitätsprinzip der Herrschaft für diejenigen, die den anderen die »Legitimationskrise« predigen.

Damit entsteht eine neue Form des »Untertanen«: der »betreute Mensch«. Die sozialpsychologisch erzeugte Hilflosigkeit schafft ihrerseits erst den ängstlichen und unsicheren Menschen in einer Dimension, wie ihn die realen Verhältnisse, zumal bei uns, in keiner Weise bedingen; eine Art seelisch-soziale Ohnmacht und Willensschwäche gegenüber dem Praktischen und Erreichbaren, ja eine immer leichtere Flucht in das Selbstmitleid und in die emphatische Anrufung der sozialen Abstraktheiten kennzeichnen diesen neuen Untertan der Betreuungsherrschaft. Allerdings weckt die eigentümlich personzerstörende Wirkung von Wohlfahrtseinrichtungen aller Art auch das Ressentiment der Beherrschten: Nicht nur Angst und sich immer steigernde Nachfrage nach »Hilfe«, sondern auch Zorn, Frustration, Neid und Frechheit, zuweilen auch Trauer sind die Formen des vergeblichen Aufbegehrens gegen die neue Abhängigkeit. Man kann das heute wohl am besten an den Menschen in den »Entwicklungsländern« studieren, denn die »Entwicklungshilfe« ist ja in vieler Hinsicht nur die gesellschaftlich nach außen gewendete Herrschaftsform der Betreuung, deren binnengesellschaftliche Variante wir hier beschrieben haben.

Die dritte Herrschafts-Chance gewinnt der gleiche Personenkreis durch die Ausdehnung der *wissenschaftlichen Planung* und ihrer fast schutzlosen Hinnahme durch die Beplanten. An sich gehört planendes, vorausschauendes Handeln zur Natur des Menschen, von dem schon Hobbes wußte, daß er das Lebewesen sei, das schon zukünftiger Hunger hungrig macht. In die Zukunft vorauszugreifen und sie festlegen zu wollen, ist das allgemeinste sachliche Ziel aller Politik. Daher ist Herrschaft ihrem Wesen nach immer die Macht, über die Zukunft bestimmen zu können, und umgekehrt: Wer dieses Verhalten der Menschen in der Zukunft festlegen kann, der ist ein »Herrscher«. So haben seit Urzeiten bis zum Beginn des 19. Jahrhunderts selbstverständlich alle Herrscher »geplant«, aber erst mit der Geburt der Soziologie bei Saint-Simon und Comte wurde »der Plan« zum beanspruchten Privileg einer Wissenschaft, die zur Herrschaft drängte; daß sie dabei das Erbe der Theologie übernahm, die den Heilsplan Gottes auszulegen beanspruchte, eröffnete schon früh die Herrschaftskonkurrenz über das zukünftige Heil, die heute von den sozialwissenschaftlichen Planern gewonnen ist und mehr und mehr zu einer international sich in die Hände spielenden Herrschaft der wissenschaftlichen Planungsmonopolisten ausgebaut wird. Aber die politischen Führer aller sozialen Institutionen, seien es Staatsregierungen, Kirchen, Gewerkschaften, Kommunen und welche »alten« Herrschaftsorganisationen auch immer, *müssen* heute die Hilfe der wissenschaftlichen Planer in Anspruch nehmen, weil die Faktoren, die die jeweilige soziale Zukunft bestimmen, derart vielfältig, schnell veränderbar und in sich differenziert sind, daß die bloße Erfahrung sie nicht mehr angemessen erfassen kann, sondern eine systematisch wissenschaftliche Analyse erforderlich ist. Indem aber vielfach die Analyse unmittelbar in Planung umschlägt, verwandelt sie sich aus Dienst in Herrschaft, in die meist verdeckte »Autonomie« der Planer gegenüber den legitimen institutionellen Führungen.

Fragt man, was die »herrschende« Planung von der »dienenden« Planung unterscheidet, kommt man auf folgende Kennzeichen: Die »autonomen« Planer haben ein Interesse daran, die Anschauung durchzusetzen, daß ein sogenanntes »rationales« Handeln am besten die Zukunft sichert, wobei »rational« als ein Zweckhandeln verstanden wird, das sich durch im voraus *erkannte* Fakten bestimmt, die dann als Ursachen, Motive und zugleich Ziele des zukünftigen Handelns der Menschen für die Planung in Rechnung gestellt werden; daß hier nicht rational geplant, sondern umgekehrt die Rationalität durch »kognitive Planung«, d. h. durch reine Bewußtseinsvorstellungen von der Zukunft, definiert wird, dieser Zirkelschluß wird selten offenbar. Vorausschauendes politisches Handeln – wir wagen nicht mehr den Begriff der »Planung« zu verwenden – hat die Absicht,

das Wollen und Handeln der Menschen in der Zukunft so festzulegen, daß diese selbst sich nach dieser Zukunftsregelung richten.
Das aber ist geradezu die Definition dessen, was der Gesetzgeber
auf dem Wege des Rechts zu erreichen trachtet; gesetztes Recht
ist immer Planung, aber es ist mehr: Es bindet jeden einzelnen
der betreffenden Rechtsbevölkerung, den politischen Willen der
Gesetze als seinen eigenen individuellen Willen im sozialen Verhalten zu übernehmen. Dagegen erfaßt die autonom herrschende
Planung den einzelnen Menschen nur als Gegenstand oder soziales Faktum und überträgt die Verwirklichung der Planungsent-
scheidungen primär den Durchführungsinstanzen, insbesondere
einer wie immer gearteten Verwaltung des Menschen. Alle Planung, die daher nicht auf legitim zustande kommende Gesetzgebung hin konzipiert und von dort her zum »Willen des Volkes«
gemacht wird, trägt den Keim zur Herrschaftsüberhebung der
wissenschaftlichen Planung in sich.

Dies bedeutet aber, daß alle Planungen, die sich nicht als das
institutionelle Leben der organisierten Einheit selbst begreifen,
in deren Rahmen sie planen, sondern die sozusagen als »freischwebende« Planung sich von einem institutionellen Außen her
der Planung von sozialen Lebensbereichen oder gar der »ganzen
Gesellschaft« annehmen, in Wirklichkeit den Ort der Herrschaft
verlagern. Dies geschieht meistens in der Form, daß man von
irgendeiner wissenschaftlichen »Autonomie« her, einer Universität, einem Forschungsinstitut, einer wissenschaftlichen Gesellschaft, einer Sachverständigengruppe oder einem Beirat usw.,
mit wissenschaftlichen Einsichten diese oder jene Notwendigkeit sozialen Verhaltens oder politischer Maßnahmen für die
Zukunft fordert. Die unreflektierte Herrschaftsabsicht liegt hier
in der Unkenntnis darüber, daß die Wissenschaft gerade heute
die Zukunft gar nicht überholen kann: Die Wissenschaft als
Produktivkraft verändert die Zukunft schneller und umfassender, als die Wissenschaft als Erkenntnis der Zukunft selbst fassen
kann: »Die Möglichkeit eines konkret-utopischen Vorblicks auf
zukünftige Zustände der Gesamtgesellschaft ist uns in demselben
Maße verwehrt, in welchem die Produktivkraft ›Wissenschaft‹ an
der Veränderung unserer gegenwärtigen gesellschaftlichen Lebensverhältnisse beteiligt ist«, sagt *Hermann Lübbe,* der den
Unernst und die Illusionen der Zukunftsforschung bisher wohl
am klarsten enthüllt hat (›Theorie und Entscheidung‹, Freiburg
1971).

Und schließlich kennzeichnet die selbstherrliche Planung ihre

Entlastung von der Verantwortung, den Plan durchzuführen; diese Verwirklichung überläßt man den »Machern«, die sozusagen als die bloßen handwerklichen Erfüllungsgehilfen der Plan-Blaupausen angesehen werden. Nur in sehr seltenen Fällen ist der früher in allem politischen Handeln selbstverständliche Grundsatz, daß, wer plant, auch die Verantwortung für die Durchsetzung und Durchführung des Planes übernehmen muß, heute noch gültig. So »planen« heute Personen, die nie die Anstrengung der politischen Durchsetzung auf sich genommen haben und daher auf die Realität, in diesem Falle die jeweils situationsbedingten Umstände der Verwirklichung des Plans, keine Rücksicht nehmen; im Gegenteil: Diese Trennung von Planung und Durchführung macht die Planer insofern enttäuschungsfest, als das Scheitern ihres für sie sinnvollen Plans dann nie bei ihnen, sondern bei der Unfähigkeit der Exekutive, allenfalls bei ungünstigen planfremden Umständen zu suchen ist.

In dieser Richtung und diesen Formen der Planung wächst also eine Herrschaftsform einer vermeintlich angewandten Wissenschaft heran, die das Recht und die Gesetzgebung zur bloßen organisatorischen Durchsetzungshilfe für den von oben gesteuerten Plan erniedrigt; die sich nicht mehr der Legitimation der politischen Herrschaftsbeauftragung in den verschiedenen Institutionen stellt, sondern vermittels ihrer Fachqualifikation auf höchster Ebene jeweils einsteigt und dort de facto die Herrschaft an sich reißt und die schließlich, alle Durchführungsverantwortung und die Gründe des Scheiterns an die bloßen Planverwirklicher abschiebend, frei und entlastet ist, jene moderne Welt zu schaffen, der es nie an immer neuen Plänen, Zielen, Ideen, Richtlinien usf. fehlt, sondern nur an der Kraft der Durchführung. In welchem Ausmaße sich diese »herrschende Planung« entwickeln kann, ist sehr unterschiedlich, aber die Neigung dazu liegt in jeder großen Organisation mit der Kopflastigkeit der Stäbe und der dementsprechenden »Basis«-Entfremdung begründet.

Hier liegt denn auch der berechtigte Grund, weshalb der Ruf nach mehr Mitbestimmung seitens der »Basis«, nach Teilhabe der Beplanten an der Planung erhoben wird. Nur hat diese »Demokratisierung der Planung« genauso ihr Doppelgesicht: Soweit sie der Aktivierung der politischen und sozialen Willensbildung in der breiten Mitgliedschaft der jeweiligen Organisationen anhand von vorgeschlagenen Handlungszielen und Programmen dient und damit die institutionell Verantwortlichen für die Durchführung einer solchen Politik legitimiert, ist solche

Basismitbestimmung in den Institutionen nur zu begrüßen. Aber soweit Mitbestimmung der Beplanten an der Planung nur ein Äußern oder Sammeln von Meinungen ist, die sich zu keinem Führungs- und Durchführungsauftrag konkretisieren, oder wo sie gar von einer »Basis« her geschieht, die gar nicht von der von ihr ins Leben gerufenen oder begünstigten Planung betroffen wird, weil sie zu schnell wechselt oder selbst nur eine bloß statistische Repräsentanz darstellt, dort spielen solche Mitbestimmungen der »Basis« den geschicktesten Meinungsführern unter den Planern in die Hände und begünstigen fast unvermeidbar die sozial vielversprechendste, aber praktisch undurchführbarste Planung. Hier wird »Mitbestimmung« bereits zur Herrschaft über das Schicksal der anderen, die den Plan später am eigenen Leibe auszubaden haben, aber hier findet die herrschende Planung natürlich ihre lauteste Gefolgschaft.

An der herrschenden Planung kann man auch am besten den Vorgang beobachten, wie aus der bloßen politisch-sozialen Herrschaft der Sinnproduktion *die soziale Heilsgläubigkeit und Heilslehre* erwächst: Der »Plan« wird die moderne Form, in der das soziale Heil im Sinne einer die Lösung der Lebensprobleme im denkerischen Vorgriff versprechenden Verkündigung den Gläubigen angeboten wird. Dann tritt Planung nicht nur »in die Rolle ein, die Utopie und Geschichtsphilosophie ausgespielt haben«, sondern sie tritt an die Stelle der religiösen Verkündigung selbst und erhält chiliastische, also das Ende aller geschichtlichsozialen Not verheißende Züge. »Planung im Horizont endgeschichtlich gedachter Zukunft, bezogen auf Endzwecke umfassender Art, vollstreckt durch Kräfte, die als Subjekt der Geschichte sich wissen und deren unwidersprechliche Legitimation auf ihrer Seite ist – Planung in diesem geschichtsphilosophisch präformierten Sinn ist zwangsläufig mit Herrschaft identisch, deren totalitäre Struktur dem umfassenden Charakter des Planungsinhalts präzis entspricht« *(H. Lübbe)*. In gleicher Weise steigern sich Informieren, Belehren und Betreuen, je umfassender sie den Menschen erfassen und zu ihrem Gegenstand machen wollen, in das gleiche Heilsversprechen hinein, sofern man sie nur mehr zum Zuge kommen läßt, und d.h., je mehr sie die Menschen beherrschen könnten. Immer mehr Aufklärung durch Information, immer mehr Einsicht durch Belehrung, immer mehr soziale Gerechtigkeit durch Betreuung, immer mehr Zukunftssicherheit durch Planung, das ist das illusionäre Syndrom des sozialen Heilsglaubens, das Zusammenschießen von Belehrung, Betreuung und Beplanung zur Herrschaftsform über die neugläubigen Massen der modernen Gesellschaft. –

Sind diese neuen Formen der Herrschaft nicht wie die »alten« zum Schutze der Beherrschten zu kontrollieren? Wenn die Behauptung zutrifft, daß diese »Produktionsformen des Lebens« in allen modernen Gesellschaften sich mehr und mehr durchsetzen und damit die Chancen neuer »Produktionsmacht« schaffen – womit diese Gesellschaften als »industrielle« kaum noch angemessen gekennzeichnet sind –, dann muß diese Frage der Kontrolle der neuen Machtformen in Gesellschaften verschiedener politischer Tradition und Verfassung auftauchen. In der Tat kann man hier bereits von einer »östlichen Lösung« und einer »westlichen Lösung« dieser Frage nach der Kontrolle der Macht von Sinnproduzenten sprechen.

Die »*östliche Lösung*« besteht darin, daß die alten Herrschaftsformen, also die staatliche der Monopolisierung der physischen Gewaltanwendung und die von ihr abgeleitete Verwaltungsmacht sowie die wirtschaftliche Macht im Sinne der Verfügung über die Produktionsmittel Kapital und Arbeit und deren Derivat der Funktionärsmacht, in der monolithischen Dachorganisation der Ideologie und Utopie produzierenden und vermittelnden Einpartei mit den Formen der Sinngebungsherrschaft verschmolzen werden. »Die Partei« bestimmt nicht nur Staat und Wirtschaft, sondern sie bestimmt, wie und wer informiert, belehrt und betreut wird, sie stellt »den Plan« auf, und sie bestimmt, was geglaubt und gehofft werden darf und wie zu bestrafen ist, wer als »Ketzer« davon abweicht. Der »pseudo-religiöse« Charakter der ideologiegesteuerten Einparteiensysteme ist schon des öfteren erkannt, aber dabei nur auf die »echte« Religiosität des christlichen Heilsglaubens rückbezogen worden; in Wirklichkeit hat hier der neue soziale Heilsglaube sehr früh seine »byzantinische Lösung« der Einheit von Staat und Kirche gefunden. Es dürfte deutlich sein, daß diese Lösung überall dort, wo starke Intellektuellengruppen den Vortrupp einer Revolution oder Entwicklung bilden, die gleichzeitig nach staatlicher, wirtschaftlicher und geistig-emotioneller Verfügungsmacht greifen, wie in vielen »Entwicklungsländern«, sich unvermeidbar als die beste anbietet.

Die »*westliche Lösung*« gibt es noch nicht. Sie kann nicht in der Konzentration von alten und neuen Machtquellen in einer Superorganisation bestehen, die zwar die Sinnproduzenten entmachtet, aber zugunsten eines Supermonopolismus der Beherrschung der Bevölkerung durch eine Parteigruppe. Die geschichtlich entwickelten Kontrollmechanismen gegen die politische Gewalt, vor allem das Prinzip der Rechtsstaatlichkeit, oder gegen die wirtschaftliche Macht im Prinzip der Sozialstaatlichkeit, greifen nicht gegen die Herrschaft der Sinnproduzenten und -vermittler, sondern begünstigen im Gegenteil deren maskierte Steigerung. Die Frage der Freiheitsansprüche der Menschen gegen die Herrschaftsformen des Belehrens, Betreuens und Beplanens ist bisher kaum ins politische Bewußtsein gedrungen; es gibt keine demokratische Partei, in deren Programm diese Forderungen grundsätzlich auftauchen, dagegen zollen alle diesen Herrschaftsansprüchen in ihren Verlautbarungen und Zielsetzungen unkritisch Tribut. (Über die wenigen Ausnahmen z. B. der Juristen, die Planungsmacht verfassungs- und verwaltungsrechtlich einzuschränken, soll hier nicht gehandelt werden.) In der Überlieferung des westlichen politischen Systems müßten diese Frontenstellungen neuer Machtkontrolle überhaupt erst einmal politisch aufgeworfen und als Entscheidungen artikuliert werden. Eine Lösung liegt nach meiner Überzeugung nur in einer von der Wurzel der sozialen Tatbestände her neu gedachten Vorstellung der Freiheit der Person und einer soziologisch begründeten Gewaltenteilung, die es erlaubt, ein System der ausbalancierten gegenseitigen Kontrolle der alten und der neuen Formen und Gruppen der sozialen Macht aufzubauen. Aber daran sind die Soziologen, wie wir sahen, wenig interessiert, können sie sich doch die Führungspositionen in der neuen Sinnproduzentenklasse und erst recht in der sozialreligiösen Kirchenherrschaft versprechen, je mehr sich diese möglichst umfassend gegenüber den alten Machtgruppen durchsetzt.

So wird die »westliche Lösung« aller Wahrscheinlichkeit nach den geschichtlichen Dauerwiderspruch von »Staat und Kirche« in verwandelter Weise wieder in Gang setzen, jenes sehr wechselnde Widerspiel der Eroberung des »Staates« durch die »Kirche« oder umgekehrt deren zeitweilige praktisch-politische Zurückdrängung. Heute, wo ich dies schreibe, erleben wir in der Bundesrepublik einen Pendelschlag von dem »Kirchen«-Mann und im sozial-religiösen Sinne schon bei Lebzeiten fast »heilig« gesprochenen Willy Brandt zu dem »Staats«-Mann Helmut Schmidt; solches Hin und Her wird es im Westen in allen Institutionen, Staaten und in verschiedenen Verkörperungen in Zukunft auf die Dauer geben. Aber das Wachsen der Klassen der Sinnproduzenten und der aus ihm folgende Aufstieg der sozialen

Heilsreligion in den westlichen Staaten und Gesellschaften werden keine politischen oder wirtschaftlichen Notstände verhindern können, im Gegenteil: Sie werden noch stärker als der Wohlstand die Gefolgschaft der neuen Gläubigen erzeugen.

Nachwort zur 2. Auflage
Erfahrungen mit einem »Bestseller«

> »... Daher denn auch man sich in allen über den ›verständigen Sozialismus‹ angestellten Studien veranlaßt sieht, anzuerkennen, daß dieser die Scheidung der Gesellschaft in zwei Gruppen voraussetzen muß: die eine bildet eine als politische Partei organisierte Elite, die es sich zur Aufgabe macht, an Stelle einer nichtdenkenden Masse zu denken, und die wunder was zu tun glaubt, wenn sie dieser etwas von ihren überlegenen Einsichten mitzuteilen für gut befindet – die andere ist die Gesamtheit der Produzenten.
> Die *Intellektuellen* sind durchaus nicht, wie man so oft sagt, die Menschen, die *denken:* es sind vielmehr die Leute, die *sich einen Beruf daraus machen, zu denken,* und die auf Grund der Vornehmheit dieses Berufes dafür ein *aristokratisches Gehalt* beanspruchen.«
>
> Georges Sorel, ›Réflexions sur la violance‹, 1906, dtsch. ›Über die Gewalt‹, hrsg. von Gottfried Salomon, Innsbruck 1928, S. 191.

Ein breite Kreise provozierendes Buch ist wie ein Stein, den man ins Wasser wirft: das eigene Interesse gilt nur noch den Wellenbewegungen, die er verursacht. So geht es mir mit diesem Buch, selbst schon in der Distanz von kaum einem halben Jahr nach seiner Abfassung. Eine breite, über das wissenschaftliche Lesepublikum hinausgehende Wirkung war von mir sowohl sachlich wie stilistisch von vornherein beabsichtigt; und doch übertraf der Verkaufs- und Diskussionserfolg alle meine Erwartungen. Als Soziologe fragt man nach den Gründen dafür.

Daß ein Buch, das aus Grundsatz persönliche Erfahrungen und in der Ausdrucksweise bewußt subjektive Formulierungen in seine Darstellung einfließen läßt, auf persönliche Umstände reduziert wird, kann nicht verwundern. Die Eindimensionalität, wie das Marcuse genannt hat, muß man heute in Rechnung stellen. Daß ein Buch, das politisch, insbesondere fachpolitisch, aggressiv ist und verschwiegene Herrschaftsformen aufdecken will, auf politische Reaktionen rechnen muß, ist ebenso selbstverständlich. Ein solcher Reiz wird geradezu zum Experiment, aus dessen Verhaltensantworten aufschlußreiche politische Einsichten, Bestätigungen und Überraschungen zu beobachten sind.

Demgegenüber ist die Auseinandersetzung mit den Sachaussagen des Buches verständlicherweise zunächst gering. Das wäre anders auch ein Einwand gegen das Buch, denn die Sache selbst, die hier zur Sprache gebracht wurde, ist für viele, auch den Autor, existentiell schwierig, bedarf der Überwindung von Vordergrundsabsättigungen des Rechthabens, und man muß das gewollt Subjektive und in der Publizität Erfolgreiche dieses Buches erst distanzieren können, um die Sache selbst zu erörtern. Dazu sind, wie ich nicht ohne Überraschung feststellen kann, gute Journalisten eher fähig als wissenschaftliche Kollegen. Darüber hinaus ist der Bereich der Aussagen, der kaum erkannt und nicht erörtert wird, nicht unbeträchtlich.

Von diesen Erfahrungen her ist zu fragen: Was die ungewöhnlich hohe Verbreitung des Buches in so kurzer Zeit im zustimmenden wie auch abwehrenden Sinne eigentlich verursacht hat; wer was auf die Subjektivität oder die persönliche Existenz des Verfassers zurückführt; welches die teils schematischen, teils interessenhaft gezielten politischen Diffamierungen oder Zustimmungen zu diesem Buch sind; und schließlich – was auch ich für das wichtigste halte – will ich die kritischen, also mit Sachargumenten verwerfenden oder befragenden Stellungnahmen erörtern.

Diesem Buch haben selbstverständlich Überlegungen zur »Strategie« seiner Wirksamkeit zugrunde gelegen. In einer modernen Theorie der Wissenschaft, wie sie etwa der Soziologe *Niklas Luhmann* zum Mittelpunkt seiner Theorie der Gesellschaft gemacht hat, wird der Wissenschaft, insbesondere auch den Sozialwissenschaften, die »Steigerung von Komplexität« des Systems »Gesellschaft« zugeschrieben, der eine »Reduktion von Komplexität« parallel laufen muß, um die für jeden Handelnden nicht mehr faßbare »Komplexität« der modernen Verhältnisse wieder erlebbar zu machen und in individuelle Handlungsmotivationen zurückzuformen. Luhmann selbst arbeitet erfolgreich an der »Steigerung der Komplexität« der Soziologie; der funktional von ihm vorgesehenen »Reduktion« der Soziologie zur Orientierung für sozial Handelnde schenkt er kaum Beachtung, ja es ist fraglich, ob er sie überhaupt für eine wissenschaftliche Aufgabe hält. Zur »Orientierungsaufgabe« der Soziologie, wie ich sie in diesem Buch früher herausgestellt habe, bekennt man sich in diesem Fach funktional nur abstrakt.

Das gilt selbst da, wo man das persönliche politisch-ethische Engagement bewußt als »leitendes Erkenntnisinteresse« herausstellt, bei anderen analytisch kritisiert, bei sich selbst als Unterordnung der bloßen Analyse unter die menschheitsmoralische Idee der Emanzipation und dies als höhere Legitimität der Wissenschaft in Anspruch nimmt. Das sind ehrenwerte Motivierungen der wissenschaftlich legitimierten Subjektivität und keineswegs von vornherein »Machtmaskierungen«. Jedem Kenner der »soziologischen Szene« wird deutlich sein, daß ich hier auf *Jürgen Habermas* und seine Thesen zum Zusammenhang von ›Erkenntnis und Interesse‹ (1968) ziele. Die fast nur noch in abstrakte autobiographische »Chiffren« umschlagende individualistische Existenzphilosophie, mit Recht als das Ende des klassischen deutschen Idealismus verstanden und wirksam, hat dennoch eine Fortsetzung als sozialer Gruppensubjektivismus gefunden. Das verbindet Habermas, Adorno und andere »Emanzipationsdenker« mit Heidegger und Jaspers, ob sie es wahrhaben wollen oder nicht. Aber auch hier bleibt der Anspruch auf »Subjektivität« abstrakt; dies bedeutet, daß die »subjektiven« Engagements weder zur politisch organisierten Handlung führen, was die marxistischen Schüler dieser Denker beanstanden, noch daß die politisch-subjektiven Werturteile konkret und individuell als solche hervortraten. In diesem Stadium des Denkens wird die personhafte Subjektivität in die durch Reflexion erreichte Scheinabstraktheit des wissenschaftlich-analytischen Ausdrucks gehoben. Auch hier halte ich eine »Reflexion zurück« zur subjektiv-personhaften Konkretheit für möglich und nötig.

Schließlich spielt in diesen »strategischen« Überlegungen bei mir eine Erfahrung als empirischer Soziologe mit, die sich auf die Frage der »Anwendbarkeit« von Sozialwissenschaften bezieht: Ich habe in meiner wissenschaftlichen Laufbahn über zwei Jahrzehnte auch empirisch-soziologische Untersuchungen durchgeführt, geleitet oder indirekt gesteuert, die auf Bedürfnisse der Praxis zurückgingen; die Fragenden waren zunächst der Deutsche Gewerkschaftsbund, danach öffentliche Instanzen oder Organisationen und, wo es wirtschaftliche Unternehmen waren, ausschließlich deren Sozialdirektoren (das paßt natürlich gar nicht in das inzwischen propagierte Bild von mir als »Helfer des Kapitalismus«, als »Unternehmersprachrohr« usw., aber darauf kommt es jetzt nicht an). Meine Erfahrungen mit dieser »angewandten soziologischen Forschung« bestehen leider darin, daß die Auftraggeber oder Anreger der Forschung – vielleicht gerade, weil jede Ergebnisbestimmung von mir und meinen Mitarbeitern abgelehnt wurde – nach Abschluß und Vorliegen der Forschungen davon in ihrer jeweiligen institutionellen Politik kaum, meist gar nicht Gebrauch machten. Wo diese Ergebnisse nicht ihre längst vorprogrammierte Politik bestätigten, wurden sie höflich verschwiegen.

Zunächst habe ich auch daraus die Folgerung gezogen, daß die empirisch-soziologische Forschung zusätzlich zu ihren wissenschaftlichen Ergebnissen auch noch deren »Transformation« oder Übersetzung in die Motivationsstruktur und Denk- und Ausdrucksweise der Auftraggeber zu übernehmen habe. Sehr bald aber wurde mir klar, daß dies mit einer Eingliederung in die unsichtbare oder offizielle Handlungseinheit der Institutionen, Organisationen oder Unternehmen gleichbedeutend, also mit der Forschungsfreiheit zu bezahlen war. (Daß heute die wieder an Gewicht gewinnende empirische Sozialwissenschaft – außer der Volkswirtschaft und Betriebswirtschaft, die entweder diesen Bezug längst vollzogen haben oder sich als »Kunstlehren« der Wirtschafts- oder Finanzpolitik oder der Unternehmensführung auf bestehende Steuerungsmechanismen beziehen können – diese Fraglichkeit ihrer »Anwendbarkeit« nicht selbst in den Vordergrund stellt, kann ich mir nur dadurch erklären, daß sie dabei ihre praktische Ohnmacht belegen müßte und ihre notwendigen öffentlichen und privaten Finanzierungsquellen einbüßen könnte.)

Aus diesen Überlegungen habe ich in diesem Buche »das Subjektive« in verschiedenen Formen der »objektiven« soziologischen Analyse bewußt hinzugefügt. »Reduzierung« soziologischer »Komplexität«, und das heißt der immer höheren Problemdifferenzierung, der immer stärker nur im wissenschaftlichen Theoriezusammenhang aufgeworfenen Probleme, der immer abstrakteren, nur spezialwissenschaftlich zugänglichen Begriffslösungen, ist nur möglich, wenn man den Verständigungs- und Handlungsbereich konkreter, in unseren Tagen lebender, denkender und handelnder Menschen erreicht. Das bedingt, daß man sich nicht nur einer allgemein verständlichen und faßlichen Ausdrucksweise bedient, sondern daß man die gefühlsmäßigen Einstellungen, die Werturteile, die Lebenserfahrungen, die Aggressionen und Defensionen, aus denen heraus der nicht zur wissenschaftlichen Abstraktion professionell verpflichtete und erzogene Mensch auch in unserem modernen Leben handelt, auch unmittelbar anspricht. Die Politiker wissen das längst; die Sozialwissenschaftler analysieren es nur. »Reduktion von Komplexität« heißt Motive setzen, Emotionen verstärken oder abschwächen, in der Desorientierung und Reizüberflutung eigene Entscheidungen verdeutlichen, ja bis an die Grenze der Erfüllung des immer wieder erwarteten rezeptologischen Bedürfnisses gehen.

Die von der Sozialwissenschaft und der Philosophie der letzten Jahrzehnte geradezu verächtlich beiseite geschobene Lebenserfahrung ist eines der unaufhebbaren und am meisten berechtigten Motive von Handlungsentscheidungen und Reaktionen im öffentlichen Leben; soziologische Erkenntnis mit eigener Erfahrung zu füllen, die zugleich die breite Erfahrung der eigenen Landsleute und Schicksalsgenossen anspricht, ist schon lange ein bewußter Grundsatz meiner populär gemeinten soziologischen Veröffentlichungen. Ich frage mich nur, ob die Sozialwissenschaftler, die dagegen opponieren, es nicht wollen oder nicht können. Dahinter steckt ein allgemeineres Problem: Wortführer der SPD, aber auch Vertreter der FDP oder der CDU pflegen heute ein »Theoriedefizit« zu beklagen; ich habe diesen allgemein verbreiteten Hoffnungen auf »mehr Theorie«, dem dann

bei Wissenschaftlern immer in das Abstrakte und damit Lebens-
fremde umschlagenden »Prinzip Hoffnung« (Utopie), bewußt
inhaltlich und stilistisch das »Prinzip Erfahrung« entgegengestellt. Wenn ein Priester »Hoffnung« predigt, erfüllt er sein Amt;
wenn es Bloch in der Rolle des wissenschaftlichen Philosophen
tut, sollte er ehrlicherweise als atheistischer Priester verstanden
werden und sich selbst so begreifen. Die vielfachen Kritiken, ich
mache nur ein »Defizit an konservativer Theorie« deutlich (so
z. B. Rasehorn), empfinde ich als Bestätigung, denn die Konservativen (und die Liberalen) haben in diesem Sinne keine »Theorie«, sondern sind als solche gerade durch den Verzicht auf diese
Illusion gekennzeichnet.

Daß mein Buch eine »interessengeleitete Erkenntnisabsicht«
hat, also eine politische und sozial bedingte und zugleich darauf
abzielende Wirkungsabsicht im gesellschaftlich-politischen Zeit-
zusammenhang verfolgt, ist offensichtlich; so stoßen Einwände
dagegen ins Leere: Ich mache nur diese subjektive Wirkungsabsicht durch ebenso subjektive Stilmittel ganz offenkundig und
will damit eben jene in Verlegenheit setzen, die zwar das subjektive politische und moralische Wertungsengagement abstrakt
begünstigen und begründen, aber sich nicht zur zeitpolitischen
Aussage entschließen können, sondern sich in die Abstraktion,
zum Teil nur in die flottierende Oberfläche vermeintlich reiner
Wissenschaftlichkeit zurückziehen. Denn nichts ist für den Sozialwissenschaftler leichter, als Werturteile analytisch zu verklei-
den; er tut es fast unbewußt.

Die offene Subjektivität dieses Buches hat es für viele der
Besprecher, insbesondere natürlich die in der Rolle der Wissenschaftler, mehr oder weniger zum unwissenschaftlichen Buch
gemacht. Dabei sind vor allem drei Tatbestände an diesem Buche
als »subjektiv« empfunden worden: Die im Darstellungsstil und
in den Werturteilen zuweilen deutlich gezeigte Gefühlsbetont-
heit der Äußerungen; das Einflechten persönlicher Erfahrungen in die Erörterung sozialer Sachverhalte und schließlich die
Personifizierung der untersuchten Verhältnisse neugeistlicher
Herrschaft an bekannten Personen des öffentlichen Lebens der
Bundesrepublik. Alle drei Stilmittel – denn um solche handelt es
sich – sind von mir bewußt und aus den genannten wissenschaftlichen Überzeugungen gewählt worden. Ihre Vorteile sind
ebenso zum Zuge gekommen, wie ihre Nachteile von mir erwartet wurden. Wenn ich mich hier vor allem mit den »Nachteilen«,
den zum Teil erheblich »subjektiveren« Kritiken befasse, so

geschieht dies nicht in dem Gefühl der Verletztheit; ich habe an Reaktionen anderer Publizisten, die sich allzu leicht verfolgt und verkannt fühlten, gelernt, daß man reflexionsschwach oder naiv ist, wenn man das nicht von vornherein einrechnet. Ich fühle mich nicht »beleidigt«, »diffamiert« oder gar »verfolgt«; ich habe ein publizistisches Experiment gemacht und berichte über die Ergebnisse.

Die Vorteile sind schnell beschrieben: Zunächst ist die Strategie, als ein sozialwissenschaftliches Buch mit aktuellen Thesen in die Verkaufs- und d.h. Lesebreite eines »Bestsellers« innerhalb der Sachbücher zu kommen, durch den Absatz gerechtfertigt worden. Allen sozialwissenschaftlichen Kollegen, die diese Wirkungsabsicht grundsätzlich ablehnen und sie deshalb gar nicht versuchen, würde ich, wo sie sich zeigt, mit großer Achtung begegnen. Die »kollegialen« Kritiker oder, auf deutsch, Verreißer dieses Buches, gehören nicht dazu. Aber nicht nur der Verkaufserfolg, einige verständnisvolle und viele zustimmende Besprechungen sind der Erfolg des Buches, sondern eine von mir ungeahnte private Reaktion: Die mir zugesandten Briefe übersteigen bei weitem die Zahl der Rezensionen, betragen einige Hundert und sind bis auf eine kleine, anonym abgesandte und mich beschimpfende Minderheit im wesentlichen zustimmend. Das reicht von ganz konkreten Korrekturen und Hinweisen über politische und moralische Zustimmung bis hin zu unerfreulichen Sympathiebezeugungen wie befriedigter Schadenfreude oder gar vermeintlich bestätigtem Antisemitismus. Den meisten dieser Urteile ist aber eine Grundreaktion gemeinsam, die auch der Verlag als Meinungsempfänger bestätigt: Das Buch wird als »schwer zu lesen« beurteilt, aber es sei politisch und emotionell »interessant« genug, daß man sich dennoch der Mühe unterziehe. Nun ja, das wäre der Gewinn über das sozialwissenschaftliche Standardpublikum hinaus, wozu immerhin Personen wie Heinrich Böll und einige sonstige außerwissenschaftliche Prominente gehören.

Bezahlt wird dieser Gewinn von Adressaten damit, daß die in der Vulgärpsychologie erfahrenen Rezensenten die Aussagen des Buches auf psychologische und existentielle Ursachen zurückführen; dies ist meiner Darstellungsweise nach nicht ungerechtfertigt, denn ich habe ja das Material dafür geliefert, aber es ist kennzeichnend, wie es benutzt wird, um die Sache selbst zu entwerten.

So spricht *Arnulf Baring* – einer der verständnisvollsten und zugleich distanziertesten Rezensenten des Buches – mit Recht davon, daß meinem Thema »mehr Gelassenheit zuträglicher gewesen wäre« oder konstatiert die »Betroffenheit« meiner persönlichen universitären Erfahrungen auch in Münster und Bielefeld, die er selbst an der Universität Berlin in vielfacher und infamer Weise hat erfahren müssen. Das wird z. B. bei *Dahrendorf* bereits verächtlich zur »traumatischen Erfahrung eines deutschen Professors«, bei *Lohmar* zur Äußerung eines »Frustrierten«, bei *Augstein* reduzieren sich meine Aussagen dann zur »Idiosynkrasie«, und *Arnold Künzli*, ›National-Zeitung‹ (Basel), deckt bei mir bereits »Merkmale eines paranoischen Wahnes auf, daß man versucht ist, die Psychoanalyse zu Rate zu ziehen«. *Theo Rasehorn* schließlich versucht gar das ›Psychogramm eines Konservativen‹ zu schreiben, wahrscheinlich in Nachfolge der politischen Psychogramme Mitscherlichs, aber leider versteht er nicht so viel von Psychologie, so daß er mir nur »den Intellektuellenhaß des deutschen Bürgertums« und unpolitische Provinzialität zu bescheinigen weiß (»in der Tradition des unpolitischen, provinziellen Bildungsbürgertums steht auch der in einer Provinzstadt lehrende Schelsky. Nur vor diesem Hintergrund …«).

Im Grunde genommen sind es nur zwei, noch dazu ineinander verwobene Lebenserfahrungen, von denen man nicht nur die Stilmittel, sondern die sachlichen Grundthesen des Buches abzuleiten oder auf sie zu verengen versucht: Eine Bemerkung über den Psychoterror, dem ich wie sehr viele Hochschullehrer in den letzten Jahren ausgesetzt war, und das darüber hinausgehende sogenannte »Trauma des deutschen Universitätsprofessors«.

Was das erste betrifft, so geht es um eine Äußerung, daß auch ich unter anonymen Beschimpfungen, nächtlichen Telefonanrufen, in meinem Namen geschriebenen gefälschten Briefen, Freiheitsberaubungen und Nötigungen von studentischen Sit-ins usw. zu leiden hatte. Baring hat es mit einem Erstaunen, daß auch »die Provinz« davon nicht verschont geblieben sei, an den Anfang seiner Besprechung gestellt, Böll in einer gemeinsamer Fernsehdiskussion betont, und Rasehorn macht es gar im Glauben, alle anderen hätten es übersehen, zum Ausgangspunkt seines »Psychogramms«. Man übersieht dabei den darstellerischen Stellenwert dieser Äußerung: Ich habe sie in dem Zusammenhang einer Kritik von öffentlichen Äußerungen Heinrich Bölls gemacht, man könne in diesem Lande nicht mehr leben, weil durch gleichen psychoterroristischen Druck, allerdings von anderen Leuten, seine geistige Produktionsweise unmöglich gemacht würde. Durch die genannten, ganz konkreten eigenen Erlebnisse wollte ich darauf hinweisen, daß in der Bundesrepublik seit einigen Jahren mehr Leute als Herr Böll diese Erfahrungen machen und damit mehr oder weniger fertig geworden sind, ohne Emigrationsdrohung. Vielleicht war es falsch, so verhältnismäßig belanglose eigene Erfahrungen mitzuteilen; vielleicht wäre es besser gewesen, ich hätte die Fälle aufgezählt, in denen sensiblere Professoren durch den Psychoterror an den Universitäten zum Selbstmord oder in schwere Erkrankungen getrieben worden sind. Jedenfalls kann ich für mich mit gutem Gewissen sagen, daß mich die genannten Tatsachen zwar geärgert, aber innerlich kaum beeinflußt haben; darüber wissen meine Familienangehörigen und ein Kreis von Kollegen und Mitarbeitern Bescheid, aber niemand von ihnen hatte Grund, diese Vorfälle als »Trauma« bei mir zu bemerken oder gar mich zu bemitleiden. Mein persönliches »Problem« an der Universität waren nicht die Studenten, schon gar nicht die Assistenten, sondern die dem Psychoterror nachgebenden Kollegen.

Ernster zu nehmen ist der Vorwurf Dahrendorfs, ich hätte mit meinem Buch nur »die traumatischen Erfahrungen eines deutschen Professors in den letzten Jahren zu einer Gesellschaftstheorie hinaufstilisiert«; das gleiche meint wohl v. Friedeburg, wenn er meine Thesen darauf zurückführt, »daß die Studentenbewegung ihn in Münster und Bielefeld erreichte«. Dahrendorf verharmlost das Geschehen an den deutschen Universitäten, indem er es als zwar »ärgerlich«, aber als eine nur »isolierte, sektorale Revolution« kennzeichnet, die keinen »säkularen Trend« ausdrücke (was in seiner Besprechung übrigens bereits Baring entschieden in Frage stellt). Hier ist in der Kritik das Persönliche und das politische Geschehen so eng verwoben, daß man zugleich auf beides antworten muß.

Man erlaube mir zur Erörterung des ersten einen Umweg:

In einer Stellungnahme zum »Orientierungsrahmen '85« der SPD veröffentlichte im ›Spiegel‹ vom 24. 2. 1975 – also vor Erscheinen meines Buches – ein Autorenkollektiv Skarpelis-Sperk, Habermas, Kalmbach und Offe eine Kritik des SPD-Programms, das den Satz enthielt: »Die gesellschaftspolitischen Parolen werden heute nicht mehr von Studentenführern, sondern von verbitterten liberal-konservativen Hochschullehrern ausgegeben – von Scheuch bis Schelsky und von Lübbe bis Löwenthal.« Ich habe auf diesen Satz im privaten Briefwechsel ärgerlich reagiert, nicht weil ich es als »Angriff« verstanden hätte, nicht weil ich einer Gruppe zugerechnet werde, zu der ich gehöre (übrigens außer mir alles alte SPD-Mitglieder) und nicht, weil uns eine Meinungsführerschaft zugeschrieben wird, über deren Ausmaß man verschiedener Ansicht sein kann; sondern weil ich neben der Verlegenheit, wem ich eigentlich bei einem Autorenkollektiv nun die personbeurteilende Kritik zurechnen und wem gegenüber ich mich publizistisch verteidigen kann, das Argument der »verbitterten Hochschullehrer« als einen Abbruch gerade der persönlichen »Kommunikation« verstand, die hinter allem politischen Dissens noch die Gemeinsamkeit der wissenschaftlich-politisch Denkenden aufrechterhielt.

Auf dieser Ebene würde mir eine Entgegnung leicht, ja zu leicht fallen: Nicht nur Jürgen Habermas und C.F. v. Weizsäcker, die nach wie vor mit politischer Wirkungsabsicht publizieren, sondern auch alle Wortführer der »kollegialen« Kritik meines Buches wie Dahrendorf, v. Friedeburg, v. Krockow, Lohmar usw. haben sich der Situation des Hochschullehrers an bundesdeutschen Universitäten durch »Emigration« in die politische Karriere entzogen. Soll ich nun der genannten Gruppe der »verbitterten Hochschullehrer«, zu denen außer den Genannten wohl noch Hennis, Nipperdey, Ortlieb, Topitsch, Watrin, die vielen Kollegen der Freien Universität Berlin usw. hinzuzuzählen wären, die Gruppe der »geflüchteten Hochschullehrer« gegenüberstellen? Wer die Lehrtätigkeit an den Hochschulen verlassen hat, kann sich leicht über »Verbitterung« der anderen mokieren.

Doch die von Dahrendorf aufgeworfene und personalisierte Frage hat wohl eine Dimension, die auf anderer Ebene beantwortet werden muß. Ich habe mir diesen Einwand »Trauma eines Universitätsprofessors« vor und nach dieser Kritik lange überlegt und halte ihn nach wie vor für unberechtigt, weil ich die Universität zusammen mit anderen sinnvermittelnden Institutionen wie Schulen, Kirchen, Bühnen, Erwachsenenbildungsanstalten und nicht zuletzt auch der Familie in der Tat im Mittelpunkt der gesellschaftlichen Bewußtseinsveränderungen stehen sehe. Ich teile bei aller professionellen Selbstkritik diese »sektorale« Einschätzung der Universität im gesellschaftlichen Zusammenhange nicht. Es sind nicht nur von der Humboldtschen Universitäts- und Schulreform jahrhundertwirksame politische und gesellschaftliche Einflüsse ausgegangen, sondern das gleiche geschieht heute von den Studenten und – weniger erkannt – vor den Professoren in Ländern, die keineswegs in der mitteleuropäischen Universitätstradition stehen. Die Universitäten gehöre mit zu den stärksten bewußtseinsbildenden und moralischer

Institutionen in sehr vielen Ländern, vor allem dort, wo die jeweiligen Kirchen dieses Monopol räumen müssen. Darin bestand übrigens schon das Selbstverständnis der klassischen deutschen Universität: Ihr wurde von der Philosophie der Aufklärung und des deutschen Idealismus bewußt »die sittliche Grundeinstimmung des Lebens« für die intellektuellen Führungsschichten zugeschrieben. Was diese geistig-moralischen Ansprüche betraf, nahm daher die Universität für den deutschen Liberalismus die gleiche Stelle ein wie die Kirchen für den Konservativismus. Verliert sie also ihren Charakter als »moralische Anstalt«, eben als »Bildungseinrichtung«, im strengen Sinne, dann verliert in Deutschland die liberale Geistigkeit ihren wesentlichsten Halt.

Eben dies ist in unserer Zeit, besonders in den letzten 7–8 Jahren, zunehmend mit den Universitäten und den anderen »moralischen und bewußtseinsbildenden Institutionen« geschehen: Sie haben die ihnen auferlegte Spannung zur Wirklichkeit nicht ausgehalten, sondern sind – insbesondere unter dem Einfluß der Soziologie – zu unmittelbaren Organen der funktionalen Wirklichkeitsbewältigung geworden. Die Folgen sind offenkundig: Wo Priester vor allem Sozialhelfer sind, schwindet der religiöse Glaube und seine moralische Wirkung. Wo Professoren nach parteipolitischen Karrieren streben, hat die Universität als »Bildungsanstalt« abgedankt. Der von Dahrendorf formulierte Gegensatz zwischen ihm und mir ist nicht nur gesinnungspolitisch, er läßt sich in der Tat nicht in bloße Argumente auflösen, sondern betrifft den festzuhaltenden Gegensatz von bewußtseinsbildenden und moralischen Institutionen einerseits und den politischen und ökonomischen Organisationen andererseits. Die deutsche Universität – reformbedürftig zu jeder Zeit, was ich theoretisch und praktisch dokumentiert habe – ist nicht nur von der Studentenrevolte überrollt, sie ist vor allem auch von einem Teil der meinungsführenden Professoren im Stich gelassen worden.

Ich will diesen Abschnitt über die persönlichen und subjektiven Gesichtspunkte mit einigen Zitaten über ihre Beurteilung schließen, die ich mehr oder minder zutreffend finde. *v. Krokow* meint: »Man spürt jedoch kaum etwas anderes als Aggressivität, die nur die Kehrseite der Resignation bildet«; Aggressivität zugestanden; Resignation: im Sachlichen ja, denn ich bin überzeugt, daß die notwendige und realistische Reform der deutschen Universität, für die ich mich eingesetzt habe, durch ideologisch-utopische Entwicklungen überrollt worden ist; ich habe resigniert, dort meinen Anteil an vernünftigen Reformen durchzusetzen, und bin heute der Überzeugung, daß der wirksamste Reformminister im Bereich der Universität und der Schulen usw. der öffentliche finanzielle Notstand ist und halte Sparkommissare für reformerischer als Hochschulpolitiker. Aber mein deutlich geäußerter Pessimismus bezieht sich auf viel weiter reichende gesellschaftliche Entwicklungen als die der Universitäten; er wird in den nächsten Jahren unter der Kategorie »Unregierbarkeit der westlich-demokratischen Staaten« immer aktueller werden. Im übrigen ist mein Buch in dem Wirkungsbereich, den ich in diesem Falle gewählt habe, nicht gerade »resignativ«; die Altersfriedlichkeit hat für mich noch einige Jahre Zeit.

Ulrich Lohmar, der mich persönlich genauer kennt, hat mir wenigstens neben »Frustration« noch einen »Weg in die Einsamkeit« zugestanden, und *Dahrendorf* persifliert gleicherweise einen meiner Buchtitel »Einsamkeit und Freiheit, einsame Freiheit«. Daß Einsamkeit in der Tat Entlastung, Befreiung bedeuten kann, diese Alterserfahrung steht vielleicht beiden noch bevor; im übrigen kannte sie in Nachfolge der christlichen Religion auch *Wilhelm v. Humboldt* als die günstigste Existenzweise für philosophisches Denken über die Welt; für einen Politiker ist sie allerdings tödlich.

Fassen wir die Betrachtung des »Subjektiven« an diesem Buche zusammen! Daß Emotionen und persönliche Betroffenheit von mir als Mittel der Darstellung eingesetzt wurden, setzt voraus, daß sie auch vorhanden waren. Sie äußerten sich, meinem Naturell gemäß, vor allem im Zorn, und jene Besprechung, die schlicht feststellte, »er hat sich einfach seinen heiligen Zorn von der Seele geschrieben«, kommt in ihrer Einfachheit wohl der Wahrheit am nächsten. Zorn worauf? Nicht auf den Ärger in der Universität, nicht auf den Verlust akademischer Ämter, auf die ich jeweils freiwillig verzichtet habe, ja selbst nicht unmittelbar auf die Tatsache, daß der Versuch, im Modell der neuen Universität Bielefeld eine maßvolle, Tradition und Wandel versöhnende Reform durchzuführen, für die ich über ein halbes Jahrzehnt meiner Existenz eingesetzt habe, gescheitert ist (und die mir die seltene Erfahrung geistiger Kooperation im Praktischen aus individueller Spontaneität gebracht hat und daher zu meinen beglückendsten oder optimistischsten Lebenserfahrungen gehört, die ich auf keinen Fall missen möchte); mein Zorn gilt allgemein jenen, die durch mangelnden Realitätssinn, durch unselbstkritische Vollkommenheitsforderungen und durch eine sich selbst nicht eingestandene Lehrmeisterstellung gegenüber der Nation die »Machbarkeit des Notwendigen« verhindert haben (eine Formulierung *Erhard Epplers,* der als Politiker natürlich nicht eingestehen kann, daß er selbst zu dieser negativen Entwicklung beigetragen hat).

Darüber hinaus ist aber zu fragen, wieweit meine »Subjektivität« die der anderen, also nicht nur der Leser, sondern auch der Rezensenten, provoziert hat und welche Reaktionen darauf zurückzuführen sind. Daß der »persönliche Appell« an die Leser erfolgreich war, habe ich bereits ebenso verdeutlicht wie die Tatsache, daß die meisten wissenschaftlichen und journalistischen Kritiker sich naiv und unreflektiert auf diese Ebene der Auseinandersetzung als der entscheidenden »Würdigung« meiner Ausführungen eingelassen haben. Nur wenige haben sich darüber selbstkritisch und reflektiert erhoben. Für diese Ausnahmen sei *Emil Belzner,* Rezensent des ›Heidelberger Tageblatts‹, zitiert: »Man ist somit bei Schelsky durch eine gewisse Zwiespältigkeit gefesselt: kaum hat man zugestimmt, möchte man schon wieder opponieren. Das Emotionale gehört doch nicht hierher, sagt man sich, um es gleich darauf bei sich selbst akut geworden zu empfinden.« Dem sei die Bemerkung eines von mir hochgeschätzten Fachkollegen hinzugefügt, der mir in unmittelbarer persönlicher Reaktion schrieb: »Ich selbst spüre die Versuchung, es zu persönlich zu lesen; merkwürdig, daß man das nicht einfach neutralisieren kann.« Zu diesen Selbstkritischen gehören alle die nicht, die »Reflexion« und »Engagement« mit direkter politischer Parteinahme verwechseln; so urteilt *Günther Zehm* in der ›Welt‹ mit Recht: »Merkwürdigerweise ist die freimütige Offenlegung des Erkenntnisinteresses Schelsky sofort zum Vorwurf gemacht worden, und zwar ausgerechnet von denen, die sich sonst viel darauf zugute halten, wissenschaftliche Objektivität und Wertfreiheit als ›Scheinobjektivität‹ zu entlarven.«

Ich selbst würde das Fazit dieses Experimentes an »Subjektivität« in einer zeitanalytischen Schrift darin sehen, daß nur wenige Rezensenten – also insbesondere Wissenschaftler und Journalisten – und auch Leser noch die Fähigkeit haben, der Auflösung der Person in ihre jeweiligen politisch-sozialen, »gesellschaftlichen« Bezüge entgegenzutreten; das aber ist eine der Grundthesen meines Buches, die diese Art Rezensenten und Leser damit nur bestätigt haben. Zu den Ausnahmen gehört z.B. *Heinrich Böll,* worauf ich später eingehen werde. Aber in einem hat mich die gesamte Kritik und Stellungnahme auf mein Buch bestätigt: Der bei uns auszutragende Gegensatz der geistig Produktiven besteht nicht in irgendwelcher politisch-ideologischen oder parteipolitischen Identifikation, er besteht ganz einfach in dem Gegensatz, wieweit man die Person als Individualität den politischen, ideologischen und sozialen Zugehörigkeiten einzuordnen bereit ist oder ihren Eigenwert anerkennt; das ist die von mir aufgeworfene Frage an die Wissenschaftler, die Schriftsteller, die Journalisten, die Lehrer, die Priester, d.h. an alle, auf deren gruppeninteressenhafte Verengung ich mit meinem Buch aufmerksam machen wollte. Allein der Verdeutlichung dieser Frage dient auch dieses Nachwort.

Die politische Einordnung: Konservativer oder Liberaler – Aufklärer oder Dunkelmann?

Schon die Reaktion auf meine subjektiv-persönlichen Formulierungen hatte den Erfolg, daß sich jeder Rezensent auf seinem persönlichen und wissenschaftlichen Niveau selbst einstufte. Das gilt in noch höherem Maße für die politische Provokation des Buches, d.h. die Frage, wohin es in seinen Aussagen und seiner Wirkung – was man selten trennt – politisch ideell oder gar parteipolitisch einzuordnen ist. Hier gibt es, je nachdem die parteipolitische oder ideologische Stellung sich primitiver oder verklausulierter, ja geistesgeschichtlich sublimierter äußert, sehr unterschiedliche Klassifizierungen meines Buches, aber es ist auch das bevorzugte Feld der Schwarz-Weiß-Maler in Gestalt der Rechts-Links-Denker.

Fast vorauszusagen war die Einstufung der Marxisten: Die ›roten blätter‹ veröffentlichten eine Besprechung von R. Albrecht unter dem Titel ›Strauss und seine Schelskys‹; Urteil: »rechtsextremistischer Kassandrarufer«, »reaktionär«, vor allem aber die Entwicklung einer »Agententheorie«, zugunsten der »herrschenden Gruppen entsprechend ihrer Interessenlage ihre sozialen Positionen mit Zähnen und Klauen (zu) verteidigen... Hier soll Schelsky eingreifen, um den grundsätzlich möglichen Entwicklungs- und Bündnisprozeß zwischen den breiten lohnabhängigen Schichten und der Intelligenz zu hemmen.« In den Argumenten völlig gleichlautend B. Gäbler in den ›Marxistischen Blättern‹: Er nimmt v. Friedeburgs Formel meines »Klassenkampfes von oben« auf, wobei dieser sich allerdings die Rüge gefallen lassen muß, daß er den notwendigen »Klassenkampf von unten« leider nicht sähe; auch hier ist mein Buch »Indiz für den ideologischen Klassenkampf von oben, ist Indiz für neue Reaktionen der Monopolbourgeoisie und ihrer Ideologen auf die aktuelle Krisensituation, zeigt den Klasseninstinkt, aber auch taktisches Gespür dieser Kreise und die Bereitschaft, jeden Zentimeter ihrer Positionen mit allen Mitteln zu verteidigen«. Das ist nicht neu für mich: Schon zu einer Zeit, als die heute politisch mich verurteilenden Fachkollegen meine früheren wissenschaftlichen Arbeiten noch als solche anerkannten, wurden sie in der DDR als »Ideologie des Adenauer-Regimes«, als »imperialistisch« und »reaktionär« beurteilt, und keine der beiden Besprechungen versäumt, auf diese Kontinuität politischer Verurteilung zurückzugreifen.

Demgegenüber wirkt die von Arnold Künzli ausgesprochene Befürchtung einigermaßen unorientiert: »Genosse Breschnew und Marschall Tito werden dankbar zu Schelskys Buch greifen, liefert es ihnen doch alle nur wünschbaren Argumente, die dissidenten Intellektuellen in ihren Ländern großinquisitorisch ›zu verdammen‹.« Er sollte einmal die Strategie der Volksfrontbildung kommunistischer Organisationen in der Bundesrepublik studieren und er würde, wie es schon aus den zwei Zitaten oben deutlich ist, das politische Interesse der Kommunisten am Einfluß der »Intelligenz« in dem von mir kritisch aufgeworfenen Sinne vielleicht bemerken. Zum »nützlichen Idioten« habe ich mich allerdings weder früher noch mit dieser Veröffentlichung geeignet. Wo die Kommunisten an der Macht sind, sind sie weit »konservativer«, als das böseste Urteil mir bescheinigt, und brauchen keine Argumente, die ihrerseits Rechtsstaatlichkeit, Meinungsfreiheit und Toleranz der Intellektuellen in jedem Falle voraussetzen.

Mit anderen Argumenten nimmt aber ein Teil der bundesdeutschen Beurteiler diese politische Einordnung »reaktionär« oder »konservativ« durchaus auf: Wortführend ist hier die Besprechung Ralf Dahrendorfs in der ›Zeit‹ vom 28. März 1975 geworden, die bereits in den Überschriften die Formeln »Wortführer der Konservativen«, »Denunziation der Aufklärung«, »Schelsky und die Neue Rechte: Irrtümer und Gefahren der politischen Gegenreformation« trägt und die den gesamten Text auf die Behauptung, ich sei »zum Ideologen der Neuen Rechten« geworden, konzentriert. Ihm folgt wie in allem anderen auch hier Th. Rasehorn, der mich in »die ›Dunstkreis-Ideologie‹ der Vulgär-Konservativen von der ›Frankfurter Allgemeinen Zeitung‹ bis ›Bild‹« einordnet. Diese ausgegebene Formel haben sehr viele belanglose Besprechungen in Zeitungen und insbesondere im Rundfunk wiederholt, die ich hier nicht aufzählen will, da ich sie für Meinungstrabanten halte. Auch die sonst differenzierende Besprechung von v. Krockow kann nicht auf die Globalformel seines Schlußurteils »leider nur ein reaktionäres Buch« verzichten, wobei er in Kauf nimmt, ob diese Formel politisch oder mehrdeutig als Gegensatz zu »progressiv« gemeint ist, was ich in einer Gesinnungsbedeutung sicherlich nicht bin und sein will. Wie schon zitiert, schreibt v. Friedeburg seine Besprechung unter dem Titel ›Klassenkampf von oben‹, konzidiert mir aber immerhin noch die Position eines »altliberalen, vordemokratischen Rechten«; und Lohmar will wie immer, aber auf dieser Ebene vergeblich, vermitteln: Ich sei ein Gegner der »Neuen Linken«, mein Buch habe »Aussicht, zugleich zu einem ›Clausewitz‹ der Linken und zu einer zweiten Bibel der Konservativen zu werden« (der ›Spiegel‹ verkürzt dies natürlich zu der Überschrift »Soziologie Schelsky, Zweite Bibel der Konservativen«), und schließlich meint er ein »emotionales Ressentiment gegenüber allem ›Linken‹« feststellen zu können (mit seiner Unterscheidung zwischen »links« und links komme ich in der Tat nicht mehr mit; ich bin weder gegen die Gewerkschaften und ihre auch harte Tarifpolitik noch grundsätzlich gegen die Mitbestimmung in privaten Unternehmen, weder gegen den linken Bundeskanzler Helmut Schmidt noch grundsätzlich gegen viele politische Maßnahmen von SPD-Ministern oder -Abgeordneten, aber ich bin in der Tat gegen die Vertauschung von links und »linksintellektuell«, die Lohmar offensichtlich keine Schwierigkeiten bereitet).

Wer ist denn nun die »Neue Rechte«, auf deren Gruppen- und Interessenzugehörigkeit ich reduziert werde? Die Antworten darauf sind vage und sehr verschieden: Dahrendorf beginnt seine Besprechung mit meiner Zurechnung zur »alten Rechten«, zu Richard Jäger, Ludwig Erhard (»oder ist es ein anderer«) und Franz Josef Strauß, zu den »Rechten« der »guten alten fünfziger Jahre, nicht mehr ganz taufrisch, mit einem Hauch von déjà vu, aber eben darum ganz und gar vertraut«; über die Interpretation meiner politischen Zielsetzungen, die er etwas konkreter, aber in gleicher Genauigkeit bestimmt, soll später geredet werden. Im übrigen ist für Dahrendorf »Neue Rechte« inzwischen schon ein nicht mehr zu überprüfender Standardbegriff der politischen Diffamierung.

Damit hat er in gewissem Sinne recht: Die »Neue Rechte« ist ein von der Linken geschaffener Defensiv-Slogan, der das Scheitern einer politischen Phase der Bundesrepublik verdecken soll, in der die von mir kritisierten linken »Intellektuellen« in hohem Maße die Ziele der Politik bestimmten; so will man als »Neue Rechte« die Kritiker abschreiben, die vielfach gerade aus der liberalen Sozialdemokratie kommen und deren frühe Kritik an den heute offenkundig gescheiterten, illusionistisch überzogenen Reformen ungewollt natürlich der politischen Opposition, aber auch uneingestanden einer realistischen Politik der gegenwärtigen Regierung zugute kommt. Ein Zusammenschließen dieser Positionen zu einer geistig-politischen Konzeption der

»Rechten«, also einer »Tendenzwende« in diesem etwas anspruchsvolleren Sinne, kann ich dagegen keineswegs feststellen, wenn auch zweifellos die geistig-politische Lage in der Bundesrepublik »flüssiger« geworden ist, als sie im letzten halben Jahrzehnt war. Ob dabei ich selbst an »Einfluß« verloren habe, sozusagen aus dem Ressentiment der Entmachteten und inaktuell Gewordenen heraus argumentiere, wie es eine ganze Reihe namhafter Kritiker meines Buches unterstellen, oder ob es nicht sie selbst sind, die an Einfluß verlieren, diese Frage halte ich für keineswegs entschieden.

Ein wichtiges Beispiel für diese linkspolemische Stereotypisierung der »Neuen Rechten« ist das vom Politologen der Universität Stuttgart, Martin Greiffenhagen, herausgebrachte Büchlein ›Der neue Konservativismus der siebziger Jahre‹ (rororo-aktuell, 1974); hier faßt er, vor allem in Zusammenarbeit mit seinen Assistenten und Tutoren, unterstützt von Walter Jens, Tübingen, einigen Bremer Professoren und Mitgliedern der Redaktion ›Evangelische Kommentare‹, folgende Autoren und Organisationen zusammen: Arnold Gehlen, Schelsky, Topitsch, Lübbe, Konrad Lorenz, den Moderator Gerhard Löwenthal, Axel Cäsar Springer, den »Bund Freiheit der Wissenschaft«, die Harzburger Akademie für Führungskräfte der Wirtschaft, neokonservative Strömungen in den Kirchen wie z. B. den Bensberger Kreis und schließlich Kurt H. Biedenkopf. Ich habe nicht gehört, daß auch nur einer derjenigen, die mir lauthals eine falsche Zusammenfassung von Unvereinbarem vorwerfen, sich jemals kritisch gegen solches »Potpourri« – wie man mein Buch genannt hat – kritisch geäußert hat; sie alle haben diesen bewußt geschaffenen »Dunstkreis« des »Neuen Konservativismus« ungehemmt verwendet.

Was das wissenschaftliche Niveau dieser Veröffentlichung betrifft, so ist der Beitrag über mich kennzeichnend: Hier schreibt ein Autor Jürgen Feick, der im Autorenverzeichnis als Tutor am Institut für Politikwissenschaft an der Universität Stuttgart vorgestellt wird, als Magister gar, aber ohne eine selbständige wissenschaftliche Veröffentlichung, unter dem Titel ›Der angebliche Sachzwang. Schelskys konservativer Rückzug aus der Demokratie‹ eine bewußt persönlich diffamierende Polemik, die sich in breiten Passagen auf meinen Vortrag ›Der selbständige und der betreute Mensch‹ stützt, den ich vor dem Parteitag der CSU gehalten und der, von mir autorisiert, in der ›Frankfurter Allgemeinen Zeitung‹ vom 29. 9. 1973 erschienen ist. Der Autor zitiert weder den Titel des Vortrages, sondern immer nur die Formel »Rede vor dem Parteitag der CSU«, noch geht er von der Fassung in der FAZ aus, die er offensichtlich nicht kennt, sondern von einer – in seltsamer regionaler gegenseitiger Fremdheit – in der ›Frankfurter Rundschau‹ vom 3. und 4. Oktober veröffentlichten, von mir nicht autorisierten und von Hörfehlern strotzenden Sekretärinnenabschrift einer Bandaufnahme.

Ich habe es zeit meines Lebens für das Schäbigste gehalten, wenn Professoren ihre Assistenten oder wie hier gar ihre wissenschaftlich noch unausgewiesenen Promoventen für ihre fachwissenschaftliche oder gar politische Polemik einspannen.

In der Tat ist die Polemik gegen mich als »Ideologen der Neuen Rechten« im wesentlichen dieser geistigen Marschrichtung gefolgt. So ordnet mich Rasehorn etwa den Veröffentlichungen »von Scheuch, Henies (!) und Lübbe (ein), von Denkern, die jünger als Schelsky sind, doch sind sie ihm gleich an Voreingenommenheit und Ressentiment gegenüber der Linken«; ehrlicherweise muß ich mitteilen, daß er diese für theoretisch »fundierter« hält und nur Karl Steinbuch noch niedriger einschätzt. Daß ich geistig und politisch zu den Genannten gehöre, weiß ich selbst, schätze ich und habe ich durch mehrfachen Bezug in meinem Buch auf ihre Aussagen zu bezeugen versucht. Daß von der Namensliste der »Liberalkonservativen«, wie sie das Autorenkollektiv um Habermas nannte, bis zu der Aufzählung Rasehorns, alle Genannten – außer mir – SPD-Mitglieder sind oder waren, darauf verwenden die Polemiker gegen die »Neue Rechte« auch nicht einen Gedanken.

Kommen wir zur gegenteiligen politischen Beurteilung! Zunächst muß ich, um nicht selbst in die Rechts-Links-Denkart zu verfallen, offen anmerken, daß in der Tat bestimmte Kreise mein Buch als bloße Bestätigung ihrer politischen und geistigen Positionen oder gar Ressentiments verstanden haben; das wird weniger in den offiziellen Besprechungen als in einem Teil der an mich gelangten privaten Briefe deutlich. Da soziologisch-analytische Thesen von Veröffentlichungen sich niemals vor den »falschen Bundesgenossen« schützen können – ein Problem der Soziologie, das ich an den soziologischen Leistungen Dahrendorfs aufgeworfen habe und er gründlich mißverstanden hat –, will ich dies hier nicht im einzelnen belegen. Dazu veranlassen mich zwei Kennzeichen dieser »konservativen« Mißverständnisse: Erstens greifen sie jeweils nur teilhafte Gesichtspunkte aus meinen Ausführungen heraus, die ihre eigenen Positionen schützen, distanzieren sich aber von anderen Thesen des Buches. Diese Ablehnungen tragen oft die Bezeichnung »liberal« oder »positivistisch«. Zweitens sind es nie geistig prominente Vertreter des »Konservativismus«, die mein Buch hochloben, sondern ein mittleres, organisationsgebundenes Niveau, das ich bei den entsprechenden Verurteilungen des Buches ebenfalls nicht in Betracht gezogen habe. Bewußt konservative Denker der modernen bundesdeutschen Situation wie Mohler, Kaltenbrunner, Schrenck-Notzing u. a. stellen daher meine Gegnerschaft, mich zu den »Konservativen« zählen zu lassen, immer wieder als Frage heraus und finden, daß ich mich nur gegen einen veralteten Konservativismus absetze. Die leider immer so beiläufig damit aufgeworfene Frage, ob nicht der klassische Liberalismus bei uns (wie in den USA) inzwischen der einzig mögliche »Konservativismus« geworden ist, findet selbst bei den Konservativen noch bei den parteipolitisch Liberalen oder Sozialdemokraten eine angemessene Untersuchung (dazu sei auf die Abhandlung von Michael Zöller ›Die konservative Weigerung konservativ zu sein – das Dilemma der neokonservativen Theorien‹ in ›Civitas, Jahrbuch für Sozialwissenschaften‹, Bd. XIII, 1974, S. 64 ff., verwiesen).

Würden meine Kritiker, die mich so selbstverständlich als Vertreter »konservativer« Interessen aburteilen, sich jemals um die Besprechungen und Stellungnahmen aus den Kreisen der CSU, der Wirtschaft oder der kirchlichen Hierarchie gekümmert haben, so würden sie dort ein stärker differenzierendes Urteil feststellen, als sie selbst äußern. Daß der Erfolg meines Buches zum Teil der Bestätigung von Ressentiments gegen »alles Linke« zu verdanken ist, will auch ich nicht bestreiten; aber meine linksintellektuellen Pauschalkritiker verfallen der von mir diagnostizierten Realitätstäuschung, wenn sie dies als allgemeine Entlastung und Verwerfung meiner Aussagen benutzen.

Kommen wir damit zu den qualifizierten politischen Gegeneinordnungen! In der ersten und für viele Leser entscheidenden Besprechung des Buches durch Paul Noack in der FAZ schrieb dieser – nach einigen bemerkenswerten politischen Einwänden –: »Wie dem auch sei: Hier argumentiert ein Autor wieder von der Freiheit der Person und nicht der Freiheit der Klasse her.« Nahrendorf im ›Handelsblatt‹: »... der ›Konservative‹ Schelsky ist im klassischen Sinne ein Liberaler«; Schrenck-Notzing in der (bewußt konservativen) Zeitschrift ›Criticon‹: »Schelsky selbst geht von einem altliberalen Standpunkt aus ...«; selbst v. Friedeburg gesteht mir diesen Standpunkt zu: »... politische Position ... eines altliberalen, vordemokratischen Rechten«. Die ganze politische und geistige Unklarheit des Begriffs »liberal« wird dann am deutlichsten, wenn z.B. kirchliche Zeitungen, auch wenn sie mein Buch sehr positiv besprechen, selten verfehlen, darauf hinzuweisen, daß ich ein »Liberaler« sei, und das von ihnen aus gesehen mit Recht. Auch »altliberal«, wie mich nun Konservative, FDP-Politiker und demokratische Sozialisten wie

v. Friedeburg einheitlich nennen, dient eigentlich nur der Abwehr, mich den politischen Ansichten der FDP zuzuordnen; in diesem Sinne nehme ich auch diese Kennzeichnung durchaus an. Bei dieser Begriffsverengung muß man dankbar sein, daß ein Kritiker wie Lohmar doch feststellt, daß die »Inhalte«, um die es mir ginge, »Freiheit der Person und Gewaltenteilung« seien. Mit der Distanz des politischen Nonkombattanten weiß ausgerechnet das österreichische »unabhängige Nachrichtenmagazin« ›Profil‹ dem Rechts-Links-Schematismus eine Feststellung abzugewinnen, über die alle meine bundesdeutschen Beurteiler schweigen; sein Chefredakteur Peter Michael Lingens schreibt: »In einem von sozialdemokratischen Regierungen dominierten Europa steht ... (Schelsky) bei Freunden – und vor allem Feinden – im Geruch eines konservativen Rechten ... in einem von christlich-sozialen Regierungen dominierten Europa stand Helmut Schelsky im Geruch eines progressiven Linken. Man kann es auch so sagen: die, die jeweils an der Macht waren, konnten ihn jeweils nicht riechen.«

Mit der Formel und Überschrift »*Denunziation der Aufklärung*«, der er oder die Redaktion der ›Zeit‹ noch die Verdeutlichung »politische Gegenreformation« hinzufügten, hat Ralf Dahrendorf an sich die Auseinandersetzung auf eine von mir selbst aufgeworfene Frage gelenkt, sie allerdings gleich derart unsachlich politisiert, daß sie nur zum ungewollten Beweisstück meiner These von der Meinungsherrschaft der Intellektuellen geworden ist. »Wir brauchen menschliche Freiheit, nicht Rückkehr zur alten Abhängigkeit«, glaubt die ›Zeit‹-Redaktion aus seinen Argumenten als Quintessenz gegen mich herausstellen zu müssen. Seiner These vom »Anti-Aufklärer« Schelsky sind allzu viele gefolgt, die mich als »Verächter der geistigen Freiheit«, ja als Wortführer »eines neuen Mittelalters« kennzeichnen, als daß ich sie hier im einzelnen aufzählen möchte. Es sei nur die Stimme des sich bewußt auf Dahrendorf berufenden Stuttgarter Politologen M. Greiffenhagen zitiert: »Schelskys Kritik ... ist von der gegenaufklärerischen Art, wie man sie ebenso bei Arnold Gehlen findet: Selber Aufklärer und glaubenslos, will er die sozialen Konsequenzen der Aufklärung nicht ziehen, sondern verteidigt als guter Konservativer auch kirchliche Positionen, sofern sie nur dazu dienen, dem Volk ›die Illusionen des Fortschritts‹ (Georges Sorel, 1908) aus dem Kopf zu treiben« (›Stuttgarter Zeitung‹). Auf das Thema »Aufklärung« werde ich an anderer Stelle noch eingehen.

Dahrendorf hat mit dieser Kennzeichnung »Diffamierung der Aufklärung« allerdings auch den scharfen Widerspruch anderer Rezensenten erfahren. Schon längst vor seiner Besprechung hatte Noack in der FAZ den entscheidenden Satz meiner Auffassung von »Aufklärung« zitiert: »Wir schlagen eine neue Bestimmung dessen vor, was ›Aufklärung‹ immer wieder sein muß: die Herrschaftsentmachtung der sinnproduzierenden Klasse«; Dahrendorf hätte wenigstens diese vorangegangene Besprechung kennen können, wenn er schon nicht die ausführliche Auseinandersetzung mit dieser geistigen Tradition in meinem Buche zur Kenntnis nahm. Er hätte sich so schneidende Erwiderungen erspart, wie sie etwa Baring formuliert, wenn er – nach der Kritik meines emotionalen Stiles – schrieb: »Umgekehrt ist es gleichermaßen zu bedauern, daß auch sonst maßvolle Männer in der Auseinandersetzung mit ihm ihrerseits Übereifer und polemische Verzeichnungen an den Tag legen. Man sollte sich verbieten, seine nachdenklichen Ausführungen einfach als die ›Klassentheorie eines Frustrierten‹ abzutun. Es ist absurd, bei Schelsky von ›politischer Gegenreformation‹ zu sprechen; wer gar eine – welches Wort! – ›Denunziation der Aufklärung‹ zu erkennen glaubt, hat das Buch offenbar nicht gelesen.« Ähnlich urteilt Ludolf Herrmann in der ›Deutschen Zeitung‹: »Die hohen Priester der Sinnvermittler-Kaste haben alsbald ihre Stimme erhoben, um ihre Gläubigen gegen die aufklärerische Logik dieses Werkes zu imprägnieren. Ihre Stichworte sind gerade jene, die Schelsky als Wortwaffen ihrer Klassenherrschaft nachgewiesen hat: Das Buch sei konservativ, reaktionär, führe in ein neues Mittelalter und sei ein Akt der Gegenaufklärung.«

Diese Aburteilung als »Gegenaufklärer«, klassisch gesagt, als »Dunkelmann« teilen nur diejenigen nicht, die sich der linksintellektuellen Meinungsherrschaft entziehen. Beispiele: »Somit eines der wichtigsten Aufklärungsbücher unserer miesen Tage ...« (Belzner im ›Heidelberger Tageblatt‹); »Ein Renegat. Aber ein neuer Aufklärer« (Rühle im ›Münchner Merkur‹); Joachim Besser schreibt warnend (im ›Vorwärts‹ und den ›Nürnberger Nachrichten‹): »Alle, die hier angegriffen werden, sollten sich nicht in Hochmut verschließen. Man lege das Buch nicht in die Schublade ›antiprogressiv‹. So einfach wird man mit diesem ›aufklärerischen Denker‹ nicht fertig.« Die treffendste Stellungnahme zu dieser Beurteilungsschematik aber stammt nicht von einem Wissenschaftler oder Journalisten, sondern von einem Bankier:

Der Privatbankier v. Bethmann schließt seine Besprechung meines Buches in dem (vom ›Spiegel‹ ins Leben gerufenen) ›Manager-Magazin‹ mit folgenden Sätzen: »Und die Aufklärung? Macht Aufklärung freier, emanzipierter, selbständiger im Urteil? Schelsky warnt selbst vor den Grenzen der Aufklärung, und er ist selbst ein Aufklärer. Aufklärung hilft nur dann, wenn sie auch über ihre eigene Begrenztheit aufklärt. Mehr sehen, mehr wissen, ist gut, aber nur, wenn das Gewußte, Gesehene nicht als das Ganze, als die einzige Erkenntnis oder gar als das Heil schlechthin verstanden wird. In diesem Sinne und darum: Das Buch genießen, aber mit Vorsicht. Auch vor Schelsky wird gewarnt.«

Dieser Warnung schließe ich mich uneingeschränkt an.

Was sind meine Folgerungen aus diesem politischen Lehrstück? Ich will darauf verzichten, sie als nachträgliche Beweismittel für meine Thesen auszuwerten, sondern versuchen, allgemeinere Einsichten für die sozial- und politikwissenschaftliche »Kommunikation«, also für die Verbesserung des politischen Verständnisses, zu ziehen:

(1) *Die politische Begriffsschwäche.* Begriffe wie »konservativ«, »liberal«, »demokratisch«, »reaktionär«, aber auch »sozial« oder »sozialistisch« sind ohne eine beigefügte Definition, d. h. ohne klare Angabe, was man sachlich und vor allem in den politischen und sozialen Zusammenhängen der konkreten gegenwärtigen Verhältnisse in unserer westdeutschen Gesellschaft darunter verstehen soll, nicht nur »Leerformeln«, sondern auch »Lehrformeln« in dem Sinne, daß man gruppenhafte, ja parteiorganisationsbestimmte Emotionen damit erregt und das abwägende Sachurteil gerade ausschalten will, um Gesinnungsbestätigungen zu erwirken. (Da war Erhard Eppler schon schwäbisch überdeutlicher, wenn er eine Abhandlung von mir über die Spannung zwischen Demokratisierung und Freiheit der Person schlicht als »Fusel für die CDU« bezeichnete). So schlägt man mit den immer gröberen Begriffskeulen des vorigen Jahrhunderts aufeinander ein, um die Meinungsscharen zusammenzuhalten. Das hat mit der subjektiven Emotionalität der Äußerungen bei mir oder etwa bei Böll gar nichts zu tun; es ist im Gegenteil unser gemeinsames Problem, wie man dieser Aufsaugung der Personalität und Subjektivität durch gruppen- und organisationsvorbestimmte Herrschaftsinteressen und ihre Meinungsstereotypisierung überhaupt noch entgehen kann, wenn man sich öffentlich gewichtig äußert.

Damit fehlen den neuen und fälligen politischen Auseinandersetzungen und Entscheidungen in unseren Breiten weitgehend noch die Worte. So müssen meine Ausführungen, daß die Soziologie, soweit sie sich heute als soziale Heilslehre gibt, ihre neuen Wortmasken im wesentlichen zur eigenen »Sprachherrschaft« benutzt (vgl. S. 315 ff.), leider noch durch die Banalität ergänzt werden, daß sie damit gerade die den Sozialwissenschaften (und der Philosophie) eigentümliche Aufgabe, für eine allgemeine öffentliche Diskussion zeitangemessene Begriffe bereitzustellen, versäumt und so, wie sich auch hier zeigt, die politische Wortantiquiertheit selbst mit festigt.

(2) *Beurteilung der Wirkung statt der Aussage.* Natürlich findet diese Gegenteiligkeit der politisch-schematischen Beurteilung »konservativ« oder »liberal« ihre Anlässe in meinem Buche selbst: Ein Buch, das zwar wissenschaftlich-analytische Aussagen zur Erörterung stellt, aber diese durch politisch aggressive Äußerungen in seiner Wirkung unterstützt, gerät in die Gefahr, nur unter dem Gesichtspunkt der politischen Wirkung gelesen zu werden. Daß ein Teil meiner Rezensenten mich als »konservativ« oder gar »reaktionär« beurteilt, beruht nachweisbar auf dem bei ihnen vorherrschenden Gesichtspunkt, das Buch nach seiner politischen, ja fast im engeren Sinne parteipolitischen *Wirkung* zu lesen, wobei diese als Kriterium dann vorausgesetzte »Wirkung« in allen Fällen nur eine für die augenblickliche Situation der Bundesrepublik subjektiv vorgestellte und eingeschätzte, keineswegs irgendwie überprüfte Auswirkung als Kriterium einsetzt. Hier wird nach dem von Carl Schmitt festgestellten Schema von »Politik« reagiert, nämlich unter Voraussetzung einer eigenen verfolgten politischen Durchsetzung die anderen als »Freund oder Feind« zu beurteilen, danach die gelesenen Textstellen auszuwählen und die einseitigen Argumente in der Voraussetzung hochzuspielen, daß sie das angezielte Publikum nie überprüft. (So sagte mir ein Fachkollege und politischer Gesinnungsgenosse Dahrendorfs, auf die ganz offensichtlichen Tatbestandsverfälschungen in der Beurteilung meines wissenschaftlichen Lebenslaufes angesprochen, mit überwältigender Offenheit: Was wollen Sie, er hat Ihnen einfach eine politische Antwort gegeben).

Diese politischen Pauschalurteile gibt es auch bei den Zustimmenden, aber viel seltener und auf niedrigerem und organisationsgebundenem Niveau. Diejenigen, die das Gewicht der *Aussagen* nach dem Text offen interpretieren und werten, sind nicht ohne Einwände, aber sie differenzieren ihr Urteil erheblich mehr als die politischen Gegner und kommen dann, wenn überhaupt, auf den Schematismus »liberal« oder »altliberal«. Dafür scheinen mir die Besprechungen von Arnulf Baring oder Joachim Besser, die wohl kaum auf der mir zugeschriebenen parteipolitischen Linie liegen, wohltuende Beispiele zu sein.

Die Erfahrung mit dieser politischen Schablonisierung zeigt mir nicht nur, wie weit man in der publizistisch-politischen Öffentlichkeit vereinseitigend informiert, sondern es macht offenkundig, wie gering der Spielraum einer individuellen, sich auf wissenschaftliche Darlegungen stützenden politischen Äußerung in der Bundesrepublik inzwischen geworden ist. Man kann heute nicht nur die publizistische Reaktion aus der parteipolitischen Zugehörigkeit und Interessenbindung der Publikationsorgane und der Autoren weitgehend voraussagen, man muß darüber hinaus einen dadurch verursachten geistigen Niveauverfall feststellen, der zur eigentlichen Front solcher Auseinandersetzungen nicht die politische »Richtung«, sondern die intellektuelle Selbständigkeit und Verantwortung der Autoren und Rezensenten auf der einen, ihre Unterordnung unter bestehende politische Interessenkonflikte auf der anderen Seite macht. Aus diesem Tatbestand sollten diejenigen ihre Folgerungen ziehen, die politische Auseinandersetzungen noch als geistige Auseinandersetzungen führen wollen, mich eingeschlossen.

Diese Richtungsschematik gilt in noch höherem Maße für die Besprechungen im Rundfunk und Fernsehen, wobei die statistische Aufschlüsselung – etwa ein Drittel positiv, zwei Drittel negativ – Rückschlüsse auf die Ausrichtung der betreffenden Abteilungen durchaus zuläßt. Aber auch die positiven denken im wesentlichen von der »Wirkung« her, die sie günstig beurteilen, nicht aber über die sie ja selbst auch betreffende Sache nach (»Meinungsherrschaft der Intellektuellen«). Noch aufschlußreicher waren für mich die Besprechungen der vielen kleineren Tageszeitungen, da mir deren Praxis in dieser Hinsicht bisher fast unbekannt war: Ein Teil bleibt verständlicherweise bei einer kurzen Information über den Inhalt des Buches und fügt allenfalls eine kurze Empfehlung oder Mißbilligung hinzu; ein anderer Teil informiert kaum oder gar nicht, schlägt aber in aller Kürze in harter Bewertung zu. Als ein Beispiel von vielen: In der ›Neuen Ruhrzeitung‹ schreibt ein Anonymus »wge«: »Schelsky braut ein ›soziologisches Potpourri‹, das dem kritischen Leser Magendrücken bereitet. Die Ingredienzien sind Wissenschaftsskepsis, Konservativismus, Vorurteile, Realitätsblindheit ... Schelskys Spekulationen mögen auflageträchtig und des Beifalls aus der rechten Ecke sicher sein. An sachlichen Informationen interessierte Leser können sich den Versuch in Schelskys Jüngstem, die Spreu vom Weizen zu trennen, getrost schenken.« Eben das glaube ich als Meinungsbevormundung und -beherrschung beschrieben zu haben.

(3) *Die Monopolisierung der Aufklärung.* In gleicher Art, wie man politische Richtungsbegriffe wie »liberal« aus politischer Wirkungsabsicht monopolistisch vereinnahmt, so erfolgt aus gleichen Gründen eine Alleinbesetzung bestimmter, als wirkungsgünstig angesehener geistiger Traditionen. Wir erleben das bei den Sozialisten im Kampf um »den eigentlichen Marx«, im geteilten Deutschland um die Frage, welche Seite die »nationale Tradition« »eigentlich« fortführe usw.; die Diskussion um dies Buch zeigt, daß auch der Begriff der »Aufklärung« zu diesen Gegenständen des politischen Kampfes um die geistesgeschichtlichen Erbstücke gehört. Veranlaßt hat ihn sicherlich Dahrendorf mit seiner Verurteilung meines Buches als »Diffamierung der Aufklärung«; diese Zuspitzung der Beurteilung meines Buches auf eine im Gesichtspunkt der geistesgeschichtlichen Vergangenheit wichtige öffentliche Funktion würde ich sehr begrüßt haben, wenn er sie nicht im gleichen Atemzug wieder auf unmittelbare und das heißt im Praktischen parteipolitische Aktualitätsinteressen verengt hätte. Jedenfalls entnehme ich den mit dieser Formel angeregten Reaktionen auf mein Buch, daß offensichtlich ein Teil meiner Leserschaft sich durch dieses Buch »aufgeklärt« fühlt, während ein anderer Teil, der eine andere Art der »Aufklärung« praktiziert, sich dadurch erheblich in seiner »Aufklärung« behindert sieht.

1. Mißverständnisse, Übersehenes, Fortführendes

Viele Beurteilungen des Buches gehen von Überzeugungen aus, die es in einen falschen Erwartungs- und Bezugsrahmen stellen. Diese Art Irrtümer können sowohl meine eigene Schuld sein, weil ich sie in der Darstellung nicht klar genug verhindert habe, können aber auch darauf beruhen, daß eilige Leser bestimmte im Vorwort und im Text geäußerte Einschränkungen meiner Aussagen flüchtig oder überzeugungsgesteuert überlesen haben. Beide Arten des Mißverständnisses oder der Überforderung des Buches sind vorhanden, und zwar sowohl bei zustimmenden wie bei verurteilenden Kritiken. Deshalb will ich diese Mißverständnisse kurz feststellen.

Der wesentlichste Irrtum, von dem alle anderen ausgehen, besteht in der Annahme, ich hätte eine *politisch-soziologische Gesamtanalyse der bundesdeutschen Gesellschaft* beabsichtigt. Mir ging es allein um die Rolle und die Machtposition der »Intellektuellen« in dieser Gesellschaft, also um eine, was das Ganze betrifft, nur teilhafte Gesichtspunkte herausstellende Beurteilung der sozialen Verhältnisse unserer Gesellschaft. Die Fraglichkeit des Begriffs der »Intellektuellen« habe ich dabei ebenso hervorgehoben wie seine Unentbehrlichkeit zur vorwissenschaftlichen Verständigung. Alle Einwände, die mich auf andere Gebiete der sozialen und politischen Herrschaft als wichtig verweisen, argumentieren durch Überfolgerung, was ich anhand der spezifisch soziologischen Einwände noch belegen werde. Ich würde, wenn dieser Einwand zuträfe, den gleichen Fehler begangen haben, den etwa die orthodoxen und neo-aktuellen Marxisten begehen, wenn sie die gesamten politischen und sozialen Verhältnisse auf die Erscheinung der wirtschaftlichen Macht zurückführen (»Kapitalisten«, wobei die Macht der Gewerkschaften und anderer wirtschaftlicher Interessenverbände ausgeblendet oder unter »Kapitalismus« eingeordnet wird). Ich meine, daß zumindest der Untertitel meines Buches eine gemeinverständliche Begrenzung meiner Thematik deutlich angibt; im übrigen muß die Taktik der kritisierten Gruppe, die Betroffenheit auf möglichst viele andere soziale Gruppen zu verteilen, in

Rechnung gestellt werden. Daß dabei die untersuchte Gruppe auch dem übrigen Ganzen der Gesellschaft, den »anderen« gegenübergestellt werden muß, ist schon methodisch selbstverständlich, deshalb beherrscht aber dieser Strukturgegensatz keineswegs die Gesellschaft »total«.

Aus diesem ungewollten oder gewollten Mißverständnis folgen alle Einwände der Art, daß ich die »totale« Herrschaft der Intellektuellen in unserer Gesellschaft behaupten, daß ich andere Herrschaftsformen verschweigen oder gar verleugnen würde oder daß ich diese gar durch meine Ausführungen unkritisch rechtfertigen wolle. Alle solche Vorwürfe übersehen, daß ich andere Machtpositionen immer wieder erwähnt, aber nicht behandelt, also weder gerechtfertigt noch kritisiert habe. Ich habe im Gegenteil im I. Teil meiner Ausführungen, den allerdings offensichtlich viele meiner Rezensenten nicht gelesen haben, die verschiedenen Herrschaftsformen wie z.B. politische oder wirtschaftliche deutlich herausgestellt und daran nur entwickelt, daß es seit langem auch die Frage der geistigen Herrschaft, also der Glaubens-, Ideologie- oder Meinungsführung gibt, und daß diese Machtausübung in der gegenwärtigen historisch-politischen Situation der Bundesrepublik in ein neues Stadium getreten ist, daß also die alten Formen der Herrschaft durch Sinngebung des Lebens, wie sie einmal die »alten« Kirchen und Theologen ausgeübt haben, unaktuell geworden sind und zu neuen Fragen ihrer Kontrollierung im Sinne des gemeinen Wohls auffordern. Dieser politisch sehr gezielten Frage weichen, nicht unerwartet, gerade alle die Beurteiler meines Buches aus, die von dieser Art »Macht« am deutlichsten Gebrauch machen.

So gehen auch die in vielfacher Form vorgebrachten Einwände, ich übersähe die »Klassenherrschaft« von Konservativen, sachlich an meiner Grundaussage vorbei. Es schreibt z.B. der Zürcher ›Tages-Anzeiger‹: »Verräterisch ist denn auch seine Bewertung Augsteins, der sich von Springer nur dadurch unterscheide, daß er eine Klasse hinter sich wisse, die zur Herrschaft strebe. Wie denn? Hätte Springer also gar keine Klasse hinter sich?« Meine Unterscheidung der »Klassenzugehörigkeit« von Augstein und Springer bestand ja aber gerade darin, daß ich in Augstein den Vertreter einer neuen »Klasse« sehe, die ich untersuche, während ich in Springer den Vertreter einer anderen Klasse erblicke, meinetwegen zur Verdeutlichung hier für den Kritiker: einer »kapitalistischen Klasse«, die nicht mein Thema ist; und schließlich habe ich keinen Zweifel daran gelassen, daß alle »Klassen« nach Macht streben. Es geht ja doch wohl darum, dieses Herrschaftsstreben auch bei denjenigen zu sehen, die es bisher nur den anderen zuschrieben.

Ähnlich steht es mit dem viel gegen mich zitierten Moderator Gerhard Löwenthal; über ihn A. Künzli: »Vom ZDF-Magazin des Herrn Löwenthal ist nicht die Rede. Offenbar und durchaus verständlicherweise zählt Schelsky diesen nicht zu den Sinnproduzenten.« So sei auch hier noch einmal wiederholt, was in diesem Buche und in anderen Veröffentlichungen von mir über Information dieser Art steht: Ich halte das ganze »Moderatoren«-Unwesen für verderblich, weil hier im Sinne einer Nachrichtensendung in Wirklichkeit politische Meinungsbildung getrieben und der subjektiven politischen Überzeugung von einzelnen ein Einflußinstrument an den Mund gegeben wird, das nicht mehr von der Freiheit der Person zur beliebigen Meinungsäußerung gedeckt ist, sondern eine staatlich monopolisierte Privilegierung einer kleinen Gruppe von Meinungsbildnern bedeutet. Die Parteien, die ja in Wirklichkeit hinter dieser »Autonomie« einer kleinen Gruppe von Fernsehjournalisten dieser Art stehen, handelten den Zuschauern und Hörern gegenüber ehrlicher, wenn sie diese Art Sendungen in eigener Regie und Verantwortung übernähmen; dann könnte nämlich jeder die Meinungsrichtung von vornherein zurechnen, und die Parteien müßten wissen, welchen »Sinnvermittler« sie jeweils – dann durchaus dazu legitimiert – in ihren Dienst stellen. So aber sind die Merseburger, Casdorff, Löwenthal so etwas wie politische Freibeuter des Äthers, wobei ich meine, daß Löwenthal doch nur durch die Praktiken von Merseburger und Casdorff gehalten wird und nicht umgekehrt.

Im übrigen weist die hämische Bemerkung Künzlis, ich rechnete wohl Gerhard Löwenthal gar nicht zu den »Sinnproduzenten« oder Sinnvermittlern, auf eine Unterstellung, die wahrscheinlich kein bloßes Mißverständnis mehr ist: Ich habe ja diese Berufsgruppen nicht schlechthin kritisiert, sondern der logische Angelpunkt meiner Thesen ist ja gerade, daß ich alle Formen der »Sinnproduktion« funktional für unentbehrlich und lebensnotwendig für unser soziales Dasein halte und gerade aus dieser Leistung als Produktion unseres Lebens die Chance von Macht und Herrschaft ableite; allein wo diese ungehemmt und unkontrolliert ergriffen wird, setze ich meine Kritik an. So auch für die Funktion »Information«: es gibt genügend sachlich informierende Journalisten, auch im Fernsehen, die diese Problematik besser sehen als Herr Künzli.

Was hier zur inhaltlichen Begrenzung meines Buches auf den Bereich »Intellektuelle« und Gesellschaft gesagt ist, gilt auch methodisch: Ich halte den Ansatz, ein gesellschaftliches Gefüge unter dem Gesichtspunkt der »ideologischen Herrschaft« oder »Klassen« und ihrer Kampf- und Machtbestrebungen zu analysieren, keineswegs für eine umfassende, nicht einmal für eine gewichtige Methode zur Untersuchung gesamtgesellschaftlicher Zustände oder Strukturen, aber ich hielt sie für diesen Gegenstand für die beste, nicht zuletzt weil die Intellektuellen, die ich treffen wollte, eben jene Kategorien im öffentlichen Bewußtsein wieder in dem Ausmaße durchgesetzt haben, daß sie überhaupt erst als die Wegbereiter für die argumentative Wirkung der hier angewandten Begrifflichkeit gesehen werden müssen. In den 50er Jahren und bis in die Mitte der 60er Jahre hätte eine »Klassenanalyse« der Intellektuellen doch nicht das geringste Echo gefunden. Über dieses Hypothetische, ja das Experimentelle und Strategische meines methodisch-begrifflichen Ansatzes wird in der Auseinandersetzung mit meinen Fachkollegen noch zu sprechen sein.

Schließlich sei noch ein Irrtum erwähnt, der vor allem in Schweizer Besprechungen zum Ausdruck kommt: Ich hätte mit diesem Buche eine universale oder zumindest alle westlichen Gesellschaften umfassende Analyse der Intellektuellen geben wollen.

Künzli schreibt: »Da er ja nicht bloß die Bundesrepublik im Auge hat, sondern ausdrücklich die ›moderne Gesellschaft‹ als solche, besagt seine These, überträgt man sie etwa auf die USA, daß in Amerika heute nicht Präsident Ford, Außenminister Kissinger, der Kongreß, das Pentagon, das CIA, das ›military-industrial establishment‹ herrschen, sondern die amerikanischen Bölls und Mitscherlichs, die erst noch die anderen ausbeuten ...«

Er übersieht, daß ich bereits im Vorwort darauf hinweise, daß dies Buch an die Aktualität einer Situation gebunden ist, also veraltet, und daß ich es gerade im Konkreten für »unübersetzbar« halte; daß bereits der erste Satz der »Grundthesen« den Bezug zur Lage der Bundesrepublik herstellt und daß alle meine Belege und Beispiele sich auf die Bundesrepublik und ihre Verhältnisse beziehen. Ich habe in allen meinen früheren soziologischen Arbeiten (vielleicht mit Ausnahme der ›Soziologie der Sexualität‹) mich als einen Soziologen der bundesrepublikanischen gesellschaftlichen Wirklichkeit verstanden und bin auch als solcher bewertet worden; dies nicht zuletzt aus der Einsicht in die US-amerikanische Soziologie, die sich immer universal geäußert und von ihrer spezifischen Beziehung auf die Gesellschaft der USA vielfach abgesehen hat. Für mich ist die historische und regionale Bindung der Aussagen von Soziologen ein Axiom meiner Wissenschaftsauffassung; aber ich bekenne mich der typisch soziologischen »façon de parler« schuldig, die oft die aus der eigenen Gesellschaft gewonnenen Abstraktionen nicht immer wieder auf den Erfahrungsgrund beschränkt. Nur fühle ich mich in dieser Frage etwas unschuldiger als die meisten deutschen Soziologen.

Mir wird gerade von Fachkollegen vorgeworfen, die ausländische Literatur, die schon ähnliche Thesen aufgestellt habe, vernachlässigt zu haben. Auch hier gebe ich diesem Vorwurf in gewissem Sinne recht: Die »Soziologie der Intellektuellen« hat gerade in den USA eine so breite Ausfaltung erfahren – man braucht nur an die Arbeiten von Chomsky oder Shils zu denken –, daß auch nur eine Durchsicht dieser Stapel von Veröffentlichungen mich zu dem Entschluß führte, auf eine Einarbeitung oder gar Auseinandersetzung mit dieser Literatur zu verzichten, zumal sie sich in hohem Maße auf die Situation der 50er und des Anfangs der 60er Jahre in den USA bezog. Es gibt Indizien dafür, daß die von mir vorgetragenen Gesichtspunkte inzwischen auch in den USA und anderen westlichen Ländern in ihrem konkreten Zusammenhange zur Geltung kommen; aber ich überlasse es den soziologischen Kennern jener Gesellschaften, darüber zu urteilen. Eine Darstellung des Problemstandes der »Soziologie der Intellektuellen« Mitte der 70er Jahre etwa in den USA durch einen deutschen Soziologen würde ich als ein wissenschaftliches Erfordernis sehr begrüßen; es war nicht meine Aufgabe.

Weiterhin wurden einige Thesen des Buches, die ich für wesentlich halte, bisher kaum erörtert oder nur in privater Korrespondenz angesprochen; es sind im wesentlichen drei Gesichtspunkte, die ich hier nicht vertiefen, sondern nur kurz erwähnen will:

Die Entstehung einer neuen, diesseitigen Religiosität

In diesem Zusammenhange sind die gewichtigsten Einwände und Fragen nur in »privater Kommunikation« an mich gelangt.

Das beginnt mit dem Einwand Hans Maiers (in einem Gespräch, das das Bayerische Fernsehen veranstaltete), daß er meiner Auffassung von Religion nicht zustimmen könne; richtig, denn ich habe als Soziologe, wie schon früher dokumentiert, über das Selbstverständnis der christlichen Religion gar nichts auszusagen, sondern kann sie nur »von außen«, im religionssoziologischen Vergleich, heranziehen. Nur tun heute auch viele christliche Theologen das gleiche. So hat auch ein Pastor D. Karl Halaski mich in einem umfangreichen Brief belehrt, wie sehr ich in der Interpretation gängigen Mißverständnissen der christlichen Lehre unterliege und die Breite der theologischen Hermeneutik nicht kenne; wahrscheinlich mit vollem Recht. Hier kann ich mit dem Eingeständnis meiner geistigen und persönlichen Unzuständigkeit nur mit Paulus (Kolosser, 2,8) entgegnen: »Sehet zu, daß euch niemand beraube durch die Philosophie und lose Verführung nach der Menschen Lehre und nach der Welt Satzungen, und nicht nach Christo.« Ich zitiere dies ohne jede Rankune.

Aber die aufgeworfene Frage ist ja die Entstehung einer neuen Diesseitsreligion! Mein Freund, der Philosoph Gotthard Günther, stellt mir die aufschlußreiche Frage: »Bei ›religiös‹ ist mir vorläufig nicht klar, meinst Du späte Wiederkehr der ersten Religiosität (à la Spengler) oder Religion als Ausbruch aus dem bisherigen Geschichtszusammenhang?« (brieflich). Meine Antwort würde – ebenso vorläufig – sein: Gerade die soziologisch begründete Form der neuen Religiosität bedeutet primär den »Ausbruch aus dem bisherigen Geschichtszusammenhang«, den mit der Formel »Posthistorie« bereits Alfred Weber und Arnold Gehlen diagnostiziert haben; aber eben dies ist in geschichtlicher Versetzung auch eine Wiederkehr zu einer »Diesseitsreligion« vor den transzendenten Heilsreligionen.

Die bedenklichsten Einwände auf diesem Gebiet hat mir ein Briefwechsel mit Georg Wolff, Hamburg, gebracht. Seine Einwände laufen auf zwei Thesen hinaus:

1. Ich stimme Ihnen zu, daß eine neue Religiosität im Entstehen ist, aber Ihre Bestimmung dieser Entwicklung ist zu zeitverhaftet und überschätzt auffällige Gegenwartserscheinungen.

2. Was bleibt eigentlich logisch und existentiell dem »aufgeklärten Geist« gegenüber einer als unabwendbar erkannten steigenden Welle religiöser Bedürfnisse und ihrer Diesseitsbefriedigungen anderes übrig als »die Flucht in die Zelle des Schwei-

gens«, da ja bereits alle Formen der rationalen Argumentation unterlaufen sind.

Das erste Argument stimmt sicherlich insofern, als ich auch einen Wechsel in den Inhalten dieser Art Glaubensformen annehme und die von mir genannten konkreten Beispiele selbst für bloß aktuell halte, dagegen bisher noch keine anderen Ansätze zur thematischen Bestückung der neuen Diesseitsreligion sehe (wie auch nicht zu einer breiten Rückkehr zu der Transzendenzgläubigkeit der Heilsreligionen). (Vgl. dazu Gregor Siefer, ›Heilsbedürfnis und Zeichenerfahrung heutiger Menschen‹, in ›Zeichen des Heils‹, Wien 1975.)

Das zweite Argument ist von verzweifelnder Richtigkeit; es hat mich selbst während der Niederschrift des Buches dauernd begleitet und erklärt nicht zuletzt seine emotionelle Überzogenheit. Der Zwiespalt zwischen dem verstandesgemäß und von den beurteilten Tatsachen her unvermeidbaren Pessimismus gegenüber der Zukunft und einem vom Naturell her wachsenden Widerstandswillen gegen Ungerechtigkeiten und Unsinnigkeiten ist in diesen Tiefenschichten durchaus als Widerspruch meines Buches zuzugestehen, ein Tatbestand, den von allen Beurteilern nur Schrenck-Notzing, wenn auch in objektiver Form, feststellt: »Es ist nicht zum ersten Mal das Paradox eines Autors, der sich offen zum Pessimismus bekennt und gleichwohl und deshalb ein ganzes Arsenal von Waffen bereitstellt, aus denen sich erfolgversprechender Widerstand munitionieren kann.« Gegenüber diesem Dilemma und der folgerichtigeren Forderung Georg Wolffs, nämlich »Schweigen« (die längst von viel mehr Urteilsfähigen geteilt wird, als sich die Publizierenden vorstellen können), ist meine »Lösung«, nämlich »historische Verzögerung«, intellektuell etwas lahm. Aber man muß einmal die Konsequenzen der These von Wolff deutlich aussprechen: Resignatives Schweigen gegenüber der anschwellenden Glaubensabsättigung bedeutet personhaft vordergründig ausgeübte Berufstätigkeit, insbesondere für Professoren und Journalisten (so wie Benn Arzt war), Isolation in intellektuelle Klausur mit subjektivem Überlegenheitsgefühl, skeptische und heilsuninteressierte, soweit nicht auf wissenschaftliche und d. h. professionelle Durchsetzungsthesen gebrachte Rationalität als Sektenmentalität mir nur zufälliger und privater Verständigung. Nicht unwahrscheinlich. Aber es bleibt die Zweifelsfrage an uns beide: Ist das Alterserfahrung der Person oder Alterserfahrung unserer geistigen Kultur?

Schon Georg Wolff zieht zur Verdeutlichung seiner Thesen die
Äußerungen römischer Skeptiker und Rationalisten gegen die
Gnosis und andere Formen der aufsteigenden Heilsreligionen als
geschichtliches Beispiel heran; ich selbst habe dies mit der Formel, wir befänden uns neo-heilsgeschichtlich sozusagen im dritten Jahrhundert »post Marxum natum« provoziert. Daß hier
historisch vergleichende geschichtsphilosophische Urteile »à la
Spengler« gefällt werden, ist nicht zu übersehen. Die einzige
Besprechung meines Buches, die diesen Gesichtspunkt herausstellt, hat Eugen Gerstenmaier im ›Deutschland-Magazin‹ unter
dem bezeichnenden Titel ›Nach dem Untergang des Abendlandes‹ geschrieben. Der Satz »Die Behauptung, die wir vertreten,
läßt sich nur in einem strukturgeschichtlichen Vergleich überhaupt aufstellen, verdeutlichen und überprüfen« (S. 75), ist von
allen anderen Rezensenten, auch vor allem den Wissenschaftlern,
übersehen worden.

Dies veranlaßt mich, einige Betrachtungen über die Möglichkeiten geschichtsphilosophischer Betrachtung der Gegenwart
überhaupt zu äußern. Diese Betrachtungsweise ist offensichtlich
eine geistesgeschichtliche Summierung von theologischen, philosophischen und historischen Auseinandersetzungen und Fragestellungen der letzten drei bis fünf Jahrhunderte europäischer
Geistesgeschichte. Betrachtet man aber die letzten gewichtigen
Veröffentlichungen zur »Geschichtsphilosophie«, so sind es
»Philosophien der Geschichtswissenschaft«, aber nicht mehr
Philosophien der geschichtlichen Zukunft. Schon Spengler und
Toynbee stellen den Übergang von der geschichtsphilosophischen Spekulation zum historisch-empirischen Strukturver-
gleich dar, der seine Beweiskraft für die Zukunft aber aus einer
vorausgesetzten historischen Denkweise zieht. Eben diese ist
aber durch die Vorherrschaft der gegenwartsbezogenen Sozialwissenschaft weitgehend erstickt worden; wenn man heute die
geistreichen Beantwortungen der Frage »Wozu noch Geschichtswissenschaft?« liest, so ist ihre Defensive gegenüber der
Sozialwissenschaft und ihre Anpassung an die sozialen Forderungen des geplanten und prognostizierten gesellschaftlichen
Nutzens nicht zu übersehen. Ich halte es für keinen Zufall, daß
die wenigen Beurteiler meines Buches, die auf die geschichtsphilosophische Dimension überhaupt ansprechen, meiner eigenen
Generation und geistigen Ausbildung angehören. Das zwingt

allerdings auch zu dem Schluß, daß dies die wissenschaftlich vergeblichste Form meiner Argumentation ist, obwohl diesem Gesichtspunkt von den Lesern wahrscheinlich mehr Beachtung geschenkt worden ist als von den Rezensenten.

Selbstkritik der Soziologie als ganzer Wissenschaft

Meine unter dem provozierenden Titel »Anti-Soziologie« geäußerte Kritik an der Rolle der Soziologie als wissenschaftlicher Weltsicht überhaupt hat in den Rezensionen, insbesondere wissenschaftlicher Kollegen, nur Urteile provoziert, die sich auf meine persönliche Hochschulkarriere, insbesondere der letzten Jahre, bezogen. Was sind dies eigentlich für Soziologen, denen bei einer Kritik ihrer Wissenschaft als ganzer nur die Zurückführung auf das individuelle und persönliche Schicksal des Kritikers, außerdem in bloßen Vermutungen, übrigbleibt? Es sind diejenigen, die weder persönlich noch institutionell für das Fach einstehen, sondern längst ihr Standbein außerhalb der Universität in politischen Formen der Selbstbehauptung und Beschäftigung haben.

Wahrscheinlich habe ich die Frage nach den »metawissenschaftlichen Wirkungen der Soziologie« in unserer Gesellschaft viel zu aktualisiert und polemisch gestellt, als daß diejenigen, die in der Sicherheit fachlicher Konvention an der Entwicklung und dem Fortschritt binnenwissenschaftlicher Probleme arbeiten, sich dadurch berührt fühlen konnten. Das ist ein Zeichen fachlicher Stabilität; aber die Frage, daß über die fachinternen Auseinandersetzungen etwa zwischen Albert, Gehlen, Habermas und Luhmann hinaus dieses Fach unabhängig von seinen Richtungsstreitigkeiten die angemaßte oder ihm zugefallene geistige Führungsrolle in der gegenwärtigen geistigen Entwicklung rechtfertigen muß, wird auf es zukommen, ob man meine Herausforderung annimmt oder nicht. Einige Indizien in fachsoziologischen Veröffentlichungen jüngerer und weniger »prominenter« Soziologen, die sich dieser These der »Anti-Soziologie« stellen, lassen mich in dieser Hinsicht nicht pessimistisch sein.

Wenn ich in diesem Zusammenhange über die Äußerungen berichte, die mich zu einem *über mein Buch hinausführenden Denken* veranlaßt haben, so müßte ich allzu viele einzelne Bemerkungen aufzählen, die ich ernstgenommen habe, um allen diesen Kritikern gerecht zu werden. Im wesentlichen – und das ist eine subjektive Feststellung – haben mich zwei Einwände immer wieder beschäftigt:

(a) *Paul Noack* schreibt in der FAZ: »Dieser Gegenentwurf argumentiert ex negativo, wie einst Marx auf der Grundlage von Hegel argumentierte ... Dies aber scheint dem heutigen Gesellschaftsverständnis nur noch eingeschränkt angemessen.« Das heißt wohl einfacher, daß ich die Grundlagen und Verführungen der Soziologie und ihrer vielfachen intellektuellen Gefolgsleute in der Prägung des Zeitbewußtseins selbst mit Argumenten bekämpfe, die nur unter der Voraussetzung gelten, daß man den Überzeugungswert soziologischer Argumente in Betracht zieht oder anerkennt. Mit diesem Einwand hat Noack völlig recht; aber die Frage, was denn eine Argumentation »ex positivo« gegen die soziologisch gestützte soziale Bewußtseinsherrschaft sein könnte, also wo der geistige Angelpunkt einer für unsere soziale und geistige Situation überzeugenden und durchschlagenden Wirklichkeitsauffassung liegen könnte, weiß er wahrscheinlich ebensowenig zu beantworten wie ich.

Ich versuche in dieser Frage die Individualität des einzelnen als Selbstbewußtsein auch in ihren sozialen Zusammenhängen, modern gesprochen: die Identität der Person, zu reaktivieren, aber ist das nicht in der Tat Vergangenheitsverhaftetheit, »Nostalgie«? In dieser Frage führen polemische Antworten nicht weiter; immerhin hat Jürgen Habermas, ein emanzipatorischer Denker, bereits die Frage nach dem »Ende des Individuums« erhoben (›Legitimationsprobleme im Spätkapitalismus‹, S. 162ff.) und scheint daraus auch politische Konsequenzen zu ziehen. Auf jeden Fall ist »die Identität des Ichs«, wie man diese Problematik moderner bezeichnet, niemals primär aus sozialen Tatbeständen und Verhältnissen zu gewinnen, sosehr eine Abhängigkeit davon auch festgestellt werden muß. Im Gegenteil wirken alle soziologischen Argumentationen von ihrem Denkansatz bereits persongefährdend, was ja eine meiner Hauptthesen war. So ist es allerdings »negativ« oder nur kritisch, nicht bestätigend argumentiert, wenn ich bereits das durch die Soziologie übermächtig aufgedrungene Sozialbewußtsein für die Legitimationskrise des modernen Menschen halte.

(b) Von allen wissenschaftlichen Kollegen scheint mir einzig *Arnulf Baring* eine überzeugende Einordnung meines Buches in die sozialwissenschaftliche Analyse unserer bundesdeutschen Gesellschaft zu geben: Er sieht, daß ich »nur einen Ausschnitt der Wirklichkeit« behandelt habe, aber er hält ihn für wichtig, wenn nicht gar ausschlaggebend für eine Zeitanalyse heute.

Nachdem er Dahrendorfs Forderung, man müsse vor allem die »Repräsentanten großer organisierter Mächte« untersuchen, als »eine konventionelle, eine überholte Sicht der Zusammenhänge« zurückgewiesen hat, schreibt er: »Seit langem bin ich überzeugt, daß es – anders als in Weimar – in der Bundesrepublik wenig sinnvoll ist, etwa die Bürokratie oder die Bundeswehr zu untersuchen, um den bestimmenden gesellschaftlichen Kräften auf die Spur zu kommen; anders als damals spielen offenbar auch alle Institutionen nur eine untergeordnete Rolle. Man muß bei uns Meinungsströmungen untersuchen, muß die im Bereich der Meinungsbildung und Meinungsäußerung bestimmenden Kräften analysieren, wenn man die Veränderung der Machtlagen erfassen will.

Bleiben wir beim letzten Jahrzehnt: Nicht die Suche nach *objektiven,* internationalen wie internen, etwa wirtschaftlich-sozialen Ursachen macht den Umbruch der Jahre 1967–1969 verständlich. Weitaus wichtiger, wenn nicht ausschlaggebend waren die *subjektiven* Veränderungen jener Jahre. Es war wesentlich eine neue Weltsicht, waren Gegen-Auffassungen zu den vorher etablierten Konzepten, es waren andere, nunmehr dominant werdende Interpretationen wesentlich gleichbleibender Sachverhalte (eben jene Bewußtseins-Revolution, von der sich eine neue Generation prägen ließ), die den Wandel ermöglicht, den Machtwechsel herbeigeführt haben« (›Süddeutsche Zeitung‹ v. 26./27. 4. 1975).

Obwohl auch Baring mit Recht meine Aussagen hier im wesentlichen auf die Bundesrepublik bezieht, wird doch in seiner Formulierung eine umfassendere wissenschaftliche Frage deutlich: Nach den wesentlichen Faktoren der Veränderung in den Machtverhältnissen der westlichen Demokratien und den politisch-strukturellen Auswirkungen auf die Möglichkeiten von Politik. Wenn mich nicht alles täuscht, wird diese Fragestellung unter dem Kennwort »Unregierbarkeit des Staates« (oder »der Demokratien«) die wissenschaftlich-politische und öffentliche Erörterung in den nächsten Jahren beherrschen. Dabei zeigen schon erste Analysen (wie etwa die von S. P. Huntington über die USA), daß auch hier das kritische Bewußtsein – insbesondere als journalistische Meinungsherrschaft – auf Kosten der Bereitschaft zu konkreter, exekutiver politischer Verantwortung wächst und so eines der Strukturprobleme der »Unregierbarkeit« erzeugt. Ich wäre durchaus damit einverstanden, wenn die von mir aufgeworfene bundesdeutsche Problematik unter Verlust ihrer spezifischen Begrifflichkeit und darstellerischen Subjektivität in eine über Deutschland hinaus verallgemeinerte und das Ganze des politischen Systems umfassende wissenschaftliche Fragestellung aufginge, sofern die Sache selbst in ihr zum Tragen käme. Aber es läßt sich leicht voraussagen, daß solche Forschungen ihre Einsichten, wenn sie wirksam werden sollen, ihrem eigenen Untersuchungsergebnis nach »meinungsführend« einsetzen müssen.

2. Ralf Dahrendorf und andere Kollegen

Damit sind wir bereits bei der Frage, wie sich die »meinungsführenden« Soziologen zu meinen Aussagen geäußert haben. Dazu muß zunächst festgestellt werden, daß die in klarer Reserve zur »öffentlichen Meinungsbildung« wissenschaftliche Forschung treibenden Soziologen zu meinem Buch bisher verständlicherweise überhaupt nicht oder nur mir gegenüber privat Stellung genommen haben. Öffentliche Äußerungen erfuhr ich von denjenigen soziologischen Kollegen, in deren politische Meinungsführung im Namen der Soziologie ich mich seit einigen Jahren und insbesondere mit diesem Buch eingemischt habe. Auch das ist verständlich und gerechtfertigt. Aber es gibt da so kleine Unterschiede, auf die ich mit einer Antwort meine kollegialen Kritiker doch aufmerksam machen möchte.

Daß zum Teil gerade die Kritiken meine Thesen bestätigen, ist von mehreren Beurteilern und Lesern vermerkt worden. Dazu nur zwei Stimmen: Ludolf Herrmann, der Chefredakteur der ›Deutschen Zeitung‹ – die die Grundthesen meines Buches in einem Vorabdruck veröffentlicht hatte –, stellt seine Besprechung in hohem Maße auf diese »kollegiale Bestätigung« ab: »Helmut Schelsky hat sich mit seinem neuen Buch in die Gefahr begeben, verstanden zu werden. Wie realistisch diese Gefahr ist, wurde in den ersten Tagen, da das Buch vorliegt, bereits deutlich: Die hohen Priester der Sinnvermittler-Kaste haben alsbald ihre Stimme erhoben, um ihre Gläubigen gegen die aufklärerische Logik dieses Werkes zu imprägnieren ... Kein Mittel ist den Gegnern zu schlicht. Ralf Dahrendorf scheut sich nicht, die bisherigen Arbeiten Schelskys von oben herab in ihrer wissenschaftlichen Seriosität anzuzweifeln und ein bedeutendes Lebenswerk geradezu als modische Faxenmacherei zu diskreditieren ... Was die deutsche Soziologie in dieser Beziehung an Arroganz zu leisten vermag, haben die ersten Reaktionen auf das Buch gezeigt.«

Subjektiver und amüsant ist die Stellungnahme von Karl Adam, Ratzeburg, in der ›Zeit‹ vom 2. 5. 1975: »Als der neue Schelsky ›Die Arbeit tun die anderen‹ im ›Spiegel‹ von Lohmar, in der ›Zeit‹ von Dahrendorf verrissen wurde, habe ich ihn sofort gekauft. Die Überlegung, die mich dazu bewog, kann man in Schelskys Sprache formulieren: Wenn zwei prominente Angehörige der neuen Priesterkaste der Sinnproduzenten, der Reflexionselite so empfindlich reagieren, muß das Buch interessant sein.«

So wird verständlich sein, daß ich Dahrendorf (und seinen Nach-betern) und Kollegen wie v. Friedeburg, Lohmar und v. Krok-kow dankbar bin für ihre kritischen, »vernichtenden« Stellung-nahmen (auch der Redaktion der ›Zeit‹, die mir zwar nicht die Gelegenheit gab, ihre Leser durch einen Vorabdruck meiner Thesen unmittelbar zu informieren, aber durch das Gewicht der vollseitigen Kritik zum Erfolg des Buches beigetragen hat). Die Ernsthaftigkeit dieses Dankes wird aus einem Beweisgrund er-sichtlich sein: Wie peinlich und enttäuschend wäre es für mich gewesen, eine Streitschrift zu veröffentlichen, und niemand wäre bereit gewesen, darüber zu streiten!

Trotzdem wird man mir nicht verargen, wenn ich in der *Aus-einandersetzung mit Dahrendorf* einige von ihm behauptete Tat-sachen erkläre und richtigstelle.

Zunächst seine berechtigte Kritik: »Schelsky sollte vielleicht einmal Marx lesen, anstatt ihn nur falsch zu zitieren (das wichtige Zitat auf Seite 210 [Taschenbuchausgabe S. 282 f.], ›auch in Sperrungen dem Ori-ginal folgend‹, enthält auf neun Zeilen sechs Fehler und zwei Entstellun-gen).« Was die Zitatfehler betrifft, so hat er völlig recht; die Ironie der Sache liegt darin, daß ich dieses Zitat der wissenschaftlichen Abhandlung eines in der Bundesrepublik anerkannten marxistischen Gelehrten ent-nommen, seinen Zitatfehlern allerdings noch mal weitere hinzugefügt habe; das ist keine Entschuldigung: Man darf nicht »zweiter Hand« zitieren, sondern muß die Quellen überprüfen. Was den Vorwurf der »Entstellung« betrifft, so begründet ihn Dahrendorf nicht; ich selbst habe an diesem Einwand die Unnötigkeit des Zitierens an dieser Stelle eingesehen; es hätte völlig genügt, wenn ich die allbekannten Formeln von Marx über »das Reich der Freiheit« und »das Reich der Notwendig-keit« in meiner Argumentation auch ohne Zitat benutzt hätte.

Ich würde auf diese Kritik nicht zurückkommen, wenn nicht Dahren-dorf auf einen Vorwurf dieser Art (»Beckmesserei«) noch Monate nach seiner vielleicht impulsiven Besprechung selbstgerecht geäußert hätte, daß für ihn die Kerntugend der Wissenschaft in der Genauigkeit liege und daß, wer im einzelnen ungenau sei, es wahrscheinlich auch im ganzen sei und er zur Gegensteuerung zu einer Welt der Schluderei mit von der Partie sein möchte. Bei solchen Ansprüchen muß, auch auf die

Gefahr der »Beckmesserei«, erlaubt sein zu fragen, wie denn Dahrendorf selbst zitiert. Dafür nur einige Beispiele:

(1) Dahrendorf: »Er (Schelsky) ist davon ›überzeugt, daß die in diesem Buch entwickelten Thesen nicht so schnell veralten, wahrscheinlich Generationen überdauern werden‹; das ist der einzige Unterschied zu seinen früheren Büchern und stimmt diejenigen noch trauriger ...« (Ich lasse ein widerwilliges Lob aus.)

Mein Text lautet: »Ich bin überzeugt, daß die in diesem Buch entwickelten Thesen nicht so schnell veralten, wahrscheinlich Generationen überdauern werden, eine Hoffnung, die ich nicht zuletzt daraus schöpfe, daß diese Grundaussagen schon Georges Sorel vor zwei, drei Generationen gemacht hat und sie, in ein gegenwärtiges Bewußtsein umgedacht, treffend sind ›wie am ersten Tag‹.« Dem folgen Sätze, in denen ich die von mir geschaffene Aktualität dieser Aussagen als in zwei bis drei Jahrzehnten überholt und in ihren Einzelheiten als unübersetzbar an die Bundesrepublik gebunden bezeichne. Was also meinem Text nach gerade das Eingeständnis meiner »Unoriginalität« und bloßer Aktualisierung einer älteren Thematik war, wird von Dahrendorf zur Autorenüberheblichkeit umzitiert.

(2) Dahrendorf: »... zur Unterstützung der eigenen Position (zitiert Sch.) Sorel, Gehlen, Freyer, Jünger; dagegen Marx ...« Ernst Jünger wird von mir zweimal mit klugen, für den Gesamtgedankengang jedoch belanglosen Zitaten erwähnt, aber seine Nennung als Autorität für mich paßt so gut in die »reaktionäre« Assoziation, die D. erregen will, wogegen ihm die Tatsache, daß ich mich philosophisch an entscheidenden Stellen immer wieder auf Kant und seine »praktische Vernunft« berufe, ebenso entgeht wie die ausdrückliche politische Zustimmung zu dem Liberalen Popper.

(3) Dahrendorf: »Schelsky empfiehlt deutsche CDU, französische Gaullisten und amerikanische Republikaner im Bündnis mit ›sachverantwortlicher Wissenschaft‹ als Medizin für eine verworfene Gegenwart.« Der Satz S. 212f. in meinem Buche, der allein diese Parteien nennt, heißt: »So werben z.B. politische Parteien, die unausweichlich das Angriffsziel der politischen Heilslehren sind – die CDU/CSU in der Bundesrepublik, die Gaullisten in Frankreich, die Republikaner in den USA usw. – weiterhin um ›die Intellektuellen‹, ohne zu merken, daß sie ihren Gegnern in die Hände spielen und dabei ihre strukturellen Bundesgenossen, die sachverantwortliche Wissenschaft und die ihr verpflichteten Berufe, im Stich lassen.«

(4) Mit der Aufzählung meiner politischen Parteinahmen erlaubt er sich bemerkenswerte Freiheiten: Nach der Formel »Neue Rechte«, fährt er fort: »Was ist das, das Schelsky mag, wenn man seine diversen Nebenbemerkungen einmal zusammenstellt?(!) Den Paragraphen 218 natürlich, die Familie, die ›alten‹ christlichen Kirchen, die Habilitation, die Leistung, Helmut Schmidt (er wird sich zu wehren wissen), nicht dagegen Willy Brandt (es wird ihm Vergnügen machen), die Mitbestimmung, die Mengenlehre, Gesamthochschulen und natürlich die Soziologie.«

Dazu: Schon in einer Leserzuschrift in der ›Zeit‹ hat man ihn darauf aufmerksam gemacht, daß er S. 169f. meines Buches, wo ich in einem ganzen Abschnitt mich für die Revision des § 218 einsetze, wohl einfach nicht gelesen hat. »Für die Familie«, ja natürlich; ist denn Dahrendorf oder die FDP »gegen die Familie« oder sollen hier wieder nur Assoziationen erregt werden? »Für Helmut Schmidt, gegen Willy Brandt«; buchstäblich in einem halben Satz auf der letzten Seite des Buches erwähne ich den einen politischen Strukturumschlag im Verhältnis von Regierung und »Intellektuellen« in der Bundesrepublik. Reicht dies wirklich zu dieser globalen Ausdeutung eines »Pro und Contra«, dessen ratgeberhafte Formulierung mich jedenfalls als Impertinenz berührt? Aber genug davon! Die Beispiele, wie Dahrendorf selbst zitiert oder »entstellt«, ließen sich vermehren.

Dagegen muß ich die Freiheiten, die er sich in der Interpretation meiner wissenschaftlichen Tätigkeit nimmt, doch wohl faktenmäßig zurechtrücken. Seine Fassung meiner wissenschaftlichen Arbeit lautet folgendermaßen:

»Als in den frühen fünfziger Jahren die erste Woge des Konservativismus über eine erstaunte Bundesrepublik schwappte, als die Entdeckung sich Bahn brach, wie vieles noch intakt war, Mendes Ritterkreuz eingeschlossen (a), behauptete Schelsky in seinen ›Wandlungen der deutschen Familie‹, daß diese alle Wirren und Nöte der Zeit unversehrt, wenn nicht gestärkt überstanden hätte. Das Material, auf dem diese These beruhte, war dürftig und untypisch, aber die These paßte (b). Als ein paar Jahre später die Bewältigung der Vergangenheit ihren Höhepunkt erreichte, schrieb Schelsky mit ähnlich dürftigem Material, aber mittlerweile geschulter Feder der Jugend das Epitheton ›Skeptische Generation‹ zu; sie sei weder romantisch noch ideologisch, sondern erwachsen, konkret, unpolitisch (c). Was davon zu halten war, haben wir mittlerweile gesehen; Schelsky selbst erzählt uns nun auf einmal von der Wiederkehr der vor achtzehn Jahren totgesagten Ideologie (d).

Da waren die kleineren Moden (!): auf die Korea-Krise folgte Schelskys ›Arbeitslosigkeit und Berufsnot der Jugend‹ (e), auf die beginnende Illustrierten-Konjunktur die ›Soziologie der Sexualität‹ (f), auf die ersten Zeichen des bildungspolitischen Interesses ›Schule und Erziehung in der industriellen Gesellschaft‹ (f). Durchweg blieb der Autor ›auf der Suche nach Wirklichkeit‹ (wie er seine gesammelten Aufsätze nannte). Dann kam der Machtwechsel von 1969, und Schelsky wurde teils esoterisch, teils still (g): ›Einsamkeit und Freiheit‹, einsame Freiheit.«

Den Fachkollegen gegenüber brauchte ich auf diese »Stilisierung« meiner wissenschaftlichen Arbeiten nicht zu antworten; sie sind selber urteilsfähig genug. Da ich aber wie Dahrendorf die außerwissenschaftliche, insbesondere politische Beurteilung, gerade im Zusammenhang mit diesem Buche, ernst nehme, seien mir kritische Tatbestandsfeststellungen (in der Reihenfolge der von mir im Zitat eingefügten Klammern) erlaubt:

(a) Die Formel vom »überschwappenden Konservativismus der frühen fünfziger Jahre gegenüber einer erstaunten Bundesrepublik« ist – und nur hier greife ich seinen eigenen Begriff auf – die Diffamierung der Leistung, die in jener Zeit von allen demokratischen Parteien in Bund, Ländern und Gemeinden, in Unternehmen und Gewerkschaften als *Wiederaufbau* eines demokratischen und produktiven rechtsstaatlichen Gemeinwesens vollbracht worden ist. Ihr mich in meinen soziologischen Arbeiten einzuordnen, habe ich keine Scheu; ihrer Diffamierung mich einzuordnen, ist völlig folgerichtig. (Die Auseinandersetzung mit der Vergangenheit seiner eigenen Partei – »Mendes Ritterkreuz« – überlasse ich allerdings dem FDP-Politiker Dahrendorf.)

Über diese Leistungen war allerdings nicht »die Bundesrepublik erstaunt«, denn sie bestand ja aus denen, die dies leisteten, sondern die mißtrauische Welt in Ost und West, die einen unverbesserlichen Untergrundnazismus erwartet hatte.

(b) Meine ›Wandlungen der deutschen Familie‹ (1953) beruhten auf »dürftigem und untypischem Material«: Zunächst sei festgestellt, daß dies Material 167 in längerer teilnehmender Beobachtung aufgestellte Monographien von Familien sind, also keineswegs eine bloße Fragebogen-Meinungsforschung; die Aussage aufgrund von »Case-Studies« war und ist in der Psychologie, Psychiatrie, vor allem aber sozialfürsorgerischen Forschung durchaus üblich, greift zumeist auf sehr viel weniger »Fälle« zurück. In meinem Buch habe ich quantitative Folgerungen überhaupt nicht gezogen. (Die aus dem gleichen Material gefolgerten, auch quantitativen Aussagen von Gerhard Wurzbacher, ›Leitbilder gegenwärtigen deutschen Familienlebens‹ [1951], haben sich in ihren Angaben auch gegenüber nachfolgenden Meinungsbefragungen als erstaunlich treffsicher erwiesen.) Politisch bedeuteten damals diese ersten empirischen Forschungen dieser Art eine Widerlegung der gerade vom Ausland her immer wieder geäußerten und befürchteten Patriarchalität und Autorität der deutschen Familienstruktur als Brutstätte des Nationalismus und Faschismus.

Im übrigen ist Dahrendorf gegenüber den in diesem Buche und seinen nachfolgenden Aufsätzen enthaltenen gesellschaftlichen Strukturaussagen von mir keineswegs immer so abschätzig gewesen: In seiner ersten und wahrscheinlich wichtigsten Arbeit, dem vorwiegend in England geschriebenen Buch ›Soziale Klassen und Klassenkonflikt in der industriellen Gesellschaft‹ widmet er mir zusammen mit seinem Lehrer an der London School of Economics, T. H. Marshall, ein ganzes Kapitel. Das Buch ist zuerst erschienen in einer von mir herausgegebenen Reihe ›Soziologische Gegenwartsfragen‹, Stuttgart 1957.

(c) Mit »ähnlich dürftigem Material« sei mein Buch ›Die skeptische Generation‹ über die Jugend der Bundesrepublik in den fünfziger Jahren geschrieben. Hier hat ihn seine Bibliothek oder sein Gedächtnis völlig im Stich gelassen. Dieses 1957 erschienene Buch ist gar nicht auf der Grundlage eigener Untersuchungen gearbeitet, sondern ist gerade der Versuch, alle damals vorliegenden empirischen Jugenduntersuchungen zu einer Gesamtaussage zu erfassen. Schon das Quellenverzeichnis würde ihn darüber belehrt haben, daß ich die damals vorliegenden über achtzig empirischen Untersuchungen für meine Aussagen herangezogen habe und daß darunter nur drei eigene, von mir und meinen Mitarbeitern veröffentlichte Untersuchungen sind.

(d) Dahrendorf moniert, daß meine damals getroffene Aussage über die deutsche Jugend sich inzwischen, im Hinblick auf die Jugend der ausgehenden sechziger und beginnenden siebziger Jahre, als unhaltbar erwiesen habe. Andere haben sich diesem leichtfertigen Verdikt, ich sei in meinen jugendsoziologischen Aussagen durch die gegenwärtige Jugend widerlegt worden, angeschlossen. Alle diese Kritiker kennen offensichtlich nicht meine fachlichen Auseinandersetzungen mit den Vertretern der empirischen Jugendsoziologie (Rosenmayr, A. Flitner), denen gegenüber ich bereits Mitte der sechziger Jahre meine Aussagen als Urteil über die »gegenwärtige«, d. h. derzeitige bundesdeutsche Jugend zurücknahm. Wenn man die Zeitgebundenheit von Aussagen, auf die ich als empirischer Soziologe immer aufmerksam machte, über ihren Aussagebereich hinaus gegen den Autor verlängert, kann man leicht den wissenschaftlich Überlegenen spielen. (Ich verweise auf meine Auseinandersetzung mit diesen Thesen im Vorwort der zur Zeit im Ullstein-Verlag erscheinenden Taschenbuchausgabe der ›Skeptischen Generation‹.)

(e) Die Veröffentlichung ›Arbeitslosigkeit und Berufsnot der Jugend‹ wurde im Auftrag des Bundesvorstandes des Deutschen Gewerkschaftsbundes in den Jahren 1950/51 durchgeführt; sie ist auch im gewerkschaftlichen Bund-Verlag im April 1952 in zwei Bänden herausgegeben. Sie stellt die umfassendste empirische Jugendforschung der fünfziger Jahre dar; mit einer »Korea-Krise« hatte die damalige Situation der Arbeiterjugend nicht das geringste zu tun, sondern mit den Folgen eines Krieges, der aus Dahrendorfs Gedächtnis verschwunden zu sein scheint.

(f) Meine ›Soziologie der Sexualität‹ ist zuerst in etwas verkürzter Fassung in dem von Hans Giese herausgegebenen ›Handbuch der medizinischen Sozialforschung. Die Sexualität des Menschen‹, Stuttgart 1955, erschienen und steht dort auch noch in dessen neuesten Auflagen.

(g) ›Schule und Erziehung in der industriellen Gesellschaft‹ ist 1956 als Gutachten entstanden, wie die Einführung ausweist; ob diese Abhandlungen zusammen mit den von D. lieber nicht erwähnten Schriften zur Universität und ihrer Reform eine Reaktion auf »die ersten Zeichen des bildungspolitischen Interesses« waren oder nicht selbst als solche anzusehen sind, darüber wird es objektivere Urteile geben.

(h) Nach dem »Machtwechsel von 1969« sei ich »teils esoterisch, teils still« geworden: Nach 1969 sind meine Abhandlungen zur Rechtssoziologie in den Bänden des ›Jahrbuches für Rechtssoziologie und Rechtstheorie‹ erschienen, und ich halte die soziologische Beschäftigung mit dem Recht für keineswegs »esoterischer« als die mit Familie, Jugend oder den Universitäten. Seit 1969 sind zur politischen Analyse der Bundesrepublik von mir Abhandlungen erschienen, die wahrscheinlich die weiteste Verbreitung solcher politisch-soziologischen Schriften eines bundesdeutschen Autors überhaupt gefunden haben. »Still«? War ich seit dem »Machtwechsel« für Dahrendorf in Wirklichkeit nicht zu laut?

Angesichts dieser Deutung meines wissenschaftlichen Lebenslaufes ist Dahrendorfs Lob, ich hätte »vieles angeregt ... (und sei) gerade gegenüber jüngeren Kollegen stets ebenso hilfreich wie tolerant« gewesen, etwas unbegründet und schal; ich hätte gewollt, er wäre auch hier bei den ihn betreffenden Tatsachen geblieben, daß ich z. B. auf seinen Wunsch der wichtigste Gutachter bei seiner Habilitation gewesen bin.

Dahrendorf leitet das Recht zu seiner wohl allzu persönlichen Aburteilung meiner wissenschaftlichen Arbeiten zweifellos aus dem Hinweis von mir ab, daß die Wirkungen seiner wissenschaftlichen Veröffentlichungen zum großen Teil gegen seine eigene politische Absicht erfolgt sind. Darauf nimmt er auch Bezug: »Er (Schelsky) meint von mir, ich habe ›als wahrscheinlich wirksamster Anreger meiner Generation deutscher Sozialwissenschaftler alle die Fragestellungen in die Welt gesetzt oder neu belebt, die zu der politischen und neu-ideologischen Herrschaft der Linken, Neomarxisten und der Sozialreligiösen geführt haben‹. Das ist fast schon ein Kompliment, selbst wenn Schelsky überrascht feststellen muß, daß ich mich mit diesen Gruppen ›allerdings politisch nirgends identifiziert‹ habe (S. 288 [Taschenbuchausgabe S. 386]).«

Was die darin enthaltene Anerkennung betrifft, so hat er völlig recht; ich halte Dahrendorf gerade in bezug auf die in jenen Seiten genannten wissenschaftlichen Aussagen – ohne Einschränkung durch ein »fast« – für einen der produktivsten und wichtigsten bundesdeutschen Soziologen seiner Generation. Daß er politisch nicht den kritisierten Gruppen zuzurechnen ist, habe ich nicht »überrascht« festgestellt, sondern es ist mir und allen anderen bekannt (man lese daraufhin noch einmal die genannten Seiten, wo ich jeweils seine politische Position eindeutig angebe). Die »Überraschung« liegt gerade auf der anderen Seite: in der erstaunlichen Tatsache, daß die Soziologie, auch wo sie vermeintlich rein wissenschaftliche Aussagen macht, in ihrer metawissenschaftlichen Wirkung auf das Zeitbewußtsein Partei gegen die »Freiheit der Person« genommen hat, ohne es zu wollen. Um nur eine der empörten Fragen Dahrendorfs zu beantworten: »Kann man denn nicht«, schreibt er, »von der bewegenden Kraft sozialer Konflikte überzeugt sein, ohne die Hessischen Rahmenrichtlinien für Gesellschaftslehre zu akzeptieren?« Man kann dies innerhalb der Fachgrenzen sehr wohl, und Dahrendorf weiß, daß wir uns darüber wissenschaftlich-sachlich auseinandergesetzt haben. Man kann aber nicht an der Frage vorbeikommen, weshalb die wissenschaftliche Betonung der Konfliktbeziehung in den sozialen Verhältnissen in der politisch-geistigen Situation der Bundesrepublik zu den Hessischen Rahmenrichtlinien geführt hat.

Dahrendorf versperrt sich mit seiner Art der Besprechung meines Buches den Zugang zu der Frage, die ich für Soziologen wie ihn und mich aufgeworfen habe: Die wissenschaftlich unkontrollierbare Breitenwirkung aller Soziologie, unabhängig von den Richtungen, läßt sich nicht mehr als »Problem der anderen« in isoliert-wissenschaftlicher Autonomie beiseite schieben; das wenigstens hat die »politische Reflexionselite« erreicht, daß diese Frage von den wissenschaftlichen Soziologen heute nicht mehr in der Sicherheit sozialer und wissenschaftlicher Arbeitseinteilung unbeantwortet bleiben kann. Vor allem läßt sie sich nicht nach dem Argumentationsmodell erledigen, die anderen trieben »Politik«, man selbst aber »Wissenschaft«. Schließlich ist auch Dahrendorf – schon vor der »Machtübernahme von 1969« – professioneller Politiker geworden und hat die soziologische Forschung hinter sich gelassen. Wäre es nicht fruchtbarer gewesen zu fragen, ob seine Wendung zum Berufspolitiker und meine Wendung zur politischen Zeitanalyse nur existentiell verschiedene Antworten auf die gleiche Situationsveränderung in der bundesdeutschen Soziologie darstellen?

Zur Sache trägt Dahrendorfs Artikel wenig bei; sein Haupteinwand, ich »denunziere«, also verleumde, »die Modernität ... in ihrer geistigen Form als Aufklärung und in ihrer rechtlichen Form als Staatsbürgertum ... Schelsky denunziert liberale Rationalität« usw., verrät selbst nur eine geistige, wahrscheinlich aber primär politische Monopolisierung der Aufklärung und des Liberalismus. Das wird um so deutlicher, als er eingesteht, daß es ihm schon oft »in den Fingern gejuckt« habe, eine Kritik der »deutschen Ideologie«, sprich der »Frankfurter Schule der Soziologie« zu schreiben: »... die Heilige Familie (oder, so bei Marx, ›Kritik der kritischen Kritik‹), die Frankfurter Schule mit ihrem sektiererischen Gehabe, ihre sinnentleerten Sprachschöpfungen, ihre Beschwörung sozialer Kräfte, vor denen sie doch am Ende Angst hat« (und nicht untypischerweise endet das Zitat in der Verspottung von persönlichen Situationen Adornos und Horkheimers). (Auch v. Krockow zitiert ausführlich die Kritik von Karl Marx gegenüber den »deutschen Ideologen« und wendet dessen Polemik gegen die »Hegelianer« auf die »Frankfurter Schule«.) Demgegenüber kann man wohl zunächst den Marx-Kenner Dahrendorf fragen, weshalb Marx von einer »Heiligen Familie« spricht oder Max Stirner dauernd als »St. Max« zitiert, um die Berechtigung, nach »religiösen« Herrschaftsformen zu fragen, nicht ganz so abwegig erscheinen zu lassen.

Ich habe schon in den vorangehenden Ausführungen darauf hingewiesen, daß die Monopolisierung der Aufklärungstradition zu den geistig verengenden politischen Reaktionen heute in der Bundesrepublik gehört. In der Tat hat die »Frankfurter Schule« oder haben in jeweils individueller Verschiedenheit Horkheimer, Adorno, Habermas u. a. sich als die geistig legitimen Erben der Aufklärung dargestellt; aber wenn ich ihnen gegenüber frage, ob sie nicht an dem Umschlagen von rationaler Aufklärung in »Aufklärungsreligiosität« beteiligt sind, so stempele ich sie dadurch doch nicht zu bloßen »Ideologen« im Sinne der Religionsstifter, insbesondere nicht in ihrer geistigen Person, sondern setze diese Aufklärtradition bei ihnen voraus, um nach ihrer sozialen Wirkung zu fragen. Genauso bezweifle ich nicht, daß sich Dahrendorf (und v. Krockow usw.) der Tradition der Aufklärung verpflichtet fühlen, aber die Frage, um die es geht, heißt nicht, wer der legitime geistige Verwalter der »Aufklärung« ist, sondern welche sehr verschiedenen, ja gegenläufigen politischen und geistigen Folgerungen und Wirkungen inzwischen aus der von allen anerkannten Tradition der Aufklärung sich ergeben haben.

Der eklatanteste Irrtum Dahrendorfs liegt allerdings darin, daß er aus meinem Buch eine Verachtung der konkreten, praktischen politischen Entscheidungen herausliest:

»Weder Böll noch Mitscherlich, nicht einmal Marx oder Engels waren an der Energiekrise schuld; sie lösen nicht den Konflikt im Nahen Osten, sie sorgen nicht für die Erhaltung der Arbeitsplätze des Volkswagenwerks; sie entscheiden nicht über den Standort von Kernkraftwerken oder die Lagerung ihrer Abfälle; sie bestimmen nicht die Zollregeln für Importe aus Entwicklungsländern ... Böll und Mitscherlich haben auch nichts damit zu tun, ob der Flugplatz in Konstanz aufgehoben wird ... ob in Radolfzell ein neuer Kindergarten errichtet oder in Singen die Gewerbesteuer erhöht wird. Sie bestimmen noch nicht einmal, ob im Fürther Stadttheater Brecht gespielt wird oder Schiller.« Auch v. Friedeburg fragt ähnlich rhetorisch: »Was soll denn nun anders gemacht werden in dieser Weltwirtschaftskrise, bei so gestiegenen Rohstoffpreisen, Arbeitslosigkeit und Inflation, geschwundenem Wachstum? Welche anderen Antworten sollen gegeben werden auf die Fragen der äußeren und inneren Sicherheit? Solche Fragen sind Schelsky offensichtlich zu praktisch.«

Hierauf kann ich zunächst nur sehr grob antworten, daß ich mich mit diesen Fragen in meinem Buch nicht beschäftigt habe, zudem auch gar nicht genug davon verstehe. Selbst die Betroffenen wie Böll oder Mitscherlich werden nie annehmen, daß ich ihnen diese Verantwortungen zugeschoben habe. Wie weit die Politiker Dahrendorf und v. Friedeburg zu der Lösung der aufgeworfenen politischen Fragen beigetragen haben, entzieht sich meiner Kenntnis. An den Entscheidungen in dem Bereich, wo ich Bürger bin – nicht in Konstanz, Radolfzell usw. –, nehme ich aktiv teil, ohne es literarisch-politisch auszuwerten. Die einzige Frage, zu der ich mich publizistisch und praktisch geäußert habe, die Reform der Universität, wird von den beiden Bildungspolitikern nicht angeführt; eine Erörterung dieser »praktischen Politik« würde nämlich zutage fördern, daß ich den Konzeptionen von Dahrendorf sehr nahe gestanden habe, die genauso »überrollt« wurden wie meine Pläne, daß aber v. Friedeburg eine uns beiden gegenüber kontroverse praktische Bildungspolitik als hessischer Kultusminister getrieben hat. .

Dahrendorf verkennt aus persönlicher Betroffenheit, daß mein Buch in allen Grundabsichten gerade zur Beseitigung der ideologischen Bezüge der praktischen Politik dienen soll, um eine Beantwortung seiner politischen Fragen ohne ideologisch-intellektuelle Vorprogrammierung im öffentlichen Bewußtsein der Bundesrepublik wieder möglich zu machen.

Was mir bei Dahrendorf als sehr persönliche, emotionelle Reaktion noch durchaus verständlich ist, wird bei seinen Nachrednern zur leichtfertigen Verleumdung (»Denunziation«). Außer dem Stuttgarter Politologen Greiffenhagen übernimmt vor allem der Vorsitzende Richter am Oberlandesgericht in Frankfurt (in alter Bezeichnung: Senatspräsident am Oberlandesgericht) Dr. *Theo Rasehorn* in seinem ›Psychogramm eines Konservativen‹ in den ›Frankfurter Heften‹ unbesehen die Tatsachenangaben Dahrendorfs. Nachdem er ihm mehrfach »Brillanz« (!) bescheinigt hat und feststellt, daß er »ja mit einer ›Zeit‹-Rezension gezeigt hat, wie mühelos er Schelsky auspunkten kann«, zitiert er in vollem Umfang Dahrendorfs Darstellung meines wissenschaftlichen Lebenslaufes und urteilt, daß »dem inzwischen so gemäßigt, nahezu konservativ gewordenen Dahrendorf die Zornröte ob dieser leichtfertigen unwissenschaftlichen Argumentationsweise seines Kollegen ins Gesicht« gestiegen sei. Er selbst fügt dieser unkritisch übernommenen Nachrede noch weitere Entstellungen hinzu, indem er z. B. meinen Vortrag über den »selbständigen und betreuten Menschen« vor dem Parteitag der CSU von 1973 in die ganz andere politische Situation von 1974 versetzt oder so offenherzige politische Bekenntnisse äußert, daß »die stärkste Macht in unserer Gesellschaft: Industrie und Wirtschaft« sei und »daß sich ihr auch die SPD-Reformpolitik beugen mußte«. Natürlich darf in solcher Besprechung – übrigens als einziger – nicht der »Nazihinweis« fehlen: »...im Dritten Reich, als auch schon Schelsky – und nicht gerade rühmlich – publizierte...« (Was er wohl von meinen Schriften aus der Zeit gelesen hat; oder ist es auch nur Hörensagen?)

Die Frage, die eine solche Besprechung eines Oberlandesgerichtspräsidenten aufwirft, liegt offensichtlich nicht in seinen Argumenten, die alle von anderen übernommen oder ignorant sind. (Rasehorn begründet seine Grundthese meines »Intellektuellenhasses des deutschen Bürgertums« mit der Feststellung, dies sei »eine in Frankreich oder England unbekannte Phobie«; daß ich vor allem den Franzosen Sorel zitiere, daß von de Maistre über die Gegner des Laizismus, über die Vertreter des »integralen Nationalismus« und die hochintellektuellen katholischen Denker in Frankreich ebenso »Intellektuellenkritik« betrieben wird wie etwa von Chesterton in England oder gerade von den klassischen Liberalen wie Mill gegenüber der journalistischen Beherrschung der öffentlichen Meinung, davon weiß Dr. Rasehorn nichts.)

Die mit einer solchen Besprechung eines amtshohen Juristen aufgeworfene Frage liegt nicht im politisch-polemischen Argument, sondern in der von mir vorher aufgeworfenen Frage, wie weit auch bereits die Justiz von Gesinnungspartisanen unterlaufen ist (vgl. S. 376 ff.). Ein »Oberster Richter«, der sich derart über die Überprüfung der Tatbestände hinwegsetzt, wie es Rasehorn in der unbedenklichen Übernahme der polemischen Tatbestandsaufnahme Dahrendorfs gegenüber meinem wissenschaftlichen Lebenslauf getan hat, der derart faktenfalsche und politisch einseitige Urteile äußert, wäre für mich von vornherein, sollte ich je in Verfolgung meiner Rechte dem von ihm präsidierten Gericht unterliegen, ein entschiedenes Argument der Befangenheit, ja der Resignation, vor einem solchen Gericht »Recht« zu finden. Vielleicht führt die kürzlich erfolgte Forderung des Hamburger Juristen Professor Klug, man solle die parteipolitische Bevorzugung bei der Ernennung höherer Justizbeamter beschränken, zur Überprüfung der Rechtssicherheit anhand von Figuren wie Dr. Theo Rasehorn.

Ich bin mir bewußt, daß eine solche Auseinandersetzung, wie ich sie hier mit Ralf Dahrendorf oder Rasehorn durchführe, als »wissenschaftliche Querelen« beurteilt werden wird. Ich würde sie nicht auf mich genommen haben, wenn ich dadurch nicht im einzelnen meine These von der Macht der »Meinungsführer« bestätigt sähe. Dafür ein unverdächtiges Beispiel:

Im ›Konradsblatt‹, nach meiner Kenntnis das Diözesanorgan des Bischofs von Freiburg, wird mein Buch unter der Überschrift »Neues von Schelsky« folgendermaßen besprochen: Nach zwei belanglosen Vorsätzen heißt es: »Schelskys Kollege Dahrendorf ging mit ihm sehr kritisch ins Gericht. Seiner Auffassung nach ist die Grundthese Schelskys, die These von der Klassenherrschaft der Intellektuellen, so abwegig, daß sich eine längere Diskussion nicht lohnt. Und Theo Rasehorn urteilt in den ›Frankfurter Heften‹, Schelskys Buch reiche nicht zu einer konservativen Theorie, es erhelle nicht, sondern es verdunkele. Dem ist leider so.«

Am soziologischsten argumentiert – nach Erledigung der politischen Verdammungen – im Grunde genommen *v. Friedeburg,* wenn er mir meine eigene wissenschaftliche Verwerfung des »Klassen«-Begriffs in früheren Schriften vorhält:

»War es denn nicht Schelsky, der in der deutschen Nachkriegssoziologie wie kein anderer als Apostel einer ›nivellierten Mittelstandsgesellschaft‹ gegen das Klassendenken zu Felde gezogen ist? ... immer ging es ihm darum, zu zeigen, wie die Klassenstruktur unserer Gesellschaft sich aufgelöst habe, Klassengegensätze abgebaut worden seien, der Klassenunterschied seine Rolle als dominierende Gesetzlichkeit des sozialen Verhaltens eingebüßt hätte.« Und er fügt ein längeres Zitat von mir an, daß der Begriff der »Klasse« sich auf eine konkrete, aber vergangene geschichtliche Wirklichkeit beziehe und daher zur beliebigen Umdefinierung gar nicht mehr zur Verfügung stehe.

Richtig, richtig, dreimal richtig! Aber weshalb läßt es v. Friedeburg bei der polemischen Feststellung dieses Widerspruchs bewenden und denkt und fragt nicht weiter, woher er bei mir stammen könnte? Ich stehe nämlich auch heute noch zu meinen damals geäußerten Ausführungen über die Unangemessenheit der »Klassenscheidung« zur wirklichkeitsnahen Analyse unserer Gesellschaft. Das beste Beispiel dafür bietet der Stand der Wirtschaftswissenschaften – also der gerade nach Karl Marx wichtigsten Wissenschaft –, die ohne Verwendung solcher Kategorien ein Niveau erreicht, das bisher die Soziologie vergebens erstrebt. Es gehört doch aber gerade zur gegenwärtigen »geschichtlichen« Situation der Bundesrepublik, daß von bestimmten Gruppen nicht genug über »Klassen« und »Klasseninteressen« geredet und publiziert werden kann, allerdings immer von denen der »anderen«, niemals von den eigenen. Es sind dies ja nicht nur die neomarxistischen Orthodoxen und Ideologen, sondern es war ja wohl vor allem Dahrendorf, der über den »Klassenbegriff« und den »Klassenkonflikt« durch Umdefinition neu verfügt und ihn wieder als Instrument der Analyse in die soziologische Debatte gebracht hat; es war ja vor allem eine Schul- und Hochschulpolitik wie die v. Friedeburgs in Hessen, die mit diesen Grundanschauungen nicht nur das Fach Soziologie, sondern die Hochschulen und Schulen geradezu offiziell überschwemmt hatte. Es waren doch Juristen wie Rasehorn (wenn auch sehr wenige), die ein Thema wie »Recht und Klassen« für vordringlich zur Betrachtung der bundesdeutschen Justiz hielten. Und sie sind es, die jetzt den schärfsten Einspruch gegen die Anwendung ihrer eigenen Beurteilungskriterien anderer nun auf sie selbst einlegen. Das ist absurd und widersinnig; und eben diese Absurdität, diesen Widersinn in den geistigen Haltungen und Aussagen dieser Gruppen wollte ich durch mein Buch provokatorisch herausstellen. Der publizistische Erfolg meines Buches beruht nicht nur in der Aufdeckung sozialer Erscheinungen (die man wissenschaftlich auch anders hätte erfassen können, wie dies von anderen Autoren ja längst getan wurde), sondern er beruht zu einem nicht geringen Teil auf der Zustimmung und der Schadenfreude, daß hier einer arroganten Meinungsführungsclique einmal »mit gleicher Münze« heimgezahlt wird.

Ich bin, was die begriffliche Methodik meiner wissenschaftlichen Arbeiten betrifft, mein Leben lang philosophisch »Nominalist« gewesen, d. h., ich habe Begriffe unter dem Gesichtspunkt ihrer Nutzanwendung zur Aufhellung von realen Zusammenhängen benutzt, deshalb ohne Zögern gewechselt, wenn es mir notwendig erschien (von hier aus habe ich mich immer für ungeeignet gehalten, eine »Theorie« aufzustellen). Nicht nur inhaltliche Aussagen, sondern bereits die Begriffe sind wissenschaftlich bloße Hypothesen, die man fallenlassen kann; so kann ich selbst das Experimentelle und Strategische meiner Hauptbegriffe – die ich in ihrem traditionellen theoretischen Zusammenhang übrigens ausführlich, vor allem im I. Teil des Buches erörtert habe – durchaus zugestehen und unterstreichen. Das Buch ist begrifflich zeitbedingt. Wenn die »Intellektuellen«, die ich hier meine und untersucht habe, ihrerseits aufgehört haben werden, von »Klasse«, »Klassenkonflikt«, »Kapitalismus« oder im Stil der antireligiösen Aufklärung von »Emanzipation«, »Entfremdung«, »Transparenz« usw. zu reden, dann ist auch mein Buch veraltet.

Das einzige Urteil, das diese Zusammenhänge sieht und daher von mir als durchaus gerecht empfunden wird, fällt typischerweise ein »Konservativer«; Hans-Dietrich Sander schreibt: »Die Protagonisten werden abwechselnd als Reflexionselite, Sinnproduzenten und Priester bezeichnet ... Diese drei Termini sind allesamt zu hoch gegriffen ... So entfaltet Schelskys Buch seine anregende Fülle erst, wenn man sich bewußt ist, daß die drei Termini nicht wörtlich gemeint sind. Mit dieser Einschränkung beschreiben sie das Neue des Wirklichen vortrefflich.«

Im gewissen Sinne laufen die kritischen Argumente *Ulrich Lohmars* in gleicher Richtung, da sie auf empirische Tatbestandsaufnahmen gestütztes »Augenmaß und Gelassenheit des Urteils« vermissen. So wendet er sachlich vor allem ein, daß ich mich in Faktenwidersprüche verstricke:

»Doch hinderliche Fakten irritieren Schelsky wenig. Er sieht die ›Sinn-Produzenten‹ auch in der Bildungsherrschaft in der Freizeit am Werk ... Wie denn, wo denn? Fahren nicht Millionen unserer Landsleute jedes Jahr irgendwohin in Urlaub, spielen zu Hause Skat, kegeln, trinken Bier, Korn oder Wein und halten ihre Familien allen Unkenrufen zum Trotz zusammen? Klagen klassenbewußte ›Sinnproduzenten‹ nicht darüber, daß die Informations-Konsumenten den gefälligen Angeboten des Fernsehens oder der Yellow Press folgen, die ideologische Aufforstung aber abweisen? ...«

Nun, da könnte man auch Fakten-Gegenfragen stellen: Fuhren nicht auch unter Hitler Millionen unserer Landsleute ... usw. bis Skatspielen und Biertrinken? Ist nicht gerade die Klage der Fernsehproduzenten, daß man Unterhaltung am Fernsehen ihren Informationen vorzieht, ein Beweis für den beanspruchten Vorrang ihrer »Informationen«, und wie sehen diese häufig aus? Sind die Polit-Illustrierten, z. B. ›Stern‹, wirklich so unideologisch? Wie steht es mit der Beherrschung der Funkhäuser, mit den Konzeptionen für »Bildungsurlaub« als politische Schulung usw.? Fakten haben verschiedene Gesichter, das wissen wir doch längst.

Doch würde ich Lohmar in zwei Einwänden einen Teil von Wahrheit zugestehen, deren anderen Teil ich aber namhaft machen möchte: Er hat recht, daß es im alten Verständnis unseres Faches besser gewesen wäre, die von mir angesprochenen Zustände durch empirische Untersuchungen zu klären, was allerdings sehr viel personalen und sachlichen Aufwand erfordert hätte und wahrscheinlich fachintern geblieben wäre. Aber gerade er wäre einer der mir wohlwollenden Fachkollegen gewesen, der nicht nur meine »Frustration« als Hochschullehrer hätte herausstellen dürfen, sondern nach deren Ursachen hätte fragen müssen. Gerade er hätte aus eigener Erfahrung bestätigen müssen, daß im letzten halben Jahrzehnt mir keine Möglichkeit, derartige empirische Forschungen durchzuführen, zur Verfügung stand, ja bewußt verwehrt worden wäre. Weshalb findet er kein Wort gegen die politische Verzerrung der empirischen Forschungen ›Zur Arbeitslosigkeit und Berufsnot der Jugend‹ oder der von mir herausgegebenen Untersuchung ›Arbeiterjugend heute‹ zur »kleineren Mode«-Schrift durch Dahrendorf, obwohl er selbst durch seine Mitarbeit seinen fachlich-soziologischen Einstand in die empirische Wissenschaft gegeben hat?

Er mag recht haben, wenn er von mir meint: »Die Inhalte, um die es ihm geht ... mag er nicht in eine gesellschaftliche Umwelt transferieren, die oft mit anderen Sprachsymbolen Gleiches oder Ähnliches anstrebt.« Wäre es dann nicht eine sowohl wissenschaftlich wie politisch fruchtbarere Aufgabe gewesen, er hätte dies in seiner Besprechung an einigen Stellen herausgestellt, statt nur kritisch entgeistert zu sein?

Die verständnisvollste und differenzierendste fachliche Kritik meines Buches hat bisher *Christian Graf von Krockow* geschrieben; er bringt sogar neues Material zur Berechtigung meiner Thesen bei. Aber sein entschieden negatives Gesamturteil – »reaktionäres Buch« – beruht doch wohl auf einigen sehr fraglichen Thesen:

(a) Er sieht darin ein typisch deutsches Ressentiment in dem Dilemma von »Geist und Macht« und belegt dies sehr anschaulich:

»Der unglückliche Fichte muß sich bei dem Grafen Krockow als Hauslehrer verdingen; man kann ihm daher seine Ressentiments nachfühlen. Aber nicht überall haben sich Geist und Macht so abgründig geschieden und hat sich diese Scheidung in Haß und Selbsthaß so ausweglos immer neu produziert wie in Deutschland.« Lassen wir die Frage, ob Fichte unglücklich und voller Ressentiments gewesen ist.

Gefragt ist hier, wieweit diese Erklärung für mich persönlich und vor allem für meine Aussagen zutrifft. (Ich selbst war nie »Hauslehrer«, habe – aus ähnlicher sozialer Abkunft wie Fichte – Lebenserfolge gehabt, die kein Ressentiment gegen die »Mächtigen« begründet haben.) Im übrigen halte ich die These der Trennung von »Geist und Macht« im Deutschland des 18. und 19. Jahrhunderts für eine kritisch zu überprüfende Legende; weder Goethe noch Hegel oder die Humboldts waren vom Zugang zur »Macht« ausgeschlossen. Meine These, die v. Krockow mit diesem Argument umgeht, läuft ja gerade umgekehrt, nämlich daß heute sich eine bestimmte Sorte von »Geist« ihrer Macht bewußt wird und Allianzen mit der »Macht« schließt, die deren demokratische Legitimität unterläuft und in ihrem Namen »Macht« ausübt, die politisch nicht mehr legitimiert wird. Waren Augstein, Böll, Grass usw. von der »Macht« ausgeschlossen? Also bleibt als Rest dieses Arguments nur, daß ich selbst mich »von der Macht ausgeschlossen« gefühlt habe. Ich habe sie nie erstrebt und Angebote dieser Art wohlüberlegt nicht angenommen.

Dieses »Ressentiment« mir zuzuschreiben, geht fehl.

(b) v. Krockow ist der einzige offizielle Kritiker, der die Frage einer neuen Religiosität aufnimmt:

> »Wenn ein nicht gestilltes menschliches Sinnverlangen unaufhaltsam sich Bahn bricht, das auch von den christlichen Kirchen nicht mehr aufgefangen werden kann, weil sie – so Schelsky – weithin schon selbst zu Hilfsagenturen der neuen sozialen Heilsverkündigung ›umfunktioniert‹ wurden und eigentlich nur noch in der gesellschaftsfernen Katakombenexistenz von Sekten überleben können: Was bliebe dann noch, außer dem Streit um Vorzeichen und inhaltliche Details der Verkündigung – und der Konkurrenz um Kardinalsposten und Papsttum *innerhalb* der kommenden ›Kirche‹?«

Ja, was bleibt dann noch? Man kann eine solche Frage nicht nur polemisch aufwerfen. Man muß sie zu beantworten versuchen, und da gibt es nur ein Entweder-Oder: Entweder man begründet die Chance der Rückkunft des Christentums als transzendentaler Heilslehre in der geistigen Führung der »alten« Kirchen (und bekennt sich auch als Wissenschaftler dazu), oder man sieht der in v. Krockows Frage geschilderten Situation in der Tat ins Auge. Er hat nur gefragt, ich habe mich in der Antwort auf diese Fragen entschieden.

(c) v. Krockow meint, daß sich bei mir »Aggressivität und Verzögerungswille ... am Ende zu einer unheiligen Allianz metternichscher Unterdrückungsstrategie« finden, und belegt dies insbesondere gegenüber meiner These, daß die Soziologie »ihre große Zeitwirkung« verlieren und in die »Stellung eines ›esoterischen‹ Faches zurückgedrängt« werden müsse. So fragt er: »Wie soll das geschehen? Zensur, Indizierung, Bücher- und Ketzerverbrennungen?« Es gibt keine einzige Zeile in meinem Buch, die dazu Anlaß böte, mir diese Absicht gewalttätiger und obrigkeitlicher Unterdrückung anderer Meinungen oder gar des Faches Soziologie zu unterstellen.

Ich vertraue offensichtlich viel mehr auf die geschichtliche Wirksamkeit von geistigen Auseinandersetzungen als diese Art Kritiker, denn ich habe ja nur ein kritisches Buch veröffentlicht. Es ist nicht untypisch, wer dem anderen Gewalt (nicht nur Machtstreben) unterstellt.

Die mir durchaus bewußte Begrenzung meiner Aussagen auf die gesellschaftliche Wirklichkeit der Bundesrepublik ist mir durch das Echo, das mein Buch in der Schweiz und in Österreich gefunden hat, eindringlich deutlich geworden.

Die Besprechungen in den Schweizer Zeitungen sind durchweg negativ, empört oder gar höhnisch. Sie zeichnen sich allerdings auch durch eine bemerkenswerte Unkenntnis der bundesdeutschen Situation aus, in die dieses Buch ja wohl gerechterweise hineingedacht werden müßte. Wir wollen als Beispiel dafür zwei Urteile anführen: das des Zürcher Soziologen Atteslander in der ›Neuen Zürcher Zeitung‹ und das von Arnold Künzli in der ›National-Zeitung‹ (Basel):

Schon der Beginn der Besprechung von *Peter Atteslander* ist für sein schweizer Unverständnis typisch. Er zitiert meinen Textbeginn: »Nachdem die schrecklichen und die wohltätigen Folgen des letzten Weltkrieges abgeklungen sind ...: so die ersten Worte, mit denen Helmut Schelsky die Grundthesen seines neuen Buches einleitet. Damit beginnt das Ärgernis des Lesers: von welchen *wohltätigen* Folgen ist hier die Rede? Eine Antwort suchen wir in den folgenden 376 Seiten vergebens.«

Für jedermann in der Bundesrepublik, insbesondere in der älteren Generation, ist dieser Satz ohne jeden Kommentar verständlich: Niemand will die Leiden des Krieges bagatellisieren, aber was wäre wohl aus uns geworden, wenn der Krieg nicht das totalitäre Regime beseitigt, uns einen neuen Anfang politisch, wirtschaftlich, menschlich aufgezwungen hätte?

Oder: »Wie war es noch mit Schelskys Thesen der ›Skeptischen Generation‹? Hatte er nicht die Jugend damals als gegenwartsbezogen, sachlich, weder romantisch noch ideologisch und beklagenswert unpolitisch beschrieben? Wir haben sie dann total anders erlebt!« (So übrigens auch Künzli.)

Wie, die gleiche Jugend? Auch Atteslander und Künzli ist es entgangen, daß ich in einer Diskussion mit anderen Jugendsoziologen bereits 1965 »das Buch aus der Konkurrenz der Aussagen über die heutige Jugend« ausdrücklich zurückgezogen habe (in der ›Kölner Zeitschrift für Soziologie‹). Glückliche Soziologen in der Schweiz, deren Gegenstände sich in 20 Jahren so wenig verändern, daß Aussagen über die Jugend von 1955 unverändert noch 1975 Geltung beanspruchen können.

Auch *Arnold Künzli* muß ich seinen persönlichen Gewinn aus meinem Buche streitig machen. Er schreibt: »Beim Lesen des neuen Buches von Helmut Schelsky ist mit jeder Seite mein Selbstgefühl des kritischen Intellektuellen, der sich an der Universität, in Büchern und in Zeitungen mit Sinnfragen beschäftigt und dabei versucht, sich von Wertvorstellungen wie Mündigkeit, Würde und Emanzipation leiten zu lassen, gewachsen. Man stelle sich vor, zu was für eine Inflation von Selbstbewußtsein das bei 376 eng beschriebenen Seiten führt. Und in der Tat: Schelsky ist es gelungen, mich davon zu überzeugen, daß ich in Staat und Gesellschaft herrsche. Ich gehöre zur neuen herrschenden Klasse der Sinnvermittler und Sinnproduzenten. Der Bundesrat, der Vorort, die Konzerne, ›das Kapital‹, Armee, Polizei, das souveräne Volk – alles nebbich: ›Wer lehrt, herrscht‹.«

Nein, Künzli muß sein gewachsenes Selbstgefühl wieder abblasen, denn in der Schweiz »herrschen« diese Art Intellektuellen in der Tat nicht, die ich beschrieben habe. Ein souveränes Volk mit dem wirtschaftlichen Realitätssinn der Schweizer, ein Staat, in dem selbst die Studenten sich gegen eingeschleppte Universitätsreformen aussprechen, weil sie ihnen zu teuer sind, kann Intellektuelle in der Rolle belassen, wie sie Künzli spielt. In der Schweiz hätte ich todsicher dieses Buch nicht geschrieben. Aber vielleicht fragt Künzli einmal die aus der Bundesrepublik in die Schweiz zurückgekehrten Kollegen wie die Soziologen Walter Rüegg in Bern oder Paul Trappe in Basel nach ihren Erfahrungen in der Bundesrepublik. Auch könnte man darauf verweisen, daß und weshalb Schweizer »Intellektuelle« der beschriebenen Art gerade in der Bundesrepublik Beschäftigung gesucht und gefunden haben.

Mehr noch als für die Schweiz haben mich eigene Erfahrungen in Österreich davon überzeugt, daß die jeweiligen Schwerpunkte der Fragestellung, die ich aufgeworfen habe – Macht und Glaubenshaltung der Intellektuellen –, dort in anderen traditionellen und sozialen Zusammenhängen stehen. So muß man in Österreich auf der einen Seite eine viel stärkere Verhaftetheit in den Traditionen der geistig-politischen Führungssysteme der Vergangenheit, also des klassenbewußten Sozialismus einerseits, der christlichen Soziallehre andererseits, in Rechnung stellen. Beide Überlieferungen sind noch nicht den »Intellektuellen« zur Verwaltung und zur Verfügung für sich überlassen worden. Sie spielen daher hier noch in höherem Ausmaß »die Diener ihres Herrn«.

Etwas klingt davon durch, wenn *Otto Schulmeister* in der intellektuell führenden Wiener Tageszeitung ›Die Presse‹, deren Chefredakteur er ist, mein Buch insbesondere unter der Kritik der Intellektuellen als »Lieferanten für Religionsersatz« bespricht und darüber urteilt: ».. . als ›konservativ‹ sind Buch und Autor nicht anzusprechen. Es sei denn, man unterwerfe sich der eben angedeuteten Sprachregelung, aufgeklärte Geister mögen das nicht. Schelsky ist Max Weber und Arnold Gehlen verpflichtet, er ist kein Metaphysiker, seine kritische Emphase ist von

keiner Beschwörung Gottes über uns bestimmt. Er ist Positivist, Soziologe, einer freilich, der auch um die Grenzen dieser Wissenschaft weiß
... Ideologiekritisch läßt sich das, was religiöser Glaube als Sinn vermittelt, eben nicht erfassen.«

Bei aller Anerkennung ist die Reserve des auch im Politischen von der
Haltung des gläubigen Christen her urteilenden Geistes unverkennbar.

Dagegen wurde ein anderer Aspekt, den ich mit meiner Intellek-
tuellenanalyse verbunden habe, in Österreich fast leidenschaftlich aufgegriffen (oder angegriffen), wofür viele Zeitungsabdruk-
ke oder -besprechungen und ebenso deutliche Diskussionswün-
sche zeugten: das Anwachsen des sozial-betreuerischen und zen-
tral planenden politischen Überbaus als »neue Formen der Herrschaft«. Österreich ist auf dem Wege zu einem Sozialversor-
gungsstaat, der den »betreuten«, den »verwalteten« Menschen
mit der Überzeugung der Wohltat hervorbringt, der der Selbständigkeit des einzelnen, seinen Initiativen und Risiken, immer
weniger Raum läßt, eine »schwedische« Marschrichtung der Sozialdemokratie, die natürlich in Wien am auffälligsten wird. Daß
diese Tendenzen in der Bundesrepublik (oder, wie ich meine,
auch z. B. in den USA) am stärksten durch den in meinem Sinne
»intellektuellen« Flügel der SPD und FDP vertreten werden, hat
mich dazu geführt, hier eine Bundesgenossenschaft anzunehmen, die ich in Österreich in gleicher Weise nicht feststellen und
belegen konnte (während sie in Schweden offensichtlich vorhanden ist). Ob daher die bundesdeutsche Variante der Übersteigerung des »Sozialüberbaus« gegenüber den Produzenten, der
Herrschaft durch Belehrung, Betreuung, Beplanung, zugleich
immer mit einer Sozialvormundschaft und einem gruppenhaften
Status- und Machtgewinn der »Intellektuellen« verbunden sein
muß, wird durch die Situation in Österreich in der Tat fraglich.
Aber welches ist das entwicklungsleitende Modell mit den größten Chancen und der größten Wahrscheinlichkeit in der
Zukunft?

Ich habe schon erwähnt, daß *Peter Michael Lingens* in dem österreichi-
schen Wochenmagazin ›profil‹ eine Art österreichische Übersetzung
meiner Thesen unter dem Titel ›Kampf dem Sozial-Kapitalismus‹ gegeben hat; mit diesem Ausdruck meint er eben jenen immer mehr die
Produktivität und Unabhängigkeit des Menschen behindernden betreuenden und beplanenden Sozialüberbau. Sein Urteil ist, wenn auch etwas
intellektuell überformuliert, zutreffend: »Schelsky ist in der Situation
vieler großer Entdecker: das, was er als erster und nahezu einziger scharf
zu sehen glaubt – den Verlust der Freiheit durch Betreuung, die Vision

des bevormundeten an Stelle des mündigen Menschen –, ist ihm so wichtig, daß es die alten Probleme verdeckt oder zur Seite schiebt. Irgendwo ganz hinten läuft Schelsky manchmal Gefahr, die gefährliche Rolle des Sozial-Kapitals so zu überschätzen, wie Marx die Gefahr des produktiven Kapitals überschätzt hat.«

4. Fragen an Augstein – Antwort an Böll

Daß ich in meinem Buche seine Grundthesen – Klassenherrschaft und Priesterherrschaft der Intellektuellen – jeweils an »Personen des öffentlichen Lebens«, auf der einen Seite an Augstein und Gaus, auf der anderen Seite an Heinrich Böll, konkretisiert habe, also aus der wissenschaftlichen Verallgemeinerung heraustrat und »Roß und Reiter« nannte, hat erweisbar zur Wirkung des Buches beigetragen. Ich war mir bewußt, daß gerade das keine wissenschaftliche Beweisführung auch in ihrer großzügigsten Auffassung war, sondern daß ich damit das journalistisch-literarische Stilmittel der Betroffenen selbst übernahm.

Die zweite Voraussetzung war, daß beide für mich nur »soziologische Gegenstände« waren, wie ich es bei Böll ausdrückte, d. h., daß nur das – von ihnen ja selbst geschaffene – Bild ihrer »öffentlichen Persönlichkeit«, also ihre politisch-soziale Wirksamkeit von mir beurteilt und gekennzeichnet wurde, nicht jedoch die – davon vielleicht verschiedene, mir aber nicht bekannte – personhafte Individualität. Ich gestehe offen, daß ich auch andere Vertreter der gekennzeichneten Intellektuellenrollen als exemplarische Muster meiner Thesen hätte darstellen können, mich daran aber die Tatsache hinderte, daß sie mir als Person mehr oder minder unmittelbar bekannt waren und ich das Unrecht, sie nur als »Personen des öffentlichen Lebens« zu behandeln, gescheut habe (was die Auseinandersetzung mit bestimmten Thesen oder Stellungnahmen von ihnen nicht ausschloß).

So ist mir glaubhaft versichert worden, daß ich Rudolf Augstein in seinen individuellen Handlungsantrieben und seinem Charakter sicherlich nicht träfe, indem ich seine »Klasseninteressen« und seine publizistisch-politische Rolle als Herausgeber und Chefredakteur des ›Spiegel‹ analysiert hätte. Das mag sein.

In gleicher Weise hat *Joachim Kaiser* in der ›Süddeutschen Zeitung‹

mir vorgeworfen: »... er tut so, als könne man sozusagen soziologisch-korrekt von der ›literatur-ästhetischen Leistung‹ eines Poeten absehen, und einen Autor ... jenseits seiner Schriftstellerei-Existenz begreifen. Und wenn es Böll um die unrepräsentative Situation sowohl des Clowns als auch des Outcasts zu tun wäre? ... Daß es bei Böll kein ›missionari-sches‹ Ausspielen einer Dichter-Situation gibt, ahnen doch selbst diejenigen, die auch nur einen Hauch von seiner Persönlichkeit und seinen Werken begriffen haben. Schelsky irrte, als er ... nur *soziologisch* hin-schaute.«

Hier irrt Kaiser zunächst: Böll hat politische Schriften und Reden veröffentlicht, hat in politischen Fragen sein publizistisches Gewicht in die Waagschale geworfen usw.; Böll selbst wird, wie man sehen wird, diesen Tatbestand produktiver anerkennen als sein Verteidiger. Darüber hinaus verwirft Kaiser hier die Möglichkeit einer Literatursoziologie, deren »Gegenstände« eben Dichter und ihre Werke sind, mehr, als selbst meine Kritik an der Vorherrschaft dieser Forschungsrichtung in der gegenwärtigen Literaturwissenschaft der Bundesrepublik zum Aus-druck brachte.

Der entscheidende Gegentest zu meiner Beschreibung dieser Personen war natürlich ihre eigene Äußerung, denn sie sind ja beide Publizisten und waren als solche angesprochen. Hier hat Augstein anders reagiert als Böll.

Rudolf Augstein geht in einem Essay ›Mit den Bomben leben‹ im ›Spie-gel‹ vom 2. 6. 1975 nebenbei, aber deutlich für seine Auffassung auf meine Thesen ein: »Natürlich, schreibt Schelsky, seien diese Gewalttäter nicht ›einfache Kriminelle‹ (er sagt dies, weil der Staat sich nicht damit begnügen dürfe, nur die Gewalttäter zu unterdrücken; Böll, Mitscher-lich und ein vergleichsweise harmloser Mensch wie ich sollen offenbar auch daran glauben). Vielmehr, die Baader-Meinhof-Leute wollten das rechtsstaatlich politische Normengefüge zugunsten einer heilsorientier-ten Prophetenherrschaft beseitigen. Keine Frage, Ulrike Meinhof ist eine Priesterin der Gewalt (Schelskys Idiosynkrasie liegt nur darin, daß er auch Mitscherlich, Böll und Gaus in einem Aufwaschen zu Exponenten der Priesterherrschaft erhöht) ... Wo die deutschen Philosophen von Rang an das ›Proletariat‹ als den neuen Weltheiland nicht (mehr) glauben mögen, schaffen sie sich einen neuen, wie Herbert Marcuse (›Substrat der Geächteten‹) oder, wie Schelsky, einen falschen, einen Lügenmes-sias.«

Weshalb versteckt sich Augstein hinter den »Baader-Meinhof-Leuten«? Hätte er, wenn er schon das Buch nicht liest, sich doch wenigstens am Klappentext orientiert, in dem deutlich steht: »Es sind keineswegs die radikalen, sondern die ›gemäßigten‹ Linken, denen seine bisweilen zornigen Enthüllungen gelten, und die er an ihren eigenen Kriterien mißt.« Terroristen wie die Baader-Meinhof-Bande schließen sich gerade durch die Anwendung von physischer Gewalt aus der Gruppe der Sinnproduzenten und Sinnvermittler aus, die mein Gegenstand waren. (Und deren Verbindung zum Terrorismus habe ich keineswegs herausgestellt.)

Aber was bedeuten für Augstein begriffliche Definitionen! Seine Argumentationstaktik besteht ja gerade darin, daß er die Begriffe des anderen vertauscht, um gegen ihn argumentieren zu können: Wo habe ich von »Priestern der Gewalt« geredet? Wo kann er die unverschämte Unterstellung, der Staat solle nicht nur die Gewalttäter unterdrücken, sondern er, Böll, Mitscherlich usw. sollten von Staats wegen »in einem Aufwaschen« gleich »auch dran glauben«, als meine Meinung oder Absicht ableiten? Wer Macht und Herrschaft durch Sinninformation oder die Forderung nach rechtsstaatlicher Kontrolle dieser neuen Herrschaftsformen mit der Unterdrückung von Verbrechen gleichsetzt, den kann ich nicht für einen »vergleichsweise harmlosen Menschen« halten, wenn er öffentlich die Rolle von Augstein spielt. In diesem verharmlosenden Sinne hält sich auch jeder »Monopolkapitalist« für »vergleichsweise harmlos«.

Das zweite bewußte oder unbewußte Mißverständnis besteht darin, daß sich Augstein betont unter dem Begriff »Priesterherrschaft« verkannt sieht und mir geradezu eine dämonologische Satans-Legende unterstellt. Schon am Titel und an dem Inhaltsverzeichnis hätte er bemerken müssen, daß ich *zwei* soziologische Deutungsversuche vorlege (die ich in der Auswirkung dann verbinde), nämlich »Priesterherrschaft« und »neue Klasse« der »Intellektuellen«. Die Analyse Augsteins steht unter dem Titel »Der ›Spiegel‹ – ein Klassenkampfblatt«, nämlich der neuen »Klasse« der Sinnproduzenten, die Erörterung Heinrich Bölls dagegen habe ich deutlich mit quasireligiösen Bezügen versehen. Weshalb versteckt sich Augstein hinter dem »Priestervorwurf«, den ich ihm gar nicht in dem Maße mache, aber schweigt zu dem ihm zugeordneten »eigenständigen Klasseninteresse«? Oder sieht er sich selbst unbewußt »quasi-religiöser«, als ich ihn beurteilte?

Es kann sein, daß ich einen Irrtum damit begangen habe, Rudolf Augstein als eine Personifizierung des Klassenstatus der Sinnvermittler herauszugreifen; vielleicht ist er in diesem Zusammenhang wirklich ein »vergleichsweise harmloser Mensch«.

Heinrich Böll hat meine Analyse seiner »öffentlichen Person«

in einer – nicht nur für mich, sondern auch für viele andere – unerwarteten Weise erwidert. Er hat nicht defensiv mit einer eskalierenden Gegenkritik geantwortet, sondern meine Kritik an seiner öffentlich-politischen Rolle zu einer Selbstsicht (»Reflexion«) auf den Kern seiner individuellen Person, auf den Schriftsteller und »privaten« Menschen Böll, umgewendet.

In einem Vorabdruck des ›Spiegel‹ eines als Buch erscheinenden Interviews (Böll/Linder, ›Drei Tage im März‹, Köln 1975, das ich trotz Ankündigung seines gleichzeitigen Erscheinens nicht erhalten konnte) hat Böll folgende Ansichten zu meiner »Satire« ›Böll als Kardinal und Märtyrer‹ geäußert:

»... lassen Sie mich gleich etwas sagen: Kardinäle werden ja ernannt; und außerdem hat jeder Kardinal einen Apparat, einen regelrechten Machtapparat, während ein Schriftsteller, mag er noch so bekannt sein, nicht einmal Ministranten hat; Herr Strauß zum Beispiel hat hauseigene Publikationsinstrumente, in denen seine Ministranten und Prälaten kräftig wirken und denunzieren ... Daß eine Öffentlichkeit, eine Gesellschaft, auch ein Staat keine moralische Instanz mehr hervorbringt, die sensibel funktioniert ..., das finde ich sehr viel beunruhigender ... Insofern ist das zwar etwas witzig formuliert, ›Kardinal und Märtyrer‹, und zum Teil zutreffend, was eine Rolle betrifft, in die man mich und andere gedrängt hat; aber das ist eine zutiefst undemokratische Entwicklung, an der ich mich unschuldig fühle, so wie die anderen Autoren keine Schuld daran haben. Insofern bin ich Herrn Schelsky regelrecht dankbar, daß er dieses Image zerstört. Aber er sollte sich gleichzeitig überlegen, wie solche Bilder entstehen; wie ein Mensch, der eigentlich nur ein Schriftsteller ist, in eine solche Rolle gedrängt werden kann, und warum er immer wieder von allen Seiten aufgefordert worden ist, diese Rolle zu übernehmen. Ich habe sie nicht übernehmen wollen ...

Was einen Soziologen von der Intelligenz und dem Range Schelskys beunruhigen müßte, ist nicht meine Person, sondern die Tatsache, daß es zu dieser Entwicklung gekommen ist. Es ist ja nicht so, daß irgendein Schriftsteller oder zwei oder drei sich diese Autorität einfach genommen haben. Da ist also etwas leer. Da wird Autorität oder Einfluß von anderen nicht ausgeübt. Und diese Autorität wird dann einfach fast automatisch auf diese paar Leute übertragen, die sich hin und wieder zu Problemen äußern. Das finde ich viel beunruhigender. Und das beunruhigt mich mit Herrn Schelsky gemeinsam, daß die Autorität sich selbst zerstört hat und daß relativ unzuverlässige Kräfte wie Schriftsteller, wie Intellektuelle überhaupt an die Stelle moralischer Autoritäten gelangt sind. Das ist doch das Interessante ...

Die Frage ist, wie gelangen die Schriftsteller an die ihnen unterstellte Herrschaft ... Sie ist in dieser Totalität unterstellt. Sicher ist ein Anspruch dabei, aber kein Herrschaftsanspruch ... Der Verfall der öffentlichen Meinung ... der Verfall der öffentlichen Kontrollen ist die Ursache dafür, daß Intellektuelle und Schriftsteller und ähnliche Figuren eine Bedeutung bekommen haben, der ihre reale Macht nie entsprochen hat . . .«

(An einem Gerichtsurteil als Beispiel folgert er) ». . . dann entsteht so eine Leere, die völlige Entleerung der öffentlichen Moral, und es entstehen natürlich Kompetenzen, Instanzen, wie die von Herrn Schelsky geschilderten; aber er sollte nicht die Leute anklagen, die möglicherweise ohne ihren Willen in eine solche Rolle kommen, sondern die Gesellschaft und die Öffentlichkeit analysieren, die diese Instanz nicht mehr haben . . .«

Wenn Böll sagt, er sei mir »regelrecht dankbar«, daß ich ein öffentliches Image seiner Person zerstört habe, das er weder gewollt habe noch wolle und es selbst aufheben möchte, so ist dazu von mir aus zu sagen, daß auch ich ihm dankbar bin, daß er meine Kritik durch seine Antwort auf eine neue Ebene zwingt (und sie damit mehr entkräftet als durch Polemik oder »schimpfen«). Ich will hier nicht damit rechten, daß er sich vielleicht doch ein wenig zu unschuldig fühlt, in die von ihm jetzt abgelehnte Rolle gekommen zu sein; ich nehme ihm seine »Leerstellen«-Theorie (er hätte nur die öffentliche Autorität aufgelesen, die andere im Stich gelassen haben, und er sei wider Willen nur von anderen in diese Rolle gedrängt worden) nicht so ohne weiteres ab. Aber ich bin dankbar, daß er gemeinsame Absichten bei mir anerkennt und daß er in diesem Sinne weiterführende Fragen stellt.

Was die gemeinsamen Absichten betrifft, so wird er mit mir einig sein, daß es zumindest zwei Aussagen oder Forderungen sind: Die Umwandlung der geistig produktiven Person (»Sinnproduzent«) zur autonomen politischen Instanz (»Herrschaft«) gefährdet sowohl den Freiheitsgrund dieser Individualitäten wie sie auch die legitimierte Politik in einer Demokratie in Frage stellt (»eine zutiefst undemokratische Entwicklung«). Daß Böll diese Einsicht an sich selbst als warnendes Beispiel selbstbesinnend erörtert, gibt meiner Darstellung seiner »öffentlichen Person« in einer Weise recht, die zugleich die Beweiskraft dieser Ausführungen erheblich beschränkt. Die zweite Forderung kann man wohl so ausdrücken: Es muß moralische Instanzen in jeder organisierten Gesellschaft geben, die, von unmittelbaren politischen oder ökonomischen Interessen möglichst unabhängig, den Menschen eine moralische Verhaltensorientierung bieten und damit auch die vielfältigen Institutionen an diese Maßstäbe immer wieder erinnern. (Ich habe in meinem Buche von der unauf-

hebbaren Notwendigkeit »moralischer Institutionen« gesprochen, räume aber ein, daß ein Schriftsteller die Literatur nicht
ohne weiteres als »Institution« verstehen kann, obwohl ich sie als
Soziologe so begreife.)

Den Zwiespalt, der in diesen beiden Überzeugungen und Forderungen sichtbar wird, hat Böll als Fragen an mich ausgedrückt:
Wie kommt es, daß ich, der ich eigentlich nur Schriftsteller sein
will, in eine solche »öffentliche Rolle« gedrängt werde? Wie
kommt es zu diesem »Verfall der öffentlichen Meinung«, den er
zugleich als »völlige Entleerung der öffentlichen Moral« diagnostiziert und darin den Tatbestand feststellt, daß »die öffentliche
Meinung nicht funktioniert«. Ich glaube in meinem Buche schon
eine Reihe von Antworten auf diese Fragen angeboten zu haben;
aber es gehört zum Kennzeichen unserer geistigen Situation, daß
ich nicht voraussetzen kann, Böll habe mein ganzes Buch gelesen
und in seine Argumentation einbezogen; ich sage dies ohne
jegliche Verbitterung, habe ich doch auch keineswegs alle Bücher
Bölls gelesen und zu seiner Beurteilung herangezogen. Deshalb
möchte ich meine unmittelbare Antwort auf diese Frage noch
einmal in drei Stufen zu geben versuchen:

(1) Schon vor längerer Zeit hat einmal Gregor v. Rezzori – also
einer, der es wissen mußte – in einer Rundfunksendung gesagt:
»Alle Prominenz hat heute eine gewisse Verdächtigkeit, welche
sie den Medien verdankt, durch welche sie geschaffen wird.« Ein
Schriftsteller, wie sich Böll selbst nennt, ein Dichter oder gar
»Poet«, wie ihn seine Anhänger (vielleicht seine »Ministranten«?) bezeichnen, wirkt durch seine Bücher, als Dramatiker
durch die Aufführung seiner Stücke usw. Wer sich, schon von
seiner Wirkungsweise, auf dauernde Zeitungs- und Rundfunkin-
terviews, auf Schauweisen im Fernsehen, auf vielfache ›Spiegel‹-
Abdrucke, auf Partei- und Wahlwerbungen usw. einläßt, läuft
durch diese Art von »Öffentlichkeit« unvermeidbar Gefahr, gerade »öffentlich« nicht mehr als individualitätsbetonter Schriftsteller verstanden zu werden, sondern als »Öffentlichkeitsfunk-
tionär«, ja viel schlimmer, daß er dabei seine eigene menschliche
und geistige Schaffensgrundlage selbst untergräbt, auf die Dauer
vernichtet. Wer als Wissenschaftler einen allgemeinverständli-
chen Bestseller mit »gesellschaftspolitischer« Wirkungsabsicht
schreibt, gerät in die Gefahr, daß ihm sein Rang, ja einfach seine
Eigenschaft als Wissenschaftler aberkannt wird, mehr dadurch,
daß die in der Forschung produktiven Wissenschaftler ihn nicht
mehr für diskussionswürdig halten, als etwa durch Kritiken von

»Wissenschaftlern«, die schon länger auf dieser Straße wandeln. (Ich bin dieses Risiko keineswegs wider Willen, sondern bewußt eingegangen; niemand der Sachkenner wird bezweifeln, daß ich aus dem Stoff meines Buches eine »rein wissenschaftliche« Veröffentlichung über die »Soziologie der Intellektuellen« hätte vorlegen können, die in meinem Fach als diskussionswürdig aufgenommen worden wäre.)

Was ist dagegen zu tun? Es gibt darauf nur eine konsequente Antwort: *Schweigen* in dieser Art von Medien, Enthaltung von dieser Art der Äußerungen; wenn Böll in ein bis zwei Jahren sein von ihm selbst als falsch und irreführend bezeichnetes Image abbauen will, dann soll er es einmal mit Schweigen in diesen Bereichen versuchen. Herbert Marcuse hat »die große Verweigerung« gegenüber dem gesamten System der modernen westlichen Gesellschaft gefordert; wie wäre es einmal mit einer »kleinen Verweigerung« der Schriftsteller und Wissenschaftler gegenüber den gekennzeichneten Formen der personengefährdenden Publizität? Ein Ratschlag, der mich selbst trifft und dem zu folgen ich bereit bin.

(2) Böll beklagt, daß heute »eine Öffentlichkeit, eine Gesellschaft, auch ein Staat keine moralische Instanz mehr hervorbringt, die sensibel funktioniert«, also einen »Verfall der öffentlichen Meinung«. Das ist die wichtigste Frage, die er aufwirft, und wie er sie formuliert, der am sichersten in die Irre führende Ansatz. Die moralischen Ansprüche sind nie von »der Öffentlichkeit«, der »Gesellschaft« und schon gar nicht vom Staat gekommen; Böll hat einen Glauben an die »öffentliche Meinung« oder »die Öffentlichkeit«, der veraltet ist; die Veränderungen dessen, was einmal »öffentliche Meinung« als »moralische Autorität« war, hat genau die Fallen gestellt, in die er hineinzubegeben sich beklagt. »Öffentlichkeit«, eine aufklärerische, »emanzipatorische« Forderung, ist von Anfang an ein »Sekundärphänomen« gewesen, das primär durch geistige Spontaneitäten oder individuelle Freiheit begründet wurde, die sich in ihm auswirkten oder sich in ihm abbildeten. Alle Moral aber hat ihren Ursprung vor dieser »Veröffentlichung« oder Publizität und kann sich in ihrer Existenz nur sichern, wenn sie sich von »Publizität« nicht aufsaugen läßt oder gar darin ihre Wurzeln zu finden glaubt. Dieser die Öffentlichkeit als Ursprungsgrund überhaupt erst begründende Bereich des geistigen und moralischen Lebens kann – wie man es klassisch tat – als die Freiheit und Produktion von Wissenschaft und Literatur verstanden wer-

den, aber man würde heute wohl noch den sich in den Kirchen äußernden religiösen Glauben oder die Berufsethiken wie die der Juristen, der Lehrer und zweifellos auch der an eine »objektive« Informationsethik sich gebunden fühlenden Journalisten hinzuzählen müssen. Dieser »Ursprung« der »öffentlichen Meinung« ist mit der Kennzeichnung »Privatheit« sicherlich nicht mehr angemessen beschrieben, es sei denn, man würde literarische, wissenschaftliche, seelsorgerische, lehrende Tätigkeit als »privat« verstehen, was sicherlich nicht angängig ist. Aber diese begrifflichen Probleme sollten nicht den Tatbestand verdecken, daß die gegenwärtige Form der Öffentlichkeit und der Produktion der »öffentlichen Meinung« eben jene vor-öffentliche Ursprungssubstanz der »Öffentlichkeit« immer mehr beseitigt und schaffensunfähig macht. Böll in seinen Interviews und ich selbst in meinem »Bestseller« sind dafür Beispiele.

(3) Hieraus folgt der Einwand, den ich gegen Böll am gewichtigsten vorzutragen habe: Er räumt ein, daß bei dem, »was man den Abgrund zwischen der CDU und den Intellektuellen nennt … vielleicht ein Fehler gemacht« worden sei; »wahrscheinlich hätten beide Seiten öfter und eher miteinander reden müssen«, jedenfalls sei es jetzt »höchste Zeit« dazu. Hier kommt genau die falsche, politische Herrschaftsabsicht des »Intellektuellen Böll« wieder zum Ausdruck: Weshalb ist die »andere Seite« der »Intellektuellen« eigentlich die CDU? Weshalb besteht zwischen denen, die Böll als »Intellektuelle« zu vertreten in Anspruch nimmt, ein »Abgrund« gegenüber einer politischen Partei? Damit sind natürlich alle geistig Produktiven, die diesen »Abgrund« für sich nicht kennen, aus der Zurechnung zu den »Intellektuellen« ausgeschlossen. »Der Geist steht links«, das ist heute bereits eine Parteipropaganda, deren Richtigkeit selbst Adorno schon bezweifelte. Böll sieht sich, die »Intellektuellen und Schriftsteller und ähnliche Figuren« immer noch als unmittelbare und gleichberechtigte Sprachpartner und Parteipolitiker. Das ist der Grundfehler seiner »öffentlichen« Stellungnahmen. Oder meint er wirklich, daß aus Gesprächen wie etwa der Fernsehdiskussion zwischen einem glupschen Grass und einem eloquenten und politisch-argumentativ bewährten Biedenkopf Bewußtseinsveränderungen in der geistigen Situation der Bundesrepublik hervorgehen könnten? Wenn Herr Köppler mit Herrn Lattmann und Berufsgenossen diskutiert, kommt da wirklich ein geistiger Kontakt zustande, oder ist das nicht nur Parteipolitik auf anderer Ebene?

Hier verfällt Böll einem Irrtum, den viele der kritischen Besprecher meines Buches mir entgegenhalten zu können glaubten: daß ich den alten Gegensatz zwischen »Geist und Macht« in deutscher Tradition nur neu ausgedrückt hätte. Ich will es deutlich sagen: Ich beklage gerade die Identität von »Geist« und Macht in der gegenwärtigen Situation der Bundesrepublik, weil dies den »Geist« (»er steht links«) in parteipolitische Machtfronten führt, die er dann als seine eigenen durchzusetzen sich bemüht. Der Gegensatz der »Sinnproduzenten«, der in der Bundesrepublik aufgebrochen ist, besteht in dem *Verhältnis von Literatur und Wissenschaft*. Weshalb sieht Herr Böll den kontroversen Gesprächspartner in der CDU, also in Personen wie Kohl, Biedenkopf usw., natürlich nicht in Strauß oder Carstens? Weil er sich in seiner »öffentlichen« Wirkung auf diese Ebene einordnet. Weshalb will er nicht, was »die andere Seite« betrifft, mit Philosophen wie Gehlen oder Lübbe, mit Politikwissenschaftlern wie Hennis oder Kaltenbrunner oder mit Soziologen wie Albert oder Luhmann ins Gespräch kommen? Nicht die »öffentliche Meinung« ist in Gefahr, sondern deren geistig produktiven Ursprünge in Literatur und Wissenschaft jenseits von partei-politischen oder »machtbezogenen« Identifikationen droht heute in der Bundesrepublik Gefahr gegenseitiger Verständnislosigkeit. Hier liegt eine Wurzel der »Polarisation«.

Dem zu entgehen, mache ich hiermit Herrn Böll einen völlig individuell spontanen und wahrscheinlich zunächst durchaus phantastischen, aber konkreten *Vorschlag:* Möge er sich dafür einsetzen, ja veranlassen, daß sich über die Periode von etwa zwei Jahren einmal zwölf bis höchstens zwanzig Schriftsteller (oder Journalisten) und Wissenschaftler zu Aussprachen treffen und sich in persönlichem Kontakt über die Möglichkeit einer von »beiden Seiten« gestützten »öffentlichen Meinung« einmal auseinandersetzen. Die Wirksamkeit einer solchen »stillschweigenden Verständigung von Literatur und Wissenschaft« in der bundesdeutschen Szene würde allerdings nur unter drei Bedingungen Aussicht auf Erfolg haben:

a) Die Teilnehmer an solchen »Gesprächen« müßten geistig kontrovers, insbesondere aber unabhängig von ihren politischen Sympathien aus Schriftstellern, Wissenschaftlern und Journalisten ausgewählt werden.

b) Es dürften dazu keine Personen gehören, die durch politische Ämter, durch Parteiinteressen oder durch journalistische

Gesinnungsbindung öffentlich so festgelegt sind, daß sie in ihren Äußerungen bereits politisch-herrschaftsorientiert wären.

c) Am wichtigsten aber wäre die Bedingung, daß solche Zusammenkünfte keinerlei Publizität oder gar publizistische Auswertung durch die Teilnehmer erfahren dürften.

Ich schlage also keine »Deutsche Akademie« der Schriftsteller und Wissenschaftler vor, sondern geradezu das Gegenteil: ein privat bleibendes Experiment auf zwei Jahre, das durch »Institutionalisierung« eher gefährdet als gefördert würde. Niemand ist für die Anbahnung eines solchen Versuchs mehr geeignet als Heinrich Böll, der durch seinen Nobelpreis so etwas wie der Doyen der bundesdeutschen Literatur geworden ist.

Mit diesem Vorschlag frage ich ihn, ob damit nicht möglicherweise mehr für die geistige, moralische und politische Einheit der Menschen in unserem Staat, für die Überwindung der »Polarisierung« gewonnen werden könnte als durch eine gewollte oder ungewollte Parteinahme für die SPD oder die CDU.

Anfang August 1975   H. S.

Quellennachweis zu den wichtigsten Besprechungen und Stellungnahmen

Adam, Karl, Schelsky als Verbündeter?, in: ›Die Zeit‹ vom 2. 5. 1975.

Albrecht, Richard, Strauß und seine Schelskys, in: ›rote blätter‹, Juni 1975, Nr. 28.

Atteslander, Peter, Verärgerter Schelsky – Ärgernis Schelsky? Polemische Anmerkungen zu einer polemischen Schrift, in: ›Neue Zürcher Zeitung‹ vom 18. 6. 1975.

Augstein, Rudolf, Mit den Bomben leben, in: ›Der Spiegel‹ vom 2. 6. 1975, Nr. 23.

Baring, Arnulf, Nähern wir uns einem neuen Mittelalter? Zu Helmut Schelskys Versuch, die Bewußtseins-Veränderungen der letzten Jahre zu erklären, in: ›Süddeutsche Zeitung‹ vom 26./27. 4. 1975.

Belzner, Emil, Es gibt zu viel Intellektuelle, in: ›Heidelberger Tageblatt‹ vom 15. 3. 1975.

Besser, Joachim, Heilsglaube gegen Vernunft, Helmut Schelskys Angst vor den Intellektuellen, in: ›Vorwärts‹ vom 27. 3. 1975, ebenso ›Nürnberger Nachrichten‹ vom 17. 3. 1975.

Böll, Heinrich, Schimpfen ist menschlicher, Vorabdruck aus *Heinrich Böll/Christian Linder*, Drei Tage im März, Köln 1975, in: ›Der Spiegel‹ vom 21. 7. 1975, Nr. 30.

Dahrendorf, Ralf, Die Denunziation der Aufklärung, Schelsky und die Neue Rechte: Irrtümer und Gefahren der politischen Gegenreformation, in: ›Die Zeit‹ vom 28. 3. 1975.

v. Friedeburg, Ludwig, Klassenkampf von oben, Helmut Schelskys Alptraum von der Herrschaft der Intellektuellen, in: ›Frankfurter Rundschau‹ vom 19. 4. 1975.

Gäbler, Bernd, Die Arbeit tun die anderen, in: ›Marxistische Blätter‹, Jg. 13/4, Juli/August 1975.

Gerstenmaier, Eugen, Nach dem Untergang des Abendlandes, in: ›Deutschland-Magazin‹, Aug./Sept. 1975, Nr. 4.

Greiffenhagen, Martin, Schelskys Versuch, politisch zu werden. Die »Priesterherrschaft« der neuen Intellektuellen, in: ›Stuttgarter Zeitung‹, 17. 5. 1975.

Herrmann, Ludolf, Die Herren Sinndeuter, Helmut Schelskys neue Kampfschrift, in: ›Deutsche Zeitung‹ vom 18. 4. 1975.

Kaiser, Joachim, Schelsky und Böll, in: ›Süddeutsche Zeitung‹ vom 26./27. 4. 1975.

v. Krockow, Christian Graf, Schelskys neues Mittelalter, in: ›Deutsches Allgemeines Sonntagsblatt‹ vom 13. 4. 1975; ähnlich: Helmut Schelskys Deutsche Ideologie, in: ›Vorgänge‹, Ztschr. f. Gesellschaftspolitik, Nr. 15, 14. Jg., Heft 3, 1975.

Künzli, Arnold, Er urteilt wie ein blinder Extremist, in: ›National-Zeitung‹ (Basel) vom 13. 6. 1975; das gleiche: Kardinal Schelskys Misere, in: ›Badener Tageblatt‹ vom 12. 7. 1975.

Lingens, Peter Michael, Kampf dem Sozial-Kapitalismus, in: ›profil. Das unabhängige Magazin Österreichs‹, Nr. 18, vom 30. 4. 1975.

Lohmar, Ulrich, Klassentheorie eines Frustrierten, in: ›Der Spiegel‹ vom 24. 3. 1975, Nr. 13.

Nahrendorf, Rainer, Neue Klassenherrschaft der Intellektuellen? Ein provozierendes Buch von Helmut Schelsky, in: ›Handelsblatt‹ vom 21./22. 3. 1975.

Noack, Paul, Der neue Klassenkampf, Helmut Schelskys Deutung der Herrschaft der Intellektuellen, in: ›Frankfurter Allgemeine Zeitung‹ vom 8. 3. 1975.

Rasehorn, Theo, Zum Psychogramm eines Konservativen, in: ›Frankfurter Hefte‹, Juni 1975.

Sander, Hans-Dietrich, Die Arbeit tun die anderen. Ist eine Umkehr möglich?, in: ›Student‹, Nr. 53, Juni 1975.

Schrenck-Notzing, Caspar, Schelskys Summa, in: ›Criticon‹, Mai/Juni 1975, Nr. 28.

Schulmeister, Otto, Nur Lieferanten für Religionsersatz, in: ›Die Presse‹ vom 16. 4. 1975.

Zehm, Günter, Die Arbeit tun die anderen, in: ›Die Welt‹ vom 26. 3. 1975.

Personenregister

Die Zukunft ist noch nicht verspielt

Der neue Bericht an den **Club of Rome** ist der praxisnahe Entwurf für eine grundlegende »Reform der internationalen Ordnung«. Unter Leitung des Nobelpreisträgers Jan Tinbergen haben 21 internationale Experten realisierbare Vorschläge zur Lösung der dringlichsten Probleme der Menschheit erarbeitet. Sie fordern fundamentale Änderungen der politischen, wirtschaftlichen, sozialen und kulturellen Verhältnisse im internationalen System und in den Ländern der Ersten, Zweiten und Dritten Welt. Konkrete Aktionsvorschläge gelten den Bereichen Abrüstung, Einkommensverteilung, menschliche Umwelt, Nahrungsmittelproduktion, Energie und Rohstoffressourcen, Industrialisierung, technologische Entwicklung, internationale Währungsordnung, Transnationale Unternehmen und Verwaltung der Meere.

Der Bericht ist ein neuer Anstoß für den notwendigen Dialog zwischen Öffentlichkeit, Bürgern, Politikern und Experten. Nur durch schnelles, entschlossenes Handeln können wir unsere und der Menschheit Zukunft sichern. Richtung und Ziele des Handelns weist dieses Buch.

Der RIO-Bericht an den Club of Rome

Wir haben nur eine Zukunft

Reform der internationalen Ordnung

Leitung: Jan Tinbergen

Westdeutscher Verlag

1977. 358 Seiten
Format: 15,5 × 22,6 cm

ISBN 3-531-11391-7

Westdeutscher Verlag

Gesellschaft

Rudolf Affemann:
Krank an der Gesellschaft
Symptome, Diagnose,
Therapie
1076

Hans Peter Bleuel:
Kinder in Deutschland
966
Alte Menschen in
Deutschland
1055

Ralf Dahrendorf:
Gesellschaft und
Demokratie in
Deutschland
757

Jugend in der
Gesellschaft
Ein Symposion
Originalausgabe
1063

Stephen M. Joseph
(Hrsg.):
In den Elendsvierteln
von New York
Kinder schildern ihre Welt
Deutsche Erstausgabe
931

Rudolf Walter Leonhardt:
Wer wirft den
ersten Stein?
Minoritäten in einer
züchtigen Gesellschaft
774

Margaret Mead:
Der Konflikt der
Generationen
Jugend ohne Vorbild
1042

Kate Millett:
Sexus und Herrschaft
Die Tyrannei des Mannes
in unserer Gesellschaft
973

Lionel Tiger / Robin Fox:
Das Herrentier
Steinzeitjäger im
Spätkapitalismus
Mit einem Vorwort
von Konrad Lorenz
1183

China aktuell